Johann Georg Edlinger

Porträts ohne Schmeichelei

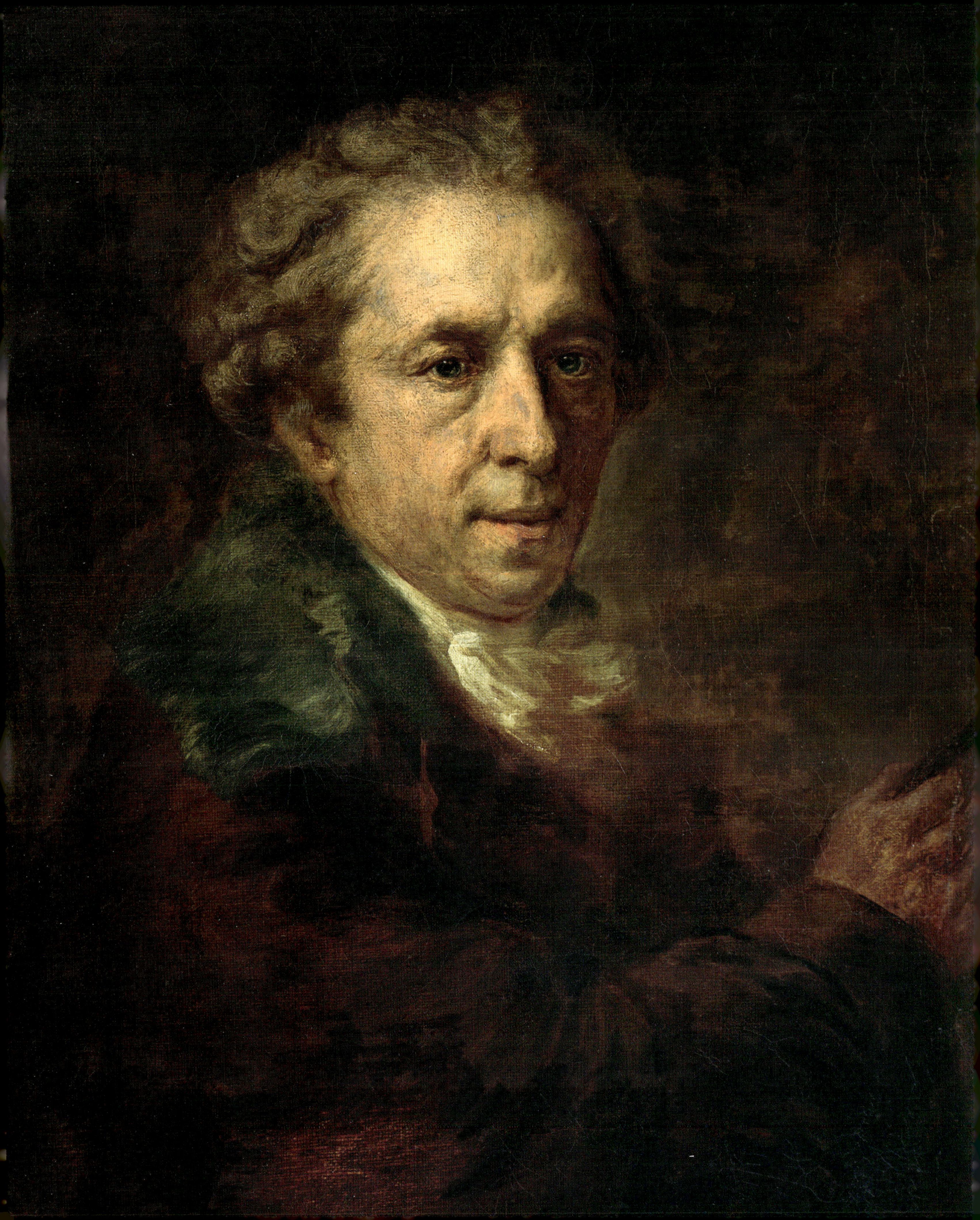

Brigitte Huber

Johann Georg
EDLINGER
Porträts ohne Schmeichelei

Herausgegeben vom
Historischen Verein von Oberbayern,
dem Münchner Stadtmuseum
und der Städtischen Galerie im
Lenbachhaus / Kunstbau München

HIRMER

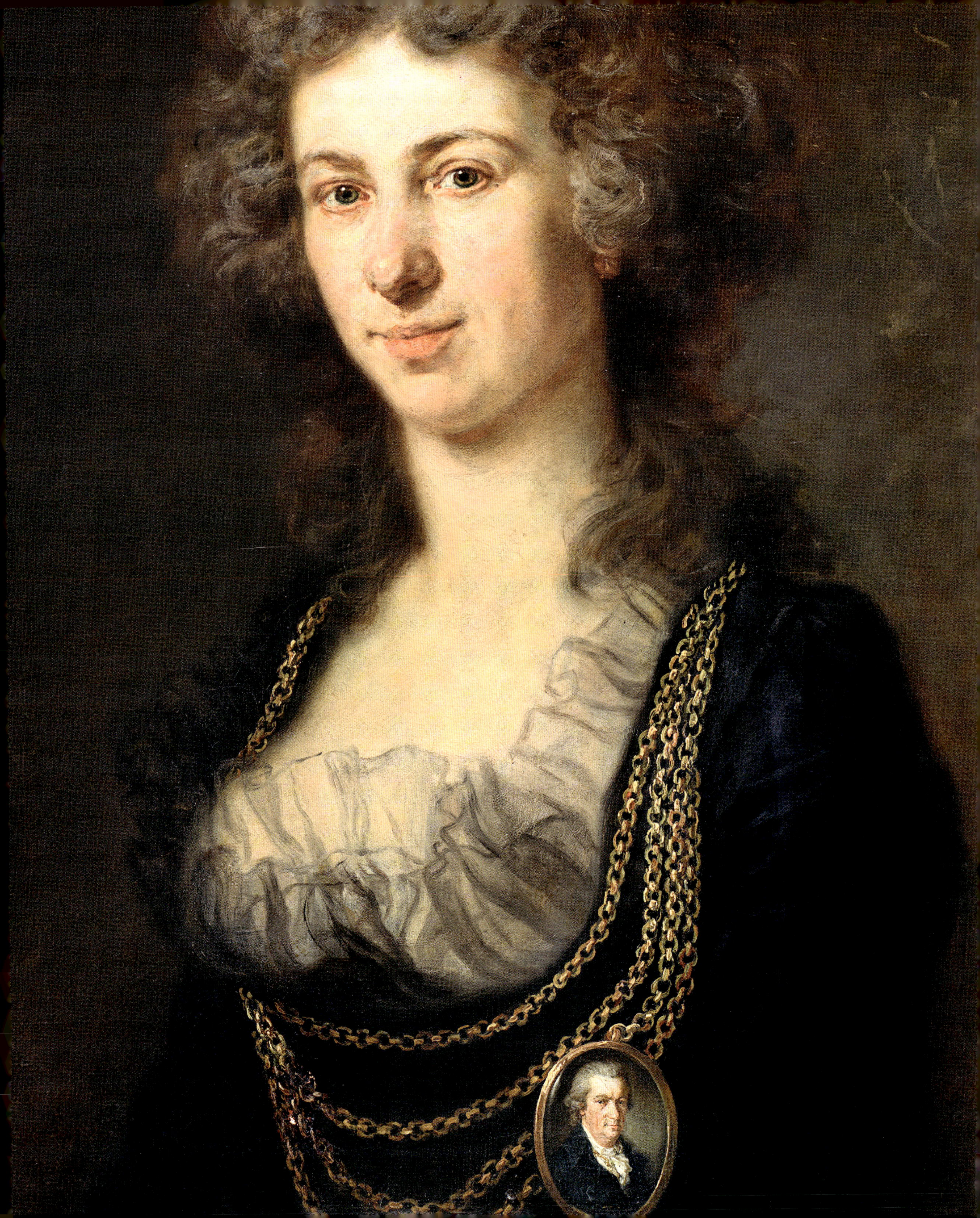

Inhalt

Vorwort

Von dem als Dichter der *Winterreise* bekannten Schriftsteller Wilhelm Müller gibt es ein 1820 veröffentlichtes Italien-Buch, das den gewitzt klingenden und wie zu einer Steigerung aufgereihten Titel Rom, Römer und Römerinnen hat. Wollte man ein solches Werk einmal über die Stadt München schreiben, dann gäbe es für München, Münchner und Münchnerinnen gewiss keine geeigneteren Bilder als die Edlinger-Porträts. Unverwandt wie sonst keine Gemälde dieser Zeit blicken sie in die Gesichter der Menschen, sie bewahren sozusagen die Erzphysiognomie Münchens.

Johann Georg Edlinger (1741–1819) war ein Spezialist. Sein Werk umfasst über dreihundert Porträtgemälde, für die es zumeist keiner kennerschaftlichen Expertise bedarf, um sie an ihrem virtuosen Pinselstrich, den gedeckten Farben und der genauen, auch »erbarmungslos« genannten Beobachtungsgabe ihres Malers zu erkennen – »schöne Frauen findet man in seinen Werken nicht, höchstens sympathische«. Adolf Feulner, der die Kunst im kurfürstlichen Bayern mit stilistischer Präzision und zutreffenden Eigenschaftswörtern zu beschreiben verstand, hob ihn auf die Stufe von Anton Graff im zeitgenössischen Sachsen und Preußen, doch sei Edlinger deutlich »impulsiver, ja burschikos, noch mehr Naturalist, betont bürgerlich und antifranzösisch. Wenn wir die Grenzen des Vergleichs ausdehnen, dürfen wir ihn sogar als eine bescheidene, stilgeschichtliche Parallele zu Goya bezeichnen.«

Nicht selbstverständlich ist es, dass die künstlerische Qualität mit einem auch wirtschaftlichen Erfolg einherging. Gaben sich in den ersten Jahrzehnten die Kunden in Edlingers Werkstatt die Klinke die Hand, um von ihm gemalt zu werden, so waren in späteren Jahren die Arbeitsbedingungen und Wohnverhältnisse des Künstlers eher ärmlich: Gleich neben der Staffelei wurden die Suppennudeln geschnitten und es roch nach Rüben und ausgekochten Knochen. Amüsiert nannte Ludwig Emil Grimm, der jüngste der berühmten Brüder, den Maler »ein altes Münchener Original«, obwohl er sich aus dem mundartlichen Sprüche-Repertoire des Künstlers herbe Kritik an einer Porträtzeichnung gefallen lassen musste: »Glauben's, mei Kopf wär nur so e G'spasserl zum Zeichnen?« Dabei zeigt das Beispiel Edlingers, der eigentlich aus dem innerösterreichischen Hauptsitz Graz nach München gekommen war, dass keine langen Genealogien alteingesessener Ahnen mitzubringen sind, um zu einer stadtbekannten Type, zu einem »Original« zu werden.

So einfach die kunsthistorische Zuschreibung der Bilder zu regeln ist, so kompliziert kann es mitunter sein, die Porträtierten zu benennen. Als Maler ganz der charakterlichen Erscheinung seiner Auftraggeber und Modelle verpflichtet, verzichtete Edlinger auf Beschriftungen oder die Beigabe gemalter Attribute, die für eine namentliche Identifikation hilfreich hätten sein können. Oft handelt es sich um Anonymi, deren Bestimmungen zu kuriosen Interpretationen verleiten. Das hat auch gesellschaftliche Gründe. Das Werk Edlingers überwindet die Standesgrenzen der höfischen Repräsentation und führt vielfach bereits in das Milieu einer bürgerlich verstandenen Stadtgesellschaft. Es versammelt die damals bekannten Gesichter von Bankiers, Kaufleuten, Bierbrauern, Glockengießern, Buchbindern und insgesamt von Auftraggebern, die ihren gesellschaftlichen Aufstieg auch im Porträt dokumentiert sehen wollten und sich zu persönlichen Anlässen meist mit ihren Ehefrauen in korrespondierenden Bildpaaren haben verewigen lassen. In einem bemerkenswerten Interesse an bestimmten Gesichtstypen, vielleicht auch schon an Individualitäten soll Edlinger seine Modelle aber auch »von der Straße« geholt haben.

So entstanden nicht weniger sorgfältig ausgeführte Bildnisse von Menschen, die den bürgerlichen Normen von Verdienst und Leistung gerade nicht entsprachen.

Der bedeutendste Sammler von Edlinger-Porträts war der befreundete Publizist Johann Baptist Strobl, der in seiner Verlagsbuchhandlung ein für München ungewöhnliches, weil von der Aufklärung bestimmtes Schriftgut auflegte und in der Neuhauser Gasse eine »Galerie merkwürdiger Baiern« eingerichtet hatte. In dieser öffentlich zugänglichen Gemäldesammlung wurden in den Jahren um 1800 nicht zuletzt auch die Porträts der einfachen Leute gezeigt. Sie vereinte die Bilder Edlingers zu einem standesübergreifenden Spiegel der Einwohner und Einwohnerinnen Münchens.

Es gibt keinen Ort, an dem sich diese moderne Idee besser rekonstruieren und auch aktualisieren ließe, als das Münchner Stadtmuseum. Es besitzt weltweit die meisten Werke Edlingers. Kürzlich wurde dieser Bestand noch einmal um eine umfangreiche Privatsammlung erweitert, die mit einer großzügigen Spende der Rosner & Seidl-Stiftung für die Landeshauptstadt München erworben werden konnte. Damit war auch der Grundstock für die vorliegende Monographie gelegt. Der große Dank des Hauses und der Mitherausgeber geht an Brigitte Huber, die über Jahre und Jahrzehnte mit bewundernswerter Beharrlichkeit und stadtgeschichtlicher Fundamentalkenntnis Johann Georg Edlinger und sein Werk erforscht hat. Ihr Buch könnte den Leitfaden legen, nach dem in einem künftig generalsanierten Museum München, Münchner und Münchnerinnen unter den heutigen Vorzeichen einer offenen Gesellschaft zusammenfinden.

Thomas Weidner
Sammlungsdirektor Münchner Stadtmuseum

Einleitung

An unserem Hofe befand sich ein Maler, Ettlinger geheißen, den Fürst und Fürstin sehr hoch hielten, da sein Talent wunderbar zu nennen [...] Das schönste Gemälde, das die höchste Bewunderung aller Kenner erregt, hängt aber in dem Kabinett des Fürsten. Es ist das Porträt der Fürstin, die er, als sie in der höchsten Blüte der Jugend stand, ohne daß sie ihm jemals gesessen, so ähnlich malte, als habe er das Bild aus dem Spiegel gestohlen.[1]

Es ist nicht mit letzter Sicherheit zu sagen, ob sich das aus E.T.A Hoffmanns satirischem Roman *Lebensansichten des Katers Murr* (erschienen 1819/21) stammende Zitat tatsächlich auf den Münchner Hofmaler Johann Georg Edlinger (zeitgenössisch auch Et[t]linger) bezieht, doch ist eine solche Annahme schon deshalb nicht von der Hand zu weisen, weil Hoffmann seine Figuren gerne nach konkreten historischen Persönlichkeiten benannte. Dass die von Hoffmann genannten Details zu Werdegang und Kunstfertigkeit des zitierten Malers exakt Edlingers Biographie entnommen zu sein scheinen, geben der Vermutung allerdings einen hohen Grad von Wahrscheinlichkeit.

Johann Georg Edlinger war um das Jahr 1770 nach München gekommen und sollte schon bald zu einem gefragten Porträtisten werden, der wegen der physiognomischen Präzision seiner Bilder zu Lebzeiten einen hervorragenden Ruf weit über München hinaus genoss und auch aus heutiger Sicht den Vergleich mit den großen Porträtmalern seiner Zeit nicht zu scheuen braucht. Im Lauf von knapp fünf Jahrzehnten konterfeite der gebürtige Grazer hunderte von Personen aus allen Ständen und schuf damit aus heutiger Sicht eine einzigartige Porträtgalerie der Münchner Stadtgesellschaft um 1800.

Dass diese dichte Bild-Überlieferung der Münchner Bevölkerung ab der Mitte des 19. Jahrhunderts durch das nicht minder breit angelegte Œuvre der Fotopioniere Alois Löcherer (1815–1862), Franz Hanfstaengl (1804–1877) und Joseph Albert (1825–1886), später auch durch Theodor Hilsdorf (1868–1944) ergänzt werden kann, ist für die bayerische Residenzstadt ein einzigartiger Glücksfall. Dank des Engagements von Ulrich Pohlmann, dem Leiter der Foto-Sammlung des Münchner Stadtmuseums, wurden diese Schätze in den vergangenen Jahren systematisch der Öffentlichkeit vorgestellt. Da das Thema »Gesichter der Stadt« auch bei sich ändernden technischen Möglichkeiten stets aktuell bleibt, beschäftigt sich die Foto-Sammlung damit immer wieder.

In der gut bestückten Gemälde-Sammlung des Münchner Stadtmuseums steht eine derart intensive Beschäftigung mit der Gattung »Porträt« bisher noch aus. Eine großzügige Schenkung an das Münchner Stadtmuseum war nun jedoch der Anlass, dies zu ändern: Die Rosner & Seidl-Stiftung erwarb 2015 ein Konvolut von 27 Edlinger-Bildern, das der 2010 verstorbene Privatsammler Hans G. Knäusel zusammengetragen hatte, und überließ es 2017 dem Museum. Mit den älteren Beständen und einer Schenkung 2020 verfügt das Stadtmuseum nun über insgesamt 67 Werke des Künstlers.

Johann Georg Edlinger, der die Münchner Stadtgesellschaft in einzigartiger Weise bildlich überlieferte – vom Kurfürsten bis zum namenlosen Tagelöhner – darf wohl als der außergewöhnlichste Maler in der Sammlung des Stadtmuseums bezeichnet werden. Edlinger entwickelte seine Bildkunst in der Umbruchzeit zwischen spätem Rokoko und beginnendem Biedermeier. Sein künstlerisches Interesse galt ausschließlich der Physiognomie des Gesichtes, wobei Herkunft und Stand der Dargestellten für ihn keine Rolle spielten und er auch nicht gewillt war, sich dem schönheitlichen Empfinden nach 1800 anzupassen. Wie Johann Georg von Dillis auf dem Gebiet der Landschaftsmalerei, so strebte Edlinger bei der Porträtmalerei größtmöglichen Naturalismus an. Hatte ihm die zeitgenössische Kritik zunächst »unter den deutschen Bildnißmalern seines Zeitalters einen vorzüglichen Platz« zugewiesen, so stießen freilich seine nach der Jahrhundertwende brauntonige Palette und seine realistische Darstellungsweise zunehmend auch auf Kritik. Man sprach von »schmutzigem Kolorit« und dass seinem Pinsel nur noch Köpfe alter Männer und Frauen gelängen. Es ist nachvollziehbar, dass Edlingers manchmal geradezu kompromissloser Realismus manchen Auftraggeber und auch manchen Betrachter seiner Werke irritierte. Wir Heutigen aber können uns glücklich schätzen, gibt er uns doch mit malerischen Mitteln ein ungeschöntes Abbild der Münchner Bevölkerung. Keine andere Stadt kann sich rühmen, einen vergleichbar umfangreichen Porträtbestand ihrer Einwohnerschaft aus präfotografischer Zeit zu besitzen, der Menschen unterschiedlichster sozialer Schichten so präzise abbildet, als habe der Maler, um hier nochmals E. T. A Hoffmann zu zitieren, ihr Bild »aus dem Spiegel gestohlen«.

Die vorliegende Publikation entstand als privates Projekt der Autorin, die sich seit Jahren mit Johann Georg Edlinger beschäftigt hatte. Sie zeichnet nicht nur den facettenreichen Lebensweg dieses eigenwilligen Münchner Künstlers nach und diskutiert dessen Rezeptionsgeschichte, sondern stellt auch erstmals sein umfangreiches Schaffen in hochwertigen Farbabbildungen vor. Da sich ein Großteil der derzeit bekannten, weit mehr als 200 Gemälde von der Hand Edlingers in Privatbesitz befindet oder auch verschollen ist und immer wieder bisher unbekannte Bilder im Kunsthandel auftauchen, war es nicht möglich, ein abschließendes Werkverzeichnis zu erstellen. Da neben dem Stadtmuseum auch die Städtische Galerie im Lenbachhaus eine umfangreiche Edlinger-Sammlung besitzt, lag es nahe, einen Bestandskatalog für beide städtische Sammlungen und ein Verzeichnis sämtlicher nach den Porträts gefertigten Graphiken zu erarbeiten. Letztere befinden sich in großer Zahl in der sogenannten »Bildersammlung des Historischen Vereins von Oberbayern« (aufbewahrt im Stadtarchiv München) sowie im Münchner Stadtmuseum. Alle drei Institutionen fungieren deshalb als Herausgeber dieser Publikation.

Das Projekt konnte nur mithilfe zahlreicher Geldgeber verwirklicht werden, denen an dieser Stelle herzlich gedankt sei. Zu nennen sind

das Münchner Stadtmuseum
die Städtische Galerie im Lenbachhaus
das Stadtarchiv München
die Rosner & Seidl-Stiftung
die Ruth-Rosner-Stiftung
die Edith-Haberland-Wagner-Stiftung
sowie der Bezirk Oberbayern.

Gewidmet ist das vorliegende Buch dem Sammler Hans G. Knäusel und der Münchner Geschäftsfrau Ruth Rosner, die mit ihrem Engagement dessen Sammlung erhalten und auch das Publikationsprojekt finanziell großzügig unterstützt hat.

München, im Oktober 2020
Brigitte Huber

1 E. T. A. Hoffmann: Lebensansichten des Katers Murr, Zweiter Abschnitt, in: Ders.: Poetische Werke, Bd. 5, Berlin 1958, S. 299.

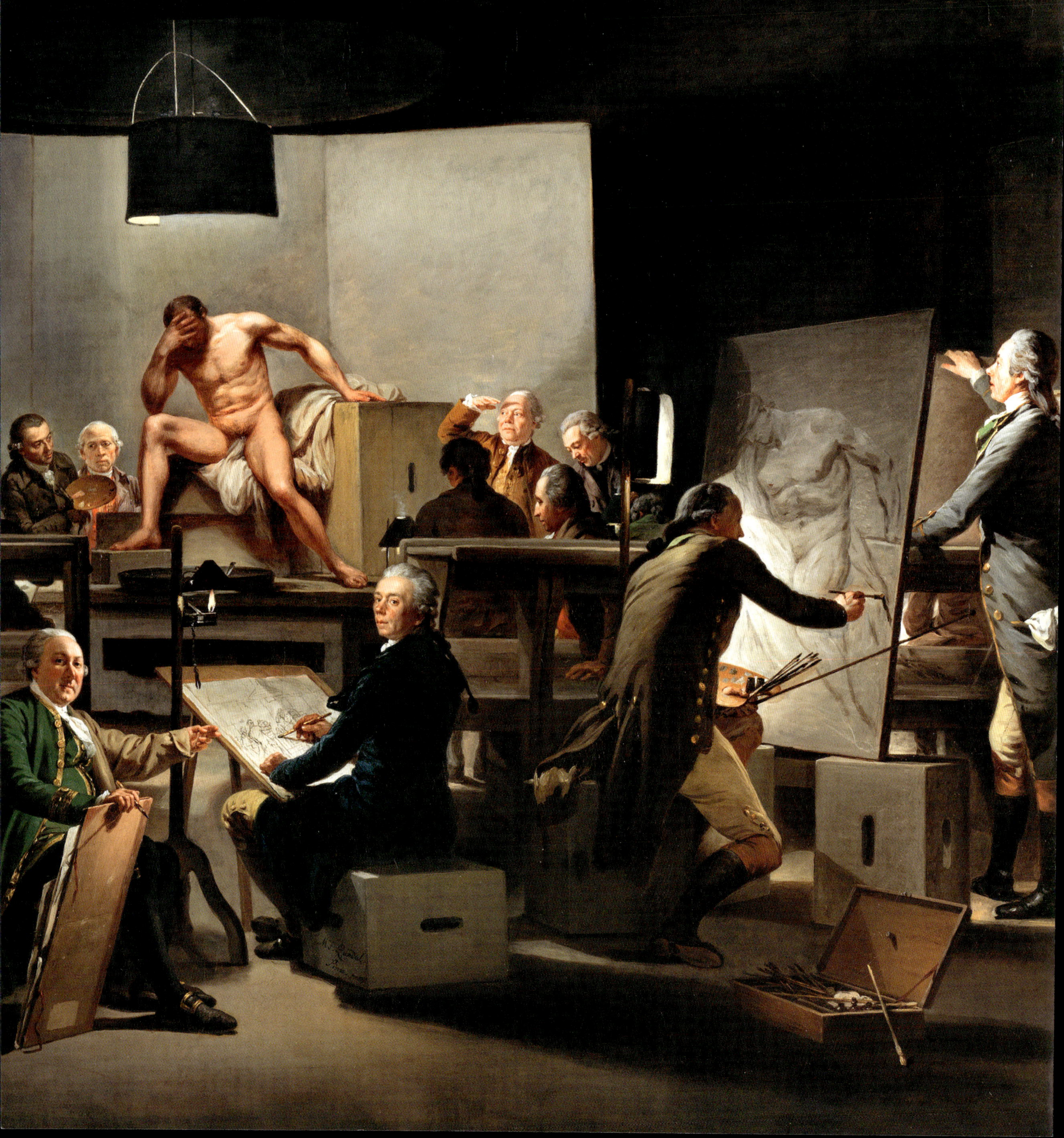

Edlingers Biographie im Kontext der Zeitumstände

Herkunft, erste Ausbildung, Wanderjahre

Johannes Georg Edlinger kam am 1. März 1741 in Graz/Steiermark zur Welt und wurde noch am selben Tag in der dortigen Pfarrei Hl. Blut getauft. Seine Eltern, der Gärtner Joseph Edlinger und dessen Ehefrau Theresia, »untern Spital dienstbar«,[1] übernahmen selbst die Patenschaft.[2]

Zu Edlingers Ausbildung gibt das 1837 erschienene *Neue allgemeine Lexicon* von Georg Kaspar Nagler Auskunft: »Aus seinen Jugendjahren ist wenig bekannt; man weiss nur, dass ein Mönch aus dem Orden des hl. Franziskus es war, der ihm im Zeichnen den ersten Unterricht ertheilte, und dass er in der Folge bei einem Maler in Oesterreich, der seinen Zögling nach damaligem Gebrauche handwerksmäßig behandelte, bei Kirchenverzierungen und zu Verfertigung von Votivtafeln verwendet wurde.«[3] August Graf von Seinsheim, der selbst künstlerisch tätig war, präzisiert diese Angaben in einem Tagebuch-Eintrag vom 22. April 1813; er kolportiert darin nach eigener Aussage ein persönliches Gespräch mit Edlinger: »Einer Sitzung von Karl Arco[4] beigewohnt, als er sich bei Edlinger malen ließ.[5] Nach der Sitzung kam ich mit dem Herrn Hofmaler Edlinger zu reden und er erzählte mir auf folgende Art, wie er den Entschluß gefaßt, sich größtenteils der Portraitmalerei zu widmen und woraus sich erklärt, wie er sich auch seine ihm ganz eigentümliche Manier gebildet hat [...] Edlinger [...] ging zu einem Maler in seiner Vaterstadt, wie er sich ausdrückte, in die Lehre (1752). Dieser Maler (es war der Maler Embert[6] aus Graz) soll eigentlich ein ganz geschickter Portraitmaler gewesen sein und war auch Historienmaler. (Den ersten Zeichenunterricht hatte Edlinger zuvor bei einem Franziskaner in Graz genossen, der ihn wohl aus Erwägung handwerklichen Verdienstes zu diesem Maler gebracht hat.) Der junge Edlinger mußte unter seiner Aufsicht nichts als Votivtafeln, Gnadenbilder u. dgl. malen, welche seinem Lehrherrn sehr viel eintrugen. Dieses handwerksmäßige Arbeiten (es bestand aber zum großen Teil in Farbreiben) bekam der junge Edlinger gegen das fünfte Jahr seiner Lehrzeit recht satt, sodaß des Jünglings angeborene Genie ihm keine Ruhe mehr ließ und ihn zu der einzig wahren Urquelle, zur Naturnachahmung führte. Eines Sonntages Nachmittag, von diesem Drang mächtig ergriffen, ließ er seinen ältesten Bruder (er wurde später Buchhändler in Würzburg[7]) insgeheim zu sich kommen und versuchte sein Portrait, den Kopf in Größe eines Talers in der Abwesenheit seines Lehrherrn auf ein ordinäres Brett, welches auf der Staffelei stand, zu malen (1757). (Er malte auch später Miniaturen.) Der Lehrherr hatte nämlich bei seinem Ausgehen auf das sorgfältigste alle Leinwand versperrt. Nach zwei Stunden war das Porträt vollendet und Edlinger entließ recht zufrieden seinen Bruder. Als der Lehrherr abends nach Hause kam, so mußte er zufälligerweise in seinem Malzimmer etwas suchen und als er mit dem Licht herumging, bemerkte er auf der Staffelei den frischgemalten Kopf. Er verwunderte sich darüber und rief den jungen Edlinger und fragte ihn, welch ›ein fremder Maler dagewesen wäre, der diesen Kopf gemalt habe‹. Der junge Künstler antwortete bescheiden, daß niemand dagewesen sei, und daß er ihn gemalt habe. Darauf erkannte sein Herr auch, daß es seinen Bruder vorstelle und lobte den jungen Edlinger und sagte ihm: Ich sehe, daß du ein Genie für die Porträtmalerei hast und du wirst, wenn Du so fortfährst, auch in diesem Fache etwas leisten. Ich rate Dir, die Historienmalerei zu verlassen.« Zwar erkannte der Meister das Talent des 16-Jährigen, doch machte er keine Anstalten, dieses zu fördern. Im Gegenteil, er beschäftigte seinen Lehrbuben weiterhin ausschließlich als Hilfskraft, sodass der 1758 beschloss, sich eine

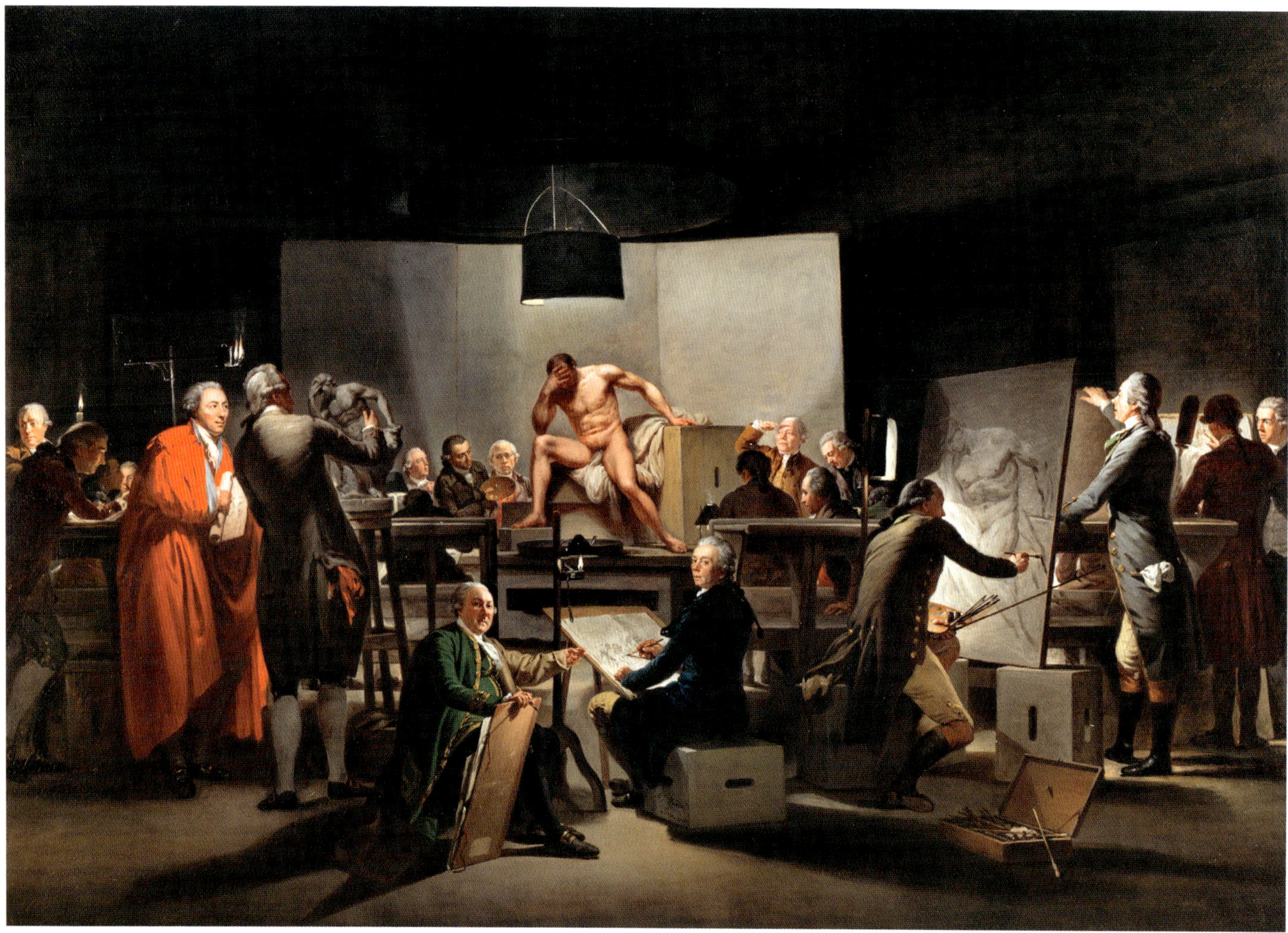

Abb. 1 Martin Ferdinand Quadal, *Aktsaal der Wiener Akademie*, 1787, Öl auf Leinwand, 144 × 207 cm, Wien, Akademie der bildenden Künste

Das Zeichnen »nach der Antike« sowie nach ausschließlich männlichen lebenden Modellen fand im Winter täglich und im Sommer wöchentlich dreimal statt. Auch Edlinger dürfte als Élève der Wiener Akademie daran teilgenommen haben.

neue Stelle zu suchen. Seinsheim berichtet weiterhin: »Von da kam er in mehrere Städte von Ungarn, wo er mehrere Altarblätter malte (1760) und dann weilte er einige Jahre in Salzburg (ab 1761) wo er den ersten und letzten Versuch in Fresco machte, eine Heiligenfigur auf einer Kapelle.«[8] Zwar lassen sich diese Angaben nicht überprüfen – es gibt weder schriftliche Nachweise noch ist dem Denkmalbundesamt, Abt. Salzburg, eine Arbeit Edlingers bekannt[9] –, dennoch gibt es keinen Anlass, ihren grundsätzlichen Wahrheitsgehalt in Frage zu stellen, denn Seinsheim scheint in einem vertrauten Verhältnis zu Edlinger gestanden zu haben.[10]

Akademieschüler in Wien

Im Lauf des Jahres 1763 dürfte Johann Georg Edlinger schließlich nach Wien gekommen sein, um »bei dem stark im Rokokogeiste schaffenden Tuchmeier noch mehr für seine Kunst in Erfahrung zu bringen«.[11] Erst ab Oktober desselben Jahres kann die Spur Edlingers dann endlich mit einer schriftlichen Quelle nachvollzogen werden – der mittlerweile 22-Jährige ist nun an der seit 1692 bestehenden »Akademie der Mahler- und Baukunst« in Wien eingeschrieben: »Edlinger Joan: Georg Mahler. lebt bey den weißen Pfauen zu Maria Hülf. 2. Oct.«.[12] Das Matrikelbuch gibt somit Auskunft über den Wohnort, nämlich das Haus Zum weißen Pfau in der Großen Kirchengasse in der Vorstadt Mariahilf. Wahrscheinlich wurde Edlinger von Christian Frister betreut, der für die »Scholaren« zuständig war und die »Anfangsgründe der Zeichnung« lehrte, vielleicht war er aber auch Schüler von Caspar Franz Sambach, der ebenfalls im Fach »Malerei« unterrichtete.[13] Dass Edlinger die Klasse von Martin von Meytens d. J. besuchte – der kaiserliche Hof- und Kammermaler war seit 1759 Direktor der Kunstakademie Wien –, darf man ausschließen,[14] dennoch erhielt er in Wien durch dessen Malerei mit Sicherheit wichtige Impulse für seine weitere Laufbahn.

Leider ist in den Sammlungen der Akademie keine Arbeit des angehenden Künstlers überliefert. Möglicherweise sind aber die bei Paulus genannten und dort in den Zeitraum 1765 bis 1775 datierten Motive *Die Kartenspieler*,[15] *Heilige Familie*[16] sowie *Die Aktmaler*[17] in Wien entstanden. Diese frühen Bilder sind auch ein Beleg dafür, dass sich Johann Georg Edlinger zunächst noch keineswegs auf das Porträt-Fach festgelegt hatte.[18] Wahrscheinlich kam Edlinger bereits während seiner Wiener Studienzeit in Kontakt mit dem Münchner Bildhauer Roman Anton Boos (Kat. 54), der von 1763 bis 1765 als Schüler von Jacob Christoph Schletterer ebenfalls die Wiener Akademie besuchte.

Übersiedlung nach München

Als Meytens im Frühjahr 1770 an den Folgen eines Schlaganfalls starb, war laut Johann Georg Meusel neben der Bekanntschaft mit Boos vor allem die Tatsache, dass in München Georg Desmarées, ein Vetter Meytens, lebte, ein gewichtiger Grund für Edlinger, in die bayerische Residenzstadt zu übersiedeln: »Er [Edlinger] kam vor einigen Jahren nach München, um sich dort nach den vielen Gemälden des des Marées [Desmarées] noch zu verbessern.«[19] Der Schwede Desmarées war bereits 1730 von Kurfürst Karl Albrecht (späterer Kaiser Karl VII.) als Hofmaler nach München berufen worden, wo er zunächst bis 1743 gearbeitet hatte. Nach einer mehrjährigen Tätigkeit für zahlreiche deutsche Fürstenhöfe, darunter den des Kölner Erzbischofs und Kurfürsten Clemens August I. von Bayern, kehrte er 1756 nach München zurück und blieb dort bis zu seinem Tod ansässig. Desmarées, der stilistisch ganz dem Rokoko zugerechnet werden muss, ist einer der wichtigsten Münchner Porträtisten; von ihm existieren allein mehr als 50 Bildnisse der bayerischen Fürstenfamilie. Er schuf aber auch Bilder mit geistlichen und profanen Sujets.[20]

Sich als unbekannter Maler ohne einschlägige Kontakte in der bayerischen Haupt- und Residenzstadt zu etablieren, dürfte angesichts der Konkurrenz einheimischer Künstler wie des bereits seit 1725 in München lebenden Flamen Peter Jakob Horemans[21] und vor allem des schon erwähnten Georg Desmarées kein einfaches Unterfangen gewesen sein. Man muss daher annehmen, dass für Edlinger die in Wien gemachte Bekanntschaft mit Roman Anton Boos von besonderer Wichtigkeit war. Boos dürfte es gewesen sein, der ihm die Möglichkeit eröffnete, an den abendlichen Sitzungen der (im Frühjahr 1770 durch Kurfürst Maximilian III. Joseph gegründeten) »Zeichnungsschule respective Maler= und Bildhauer academie«[22] teilzunehmen, die in Räumen der Akademie der Wissenschaften[23] stattfanden. Es handelte sich hierbei noch nicht um einen Schulbetrieb – »Scholaren« gab es erst ab 1771 –, sondern um Zusammenkünfte jüngerer, bereits im Berufsleben stehender Künstler, die je nach Profession Akt zeichneten oder modellierten und ihre Arbeiten gemeinsam besprachen. Edlinger lernte dort nicht nur gut 30 Kollegen aus verschiedenen Metiers (Maler, Stuckateure, Kupferstecher und Tapezierer) kennen, darunter die Maler Johann Jakob Dorner (Kat. 51), Franz Kürzinger, Franz Ignaz Oefele (Kat. 44) und Christian Wink, den Stuckateur Franz Xaver Feichtmayr d. J. sowie den Kupferstecher Georg Michael Weißenhahn,[24] sondern erfuhr wohl auch so manch Wissenswertes über die ihm noch fremden Gepflogenheiten der Stadt und ihrer Bewohner, insbesondere des Münchner Hofes, und konnte zugleich wertvolle Kontakte aufbauen.[25]

München in den späten Jahren der Regentschaft Max III. Josephs

Tatsächlich war die Entscheidung, sich in der bayerischen Haupt- und Residenzstadt niederzulassen, für Edlinger eine Chance, denn München, das nach den Bedrängnissen des österreichischen Erbfolgekrieges wieder in ruhigeres politisches Fahrwasser gekommen war, präsentierte sich dem Ankömmling als ein relativ gut geordneter und überschaubarer Lebensraum. Der bei der Einwohnerschaft sehr beliebte Kurfürst Maximilian III. Joseph (reg. 1745–1777) hatte die seit 1745 in Bayern andauernden Friedensjahre für viele sinnvolle und wohltätige Projekte genutzt: So hatte er mit der 1759 gegründeten Münchner Akademie der

Wissenschaften erstmals einen Kontaktrahmen für die zahlreichen im Lande verstreuten Wissenschaftler geschaffen, unter denen sich viele Prälaten und Konventualen der zahlreichen Herrenklöster, aber auch Weltgeistliche, Juristen und Ingolstädter Universitätslehrer befanden. Schon bald zeitigte diese wissenschaftliche Zusammenarbeit schönste Früchte und befreite Bayern vom Ruf eines in allen Bereichen rückständigen und in geistige Dunkelheit gehüllten Landes. Indem er die kirchenpolitischen Kontroll- und Eingriffsrechte seiner Vorfahren erneuerte und mehrte und die bisherige heimliche »Mitherrschaft« der Ordinariate und des mächtigen Jesuiten-Ordens konsequent zurückdrängte, bereitete er zugleich eine umfassende aufklärungsorientierte Entwicklung des Kurstaates vor. Größte Nachwirkungen im Kulturbereich des Landes hatte ein 1770 erlassenes Mandat, in dem bei Kirchenbauten Bauherren und Baumeister auf größtmögliche Sparsamkeit und »edle Simplizität« in der Ausführung verpflichtet wurden. Dies bedeutete, dass der praktisch in allen Hof-, Pfarr- und Klosterkirchen durch Stuckaturen, Fresken, Schnitzwerke etc. manifest gewordene üppige Barock- und Rokokostil nun zu seinem definitiven Ende gekommen war. Die verordnete Hinwendung zur architektonischen Nüchternheit und Bescheidenheit von Kirchenbau und Kirchenzier war den einer theologischen Rationalität verpflichteten Zeitgenossen ein wahres Bedürfnis. Es versteht sich, dass dieser Geschmackswandel auch Auswirkungen auf die (Porträt-) Malerei hatte. Der Tod von Hofmaler Desmarées im Jahr 1776 schuf ein künstlerisches Vakuum, das auch dem zu diesem Zeitpunkt noch eher unbekannten Edlinger Anlass zu hochgespannten Erwartungen gab.

Familiengründung

In privater Hinsicht scheint sich Edlinger in München ziemlich rasch eingelebt zu haben. Am 23. Oktober 1774 heiratete er Maria Anna Barbara Welser, die Tochter eines Münchner Musketiers. Trauzeugen waren Hofkammerrat Sebastian Ludwig Krempelhuber (Kat. 74) sowie (ein bisher nicht verifizierbarer) Franz Weinrauch, »Schulhalter zu Heberg«.[26]

Schon im folgenden Jahr (1775) wurde der Sohn Joseph Sebastian geboren. Taufpate wurde der schon genannte Krempelhuber.[27] Für den 1776 zur Welt gekommenen zweiten Sohn Anton Franz Xaver[28] übernahm Prinzessin Maria Antonia, eine Schwester von Kurfürst Max Joseph und verwitwete Kurfürstin von Sachsen (Kat. 17), die Patenschaft; sie ließ sich bei der Taufe allerdings durch ihre Kammerdienerin Maria Antonia von Delling vertreten. Als 1778 die Zwillinge Sebastian Johannes Nepomuk (gestorben im November 1778)[29] und Maria Anna Josepha zur Welt kamen, waren deren Paten wiederum Krempelhuber und Kurfürstin Maria Antonia, letztere diesmal vertreten durch Josepha Hueber.[30] Die Wahl einer solchen Patin zeigt nicht nur, dass Edlinger bereits guten Kontakt zur Münchner Hofgesellschaft gefunden hatte, sondern sie setzt vor allem eine nähere Beziehung zu Maria Antonia voraus. Diese kann eigentlich nur entstanden sein, weil die Kurfürstin, die nach dem Tod ihres Mannes im Jahr 1763 wechselweise in Dresden und München lebte, sich von Edlinger malen ließ. Man darf davon ausgehen, dass die kunstliebende und selbst als Malerin tätige Maria Antonia so angetan von ihrem Bildnis war, dass sie sogar bereit war, Patenschaften für Edlingers Kinder zu übernehmen und ihn auch am Münchner Hof weiterempfahl.

Für die 1779 geborene Tochter Barbara (Babette) Elisabeth[31] wie auch für die 1783 zur Welt gekommene und nach wenigen Wochen verstorbene Tochter Maria Johanna Theresia[32] übernahm jeweils Maria Anna Krempelhuber (Kat. 75), die Ehefrau des schon genannten Sebastian Ludwig Krempelhuber, die Patenschaft.

Regierungswechsel – Kurfürst Karl Theodor kommt nach München

Der tragische Pockentod von Kurfürst Maximilian III. Ende 1777 war ein Ereignis, das die Bevölkerung nicht nur in Trauer, sondern auch in Unruhe darüber versetzte, was die Zukunft wohl bringen würde. Da kein leiblicher männlicher Nachkomme des Kurfürsten existierte – Max III. Joseph war der letzte Spross des (von Kaiser Ludwig dem Bayern abstammenden) wittelsbachischen Dynastie-Zweiges – ging die Erbfolge auf den Pfälzer Kurfürsten Karl Theodor über. Da Karl Theodor gemäß den Festlegungen der wittelsbachischen Haus- und Erbverträge aus der Pfälzer Residenzstadt Mannheim nach München umziehen musste, begleiteten ihn sein Hofstaat (rund 2.500 Personen) und eine beträchtliche Anzahl von Verwaltungsbeamten,

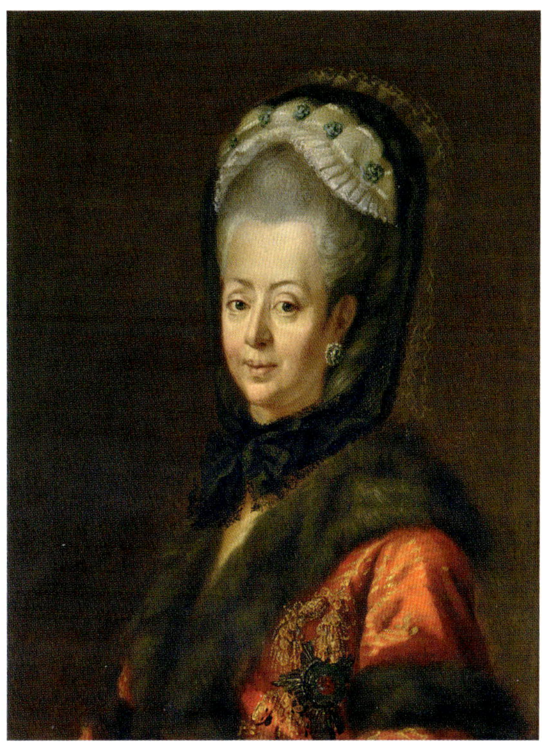

Abb. 2 Johann Eleazar Schenau (zugeschrieben), *Maria Antonia von Bayern, verwitwete Kurfürstin von Sachsen*, um 1775, Öl auf Leinwand, 72 × 55 cm, Dresden, Gemäldegalerie Alter Meister

Das Bildnis der Maria Antonia – sie trägt über einer Dormeuse (Haushaube) einen Witwenschleier – wird in Dresden dem dort wirkenden Maler Johann Eleazar Schenau zugeschrieben, doch ist auch eine Autorschaft Edlingers nicht auszuschließen. Eine eingehende Analyse steht allerdings noch aus.

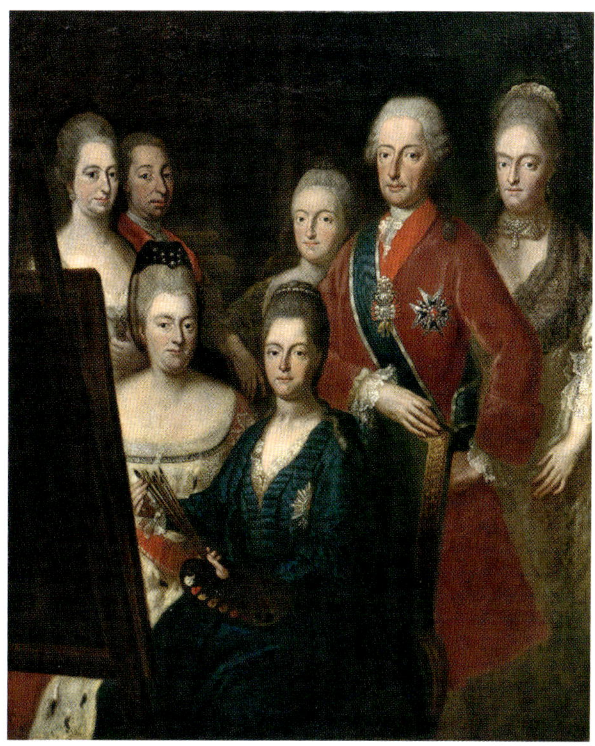

Abb. 3 Maria Antonia von Bayern, *Maria Antonia von Bayern im Kreis ihrer Münchner Verwandten*, um 1773, Öl auf Leinwand, 101,5 × 79 cm, München, Bayer. Schlösserverwaltung

Die Kurfürstin war als Mäzenin der Künste engagiert, betätigte sich aber auch selbst als Sängerin, Instrumentalistin und Komponistin und widmete sich der Dichtung und der Malerei. Als Schriftstellerin wurde sie in die Accademia dell'Arcadia aufgenommen, als Malerin in die Accademia di San Luca, beide in Rom. Maria Antonia schuf mehrere Selbstbildnisse sowie Bilder ihrer Familie. Im abgebildeten Gemälde sitzt sie an der Staffelei, dahinter steht ihr Bruder, Kurfürst Max III. Joseph.

was die Mieten in München angesichts des ohnehin notorischen Wohnraummangels weiter in die Höhe trieb und sich für die einheimische Bevölkerung auch in den steigenden Lebenshaltungskosten niederschlug. Zudem empfand man die sprachlich überlegenen und gerne weltmännisch auftretenden »Mannheimer« nicht unbedingt als eine Bereicherung: »Nichts ist aber hier sonderbarer und auffallender als der Kontrast zwischen den Bayern und Pfälzern. Selten wird man zwo Nationen unter einem und demselben Fürsten finden, die einander mit Leib und Sele so ganz entgegen gesetzt sind, als diese. Die Mannheimer sind fein; der Bayer plump: jener höflich und einschmeichelnd; dieser rau und grob: jener falsch; dieser aufrichtig; jener weichlich und weibisch, dieser fest und mürrisch […] der Mannheimer ist munter und leichtsinnig; der Bayer träge und schwerfällig: der Mannheimer höhnet und spottet; der Bayer schimpft und prügelt«.[33] Die Einsichtigeren unter der Einwohnerschaft trösteten sich allerdings mit der Tatsache, dass sich Karl Theodor in seiner bereits seit 1740 andauernden Pfälzer Regierungszeit als geschickter Reformer und als fürstlicher Musenfreund erwiesen hatte.

Die in München ansässigen Künstler und Gelehrten sahen die schicksalhafte Veränderung von 1777 daher grundsätzlich positiv, da der neue Kurfürst den

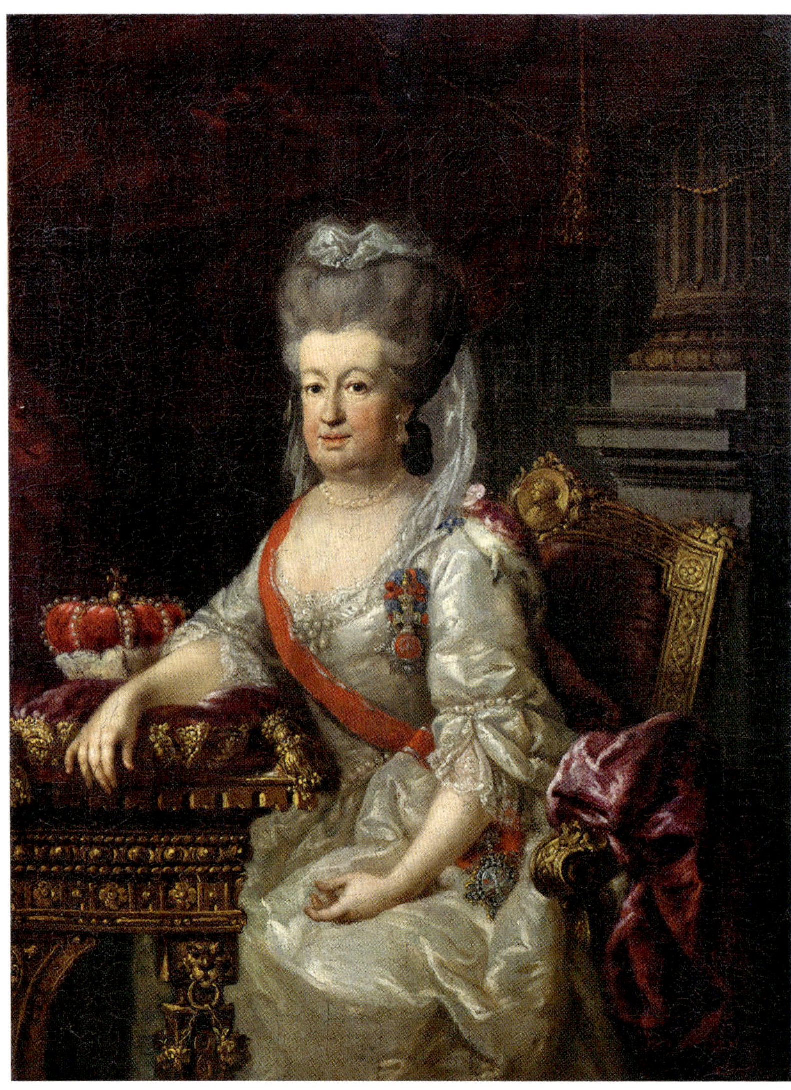

Abb. 4 Johann Georg Edlinger, *Kurfürstin Elisabeth Auguste von Pfalz-Bayern*, 1781/1790, Öl auf Leinwand, 47 × 35 cm, München, Bayer. Schlösserverwaltung (nicht bei Schenk 1983)

Wissenschaften und der Kunst in besonderer Weise zugetan war.[34] Auch Johann Georg Edlinger, der schon in die Münchner Hofkreise Eingang gefunden und infolgedessen etliche Porträtaufträge bekommen hatte, konnte in gewisser Weise vom Wechsel des Kurfürsten profitieren: Unter den von Karl Theodor mitgebrachten Hofangehörigen war u. a. der Maler, Kunstagent und Kunstsammler Lambert Krahe, der seit 1749 von Karl Theodor gefördert worden war. Krahe hatte nicht nur bedeutende Aufträge bekommen,[35] sondern war 1756 Leiter der Düsseldorfer Galerie geworden und wurde später mit der Neuordnung der Galerie in Mannheim beauftragt. Offensichtlich lag ihm die Ausbildung des Künstlernachwuchses besonders am Herzen, denn 1762 hatte er in Düsseldorf eine Zeichenschule eröffnet, aus der 1773 die Kunstakademie hervorging.[36] In München sollte er nun die dortige Gemäldesammlung neu ordnen.[37] Dabei kam Krahe auch mit Edlinger in Kontakt, erkannte dessen Talent und empfahl ihn dem Kurfürsten.

Aufträge im Umfeld des Münchner Hofes

Das Bildnis der Kurfürstin

Zwar war die Ehe des pfälzisch-bayerischen Kurfürstenpaares seit langem zerrüttet und die Kurfürstin lebte deshalb seit 1768 zumeist getrennt von ihrem Mann, formell jedoch hielt das Paar seine Verbindung aufrecht. Nachdem Karl Theodor 1778 die bayerische Thronfolge angetreten und nach München übersiedelt war, reiste dessen Gemahlin Maria Elisabeth Auguste von Pfalz-Sulzbach allerdings nur zweimal in die neue Residenzstadt – im Winter 1778/9 und 1780/1.[38] In Letzterem muss Edlingers Gemälde der Kurfürstin entstanden sein. Ob möglicherweise deren runder Geburtstag Anlass für den Porträtauftrag war, bleibt Spekulation.

Edlingers Bildnis war ein großformatiges Standesporträt, das die 60-jährige Kurfürstin in Lebensgröße zeigte (Abb. 4). Es griff auf das traditionelle Repräsentationsschema zurück, d.h. die Dargestellte saß auf einem vergoldeten Sessel in einem durch eine Säule und Draperie charakterisierten, ansonsten nicht näher bestimmbaren Raum. Ihren rechten Arm hatte sie auf das Kissen am danebenstehenden Tisch gelegt, auf dem auch der Kurhut plaziert war. Zum weißen Seidenkleid mit Perlen am Ausschnitt sowie an den Ärmeln trug sie einen roten Umhang mit Hermelinbesatz und einen feinen Schleier. Während sich der Schmuck der Kurfürstin im Wesentlichen auf eine Perlenkette beschränkte, dominierten das rote Schärpenband samt Bruststern des Katharinen-Ordens sowie der Bruststern des von ihr 1766 gegründeten Elisabethen-Ordens.[39]

Ob eventuell ein Gegenstück zum Porträt Elisabeth Augustes vorgesehen war, lässt sich nicht sagen.[40] Immerhin tauchte kürzlich im Münchner Kunsthandel eine von Edlinger gemalte, signierte und 1781 datierte Porträtminiatur des Kurfürsten auf (Kat. 19). Wie sie entstanden ist, kann nicht geklärt werden. Das kleine Ovalbildnis ist aber auch deshalb von besonderer Bedeutung, weil es eines von nur drei bekannten Belegstücken dafür ist, dass Edlinger tatsächlich gelegentlich als Miniaturmaler tätig war, einer Technik, die er angeblich in Wien erlernt hatte.

Das Bildnis der Kurfürstin erregte weithin Aufmerksamkeit. So beschrieb der Münchner Geistliche und Schriftsteller Lorenz von Westenrieder (Kat. 102) die Wirkung des Gemäldes: »Johann Georg Edlinger, ein hiesiger Portraitmaler, hat das Portrait, Sr. Regierenden Durchl. Churfürstinn (sitzend) in Lebensgröße, und mit einem Leben und einer Aehnlichkeit gemalet, welche von allen Kennern mit größtem Vergnügen betrachtet, und bewundert wird. Dieser äußerst bescheidene Künstler verdient mit vielen andern, deren Werke keinen Redner finden, bekannter zu seyn, als er es, leyder, mit vielen andern nicht ist. Seine Art ist ungemein, sanft im Umriß, weich, und fleischigt in der Ausführung, so daß man bey seinen Portaiten gerne lange verweilet, und von einer geheimen Lust dabey angehalten wird.«[41] Und auch Johann Georg Meusel berichtete darüber in seinen 1782 erschienenen *Miscellaneen artistischen Inhalts*: »Edlinger, gebürtig von Grätz, fühlte gleich im Anfang zur Portraitmalerey einen starken Hang, und formirte sich hierinn einen eigenen, aber solch vorzüglichen Geschmack, dass er unter den heutigen Bildnißmahlern Teutschlands einen vorzüglichen Platz verdient. Er kam vor einigen Jahren nach München, um sich dort nach den vielen Gemälden des des Marées [Desmarées] noch zu verbessern: der Mann aber, dem die natürliche Gabe einer persönlichen Empfehlung fehlte, blieb bey aller seiner erlangten Geschicklichkeit so lange im Finstern, bis der Düsseldorfische Gallerie-Inspektor Hr. Graa [gemeint ist Lambert Krahe] nach München kam, und in Edlingen einen verdienten Künstler antraf, den er dem Hof und der Stadt von derjenigen guten Seite bekannt machte, die er, trotz seiner Neider, schon lange verdiente. Der Churfürst von Pfalz-Bayern war darauf begierig den Mann mahlen zu sehen, und seine Gemahlin, die Churfürstin, entschlossen sich dazu; er musste diese Dame in ganzer Stellung, sitzend in Gegenwart des

Abb. 5 Das Kurfürstinnen-Zimmer in der Münchner Residenz, Foto, um 1943, München, Bayer. Schlösserverwaltung

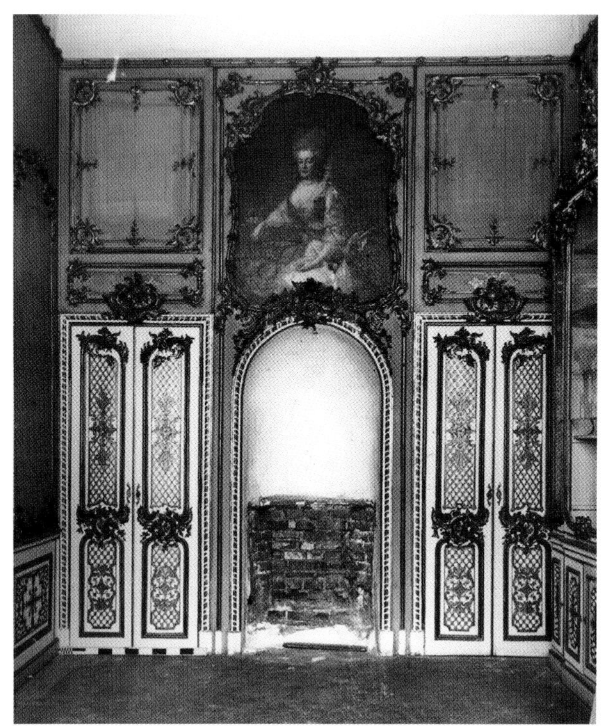

Churfürsten mahlen, welches ihm so wohl glückte, dass dieser große Beschützer der Künste bey ersten Fortgehen sagte: er kann mehr als er selbst glaubt.«[42]

Edlingers Porträt der Kurfürstin hing bis 1944 als Supraporte in der »Bibliothek der Kurfürstinnen« in der Münchner Residenz (heute Raum 26 des Museumsrundgangs) und fiel dann einer Brandbombe zum Opfer; es ist immerhin durch ein Foto aus der Vorkriegszeit überliefert.[43]

Zwar gab es für Johann Georg Edlinger keinen weiteren größeren Auftrag des Kurfürstenpaares, doch brachte ihm das so wohlgelungene Bildnis der Kurfürstin immerhin am 15. Mai 1781 die Ernennung zum Hofmaler: »Unser gnädigster Herr haben vermög des […] gefertigten Special-Decrets […] gnädigst beschlossen, den Mahler Johann Georg Ettlinger in mildesten Anbetracht seiner bewährten Fähig- und Geschicklichkeit zu dero Hofmahlern mittelst ausgefertigten Decrets huldreichst an- und aufzunehmen auch selbigen zu mehreren Aufmunterung ein jährliches Gehalt von Vierhundert Gulden a Prima Januarij anni currentis dergestalten und in so lang zu verwilligen, bis derselbe in ein ordungsmäßiges Gehalt eingetretten seyn wirdet.«[44] Edlinger bezog damit zwar kein monatliches Gehalt, erhielt aber immerhin eine jährliche »Gratifikation« in der für kurfürstliche Hofmaler üblichen Höhe.[45] Dank seines neuen Titels stand Edlinger unter »Hofschutz«, d.h. er gehörte zum Hofstaat und unterlag auch dessen Rechtsprechung und – was vielleicht das Wichtigste war – der Titel war eine Art Gütesiegel, das ihm die Auftragsakquise in höfischen Kreisen bzw. beim bayerischen Adel erleichterte. Edlinger stand nun in einer Reihe mit den älteren Münchner Hofmalern Jakob Dorner, Franz Ignaz Oefele, Christian Wink, Franz Regis Goetz (auch Kupferstecher) und Franz Xaver Welde.[46]

Edlingers Porträt der Kurfürstin wurde sogleich kopiert – eine für Herrscherporträts durchaus übliche Vorgehensweise –, denn die in verschiedenen Größen angefertigten Doubletten wurden ebenso zur Ausstattung der Schlösser wie als Geschenk an Verwandte benötigt.[47]

Da diese Kopien häufig von zweitrangigen Malern ausgeführt wurden, lässt ihre Qualität in vielen Fällen zu wünschen übrig. Von Edlingers Porträt der Kurfürstin jedoch sind zwei wohl eigenhändige Varianten in kleinerem Format bekannt: Eine befindet sich im Besitz des Wittelsbacher Ausgleichsfonds,[48] die zweite konnte die Bayerische Schlösserverwaltung 1984 erwerben (Kat. 18b).[49] Daneben existieren auch zwei Gemälde von unbekannter Hand, denen Edlingers Porträt als Vorlage dienten.[50] Zudem stach Joseph Anton Zimmermann das Motiv in Kupfer und nahm es in seine *Series imaginum augustae domus Boicae* auf (Kat. G16).

Aufträge bayerischer Adelsfamilien

Der Hofmaler-Titel zeigte Wirkung. Um 1780 erhielt der Künstler vor allem Aufträge der Münchner Hofgesellschaft. Adelsfamilien und sonstige höhere Funktionsträger bestellten ihre Porträts und nicht selten waren nicht nur die Ehefrauen, sondern auch die Kinder abzukonterfeien, was zeigt, dass diese Gemälde überwiegend für den privaten Gebrauch gedacht waren. Die nach der Kurfürstin hochrangigsten Kunden waren die Kurfürstin-Witwe Maria Anna von Bayern sowie Maria Antonia, die verwitwete Kurfürstin von Sachsen, und Herzog Wilhelm von Birkenfeld-Gelnhausen, der mit einer Nichte von Kurfürstin Elisabeth Auguste verheiratet war (Kat. 17, 20, 21).

Neben Mitgliedern der adeligen Familien ließen sich auch zahlreiche Hofbedienstete, darunter Musiker und Künstlerkollegen, malen. Auch ein Bildnis seines Förderers Lambert Krahe muss Edlinger um 1780 gefertigt haben, wie Lorenz Westenrieder berichtet: »Der Kopf des Hrn. Kraches ec. Gallerieinspektors zu Düsseldorf, welchen er in deßen Hirseyn gemalet hat, ist nebst andern ein Meisterstück seiner Kunst«.[51] Leider ist das Bild verschollen, möglicherweise sogar verbrannt.[52]

Edlingers Freude über den Hofmaler-Titel, der nach dem Tod des das Terrain jahrzehntelang dominierenden Porträtisten Georg Desmarées ein regelrechter Karriereschub hätte sein können, dürfte nicht allzu lange gewährt haben. Schon drei Jahre später, 1784, berief Kurfürst Karl Theodor mit Moritz Kellerhoven einen weitaus Jüngeren ebenfalls als Hofmaler nach München.[53] Kellerhoven hatte die Kunstakademie Düsseldorf besucht und war dort Schüler des bereits erwähnten Lambert Krahe gewesen. Seine weitere Ausbildung hatte ihn in wichtige Zentren der aktuellen Kunst, nach Antwerpen, London und Paris sowie 1779 nach Wien geführt und 1782 hatte er sich längere Zeit in Italien aufgehalten. Der 26-Jährige konnte somit eine fundierte Ausbildung vorweisen und hatte sich überdies auch

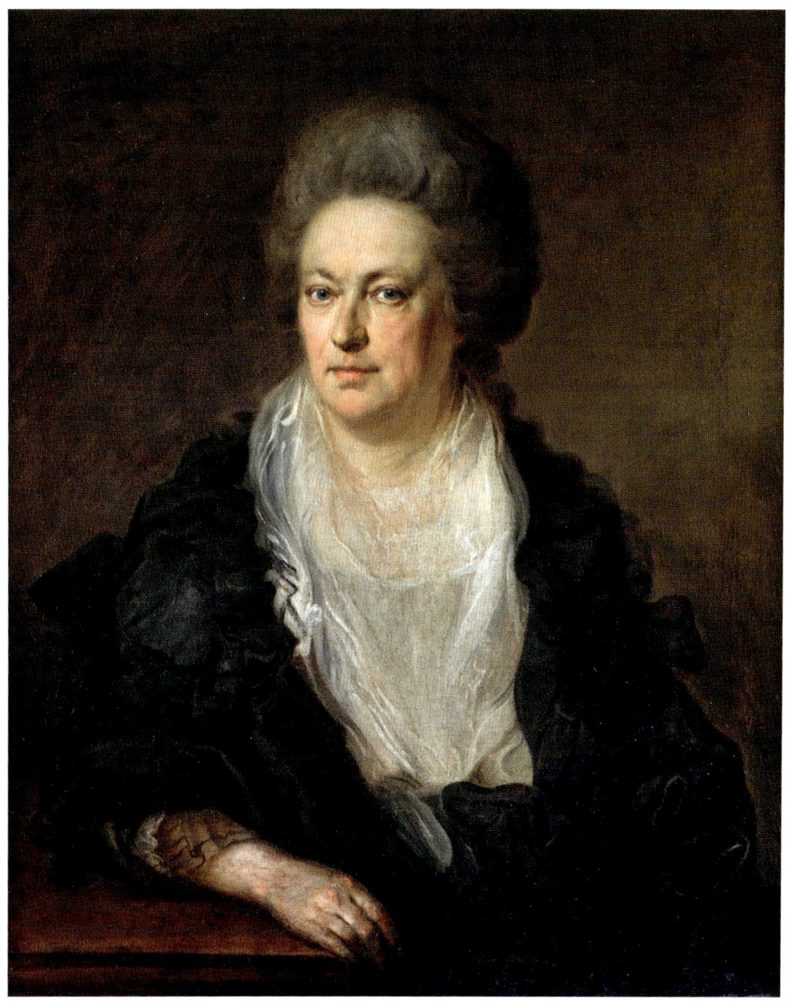

Abb. 6 Johann Georg Edlinger, *Anna Barbara Gignoux*, um 1786, Öl auf Leinwand, 83 × 68,5 cm, Augsburg, Städt. Kunstsammlungen (Schenk 1983, WK 46)

Anna Barbara Gignoux, geb. Koppmair, leitete nach dem Tod ihres Mannes Johann Friedrich Gignoux (1724–1760) die bedeutendste Augsburger Kattunfabrik des 18. Jahrhunderts. Da sie bereits während ihrer Ehe in großem Umfang in der Manufaktur mitgearbeitet hatte, war sie nach dessen frühem Tod imstande, den Betrieb erfolgreich weiterzuführen.

bereits einen vorzüglichen Namen als Kunstmaler erarbeitet.[54] Edlinger dürfte geahnt haben, dass dem – mit den modernen Kunstströmungen seiner Zeit vertrauten – Konkurrenten eine bedeutende Karriere bevorstand und damit langfristig auch ein Geschmacks- und Stilwandel einhergehen würde.

Auf Reisen

Laut Felix Joseph von Lipowsky hatte Edlinger bereits in den Jahren 1768 bis 1781 »Ausflüge in die Schweiz, Pfalz, in's Baden'sche [unternommen], wo seine Arbeiten sehr gesucht waren und er sich durch eigenes Studium sehr vervollkommnete.«[55] Leider ist nicht mehr nachvollziehbar, wohin diese Reisen genau gingen und wer dort Edlingers Auftraggeber waren. Der um 1785 jedoch zunehmende geschäftliche Druck durch konkurrierende Maler-Kollegen dürfte aber mit ein Grund dafür gewesen sein, dass Edlinger sich auch später immer wieder außerhalb Münchens nach Kundschaft umsah.

Edlingers Aufenthalt in Augsburg im Jahr 1786 ist sowohl durch einen schriftlichen Beleg als auch durch mehrere Gemälde eindeutig nachweisbar. So berichtet Paul von Stetten im 1788 erschienenen zweiten Teil seiner *Kunst-Gewerb- und Handwerks Geschichte der Reichs-Stadt Augsburg*: »Erst im 1786. Jahre, war auch der berühmte Porträtmaler von München, Herr Joh. Georg Edlinger hier, bearbeitete und hinterlies verschiedene vortreflich gemalte Bildniße hiesiger Personen.«[56] Edlingers Kunden in Augsburg waren wohlhabende Bürger wie die Fabrikantin Anna Barbara Gignoux und ihr Schwager Anton Christoph (Abb. 24), außerdem der Kaufmann Michael Ducrue,[57] der Bankier Georg Jonas Mayer (Kat. G 53) und der Flugpionier Maximilian Joseph von Lütgendorf (Kat. G 4) sowie dessen Frau Maria Maximiliana[58].

1792 berichtete Meusel in seiner Zeitschrift *Museum für Künstler und Kunstliebhaber* über einen Mannheim-Aufenthalt Edlingers: »Jetzt hält sich Hr. Etlinger hier [Mannheim] auf, ein Künstler, mit dem das Frauenzimmer weniger zufrieden ist; obschon er sich gleich auf folgende Weise verschiedenmal in das hiesige Frag- und Anzeigs-Blatt hat setzen lassen: ›Es wird jedermann zu wissen gethan, daß der berühmte Herr Etlinger, Hofmaler Sr. Kurfürstl. Durchlaucht von der Pfalz, von München hier angekommen; er wünscht sich im Porträtmalen bekannt zu machen, an Gleichheit und Kunst soll nichts auszusetzen seyn. Er wohnt bei Herrn [Franz] Landenberger, Hofbuchbinder neben dem Pfälzerhof dem Paradenplatz gegen über.‹«[59] Während dieses Aufenthalts dürften nicht nur das Porträt von Johann Georg von Stengel (Kat. 32) sowie auch die von Ernst Ludwig Posselt und seines in Durlach als Justizbeamter tätigen Vaters Philipp Daniel – die beiden Letzteren lebten in Karlsruhe bzw. Durlach, rund 55 Kilometer von Mannheim entfernt – sowie das Porträt des kurfürstlichen Leibchirurgen in Mannheim, Dr. Anton von Winter, entstanden sein.

Edlingers Ruf scheint weit über München hinausgedrungen zu sein, denn manchmal ließen sich auch Auswärtige von ihm porträtieren, die zu Besuch in die bayerische Residenzstadt kamen, so etwa der Frankfurter Kunstsammler und Kunstschriftsteller Heinrich Sebastian Hüsgen und der Nürnberger Buchhändler und Verleger Adam Gottlieb Schneider (Kat. G 43).

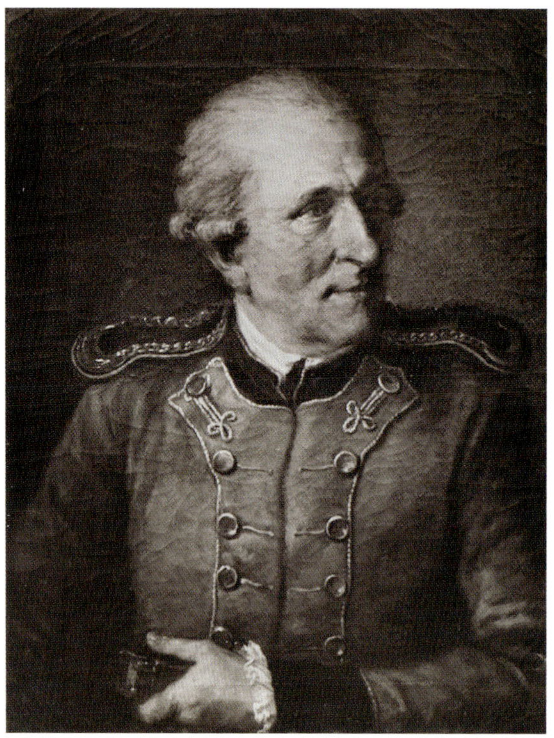

Abb. 7 Johann Georg Edlinger, *Dr. Anton Edler von Winter*, Foto des verschollenen Gemäldes (1792, 61 × 50 cm), Archiv Paulus (Schenk 1983, WK 72a)

Während seiner Aufenthalte in der Residenz Mannheim vertraute sich der Kurfürst dem Medizinalrat und Chirurgen Anton von Winter an. Dieser lehrte ab 1765 an der Kurpfälzischen chirurgischen Militärschule in Mannheim und war daneben auch als öffentlicher Lehrer der »Wundarzneykunde« tätig. Winter blieb auch nach der Umsiedelung des Kurfürsten nach München in Mannheim, so dass man davon ausgehen darf, dass das Porträt während Edlingers dortigem Aufenthalt im Jahr 1792 entstand.

Die politische Situation in Bayern 1790 bis 1806

Durch die pfälzische Erbfolge war München, die bisherige Hauptstadt Kurbayerns, zum Mittelpunkt eines relativ weitgespannten, allerdings zugleich auch zersplitterten und auf unterschiedliche Reichskreise verteilten Territoriums geworden, dem drittgrößten im Reich nach Österreich und Preußen. Diese machtpolitische Ausdehnung, verbunden mit der durch den Umzug des pfälzischen Hofs eingetretenen zusätzlichen Bevölkerungsmehrung, verursachte eine Fülle von Problemen, die eigentlich nach einer raschen und zielstrebigen Lösung verlangt hätten. Doch Kurfürst Karl Theodor empfand seine territoriale Erbschaft vor allem als Bürde und war entschlossen, sich ihrer zugunsten Österreichs schnellstmöglich zu entledigen – ein Vorhaben, das zunächst nur die Geheimdiplomatie beschäftigte, das nach und nach aber auch der Münchner Stadtbevölkerung zur Kenntnis gelangte. Das hier als Verrat interpretierte Tauschprojekt (Bayern gegen die österreichischen Niederlande) machte den Münchnern Karl Theodor mitsamt seinem Pfälzer Hofstaat so verdächtig, dass sich die ersten Regierungsjahre nach 1777 für Regent und Stadtbevölkerung höchst unerfreulich gestalteten. Widerstand gegen die Tauschpläne regte sich nicht allein in der großen europäischen Politik, sondern wurde auch von München aus betrieben. So bildete sich um die Kurfürstinwitwe Maria Anna (Kat. 20) ein kleiner Kreis von Verschworenen, der über viele Kanäle Kontakte zum interessierten Ausland

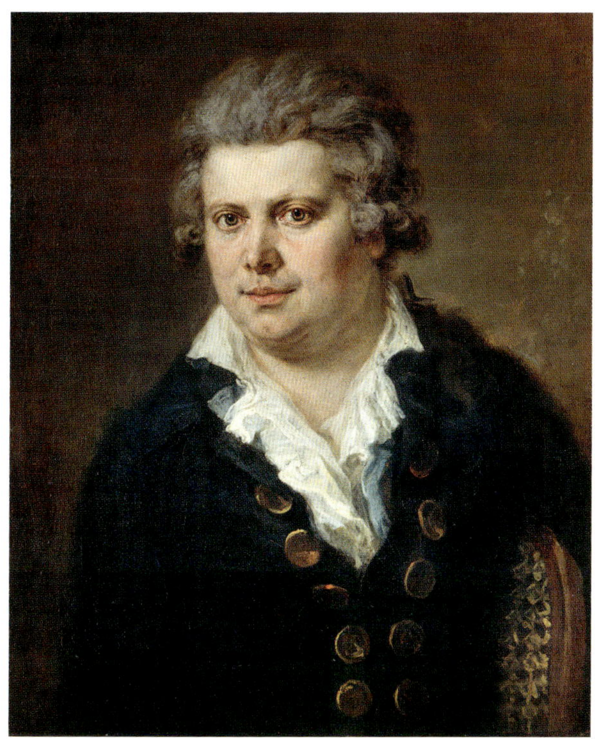

Abb. 8 Johann Georg Edlinger, *Ernst Ludwig Posselt*, 1792, Öl auf Leinwand, 64,8 × 53,5 cm, Münchner Stadtmuseum (Schenk 1983, WK 76)

Ernst Ludwig Posselt studierte an der Universität Göttingen Rechts- und Staatswissenschaft sowie neuere Sprachen und wurde in Straßburg promoviert. Nach einer Tätigkeit als Regierungsadvokat in Durlach wurde er Professor für Recht und Beredsamkeit am Gymnasium Karlsruhe, gleichzeitig ernannte ihn der Markgraf von Baden zu seinem Geheimen Sekretär. 1796 bat Posselt um seine Entlassung, um die Geschichte Badens schreiben zu können, und lebte fortan als Schriftsteller. Die Verhaftung des mit ihm befreundeten französischen Generals Jean Victor Marie Moreau, der des Hochverrats an Napoleon angeklagt war, trieb den depressiv veranlagten Posselt in den Selbstmord. Eine Ölskizze auf Holz (Bestand MStM, Nr. 33) darf wohl als Vorstudie zu diesem Porträt gelten.

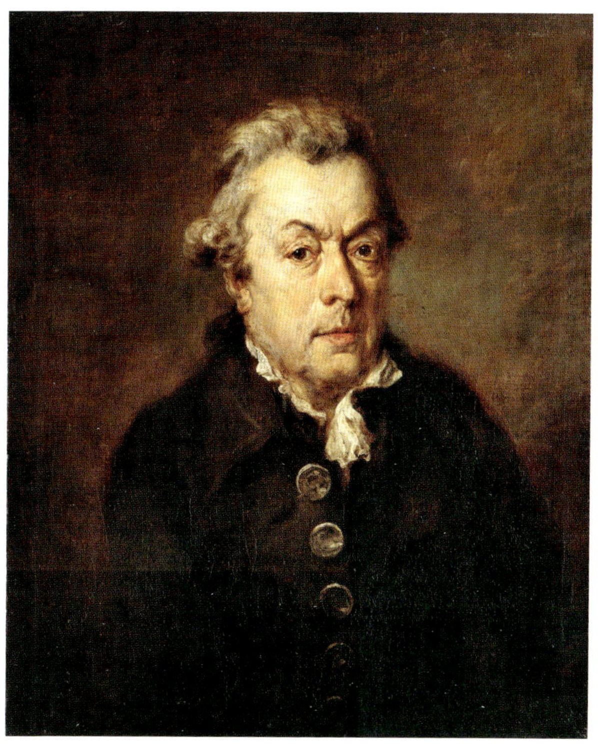

Abb. 9 Johann Georg Edlinger, *Philipp Daniel Posselt*, 1792, Öl auf Leinwand (doubliert), 65,4 × 53,7 cm, Münchner Stadtmuseum (Heinemann 1924, Nr. 74; Schenk 1983, WK 75)

Der Jurist Posselt senior – es handelt sich um den Vater von Ernst Ludwig Posselt – diente 40 Jahre lang als Beamter in Durlach, wo er es bis zum markgräflich badischer Geheimen Hofrat brachte.

(insbesondere Preußen) herstellte und unterhielt. Der Fehlschlag des Ländertauschs und die wachsende Abneigung seiner neuen Untertanen nötigten Karl Theodor zu Reformen, die allerdings erst Ende der 1780er-Jahre einsetzten und vor allem durch seinen natürlichen [unehelichen] Sohn Stephan von Stengel (Kat. 32) und durch den lange in englischen Diensten gestandenen Amerikaner Benjamin Thompson (später als Graf Rumford geadelt) vorangetrieben wurden (Kat. 92). Neben staats- und wirtschaftspolitischen Verbesserungen sind darunter wohl von England angestoßene militärische Umstrukturierungen zu erwähnen, deren ursprünglicher Zweck darin lag, Pfalzbayern als politisch gewichtigen deutschen Mittelstaat gegen die aggressive Position Habsburgs in Süddeutschland zu immunisieren – Vorhaben, die allerdings mehr oder weniger misslangen. Dass der Verlauf der Reformpolitik aber auch Vorteile für die Hauptstadt München brachte, mag man an der 1789 begonnenen Anlage eines Englischen Gartens und der Aufgabe der Festungseigenschaft 1795 ablesen.[60]

Mit dem Ausbruch der Französischen Revolution im Jahr 1789 geriet der durch die Berater Karl Theodors angestoßene Wandlungsprozess zwangsläufig in deren Sog und weckte beim spätabsolutistisch eingestellten alten Kurfürsten ein latentes Misstrauen

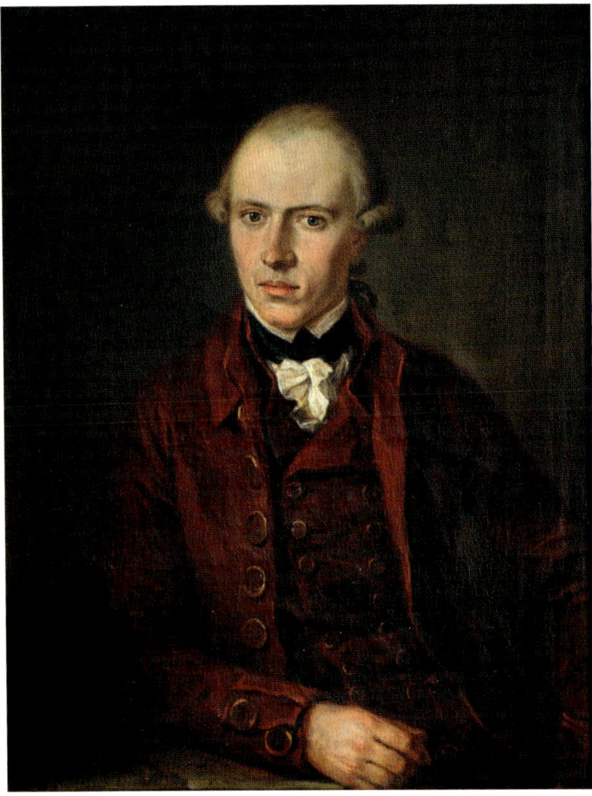

Abb. 10 Johann Georg Edlinger, *Anton Ignaz Niggl*, 1794, Öl auf Leinwand, 83 × 65,5 cm, Heimatmuseum Bad Tölz

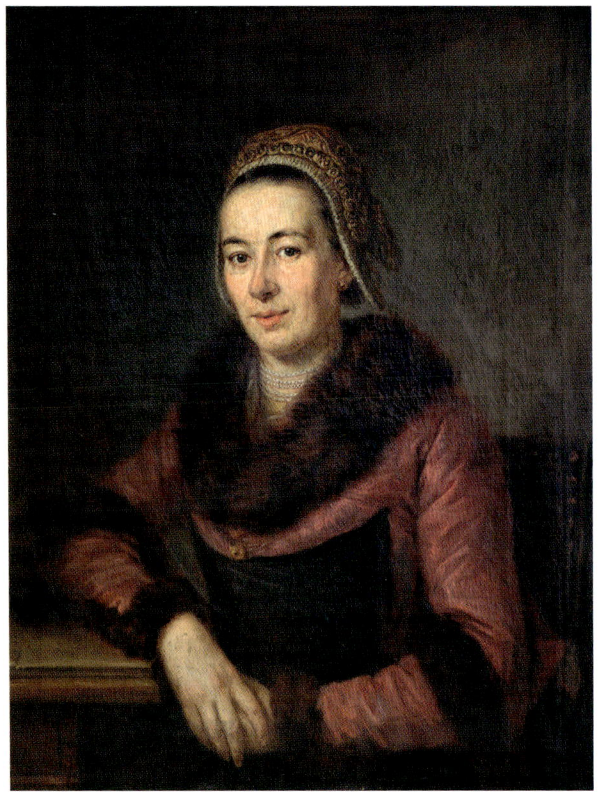

Abb. 11 Johann Georg Edlinger, *Maria Antonia Niggl*, 1794, Öl auf Leinwand, 83 × 65,5 cm, Heimatmuseum Bad Tölz

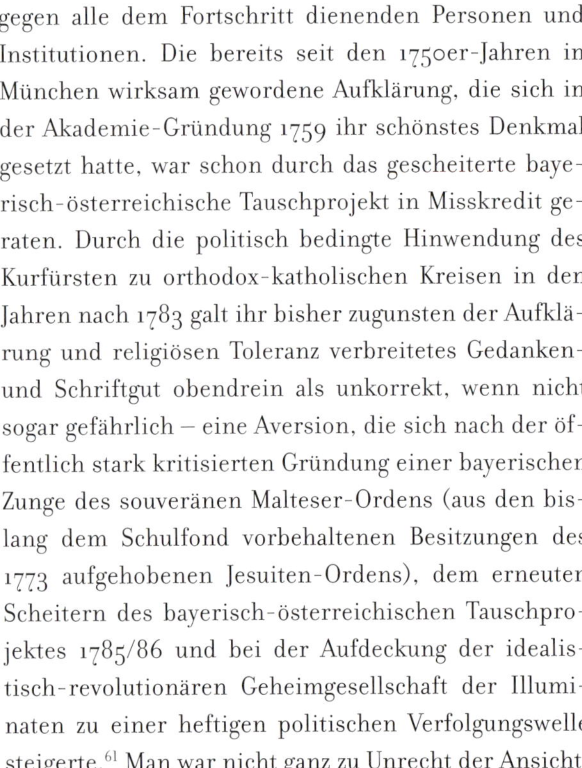

gegen alle dem Fortschritt dienenden Personen und Institutionen. Die bereits seit den 1750er-Jahren in München wirksam gewordene Aufklärung, die sich in der Akademie-Gründung 1759 ihr schönstes Denkmal gesetzt hatte, war schon durch das gescheiterte bayerisch-österreichische Tauschprojekt in Misskredit geraten. Durch die politisch bedingte Hinwendung des Kurfürsten zu orthodox-katholischen Kreisen in den Jahren nach 1783 galt ihr bisher zugunsten der Aufklärung und religiösen Toleranz verbreitetes Gedanken- und Schriftgut obendrein als unkorrekt, wenn nicht sogar gefährlich – eine Aversion, die sich nach der öffentlich stark kritisierten Gründung einer bayerischen Zunge des souveränen Malteser-Ordens (aus den bislang dem Schulfond vorbehaltenen Besitzungen des 1773 aufgehobenen Jesuiten-Ordens), dem erneuten Scheitern des bayerisch-österreichischen Tauschprojektes 1785/86 und bei der Aufdeckung der idealistisch-revolutionären Geheimgesellschaft der Illuminaten zu einer heftigen politischen Verfolgungswelle steigerte.[61] Man war nicht ganz zu Unrecht der Ansicht, der Kurfürst werde von seinem Beichtvater, dem Exjesuiten Ignaz Frank, gesteuert: »Dieser Mann steht mit dem Kurfürsten in einem stillschweigenden Akkorde; vermöge dessen er ihm alle Ausschweifungen gegen das sechste Gebot vergiebt, wenn der Fürst dafür sonst thut, was er haben will.«[62] Diese Verdächtigungen, die den Stadtbewohnern das politische Regiment Pfalzbayerns schließlich als Ergebnis einer »Pfaffenwirtschaft« erscheinen ließ, vertieften die Kluft zwischen Fürst und Volk so sehr, dass beim plötzlichen Tod Karl Theodors im Februar 1799 öffentlicher Jubel ausbrach.[63]

Geldsorgen und die Bitte um eine feste Stelle

Ab etwa 1790 – Edlinger war mittlerweile 50 Jahre alt – prägten materielle Sorgen das Leben des Malers. Zwar garantierte der Hofmaler-Titel eine jährliche Einnahme von 400 Gulden, doch war diese Summe viel zu gering, um den Lebensunterhalt einer sechsköpfigen Familie auch nur annähernd zu decken und den beiden Söhnen Joseph Sebastian und Anton jeweils eine gute Ausbildung zu ermöglichen. Während der ältere Sebastian das Münchner Lyzeum,[64] eine sich an das Gymnasium anschließende universitätsähnliche Einrichtung, absolvierte und dann in Ingolstadt Jura studierte, besuchte der jüngere Sohn ab 1791 die kurfürstliche Militär-Akademie.[65] Die vormalige Kadettenanstalt war 1789 in eine staatliche Schule umgewandelt worden, die auch Knaben aus weniger bemittelten Familien aufnahm und sie auf eine künftige Offizierslaufbahn vorbereitete.[66]

In zahlreichen Bittbriefen versuchte Edlinger, auf seine missliche Situation hinzuweisen: »Euer Kurfürstlichen Durchleucht erlauben gnädigst, daß [ich] mich nebst unterthänigster Danksagung für die höchste Gnade, daß mir das Portrait der Durchleuchtigsten Frauen Kurfürstin zu verfertigen gnädigst anvertraut worden, unterthänigst zu Füssen werfe. Euer Kurfürstliche Durchleucht als der größte Kenner der Künsten wissen von selbst, daß Kunst nur selten bezahlet wird, und daß bey einem Mann, der mit vielen Kindern, für tägliches Brod zu sorgen, und zu arbeiten hat, Kunst, Fleis, und nöthiges Studium schaden leiden mus. Euer Kurfürstlichen Durchleucht, den eben so grossen weltbekanten Unterstüzer als Kenner der Künsten bitte ich demnach unterthänigst mich als einen schon in die 10 Jahre Titulirten Hofmaller mit einer Besoldung zu begnaden, damit ich etwas ruhiger dem Studiren abwartten kann, und nicht wie bis anhero gezwungen werde, mit Vernachlässigung meiner mir von Gott gegebenen Talent unter Tausend Sorgen um das tägliche Brod so hinzumallen. Ich werde hievor das meinige nach höchster Anbefehlung, und Zufriedenheit prästiren. Zu welch gnädigster Bitts-Erhör, und Kurfürstlich höchsten Hulden, und gnaden unterthänigst gehorsam mich empfehle.«[67] Vergeblich bat er, eine von Hofmaler Dorner verlassene Gratiswohnung übernehmen zu

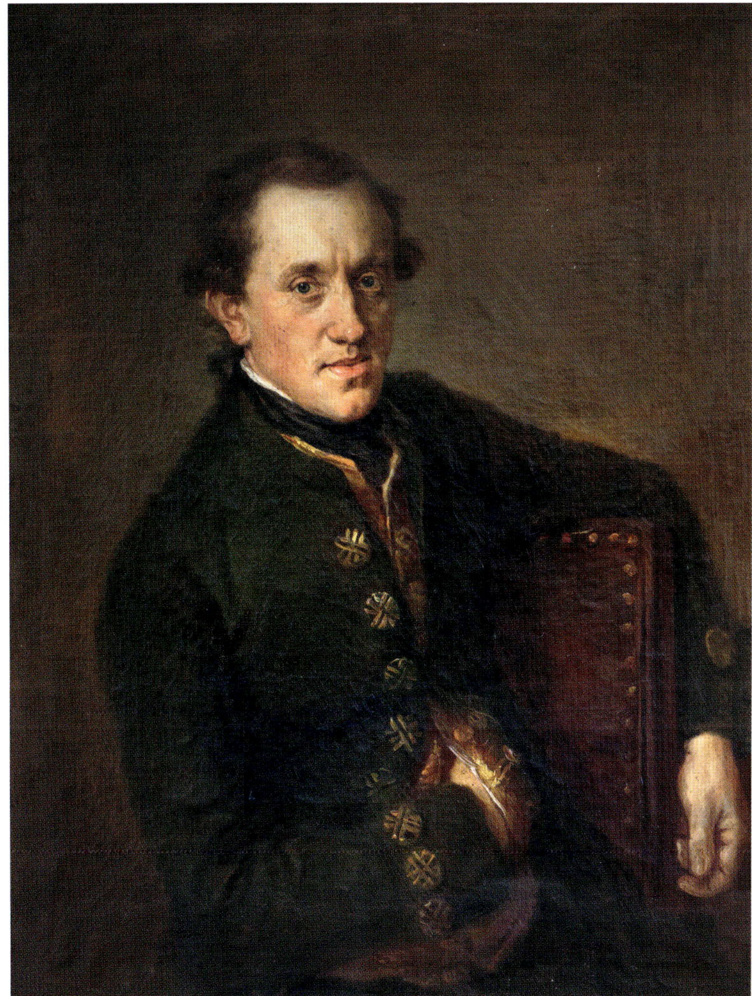

Abb. 12 Johann Georg Edlinger, *Franz Michael Kyrein (1759–1791), erster Ehemann der Maria Antonia Niggl*, 1794, Öl auf Leinwand, 83 × 65 cm, Heimatmuseum Bad Tölz (Abb. 10–12 nicht bei Schenk 1983)

Die Kyreins waren die angesehensten Händler in (Bad) Tölz. Doch Franz Michael Kyrein, verheiratet mit Maria Antonia Weiß, einer Posthaltertochter aus Fürstenfeldbruck, führte das Handelshaus fast in den Ruin und erlag schließlich einer Geisteskrankheit. Seine Witwe heiratete den langjährigen Prokuristen des Handelshauses, Anton Ignaz Niggl, der die Firma wieder zum Blühen brachte. Das Ehepaar bekam fünf Kinder. 1815, mittlerweile Witwer, beschloss Niggl, der in jungen Jahren keine Aufnahme im Kloster Weyarn gefunden hatte, das Geschäft an seinen ältesten Sohn zu übergeben und doch noch Priester zu werden. Am 13. Juni 1820 feierte er in Anwesenheit seiner Kinder und einer ersten Enkelin in Tölz seine Primiz.

Die Porträts der Familie Kyrein-Niggl entstanden, wie die rückseitigen Beschriftungen der Bilder besagen, in einem Zeitraum von etwas mehr als zwei Wochen, was auf einen Aufenthalt Edlingers in Tölz schließen lässt. Dass auch der bereits 1791 verstorbene Franz Michael Kyrein mit einem Bildnis gewürdigt wurde, belegt die Verbundenheit des Ehepaars Niggl mit dem ehemaligen Firmeninhaber.

dürfen, und fragte nach dem Tod des Hofkupferstechers Joseph Anton Zimmermann sowie des Hofmalers Franz Ignaz Oefele – beide starben im Jahr 1797 – jeweils an, ob er nicht deren nun frei gewordene Besoldung bekommen könne. Er verwies darauf, dass er »Familien-Vater von 4 erwachsenen, unversorgten Kindern, besonders meinem auf der Universität zu Ingolstadt sich befindenden Sohn« sei.[68] Doch auch Oefeles Familie war in finanzieller Bedrängnis, wie entsprechende Eingaben der Witwe belegen. Der Kurfürst ließ sich von keiner der beiden Parteien rühren, er nahm keine Neubesetzung vor. Stattdessen wurden zwei völlig neue Stellen eingerichtet: Jakob Dorner d. Ä.[69], der bereits seit 1765 Hofmaler war, wurde zum Vizedirektor und Johann Georg Dillis (Kat. 53) zum Inspektor der Kurfürstlichen Bildergalerie berufen.[70] Zum wohl wichtigsten Auftraggeber Edlingers in dieser Zeit wurde der Buchhändler Johann Baptist Strobl, der sich eine private Porträtgalerie anlegte, die er als sozialkritisches Statement verstanden wissen wollte; auf ihn und sein politisches Engagement wird später noch genauer einzugehen sein (s. S. 143–155, Abb. 29). Strobl soll schließlich 200 Edlinger-Gemälde besessen haben, doch ist auch bekannt, dass er den Künstler nur schlecht bezahlte. Die Geldsorgen der Familie Edlinger besserten sich dadurch also nicht.

Die Franzosen in München

Mit dem Regierungsantritt des Zweibrückener Herzogs Max Joseph im Jahr 1799 schien sich die in jeder Hinsicht verfahrene politische Situation in Bayern zunächst zu beruhigen. Doch die Zeitumstände gestatteten keine glückliche Einstandsphase des neuen Kurfürsten. Noch im selben Jahr wurden die Defizite des bisherigen Systems in mehreren Publikationen öffentlich gemacht und die Einberufung eines Reform-Landtags verlangt[71] – ein Ansinnen, das im Widerspruch zu den nicht auf eine Revision der alten, sondern auf die Schaffung einer neuen staatlichen Ordnung ausgerichteten Plänen des neuen Kurfürsten stand.

Im Jahr 1800 war für den bayerischen Landesherrn eine ganz andere Art der Bedrohung akut geworden: Max Joseph musste seinen Hof vor den anrückenden französischen Revolutionsarmeen nach Amberg verlegen, was, von den Münchnern als ein Zeichen von Schwäche interpretiert, den neuen Kurfürsten in seiner Residenzstadt ebenso unbeliebt machte wie seinen Amtsvorgänger. Als die Stadt im Juni besetzt wurde, bejubelten die Münchner die sonst allenthalben gefürchteten »Neufranken« bei ihrem Einzug; das Ende der Dynastie Wittelsbach schien eine ausgemachte Sache. Die seit dem Machtwechsel relativ offen agierenden Illuminaten, revolutionär gesonnene Demokraten und schwärmerische Jakobiner-Anhänger gewannen in der Stadt kurzfristig die Oberhand – öffentlich liebäugelten sie mit der Parole »Freiheit, Gleichheit, Brüderlichkeit«. In besonderer Weise exponierten sich dabei der bereits erwähnte Münchner Buchhändler Johann Baptist Strobl sowie der Geheime Referendär und spätere Unternehmer Joseph von Utzschneider (Kat. 89). Die französischen Besatzungstruppen jedoch waren über den freundlichen Empfang und die ihnen angetragene Zusammenarbeit mehr als irritiert. Zu der angebotenen Münchner Kooperation kam es letztendlich auch nicht, denn die Franzosen forderten neben hohen Geld-Kontributionen kaum aufzutreibende Naturallieferungen und plagten die Stadtbewohner mit kostspieligen Einquartierungen. Dass es in solchen Zeiten kaum Aufträge für bildende Künstler gab, lässt sich leicht nachvollziehen. Weitere Bittbriefe von Edlinger waren daher sinnlos und unterblieben.

Nach dem Ende der französischen Besetzung und der Rückkehr des Hofes verzichtete Kurfürst Max Joseph zwar auf eine exemplarische Bestrafung der Rädelsführer, begann aber mehr und mehr jenes politische Programm umzusetzen, das er schon 1796 in Amberg mit seinem engsten Berater, dem vormals ebenfalls dem Illuminaten-Orden zugezählten Grafen Maximilian Montgelas detailliert vorbereitet hatte. Die Durchsetzung dieser Entwürfe bedeutete nichts anderes als eine langfristig angelegte »Revolution von oben«, also einen radikalen Umbruch aller bestehenden öffentlich-rechtlichen Verhältnisse, der allerdings im Gegensatz zu Frankreich nicht vom Volk ausging, sondern von der gesetzlichen Obrigkeit. Dieser unter totaler Missachtung der bisherigen Landesverfassung gewagte innenpolitische Umsturz zerstörte durch die Aufhebung der Ständeversammlung die bisherigen Mitspracherechte des Adels, der Städte und der landständischen Klöster, hebelte in der Folge die Kompetenz der Magistrate aus und unterminierte die seit Jahrhunderten unangefochten einflussreiche Position von Kirche und Religion. Das Reform-System des Grafen

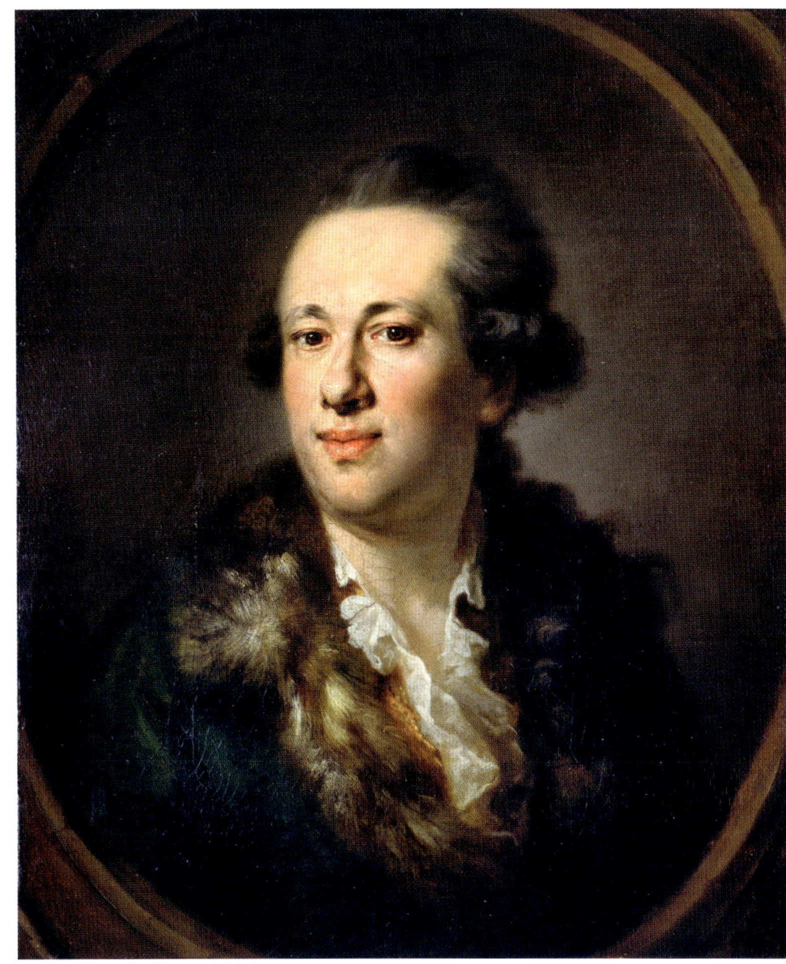

Abb. 13 Johann Georg Edlinger, *Heinrich Sebastian Hüsgen*, 1781, Öl auf Leinwand, 64,2 × 53,1 cm, Frankfurt, Freies Deutsches Hochstift / Goethe-Museum (Schenk 1983, WK 22)

Der Frankfurter Heinrich Sebastian Hüsgen wurde nicht, wie vom Vater gewünscht, Kaufmann, sondern widmete sich, vom Vermögen der Familie lebend, der Kunst. Er trug eine namhafte Sammlung von Gemälden, Skulpturen und Graphiken zusammen und betätigte sich auch als Kunstschriftsteller. 1781 machte Hüsgen auf einer Reise nach Italien in München Station und ließ sich dort von Edlinger porträtieren.

Montgelas legte sich ab 1802 wie ein Albtraum über das territorial geschrumpfte Pfalz-Bayern, das bedingt durch die Gesamtentwicklung inzwischen seine pfälzischen und zu Zweibrücken zählenden Nebenterritorien am und jenseits des Rheins an das revolutionäre Frankreich hatte abtreten müssen; als Kompensation dieser Verluste hatte der zwischen Frankreich und dem Heiligen Römischen Reich 1801 abgeschlossene Luneviller Frieden dem lädierten Kurstaat geistliche und weltliche Gebietskörperschaften in Franken und Schwaben und obendrein den reichen Besitz der inländischen Klöster und Ordenskongregationen zugesprochen. Der 1805 von Max Joseph vollzogene außenpolitische Kurswechsel beendete die bisherige Abhängigkeit von Österreich und die Zugehörigkeit zum Reich. Bayern reihte sich fortan unter die französischen Satellitenstaaten des Rheinbundes ein. Der Kurfürst bekam dafür 1806 von Kaiser Napoleon die Königswürde zugeteilt; München wurde zur Hauptstadt des Königreichs Bayern.

Edlingers späte Jahre

Nachdem der Hof im April 1801 nach München zurückgekehrt war, hatte sich das Alltagsleben rasch wieder normalisiert. Doch das vor der Besatzungszeit übliche Münchner Kunstleben wollte nicht mehr so recht in Schwung kommen. Nicht einmal der Kurfürst hatte größere Aufträge zu vergeben; er verpflichtete die Hofkünstler zur jährlichen Ablieferung eines Werks. Edlinger war aber dazu aus gesundheitlichen Gründen nicht mehr in der Lage. Auf einer von Galeriedirektor Johann Christian von Mannlich 1804 zusammengestellten Liste der von den Hofkünstlern abgelieferten Werke wird er als »alt, kränklich« charakterisiert; von der Ablieferung eines Bildes ist keine Rede.[72] Immerhin bekam die Familie Edlinger, die um 1804 in einer Wohnung im 2. Stock der Neuhauser Straße 286[73] (heute Neuhauser Str. 29) lebte, Unterstützung bei den Mietkosten, auch sprach man ihr für den Winter sechs Klafter Holz zu.[74]

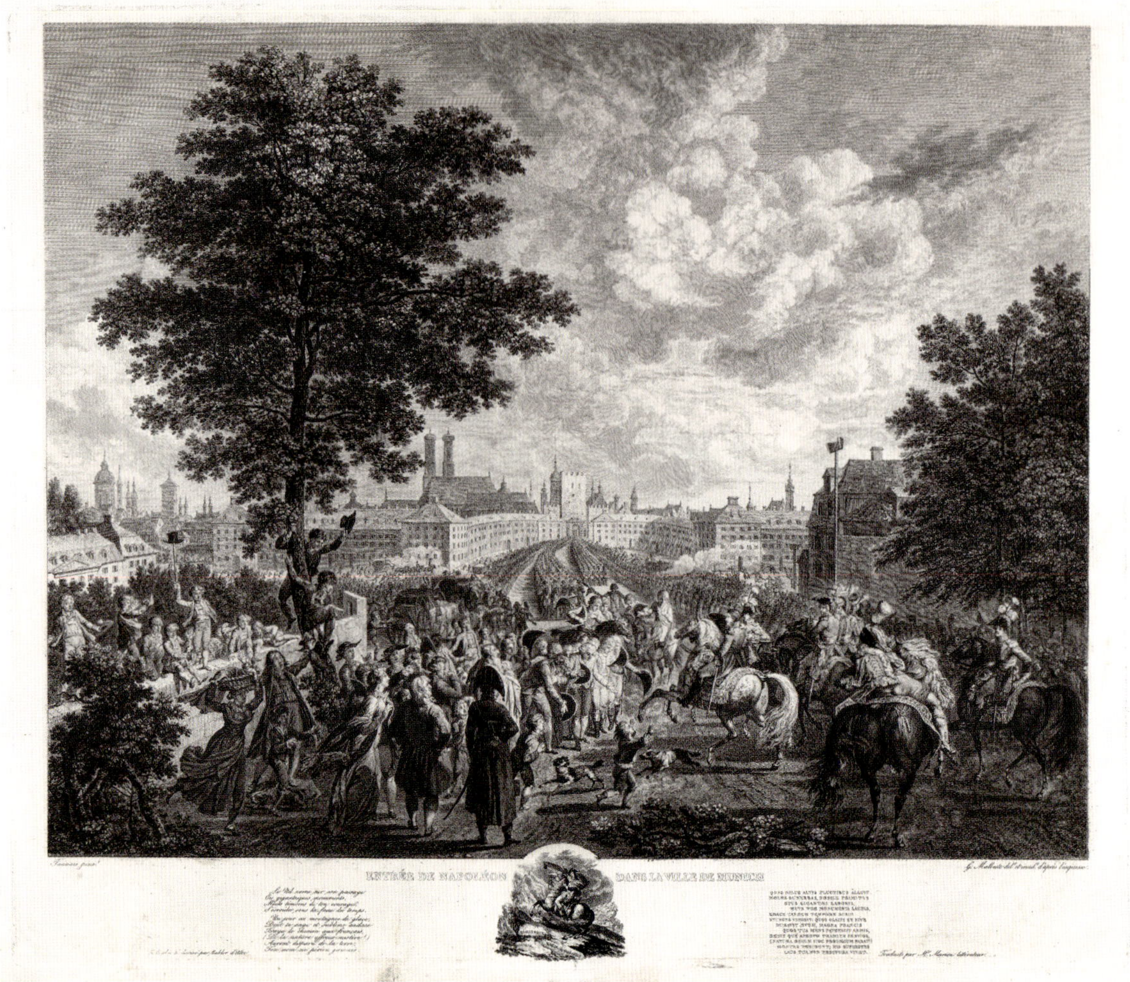

Abb. 14 Georges Malbeste nach Nicolas-Antoine Taunay und Louis Albert Ghislain Bacler d'Albe, *Einzug Kaiser Napoleons in München am 24. Oktober 1805*, 1808, Kupferstich, 52 × 67,2 cm, Münchner Stadtmuseum

Edlingers im Alter von etwa 30 Jahren getroffene Entscheidung, sich in München niederzulassen, hatte für den jungen Maler Chancen, zugleich aber auch Risiken geboten. Die bayerische Haupt- und Residenzstadt und die potenzielle Klientel aus dem höfischen Umkreis waren überschaubar und mit dem Tod Desmarées im Jahr 1776 war ein künstlerisches Vakuum entstanden, das einem begabten, wenn auch noch namenlosen Künstler Erfolg versprach. Weitaus weniger kalkulierbar – und von vielen Zeitgenossen sicher nicht bewusst wahrgenommen – war dagegen die Tatsache, dass man sich gegen Ende des 18. Jahrhunderts in einer Umbruchszeit – vom Rokoko zum Klassizismus – befand, mit der schon bald auch ein allgemeiner Geschmackswandel und damit ein Stilwandel in der Malerei einhergehen sollte. Edlinger entging dies keineswegs, doch wollte er sich nicht anpassen.[75] Zwar hatte er mit dem Porträt der Kurfürstin und vielen anderen Bildnissen seine künstlerischen Fähigkeiten hinreichend unter Beweis gestellt, da er aber seinen Kunden durch unzählige Sitzungen eine manchmal fast übermenschliche Geduld abverlangte und zudem wenig Rücksicht auf den aktuellen ästhetischen Geschmack nahm, war Edlingers Porträt-Kunst nach der Jahrhundertwende immer weniger gefragt und er geriet zunehmend ins geschäftliche Abseits, während die farbig kultiviert gemalten Bildnisse seiner Maler-Kollegen großen Anklang fanden.

Zu Edlingers großem Konkurrenten wurde ab etwa 1806 der schon erwähnte Joseph Hauber, der anfangs vor allem religiöse Motive gemalt hatte, sich nun aber immer mehr auf die Bildnismalerei verlegte und mit seinen gefälligen, farbenfrohen Bildnissen im Stil des Klassizismus, später auch des Biedermeiers vor allem das bürgerliche Münchner Publikum ansprach. Ludwig Emil Grimm, über den noch etwas ausführlicher zu sprechen sein wird, schildert in seinen Erinnerungen dessen Beliebtheit: »Dieser Hauber war ein Volksmaler: Der Bräutigam, die Braut, die Verliebten, alt und jung lief zu ihm und ließ sich malen. Bekam einer einen Orden, so ließ er sich in Uniform malen; war jemand gestorben, so malte er die Leute wieder lebendig.«[76] Auch in Johann Peter von Langer[77] und vor allem im Hofmaler Moritz von Kellerhoven erwuchsen Edlinger erfolgreiche Gegenspieler. Langer, der hauptsächlich religiöse und profangeschichtliche Bilder und eher selten Porträts malte und ab 1806 die Leitung der Münchner Kunstakademie übernahm, beeindruckte durch feines Kolorit, wohlstudierte Figuren und genau durchkomponierte Bilderzählungen. Mit ihm kam ein akademischer Klassizismus in Mode, der während seiner Ära für die Münchner Akademie maßgebend war und zugleich für das dortige Publikum geschmacksbildend wurde. Ein Konkurrent im Fach »Porträt«, dessen Ruf weit über München hinaus wirkte, war für Edlinger der knapp 20 Jahre jüngere Moritz Kellerhoven. Der aus dem Herzogtum Berg stammende Künstler, der 1808 zum ersten Professor an der Akademie ernannt wurde – ein Amt, das er bis zu seinem Tod innehatte –, galt bereits als einer der bedeutendsten Porträtmaler seiner Epoche und wurde einige Jahre lang zum gefragten Münchner Porträtisten der anspruchsvolleren Klientel. Moritz Kellerhoven begeisterte mit repräsentativer, geschönter Porträtmalerei, die nun wieder in Mode kam. Gerühmt wurden nicht nur »Zeichnung, Kolorit, plastische Vollendung und lebendige Auffassung« seiner Gemälde, sondern auch die Ähnlichkeit der Porträtierten und die Behandlung der Kleidung und des Schmucks – letztere Details, für die Edlinger immer weniger Empathie aufbrachte.[78]

Bedingt durch die Zeitumstände, aber auch durch Edlingers kompromisslose Sichtweise sollte sich die finanzielle Lage des Künstlers in den noch verbleibenden Lebensjahren nicht mehr verändern. Zwar trat der ältere Sohn Sebastian 1803 seine erste Stelle als Amtsaktuar beim Landgericht Griesbach an und »enthob [damit] seine mit Dürftigkeit ringenden Aeltern einer Bürde«[79] und der zweite Sohn kam beim Militär unter, doch lebten die beiden Töchter noch einige Jahre im Haushalt der Eltern. Dass 1805 der Buchhändler Strobl nur 57-jährig starb, war mit Sicherheit ein herber Schlag für Edlinger, denn der Verstorbene war in den 1790er-Jahren sein wichtigster Auftraggeber geworden.

Um 1809 bezog das Ehepaar Edlinger eine kleine Wohnung in der Herzogspitalgasse. Während die Tochter Barbara (Babette) im Jahr zuvor geheiratet und die Familie verlassen hatte,[80] blieb Maria Anna, die ältere Tochter, noch bei den Eltern; sie heiratete erst 1812, damals bereits 34 Jahre alt, den aus Pörnbach stammenden Dismas Osterhuber. Dieser hatte gemeinsam mit ihrem Bruder Anton und ihrem Schwager Johann Nepomuk Sedelmayr die Militär-Akademie besucht und sich bei der Niederwerfung der »Tyroler Insurrection«[81] im Jahr 1809 ausgezeichnet, noch im nämlichen Jahr aber das Militär quittiert und war nun als Steuerbeamter tätig.[82]

Zwei junge Künstler zu Besuch beim greisen Edlinger

Die Frage, ob Edlinger in jüngeren Jahren Schüler hatte, lässt sich nicht eindeutig beantworten. 1981 äußerte Eckhard von Knorre die Vermutung, Joseph Hauber, der wohl 1785 erstmals nach München kam, könnte von ihm ausgebildet worden sein. Diese aufgrund stilistischer Ähnlichkeiten getroffene These ist nicht von der Hand zu weisen, lässt sich aber bisher archivalisch nicht belegen.[83] Für die Jahre ab 1795 darf man Schüler definitiv ausschließen, denn Edlingers Auftragslage ließ deren Aufnahme nicht zu und danach verlagerte sich die Künstlerausbildung an die 1808 gegründete Akademie der Künste. Allerdings war Edlinger durchaus bereit, mit jungen Künstlern in Kontakt zu treten. 1813[84] besuchten die Freunde Johann Nepomuk Muxel[85] und Ludwig Emil Grimm,[86] beide Schüler der Münchner Akademie, den 69-jährigen Maler. Grimm beschreibt diese für die beiden 23-Jährigen eindrucksvolle Begegnung in seinen Erinnerungen: »Ein altes Münchener Original darf ich auch nicht vergessen, das ist der alte Hofmaler Edlinger, jetzt außer Mode, aber ein Maler, wie keiner in München ist. Er ist Bildnismaler und nur von Männern. Seine Frauenköpfe sind nicht zum Ansehen. Der Mukerl Muxel kam einmal und sagte: ›Du, Grimm, ist dir's recht, so wollen wir zum alten Edlinger und ihn zeichnen!‹ Wir gingen also mit den Zeichenbüchern nach der Kreuzgasse,[87] wo seine Malerstube in einen einsamen Hof ging, wo man rechts an einen alten, im italienischen Stil gebauten Kirchturm sah; es war noch seine alte Frau da und seine Schwester. Die waren im Vorderzimmer, wo es sehr bürgerlich aussah: ein hölzerner Tisch, darauf ein Bierkrug und zwei Gläser, hölzerne Stühle und Bänke, die Wände voll alter, dunkler, großer Gemälde. Er saß vor seiner Staffelei und war sehr wortkarg, hatte einen ziemlich kahlen Kopf und wenig weiße Locken, war klein, breitschultrig; die Kleider, die er anhatte, waren abgeschabt, die alte grün manchesterne Hose hing herunter, so daß zwischen der langen Weste und der Hose das Hemd heraushing; alte, nie geputzte Stiefel hingen in vielen Falten herunter, und graue, wollene Strümpfe hatte er an. Er grüßte uns fast gar nicht und frug, was wir wollten? Er möge doch so gut sein und uns sitzen, wir wollten ihn gern zum Andenken zeichnen und dann seine Arbeiten besehen. Er setzte sich sogleich zum Zeichnen hin und sagte: ›So fangen S'an!‹ Nach einer Stunde waren wir fertig und beide Zeichnungen wirklich sehr ähnlich. Wir gaben ihm die Zeichnungen zum Besehen, und er möge uns seine Meinung sagen. Er betrachtete jede lange, dann sagte er: ›Die beiden Zeichnungen sind halt nichts nutz, so hab i halt gar kein Gesicht, schaun's mal her! Herr Muxel, was haben's denn da gemacht? Hab i denn so en Nasen? Das Gesicht is halt auch viel z'breit‹; und über meins sagte er: ›Der Herr hat halt noch mehr gefehlt. Da is d'Stirn zu kloa, de Nasen ze groß, es geht halt nix z'samme, da derfen's, meine Herrn, den Kopf glei noch emal anfange, das is nix; glauben's, mei Kopf wär nur so e G'spasserl zum Zeichnen? Ja, warten's e bisserl! wenn's wollen, will ich Ihnen auf ein andermal sitzen, jetzt hab i halt koa Zeit.‹[88] Ich wäre beinahe mit lautem Lachen herausgeplatzt, aber der Respekt vor dem alten Mann und seinem Talent hielt mich zurück. Muxel machte ein verlegenes Gesicht und wurde bei dem Lob über und über rot. Nachher frug er, ob wir Schüler bei der Akademie wären; als wir es bejahten, sagte er ironisch: ›Ja! ja! die Herren bei der Akademie glauben all, sie wären Hexenmeister; ja, ja, der große Düsseldorfer Herr [Langer][89] glaubt halt, er wäre der einzige Mann in der Welt, der was verständ', ja, ja, i woaß schon.‹ Dann holte er untermalte und fertige Bildnisse und stellte sie auf die Staffelei [...] Bildnisse von Prälaten und anderen Geistlichen, die fertig und schon gefirnißt waren, stellte er uns nun ins rechte Licht. Das war der Glanzpunkt von dem Mann; die Behandlung sehr eigentümlich, aus sich selbst erschaffen; hier sah man die ernsten Geistlichen wirklich vor sich sitzen, sprechend oder nachdenkend, die Behandlung durch und durch geistreich, meisterhaft. Die Farbe, wie warm, glühend, durchsichtig, die große Harmonie im ganzen Bild! Den einfachen Hintergrund, der gar keine bestimmte Farbe hatte, wurde man gar nicht gewahr. Die Figur war so frei, daß man wahrhaft glaubte, um sie herumgehen zu können; Augen, Mund sprechend, lebendig, herrlich aufgefaßt und prächtig gemalt. Alles harmonierte am Kopf zusammen, alles war rund und auf Stirn und Nase der hellste Fleischton, und die einzelnen Silberlocken flogen um die schöne hohe Stirn; als wenn die Bilder aus einer vortrefflichen älteren Zeit wären! Und der alte, interessante Maler stand vor uns, war ungebildet, konnte nicht sprechen, mürrisch, grob, einsilbig; aber er war ein Maler, wie keiner in München war und wie mir in der Art keiner wieder vorgekommen ist! Seine guten, gelungenen Bilder werden zu allen Zeiten zu den vortrefflichsten gezählt werden müssen. Viele Münchener Familienväter haben sich von ihm malen lassen, und die Bilder werden als Kleinodien aufbewahrt. Er hat sehr viel gemalt, gewiß spottwohlfeil, sonst mußte er ein Mann von Vermögen sein, was, glaube ich, gar nicht der Fall war, nach seinem ärmlichen Hauswesen zu schließen.«[90]

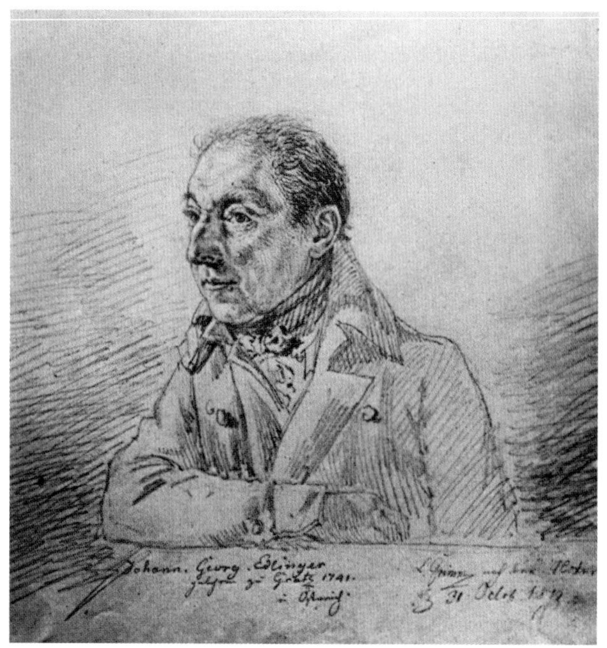

Abb. 15 Ludwig Emil Grimm, *Johann Georg Edlinger – Skizze während seines Besuchs des Künstlers*, 1813, Zeichnung, Standort unbekannt

1813 hatte auch der damals 24-jährige August von Seinsheim Gelegenheit, Edlinger zu besuchen. Er durfte sogar während einer Porträtsitzung anwesend sein. Danach war der Künstler zu einem längeren Gespräch bereit, in dem er wichtige Details zu seinem eigenen Werdegang preisgab (vgl. dazu S. 11).

Auch wenn sich Edlinger gegenüber den Studenten Grimm und Muxel negativ über den »neuen Wind« an der Münchner Akademie geäußert hatte, so belegt dies, dass ihm die Entwicklungen der Zeit keineswegs verborgen blieben. Anscheinend hatte er sogar eine gewisse Nähe zu dieser Institution, denn immerhin beteiligte er sich an den beiden ersten Kunstausstellungen der Akademie: 1811 zeigte er »Zwey Köpfe in Oel«,[91] die sich heute nicht mehr genauer identifizieren lassen, und 1814 war er laut Katalog mit dem Gemälde *Zwei italienische Soldaten* vertreten, das der Genre-Malerei zuzurechnen ist.[92]

Das angeblich letzte Werk des Künstlers entstand wohl im Jahr 1819: Es handelt sich um das verschollene Porträt eines Michael Lutz aus Adelsdorf (Lkr. Erlangen-Höchstadt), das durch ein mit entsprechender Beschriftung versehenes Foto überliefert ist.[93]

Edlinger im Urteil der zeitgenössischen Kunstkritik

Die Ernennung zum Hofmaler hatte Johann Georg Edlinger ins Visier einer breiteren Öffentlichkeit gerückt. Vom Münchner Geistlichen und Historiker Lorenz von Westenrieder, der sich als erster über das so wohlgelungene Porträt der Kurfürstin äußerte[94] – Westenrieder war persönlich mit dem Maler bekannt und wurde später von diesem auch selbst porträtiert (Kat. 102) –, war schon die Rede (vgl. S. 17). Ebenfalls unter dem Eindruck des so hochgelobten Porträts der Kurfürstin kam wenig später auch der schon erwähnte Johann Georg Meusel, der in den Jahren 1779 bis 1808 nahezu ununterbrochen Periodika zur Kunstbetrachtung herausgab, in seinen ab 1779 in Erfurt erscheinenden *Miscellaneen artistischen Inhalts* auf den Münchner Hofmaler zu sprechen: »Edlinger mahlt in einem warmen vortreflichen Kolorit, und weiß dabey die Abweichung seiner linden Schatten, in ein so richtiges Verhältnis zu setzten, daß das Hauptlicht ungemeine Wirkung thut. Seine wohlgeworfenen Gewänder in große Parthien, gut gewählte Stellungen, und das Glück im richtig Treffen der Bildungen, tragen allgemein viel dazu bey, daß ihn wenig neuere Künstler in seinem Fach

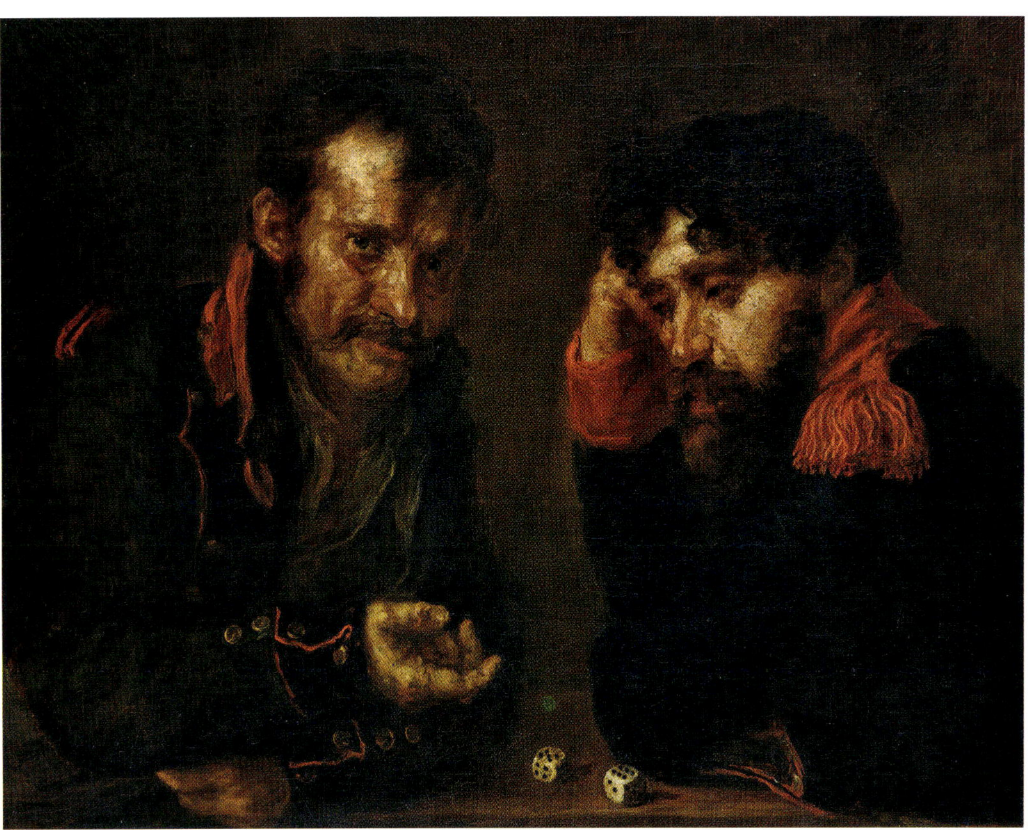

Abb. 16 Johann Georg Edlinger, *Soldaten beim Würfelspiel*, um 1810, Öl auf Leinwand, 62,5 × 81 cm, Staatsgalerie Stuttgart (Schenk 1983, WK 183)

übertreffen werden [...] Er ist jetzt etwa 40 Jahre alt, und noch unermüdet in seiner Kunst täglich mehr zu studieren. Da er nun jetzo schon einen solch hohen Grad erlangt hat, auf welch erhabenen Gipfel wird er sich einstens noch schwingen.«[95]

In den folgenden Jahren sollte sich Meusel noch öfter zu Edlinger und dessen künstlerischer Entwicklung äußern. So hat er ihn in seinem 1788/89 herausgegebenen zweibändigen *Teutschen Künstlerlexicon* erwähnt: »Edlinger (Johann Georg) Portraitmahler zu München [...] Bildete sich einen eigenen, so grossen Geschmack, daß er unter den heutigen Bildnismahlern Teutschlands einen vorzüglichen Platz verdient. Auch in Augsburg sind Stücke von ihm.«[96] Dass der Maler Eingang in das in Lemgo erscheinende Nachschlagewerk fand, beweist, dass er sich schon zu diesem Zeitpunkt bereits weit über München hinaus einen Namen gemacht hatte. Zudem begann Meusel jedoch, Kritik an Edlingers Malerei zu üben. Von seinem im *Museum für Künstler und für Kunstliebhaber* erschienenen Bericht über Edlingers Mannheim-Aufenthalt und der darin noch vorsichtigen Bemerkung – »ein Künstler, mit dem das Frauenzimmer weniger zufrieden ist« – war bereits die Rede (vgl. S. 20).[97] Schließlich jedoch fand der Autor deutlichere Worte: Edlinger porträtiere bevorzugt Alte – er sei ein »Artist, dessen Pinsel in alten und garstigen Bettlersköpfen excellirt« – und sein Kolorit ähnle dem Rembrandts. Zugleich gibt er einen interessanten Hinweis auf Edlingers Arbeitsweise und dessen Zusammenarbeit mit Kollegen: »Hände und Stellungen kopiert er meistens nach Kupferstichen, oder nach andern Gemälden, hingegen hat sich der Fall auch schon ereignet, daß er andern Künstlern in ihren fertigen Porträten die Köpfe hat ausstreichen, und neue hineinmalen müssen.«[98] Dass Edlinger den Händen seiner Dargestellten nicht die allergrößte Aufmerksamkeit widmete, ist richtig. Ob er allerdings in Bildnisse anderer Künstler eingriff, muss offenbleiben. Bei aller vorgebrachten Kritik stellte Meusel Edlinger aber insgesamt ein äußerst positives Urteil aus, denn dessen Werke seien – anders als die »schönredenden« Porträts von dessen Kollegen – langfristig museumswürdig: »Hr. Etlinger ist, mit Abrechnung seines gelben und schmutzigen Kolorits, womit er den Rembrand nachahmen will, ein Artist, dessen Pinsel in alten garstigen Bettlersköpfen excellirt. Ich bin übrigens versichert, daß seine Arbeit bey aller üblen Wahl dennoch einstens Aufnahme in Kunstsammlungen finden wird, wovon sich Hr. Klotz[99], Hofnaß[100], Delos[101] und Schleßinger[102] wenig zu versprechen haben.«[103]

Meusels Äußerungen wurden von zeitgenössischen Autoren wie Rudolf Füssli[104] (*Allgemeines Künstler-Lexikon*, Zürich ab 1806), Felix Joseph von Lipowsky (*Bayerisches Künstler-Lexicon*, München 1810) und auch Christian Müller[105] (*München unter König Maximilian I.*, Mainz 1817) im Wesentlichen übernommen. So schreibt etwa Lipowsky: »Ettlinger hat sich im Bildnißmalen eine eigene, sehr kräftige Manier gemacht, die den deutschen Mann ausspricht, der mit keckem Pinsel gerade auf die Natur losgehet, nicht schmeichelt, sondern wahr bleibt.[106] Da sein Pinsel fett, und sein Kolorit etwas schmuzig ist; so muß man gestehen, daß er sich mehr für alte Männer- und Weiberköpfe eignet, und hierin sich auch am kräftigsten ausdrückt. Für junge Köpfe, und besonders für das zarte und weiche Fleisch der Damen ist er nicht so ganz willkommen, indem hierfür sein Inkarnat zu hart, sein Ausdruck zu grell, seine Schatten zu stark, und selbst seine Haare zu sträubend gemalt sind.«[107] Müllers Einlassungen – sie waren die letzten, die zu Lebzeiten des Künstlers erschienen – übernahmen inhaltlich die Formulierungen Lipowskys und erklärten, warum sich die Kundschaft längst anderen Porträtisten zugewandt hat: »J. G. Ettlinger. Jetzt ein Greis von 76 Jahren. Er hat sich im Bildnißmahlen eine eigene, sehr kräftige Manier geschaffen, die mit kekkem Pinsel gerade auf die Natur losgeht, nie schmeichelt, sondern immer wahr bleibt. Sein Kolorit ist zwar spielend, aber etwas schmutzig, und der Auftrag seiner Farben sehr stark; deshalb gelingen seinem Pinsel nur alte Männer- und Frauenköpfe; aber das zarte und weiche in jungen Köpfen, besonders in weiblichen, geht bei ihm verloren. Auch seine Zeichnung ist unbestimmt und nicht korrekt.«[108]

Die Ansicht, Edlinger male im Stile Rembrandts, 1792 in Meusels *Museum für Künstler und für Kunstliebhaber* erstmals formuliert, hielt sich bis weit ins 20. Jahrhundert. Sie findet sich ebenso im einschlägigen Artikel der *Allgemeinen Deutschen Biographie* (»mit einiger Anlehnung an Rembrandt«[109]) wie in Georg Caspar Naglers[110] 1924 in Wien erschienenem *Neuen Allgemeinen Künstlerlexikon* (»Er bildete sich nach und nach durch tiefes und unermüdetes Studium eine eigene Manier, die an jene Rembrandts erinnert, ohne jedoch die Originalität zu verlieren«[111]). Erst 1959 ver-

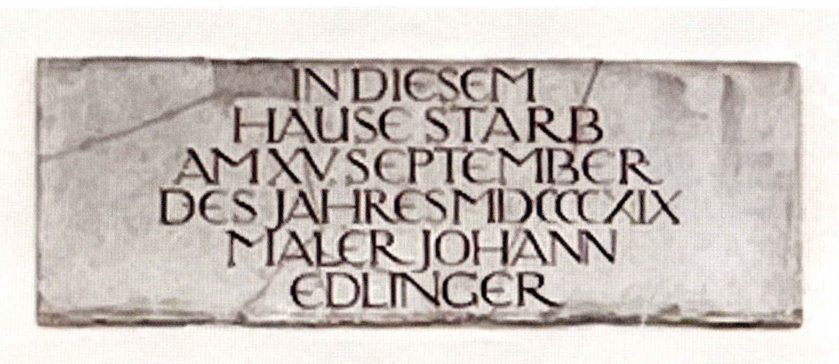

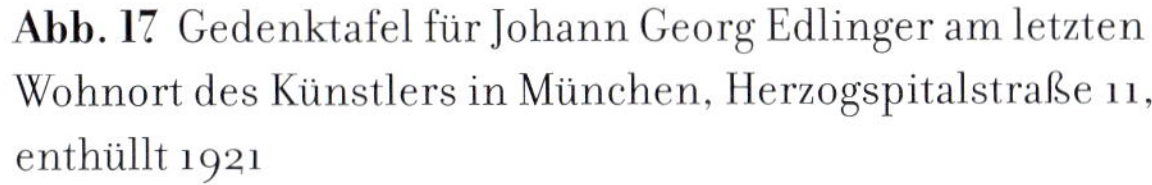

Abb. 17 Gedenktafel für Johann Georg Edlinger am letzten Wohnort des Künstlers in München, Herzogspitalstraße 11, enthüllt 1921

Um 1890 war der Künstler bereits mit einer Straßenbenennung in München-Giesing (Edlingerstraße und Edlingerplatz) geehrt worden.

suchte Erika Hanfstaengl in der *Neuen Deutschen Biographie* damit aufzuräumen: »Die oft zitierte Nachahmung Rembrandts, den Edlinger studiert hatte, beruht auf einer oberflächlichen und nur scheinbaren Ähnlichkeit ihrer Malweise. Edlinger gehört weder zu jener Rembrandt bewußt imitierenden Richtung des 18. Jahrhunderts, noch zu den Genremalern im ›niederländischen Geschmack‹. Auch seine Darstellungen von Rauchern, Trinkern und Soldaten der französischen Besatzung in München sind viel eher Kopf- und Charakterstudien als Sittenbilder«.[112]

Ob der Gothaer Gymnasialprofessor und Historiker Johann Georg August Galletti, der nach seiner Pensionierung 1819 München besuchte, den Maler Edlinger noch selbst erlebt oder nur Werke von ihm besichtigt hat, ist nicht bekannt. In seiner 1820 erschienenen *Beschreibung einer Reise nach Italien im Sommer* 1819 jedenfalls befand er, als herausragende Münchner Bildnismaler könne man nur »Ettlinger und [Joseph Karl] Stieler« erwähnen.[113] Dies ist umso bemerkenswerter, da die Genannten nicht nur zwei verschiedenen Generationen angehörten, sondern auch für zwei sehr unterschiedliche Porträtauffassungen stehen. Es ist bedauerlich, dass Galletti sein Urteil nicht näher erläutert hat, doch darf unterstellt werden, dass ihn bei ersterem die einzigartige Intensität und Suggestionskraft der Bildnisse beeindruckte.

Das Ende

Johann Georg Edlinger starb am 15. September 1819 im Alter von 78 Jahren.[114] Dem *Königlich-Baierischen Polizey-Anzeiger oder Kundschafts-Blatt von München* war zu entnehmen, dass er einem »Schleimschlage«, also einem Schlaganfall, erlegen war.[115] Seine letzte Ruhestätte fand der Maler am Alten Südlichen Friedhof. Sein im 20. Jahrhundert aufgelöstes Grab ist mittlerweile durch einen liegenden Stein gekennzeichnet.

Edlingers 77-jährige Witwe erhielt von der Hofkammer noch ein Jahr lang eine kleine Unterstützung.[116] Sie starb schließlich am 16. Dezember 1822 im Alter von 80 Jahren an »Lungenvereiterung«.

Edlingers Erbe wurde unter den Kindern aufgeteilt: An den Sohn Joseph Sebastian, der seit 1817 als Landrichter in Wegscheid/Bayerischer Wald lebte, kamen u. a. die Familienpapiere sowie vier Gemälde »von meines Vaters Künstlers Hand, worunter das meiner Schwester und des Prof. und Academiker Imhof«, außerdem die Graphiksammlung seines Vaters und ein elfenbeinernes Kruzifix. Leider wurden die genannten Dinge bei einem Brand 1822 ein Raub der Flammen. In einer Verlust-Liste bezifferte Edlinger junior den Wert der besagten Gemälde sowie der »Kupferstichsammlung aus meines Vaters Rücklaß /: unersetzlichen Werths« auf insgesamt 150 Gulden. Das Kruzifix, »ein Antiquitäten«, setzte er mit 200 Gulden an.[117] Offensichtlich waren dies aber nicht die einzigen Objekte, die Joseph Sebastian Edlinger erbte, denn laut Goldschmidt 1906 befand sich das Edlinger-Selbstporträt sowie der *Eremit Elias Fischer* (Abb. 47) zu dieser Zeit bei einer in Landshut lebenden Enkelin des Landrichters Joseph Sebastian Edlinger. Heinemann 1924 erwähnt weitere vier Arbeiten, die sich zur Zeit ihrer Recherchen ebenfalls im Besitz der Frau von Edlinger befanden.[118]

Auch an den jüngeren Sohn Anton Franz gingen Gemälde. Nachvollziehen lässt sich dies durch eine Versteigerung, die nach dessen Tod für den 23. Dezember 1841 in Augsburg angesetzt war. Zum Aufruf kamen u. a. die sechs Gemälde *Alter Mann mit Krug und Stab*, *Bettler, auf seinen Stab gestützt*, *Alte Frau in reicher alter*

Münchner bürgerlicher Tracht, Alter Mann in nachdenkender Stellung, Alter Mann mit kahlem Kopf und den Armen auf einen Tisch gestützt sowie *Alter Klausner mit gefalteten Händen* und ein Brillantring mit Amethyst. In der Bekanntmachung wurde ausdrücklich darauf hingewiesen, dass »sämmtliche Gegenstände von dem berühmten Hofmaler Georg Edlinger« stammen würden und »noch vollkommen gut« erhalten seien. Für die beiden erstgenannten Bilder wurde ein Wert von je 50 Gulden angesetzt, die anderen waren – bis auf den *Mann in nachdenkender Stellung*, der mit 10 Gulden ausgewiesen war – auf 25 Gulden und der Ring auf 275 Gulden taxiert.[119] Offensichtlich hatte Franz Anton Edlinger vor allem Bilder aus der Spätzeit seines Vaters bekommen.

Während nicht bekannt ist, was die ältere Tochter Maria Anna erbte, erhielt Tochter Barbara (Babette), wie sich dem Œuvrekatalog von Heinemann 1924 entnehmen lässt, (zumindest) die sie und ihren Mann betreffenden Familienporträts.[120]

---

1 Gemeint ist das zur Grazer Pfarre St. Andrä gehörende Bürgerspital; es wurde unter Kaiser Joseph II. aufgelöst.

2 Diözesanarchiv Graz-Seckau: Graz, Pfarre Hl. Blut, Taufbuch 14 (1735–1746), S. 399. Der Taufname »Johannes« ist mit einer Radikalkürzung (»Joes«) geschrieben, was in der Literatur z. T. zu der Fehlannahme geführt hat, der Knabe könnte auf den Namen »Joseph« getauft worden sein; vgl. NDB, Bd. 4 (1959), S. 3126–3127.

3 Nagler, Bd. 4 (1837), S. 272–273.

4 Hyazinth Holland überliefert dieselbe Szene in seinem Artikel zu August von Seinsheim in der ADB, Bd. 33 (1891), S. 649–651. Darin heißt es allerdings, Edlinger habe bei dieser Sitzung am Porträt des »Landes-Directionssecretärs v. Schiesl« gemalt.

5 August von Seinsheim (1789–1869), Kämmerer und Reichsrat, war selbst als Historienmaler und Radierer tätig.

6 Gemeint ist wohl der Maler Friedrich E(h)mert (Daten unbekannt), der im März 1753 bei der Anfertigung eines Freskos sowie der Dekoration zu einer Seligsprechung in der Grazer Mariahilfkirche bei den Minoriten beteiligt war und 1759 Mitglied in der dortigen Maler-Confraternität wurde. 1763 lieferte E(h)mert 13 große Apostelbilder in die Pfarre Fernitz (Steiermark). Vgl. Mittheilungen des Historischen Vereines für Steiermark 31 (1883), S. 122–126; Wastler 1883, S. 180; Mirsch, Ingo: Die Geschichte der Gemeinde Fernitz, Fernitz 2005, S. 313.

7 Nach Auskunft des Stadtarchivs Würzburg lässt sich diese Aussage nicht bestätigen.

8 Zitiert nach Paulus 1929, S. 11–12.

9 Freundliche Auskunft von Dr. Gerlinde Lerch, Bundesdenkmalamt, Abt. Salzburg.

10 Vgl. Nachruf für Seinsheim in Cottas Allgemeiner Zeitung, 18. Dezember 1869: »Geboren zu München am 11. Febr. 1789 hatte er sich, anfänglich ohne alle Anleitung, schon um 1805 der Malerei zugewendet, und wurde durch den berühmten John. Georg Edlinger in seinem Vorhaben gefördert, welcher den strebsamen Jüngling an Georg von Dillis empfahl.«

11 Paulus 1929, S. 12.

12 Universitätsarchiv der Akademie der bildenden Künste Wien: Matrikel 1763, S. 67.

13 Vgl. Lützow, Carl von: Geschichte der Kais. kön. Akademie der bildenden Künste. Festschrift zur Eröffnung des neuen Akademie-Gebäudes, Wien 1877, S. 19, 34, 59.

14 Zu Meytens Schülern siehe Lisholm, Brigitta: Martin van Meytens d. y. Hans liv och hans verk, Malmö-Allhem 1974, D. 72–85.; Edlinger ist nicht erwähnt.

15 Vgl. Paulus 1929, S. 30, Nr. 3; abgebildet bei Schenk 1983, WK 2.

16 Vgl. Paulus 1929, S. 30, Nr. 2; abgebildet bei Schenk 1983, WK 3.

17 Vgl. Paulus 1929, S. 30, Nr. 4. Das Gemälde ist verschollen, eine Abbildung ist ebenfalls nicht bekannt; Schenk (1983) ist es nicht bekannt. Heinemann 1924, S. 77, Nr. 2 nennt ein weiteres frühes Motiv *Die Zeichnungsschule*, das einen Lehrer und einen Schüler gezeigt haben soll; auch dieses Bild kennt Schenk nicht.

18 Paulus 1929, S. 30.

19 Meusel 1782, S. 46–47.

20 Desmarées, der in Stockholm die Malschule von Martin Meytens d. Ä. besucht hatte, war ab 1720 als selbständiger Porträtmaler tätig. Der wissenschaftliche Stand der Literatur zu Desmarées bedürfte dringend einer Aktualisierung. Leider konnte die kurz vor dem Abschluss stehende Dissertation von P. Laurentius Koch (OSB) nicht fertiggestellt werden, da der Autor 2003 starb.

21 Hohenzollern, Johann Georg von: Peter Jakob Horemans (1700–1776). Kurbayerischer Hofmaler, München 1974.

22 Zur Geschichte dieser Institution siehe Angerer 1984, S. 19–21 und 43–45 sowie die neueren Forschungen von Meine-Schawe 2004.

23 Die Akademie der Wissenschaften war ab 1759/60 im Obergeschoss des Mauthauses in der Hinteren Schwabinger Gasse (heutige Theatinerstraße 11) untergebracht.

24 Die Genannten standen allesamt in den 30er-Jahren ihres Lebens. Oefele war einer der Ältesten, Dorner, Weißenhahn und Edlinger, alle 1741 geboren, gehörten wohl zu den Jüngsten.

25 Die Augsburgische Kunstzeitung vom 26. März 1771 nennt alle 33 Teilnehmer; Edlinger erscheint dort als »Eglinger (Johann Georg) aus Steiermark«. Schenk 1983, S. 12 erkannte, dass der Bericht zwischen bereits etablierten Künstlern und »Scholaren« unterscheidet. Dank der Forschungen von Meine-Schawe 2004 zur Geschichte der Münchner Kunstakademie kann die von Goldschmidt 1906 behauptete, von Th-B übernommene und daraufhin in der Sekundärliteratur weiterkolportierte Schülerschaft Edlingers bei Oefele definitiv ausgeschlossen werden.

26 AEO: München, Heiratsbuch der Frauenpfarrei 1760–1780, S. 191r.

27 AEO: München, Taufbuch der Frauenpfarrei 1764–1775, S. 232v.

28 AEO: München, Taufbuch der Frauenpfarrei 1776–1787, S. 15r.

29 AEO: München, Sterbebuch St. Peter 1778, S. 166.

30 AEO: München, Taufbuch St. Peter 1775–1782, S. 166r.

31 AEO: München, Taufbuch St. Peter 1775–1782, S. 237r; Bayer. Landbötin, 1830. S. 44.

32 AEO: München, Taufbuch St. Peter 1783–1790, S. 12r; Sterbebuch St. Peter 1783, S. 161.

33 Geiger, Carl Ignaz: Reise eines Engelländers durch Mannheim, Baiern und Österreich nach Wien, Amsterdam 1791, S. 42–43.

34 Vgl. hierzu Thölken, Gabriele M.: Hofmaler und Hofmalerinnen, in: Wieczorek/Probst/Koenig 1999, Bd. 1, S. 245–253, hier S. 245–248. Der Artikel beleuchtet vor allem die Situation der Mannheimer Hofmaler.

35 1752 malte Krahe Altarbilder für die Jesuitenkirche in Mannheim.

36 Siehe dazu Brink, Sonja/Wismer, Beat: Akademie. Sammlung. Krahe. Eine Künstlersammlung für Künstler, Berlin 2013.

37 Aus der Vereinigung der pfälzischen Wittelsbacher Galerien in Mannheim, Zweibrücken und schließlich (ab 1806) Düsseldorf mit den altbayerischen Galerien entstanden die Gemäldesammlungen München und Schleißheim, ferner die zentrale Verwaltung und Leitung eines landesweiten Netzes von Filialgalerien.

38 März, Stefan: Keine ideale Ehe – Carl Theodor und Elisabeth Auguste, in: Wieczorek/Probst/Koenig 1999, Bd. 1, S. 23–28.

39 Der St. Elisabethen-Orden, den katholische adelige Damen für ihre mildtätige Betätigung erhielten, war 1766 durch Kurfürstin Elisabeth Auguste gestiftet worden.

40 Zum 1779 von Anton Hickel gemalten Porträt des Kurfürsten entstand 1780 als Gegenstück ein Halbporträt der Kurfürstin; vgl. Eichner, Nr. 124 (BNM: R 5796). Das Pendant zu Hickels 1781 entstandenem Ganzfigurenporträt der Kurfürstin (vgl. Eichner, Nr. 125) ist das *Bildnis Karl Theodor als Großmeister des Georgiritter-Ordens* (beide im Besitz der Bayer. Schlösserverwaltung).

41 Westenrieder 1781, S. 383. Auch bei Westenrieder 1782, S. 169 ist das besagte Porträt erwähnt.

42 Meusel 1782, S. 46–47.

43 Vgl. Kreisel, Inventar von 1937, S. 51. Goldschmidt erkannte, dass sich das damals nur durch den Stich von Joseph Anton Zimmermann bekannte, verschollen geglaubte Gemälde in der Residenz befand und publizierte seine Entdeckung 1908 (Abb. S. 852).

44 BayHStA: HR 283/163, Ernennung Edlingers zum Hofmaler, 15. Mai 1781.

45 Thölken (wie Anm. 34), in: Wieczorek/Probst/Koenig 1999, Bd. 1, S. 246.

46 Hof- und Staatskalender [...], München 1778, S. 38.

47 Vgl. dazu Eichner 1981, S. 7–9. Kopien waren zur Ausstattung von Schlössern und Ämtern sowie als Geschenk an Verwandte und ausländische Gesandtschaften notwendig. Zur Stellvertreter-Funktion von Gemälden siehe Schattenhofer, Michael: Der Kniefall des Münchner Rats vor dem Bild des Kurfürsten Karl Theodor am 21. Mai 1791 in der Herzog-Max-Burg, in: ZBLG 27 (1964), S. 302–339.

48 WAF: B I a 294 (Öl/Lw., 69,5 × 51,5 cm). Siehe auch Eichner 1981, Nr. 127.

49 BSV: ResMü G 1340 (Öl/Lw., 47 × 35 cm).

50 Vgl. dazu Eichner 1981, Nr. 127c (BStGS: 3330: Ganzfigurenbild der Kurfürstin, bei dem der Kopf der Dargestellten nach Edlinger beibehalten, die Gestik jedoch verändert ist,) sowie Nr. 128 (BStGS: 32); Komposition, Schmuck und Kleidung sind von Edlinger übernommen, die Gestaltung des Kopfes folgt einem ebenfalls 1781 entstandenen Porträt der Kurfürstin von Anton Hickel.

51 Westenrieder 1781, S. 383.

52 Laut Heinemann 1924 könnte das Bild identisch sein mit einem laut Verzeichnis der Gemälde der Kgl. Kunstakademie zu Düsseldorf (1901) im Jahr 1872 verbrannten Porträt.

53 BayHStA: HR 280/108, 23.8.1784.

54 Zu Kellerhovens weiterer Karriere siehe S. 27.

55 Lipowsky 1810, Bd. 1, S. 67–68.

56 Stetten 1788, S. 225.

57 Sein Porträt erwähnt in: Raisonnirender Kunstgemälde-Katalog und Beschreibung der [...] Gemälde-Sammlung des J. G. Deuringer zu den drey Mohren in Augsburg, Augsburg 1813, S. 36, Nr. 77.

58 Frau von Lütgendorf ist im AK Berlin 1906, S. 8 abgebildet vgl. auch Schenk 1983, WK 94.

59 Meusel 1792, S. 459–460; Marchivium, Hist. Archiv: Familienbogen Franz Landenberger. Das Mannheimer Archiv hat wegen großer Kriegsverluste kaum Bestände aus dem 18. Jahrhundert; Edlingers Aufenthalt lässt sich in den erhaltenen Unterlagen nicht nachweisen. Der Pfälzer Hof, im heutigen Quadrat D 1 gelegen, war im 18. und frühen 19. Jahrhundert das beste Hotel am Platz; ein Haus am Paradeplatz gehörte zu den guten Adressen in Mannheim. Das bedeutet, dass Edlinger seine Dienste in bester Lage anbot.

60 Siehe dazu Weidner, Thomas: Rumford. Rezepte für ein besseres Bayern, München 2014, S. 97–141 sowie 307–333.

61 Man verdächtigte die Mitglieder des Illuminatenordens »alle geheiligten Band der Menschheit zu zerreißen, friedliche Bürger durch Schimären von allgemeiner Freyheit und Gleichheit gegen ihre gute Obrigkeit zu empören, Staatsverfassungen, bey welchen ungeachtet der allen menschlichen Anstalten anklebenden Unvollkommenheiten, die Völker möglichst glücklich waren, umzustürzen, die Sitten zu vergiften, alle Religion auszurotten und alle möglichen Greuel der Verwüstung über ehemals gesegnete Gegenden herbeyzuführen«; vgl. Anonym: Die neuesten Arbeiten des Spartacus und Philo in dem Illuminaten-Orden, München 1794, Vorrede, Blatt 1/2.

62 Geiger (wie Anm. 33), S. 30.
63 Kluckhohn 1882, S. 26.
64 Das »Lyceum« hatte eine philosophische und eine theologische Klasse. Angehende Universitätsstudenten der Theologie, Rechtskunde und Medizin hatten in einer der beiden ein Propädeutikum zu absolvieren; vgl. Stein, Claudius: Staatskirchentum, Reformkatholizismus und Orthodoxie im Kurfürstentum Bayern der Spätaufklärung. Der Erdinger Landrichter Joseph von Widnmann und sein Umfeld (1781–1803), München 2007, S. 11.
65 Öffentliche Prüfung der Eleven in der Kurfürstlichen Militär-Akademie, München 1791, S. 6.
66 Die Militär-Akademie entsprach einem kurzen Gymnasium mit militärischer Fachrichtung. Die zum Teil erst 11- bis 12-jährigen Jungen wurden in vier Jahren entweder zu Offiziersanwärtern ausgebildet oder sie traten anschließend auf ein Lyzeum über.
67 StadtA München: GEW 1796, Schreiben an den Kurfürsten, o. Datum [1791]. Das Brief-Konvolut stammt aus dem Besitz von Karl Trautmann, der Lili Heinemann angeblich die Einsicht verweigerte (vgl. Heinemann 1924, S. 144). Heinemann wurde 1924 mit einer Arbeit über den Maler Edlinger promoviert und versuchte dabei erstmals, ein Werkverzeichnis zusammenzustellen (vgl. S. 173–174).
68 BayHStA: HR 280/29, Schreiben, 9. Oktober 1796 (mit Hinweis auf den verstorbenen Oefele); StadtA München: GEW 1796, Schreiben an den Kurfürsten, o. Datum (mit Hinweisen auf den verstorbenen J. A. Zimmermann sowie den in Ingolstadt studierenden Sohn).
69 Ein von Edlinger gemaltes Bildnis Dorners d. Ä. befindet sich laut Schenk 1983, WK 69, in Privatbesitz.
70 Laut Hof- und Staatskalender […], München 1796, S. 52, waren 1796 Oefele, Wink, Goetz (zugleich Kupferstecher), Franz Xaver Welde, Edlinger, Kellerhoven, Johann Baptist Hoechle, Heinrich Egell (Historienmaler), Andreas Seidl (Fresko, Historienmaler), Joseph Ignaz Kaltner (Miniaturmaler) sogenannte »Hof- und Freymaler«. Zu Dorner und Dillis siehe Hof- und Staatskalender […], München 1797, S. 45 und 52.
71 Vgl. hierzu Pelkhoven, Johann Nepomuk von: Ueber die Quellen des wachsenden Mißvergnügens in Baiern. Ein Nachtrag zu der Abhandlung über den Werth und die Folgen der ständischen Freyheiten in Bayern, München 1799, sowie ders.: Ein Beitrag zur Apologie der baierischen Demokraten, o. O. 1802.
72 BayHStA: HR 280/30, Liste vom 14. Dezember 1804. In seiner 1805 in München erschienenen *Beschreibung der Churpfalzbaierischen Gemälde-Sammlungen zu München und zu Schleißheim* äußert sich Mannlich indirekt auch zu Edlingers Auftragslage: »Edlinger hat sich im Bildnißmahlen eine eigene sehr kräftige schöne Manier gemacht. Er geht mit keckem Pinsel gerade auf die Natur los, schmeichelt nicht, und ist aus dieser Ursache selten mit Arbeit überhäuft.« Vgl. Mannlich 1805, S. 146.
73 Verzeichnis der Wohnungen des der Zeit in München etablirten Hof- und Staats-Personals für das Jahr 1804, München o. J., o. S. (s. dort: Ettlinger, Georg).
74 BayHStA: HR 283/163, Brief vom 15. November 1804.
75 Siehe dazu S. 27–29, Besuch von Grimm und Muxel bei Edlinger.
76 Grimm 1913, S. 130f.
77 Zu Langers Berufslaufbahn siehe Anm. 89.
78 Nachruf auf Kellerhoven, in: Morgenblatt für gebildete Leser, Beilage Kunstblatt Nr. 44 vom 2. Juni 1831.
79 BayHStA: MInn 35014 (Personalakte Josef Edlinger)
80 AEO: München, Heiratsbuch St. Peter 1808, S. 30r.
81 BayHStA: Minn 35014 (Personalakte Josef Edlinger).
82 Zu Osterhuber siehe: Fünfte Öffentliche Prüfung der Eleven in der Kurfürstlichen Militär-Akademie, München 1795, S. 6; Königlich-Baierisches Regierungsblatt 1808, S. 883 (Osterhuber erhält den militärischen Max-Joseph-Orden); Schönhueb, Anton: Geschichte des königlich bayerischen Cadetten-Corps, München 1856, S. 86.
83 Knorre, Eckhard von: Neue Beiträge zu Joseph Hauber, in: Zeitschrift des Historischen Vereins für Schwaben, Bd. 75 (1981), S. 124–167. Schenk schließt sich dieser Auffassung an; vgl. Galerie Dr. Schenk (Hg.): Das Porträt als Bildnis und als Landschaft. Zum Individuellen in der künstlerischen Darstellung, Zürich 1988, S. 118–124, hier S. 120. Ein Werkverzeichnis Haubers erarbeitete Schneider, Angela: Josef Hauber (1766–1834) – sein Leben und sein Werk, München 1974 (Miscellanea Bavarica Monacensia 44).
84 Vgl. dazu Anm. 85.
85 Muxel (1790–1870) wurde zunächst von seinem Vater Franz Joseph, einem Bildhauer, ausgebildet. Ab 1805 nahm er Unterricht bei Johann Christian von Mannlich, 1809 wurde er Schüler von Johann Peter von Langer. Muxel, der in adeligen Familien Zeichenunterricht gab, wurde 1815 Zeichenlehrer der Familie von Leuchtenberg und ab 1824 Inspektor der herzoglich Leuchtenbergischen Gemäldegalerie.
86 Ludwig Emil Grimm (1790–1863), der jüngste der Gebrüder Grimm, kam zu Beginn des Jahres 1809 nach München, wo er zunächst bei dem Hofkupferstecher Carl Ernst Heß das Radieren erlernte und von 1809 bis 1814 die Klasse von Andreas Seidl an der Münchner Kunstakademie besuchte. Grimm, der 1832 eine Professur an der Kunstakademie Kassel bekam, sollte einer der bedeutendsten Zeichner und Radierer des 19. Jahrhunderts werden.
87 Grimm benutzt eine veraltete Straßenbenennung. Die Familie Edlinger wohnte ab 1809/10 im sog. Pössenbacher-Haus in der Herzogspitalstraße 1250 (heute Nr. 11). Hofmaurermeister Joseph Deiglmayr hatte 1807 das gesamte Gebäude des ehemaligen Herzogspitals erworben und dieses zu den Häusern Herzogspitalstraße 9 bis 11 umgebaut; vgl. Häuserbuch der Stadt München, Bd. III (Hackenviertel), hg. v. StadtA München, München 1962, S. 172.
88 Ob es sich bei der abgebildeten Zeichnung um die während des Besuchs entstandene Skizze handelt, ist nicht bekannt; vgl. Koszinowski, Ingrid / Leuschner, Vera: Ludwig Emil Grimm. Zeichnungen und Gemälde. Werkverzeichnis Bd. 1 (Quellen zur Brüder Grimm-Forschung 3,1), Marburg 1990, S. 52, P 78.
89 Gemeint ist Johann Peter Langer, Schüler von Lambert Krahe, ab 1789 Direktor der Düsseldorfer Kunstakademie und ab 1801 Direktor der Gemäldegalerie Düsseldorf. 1806 übernahm er die Leitung der neu gegründeten Münchner Kunstakademie. Zur Geschichte der Akademie siehe Angerer 1984.
90 Grimm 1913, S. 125–127. Das in Grimms Erinnerungen genannte Jahr 1810 und die Datierung des Edlinger-Porträts

(»Nach der Natur 31. Octob, 1813«) stehen im Widerspruch. Geht man von nur einem Besuch aus, dürfte angesichts der tagesgenauen Datierung der Skizze 1813 das korrekte Jahr gewesen sein.
91 AK München 1811, S. 24.
92 AK München 1814, S. 10.
93 Das Foto befindet sich im MStM: 67/580/2. Vgl. auch Paulus 1929, Nr. 79.
94 Westenrieder 1781, S. 383. Bei Westenrieder 1782, S. 169 ist Edlinger nur in sehr neutral gehaltener Formulierung erwähnt: »Edlinger (Hr. Johann Georg, kurfürstlicher Portraitmaler) verfertigte, außer einer Menge meisterhafter Portraite, das Portrait der durchlauchtigsten regierenden Kurfürstin, sitzend in Lebensgröße.«
95 Meusel 1782, S. 46–47.
96 Meusel 1789, S. 35.
97 Meusel 1792, S. 459–460.
98 Meusel 1792, S. 467–468.
99 Es ist unklar, ob Mathias Klotz oder dessen 1776 geborener Sohn Simon gemeint ist.
100 Johann Wilhelm Hoffnas, pfalzbayerischer Hofmaler und Prof. an der Kunstakademie Mannheim, malte bevorzugt Porträts und Familienstücke.
101 Jakob Delose (gest. 1815), aus der Kurpfalz stammender Maler und Miniaturist.
102 Wahrscheinlich ist Johann Schlesinger gemeint, der als gefragter Porträtist hauptsächlich in Heidelberg und Mannheim wirkte. Allerdings war auch dessen Bruder Johann Adam Schlesinger als Maler tätig.
103 Meusel 1792, S. 467.
104 Füssli 1806–1808, S. 320 erwähnt Edlinger unter Berufung auf Meusel 1782 zwar als vortrefflichen Maler, doch hält er es nicht für nötig, aktuelle Angaben zu machen. Sein Eintrag endet mit den Worten »Er lebte noch 1789. Von seinen fernen Schicksalen ist uns nichts bekannt.«
105 Müller 1817, S. 297.
106 Auch Meusel benutzte offensichtlich die zeitgenössische Literatur. Der vorausgehende Satz ist wörtlich von Mannlich übernommen (vgl. S. 25, Anm. 72).
107 Lipowsky 1810, S. 67.
108 Müller 1817, S. 297.
109 Schmidt, W.: Edlinger, Johann Georg, in: ADB 5 (1877), S. 648.
110 Der Nürnberger Antiquar erarbeitete, das Werk von Füssli als Grundlage benutzend, von 1835 bis 1852 das ursprünglich auf acht Bände geplante, schließlich aber 22 Bände umfassende *Neue Allgemeine Künstler Lexicon (oder Nachrichten von dem Leben und den Werken der Maler, Bildhauer, Baumeister, Kupferstecher, Formschneider, Lithographen, Zeichner, Medailleure, Elfenbeinarbeiter, etc.)*.
111 Nagler 1837, S. 273.
112 Hanfstaengl, E.: Edlinger, Johann Georg, in: NDB 4 (1959), S. 316f.
113 Galletti, Johann Georg August: Reise nach Italien im Sommer 1819, Gotha 1820, S. 308.
114 AEM: München, Sterbebuch St. Peter 1819, S. 204.
115 Königlich-Baierischer Polizey-Anzeiger oder Kundschafts-Blatt von München 1819, S. 635; dort wird fälschlicherweise der 19. September als Todestag genannt.
116 BayHStA: MF 35098, betr. Witwe Edlinger 1820 bis 1822.
117 BayHStA: MInn 35014 (Personalakte J. S. Edlinger) enthält u. a. eine Liste der verbrannten Objekte. J. S. Edlinger, der 1814 Josepha Wilhelm, eine Weinwirtstochter aus Griesbach/Rottal, geheiratet hatte und mit ihr vier Kinder bekam, blieb bis zu seiner Pensionierung in Wegscheid. 1823 erwarb er für 53.975 Gulden das ehemalige Hofmarkschloss Haarbach bei Vilsbiburg, das bis 1874 im Besitz der Familie bleiben sollte. 1825 wurde J. S. Edlinger geadelt.
118 Laut Heinemann 1924 waren im Besitz der Frau von Edlinger: Nr. 1 (Die Anbetung der Hirten), Nr. 2 (Zeichnungsschule), Nr. 3 (Die Kartenspieler), Nr. 5 (Kinderbild) und Nr. 151 (Josef Sebastian Edlinger, Kat. 7a).
119 Anton Franz Edlinger war am 23. April 1841, nur wenige Wochen nach seiner Frau Johanna Josepha, in Augsburg gestorben; vgl. dazu Hefele, Johann Peter: Verzeichnis aller in der königl. Bayerischen Kreis-Hauptstadt Augsburg evangelischen Theils im Kirchenjahre 1841 verstorbenen Personen, Augsburg 1841, S. 6 und 8. Die Versteigerung wurde im Allgemeinen Anzeiger für das Königreich Bayern, 1841, S. 853–854, angezeigt.
120 Laut Heinemann 1924 waren im Besitz der Frau von Sedelmair: Nr. 47 (Bildnis Barbara Edlinger), Nr. 161 (Johann Nepomuk Anton Ritter von Sedelmayr), Nr. 162 (Barbara Edle von Sedelmayr) und Nr. 163 (Anton Franz Edlinger in Uniform mit Degen). Das Porträt des jüngeren Bruders könnte erst nach dessen Tod an diesen Zweig der Familie gekommen sein.

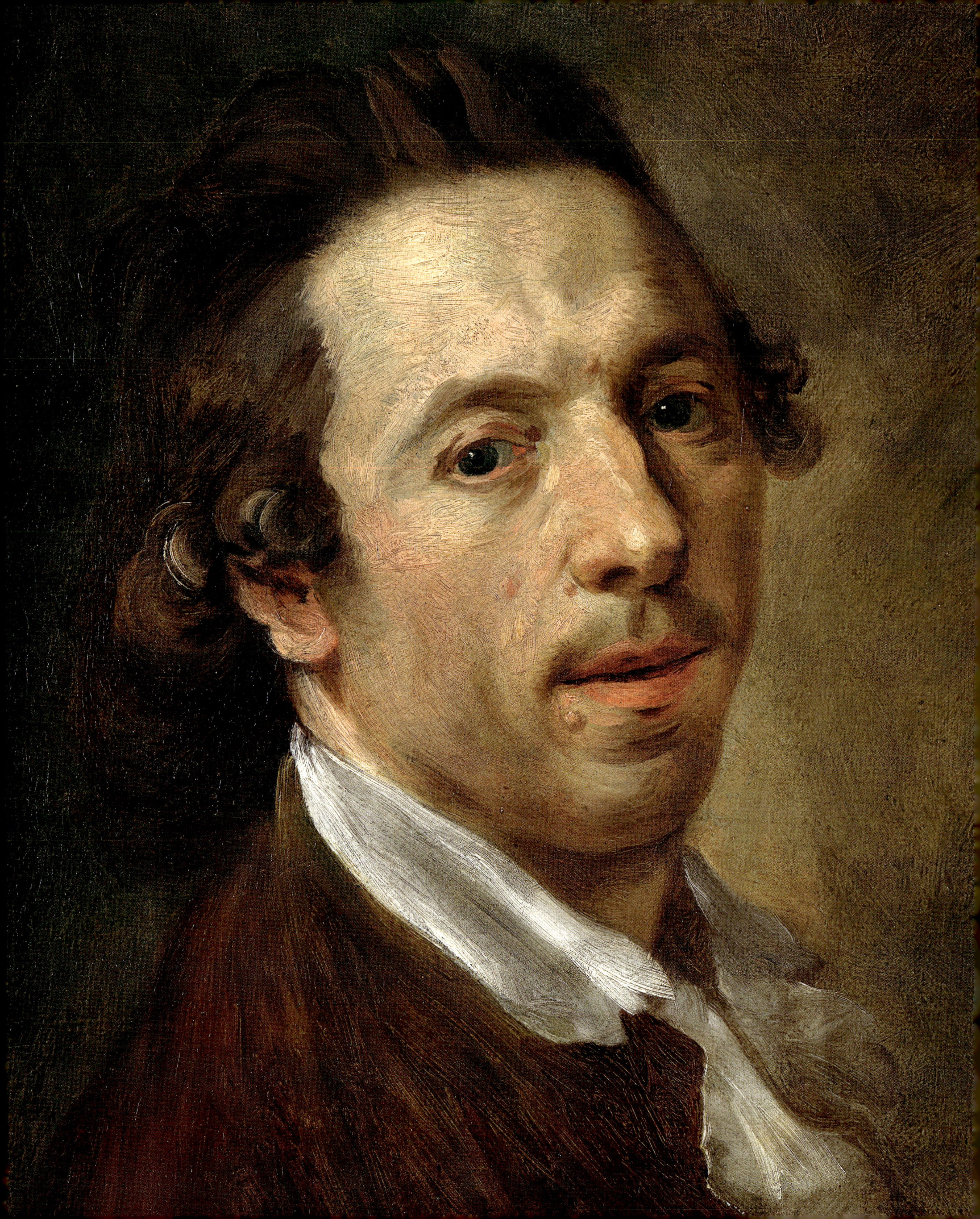

Selbst- und Familienbildnisse

Johann Georg Edlingers familiäres Umfeld lässt sich durch eine Vielzahl von Selbst- und Familienbildnissen illustrieren. Bekannt sind acht Selbstbildnisse (eines davon mit junger Frau, möglicherweise einer Tochter) sowie drei Porträts seiner Ehefrau, von denen zwei Pendants zu Selbstbildnissen sind. Auch seine Kinder malte Edlinger immer wieder: Während es vom älteren Sohn sowie der jüngeren Tochter je zwei Gemälde gibt, sind vom jüngeren Sohn Anton Franz Xaver und der Tochter Maria Anna Josepha nur je ein Porträt bekannt. Das verschollene Motiv *Schlafendes Kind* soll laut Paulus eine der Töchter zeigen.[1]

Angesichts dieser Vielzahl von Familienporträts muss man davon ausgehen, dass es unter den nicht identifizierten Dargestellten noch weitere Angehörige gab/gibt. Es ist nicht unwahrscheinlich, dass Edlinger auch seine Eltern und die Schwiegereltern, soweit noch nicht verstorben, konterfeit hat. Auch kann unterstellt werden, dass es neben den heute bekannten drei Porträts der Ehefrau mindestens eines aus jüngeren Jahren gab/gibt; die Hochzeit wäre ein möglicher Anlass dafür gewesen. Und da der Künstler den Ehemann seiner jüngeren Tochter malte, gibt es keinen Grund, nicht auch eventuell noch nicht identifizierte Porträts seines zweiten Schwiegersohns Dismas Osterhuber sowie seiner Schwiegertochter Johanna Josepha zu vermuten, die mit Anton Franz Edlinger verheiratet war.[2]

Die Selbstdarstellung des Künstlers hat eine bis ins Mittelalter zurückreichende Tradition und folgt vor allem seit dem 16. Jahrhundert, in dem die Kunsttheorie den Rang der bildenden Künste und damit auch die Stellung des ausübenden Künstlers neu definierte, bestimmten Typisierungen und einer bewussten Inszenierung: Zahlreiche Künstler zeigen sich mit Malerbirett und den Berufsutensilien Palette und Pinsel bei der Arbeit. Waren sie Hofkünstler, so trugen sie als Zeichen dieser Würde oftmals eine Goldkette. Andere stellen sich in mythologischer Verkleidung oder als »Malerfürst« dar. Während der Auftritt in höfisch-aristokratischer Kleidung den Emanzipationsanspruch des Malers vom Handwerker zum schöpferisch tätigen bildenden Künstler ausdrückt, betonten die legere Berufskleidung oder gar Hauskleidung mehr die Freiheit des Künstlers. Beides suggeriert Selbständigkeit, belebt und steigert den Ausdruck, belegt aber zugleich einen bestimmten gesellschaftlichen Anspruch. Auch zur kleinteiligeren Inszenierung werden, wie Daniel Hess 1999 in einer Ausstellung im Germanischen Nationalmuseum Nürnberg anschaulich gemacht hat, oftmals ähnliche Mittel benutzt: Ein beliebtes Motiv ist die »geniale Kopfwendung«, die Unmittelbarkeit und Spontaneität vermitteln möchte, obwohl doch jedes Selbstbildnis in zeitaufwendigem Abgleich der eigenen Physiognomie vor dem Spiegel entstehen muss – er kann als Symbol für die Suche nach der Wahrheit und Selbsterkenntnis auch gezeigt werden – und der Künstler somit zugleich Modell und auch Betrachter ist. Das Licht fällt meist von links ein, um einen Schattenwurf der malenden rechten Hand zu vermeiden. Trotz des Anspruchs auf Ähnlichkeit und individuelle Unverwechselbarkeit ist auch die Pose wichtig: Dank leichter Untersicht schauen die Dargestellten meist auf den Betrachter herunter, ihr Oberkörper ist häufig leicht zurückgeneigt, während die Hand einen affektgeladenen Zeigegestus ausführt, der Selbstsicherheit ausstrahlen soll. Künstler-Selbstbildnisse lassen sich nicht einfach in »privat« und »öffentlich« kategorisieren, denn ihre Funktion konnte vielfältig sein – sie konnten familiäres Dokument, Selbststudie für ein größeres Werk, Geschenk an Freunde oder Mäzene sein, aber auch eine Art Denkmalcharakter haben oder ein künstlerisches

Programm, eine Weltsicht oder gesellschaftliche Situierung anschaulich machen.[3]

Johann Georg Edlingers Selbstbildnisse entstanden im Lauf von vier Jahrzehnten. Das früheste[4] stammt aus den 1760er-Jahren, zeigt ihn also im Alter von etwa 20 Jahren. Das letzte datiert 1803, der Künstler war zu diesem Zeitpunkt knapp 65 Jahre alt. Es fällt auf, dass sich der Maler auf seinen Selbstporträts stets in ähnlicher Haltung darstellt, die den oben beschriebenen Kriterien weitgehend folgt – in leichter Seitenansicht mit Kopfwendung zum Betrachter, den Blick leicht nach unten, während das Licht von von links auf die rechte Körperseite fällt. Er verzichtet auf auffällige Kleidung und Staffage und konzentriert sich stattdessen auf die Darstellung seines Gesichts, was den Bildern einen sehr direkten, fast intimen Charakter verleiht. Diese nüchterne Selbstsicht ist ein Beleg dafür, dass den Künstler auf Äußerlichkeiten bedachte Darstellungen und oberflächliche Effekthascherei nicht interessierten. Sein Anliegen war es vielmehr – und das galt ab den 1790er-Jahren auch für seine Kundschaft –, das Bild des jeweils Darzustellenden »aus dem Spiegel zu stehlen«.[5] Dass er sich damit gegen den Geschmack der höheren gesellschaftlichen Schichten stellte, die repräsentative Bildnisse wünschten und eine Idealisierung bevorzugten, war seine bewusst getroffene künstlerische Entscheidung. Aus heutiger kunsthistorischer Sicht vollzog Edlinger im Lauf seines Arbeitslebens stilistisch den Übergang vom Barock zum Klassizismus. Dass er dadurch – wie etwa sein Malerkollege Anton Graff – zu einem Hauptvertreter des neuen realistischen Porträts wurde, dürfte ihm nicht wirklich bewusst gewesen sein.

Edlinger hielt sein Aussehen und das seiner Frau in verschiedenen Altersstufen fest und dokumentierte auch die verschiedenen Lebensstationen seiner Kinder. Vor allem seine Töchter zeigte er in einfühlsamen Porträts, was ihn als liebenden Vater ausweist. Im Folgenden werden die wichtigsten Selbst- und Familienbildnisse in chronologischer Reihenfolge vorgestellt.

---

1 Paulus 1929, Nr. 26. Ob das Motiv identisch ist mit Schenk 1983, WK 7, ist unklar.

2 Paulus 1929, S. 31–33, nennt zehn Familiengemälde, die in den Jahren 1785 bis 1819 entstanden sein sollen.

3 Vgl. dazu AK Germanisches Nationalmuseum: Eitelkeit und Selbsterkenntnis. Selbstbildnisse des 17. und 18. Jahrhunderts im Germanischen Nationalmuseum, Nürnberg 1999.

4 Schenk 1983, WK 1; das kleinformatige Bild befindet sich demnach in Privatbesitz.

5 Vgl. Einleitung sowie E. T. A. Hoffmann: Lebensansichten des Katers Murr, Zweiter Abschnitt, in: Ders.: Poetische Werke, Bd. 5, Berlin 1958, S. 299.

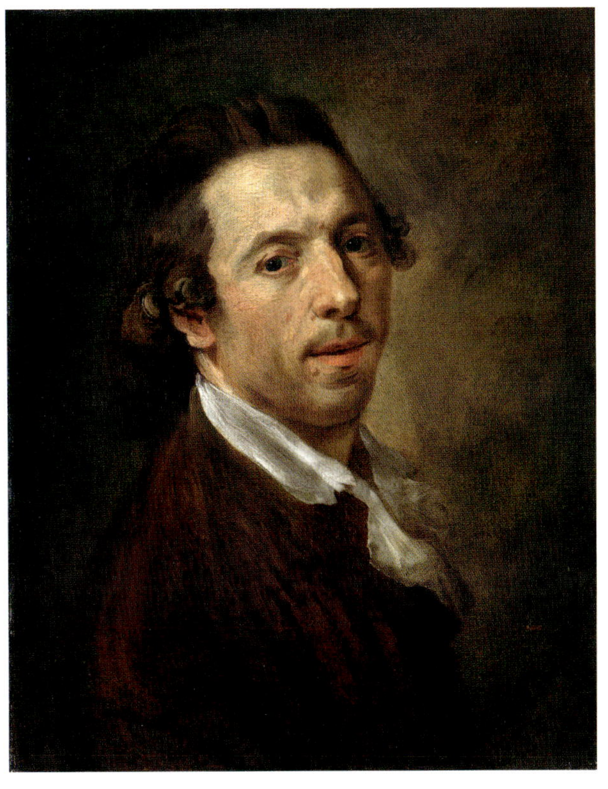

1

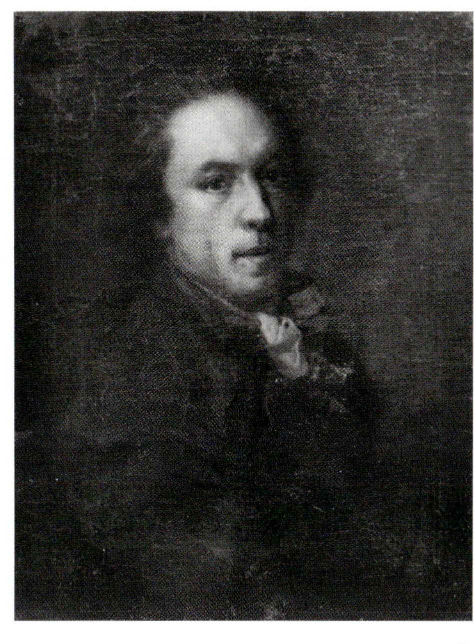

2

1

Johann Georg Edlinger – jugendliches Selbstbildnis

um 1775
Öl auf Leinwand, 54,8 × 44 cm
BStGSlg: 5064
Heinemann 1924, Nr. 7; Schenk 1983, WK 4

Die wohl früheste Selbstdarstellung Edlingers ist eine um 1763 gemalte, laut Schenk (1983), WK 1 in Privatbesitz befindliche Miniatur. Das hier abgebildete Gemälde ähnelt dieser im Bildaufbau, dürfte aber etwas später entstanden sein.

2

Johann Georg Edlinger – Selbstbildnis

um 1780
61 × 48 cm (Foto des verschollenen Gemäldes)
Archiv Paulus
Heinemann 1924, Nr. 33; Schenk 1983, WK 12

3

Johann Georg Edlinger – Selbstbildnis

um 1780
58 × 45 cm (Foto des verschollenen Gemäldes)
bez.: Joh. Gg: Edlinger fecit 1780 sein eigen Porträt.
Archiv Paulus
Heinemann 1924, Nr. 84; Paulus 1929, Nr. 1; Schenk 1983, WK 49
↪ Kap. Graphik G 14

Edlinger zeigt sich in leichter Seitenansicht mit Blick auf den Betrachter. Er trägt einen Mantel mit breitem Kragen und ein zur Schleife gebundenes Jabot. Das in Privatbesitz befindliche Gemälde wurde zur Vorlage für den Stich von John. Die Maße des Gemäldes und die Tatsache, dass der Buchhändler und Verleger Johann Baptist Strobl dieses Porträt Edlingers für seine Graphik-Serie stechen ließ, berechtigen zu der Annahme, dass das Ölbild für dessen Bildersammlung angefertigt wurde (S. 143–155).

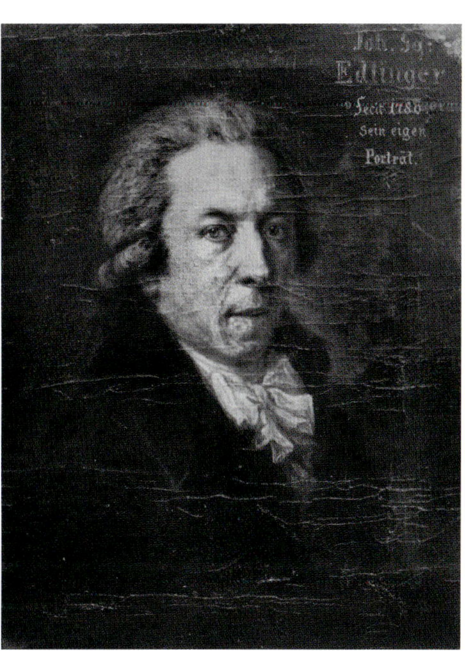

3

In diesem Fall könnte es sich um eine Replik des um 1780 entstandenen Gemäldes handeln und wäre möglicherweise erst um 1785/90 gemalt worden.

4

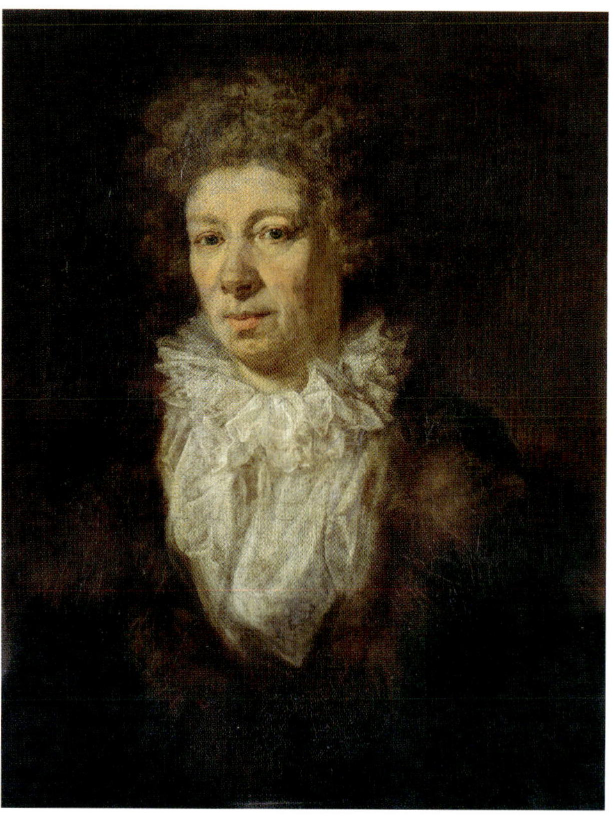

5

4

Johann Georg Edlinger – Selbstbildnis

um 1794
Öl auf Leinwand (doubliert), 62,2 × 51,2 cm
MStM: IIc/235
Heinemann 1924, Nr. 88; Schenk 1983, WK 87; Müller-Meiningen 2000, Nr. 82

5

Maria Anna Barbara (1742–1822), geb. Welser

um 1794
Öl auf Leinwand (doubliert), 63,5 × 51 cm
MStM: IIc/236
Heinemann 1924, Nr. 89; Schenk 1983, WK 88; Müller-Meiningen 2000, Nr. 82

Das Selbstbildnis, das es auch in einer sehr ähnlichen Variante gibt, ist insofern eine Ausnahme, als sich Edlinger hier durch Stift bzw. Pinsel als Künstler ausweist. Tatsächlich befindet er sich um diese Zeit (ca. 1795) auf dem Höhepunkt seines Schaffens. Allerdings strebt der Künstler auch in diesem Fall keine repräsentativ-selbstbewusste Darstellung an, wie sie etwa der Münchner Hofmaler Georg Desmarées mit seinem Bildnis hinterlassen hat (Abb. 19): Edlinger versucht nicht, dem Betrachter zu imponieren. Ganz konzentriert ist sein Blick auf das Modell bzw. in diesem Fall auf den Spiegel gerichtet. Auf jede Andeutung von Interieur ist verzichtet. Die Konturen seines Körpers scheinen mit dem Hintergrund zu verschwimmen. Während sich die rechte Hand der (nicht sichtbaren) Staffelei nähert, wird der von der Seite gesehene Körper gewissermaßen zum Sockel für den Kopf; der grünliche Kragen des Mantels und die um den Hals geschlungene weiße Krawatte leiten farblich zum Gesicht über.

Als Pendant zu seinem Bildnis malte Edlinger auch seine Frau, die den Betrachter zwar direkt, aber etwas distanziert anschaut. Auch ihre Körperlichkeit bleibt unklar. Dagegen leitet ihre weiße, mit einem Rüschenkragen versehene Bluse den Blick ins frontal gezeigte, etwas herbe Gesicht.

Das Ehepaar Edlinger war seit 1774 verheiratet und bekam sechs Kinder, von denen jedoch nur vier erwachsen wurden. Barbara Edlinger überlebte ihren Mann um drei Jahre, sie starb im Alter von 80 Jahren. Glaubt man zeitgenössischen Anekdoten (vgl. S. 173), so hatte sie manchmal auch in künstlerischen Fragen ein Wörtchen mitzureden.

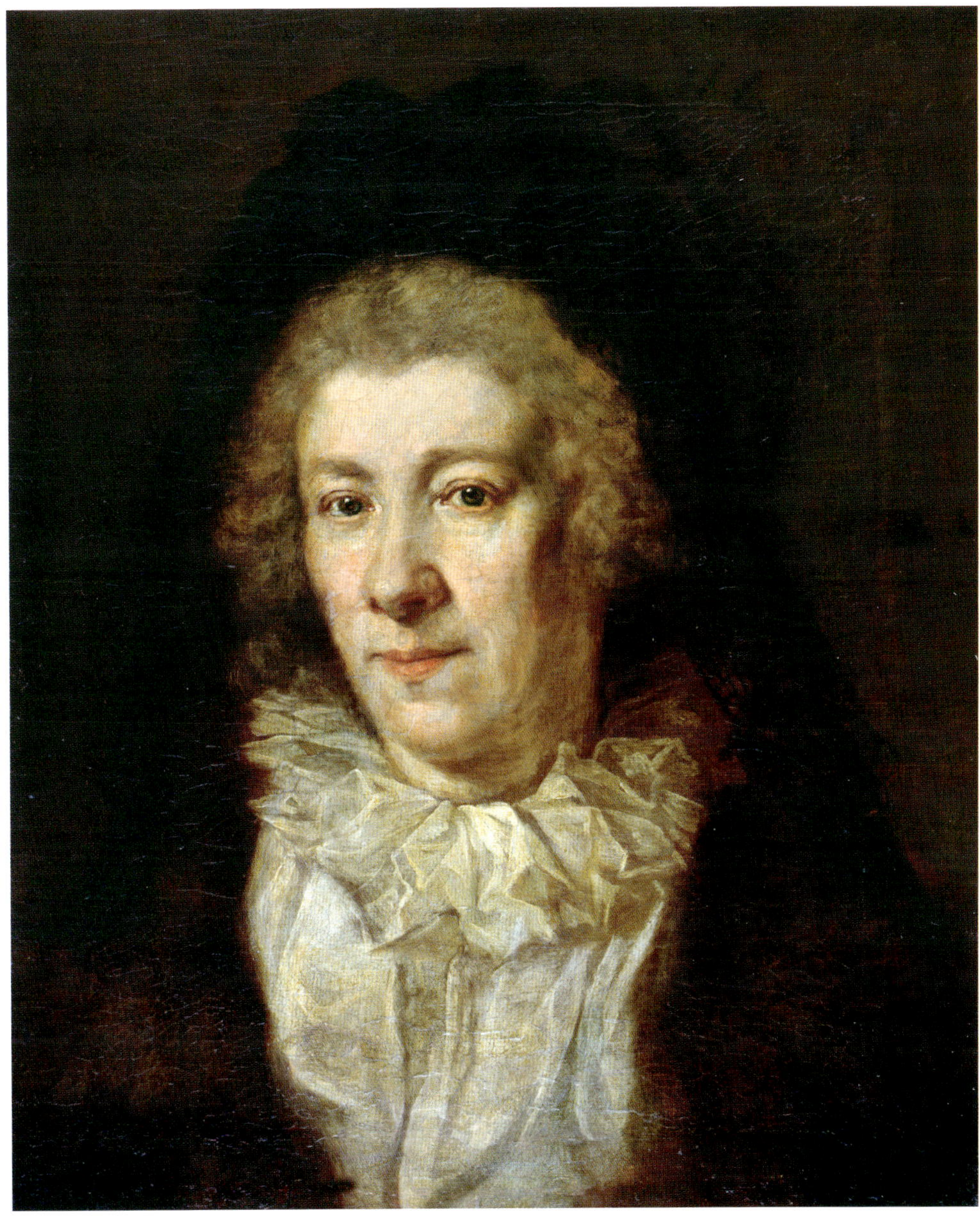

6

6

Maria Anna Barbara Edlinger

1794
Öl auf Leinwand (doubliert), 51 × 41 cm
MStM: IIc/175
Rückseitig bez.: B. Edlingerin / gebohren den 18. febr. 1744 / gemalt den 20. febr. 1794
Schenk 1983, WK 90; Müller-Meiningen 2000, Nr. 83

Laut Beschriftung entstand das Gemälde anlässlich des 50. Geburtstags von Barbara Edlinger. Während das Pendant zum Selbstporträt des Künstlers sie nahezu in Halbfigur und en face zeigt, ist auf dem kleineren »Geburtstagsbild« ein Bildausschnitt gewählt, der die Dargestellte wesentlich unmittelbarer wiedergibt. Sie wirkt hier entspannter und lächelt leicht. Bis auf ein Spitzentuch auf ihrem krausen Haar trägt Frau Edlinger auf beiden Bildern die identische Kleidung – eine weiße, am Hals gefältelte Bluse, darüber eine schwarze Jacke mit Pelzkragen.

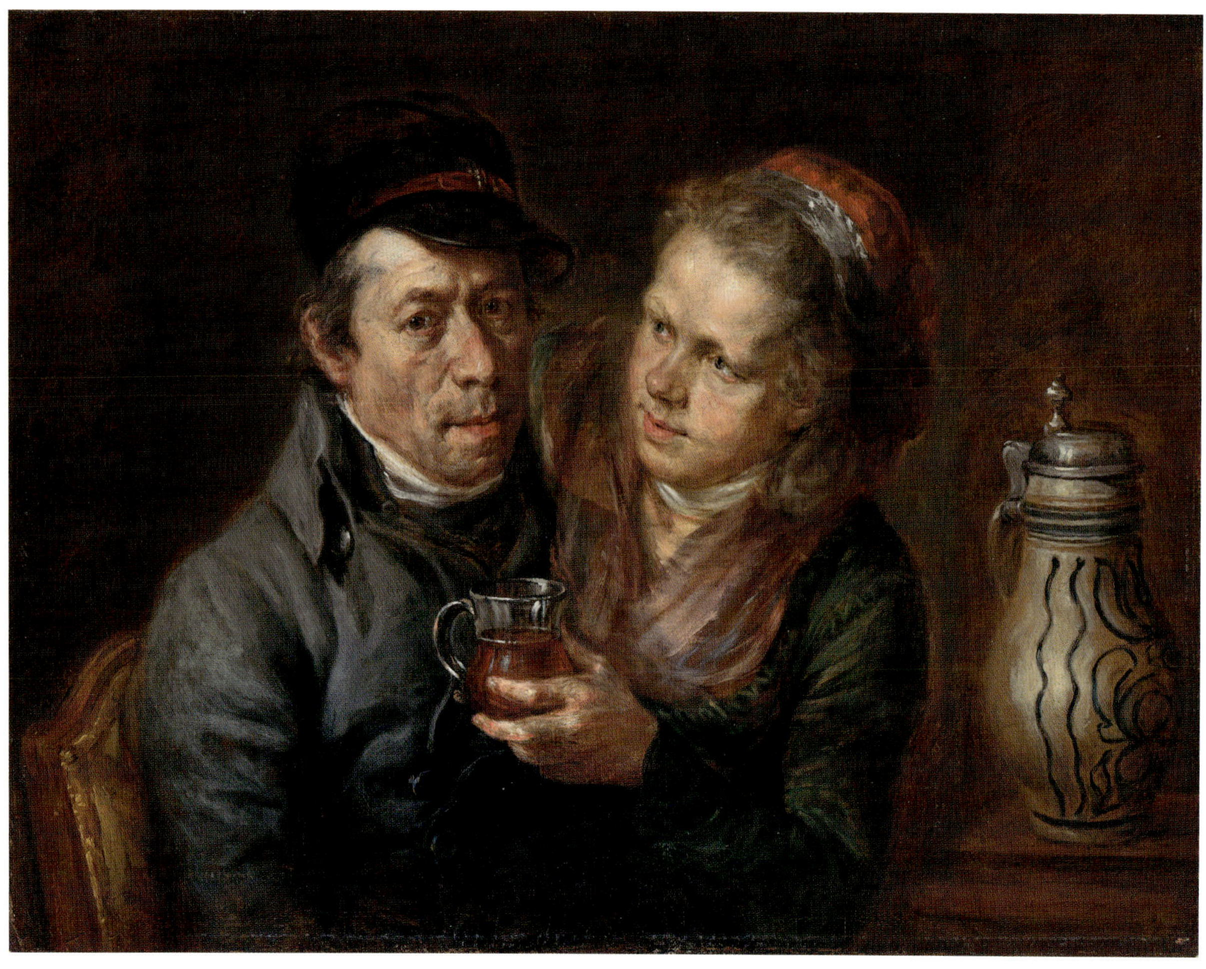

7

7

Johann Georg Edlinger und junge Frau (evtl. eine Tochter des Künstlers)

gegen 1795
Öl auf Leinwand, 62 × 80 cm
Kunst Museum Winterthur
Schenk 1983, WK 143

Die Benennung des 1931 durch den Schweizer Sammler Oskar Reinhart über den Münchner Kunsthandel erworbenen Bildes als Selbstporträt Edlingers erfolgte sowohl aus dem Vergleich der Malweise mit gesicherten Werken wie auch aus dem Vergleich der Gesichtszüge mit dem 1803 gemalten Bildnis in der Bayerischen Staatsgemäldesammlung (Kat. 8). Ob die junge Frau, die dem Maler ein Glas kredenzt, tatsächlich eine seiner Töchter ist, muss offenbleiben. Das genrehafte Gemälde, das ein beliebtes Motiv der holländischen Malerei des 17. Jahrhunderts zitiert, wäre in diesem Fall das einzige, auf dem Edlinger sich gemeinsam mit einem Familienmitglied zeigt.

Die junge Frau – sie trägt eine Riegelhaube mit Silberrand auf dem üppigen Haar – wendet sich ganz dem älteren Mann (ihrem Vater?) zu und reicht ihm ein Henkelglas. Er trägt eine Schirmmütze, sein etwas müder Blick könnte der Hinweis auf eine Krankheit sein. Auf dem Tisch daneben steht ein Steinzeug-Krug mit Zinndeckel. Während Edlinger eine Szene familiärer Intimität schildert, bleibt der Ort des Geschehens trotz Andeutungen von Räumlichkeit unklar. Das Bild besticht durch seine lockere Malweise und die zurückgenommene, tonige Farbigkeit.

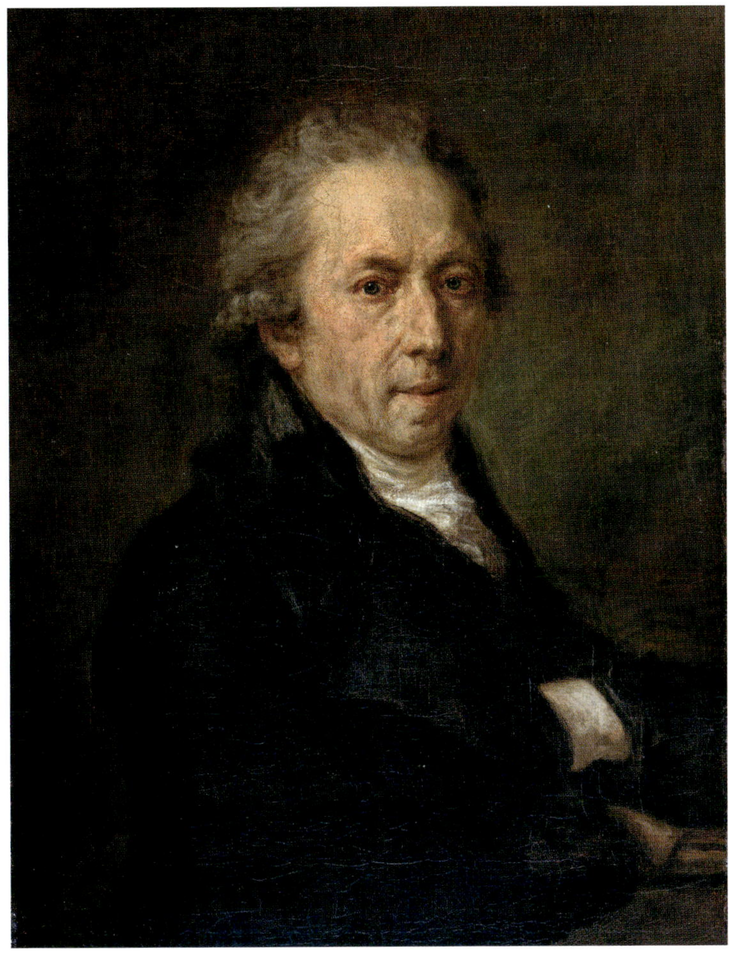

8

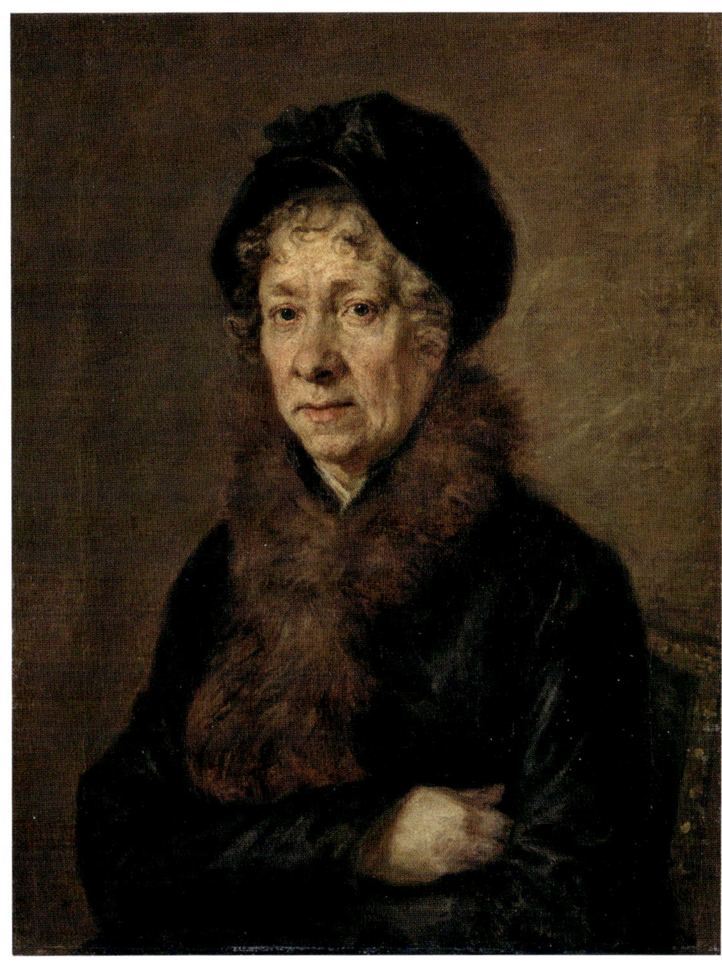

9

8

Johann Georg Edlinger

1803
Öl auf Leinwand, 63,9 × 49,8 cm
Auf der Doublierleinwand bez.: Auf der Orignatlwd [!] steht Joh. Georg Edlinger Hofmaler gemalen von ihm selbst anno 1803
BStGSlg: 7772
Heinemann 1924, Nr. 146; Schenk 1983, WK 141

9

Ehefrau Barbara

1803
Öl auf Leinwand, 64,2 × 50,2 cm
BStGSlg: 7773
Auf die Doublierleinwand übertragene Bezeichnung: Barbara Edlinger gebohren Welser gemalen anno 1803 von Georg Edlinger
Heinemann 1924, Nr. 147; Schenk 1983, WK 142

1803 malte Edlinger ein letztes Selbstbildnis, in dem er nochmals den schon beschriebenen Bildaufbau anwandte, so dass sich eine über mehrere Jahrzehnte einheitliche optische Reihe ergibt. Der 62-Jährige sitzt als nach rechts ins Dreiviertelprofil gewendete Halbfigur vor einem dunklen Hintergrund. Herausgehoben aus dem Dunkel sind nur das Gesicht, die Halsbinde, das Jabot und der rechte Handrücken.

Auch zu diesem Bild fertigte der Künstler ein Pendant seiner Frau Barbara. Die Dargestellte ist nun knapp 60 Jahre alt. Frau Edlinger ist als sitzende Halbfigur gezeigt, ihre dunkel gehaltene Kleidung lenkt die Konzentration ganz auf das gealterte Gesicht. Ihr schwarzer Hut, unter dem Löckchen hervorquellen, und die eng an den Körper gepresste Pelzboa rahmen das helle Gesicht. Ihr Blick wendet sich direkt an den Betrachter.

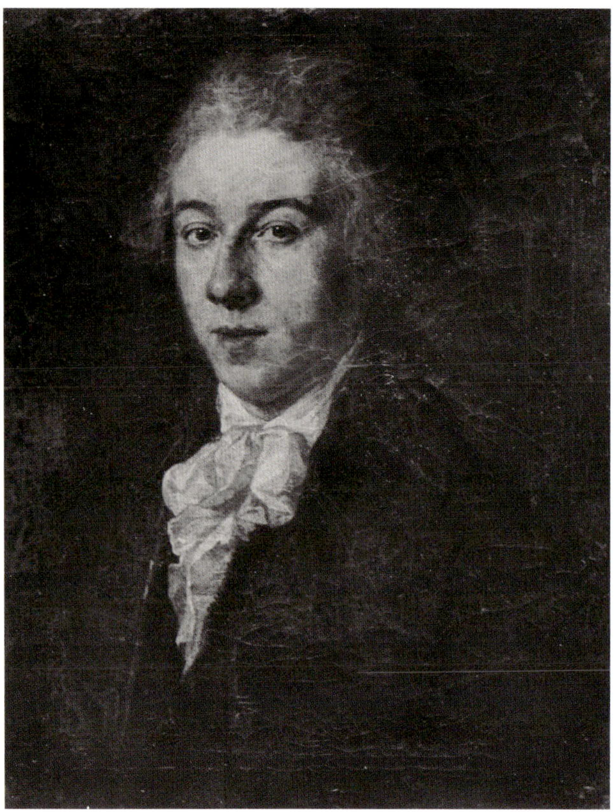

10

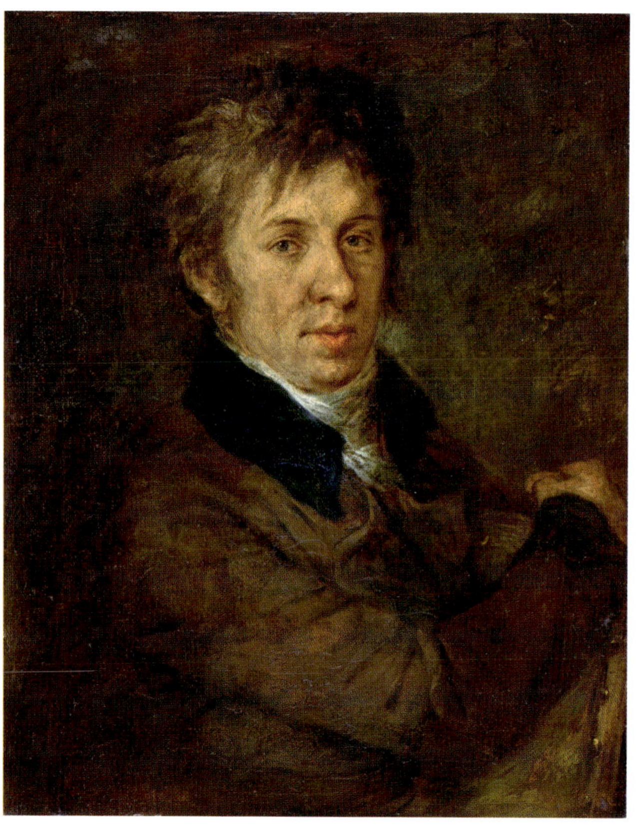

11

10

Joseph Sebastian Edlinger (1775–1866)

um 1790
52 × 45 cm (Foto des verschollenen Gemäldes)
Archiv Paulus
Paulus 1929, Nr. 21; nicht bei Schenk 1983

11

Joseph Sebastian Edlinger

um 1805
Öl auf Leinwand (doubliert), 61 × 48,2 cm
SGL: G 4267
Heinemann 1924, Nr. 151; Schenk 1983, WK 154; Eschenburg/Althaus/Friedel 2009: Edlinger, Nr. 21

Edlingers älterer Sohn Joseph Sebastian studierte Jura und trat im Alter von 28 Jahren seine erste Stelle als Amtsaktuar beim Landgericht Griesbach an. Möglicherweise war dies der Anlass zur Entstehung des Porträts. Sebastian Edlinger heiratete 1814, ein Porträt seiner aus Griesbach stammenden Ehefrau Josepha Wilhelm ist allerdings nicht bekannt. 1817 wurde Edlinger junior Landrichter in Wegscheid/Bayerischer Wald.

Der Dargestellte sitzt rittlings auf einem Stuhl, sein linker Arm hängt über die Lehne, die Rechte liegt auf ihr. Edlinger zeigt das Gesicht seines Sohnes fast frontal. Der Blick Sebastians ist ernst und ruhig auf den Betrachter gerichtet. Während Sebastian Edlinger auf dem älteren Bild noch eine gepuderte Frisur trägt, ist sein Haar auf dem jüngeren nach der Mode ganz natürlich belassen. Die Sitzposition suggeriert eine gewisse Dynamik, doch der Körper des Dargestellten scheint mit dem Hintergrund zu verschmelzen.

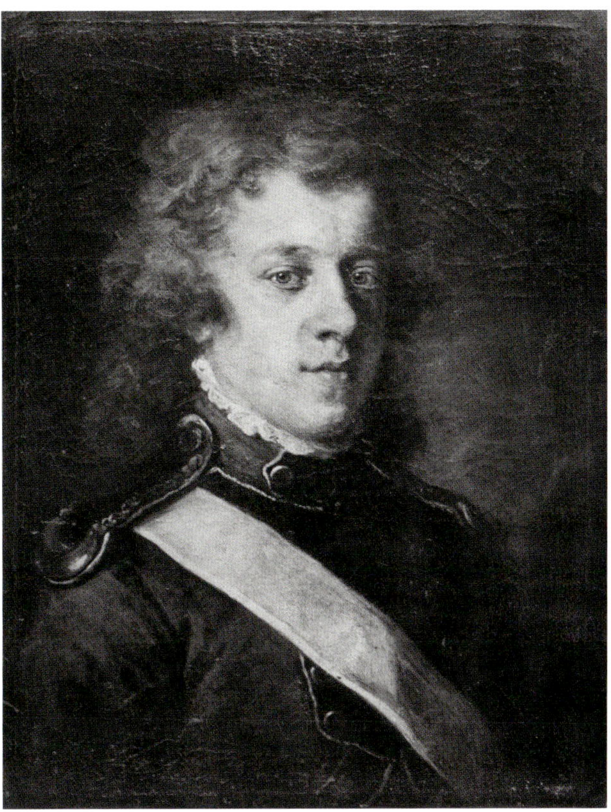

12

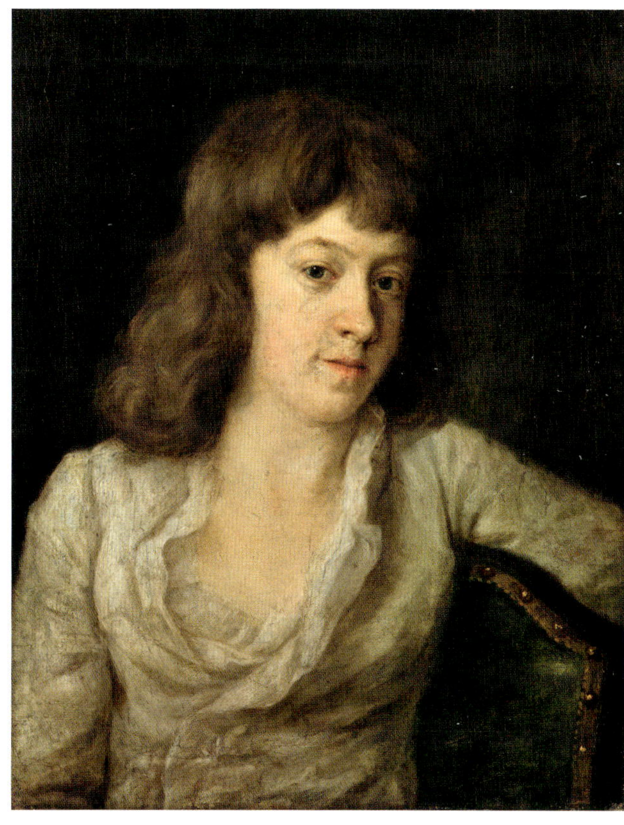

13

12

Anton Franz Xaver Edlinger (1776–1841)

um 1795
52 × 42 cm (Foto des verschollenen Gemäldes)
Archiv Paulus
Paulus 1929, Nr. 22; nicht bei Schenk 1983

Der jüngere Sohn des Künstlers besuchte ab 1791 die vierjährige Militär-Akademie und begann dann eine militärische Laufbahn. Um 1820 findet man ihn als Oberst beim Kgl. Genie-Korps und als Vorstand der Lokalbundeskommission in Landau (vgl. Allgemeines Intelligenzblatt für das Königreich Baiern 1818, Personenregister »Edlinger, Anton«).

Das hier abgebildete Gemälde zeigt Anton Edlinger etwa 20-jährig als Junker des Genie-Korps. Heinemann 1924, Nr. 163 und Paulus, Nr. 76 kennen beide noch ein späteres, heute verschollenes Porträt, das ihn in der Uniform eines Majors wiedergibt.

13

Maria Anna Josepha Edlinger (1778–1831)

um 1795
Öl auf Leinwand, 53,5 × 42,5 cm
BayStGSlg: 8578
Heinemann 1924, Nr. 48; Schenk 1983, WK 96

Von der älteren Tochter des Künstlers gibt es nur ein einziges gesichertes Porträt. Über ihre Lebensumstände ist wenig bekannt. 1812 heiratete sie den Steuerbeamten Dismas Osterhuber, einen ehemaligen Hauptmann im 1. Königlichen Linieninfanterie-Regiment, der allerdings schon 1819 starb; ein Bildnis ihres Ehemanns ist bisher nicht identifiziert. Die »Steuerrathswitwe« starb 1831 im Alter von 54 Jahren an der »Lungensucht«.

Edlinger zeigt seine Tochter als Halbfigur en face. Das Bild ist von einer besonderen Intimität: Maria Anna, die ihr fülliges braunes Haar schulterlang trägt, sitzt leger auf einem grün gepolsterten Stuhl, ihr linker Arm hängt über die Lehne. Ihr Blick ist verträumt, fast melancholisch auf den Betrachter gerichtet. Das Kleid ist leger geöffnet, darunter kommt ein Spitzenhemd zum Vorschein. Ein solches Bild kann nur für den vertrauten Familienkreis bestimmt gewesen sein.

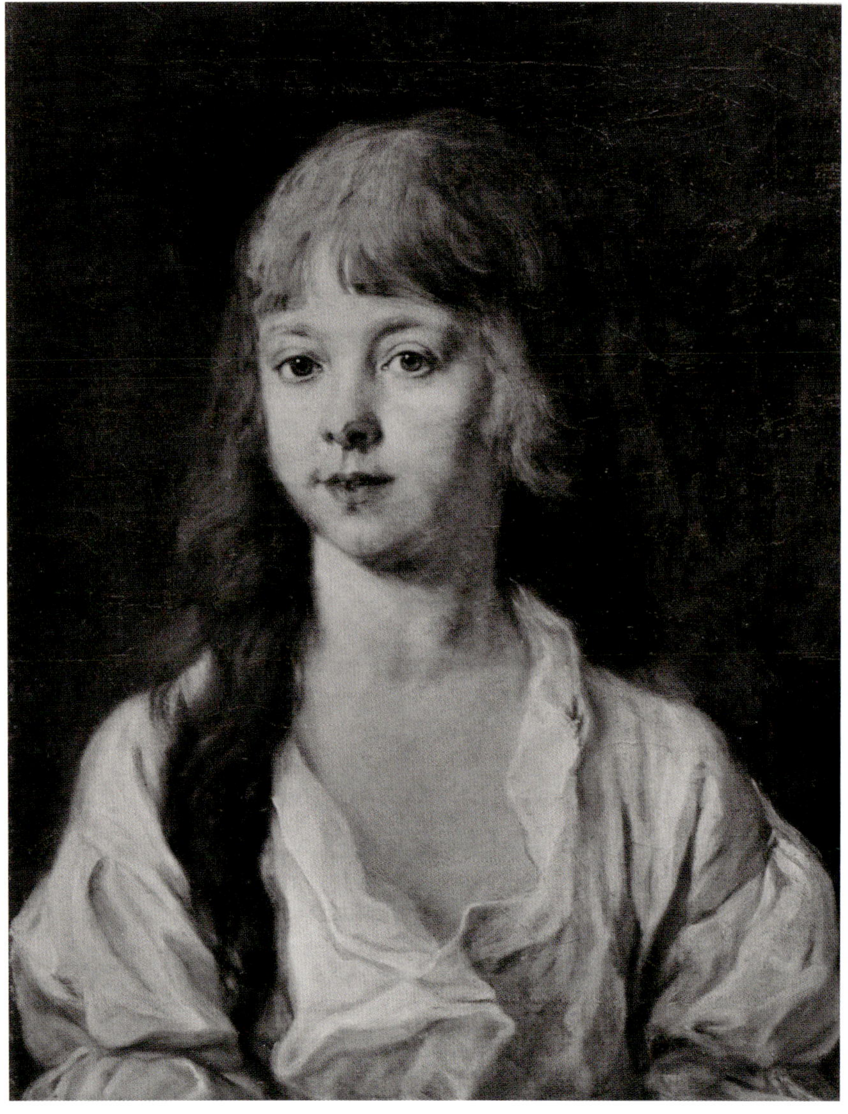

14

14

Barbara (Babette) Elisabeth Edlinger (1779–1830)

ca. 1790/95
(Foto des verschollenen Gemäldes)
MStM: 67/521/1
Heinemann 1924, Nr. 47; Schenk 1983, WK 62

Das um 1790/95 entstandene, nur als Foto bekannte Bildnis der jüngeren Tochter gehört zu Edlingers lebendigsten Arbeiten. Das Mädchen ist als Brustbild en face dargestellt, es blickt dem Betrachter unbefangen und völlig natürlich entgegen. Offen getragene Haare umrahmen das noch kindliche Gesicht, eine lange Strähne fällt über die rechte Schulter auf die faltenreiche, weit geöffnete Bluse. Man erahnt, dass hier eine hübsche junge Frau heranwächst.

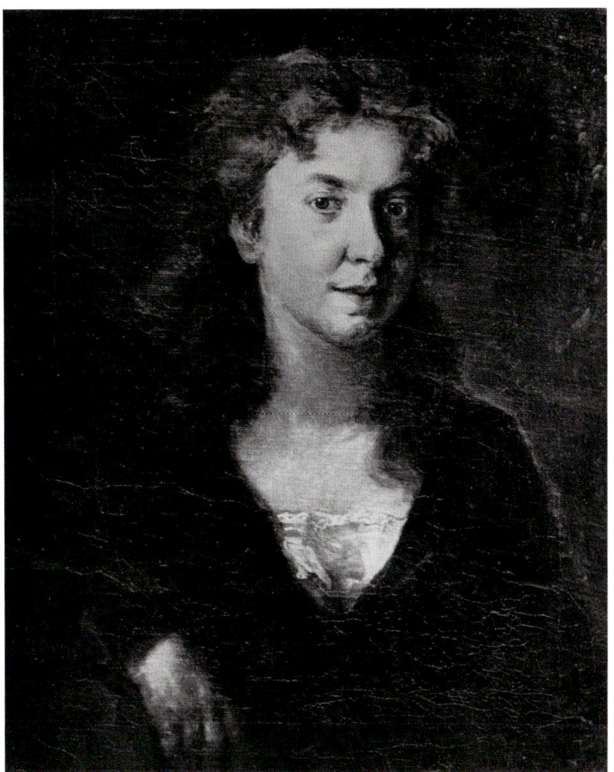

15

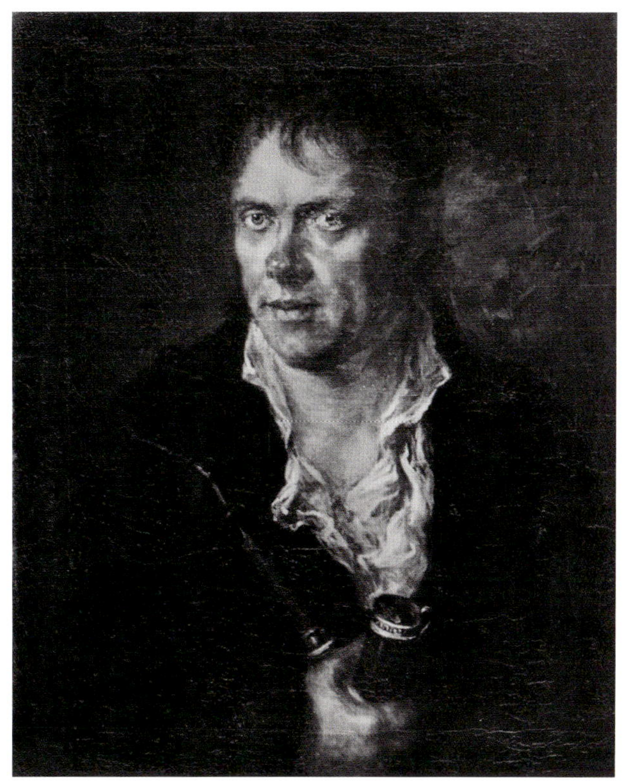

16

15

Barbara (Babette) Elisabeth Sedelmayr, geb. Edlinger

um 1808
59,5 × 48,5 cm (Foto des verschollenen Gemäldes)
MStM: 67/577/3
Heinemann 1924, Nr. 162; Paulus 1929, Nr. 47; Schenk 1983, WK 164

16

Johann Nepomuk von Sedelmayr (1776–1819)

um 1808
59,5 × 48,5 cm (Foto des verschollenen Gemäldes)
MStM: 67/575/1
Heinemann 1924, Nr. 161; Paulus 1929, Nr. 48; Schenk 1983, WK 163

1808 heiratete Barbara (Babette) Edlinger den Finanzbeamten Johann Nepomuk von Sedelmayr, der aus einer arrivierten Familie kam: Sein Vater war der 1790 geadelte Hofoberrichter und Archivar Philipp Jakob von Sedelmayr. Edlingers Schwiegersohn hatte gemeinsam mit dessen jüngerem Sohn Anton Franz Xaver die Militär-Akademie in München besucht, war dann aber in den Staatsdienst eingetreten. Das Ehepaar Edlinger-Sedelmayr bekam drei Kinder: Eduard, Emilie und Wilhelmine, von denen letztere im Jahr 1838 erst 23-jährig an den Folgen einer Frühgeburt starb. Der königlich bayerische Rentbeamte Johann Nepomuk Sedelmayr starb 1819 in Riedenburg. Man darf davon ausgehen, dass die beiden Gemälde anlässlich oder zumindest bald nach der Hochzeit entstanden.

Während Babette ganz entspannt wirkt, erscheint ihr Mann mit etwas stechendem Blick draufgängerisch. In der rechten Hand hält er eine Pfeife, ein für ihn wohl typisches unverzichtbares Accessoire, denn Edlinger malte eher selten Attribute.

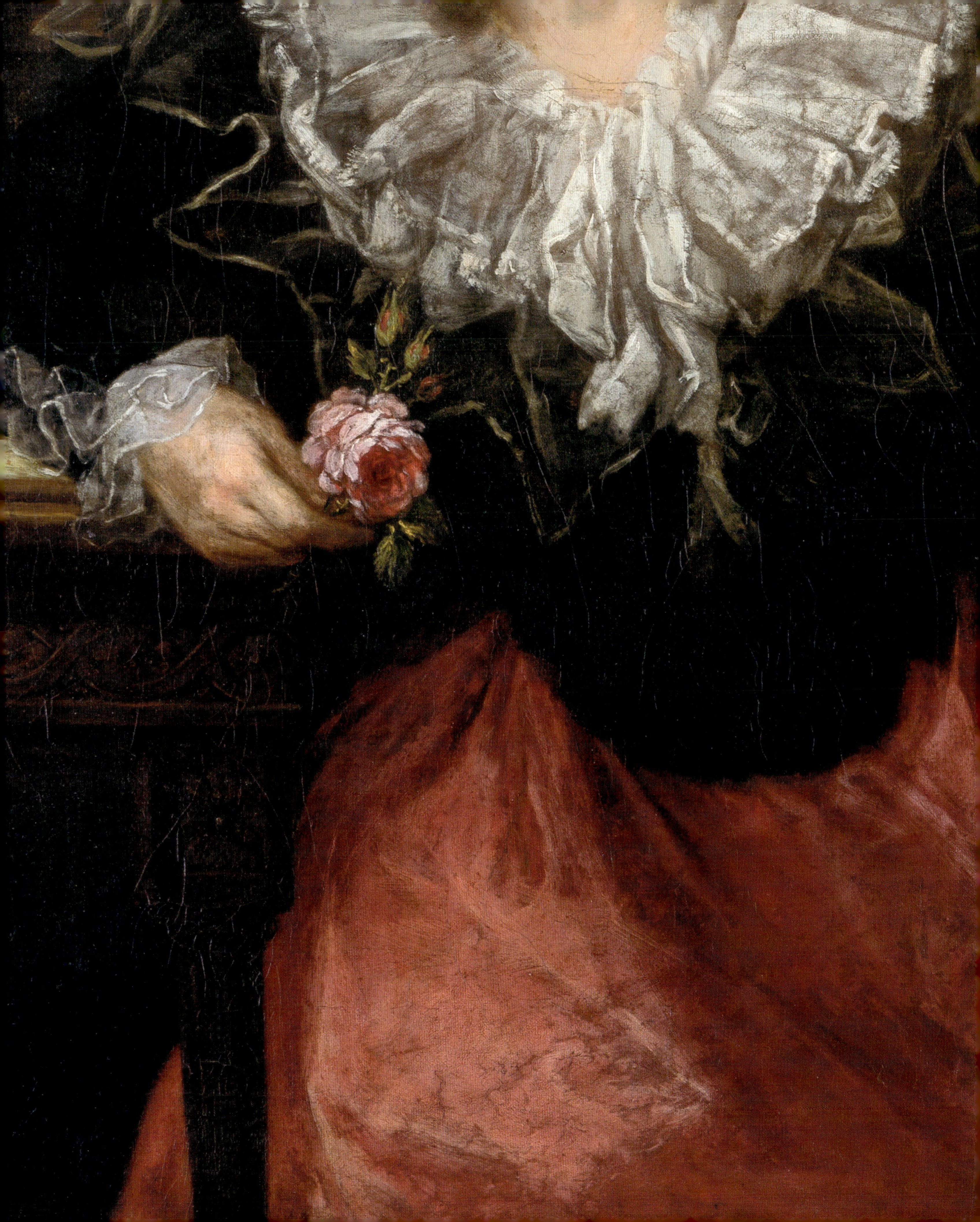

Stil und Technik

In der Hierarchie der Gattungen spielte das Porträt Ende des 17. Jahrhunderts noch immer eine untergeordnete Rolle, denn als wichtigstes Fach galt die Historienmalerei. Selbst Genre und Stilleben standen über der Porträtmalerei, die in erster Linie Auftragsmalerei war und überwiegend Fürsten, Adeligen oder geistlichen Würdenträgern zur Dokumentation ihrer eigenen Machtstellung diente. Idealisierung und Überhöhung, die Darstellung von Tugenden und Verdiensten waren deshalb das eigentliche Ziel der Porträts. Doch diese oftmals technisch brillante, inhaltlich aber oberflächliche Form der Darstellung, bei der der Schein wichtiger war als das Sein, stieß im 18. Jahrhundert immer mehr auf Kritik; im Zuge der Aufklärung begannen sich bisher gültige Normen zu verändern.

Zwischen 1750 und 1780 setzte ein gravierender Wandel in der bildenden Kunst ein. Viele Maler brachen mit herkömmlichen Stilmitteln oder nutzten sie neu und fanden so einen Weg von stereotyper Künstlichkeit zu artifizieller Natürlichkeit, was keineswegs nur die Porträtisten betraf. Die aufklärerische Diskussion, die überwiegend vom Bürgertum getragen war, aber auch von weiten Kreisen des Adels und des Klerus unterstützt wurde, fragte nach dem Individuum, nach seinem Wesen, seinen Fähigkeiten und Begabungen, nach der »Seele«. Kunst sollte nicht länger Täuschung sein, sondern »Wahrheit« zeigen. Es versteht sich, dass derartige Überlegungen zu Veränderungen führten, in deren Folge nicht nur die Vormundschaft der Akademien in Frage gestellt wurde und sich die Gattungshierarchien veränderten, sondern – und das betraf vor allem die Porträtmaler – sich auch das Verhältnis zwischen Künstler und Auftraggeber veränderte und erstere ein neues Publikum in den Blick nahmen. Die Jahrzehnte zwischen 1750 und 1780 müssen als Umbruchphase betrachtet werden, die zugleich den Beginn einer bürgerlichen Epoche markiert.

Es ist anzunehmen, dass Edlinger in seiner Wiener Zeit die Diskussionen um die Porträtmalerei aufmerksam verfolgte und dadurch wesentliche Anregungen für sein Schaffen erhielt. So könnte er im September 1768 Joseph von Sonnenfels' Rede an der k. k. freyen Zeichnungs- und Kupferstecherakademie in Wien gehört haben.[1] Sonnenfels stellte darin dem wenig geschätzten Status der Porträtmalerei, die durch einen Schwarm von Porträtisten, deren bloßes Ziel eine »mechanische Ähnlichkeit« sei, in Verruf geraten war, eine Analyse der Gattungsgeschichte seit der Antike gegenüber. Er forderte, dass Porträtmalerei weit über die Wiedererkennbarkeit hinauszugehen habe, ja es ihr Ziel sein müsse, seelenvolle Porträts zu schaffen, »die, wie die Köpfe eines Vandyk, der Vergänglichkeit trotzen«. Dabei sei das Gesicht in den Vordergrund zu rücken, während minutiöse Details nur störend seien. Auch könnte Edlinger Joshua Reynolds' gleichzeitig an der Royal Academie in London vertretene Auffassungen wahrgenommen haben: »All smaller things, however perfect in their way, are to be sacrificed without mercy to the greater […] a quietness and simplicity must reign over the whole work; to which a breadth of uniform and simple colour will very much contribute«.[2] In Reynolds Postulat eines einfachen, von der Natur gelehrten Kolorits und einem Gefühl für das Gegenüber sah man im deutschsprachigen Raum die Ideale der Aufklärung vorbildhaft umgesetzt.

Die Hinwendung auf das Wesentliche führte zu einem Porträt-Stil, der in seiner Freiheit gegenüber den Konventionen der Repräsentation für alle Gesellschaftsschichten Gültigkeit erhielt. Bildnisse waren immer weniger vom Standesdenken geprägt. Hatten die barocken Hofmaler Stattlichkeit und Männlichkeit, weibliche Anmut und Schönheit oft nur »herbeigemalt«, so wurde nun zunehmend Wert auf Individualität und Authentizität gelegt. Auch noble Darzustellenden ließen sich ohne Standesattribute in natürlicher Haltung und privaterer Kleidung malen. Eine viel diskutierte Frage, die auch für die spätere kunsthistorische Beurteilung der Werke maßgeblich war, wurde die, ob es genügte, pure Ähnlichkeit zu vermitteln oder ob nicht auch der Charakter bzw. die Seele des Darzustellenden abgebildet werden sollte.[3]

Es wäre wohl etwas vermessen, Johann Georg Edlinger an den ganz großen Zeitgenossen seines Fachs, an Mengs, Longhi, Fragonard, Greuze, Goya, Gainsborough, Reynolds, Graff oder den Malerinnen Marie Louise Élisabeth Vigée-Lebrun und Angelika Kauffmann zu messen, die über eine umfangreichere Ausbildung verfügten, in entschieden weltläufigeren Städten tätig waren, ein oft weit gereistes solventes Publikum bedienten, das höchste Ansprüche stellte, und die sich deshalb zwangsläufig den aktuellen Kunstdiskussionen stellen mussten. Edlinger, der sich zeitlebens überwiegend in München aufhielt, wo er nur bedingt in einen Künstlerdiskurs treten konnte, und dessen schöpferische Hoch-Zeit zwischen spätem Rokoko und beginnendem Biedermeier lag, unterlag solchen Zwängen nicht. Er konnte im Lauf der Jahre seinen persönlichen Sonderweg finden und ihm folgen.

Johann Georg Edlingers Porträts hochgestellter Persönlichkeiten sind – abgesehen vom Bildnis der Kurfürstin – nur in der Frühzeit Standesporträts, bei denen aber nicht, wie etwa bei seinem Lehrer Martin von Meytens d. J. oder seinem Münchner Vorbild, dem Hofmaler Georg Desmarées, die exakte Wiedergabe prächtiger Gewänder und Pretiosen im Vordergrund steht. Edlinger, dem jede Idealisierung zuwider gewesen zu sein scheint und dem das schönheitliche Empfinden seiner Zeit gleichgültig war, konzentrierte sich stets auf das Gesicht des oder der Darzustellenden. Ihn interessierte deren Physiognomie, die er häufig mit geradezu provokantem Realismus wiedergab. Karin Friedlmaier bringt dies auf den Punkt: »Edlinger kleidet Adelige so unscheinbar wie Bürger, Tagelöhner etc.« Er sei damit neben Anton Graff der einzige deutsche Maler, der »die malerische Kultur des Barock und Rokoko gleichsam an der Blässe des Klassizismus vorbei für die realistische Weltsicht des 19. Jahrhunderts rettet«.[4]

Tatsächlich führte diese radikale Bildauffassung zu einer Art »Gleichstellung« seiner Auftraggeber, denn gerade bei namentlich nicht bekannten Dargestellten ist oft nicht zu klären, welcher Personengruppe, welcher sozialen Schicht sie zuzurechnen sind. Es lässt sich belegen, dass Edlinger, der als intellektuell eher schlichter Sonderling geschildert wird, sich von zeitgenössischen Kunstströmungen nur wenig beeinflussen ließ (vgl. den Bericht von Ludwig Emil Grimm, S. 27). Dass hinter seiner Art der Menschen-Schilderung persönliche aufklärerisch-politische Ambitionen standen, darf bezweifelt werden. Stattdessen ist zu vermuten, dass Edlinger sich ausschließlich von seiner zunehmend sich ausprägenden Obsession der Naturtreue leiten ließ. Dass er damit so manchen Kunden vergraulte, ist überliefert. So beklagte sich beispielsweise der Geistliche Johann Michael Sailer (Kat. 101) im Februar 1794 in einem Brief an den Geheimen Rat Johann

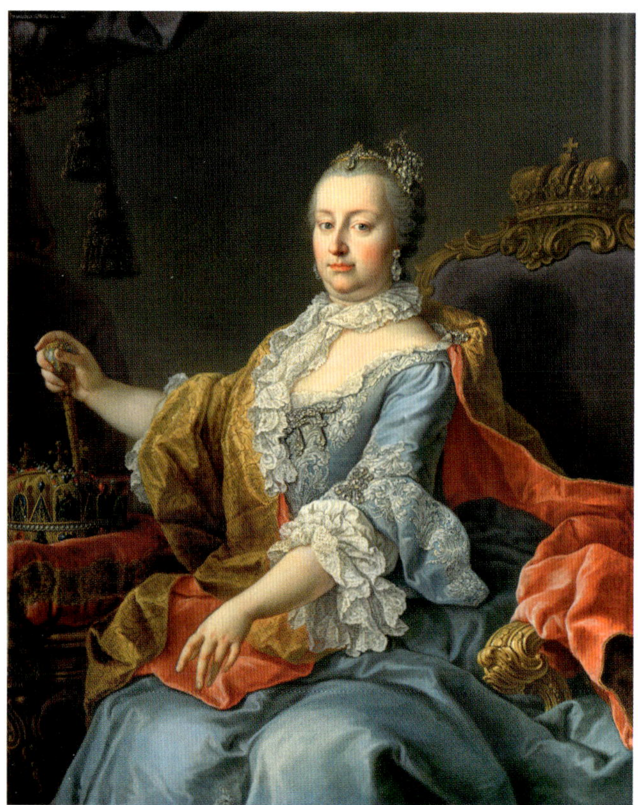

Abb. 18 Martin van Meytens d. J., *Maria Theresia von Österreich (1717–1780) mit der ungarischen Stephanskrone*, 1759, Öl auf Leinwand, 119 × 96 cm, Wien, Akademie der bildenden Künste

Die österreichische Kaiserin Maria Theresia war die wichtigste Mäzenin der Wiener Akademie der bildenden Künste, weshalb diese für deren Neubau ihr Porträt in Auftrag gab. Zugleich war es gewissermaßen Meytens »Einstandswerk« an dieser Institution, an der er ab 1759 Direktor war.

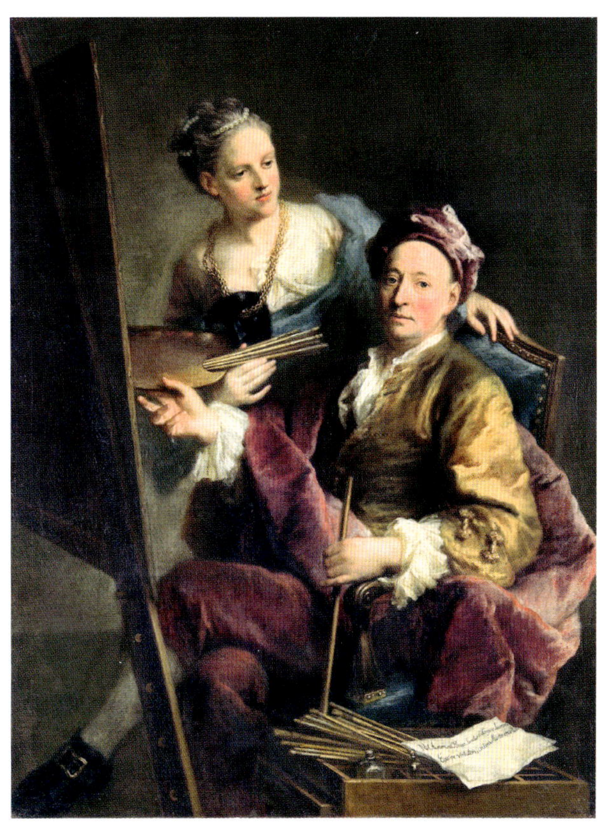

Abb. 19 Georg Desmarées, *Selbstporträt mit Tochter Antonia*, um 1750, Öl auf Leinwand, 159 × 118 cm, München, Bayer. Staatsgemäldesammlungen

Desmarées sitzt, von einem reich gebauschten Tuch umhüllt, in entspannter Haltung vor seiner Staffelei. Er trägt Haube und Hausjacke und hält in seiner Linken einen Malstock. Seine Rechte greift nach der Palette, die ihm von seiner Tochter gereicht wird. Diese trägt an ihrer üppigen Goldkette eine schwarze Gesichtsmaske. Auf dem Malkasten des Malers befindet sich ein Zettel mit lateinischem Text. Er lautet: »Nil aurum, nil pompa juvat, nil sanguis avorum / Excipe virtutem, caetera mortis erunt – Nicht Geld, noch Pracht oder Herkunft, nur die Tugend besteht vor dem Tod«. Desmarées kolportiert damit einen in der Andachtsliteratur weit verbreiteten Spruch, der darauf verweist, dass alle Äußerlichkeiten im Tod nichts mehr zählen. Zugleich gibt er sich als gebildeter Künstler zu erkennen, der um die Nichtigkeit seiner Bemühungen weiß, das eitle Spiel aber dennoch mitspielt. Desmarées' Gemälde wird damit auch zum philosophischen Statement.

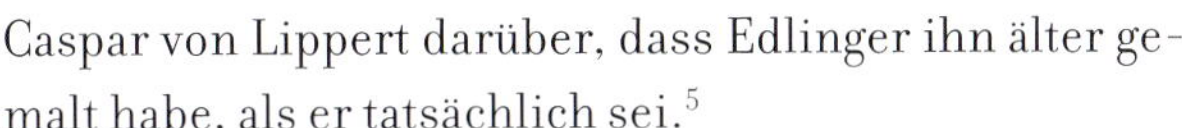

Caspar von Lippert darüber, dass Edlinger ihn älter gemalt habe, als er tatsächlich sei.[5]

Johann Georg Edlinger malte überwiegend Einzelbildnisse, wobei er formal das Bruststück, also die Darstellung des Kopfes mit einem Großteil des Oberkörpers, den Schultern sowie Arm-Abschnitten dem Halbfigur-Porträt vorzog, das den Oberkörper bis zur Taille unter Einbeziehung der angewinkelten Arme mit den Händen zeigt; für diesen von ihm favorisierten Typus fand er Dutzende von Varianten. Nur äußerst selten benutzte er die Form des Kniestücks. Der Kopf ist meist leicht aus der Körperachse gedreht. Egal, ob der oder die Abzubildende en face oder im Viertel- bzw. Dreiviertelprofil dargestellt ist, überwiegend besteht zwischen ihm/ihr und dem Betrachter Blickkontakt. Die Gesichter, in denen selbst Details wie blaue Adern, rot geränderte Augen oder ein dunkler Bartansatz wiedergegeben werden, heben sich stets klar von Kleidung und Hintergrund ab. Verstärkt wird deren Ausdruckskraft häufig durch das Spiel mit Hell-Dunkel-Kontrasten. So wird etwa ein Gesicht im Halbschatten durch das Weiß des Hemdes akzentuiert. Edlinger vermied – von wenigen Ausnahmen abgesehen – jede Inszenierung der Dargestellten und stellte auch deren Kleidung oft nur summarisch dar; meist hebt sie sich kaum vom Hintergrund ab. Die fast impressionistische Darstellung des Hemdausschnitts verleiht etlichen männlichen Porträts eine bewusst lässige Erscheinung. Nur selten haben die Porträtierten Attribute (Buch, Geschirr, Feder und Papier etc.), die sie zusätzlich charakterisieren. Auch wenn Edlinger vor allem auf seinen Halbfigur-Porträts Räumlichkeiten andeutete, so sind diese doch niemals präzisiert. Der locker angelegte und tendenziell monochrome Hintergrund seiner Bildnisse – häufig finden sich Spuren ausgestrichener Pinsel – bleibt stets diffus.

Obwohl Johann Georg Edlinger – wie etwa das Bildnis des Heinrich Sebastian Hüsgen (Abb. 13) oder das Frankfurter Porträt einer Unbekannten beweisen – über eine brillante Technik sowie ein subtiles Gespür für Modellierung und Lichtführung verfügte und den Einsatz von Farben meisterlich beherrschte, entfernte er sich um 1790 immer mehr von jeglicher Buntheit. Farbigkeit war für den von ihm angestrebten Naturalismus nicht mehr notwendig und so setzte er nur noch äußerst zurückhaltend Farbakzente, beispielsweise

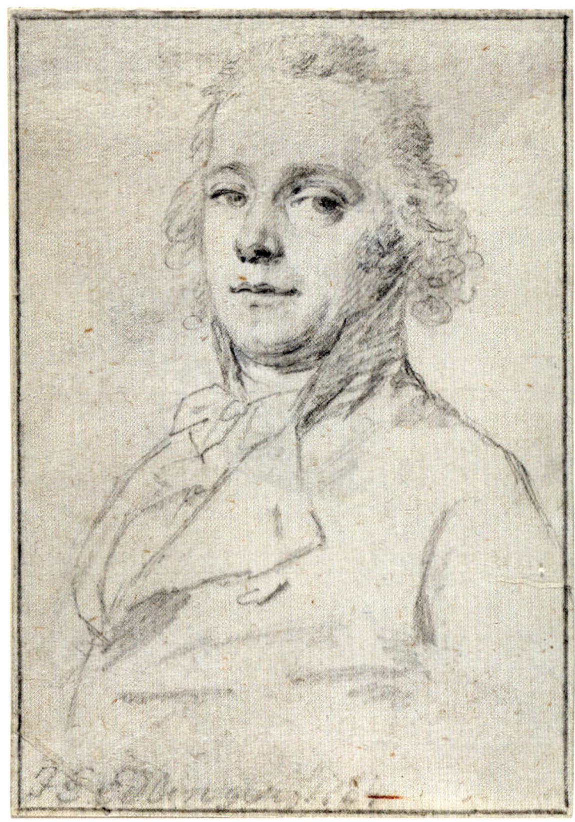

Abb. 20a Johann Georg Edlinger, *Unbekannter Herr*, 1782, Bleistift auf Papier, 1782, 11,6 × 8,5 cm, Münchner Stadtmuseum (Schenk 1983, WK 25)

Arbeiten von Edlinger auf Papier sind äußerst selten, da der Nachlass des Künstlers 1822 verbrannte.

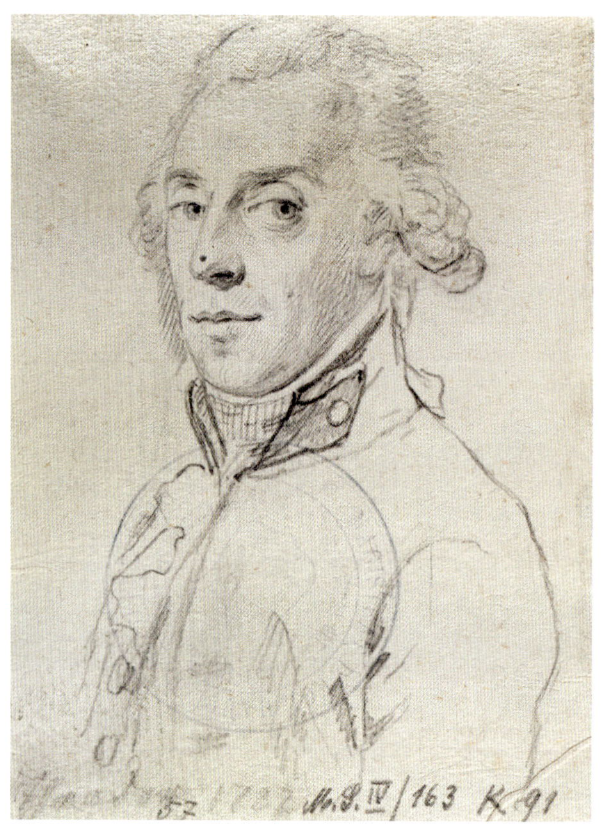

Abb. 20b Rückseite von Abb. 20 a, vermutlich nach demselben Modell, bez. »Theodor 1782«

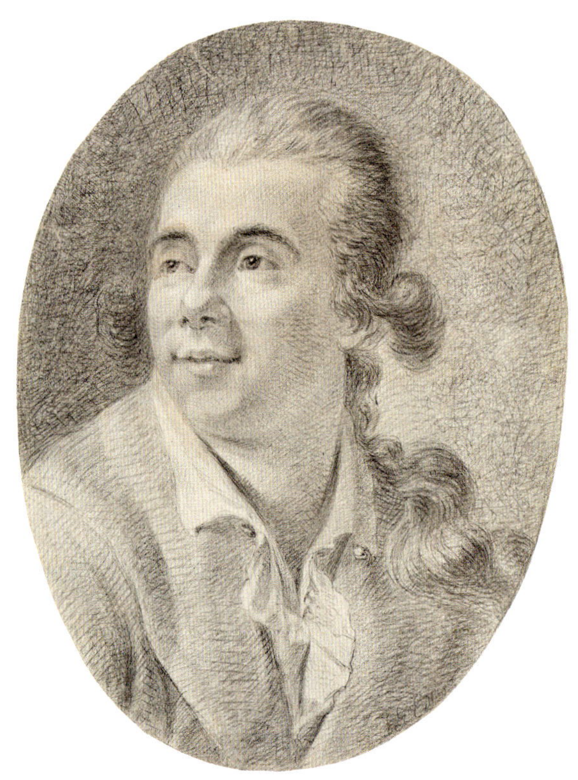

Abb. 21 Johann Georg Edlinger (zugeschrieben), *Unbekannter junge Mann*, um 1780, Kreide auf Papier, 49 × 36,2 cm, GM-2019-1 (Slg. Hans G. Knäusel) (Nicht bei Heinemann 1924; nicht bei Schenk 1983; Knäusel 2006, Nr. 36)

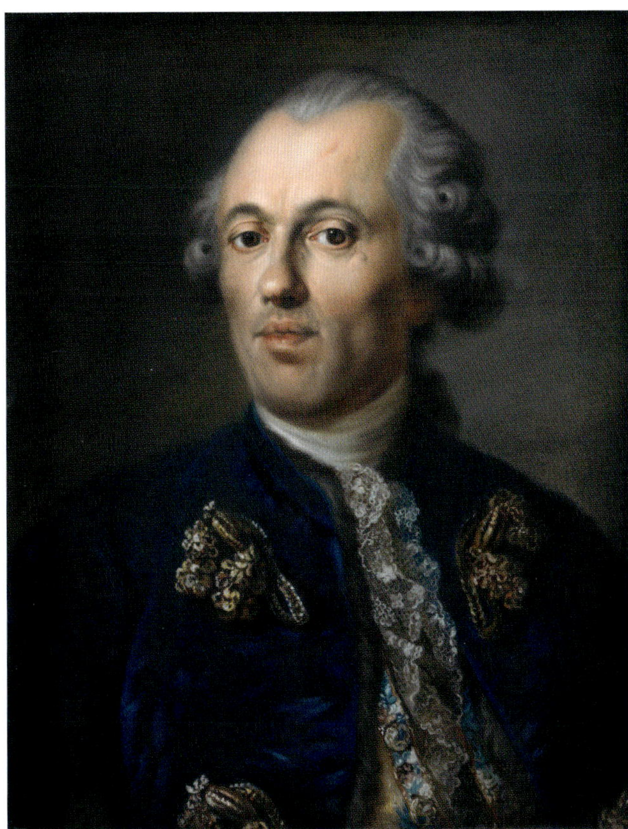

Abb. 22 Johann Georg Edlinger, *Georg Nikolaus Edler von Lengrießer (1759–1815)*, um 1780, Pastell auf Papier, 57,4 × 45,8 cm, München, Bayer. Nationalmuseum (nicht bei Schenk 1983)

Nikolaus Lengrießer (Lengrieser), Weinbrennersohn aus Cham, immatrikulierte sich 1783 an der medizinischen Fakultät der Universität Ingolstadt und wurde bereits ein Jahr später zum Thema *De morbis Fibrae minimae* promoviert. Lengrießer, der die Bürgermeisterstochter Maria Anna Kattenböck heiratete und 1790 von Kurfürst Karl Theodor in den Ritterstand erhoben wurde, war bis zu seinem Ruhestand Rentamts- und »Stadtphysicus« in Straubing. Laut Churfürstlich-Pfalzbaierischem Hof- und Staatskalender 1802 war er auch als »Lehrer der Entbindungskunst und landschaftlicher Acchoucheur« (Geburtshelfer) tätig. Edlinger fertigte nach Auskunft von Frau von Lengrießer, Bad Salzuflen, zeitgleich mit dem abgebildeten Blatt – es ist die einzige bekannte Arbeit Edlingers in Pastell – auch ein Ölporträt Lengrießers, das jedoch im Zweiten Weltkrieg verbrannte. Man darf also davon ausgehen, dass es sich um eine Vorstudie handelte.

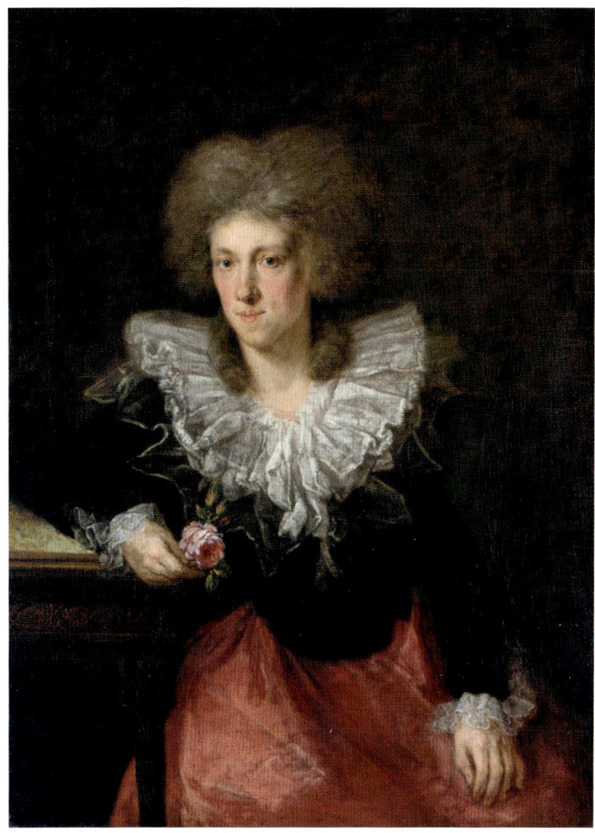

Abb. 23 Johann Georg Edlinger, *Unbekannte Dame mit rotem Rock*, um 1785, Öl auf Leinwand, 101,8 × 75,5 cm, Frankfurt am Main, Städel Museum (Schenk 1983, WK 28)

im Rot der Lippen oder durch die Lichtführung. Mit den Jahren entwickelte Edlinger einen sehr persönlichen Stil, der die Hell-Dunkel-Malerei niederländischer Maler des 17. Jahrhunderts für seine malerischen Vorstellungen nutzte. Seine Palette wurde zunehmend von fein abgestimmten gebrochenen Tönen in Braun, Grau und Ocker – von seinen Kritikern »schmutziges Kolorit« genannt – bestimmt.

Es ist nachvollziehbar, dass die Reduktion der Farbigkeit der Konzentration auf das Wesentliche, nämlich das Gesicht und damit die Individualität der jeweils dargestellten Person, geschuldet war. Sie könnte aber auch mit Edlingers Honorierung zusammenhängen: Erdpigmente sind weitaus kostengünstiger als so manches Rot, Blau oder Grün. Und schließlich könnte sie auch darin begründet sein, dass der Kunde für ein farblich wenig anspruchsvolles Bild auch weniger zu bezahlen hatte. So erlegte etwa der Buchhändler Strobl, der mehr als 200 Edlinger-Gemälde besessen haben soll, nur 12 Gulden pro Bild, was – auch wenn er Sonderkonditionen ausgehandelt haben dürfte – weit unter dem Preis von drei Louisd'or [entspricht 30 Gulden] lag, den Edlinger üblicherweise verlangte.[6] Da die für Strobl gefertigten Gemälde überdies in Stiche umgesetzt werden sollten, die ohnehin nur Grauwerte zeigen konnten, waren dafür farblich reduzierte Vorlagen völlig ausreichend.

Formate und Maltechnik

Die überwiegende Zahl seiner Werke malte Johann Georg Edlinger mit Ölfarben auf Leinwand, offensichtlich war der Künstler aber auch imstande, mit den Trägermaterialien Holz und Papier umzugehen.[7] Wohl aus Kostengründen benutzte er zumeist relativ grobe Leinwand, die er mit rotem Bolus, einem Erdpigment, grundierte. Die mindere Qualität des Gewebes ist der Grund dafür, dass sich Edlinger-Gemälde häufig relativ schlecht erhalten haben und viele von ihnen doubliert wurden.[8] Bei den verwendeten Formaten überwiegen Maße von ca. H 60 / 68,5 × B 45 / 53 cm (68-mal bei Schenk 1983) und 50 / 58 × 40 /47,7 cm (43-mal bei Schenk 1983).

In seinen frühen Jahren hat sich Johann Georg Edlinger auch einige Male mit Porträtminiaturen befasst, worunter man heutzutage Bildnisse bis zu einer Größe von maximal 20 cm versteht. Das erste gesicherte (Selbst-)Bildnis des Künstlers, das noch während seiner Lehrzeit in Graz entstand, ist in Öl auf Leinwand gemalt, die auf Holz aufgezogen wurde.[9] Als Arbeiten auf Papier sind das 1786 ins Stammbuch der Augsburger Familie Gignoux gemalte Bildnis des Anton Christoph Gignoux[10] sowie ein erst in jüngster Zeit aufgetauchtes, 1787 datiertes Porträt des Kurfürsten Karl Theodor (Kat. 19) zu nennen. Auch eine auf Holz gemalte Ölskizze mit dem Porträt von Ernst Ludwig Posselt, die 1792 zeitgleich mit dessen großformatigem Bildnis entstand, kann zu den Miniaturen gerechnet werden.[11] Edlingers technische Brillanz als Miniaturmaler zeigt auch ein auf einem Porträt abgebildetes Medaillon: Barbara Dorothea Baumgartner[12] trägt auf diesem Bildnis an einer Erbskette eine Miniatur, die ihren Vater zeigt (Kat. 87).

Wie Ludwig Emil Grimm berichtete, hatte sich Edlinger im Lauf der Jahrzehnte eine ganz eigene, unorthodoxe Maltechnik zugelegt: »Die unfertigen Bilder sahen schändlich aus, fingerdick waren die Töne untereinander geschmiert, und es war rätselhaft, wie er damit zustande kommen konnte.«[13] In der Berliner Gemäldegalerie gefertigte Röntgenaufnahmen des *Herrn im grünen Rock* (Kat. 141) sowie des Schauspielers Anton Huck (Kat. 46) bestätigen Grimms Beobachtungen.[14] Edlinger arbeitete hier in sogenannter »Fa presto – mach' schnell«-Technik, d. h. er legte keine langwierigen Vorzeichnungen an, sondern begann sofort mit lebhaft bewegtem Pinsel zu arbeiten – in den dunklen Regionen mit dünner Farbe, in den helleren breit und

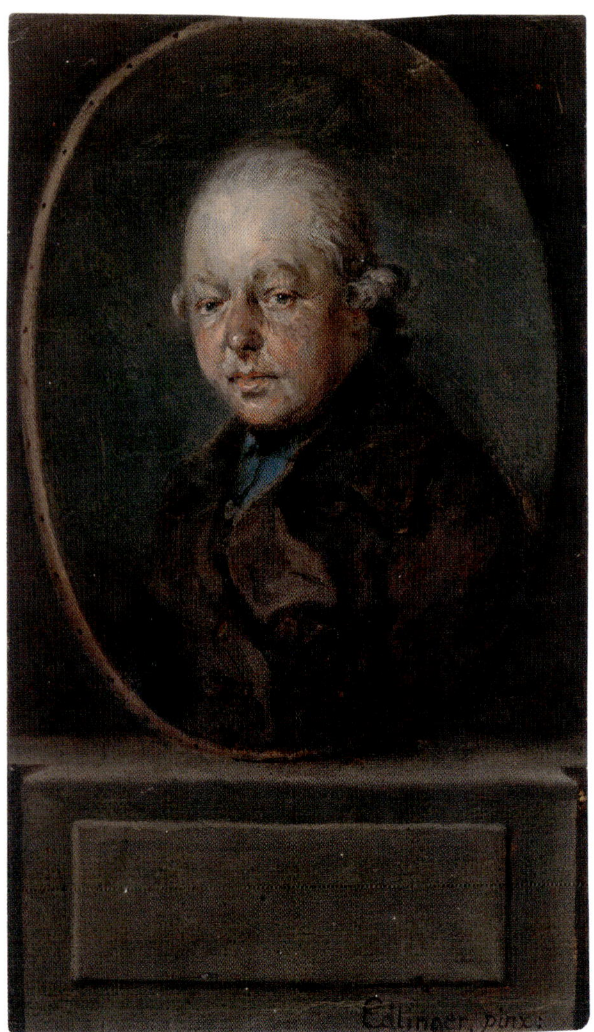

Abb. 24 Johann Georg Edlinger, *Anton Christoph Gignoux (1720–1795)*, 1786, Öl auf Papier, 21,2 × 12,6 cm, Augsburg, Städtische Museen, Graphische Sammlung (Schenk 1983, WK 45)

Anton Christoph Gignoux war Kattundrucker in der Fabrik seines Bruders Johann Friedrich, die nach dessen Tod von dessen Ehefrau Anna Barbara (Abb. 6) weitergeführt wurde. Musisch vielseitig begabt, dilettierte Anton Christoph sowohl als Zeichner als auch als Musiker. 1752 reorganisierte Gignoux das (1713 vom Bach-Schüler Philipp David Kräuter gegründete und nach dessen Tod unversorgte) Collegium musicum unter dem Namen »Musikübend- und liebende Gesellschaft«. Während seines Augsburg-Aufenthalts 1786 verewigte sich Edlinger mit dem abgebildeten illusionistisch, nach Art zeitgenössischer Kupferstiche gemalten Porträt des Herrn Gignoux in dessen Stammbuch.

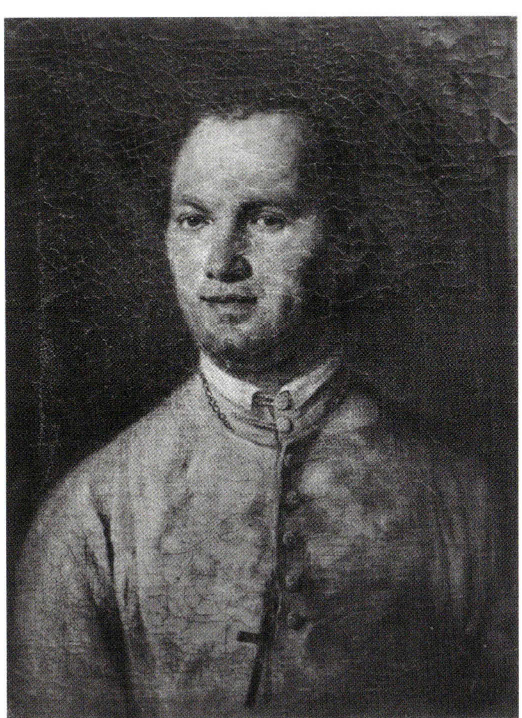

Abb. 25 Johann Georg Edlinger, *Gilbert (eigentlich Franz Benno) Michl (1750–1828)*, Foto des verschollenen Gemäldes (um 1786, 64 × 50 cm), Münchner Stadtmuseum (Schenk 1983, WK 47)

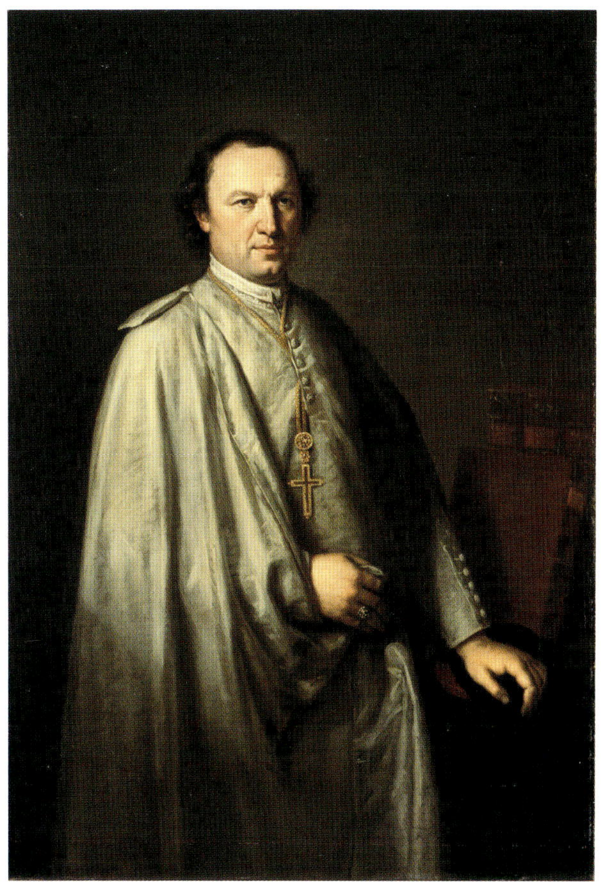

Abb. 26 Moritz von Kellerhoven, *Gilbert (eigentlich Franz Benno) Michl*, um 1792, Öl auf Leinwand, um 1790, 136,9 × 102,4 cm, München, Bayer. Staatsgemäldesammlungen

Franz Benno Michl, der bei seinem Mönchsgelübde den Ordensnamen »Gilbert« gewählt hatte, wurde 1786 zum (letzten) Abt des Prämonstratenser-Klosters Steingaden gewählt. Nach dessen Säkularisierung im Jahr 1803 zog sich Michl mit wenigen verbliebenen Mönchen in das Hospiz an der Wieskirche zurück und widmete sich noch einige Jahre der Wallfahrer-Betreuung. In späteren Jahren kümmerte er sich um die Neuordnung des Schulwesens in Steingaden und Umgebung.

Während Moritz von Kellerhoven die repräsentative Stellung des Geistlichen als einflussreicher Klostervorsteher und Gelehrter zum Ausdruck bringt, richtet Edlinger den Blick auf »den Menschen«. Auch er zeigt Michl im Ordenshabit und mit Abtkreuz, doch ist dieser in seiner Version ein junger Mann, der freundlich und gelassen auf den Betrachter schaut. Die Würde seines Amtes und seine soziale Stellung werden nicht thematisiert.

pastos. Daraus allerdings zu schließen, dass die Bilder allesamt in kurzer Zeit entstanden, wäre ein Irrtum. Verschiedene zeitgenössische Aussagen belegen, dass trotz dieser Technik das Gegenteil richtig ist, denn Edlinger, stets auf der Suche nach dem optimalen Ergebnis, überarbeitete seine Bilder immer und immer wieder. Der schon erwähnte August Graf von Seinsheim, der 1813 Gelegenheit hatte, einer Porträtsitzung beizuwohnen und anschließend noch eine Weile mit Edlinger über dessen Werdegang zu sprechen, berichtet anschaulich über das für den Künstler wie die Porträtierten oftmals mühevolle Ringen um eine künstlerisch befriedigende Lösung. Demnach beschrieb Edlinger seinen Werkprozess folgendermaßen: »Ich weiß selbst nicht […] wie meine Gemälde entstehen; ich mach' so lang daran fort, bis ich glaube, daß sie gut sind.« Seinsheim konkretisiert diese Einlassungen: »Der gute Edlinger quälte aber seine Originale und ließ sie oft unter siebenzig Sitzungen gar nicht los und zwar zu einem Porträt, für welches er 18 Thaler [36 Gulden] erhielt! Und doch sind alle seine Bilder äußerst frei, breit und flott behandelt; man gewahrt an ihnen gar keine Aengstlichkeit oder

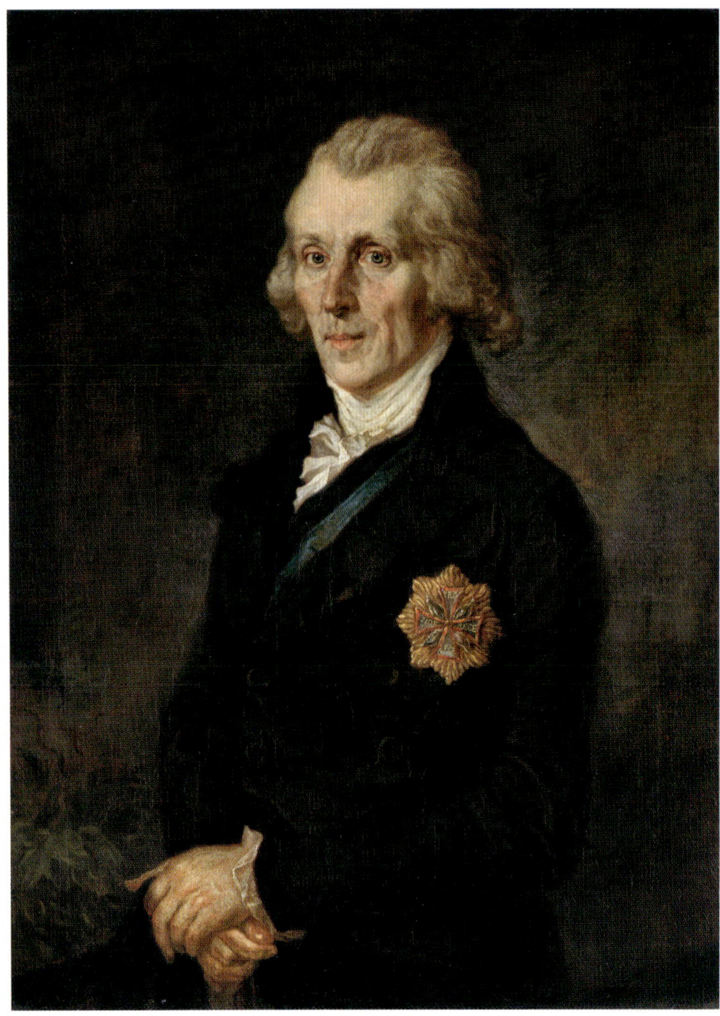

Abb. 27 Johann Georg Edlinger, *Benjamin Thompson von Rumford*, nach 1792, Öl auf Leinwand, 94,2 × 70,1 cm, München, Bayer. Staatsgemäldesammlungen (Schenk 1983, WK 80)

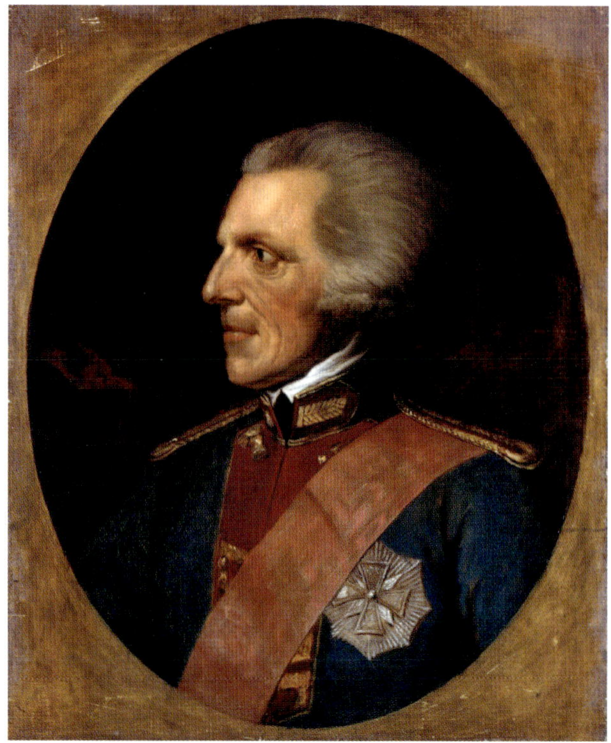

Abb. 28 Moritz von Kellerhoven, *Benjamin Thompson von Rumford*, um 1792, Öl auf Leinwand, 71,1 × 58,3 cm, London, National Portrait Gallery

Rund zehn Jahre nach Thomas Gainsborough schufen auch die Münchner Künstler Moritz von Kellerhoven und Johann Georg Edlinger Bildnisse des ideenreichen Amerikaners. Sie könnten gegensätzlicher kaum sein: Kellerhoven zeigt Rumford in Uniform mit dem Stern des polnischen Ordens vom Weißen Adler und unnahbar in strenger Profilansicht. Er bedient sich damit einer eher altmodischen Bildtradition, kann dadurch aber in geradezu idealer Weise die Tatkraft und Entschlossenheit des Dargestellten ausdrücken. Edlinger dagegen bietet eine »menschliche« Version. Er zeigt einen erschöpft wirkenden Mann im schlichten dunklen Rock, an dem ein Orden festgesteckt ist, und spielt damit auf die zahlreichen Verdienste des Dargestellten an.

Die Datierung der beiden in etwa zeitgleich entstandenen Porträts wurde bisher immer auf Rumfords Adelserhebung im Mai 1792 bezogen, doch ist kaum zu glauben, dass zwischen Gainsbouroughs Porträt und dem Edlingers nur knapp zehn Jahre liegen sollen. Eine Erklärung dafür könnte eine (von Rumford selbst in seinen Schriften erwähnte, aber nicht näher beschriebene) Krankheit sein, die ihn zumindest in den Jahren 1792 bis 1794 plagte.

Minutiosität. Aber 70 Sitzungen bei 18 Thaler Honorar!! Und dabei saß man in einer Kammer, deren Fenster auf der Südseite lagen, und Frau Edlinger kochte in demselben Raume und gab, wenn ihr Gemahl *sich* nicht weiter verwußte, durch Einrede und Beirath ihre kritische Stimme ab. Oh über diese alten Maler!«[15]

Es fällt auf, dass die gestalterische wie auch die malerische Qualität Edlinger'scher Bildnisse erstaunlich schwankend ist (vgl. z. B. Kat. 26 und 133). Auch Grimm kam in seinen *Erinnerungen* darauf zu sprechen: »Wie schon gesagt, seine Bildnisse sind sehr ungleich, die besten sind Meisterwerke, die anderen mittelmäßig, die letzte Sorte so schlecht und abscheulich, daß sie gar nicht zum Ansehen ist.« Da es am malerisch-technischen Können des Künstlers nicht gelegen haben kann, dürfte die einzige Erklärung dafür sein, dass der zu erzielende Preis die Qualität des Ergebnisses bestimmte. Denn auch für Edlinger dürfte gegolten haben, was als Zitat seines Konkurrenten Joseph Hauber kolportiert wird: »Er [Hauber] trieb die Kunst so ziemlich als Handwerk, malte alles, was Geld eintrug und nach dem Preis richtete sich auch seine Leistung. Man erzählte von ihm, er habe einmal gesagt: Malen könnte man schon wie Raphael, aber wer bezahlts?«[16]

---

1 Sonnenfels, Joseph von: Von dem Verdienste des Portraitmalers, in einer außerordentlichen Versammlung der k. k. freyen Zeichnungs= und Kupferstecherakademie am 23. Sept. 1768, Wien 1768.

2 Reynolds, Joshua: Discourse IV, in: Seven Discourses on Art, gehalten 1771; zitiert nach http://www.authorama.com/seven-discourses-on-art-6.html; Ausdruck 15.7.2020. Reynolds, der von 1768 bis 1792 Präsident der Academy war, hielt die Diskurse bei der jährlichen Preisverleihung der Royal Academy.

3 Zum Thema im Allgemeinen siehe u. a. Beck, Herbert/Bol, Peter C./Bückling, Maraike (Hg.): Mehr Licht. Europa um 1770. Die bildende Kunst der Aufklärung, München 1999.

4 Friedlmaier, Karin: Johann Georg Edlinger, Porträtmaler, in: Kunst in der Vereinsbank, hg. von der Bayerischen Vereinsbank, München 1997, S. 93–96, hier S. 14.

5 Brief Sailer an Lippert, 19. Februar 1794, zitiert nach Messerer, Richard: Briefe an den Geh. Rat Joh. Caspar von Lippert in den Jahren 1758–1800. Ein Beitrag zur Geistes- und Kulturgeschichte Bayerns in der 2. Hälfte des 18. Jahrhunderts, in: Oberbayerisches Archiv 96 (1972), S. 557–558, Nr. 1229.

6 Siehe dazu Meusel 1792, S. 461: »Hr. [Matthias oder Simon (?)] Klotz läßt sich für ein Portrait mit einer, wohl auch zwey Händen drei Louisd'or bezahlen. Hr. Etlinger malt wenig Hände, und nimmt ebenso viel. Hr. Hofnaß nimmt auch so viel, malt aber auch wohlfeiler. Hr. Delos läßt mit sich handeln. Hingegen ist Hr. Schleßinger der billigste, und nimmt nur fünf Gulden für ein Porträt.«

7 Auf Holz gemalt sind etwa die Porträts von Ernst Ludwig Posselt (Bestand MStM, Nr. 33) sowie des Münchner Domherrn Müller (Heinemann, Erster Anhang, Nr. 7). Arbeiten auf Papier sind u. a. die Miniatur des Kurfürsten Karl Theodor sowie das Bildnis des Arztes von Lengrießer (Kat. 19 und Abb. 22).

8 Besonders bedauerlich sind die Doublierungen der 1970er-Jahre, bei denen zahlreiche Bilder auf Pressspanplatten geklebt und dabei verpresst wurden.

9 Schenk 1983, WK 1.

10 Schenk 1983, WK 45.

11 Schenk 1983, WK 77 bzw. 78.

12 BNM: 20/49 I; Schenk 1983, WK 68.

13 Grimm 1913, S. 126.

14 Zum Röntgenbild des Gemäldes siehe Gemäldegalerie, Staatliche Museen zu Berlin Preußischer Kulturbesitz (Hg.): Das Mozartportrait in der Berliner Gemäldegalerie, Berlin 2006, S. 28. Zum Röntgenbild Hucks siehe Michaelis, Rainer: Johann Georg Edlingers Bildnis des Schauspielers Anton Huck (1758–1820); in: Museums Journal, Oktober 2008, S. 46.

15 Holland, Hyazinth: Seinsheim, August Graf von, in: ADB, Bd. 33 (1891), S. 649ff.

16 Holland, Hyazinth: Albrecht Adam, Aus dem Leben eines Schlachtenmalers, Stuttgart 1886, S. 280.

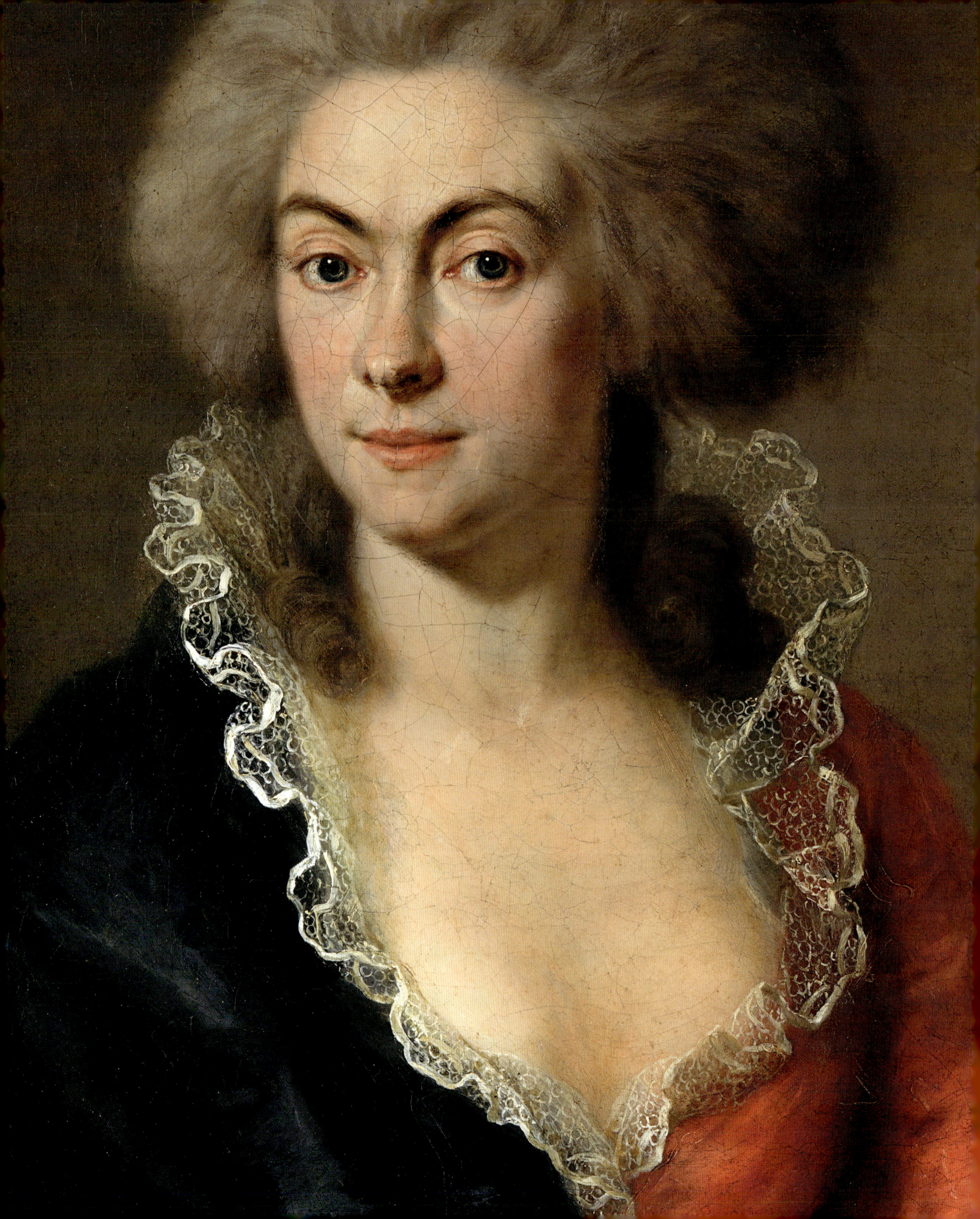

Porträtist der Münchner Stadtgesellschaft

Private Bildnisse von Personen, die im heutigen Sprachgebrauch als »Bürger« bezeichnet werden, beschränkten sich, wie Andrea M. Kluxen in ihrer 1989 erschienenen Dissertation über das Ende des Standesporträts gezeigt hat, in Deutschland bis Mitte des 18. Jahrhunderts einerseits auf Porträts von populären Künstlern und Gelehrten, die überwiegend im Auftrag von Mäzenen oder Graphik-Verlegern entstanden; andererseits versuchten Amtsträger wie Feldherren, Bürgermeister oder Prediger, aber auch besonders erfolgreiche Kaufleute und Unternehmer durch repräsentative Konterfeis ihre vermeintlich bedeutsamen Gesichtszüge der Nachwelt zu überliefern. Infolge von Aufklärung und französischer Revolution entwickelte sich dann ausgehend vom egalitären Konzept des »citoyen« jene neue »bürgerliche« Kultur, die die historischen Standesschranken hinter sich ließ und eine Teilhabe an den Errungenschaften der Wissenschaft, aber auch den Produkten der Kunst mit wachsendem Nachdruck für die Angehörigen des bislang »Dritten Standes« forderte.

Der Begriff »Bürger« definierte sich spätestens seit den ersten Jahrzehnten des 19. Jahrhunderts nicht mehr allein durch die begriffsbildende Zugehörigkeit einer Person zu einer urbanen Lebens- und Wertegesellschaft, sondern galt zunehmend als Charakteristikum des außerhalb des agrarischen Wirtschaftsbereichs tätigen Privatmanns schlechthin. Dessen Teilhabe am öffentlichen Leben und allen dort angesiedelten künstlerischen Aktivitäten war, bezogen auf seine finanziellen Mittel, im 19. Jahrhundert prinzipiell unbeschränkt und seit dem Beginn konstitutioneller Festlegungen (in Bayern seit 1808 bzw. 1818) in staatsrechtlicher Hinsicht nur durch die Zugehörigkeit zu einer bestimmten Steuerklasse innerhalb des einem Monarchen unterworfenen Untertanen-Verbandes definiert.

Die Fortschritte der Wissenschaft und der beginnenden Industrialisierung hatten bereits vor der Französischen Revolution durch die Ausbildung neuer Oberschichten und Berufsgruppen die durch Jahrhunderte hindurch relativ statische gesellschaftliche Situation in Stadt und Land verschoben, sodass sich in München für das letzte Drittel des 18. Jahrhunderts ein wachsender Bedarf an bildlicher Überlieferung und eine entsprechende Entwicklung spezifischer Bildformen im Porträtfach feststellen lässt. Ausgehend von den traditionellen Auftraggebern, dem Hof und dem Hofadel, ging dabei seit den 1770er-Jahren das Bestreben nach einer dem Fürsten- und Adelsporträt analogen bildhaften »Verewigung« auf das höhere und gehobene Beamtentum sowie Angehörige des Klerus über, die damals häufig in literarischen oder naturwissenschaftlichen Fachrichtungen tätig waren. Die genannten Gruppierungen lebten zwar ebenso wie das relativ große Kontingent der Soldaten, Tagelöhner und Bettler in oder auch von der Stadt, gehörten aber zu keinem Zeitpunkt dem relativ eng umschriebenen Rechtskreis der in Handel und Handwerk tätigen eigentlichen Stadtbürgerschaft an. Letztere bildete nämlich innerhalb der unterschiedlichen städtischen Lebenswelten einen eigenen Rechtskreis, dessen spezielle Privilegien und Belastungen gegenüber den kurfürstlichen Behörden ein frei gewählter Magistrat zu vertreten hatte.

Dieses Münchner Stadtbürgertum befand sich 1778 beim Regierungsantritt des infolge dynastischer wittelsbachischer Erbfolgeregelungen aus der Pfalz nach Bayern und damit nach München übergewechselten Kurfürsten Karl Theodor in einer finanziell höchst angespannten Situation, die noch durch die Nachwirkungen der kostspieligen kriegerischen Ereignisse des frühen 18. Jahrhunderts bedingt war. Karl Theodor versuchte, die desolaten Verhältnisse zunächst durch massive obrigkeitliche Eingriffe in das städtische Kämmereiwesen zu verbessern, was freilich die etablierte Bürgerschaft umgehend zu einer vehementen Verteidigung ihrer überkommenen »städtischen Freiheiten« herausforderte. Nach Bekanntwerden der bereits mit Abtretung des Inn-Viertels an Österreich 1779 eingeleiteten territorialen Tauschpläne Karl Theodors Mitte der 1780er-Jahre entwickelte sich nicht nur in den Kreisen des altbayerischen Adels, sondern auch bei der Stadtbevölkerung eine regelrechte Fronde von engagierten »Patrioten«, die im neuen Kurfürsten einen Verräter und in seinem zahlreich mitgebrachten »Mannheimer Anhang« ein die geplanten Veränderungen beförderndes Unterdrückungssystem sahen. 1788 schließlich brach sich anlässlich von Getreidemangel auf der Münchner Schranne die schon ein Jahrzehnt andauernde latente Gegnerschaft zwischen Stadtbevölkerung und Landesherrschaft offen Bahn und es kam zu massiven Demonstrationen und Protestaktionen der für das örtliche Wirtschaftsleben und darüber hinaus für das Wohlergehen der gesamten Stadtbevölkerung zuständigen Bürgerschaft. Dieser öffentliche Aufruhr führte umgehend zu einer bemerkenswerten Strafmaßnahme: Das kurfürstliche Hoflager wurde für ein Jahr von München nach Mannheim verlagert, was nicht nur dem Münchner Einzelhandel und den Vermietern von Wohnungen, sondern auch zahlreichen Handwerkszweigen erhebliche finanzielle Nachteile brachte.

Auch nach der Rückkehr Karl Theodors sollten sich die Verhältnisse keineswegs entspannen. Im Gegenteil, die gegenseitige Abneigung wuchs und daran konnten auch die auf allgemeine Befriedung ausgerichteten Reform-Maßnahmen des Grafen Rumford (Abb. 27 und 28, Kat. 92) wie die Anlage des Englischen Gartens, staatliche Armenversorgung und die Einrichtung von Suppenküchen etc. nichts ändern. 1790 kam es zum finalen Eklat, als der Kurfürst bei einer anstehenden Ratswahl die Geschäfte der Stadtverwaltung vorübergehend einer staatlichen Administrationsbehörde übertrug und die Mehrzahl der Inneren und Äußeren Räte wegen eines angeblichen »Pressevergehens« zwang, vor seinem Bild und einem leeren Thronsessel per Kniefall Abbitte zu leisten – ein Akt kurfürstlicher Despotie und eine die Stadt zutiefst demütigende Geste, die der Aufklärung und der Menschenwürde gleichermaßen ins Gesicht schlug. Zugleich billigte Karl Theodor einer bislang im Ratsplenum nachgeordneten Gruppe von Zunftvertretern den Rang einer bürgerschaftlichen »Repräsentation« mit weitgehenden Mitsprache- und Kontrollrechten im Stadtrat zu, eine Maßnahme, die die aufmüpfige Bürgerschaft spalten und damit schwächen sollte.

Karl Theodors zeitgleicher Kampf gegen den Illuminaten-Orden, dem ein Großteil der bayerischen Intelligenz angehörte, vertiefte die allgemein angespannte Lage weiter, sodass in den 1790er-Jahren die rasanten Entwicklungsschritte der Französischen Revolution gerade in München von einem Großteil der Bevölkerung hinter vorgehaltener Hand als positives Beispiel für Selbstbefreiung aus den Ketten des Despotismus angesehen wurden. Man muss die aus dem Dauerstreit resultierende Situation der zunehmenden Aktivierung unterschiedlicher Bevölkerungsschichten deshalb auch als Ausdruck einer überfälligen Überwindung der bisher vorherrschenden politischen Indifferenz und damit als einen emanzipatorischen Vorgang verstehen. Dass die Ereignisse in Frankreich auf Hof und Hofstaat höchst irritierend wirkten, versteht sich. Bei der Bürgerschaft und insbesondere bei jenen urbanen Bevölkerungskreisen, die ihr Dasein bislang nur in Selbstgenügsamkeit und Unterwürfigkeit zugebracht hatten, führten dagegen die der wachsenden Furcht vor einer Revolution geschuldeten Kontroll- und Vorsichtsmaßnahmen Karl Theodors zu einem Anwachsen des Selbstwertgefühls. Als Karl Theodor 1793 die Korporation der zunftgebundenen Kleinbürger abrupt wieder aufhob, trieb er damit auch diesen Bevölkerungskreis in das Lager seiner Gegner. 1795 allerdings musste der Kurfürst unter dem Druck der Straße die »Repräsentation« erneut ins Leben rufen, wobei er nun sogar mittels einer neuen Ratsordnung sämtliche kommunalen Aufsichts- und Verwaltungsorgane der Kontrolle der Zunftgenossen unterwarf. Die Situation hätte kaum verfahrener sein können. Tagelange Streiks von Handwerksgesellen, Zusammenrottungen vor der Residenz und schließlich unkontrollierbare gewaltsame Selbsthilfemaßnahmen der Bevölkerung auf der einen Seite kontrastierten auf der anderen Seite mit feigem behördlichen Zurückweichen, leeren Versprechungen und heimlichen Bestrafungsaktionen.

Als 1796 beim Heranrücken einer »neufränkischen« – französischen – Armee der Kurfürst und sein Hof ängstlich die Flucht ergriffen, war die Geduld der Stadtbewohner mit dem bisherigen System erschöpft.

Allein der Umstand, dass die Stadt als »neutraler Ort« von den Kriegsparteien respektiert wurde, verhinderte jene befürchtete Fraternisierung mit den Franzosen, die 1800 bei einem erneuten Vorstoß der Revolutionsarmeen nach Bayern kurzfristig Realität werden sollte. Es verwundert daher nicht, dass bereits 1804 das letzte Dezennium der Regierung Karl Theodors, die Jahre 1789 bis 1799, als eine Zeit der allgemeinen Widersetzlichkeiten charakterisiert wurde: Man habe sich, so ein Zeitzeuge, um den inneren Frieden zu erhalten, letztendlich mit dem tumultuarischen Teil der Bevölkerung arrangieren und vor ihm kapitulieren müssen.[1]

Es darf durchaus als erwiesen angesehen werden, dass das insgesamt wirre und angesichts verlockender Tausch- und Übernahmeabsichten an der Eigenständigkeit Bayerns desinteressierte Regierungssystem Karl Theodors den berechtigten Widerstand, den Trotz und damit aber auch Selbstachtung und Selbstbewusstsein der gesamten Einwohnerschaft Münchens mächtig beförderte. Diese kämpferische Einstellung der Münchner wirkte noch in die Zeit von Karl Theodors Nachfolger Max IV. Joseph hinein, der dann allerdings durch ein systematisiertes Regierungshandeln unter dem umsichtigen Minister Montgelas und letztendlich durch den außenpolitischen Anschluss an das napoleonische Frankreich (1805) die Basis für eine innere Befriedung der divergierenden politischen Meinungen herstellte.

Ohne das Wissen um diese lokalen Gegebenheiten und Hintergründe wäre das ungewöhnlich umfangreiche ortsbezogene Porträt-Schaffen des Hofmalers Johann Georg Edlinger nicht zu verstehen. Edlinger befriedigte in erstaunlicher Produktivität den seit der Karl-Theodor-Zeit rapide wachsenden Anspruch der Stadtbewohner nach einer adäquat zu den Herrschenden angelegten bildhaften Fixierung bürgerlicher Lebenswelten. Es ist ein überraschend breites Spektrum Altmünchens, das sich bei der hier versuchten Zusammenschau des Œuvres vor den Augen der Betrachter entfaltet. Daneben konterfeite Edlinger auf Anregung und Kosten des in die politischen Veränderungsprozesse besonders involvierten, frankophilen Verlegers und Buchhändlers Johann Baptist Strobl (1748–1805) Personen von »patriotischer« Bedeutung, die als Exponenten der besonderen kulturellen Bedeutung Bayerns wirken und deren Bildnisse deshalb in graphischer Umsetzung publiziert werden sollten. Und schließlich schuf Edlinger für den nämlichen Auftraggeber sogar eine private Galerie, in die Porträts von Männern und Frauen aufgenommen wurden, denen öffentlichen Wertschätzung bislang verweigert worden war, weil sie dem prekären Milieu angehörten – ein in Zeiten obrigkeitlicher Revolutionsängste ungewöhnliches und mutiges Unterfangen, von dem später noch detailliert zu berichten sein wird.

---

1 Zitiert nach Bauer, Richard: Stadt und Stadtverfassung im Umbruch – Niedergang, Ende und Neubegründung kommunaler Eigenständigkeit 1767 bis 1818, in: Geschichte der Stadt München, hg. von Richard Bauer, München 1992, S. 260.

Die folgende Porträt-Auswahl, die auf Gemälde in öffentlichem wie in privatem Besitz zurückgreift und zahlreiche bislang unbekannte Bilder vorstellt, wurde in erster Linie nach sozialen bzw. berufsspezifischen Gruppen angeordnet, wobei diese nicht in allen Fällen scharf voneinander abgegrenzt werden können. Sie gliedert sich in

- Mitglieder der kurfürstlichen Familie
- Angehörige adeliger Familien
- Hofbedienstete
- Staatbeamte sowie Angehörige des Militärs
- Ordens- und Weltgeistliche und
- die stadtbürgerliche Gesellschaft.

Schließlich wird ein eigener Abschnitt auch jenen Dargestellten gewidmet, die mutmaßlich in München gelebt haben, deren Name, Beruf und Herkunft inzwischen aber unbekannt sind.

Innerhalb der genannten Gruppen wurde eine chronologische Reihenfolge angestrebt. Da aber die wenigsten Bilder sicher datiert sind, spielt dieses Ordnungskriterium nur eine untergeordnete Rolle. Weil zudem Herkunft und Lebensleistung der Dargestellten im Vordergrund stehen sollten, wurde großer Wert auf deren Biographien und die Verdeutlichung der zwischen vielen der Dargestellten bestehenden Verbindungen gelegt. Die kunsthistorische Beschreibung der Bilder wurde hingegen eher knappgehalten. Ebenfalls verzichtet wurde auf den Nachweis gängiger Literatur bei den biographischen Angaben; genannt werden nur schwer zugängliche ältere oder in jüngerer Zeit erschienene grundlegende Publikationen.

Mitglieder der kurfürstlichen Familie

Edlinger, der um 1770 als noch unbekannter junger Künstler nach München gekommen war, gelang es erstaunlich rasch, Kontakt zum dortigen Hof zu finden. Dabei kam ihm zugute, dass er bereits während seiner Wiener Zeit den Bildhauer Roman Anton Boos kennengelernt hatte, der ihn in Münchens Künstlerkreise einführte, und dass 1776 der im Porträt-Fach bisher führende Hofmaler Georg Desmarées starb. Auch ist davon auszugehen, dass Maria Antonia von Bayern (1724–1780), die an Malerei sehr interessierte Witwe des Kurfürsten Friedrich Christian von Sachsen, sein künstlerisches Potenzial erkannte und zu einer Gönnerin Edlingers wurde. Die musisch begabte Kurfürstin hielt sich häufig in München auf und die Tatsache, dass sie die Patenschaft für zwei der Edlinger-Kinder übernahm, zeigt, dass sie den Hofmaler persönlich kannte und offensichtlich auch schätzte. Man darf deshalb annehmen, dass sie es war, die Edlinger den Weg zur kurfürstlichen Familie und damit auch zur höfischen Gesellschaft Münchens öffnete.

Unter Edlingers frühen Münchner Werken finden sich etliche Porträts von Mitgliedern der kurfürstlichen Familie. Die bis heute kolportierte Behauptung, Edlinger habe nur Kurfürstin Elisabeth Auguste gemalt und danach keinen fürstlichen Auftrag mehr bekommen, darf damit als widerlegt gelten.

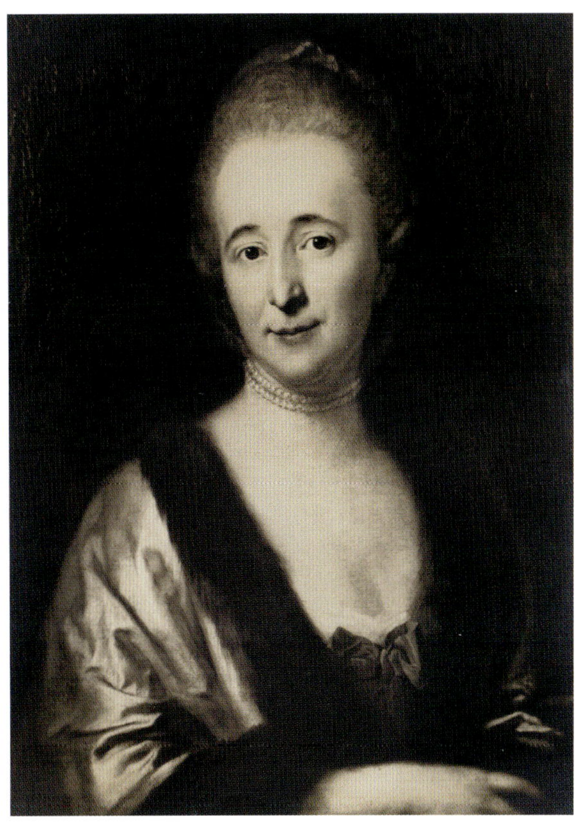

17

17

Maria Antonia von Bayern (1724–1780)

um 1775
Foto des verschollenen Gemäldes
Archiv Paulus
Nicht bei Schenk 1983

Maria Antonia war die älteste Tochter des bayerischen Kurfürsten Karl Albrecht (ab 1742 Kaiser Karl VII.) und seiner Ehefrau Maria Amalie von Österreich (Tochter Kaiser Josephs I.). Schon früh bemühten sich die Eltern um eine Verheiratung mit dem verwandten Haus Wettin, und so fand schließlich am 20. Juli 1747 die Eheschließung mit dem Erbprinzen Friedrich Christian von Sachsen statt; zeitgleich ehelichte ihr Bruder Max III. Joseph die wettinische Prinzessin Maria Anna Sophia. Maria Antonia führte eine glückliche Ehe, der sieben Kinder entsprossen. Als Friedrich Christian 1763 den sächsischen Thron bestieg, übertrug er Maria Antonia die Aufsicht über die Finanzen des Staates und verschaffte ihr so eine mehr als ungewöhnliche Stellung für eine Frau des 18. Jahrhunderts. Nach dem Tod ihres Mannes – er starb zwei Monate nach der Thronbesteigung an den Pocken – betätigte sich Maria Antonia auf diplomatischer Ebene. Sie kämpfte gegen die spätere Teilung Polens und bemühte sich durch die Vermittlung von Heiratsverbindungen um Weichenstellungen im Sinn des sächsischen Hofes für den sich abzeichnenden bayerischen Erbfall von 1777. Maria Antonia galt ihren Zeitgenossen als »Muster einer außerordentlichen Gelehrsamkeit«; der Münchner Verleger Peter Paul Finauer bezeichnet sie in seinem 1761 erschienenen *Allgemeinen Historischen Verzeichnis gelehrter Frauenzimmer* als »großmüthige Minerva«.

Johann Georg Edlinger muss mit der bayerischen Prinzessin näher bekannt gewesen sein, denn sie übernahm die Patenschaft für dessen 1776 geborenen Sohn Anton Franz Xaver sowie die 1778 zur Welt gekommene Tochter Maria Anna Josepha (Kat. 12 und 13). Wahrscheinlich förderte sie ihn finanziell und sie dürfte sich mit ziemlicher Sicherheit auch mehrmals von Edlinger haben malen lassen.
Das Foto des Gemäldes zeigt die Kurfürstin in leichter Körperdrehung nach rechts, wobei sich ihr Blick direkt auf den Betrachter richtet. Über einem tief ausgeschnittenen Kleid mit Schleife trägt sie einen pelzbesetzten Seidenmantel. Ihr einziger Schmuck ist eine doppelreihige, eng am Hals liegende Perlenkette. Edlinger gibt die bayerische Prinzessin nicht im repräsentativen Porträt wieder, sondern zeigt eine Freundlichkeit und Sanftmut ausstrahlende feine Dame.

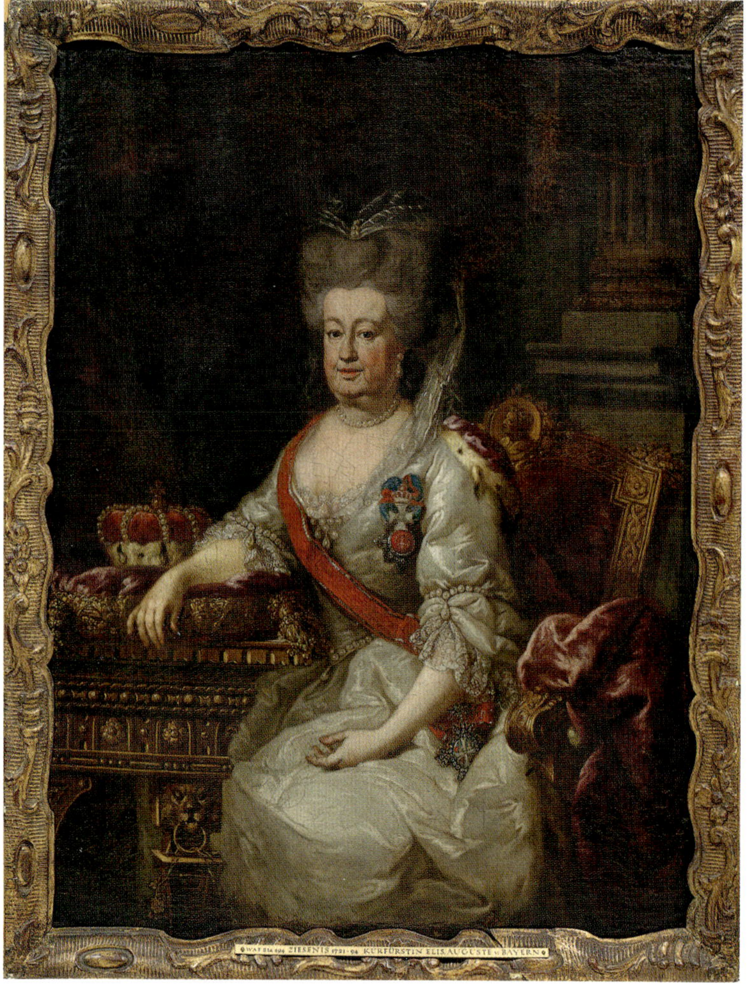

18 a

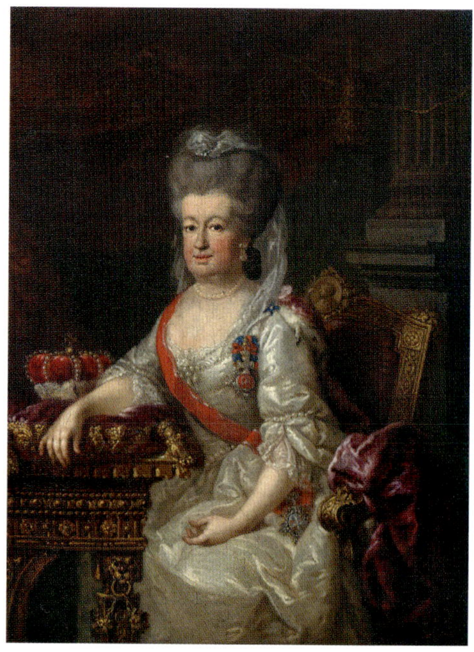

18 b

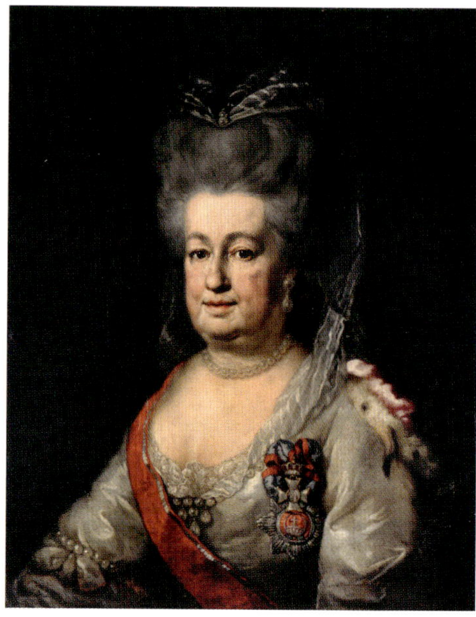

18 c

18 a

Elisabeth Auguste von der Pfalz, Kurfürstin von Pfalz-Bayern (1721–1794)

1781 (?)
Öl auf Leinwand, 69,5 × 51,5 cm
WAF: B I a 294
Heinemann 1924, Nr. 9; nicht bei Schenk 1983
↪ Kap. Graphik G 16

18 b

Elisabeth Auguste von der Pfalz, Kurfürstin von Pfalz-Bayern

1781/1790
Öl auf Leinwand, 47 × 35 cm
BSV: ResMü G 1340
Heinemann 1924, Nr. 9; Eichner 1981, Nr. 127; nicht bei Schenk 1983

18 c

Elisabeth Auguste von der Pfalz, Kurfürstin von Pfalz-Bayern

1781/1790
Öl auf Leinwand, 85,7 × 70,5 cm
Historisches Museum der Pfalz, Speyer: 1951/114
Eichner 1981, Nr. 127b; Schenk 1983, WK 21

Elisabeth Auguste war eine Tochter von Joseph Karl Emanuel August von Pfalz-Sulzbach und Elisabeth Auguste Sofie von der Pfalz. 1742 heiratete sie ihren Cousin Karl Theodor von Pfalz-Sulzbach, der im Dezember des gleichen Jahres Kurfürst von der Pfalz und 1777 auch Kurfürst von Bayern wurde. Nachdem der lang ersehnte Stammhalter des Paares, Franz Ludwig Joseph, nur einen Tag nach seiner Geburt am 29. Juni 1761 gestorben war, lebte das Ehepaar weitgehend getrennt. Trotz zahlreicher Mätressen bzw. Liebhaber der beiden Gatten wurde die Ehe formal bis zum Tod Elisabeth Augustes aufrechterhalten.

Edlingers großformatiges, weithin gerühmtes Porträt der bayerischen Kurfürstin, das wahrscheinlich anlässlich ihres 60. Geburtstags im Jahr 1781 entstand und dem Künstler den Hofmaler-Titel eintrug, folgt – wie frühere Bildnisse des Kurfürstenpaars – einem strengen Repräsentationsschema: Die Kurfürstin wird mit Dreivierteldrehung des Körpers, aber direktem Blick zum Betrachter gezeigt. Sie ist von herrschaftlichem Ambiente umgeben und hat als Machtinsignie eine Krone bei sich. Ihre prächtige Kleidung und ihr reicher Schmuck werden durch den von ihr 1766 gestifteten Elisabeth-Orden und den russischen Katharinen-Orden ergänzt; letzterer war ihr von Zarin Katharina verliehen worden. Während Edlinger also Haltung und umgebende Dekoration konventionell gestaltete, bestach seine Wiedergabe der Kurfürstin durch die individuelle, dem Alter angemessene Gestaltung ihres Gesichtes. Edlinger folgte damit nicht den bisher üblichen beschönigenden Darstellungen, sondern fand zu einem die Zeitgenossen überraschenden Realismus, der seine Bildniskunst im Lauf der kommenden Jahre prägen sollte.

Zwar existiert das soeben beschriebene Gemälde nicht mehr – es verbrannte im Zweiten Weltkrieg in der Münchner Residenz (vgl. S. 17–18) –, doch gibt es davon mehrere kleinere Varianten: Im Besitz des Wittelsbacher Ausgleichsfond befindet sich ein Bildnis, das laut Aufschrift zwar von Johann Georg Ziesenis stammen soll, nach aktuellem Forschungsstand aber als Arbeit von Edlinger selbst oder als Kopie nach ihm zu gelten hat (Kat. 18a). Ein nahezu identisches Bild (Kat. 18b) befindet sich im Besitz der Bayerischen Schlösserverwaltung. Möglicherweise handelt es sich bei beiden Bildern um verkleinerte Repliken des großen Gemäldes von 1781. Unklar ist, wann Edlinger das diesem ebenfalls sehr nahestehende, aber auf die Andeutung von Räumlichkeit verzichtende Brustbild (Kat. 18c) malte. Da es zu den 1793/4 vom Münchner Buchhändler Johann Baptist Strobl beim Wiener Kupferstecher Friedrich John in Auftrag gegebenen Motiven zählt (Kat. G16), könnte es durchaus eine erst deutlich später entstandene Replik sein.

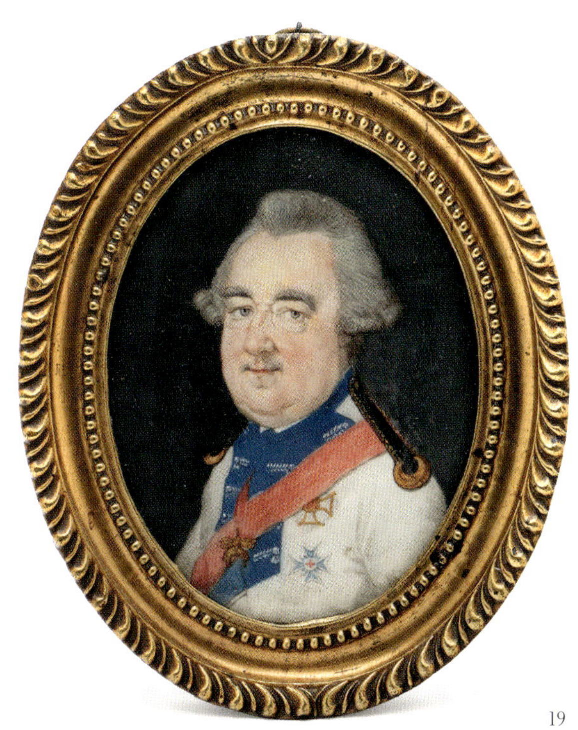

19

19

Kurfürst Karl Theodor (1724–1799)

1787
Deckfarbe auf Papier, 10,5 × 8,7 cm (Oval)
Rückseitig auf dem Rahmen bez.:
Etlinger 1787 [?]
Privatbesitz
Nicht bei Paulus 1929; nicht bei Heinemann 1924; nicht bei Schenk 1983

Nach dem Tod des Kurfürsten Maximilian III. Joseph im Dezember 1777 erbte Karl Theodor, Pfalzgraf und Kurfürst von der Pfalz sowie Herzog von Jülich und Berg, das Kurfürstentum Bayern. Da er keine persönliche Beziehung zu Bayern hatte, verlegte er seine Residenz eher widerwillig von Mannheim nach München, wo er mit großer Skepsis empfangen wurde. Die mehrfachen Ländertausch-Projekte Karl Theodors ließen das Misstrauen der Altbayern gegen den Regenten weiter wachsen (siehe auch S. 20–22). Zwar anerkannten die Münchner mit der Zeit die durchaus positiven, vom Kurfürsten in den Bereichen Kunst, Wissenschaft, Wohlfahrt und Bildung angestoßenen Maßnahmen, doch blieb das Verhältnis zwischen Untertanen und Regent schwierig, da Karl Theodor, bedingt durch die Zeitumstände, namentlich die Französische Revolution und die Illuminaten-Bewegung, im Alter zu einem höchst misstrauischen Mann wurde und die letzten Jahre seiner Regierungszeit von Überwachung und obrigkeitsstaatlichem Druck bestimmt waren.

Ob zu Edlingers Porträt der Kurfürstin (Kat. 18) ein Pendant geplant war, ist nicht bekannt. Die etliche Jahre später entstandene, signierte und erst jüngst im Kunsthandel aufgetauchte Miniatur dürfte eher nicht nach Augenschein gemalt sein. Das Gesicht des Kurfürsten ist möglicherweise an Darstellungen von Pompeo Girolamo Batoni orientiert, wirkt aber etwas naiv. Der Körper erscheint unproportioniert und zu klein. Immerhin ist die Miniatur eines der wenigen Beispiele dafür, dass Edlinger mit der Technik der Miniaturmalerei vertraut war und sie auch gelegentlich anwandte (↪ Kap. Stil und Technik).

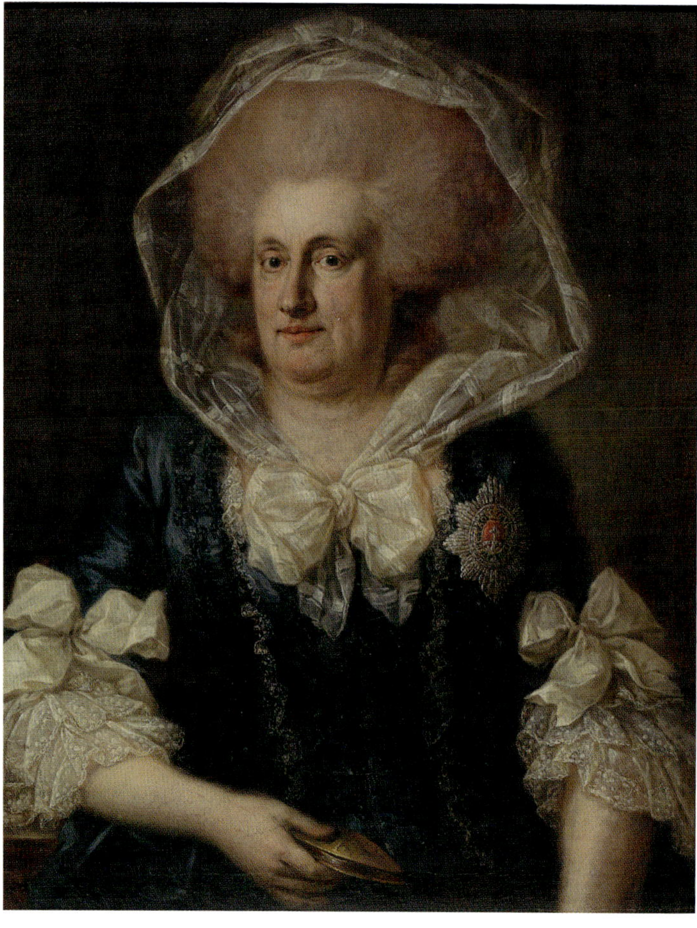

20

20

Maria Anna Sophia von Sachsen (1728–1797), verwitwete Kurfürstin von Bayern

um 1785/1795
Öl auf Leinwand, 83 × 68 cm
WAF: B Ia 17
Nicht bei Heinemann 1924; nicht bei Schenk 1983

Maria Anna von Sachsen, eine Tochter von Friedrich August II., Kurfürst von Sachsen und König von Polen (als dieser König August III.), und der österreichischen Erzherzogin Maria Josepha (Tochter Kaiser Josephs I.), hatte 1747 den bayerischen Kurfürsten Maximilian III. Joseph geheiratet; dessen Schwester Maria Antonia hatte am selben Tag Friedrich Christian von Sachsen geehelicht. Da die Ehe des Kurfürstenpaares kinderlos blieb, starb die altbayerische Linie der Wittelsbacher mit dem Tod von Max Joseph 1777 aus und die Pfälzer Linie trat die Erbfolge an.

Als die Kurfürstinwitwe durch die Tauschprojekte des neuen bayerischen Kurfürsten die Eigenständigkeit Bayerns bedroht sah, wurde sie gemeinsam mit dessen Schwägerin Maria Anna von Pfalz-Sulzbach politisch aktiv: Die beiden Frauen scharten Gleichgesinnte wie Georg von Lori, Ildephons Kennedy (Kat. 73 und 109) u.a. um sich, die auf diese Weise zur sogenannten »Patrioten-Partei« zusammenfanden und für den Erhalt der Selbständigkeit Bayerns agierten. Schließlich setzte sich Maria Anna mit König Friedrich II. von Preußen und Karl Theodors Erben, Karl August II. von Pfalz-Zweibrücken, in Verbindung. Nachdem der preußische König sowohl Bayern als auch Österreich mit Krieg gedroht hatte, ließ Karl Theodor seine Pläne 1785 offiziell fallen. Die alte Kurfürstin wurde, wie Friedrich der Große, seither in Bayern sehr verehrt.

Edlinger zeigt Maria Anna, die nach dem Tod ihres Ehemanns in Schloss Fürstenried wohnte, in einem blauen Seidenkleid mit reichem Spitzenbesatz und großen Schleifen an den Ärmel. Den auf ihrer hohen Frisur liegenden weißen Schleier hat sie über dem Dekolleté zu einer großen Schleife gebunden. Außer einem Orden trägt sie keinerlei Schmuck. Edlinger zeigt eine korpulente, resolut wirkende Frau. Ihr Doppelkinn und die schon etwas schlaff gewordenen Wangen beschönigt er nicht. Unklar bleibt der Gegenstand, den sie in der Hand hält.

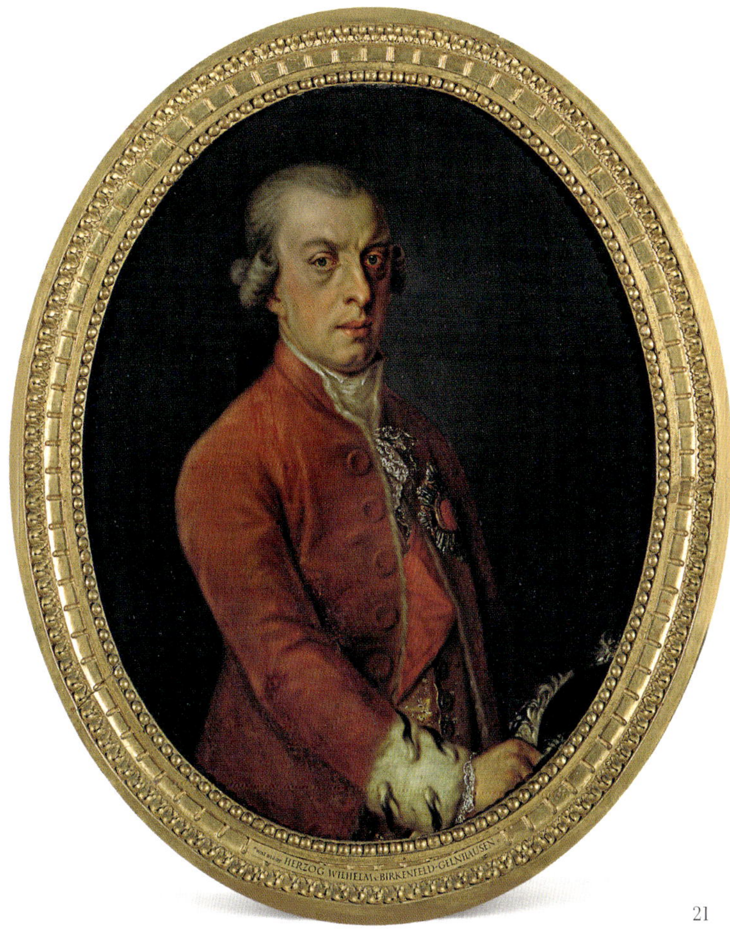

21

21

Pfalzgraf Wilhelm von Birkenfeld-Gelnhausen (1752–1837)

um 1792
Öl auf Leinwand, 78 × 61 cm
WAF: B Ia 95
Heinemann 1924, Nr. 39; Schenk 1983, WK 48

Pfalzgraf Herzog Wilhelm von Birkenfeld-Gelnhausen, einer wittelsbachischen Nebenlinie entstammend, war verheiratet mit Maria Anna von Birkenfeld-Zweibrücken (1753–1824), einer Nichte von Kurfürstin Maria Elisabeth Auguste von Pfalz-Bayern. Das Ehepaar lebte ab 1780 in der Stadtresidenz Landshut. 1797 schloss Wilhelm, der seit 1778 Ehrenmitglied der Bayerischen Akademie der Wissenschaften war, als letzter erbberechtigter Verwandter mit Prinz Maximilian Joseph, dem späteren Kurfürsten und ersten König von Bayern, den Ansbacher Hausvertrag, in dem die auf die Zweibrücken'sche Linie folgende Sukzession der Birkenfeld-Gelnhausener Linie festgelegt wurde. Mit Maximilians Amtsantritt als Kurfürst im Jahr 1799 erhielt Wilhelm den Titel »Herzog in Bayern«. 1803 wurde Wilhelm das Herzogtum Berg als Apanage und damit die Statthalterschaft zugesprochen. 1813 erwarb er das ehemalige Kloster Banz bei Staffelstein, das seither als Schloss Banz firmiert.

Der Pfalzgraf, der sich zum Betrachter wendet und seinen Blick fest auf ihn richtet, wird stehend gezeigt. Birkenfeld, trägt einen mit Hermelin besetzten rötlichen Rock, darunter eine cremefarbene, silberbestickte Seidenweste, auf der ein rotes Ordensband liegt. Seinen Hut hat er in der Rechten. Von seinen Auszeichnungen ist nur der Bruststern des Hubertus-Ordens eindeutig erkennbar. Laut Heinemann handelt es sich bei dem abgebildeten Gemälde um eine etwas verkleinerte Kopie des mit »1788« datierten und vom Künstler signierten Originals (91 × 71 cm). Letzteres befand sich um 1924 im Besitz der Herzogin Marie José von Bragança, der Witwe von Herzog Karl Theodor in Bayern; im September 2014 wurde das Originalbildnis im Münchner Kunsthandel versteigert.

Angehörige adeliger Familien

Die alteingesessenen bayerischen Adelsfamilien, die häufig miteinander verwandtschaftlich verbunden waren, lebten zwar von ihren oftmals weit von München entfernt liegenden Gütern und Pfründen, waren aber in der bayerischen Haupt- und Residenzstadt präsent. Während die männlichen Mitglieder wichtige Ämter bei Hof oder in den kurfürstlichen Zentralbehörden übernahmen, suchten ihre Ehefrauen als Hofdamen den Einfluss beim Fürstenhaus zu vertiefen. Um die notwendige Nähe zum Hof jederzeit halten zu können und zugleich die eigene Bedeutung auch optisch zu manifestieren, war ein möglichst repräsentativer Wohnsitz nicht unwichtig, und so ließen sich viele Adelsfamilien im Umkreis der Münchner Residenz kostspielige Palais errichten.

Auch diese Familien gehörten schon bald zum Kundenkreis des Hofmalers Johann Georg Edlinger. Die von ihm gemalten Porträts waren zumeist für den privaten Gebrauch gedacht. Nicht selten wurden auch die Ehefrauen und Kinder konterfeit. Manche Bilder entstanden zu bestimmten Anlässen wie etwa zu einer Hochzeit, andere wurden erst posthum zur Erinnerung an einen Verstorbenen gemalt. Von einigen Gemälden ist bekannt, dass es Pendants gab, doch sind diese nicht immer erhalten bzw. heute verschollen.

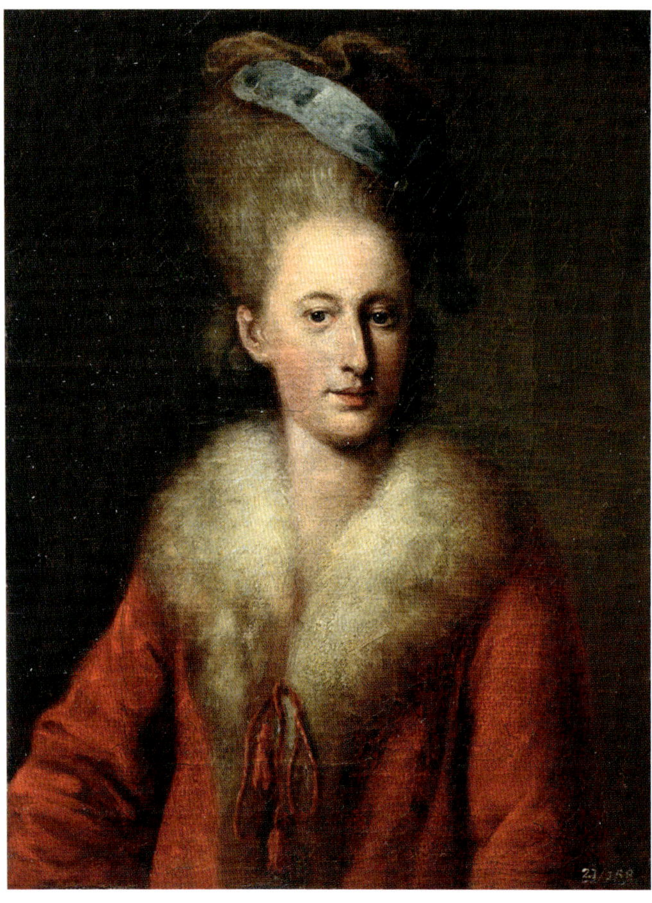

22

22

Maria Friederica Freifrau von Imhoff (1753–1785), geb. Freiin von Füll

1779
Öl auf Leinwand, 21,5 × 16,5 cm
Rückseitig bez.: Maria Josepha Frey Frau von Imhoff, Gebohrene Freyin von Füll. Anno 1779, pinxit Edlinger
BNM: 21/158
Heinemann 1924, Nr. 8; Schenk 1983, WK 10

Maria Friederica von Füll wurde in Windach geboren. Einer ihrer Vorfahren, der Münchner Bürger und Handelsherr Franz Füll hatte 1596 die Hofmark Windach erworben und dort ein neues Schloss erbauen lassen. 1610 war die Familie in den Adelsstand erhoben worden. 1774 heiratete Maria Friederica den Untermeitinger Gutsbesitzer Franz Xaver Freiherrn von Imhoff (1753–1785), der später als königlicher Kämmerer und Mitglied der Ständeversammlung tätig war.

Edlinger zeigt die zierliche Adlige in einem pelzverbrämten roten Mantel. Ein blaues, seitlich zur Schleife gebundenes

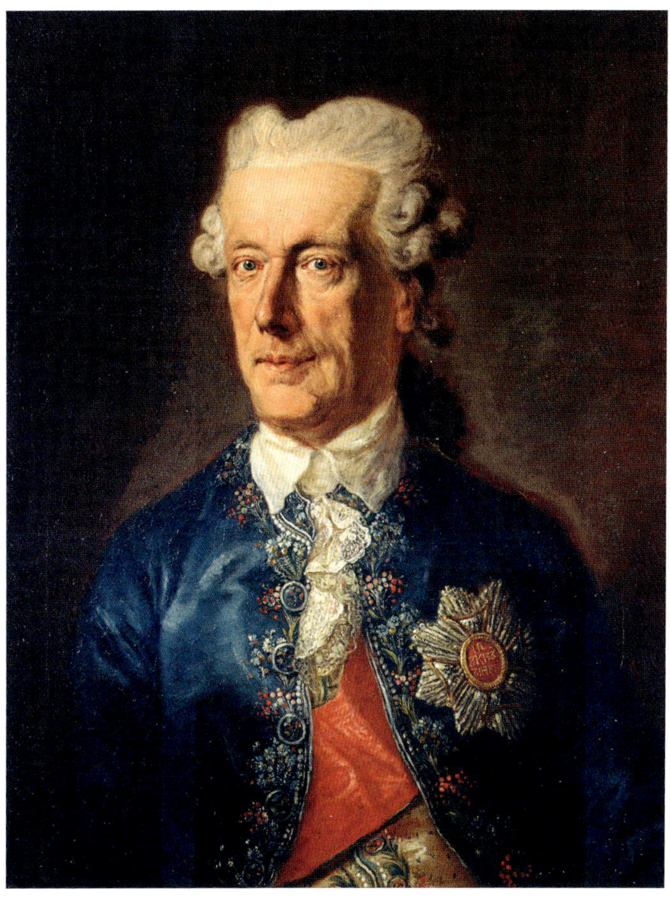

23

Band im hochtoupierten Haar ist ihr einziger Schmuck. Neben dem hier abgebildeten Miniaturbildnis existiert auch ein im gleichen Jahr (1779) entstandenes, etwas größeres Porträt der Baronin, das diese ausgesprochen keck in einem Jagdkostüm zeigt und sich in Privatbesitz befindet (vgl. Schenk 1983, WK 11).

23

Siegmund Ferdinand Graf von Haimhausen (1708–1793)

um 1780
Öl auf Leinwand, 68 × 54 cm
Hessisches Landesmuseum Darmstadt: GK 380
Heinemann 1924, Nr. 15; Schenk 1983, WK 15

Nach dem Jura-Studium in Salzburg, Prag und Leiden sowie Reisen nach Norddeutschland, Holland, England und Frankreich übernahm Haimhausen die im Familienbesitz befindlichen Ländereien und Kupferzechen in Böhmen und studierte zur Erweiterung seiner Sachkenntnisse Montanistik, Metallurgie und Chemie in Leipzig. 1726 wurde Haimhausen zum kurfürstlichen Kämmerer ernannt. Nachdem ihm Kurfürst Max III. Joseph 1751 die Leitung des neu errichteten Münz- und Bergkollegiums in München übertragen hatte, war der Adelige wesentlich am Aufschwung des bayerischen Bergbaus im 18. Jahrhundert beteiligt. Auch wurde auf seine Initiative 1758 die erste bayerische Porzellanmanufaktur in Schloss Neudeck in der Au errichtet; sie zog 1761 nach Nymphenburg und besteht bis heute.

1759 wurde Haimhausen Gründungspräsident der Kurbayerischen Akademie der Wissenschaften; er blieb bis 1761 im Amt. Bei ihrer Neuordnung im Jahr 1779 übernahm er den eigens für ihn geschaffenen Posten eines Ehrenpräsidenten und half 1785/6, die drohende Auflösung der Institution abzuwenden. Von 1787 bis 1793 war Graf Haimhausen dann abermals Präsident der Akademie.

Wie alle frühen Porträts Edlingers lässt auch dieses Gemälde den Einfluss des Münchner Hofmalers Georg Desmarées spürbar werden. Haimhausen, angetan mit einem reich bestickten blauen Rock, einer hellen, ebenfalls bestickten Weste und einem rot changierenden Ordensband, ist, wie man an seinem Bruststern sehen kann, Mitglied des Hubertus-Ordens. Der Anspruch, den er auf seinen Stand und Rang erhebt, drückt sich nicht nur in Haltung und Blick, sondern auch im Schimmern des edlen Kleidungsstoffes aus.

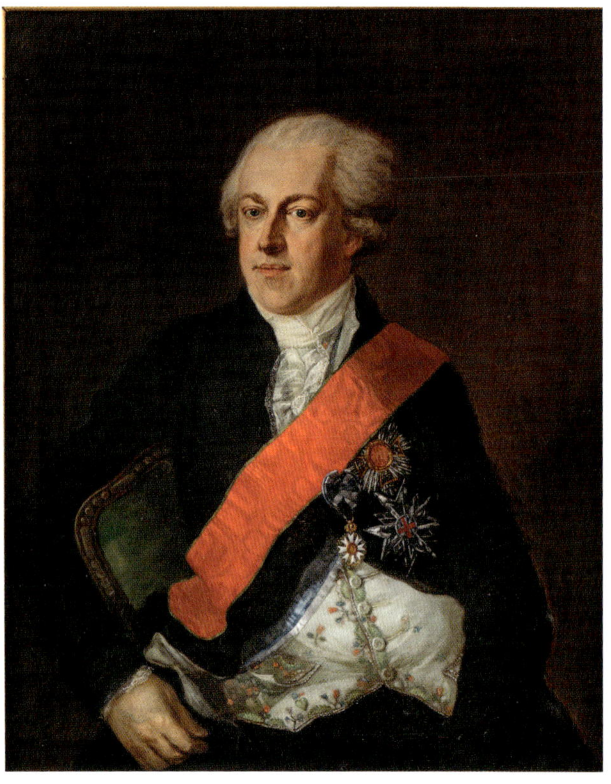

24 a

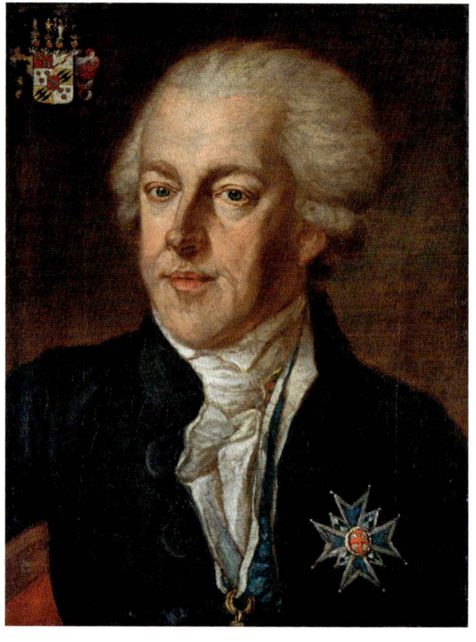

24 b

24 a

Joseph August Reichsgraf von Toerring-Gronsfeld (1753–1826)

um 1795/1800
Öl auf Leinwand, 90 × 74 cm
Privatbesitz
Heinemann 1924 Nr. 12; Schenk 1983, WK 20

24 b

Joseph August Reichsgraf von Toerring-Gronsfeld

1792
Öl auf Leinwand (doubliert), 47,8 × 36,5 cm
Originale Beschriftung auf die Doublierwand übertragen: Joseph August Gr. v. Toerring= Guttenzell. / geb: 1753. † 9. April 1826. / Ettlinger pinx. 1792
MStM: GM-2019-04 (Slg. Hans G. Knäusel)
Nicht bei Heinemann 1924; nicht bei Schenk 1983; Knäusel 2006, Nr. 10
↪ Kap. Graphik G 56

Joseph August Reichsgraf von Toerring-Gronsfeld, der Jura, Finanz- und Staatswissenschaft sowie Philosophie studiert hatte, trat 1773 in den Staatsdienst, wo er vornehmlich mit Finanzangelegenheiten befasst war. 1775 nahm ihn die kurbayerische Akademie der Wissenschaften als Mitglied auf. Im selben Jahr wurde er auch in die Münchner Freimaurer-Loge »Zur Behutsamkeit« aufgenommen. 1785 ernannte ihn Kurfürst Karl Theodor zum Mitglied der Oberen Landesregierung. 1789 wurde er Vizepräsident der Hofkammer und übernahm zudem das Geheime Referendariat im Finanzwesen. 1799 erfolgte die Ernennung zum Präsidenten der neu geschaffenen Generallandesdirektion. Doch als 1801 Graf Montgelas das Finanzministerium für sich beanspruchte, trat Toerring zurück. Nach dem Sturz Montgelas' wurde der Reichsgraf 1817 zum Präsidenten des Staatsrats im Ministerrang ernannt, ein Amt, das er bis 1825 innehaben sollte.

Joseph August von Toerring, der 1803 mit der säkularisierten Reichsabtei Gutenzell für den Verlust der linksrheinischen Reichsherrschaft Gronsfeld entschädigt wurde, war ein entschiedener Gegner der Illuminaten. Als Dramatiker machte er sich mit Stücken wie *Agnes Bernauerin. Ein vaterländisches Trauerspiel* (1800) weit über Deutschland hinaus einen Namen.

In der repräsentativeren Bildvariante (Kat. 24a) zeigt Edlinger den Grafen in Halbfigur. Seine linke (nicht sichtbare) Hand liegt auf dem linken Schenkel, der rechte Arm hängt über die Lehne des schräggestellten Stuhls. Er trägt einen blauen Rock mit breitem, rotem Ordensband und reichem Ordensschmuck, darunter eine helle Weste, die mit grünen, rosa und blauen Blumen bestickt ist. Eine Replik des Gemäldes mit leicht verändertem Bildausschnitt befindet sich im gleichen Besitz.

Das 1792 entstandene Bild, ein Bruststück, ist, was im Werk Edlingers immer wieder vorkommt, von vergleichsweise minderer Qualität. Der Bildausschnitt ist sehr eng gewählt, sodass die Sitzposition des Dargestellten nicht recht ersichtlich wird und die von ihm an einem blauen Band um den Hals getragenen Petschaft nur noch mit ihrem Ring zu sehen ist. Die insgesamt wenig sorgfältige Ausführung lässt den Dargestellten nicht lebendig werden. Graf Toerring war ab 1779 mit Hyacinthe Freiin von Sandizell verheiratet, von der jedoch kein Edlinger-Porträt bekannt ist.

25

Anton Clemens Graf von Toerring-Seefeld (1725–1812)

um 1790
Öl auf Leinwand, 80 × 65 cm
Privatbesitz
Heinemann 1924, Nr. 13; nicht bei Schenk 1983

Anton Clemens von Toerring-Seefeld diente bis zu seiner Hochzeit mit Emanuela Maria Josepha Sedlnitzky von Choltitz (1740–1790), der Tochter des freisingischen Oberststallmeisters und Geheimen Rates Ignaz Franz Sedlnitzky, im Jahr 1755 beim bayerischen Militär. Weil er ein »allzu zärtliches Verhältnis« zur Gattin des Kurfürsten Max III. Joseph hatte und deshalb in »äußerste Ungnade« fiel, war ihm eine Beamtenkarriere zunächst verwehrt; er konnte nur seinem Schwiegervater als fürstlich-freisingischer Oberststallmeister nachfolgen. In der Folge zog sich der Graf auf sein Schloss Seefeld bei Herrsching zurück, kümmerte sich verstärkt um die Verwaltung seiner Güter und befasste sich mit landwirtschaftlichen Fragen. 1768 löste er eine von der Akademie der Wissenschaften gestellte Preisaufgabe zur Verbesserung des Hopfenanbaus mit Bravour und publizierte dazu eine grundlegende Abhandlung. Unter Kurfürst Karl Theodor wurde von Toerring rehabilitiert. Zum Wirklichen Geheimen Rat ernannt, wurde er nun als Gesandter zum Friedenskongress nach Teschen (1779) geschickt, auf dem der Bayerische Erbfolgekrieg beendet wurde. Im März 1785 wurde Toerring zum Hofkammerpräsidenten und 1787 zum Geheimen Staats- und Konferenzminister für das Finanzwesen berufen, jedoch bald darauf wieder abgesetzt, nachdem sich herausgestellt hatte, dass er ein führendes Mitglied des Illuminaten-Ordens war und auch der »Patrioten-Partei« nahestand. In der Folge widmete sich der Graf wieder der Landwirtschaft. 1789 – im Jahr der Französischen Revolution – gründete er in Seefeld/Herrsching die »Seefeldische Feldbau- und Jagdsozietät«, eine Art Ackerbaugesellschaft, die eine Reform des Jagdwesens anstrebte und effizientere Anbau- und Viehzucht-Methoden erforschen und erproben sollte. Nach Toerrings Willen waren in dieser Gesellschaft Grundherrschaft und Bauern gleichberechtigt – eine seinerzeit äußerst fortschrittliche Regelung. 1799 ernannte ihn der neue Kurfürst Max IV. Joseph zum Oberstkämmerer und 1802 zum Obersthofmeister. Toerring-Seefeld, der ab 1779 ordentliches Mitglied der Akademie der Wissenschaften war, wurde von 1793 bis 1807 deren Präsident.

Edlinger zeigt den Grafen, der die Insignien des Hubertus- und des Malteser-Ordens trägt, in leichter Drehung sitzend. Den Arm auf einem (nicht sichtbaren) Tisch aufgelegt, begegnet er dem Betrachter mit selbstbewusstem Blick. Obwohl in die späten 1780er bzw. frühen -90er-Jahre zu datieren, gehört das Gemälde nicht zu den »bürgerlichen Porträts« adliger Auftraggeber, sondern es steht noch in der Tradition der Repräsentationsbilder, die den Status des jeweiligen Abgebildeten – hier erkennbar an den Orden – eindeutig zum Ausdruck bringen. Man darf vermuten, dass Toerring damit seine etwas schwierige Karriere kompensierte.

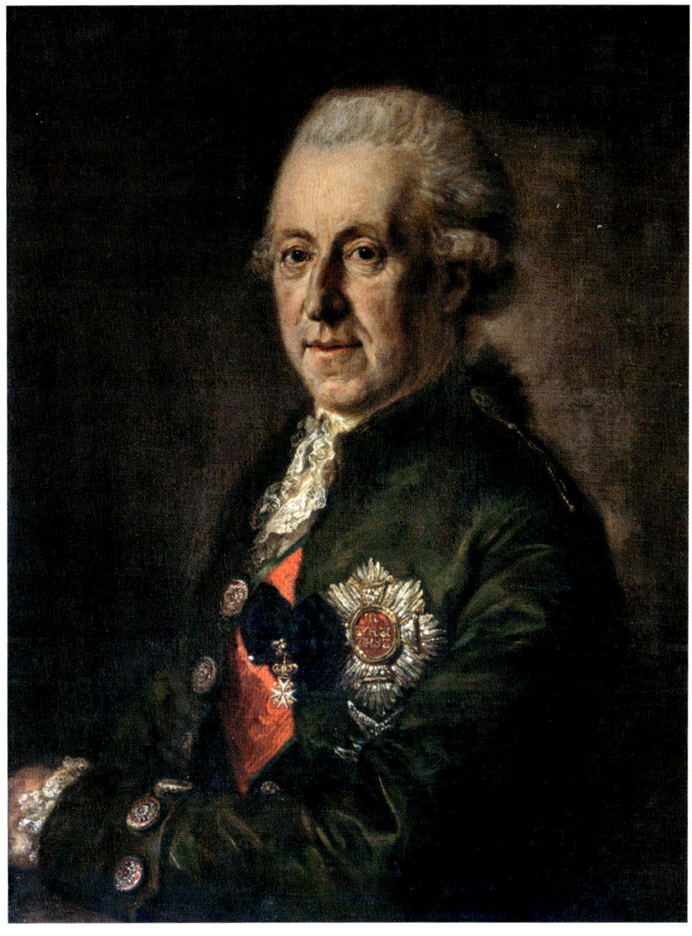

25

26

Maximilian V. Graf von Preysing-Hohenaschau (1736–1827)

um 1780
Öl auf Leinwand, 91,5 × 73,4 cm
Privatbesitz
Heinemann 1924, Nr. 50; Schenk 1983, WK 16
↪ Kap. Graphik G 22

27

Maximilian V. Graf von Preysing-Hohenaschau

1796
Öl auf Leinwand, 120 × 96 cm
Staatliche Museen zu Berlin, Nationalgalerie, A I 915
Heinemann 1924, Nr. 86; Schenk 1983, WK 105

Johann Maximilian V. Xaver Graf von Preysing war ab 1764 Haupt der sehr begüterten Linie Preysing-Hohenaschau. 1757 wurde er Kämmerer, 1778 Wirklicher Geheimer Rat und zugleich Vizepräsident des Hofrats (bis 1793), 1797/8 war er bayerischer Gesandter auf dem Rastatter Kongress. Preysing, der auch Großkomtur des Georgiritter-Ordens war, wurde 1818 zum erblichen Reichsrat ernannt.

An den beiden von Edlinger gemalten Porträts des Maximilian von Preysing lässt sich die stilistische Entwicklung vom Repräsentationsbild zum bürgerlichen Porträt gut nachvollziehen. Das frühere Bild steht noch ganz in der barocken Tradition. Viel mehr als das Gesicht des Dargestellten fallen die prächtige Kleidung und Orden ins Blickfeld des Betrachters. Auch das 1796 entstandene Gemälde ist als klassisches Repräsentationsbild angelegt: Es zeigt den Grafen als Dreiviertelfigur auf einem Stuhl sitzend an einem Tisch, auf dem ein Buch liegt. Eine Säule und ein geraffter Vorhang, für Edlingers Porträts eher ungewöhnliche Bildelemente, deuten einen palaisartigen Raum an. Preysing trägt einen dunklen Rock über einer reich mit Gold bestickten Weste, der Bruststern ist durch die leichte Seitwärtsdrehung des Körpers nur andeutungsweise zu sehen. Aber anders als auf dem farbigeren Gemälde von 1780 spielen Kleidung und Orden nur noch eine untergeordnete Rolle. Edlinger hat sich für eine insgesamt sehr gedeckte Farbigkeit entschieden und lenkt durch den Lichteinfall den Blick des Betrachters direkt zum Gesicht des Dargestellten. Auch ohne die Betonung von Äußerlichkeiten strahlt Preysing Würde und zugleich auch eine gewisse Väterlichkeit aus. Die Distanz zum Betrachter scheint geringer als auf dem früheren Bild.

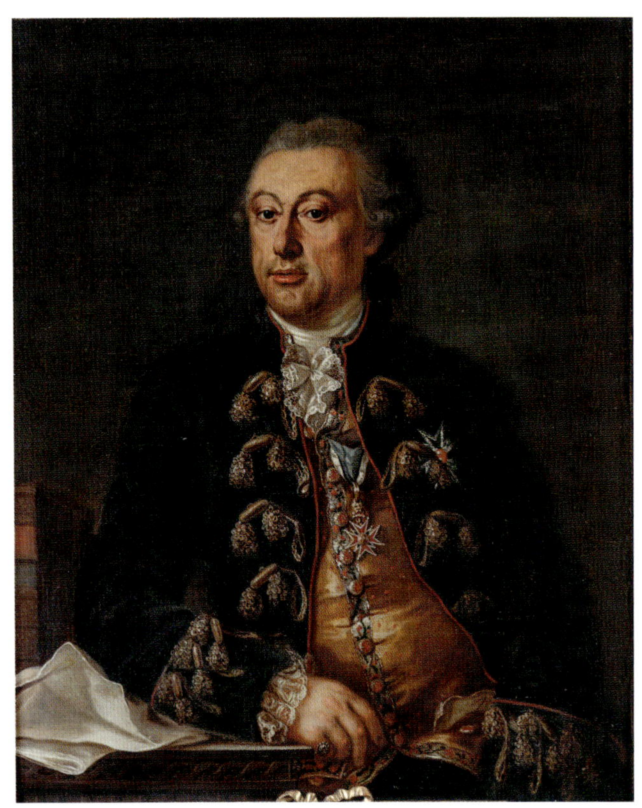

26

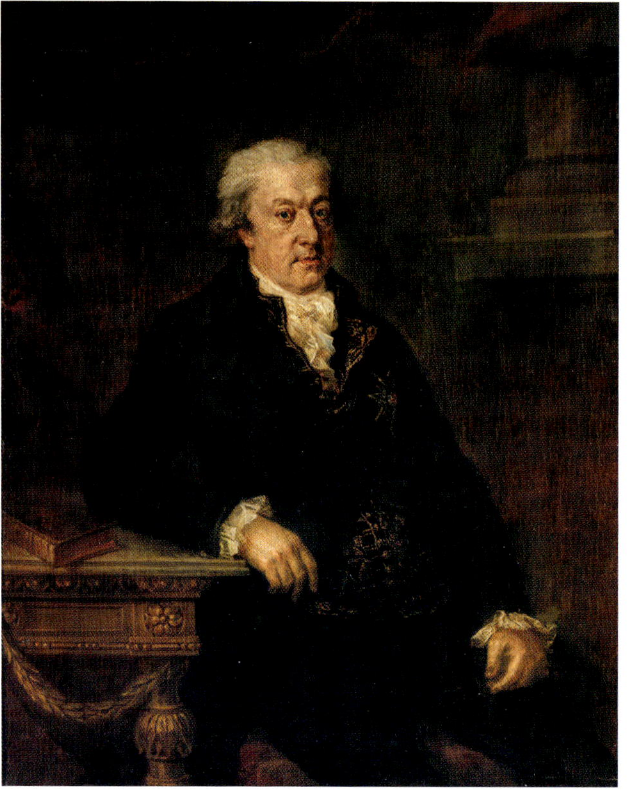

27

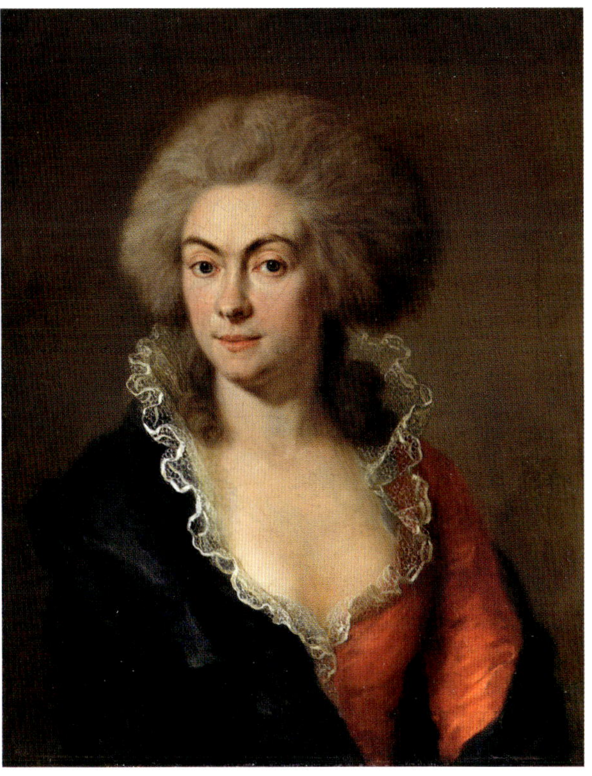

28

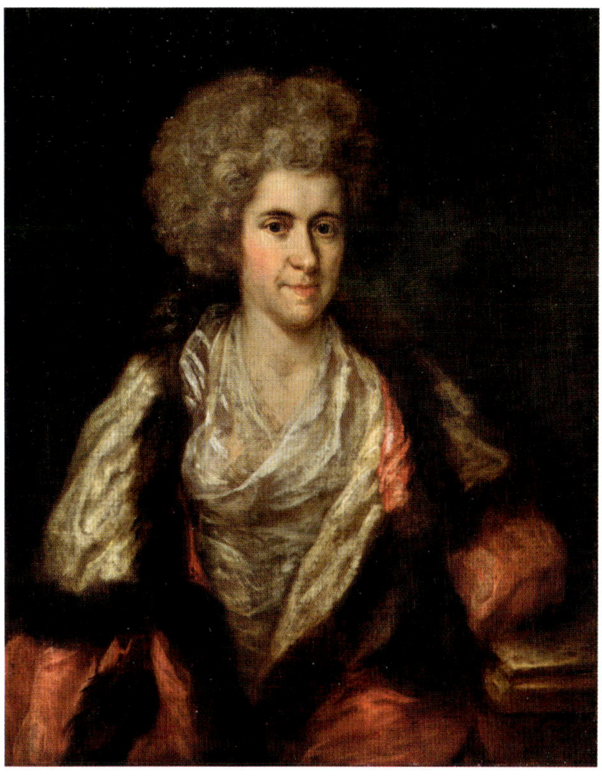

29

28

Maria Theresia Reichsgräfin von La Rosée (1751–1833)

1783
Öl auf Leinwand, 65 × 51,5 cm
Originale Beschriftung auf die Doublierleinwand übertragen: Maria Theresia Reichsgräfin von LaRosée gebohrene Reichsgräfin Topor Morawitzky gebohren den 10.Xbris Ao 1751 vermählt den 12.May 1771 gemahlen von J.G.Edlinger in München. Ao 1783
BStGSlg: 9097
Heinemann 1924, Nr. 14; Hartwig 1978, Nr. 9097; Schenk 1983, WK 24

29

Maria Theresia Reichsgräfin von La Rosée

um 1800
Öl auf Leinwand, 78,5 × 65 cm
MStM: GM-2019-05 (Slg. Hans G. Knäusel)
Schenk 1983, WK 121; Knäusel 2006, Nr. 21

Maria Theresia von Topor-Morawitzky heiratete 1771 den Juristen und kurfürstlichen Kämmerer Caspar Aloys Reichsgraf Basselet von La Rosée (1747–1826), der 1790 Vizedirektor des kurbayerischen Revisoriums wurde. Basselet von La Rosée war Mitglied der Freimaurer und auch des Illuminaten-Ordens, wandte sich von letzterem aber nach dessen Verbot ab. Seit 1772 war er Ehrenmitglied der Bayerischen Akademie der Wissenschaften und wurde später Direktor der Belletristischen Klasse. Seine Gattin Maria Theresia gebar zwei Söhne und zwei Töchter, von denen die jüngere, Josephine, später die zweite Ehefrau von Joseph Ritter von Hazzi (Kat. 93) wurde. Gräfin La Rosée war eine große Verehrerin Mozarts. Der Komponist war insbesondere bei seinem Münchner Aufenthalt im Jahr 1780/81, während dem die Oper *Idomeneo* entstand und uraufgeführt wurde, häufiger Gast in ihrem Haus.

Von ihr gibt es zwei Porträts. Das frühere aus dem Jahr 1783 zeigt eine selbstbewusste, etwas hochmütig blickende junge Frau der besseren Gesellschaft. Ihr rotes Kleid, um dessen Ausschnitt kragenartig ein feiner Spitzenbesatz läuft, wird hart kontrastiert durch ein blaues Tuch, das sie über ihre rechte Schulter gelegt hat. Erst über der Brust lässt Edlinger die weiße Spitze delikat zwischen den beiden Farben vermitteln. Das etwa 20 Jahre später entstandene Gemälde gibt die Gräfin in Halbfigur wieder. Diesmal konzentriert er sich ausschließlich auf das älter gewordene Gesicht und die noch immer strahlenden Augen. Edlinger vernachlässigt die Darstellung der Kleidung; sie ist geradezu grob geraten. Nur der Pelzbesatz ihrer Jacke lässt vermuten, dass es sich um eine Dame aus finanziell gut gestelltem Haus handelt. Sonst übliche Hinweise auf ihren tatsächlichen Stand wie etwa Schmuck fehlen.

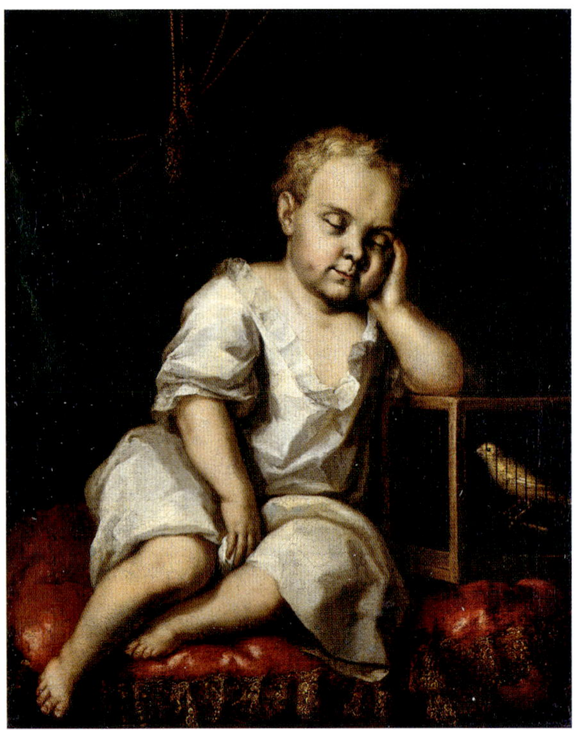

30

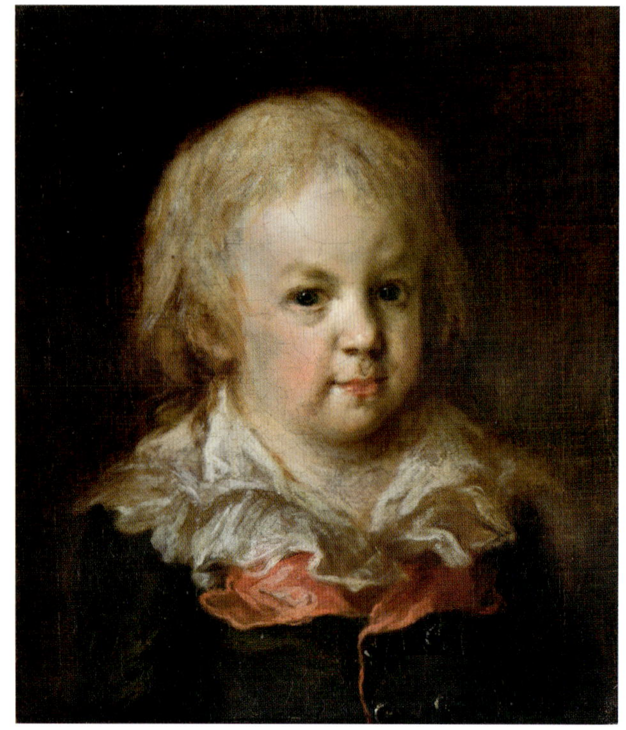

31

30

Joseph Clemens von La Rosée (1773–1775)

1775
Öl auf Leinwand, 76 × 63 cm
Auf rückseitigem Zettel bez.: Joseph Clement Theodor Heinrich Erasmus, zweytes Kind des bai.er Kaemerers u. Hofraths Joh. Kasp. Aloys Grafen Basselet v. la Rosée u. deßsen Gattin Theresia Gräfin Topor-Morawitzky, gebohren d. 2. Brachmonats 1773, gestorb. d. 15. März 1775 / Gemahlen von Georg Edlinger
MStM: IIc/211
Schenk 1983, WK 8; Müller-Meiningen 2000, Nr. 36

31

Kinderbildnis, eventuell ein Kind aus der Familie La Rosée

um 1795
Öl auf Leinwand, 39 x 35 cm
MStM: GM-2019-06 (Slg. Hans G. Knäusel)
Nicht bei Schenk 1983; Knäusel 2006, Nr. 23

Sind Kinderbilder im Werk von Johann Georg Edlinger ohnehin selten, so ist dieses Gemälde ein Sonderfall, denn es stellt ein bereits verstorbenes Kind der Familie La Rosée dar. Edlinger zeigt ein auf einen Vogelkäfig gestütztes, »eingeschlafenes« Kleinkind. Ein Vorhang mit herabhängenden Schnüren und Quasten deutet Räumlichkeit an, verstärkt aber zugleich die Vanitas-Situation. Eine deutlich kleinere, qualitativ schlechtere Variante des Bildes befindet sich in Privatbesitz (Heinemann 1924, Nr. 5; Schenk 1983, WK 7).

32

Stephan Freiherr von Stengel (1750–1822)

Punktierstich von Friedrich John nach einem (verschollenen) Gemälde von Edlinger
↪ Kap. Graphik G 28

Stephan von Stengel, offiziell der Sohn des pfälzischen Kanzleidirektors und Staatsrats Johann Georg von Stengel, tatsächlich aber wohl ein unehelicher Sohn von Kurfürst Karl Theodor, studierte Rechts-, Staats- und Wirtschaftswissenschaften an der Universität Heidelberg. Als der Kurfürst 1778 seinen Hof von Mannheim nach München verlegte, folgte ihm Stengel und erhielt dort die Stelle des Geheimen Kabinettssekretärs, die er auch unter Kurfürst Max IV. Joseph noch bekleiden sollte. 1789 berief ihn Karl Theodor zum Leiter des Finanzdepartements, wo er sehr erfolgreich agierte. Stengel, ein Gegner des merkantilistischen Wirtschaftssystems, befürwortete eine liberale Wirtschaftspolitik und setzte u. a. den für den bayerischen Staatshaushalt unentbehrlichen Getreide-Freihandel durch. Als Direktor der Donaumoos-Kommission sorgte er für die Trockenlegung und Kultivierung des im Dreieck zwischen Ingolstadt, Neuburg an der Donau und Pöttmes gelegenen Niedermoores. Ab 1793 leitete Stengel die Steuerverhandlungen mit den Landständen und plädierte für eine Steuerpflicht des Adels. Als Vertreter einer katholisch orientierten Aufklärung setzte sich der Freiherr während der Regie-

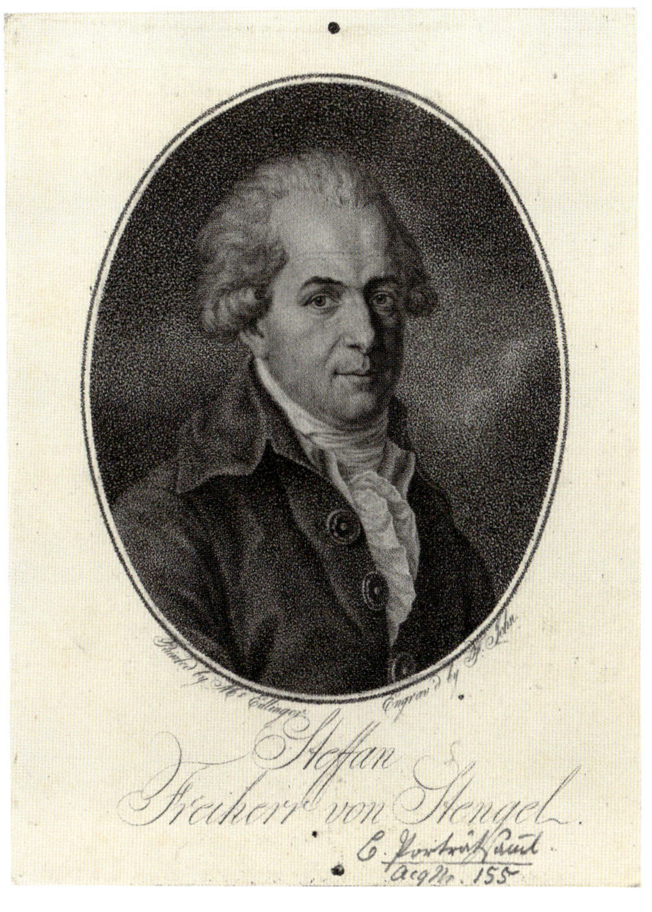

32

rungszeit Montgelas' für eine gemäßigte Vorgehensweise bei der Säkularisation der bayerischen Klöster ein. 1808 verließ Stengel München und wurde Generalkommissär des neu gegründeten Mainkreises, wo er eine moderne Staatsverwaltung aufbaute.

1784 wurde Stephan von Stengel, der bereits 1775 die Gründung der Deutschen Gesellschaft angeregt hatte – sie sollte einem breiten Publikum neueste Erkenntnisse in Kunst und Wissenschaft vermitteln – und sich 1780 für die Gründung der Meteorologischen Gesellschaft engagierte, Mitglied der Bayerischen Akademie der Wissenschaften (Vizepräsident von 1800 bis 1803). Stengel hatte auch musische Ambitionen. Er engagierte sich als Mäzen und Kunstsammler und hinterließ ein umfangreiches eigenes graphisches Werk.

Edlingers Ölporträt von Stengel ist verschollen, weshalb hier auf den Stich zurückgegriffen werden muss. Ein im Münchner Stadtmuseum als Stephan von Stengel identifiziertes Gemälde (Bestand MStM, Nr. 56) kann keinesfalls die Vorlage zum Johnschen Stich sein; die zugeordnete Identität muss sogar grundsätzlich angezweifelt werden.

Ein Porträt des Vaters Johann Georg von Stengel, der ein hoher Verwaltungsbeamter und engster Vertrauter des Kurfürsten war, befindet sich in Privatbesitz. Das Bildnis, dessen Maler nicht bekannt ist, könnte durchaus von Edlinger stammen und während dessen Mannheim-Aufenthalt entstanden sein. Für diese Annahme sprechen die Konzentration auf das furchenreiche Gesicht, die im Bereich des Halses noch relativ genaue, dann aber ins Undeutliche abgleitende Darstellung von Fichu, Weste und Rock sowie der über eine Stuhllehne gelegte Arm, eine bei Edlinger häufig zu findende Haltung.

Literatur:

Monika Groening: Karl Theodors stumme Revolution. Stephan Freiherr von Stengel (1750–1822) und seine staats- und wirtschaftspolitischen Innovationen in Bayern, Ubstadt-Weiher 2001 (Mannheimer Geschichtsblätter NF, Beiheft 3); Reiss Museum Mannheim (hg.): Lebenslust und Frömmigkeit. Kurfürst Carl Theodor (1724–1799) zwischen Barock und Aufklärung, Mannheim 1999, Bd. II, Kat. Nr. 6.4.11 (Porträt des Johann Georg von Stengel); Peter Winkler: Die Anfänge der Meteorologie in Oberbayern, in: Oberbayerisches Archiv 140 (2016), S. 119–205, bes. S. 128–137.

33

Maximilian Emanuel Graf von Rechberg-Rothenlöwen (1736–1819)

1807
Öl auf Leinwand, 73 × 60,5 cm
Privatbesitz
Nicht bei Schenk 1983

34

Walburga Maria Gräfin von Rechberg-Rothenlöwen, geb. Freiin von und zu Sandizell (1744–1818)

1807
Öl auf Leinwand, 73 × 60,3 cm
Privatbesitz
Nicht bei Schenk 1983

35

Aloys Franz Graf von Rechberg-Rothenlöwen (1766–1849)

1807
Öl auf Leinwand, 71,8 × 60,2 cm
Privatbesitz
Schenk 1983, WK 171

36

Joseph Maria Graf von Rechberg-Rothenlöwen (1769–1833)

1807
Öl auf Leinwand, 72,6 × 60,2 cm
Privatbesitz
Schenk 1983, WK 172

37

Franz Xaver Graf von Rechberg-Rothenlöwen (1770–1841)

1807
Öl auf Leinwand, 72,5 × 60,3 cm
Privatbesitz
Schenk 1983, WK 173

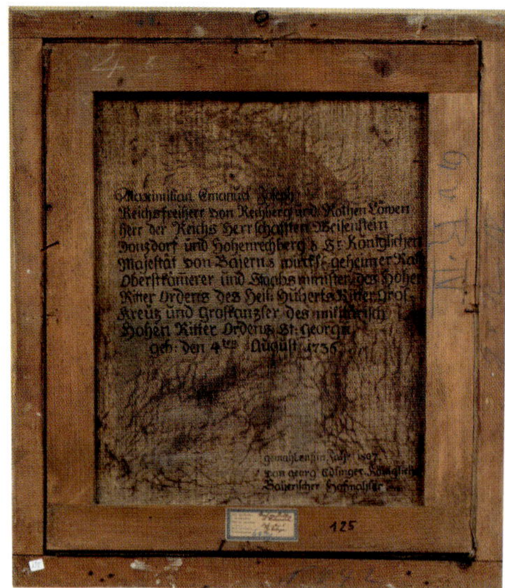

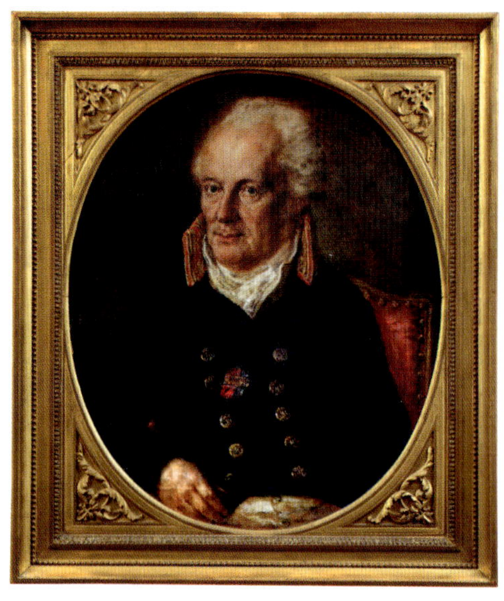

33

38

Anton Graf von Rechberg-Rothenlöwen (1776–1837)

1807
Öl auf Leinwand, 72,8 × 60,6 cm
Privatbesitz
Schenk 1983, WK 174

39

Willibald Graf von Rechberg-Rothenlöwen (1780–1849)

1807
Öl auf Leinwand, 72,2 × 60,1 cm
Privatbesitz
Schenk 1983, WK 175

40

August Graf von Rechberg-Rothenlöwen (1783–1846)

1807
Öl auf Leinwand, 73,2 × 60,8 cm
Privatbesitz
Schenk 1983, WK 176

Die Porträt-Serie zeigt das Ehepaar Maximilian Emanuel von Rechberg und Walburga Maria sowie sechs ihrer acht Söhne. Insgesamt gingen aus der Ehe 14 Kinder hervor, darunter elf Söhne, von denen allerdings drei bereits im Kindesalter starben. Die gräfliche Familie lebte überwiegend auf Schloss Donzberg bei Göppingen, besaß aber auch ein Palais in der Münchner Hackenstraße.

Max Emanuel, Herr auf Hohenrechberg, Weißenstein, Böhmenkirchen, Kellmünz an der Iller, Donzberg und Scharffenberg, Administrator der Herrschaft Wiesensteig und Erbschenk des fürstlichen Hochstiftes Ellwangen, stand als Kämmerer im Dienst der bayerischen Kurfürsten Max III. Joseph und Karl Theodor; letzterer ernannte den Grafen zum Wirklichen Geheimen Rat. Um 1798 diente Rechberg, der der Schwager von Joseph August von Toerring-Gronsfeld (Kat. 24) war, der Kurfürstinwitwe Maria Anna (Kat. 20) als Obersthofmeister, später auch der regierenden Kurfürstin.

Auch die männlichen jungen Rechbergs schlugen allesamt Laufbahnen im Dienst des Hauses Wittelsbach ein: Aloys gehörte ab 1787 dem Hofrat in München an und wurde 1795 Gesandter des Herzogs Karl II. August von Zweibrücken beim Immerwährenden Reichstag in Regensburg. Von 1797 bis 1799 übte er diese Funktion als kurpfälzischer Gesandter aus. 1798 wurde er Bevollmächtigter beim Rastatter Friedenskongress. In den Folgejahren war Aloys von Rechberg Gesandter in St. Petersburg

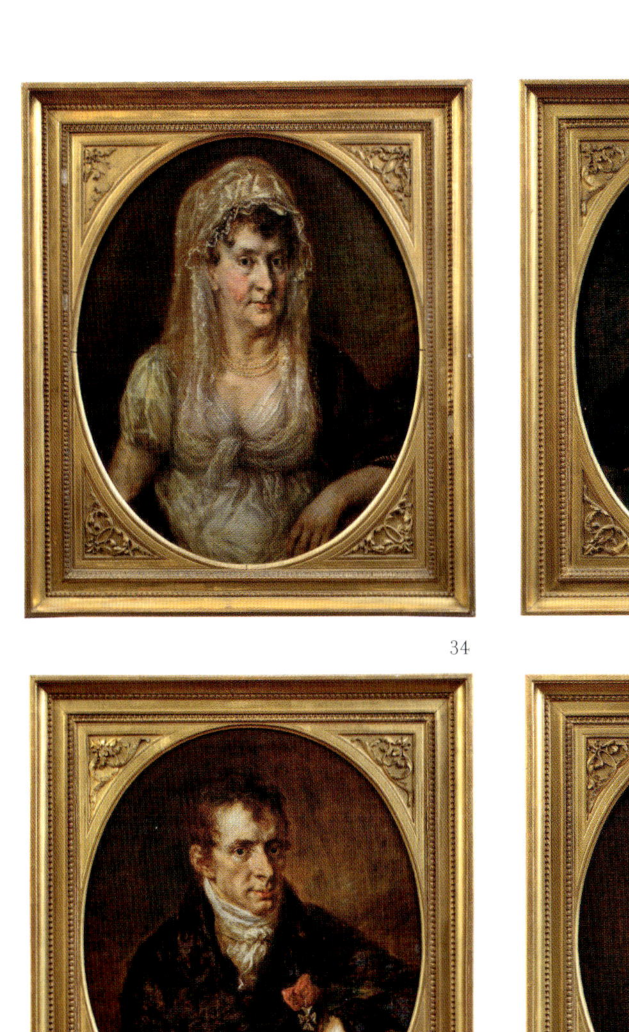

34

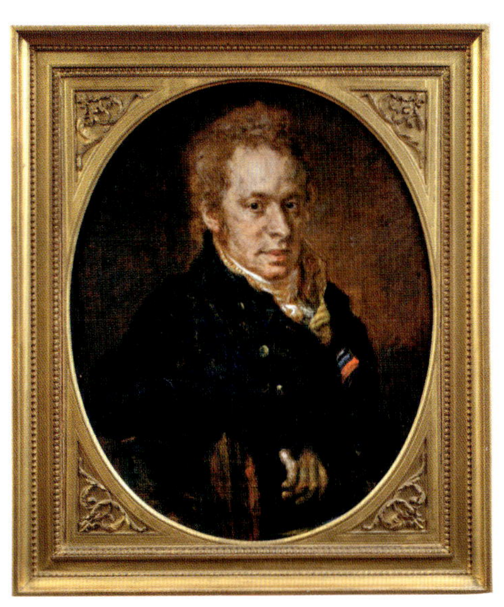

35

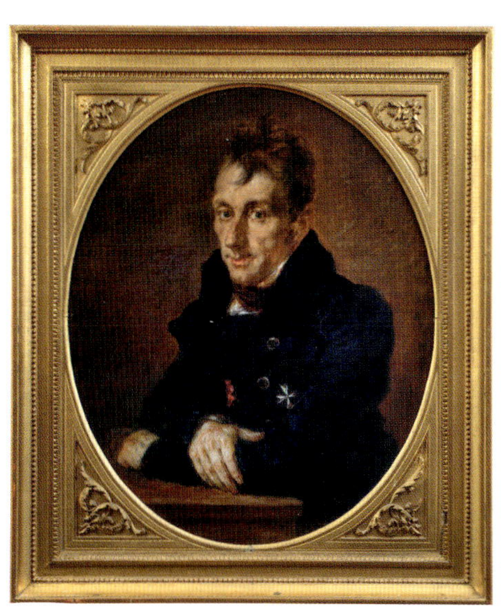

36

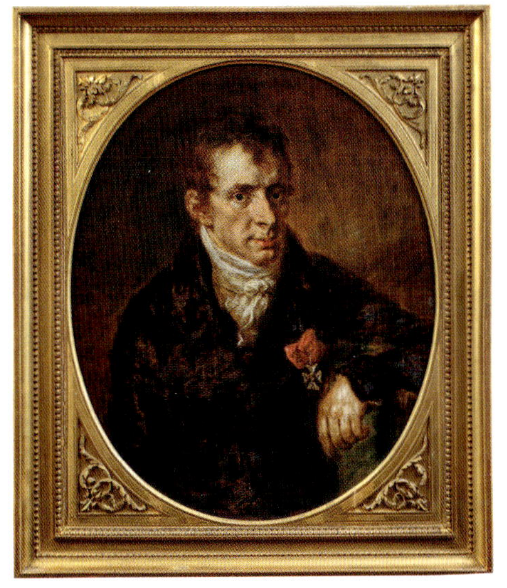

37

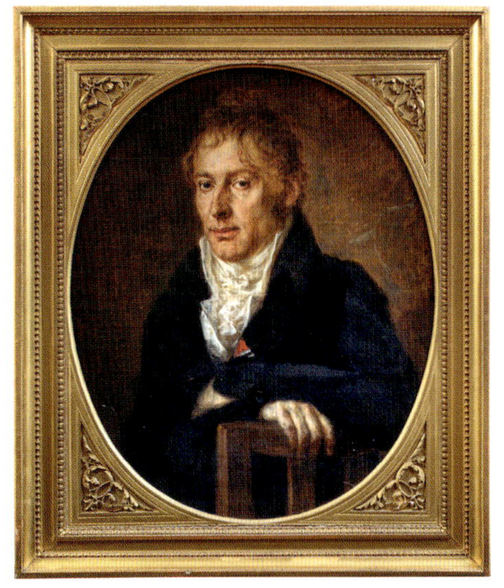

38

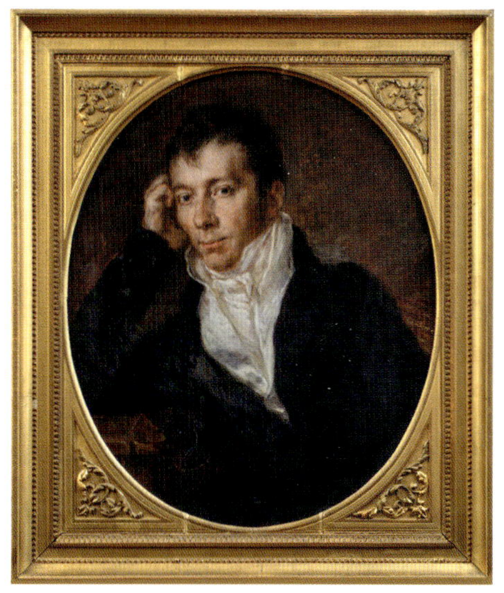

39

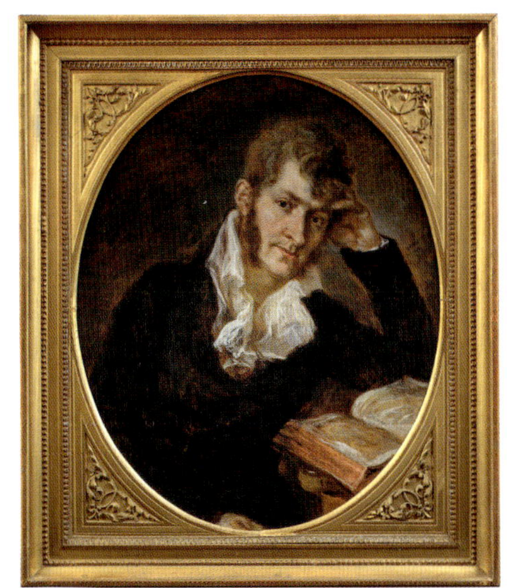

40

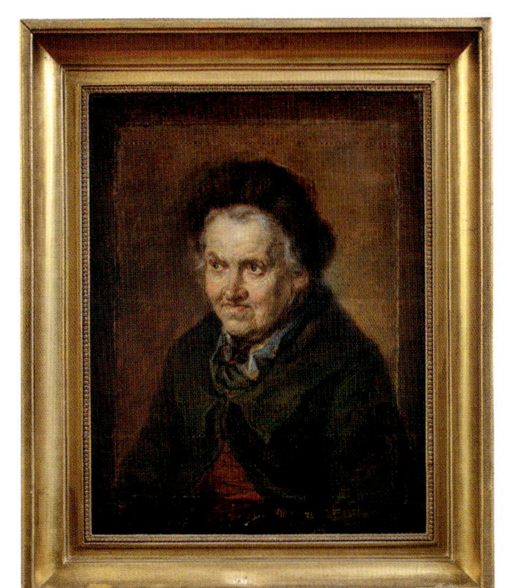

41

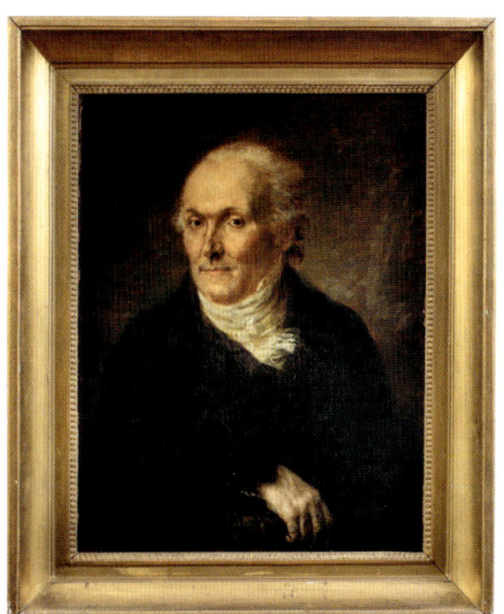

42

(1799, 1801), Berlin (1800) und Wien (1806 bis 1809 und 1813 bis 1815), wo er als Bevollmächtigter Bayerns am Wiener Kongress teilnahm und entschieden die bayerische Souveränität verfocht. Nach dem Sturz von Maximilian von Montgelas wurde er Minister des königlichen Hauses und des Äußeren und betrieb eine konservative Politik. Nachdem ihn König Ludwig I. (1786–1868) bei seinem Regierungsantritt 1825 entlassen hatte, lebte Rechberg auf seinem Stammgut im württembergischen Donzdorf. Aloys Rechberg war Inhaber mehrerer hoher Auszeichnungen, u.a. trug er die Großkreuze des Verdienstordens der Bayerischen Krone und des russischen St. Anna-Ordens sowie die Ritterkreuze des bayerischen Militär-Max-Joseph-Ordens, des österreichischen Militär-Maria-Theresien-Ordens und des preußischen Roten-Adler-Ordens.

Joseph Maria schlug zunächst eine Laufbahn beim Militär ein und stieg bis zum General auf. 1804/5 wurde er bayerischer bevollmächtigter Minister am Hof des Malteser-Großmeisters Giovanni Battista Tommasi in Catania und von 1816 bis 1825 war er Gesandter in Berlin.

Franz Xaver war ebenfalls politisch tätig. Er handelte nach der eigenmächtigen Unterzeichnung des Konkordats durch Freiherrn von Häffelin im Jahr 1817 einen neuen Konkordatsentwurf aus, in dem etliche Artikel zugunsten Bayerns geändert waren.

Anton trat 1794 in die pfalzbayerische Armee ein und zeichnete sich besonders in den Kriegen 1805/7 aus. 1808 wurde er zum Oberstleutnant ernannt und mit der Erziehung von Prinz Karl, dem jüngeren Bruder des Kronprinzen Ludwig, betraut. 1813 zum Generalmajor befördert, nahm er als bayerischer Generalstabschef unter Feldmarschall Carl Philipp von Wrede an den Befreiungskriegen 1813/15 teil. Nach Abschluss der Kämpfe wechselte Graf von Rechberg wieder in den Hofdienst und wurde 1816 Oberhofmeister des Prinzen Karl und 1818 Generaladjutant von König Max I. Joseph.

Willibald wurde Diplomat und war u.a. am württembergischen Hof sowie in den Gesandtschaften in Turin (1816/17) und Paris (1817 bis 1821) tätig.

August studierte in Landshut Jura und gehörte 1803 zu den Gründungsmitgliedern des Corps Suevia, heute eine der ältesten deutschen Studentenverbindungen. Nach Abschluss des Studiums trat er in den Dienst der bayerischen Justiz. 1831 war er Landrichter von Mindelheim, danach Oberappellationsgerichtsrat in München. 1833 stieg er zum Generalkommissär und Regierungspräsidenten von Unterfranken auf. Nach seiner Berufung zum Präsidenten des Oberappellationsgerichts des Königreichs Bayern kehrte er 1837 nach München zurück.

Von den Söhnen Johann Nepomuk (1773–1817), von 1803 bis 1807 Landesdirektionsrat der bayerischen Provinz Schwaben in Ulm, danach Direktor der bayerischen Generalforstadministration, und Karl (1775–1847), der von 1797 bis 1803 Domherr in Augsburg, Freising und Brixen war und danach auf Reisen ging, gibt es keine Bildnisse.

Literatur:

Joseph Maria von Rechberg: Seekriegszug gegen Algier: Tagebuch mit einem Anhang von Emil Gemeinder und Genealogie, Schwäbisch Gmünd 1971.

41

Kinderfrau der Familie von Rechberg

1807
Öl auf Leinwand, 65,6 × 51,2 cm
Auf einem Zettel auf dem Keilrahmen bez.:
Kindsfrau d. Gf. v Rechberg / Söhne v. G. Maximilian und / d. geborenen Gf. Sandizell / pinxit Ettlinger.
Privatbesitz
Schenk 1983, WK 74

Mit größter Sachlichkeit schildert Edlinger eine alte Frau, deren fester, klarer Blick zur Seite und in die Ferne gerichtet ist. Unter dem Pelzrand der Haube schaut ihr weißes, gewelltes Haar hervor. Über einer roten Bluse trägt sie eine grüne Jacke, die nur über der Brust zusammengefasst ist. Den faltigen Hals kaschiert ein blaues Tuch. Edlinger zeigt das nur leicht zur Seite gedrehte Gesicht der Dargestellten unverschattet und detailliert: Nicht nur die Warze auf der Nase, auch die altersbedingten Runzeln, unter der Haut liegende blaue Adern und die Feuchtigkeit in ihren Augenwinkeln sind deutlich erkennbar. Ein langes, arbeitsreiches Leben steht der namenlosen alten Frau ins Gesicht geschrieben.

42

Abbé Amiot, Erzieher der Rechberg'schen Söhne (Daten unbekannt)

1807
Öl auf Leinwand, 65,3 × 51,2 cm
Auf einem Zettel auf dem Keilrahmen bez.:
Abbé Amiot / Erzieher der Gfn. v Rechberg / Söhne d Gf. Maximil. v R. / u. d. Gf. R. geb. Gfn / v. Sandizell / Ettlinger pinxit
Privatbesitz
Schenk 1983, WK 177

Die identisch gerahmte Serie der Familie Rechberg ist einzigartig, denn von keiner anderen Familie ist eine derart umfangreiche Bilderfolge bekannt. Dass man auch die Bildnisse der Kinderfrau und des Erziehers der Söhne bei Edlinger bestellte – sie sind etwas kleinformatiger und schlichter gerahmt als die der Familienmitglieder – ist ebenfalls bemerkenswert, denn es zeugt von einer engen Verbundenheit aller Beteiligten, bei der Standesunterschiede offenbar nicht betont wurden. Leider sind weder zur Kinderfrau noch zum Abbé biographische Daten bekannt. Letzterer dürfte ein in den Wirren der Französischen Revolution nach Deutschland geflohener Geistlicher gewesen sein.

Zum Entstehungszeitpunkt der Porträts war Max Emanuel von Rechberg, der in Uniform dargestellt ist, bereits 71 Jahre alt. Auch seine Frau Walburga Maria, mit Spitzentuch und Perlenkette standesgemäß gekleidet, kann ihr Alter von 63 Jahren nicht verbergen. Edlinger zeigt eine Frau, deren modisches Chemisenkleid in seltsamem Widerspruch zu ihrem gealterten Erscheinungsbild steht.

Die Bildnisse der Söhne sind erkennbar als Serie gestaltet. Alle Dargestellten werden am Tisch oder auch nur auf einem Stuhl sitzend gezeigt, doch findet der Künstler jeweils unterschiedliche Körper- und Handhaltungen und sorgt damit für Abwechslung. Die drei älteren tragen Orden, was auf ihre bereits erlangten Würden verweist. August, mit erst 24 Jahre der Jüngste, hat, den Kopf auf die linke Hand gestützt, als einziger ein Buch vor sich, was wohl ein Hinweis darauf sein soll, dass er sich noch im Studium befindet.

Max Emanuel von Rechberg ließ sich um 1790 – wie ein Stich von Joseph Peter Paul Rauschmayr belegt – auch von Edlingers Konkurrenten Moritz von Kellerhoven porträtieren. Von Aloys von Rechberg gibt es ein von Joseph Karl Stieler gemaltes Porträt (nach 1817), das den Dargestellten mit reichem Ordensschmuck zeigt und somit weniger auf dessen Persönlichkeit eingeht, sondern dessen Bedeutung in den Vordergrund stellt.

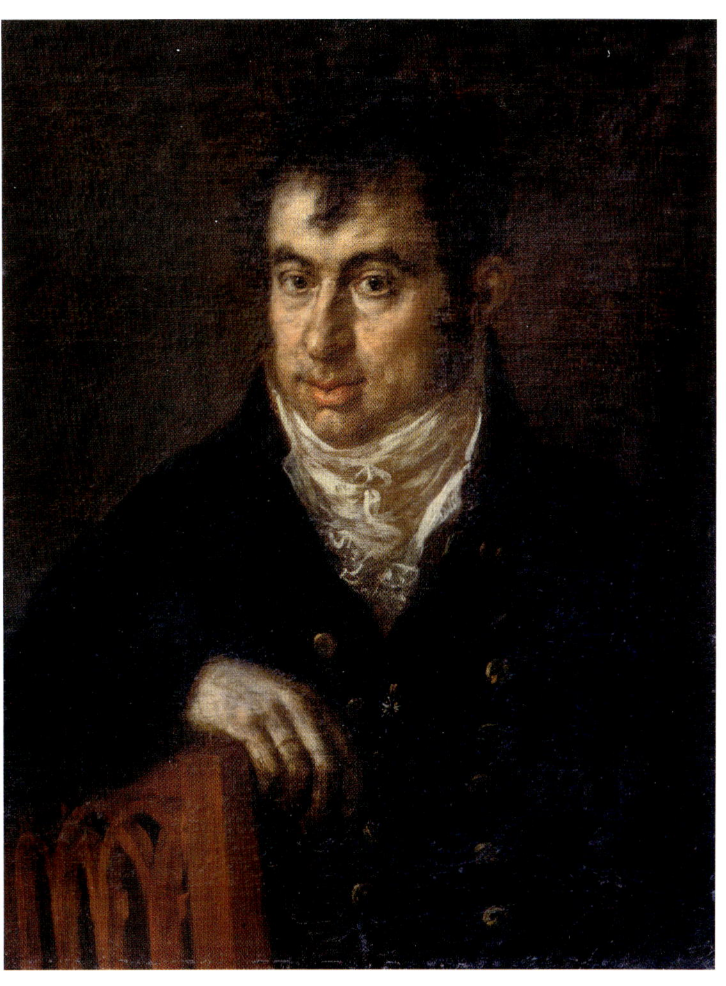

43

43

Ludwig Aloys Graf von Arco (1773–1854)

1813
Öl auf Leinwand (doubliert), 65,5 × 51,5 cm
Originale Beschriftung auf die Doublierwand übertragen: Ludwig Graf v. Arco / (Gatte der verwittweten Kurfürstin / Maria Leopoldina) / * 1773 + 1854
Privatbesitz
Heinemann 1924, Zweiter Anhang, Nr. 10; Schenk 1983, WK 185

Graf Arco, der Obersthofmeister der Kurfürstinwitwe Maria Leopoldine von Österreich-Este gewesen war, heiratete diese im November 1804 in morganatischer Ehe. Der einem Trentiner Geschlecht entstammende Arco und Maria Leopoldine, die in Mailand aufgewachsen und als 17-jährige mit dem 71-jährigen bayerischen Kurfürsten verheiratet worden war, hatten sich bereits zu Lebzeiten Karl Theodors am Münchner Hof kennen und schätzen gelernt. Da es sich bei der Verbindung mit Arco um eine »Ehe zur linken Hand« handelte, behielt Maria Leopoldine den Rang und Titel einer verwitweten Kurfürstin.

Maria Leopoldine, eine resolute Persönlichkeit, hatte ihrem ersten, fast 55 Jahre älteren Ehemann nicht den sehnlichst erwünschten Thronfolger geboren und in dessen letzten Tagen auch noch dafür gesorgt, dass Bayern nach dem Tod des Kurfürsten an die Wittelsbacher Linie Pfalz-Zweibrücken fiel. Ihre Ehe mit Graf Arco dagegen verlief harmonisch und das Paar bekam zwei Söhne, von denen der 1808 geborene Aloys (Louis) später die Linie Arco-Stepperg und der 1811 geborene Maximilian die Linie Arco-Zinneberg begründen sollten.

Ludwig Aloys von Arco war nicht nur mit der Verwaltung des Familienbesitzes in Oberbayern und Schwaben befasst, sondern er engagierte sich auch als Politiker. Von 1837 bis 1854 war er Mitglied der Kammer der Reichsräte sowie verschiedener Ausschüsse.

Hofbedienstete

Die Bürgergemeinde bildete zwar den Kern der Einwohnerschaft, war aber durch die Tatsache, dass München seit 1505 die Hauptstadt des Herzogtums und nachmaligen Kurfürstentums Bayern war und damit auch einen vielköpfigen Hofstaat beherbergte sowie Sitz wichtiger Behörden war, längst in der Minderzahl. Mit dem Amtsantritt von Kurfürst Karl Theodor, in dessen Gefolge rund 2.500 Personen nach München übersiedelten, veränderte sich die Bevölkerungsstruktur noch einmal deutlich. Hatte die Zahl der Hofbediensteten um 1760 genau 1.539 Personen umfasst, so waren es um 1790 rund 5.000 Personen. Dazu kamen noch ebenso viele Beamte. Da Hofangehörige und Staatsdiener der privilegierten Gerichtsbarkeit des Hofrats unterstanden, hatten sie keine Verpflichtungen gegenüber der städtischen Verwaltung.

Es wäre falsch, sich unter der Hofgesellschaft ausschließlich adelige Personen vorzustellen. So gehörten etwa zum Hofstaat von Kurfürst Karl Theodor der mit ganz unterschiedlichem Personal besetzte Obersthofmeister-Stab, der Oberstkämmerer-Stab, der Obersthofmarschall-Stab, der Oberstallmeister-Stab und das Oberstjägeramt, die alle vielfach untergliedert waren. Genaue Auskunft darüber geben die jährlich herausgegebenen Hof- und Staatskalender, die sämtliche Ämter und Aufgabengebiete exakt auflisten und die Tätigen namentlich benennen – vom Minister und der Hofdame über den Hofgeistlichen bis zur Silberspülerin, vom Ballettmeister bis zum Hundskoch, der die fürstlichen Jagdhunde zu versorgen hatte, und dem Hofzwerg.

In den Jahren 1780 bis etwa 1795 war Edlinger der bevorzugte Porträtist der Münchner Hofgesellschaft. Neben den adeligen Familien bestellten auch zahlreiche Hofbedienstete Bildnisse. Im folgenden Abschnitt werden deshalb Ärzte, Musiker, Künstler und sonstiges Personal, das direkt für den Münchner Hof tätig war, vorgestellt. Mit manch einem von ihnen dürfte Edlinger befreundet gewesen sein.

44

Franz Ignaz Oefele (1721–1797)

1770
Foto des verschollenen Gemäldes (61 × 50 cm)
Archiv Paulus
Heinemann 1924, Nr. 6; nicht bei Schenk 1983

Franz Ignaz Oefele, Sohn eines Schrobenhausener Uhrmachers, wuchs nach dessen frühem Tod bei einem Onkel in Landsberg am Lech auf und begann dort eine Ausbildung als Maler, die er bei Melchior Buchner und schließlich in Augsburg bei Gottfried Bernhard Göz sowie beim Münchner Hofmaler Balthasar Augustin Albrecht fortsetzte. Durch Vermittlung des letzteren konnte er einige Zeit bei Guiseppe Nogari in Venedig verbringen, der seinen Schüler sehr geschätzt zu haben scheint und 1758 sogar ein Bildnis von ihm fertigte. Nach achtjährigem Italien-Aufenthalt kehrte Oefele 1765 nach München zurück, wo auch er eine Stelle als Hofmaler bekam. Dies war für ihn Anlass, Nogaris Porträt von Franz Xaver Jungwierth in einen Kupferstich übertragen zu lassen. Oefele, der überwiegend Altargemälde und Porträts malte, starb im Alter von nur 56 Jahren und hinterließ trotz erfolgreicher Arbeit seine Familie in schwierigen finanziellen Verhältnissen.

Edlinger lernte seinen Maler-Kollegen bei den abendlichen Sitzungen der »Zeichnungsschule respective Maler= und Bildhauer academie« kennen, zu deren Leiter Oefele 1770 bestellt worden war (vgl. S. 13). Man darf annehmen, dass sein Oefele-Porträt, das erkennbar an Jungwierths Kupferstich orientiert ist, sich in

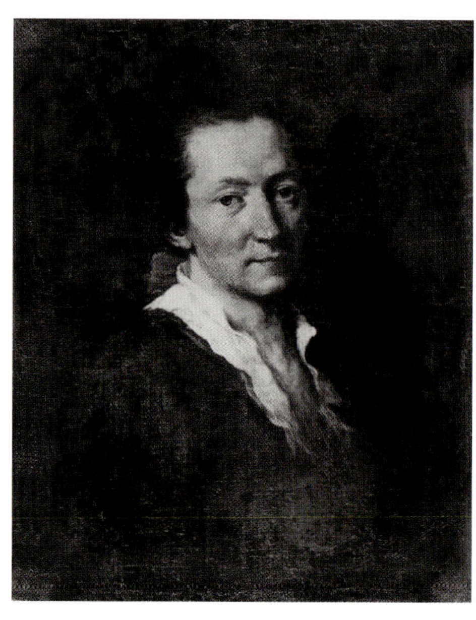

44

der Physiognomie aber deutlich unterscheidet, um diese Zeit entstanden ist. Während Edlinger die für Künstler(selbst)bildnisse typische Inszenierung übernahm (vgl. S. 37), gestaltete er die Gesichtszüge altersgemäß. Sie entsprechen deshalb dem aktuellen Alter des Dargestellten und stehen folglich denen auf Oefeles Selbstbildnis von 1791 näher als Nogaris Version.

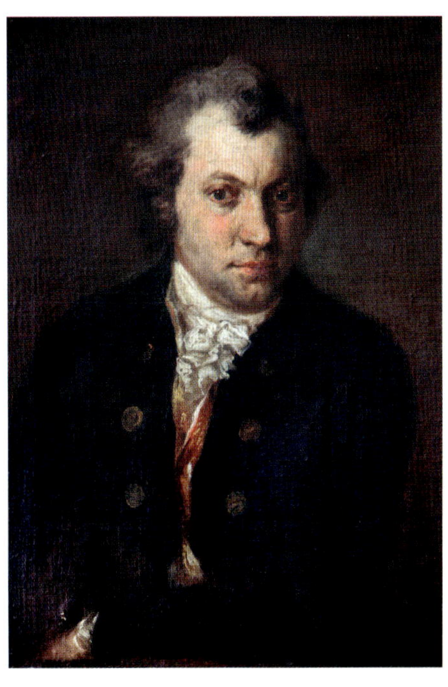

45

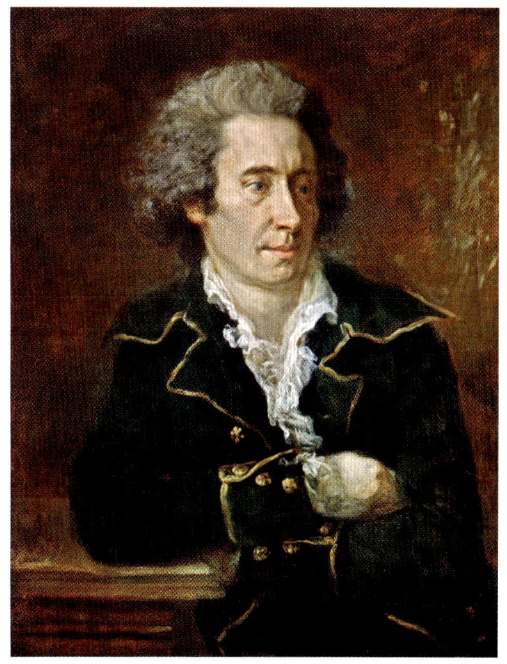

46

45

Heinrich Zimmermann (1741–1805)

1782
Öl auf Leinwand, 63,5 × 49 cm
Stadtarchiv Wiesloch
Heinemann 1924, Nr. 64; nicht bei Schenk 1983
↪ Kap. Graphik G 36

Heinrich Zimmermann, in Wiesloch in der Kurpfalz geboren, erlernte zunächst das Handwerk des Gürtlers, doch drängte es ihn schon früh in die Ferne. Nach Stationen in Genf, Lyon und Paris kam er 1776 nach London, wo er von den Vorbereitungen James Cooks zu einer Expedition hörte, deren Ziel die Suche nach einer Nord-West-Passage von Asien nach Europa war. Zimmermann heuerte als Koch an und machte sich – obwohl dies streng verboten war – während der vierjährigen Reise Notizen, die er nach seiner Rückkehr nach Deutschland 1781 in Mannheim unter dem Titel *Heinrich Zimmermanns von Wissloch in der Pfalz, Reise um die Welt, mit Capitain Cook* veröffentlichte. 1782 ernannte ihn Kurfürst Karl Theodor zum »kurfürstlichen Leibschiffmeister« auf dem Starnberger See mit einer Pension von 400 Gulden jährlich, doch diese Aufgabe scheint Zimmermann nicht befriedigt zu haben. Noch im gleichen Jahr (1782) begab er sich nach Triest, von wo aus er auf einem englischen Kaufmannsschiff nach Ostindien aufbrach. Heinrich Zimmermann kehrte aber wieder nach Bayern zurück, er starb 1805 in Starnberg.

Zimmermanns Reisebericht beeindruckte die Zeitgenossen sehr. Auch der Verlagsbuchhändler Johann Baptist Strobl interessierte sich für den Autor und traf ihn am Starnberger See; er nahm ihn sogar in seine Stich-Serie bedeutender Bayern auf (Kat. G 36). Das Porträt Zimmermanns, das zuvor nur durch den John'schen Stich bekannt war, und das Pendantbild seiner Ehefrau tauchten 2008 im Münchner Kunsthandel auf. Beide Gemälde befinden sich mittlerweile im Stadtarchiv Wiesloch.

46

Anton Huck (1758–1820)

um 1785
Öl auf Leinwand, 73,5 × 58 cm
Staatliche Museen zu Berlin, Gemäldegalerie: 56735
Nicht bei Schenk 1983
↪ Kap. Graphik G 17

Anton Huck, der laut Paul S. Ulrichs Forschungen im Jahr 1758 in Pest/Ungarn geboren wurde – der von der älteren Literatur kolportierte Geburtsort Eisenach lässt sich im Stadtarchiv Eisenach nicht verifizieren –, begann seine Theater-Karriere bei der Sebastianischen Schauspieler-Gesellschaft in Straßburg und wechselte dann ins Ensemble von Theobald Marchand, mit dem er 1776 nach Mannheim an die dortige Hofschaubühne und ab 1778 nach München kam. Wie Lorenz von Westenrieder (Kat. 102) in seinen *Beyträgen zur schönen und nützlichen Litteratur* berichtet, begeisterte Huck das Publikum dort außerordentlich. Um 1800 zog sich der Schauspieler von der Bühne zurück und verlebte seinen Lebensabend in München.

Hucks Porträt, ein offensichtlich rasch hingemaltes Bild, zeigt den Schauspieler an einem Tisch sitzend. Die verschränkten Armen liegen auf einem Buch. Der Dargestellte steht nicht, wie man es von einem Schauspieler erwarten könnte, in Kontakt mit dem »Zuschauer«, sondern lässt seinen Blick zur Seite in die Ferne schweifen; er wirkt gedankenversunken. Die auffallend flüchtige Ausführung des Gemäldes steht scheinbar in Widerspruch zu Ludwig Emil Grimms Schilderung von Edlingers für die Porträtierten manchmal quälend langsamer Arbeitsweise. Doch was für einzelne Bilder gilt, trifft nicht zwingend auf alle zu. Es wäre unredlich, anhand dieses Beispiels grundsätzliche Aussagen zum Arbeitstempo Edlingers zu treffen und Grimms Aussage in Frage zu stellen. Banal, aber viel wahrscheinlicher ist, dass Ausführung und Honorar in direktem Zusammenhang standen.

Edlingers Porträt des Schauspielers wurde in der vom Münchner Verlagsbuchhändler Johann Baptist Strobl herausgegebenen Stich-Serie berühmter Bayern reproduziert. Warum Huck dort Aufnahme fand, ist unklar. Wahrscheinlich waren seine darstellerische Leistung und die daraus resultierende Popularität beim Münchner Publikum dafür Grund genug.

Literatur:
Paul S. Ulrich: Biographisches Verzeichnis für Theater, Tanz und Musik, Bd. 1, Berlin 1997, S. 831, Stichwort »Huck, Anton«; Lorenz Westenrieder: Beyträge zur schönen und nützlichen Litteratur, München 1781, Jhg. 3., B. I., S. 120 sowie 361; Rainer Michaelis: Johann Georg Edlingers Bildnis des Schauspielers Anton Huck (1758–1820); in: Museums Journal, Oktober 2008, S. 45–47.

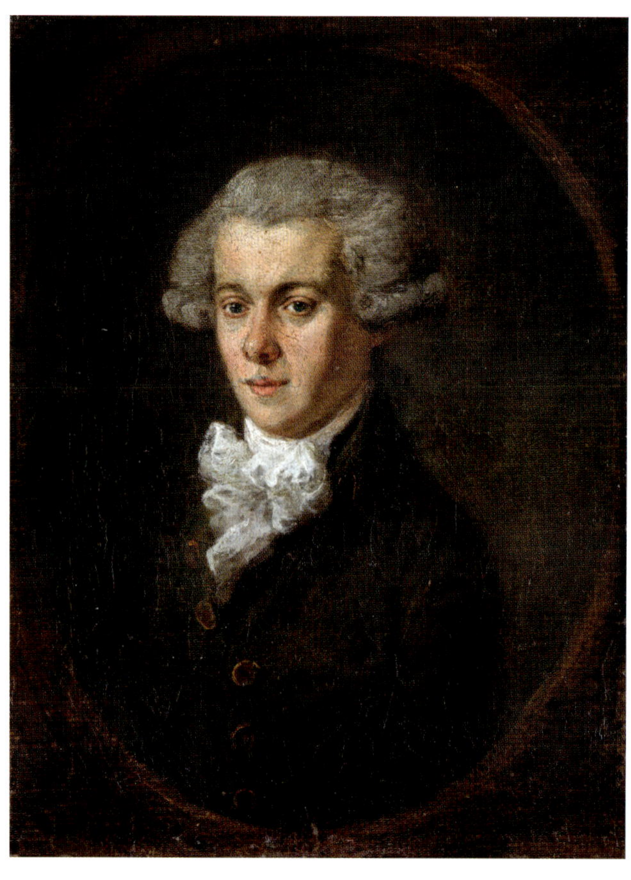

47

47

Jakob Held (1770 – nach 1816)

1785
Öl auf Leinwand, 23,7 × 18 cm
Auf dem Keilrahmen bez.: Jacob H[?] Hofmusicus / gemahlt von Edlinger / 1785
MStM: GM-2019-08 (Slg. Hans G. Knäusel)
Nicht bei Schenk 1983; Knäusel 2006, Nr. 27

Jakob Held, geboren in Landshut, hatte das Glück, dass seine musikalische Begabung von Kindesalter an gefördert wurde; er spielte Violine und Orgel. 1788 kam Held nach München, wo er schon bald in die Hofkapelle aufgenommen wurde. Von 1811 bis 1831 war er Mitglied der Musikalischen Akademie, einem Ensemble von Hofmusikern, das mit königlicher Erlaubnis an spielfreien Tagen des Hoftheaters öffentliche Konzerte veranstaltete. Die Aufführungen, bei denen vor allem zeitgenössische Musik gespielt wurde, stießen beim Münchner Publikum auf großes Interesse. Bei einem der ersten Konzerte 1811 brachten die Musiker u. a. die 2. Symphonie des damals 41-jährigen, heftig umstrittenen Ludwig van Beethoven, anschließend ein Werk des 25-jährigen Carl Maria von Weber, das Violinkonzert des 1806 unerwartet verstorbenen Carl Cannabich (Kat. 50) sowie zwei Werke des Münchner Hofkapellmeisters Peter von Winter zu Gehör.

Das Miniaturporträt zeigt einen korrekt gekleideten, bescheiden wirkenden, fast zarten jungen Mann. Gemäß der rückseitigen Datierung war Held, als er für das Bild saß, erst 15 Jahre alt.

48

Andreas André (1736–1807)

nach 1785
Öl auf Leinwand, 54,5 × 42,7 cm
BNM: R 8372
Heinemann 1924, Dritter Anhang, Nr. 1; Schenk 1983, WK 41

Andreas André, Bauernsohn aus Rieden und Onkel von Joseph Utzschneider (Kat. 89), war für einige Jahre »Clavecenist« im Hoforchester von Herzog Clemens Franz von Bayern, der bis zu seinem Tod 1770 als kurbayerischer Erbprinz galt. Wie alle Hofmusiker zählte André unter die gewöhnliche Dienerschaft – eine Kategorisierung, die etwa für den beim Salzburger Fürstbischof angestellten Wolfgang Amadeus Mozart nur schwer erträglich war. 1759 wurde André offizieller Kammerdiener des Herzogs. Langfristig sollte André jedoch noch bewegte Jahre vor sich haben: Nach Clemens' Tod wurde er Zahlmeister, Geheimsekretär und engster Vertrauter von dessen Witwe Maria Anna von Pfalz-Sulzbach, der Schwester von Kurfürstin Maria Elisabet Auguste und damit Schwägerin Karl Theodors. Wie die bayerische Kurfürstinwitwe Maria Anna (Kat. 20) opponierte auch sie massiv gegen die Tauschabsichten ihres Schwagers. André diente ihr bei diesen Aktivitäten als Kurier und wurde, nachdem seine obstruktive Tätigkeit ruchbar geworden war, vom Kurfürsten lebenslang aus München verbannt. Nach einer Haft auf der Festung Rothenberg bei Schnaittach lebte André im Hausarrest auf dem Maria Anna gehörenden Gut Rieden am Staffelsee/Starnberger See. Am 10. Juni 1780 heirateten die beiden heimlich.

Edlinger zeigt André im Brustbild. In leichter Drehung, in den Schultern stark angeschnitten, wendet er sich ernsten Blicks zum Betrachter. Er scheint ein etwas korpulenter Mann zu sein. Sein grünbrauner Mantel, eine grüne Weste und ein weißes Hemd samt Jabot lassen keinerlei Rückschlüsse auf Herkunft und Stand oder Tätigkeit zu.

49

Joseph Marius von Babo (1756–1822)

um 1791
Öl auf Leinwand, 74,2 × 55,5 cm
Hamburger Kunsthalle: 295
Heinemann 1924, Nr. 51; Schenk 1983, WK 73
↪ Kap. Graphik G 7

Geboren in Ehrenbreitstein als Sohn eines kurtrierischen Hauptmanns, studierte Babo am Jesuiten-Kolleg in Koblenz Ästhetik und bekam 1774 mit nur 18 Jahren eine Anstellung als Sekretär am Mannheimer Theater. 1784 übersiedelte er nach München, wo er zunächst als Schriftsteller tätig war und Vorlesungen hielt. In das öffentliche Bewusstsein trat Babo mit seinen Schriften *Ueber Freymaurer, besonders in Bayern. Erste Warnung* sowie *Gemälde aus dem menschlichen Leben* (beide 1784), in denen er u.a. dem bayerischen Illuminaten-Orden um Adam Weishaupt unterstellte, eine Verschwörung gegen den Staat anzetteln zu wollen. Er gab damit einen der ersten Anstöße zum Verbot und zur Auflösung des Geheimbundes. 1789 war Babo als Studiendirektor der Militär-Akademie tätig, 1799 wurde er Bücherzensurrat und ab 1792 »Theatercommissär«, dann Intendant der Münchner Hofbühne, »welche ihm nach gründlichem Verfall eine Periode schöner Blüthe dankt« (Zitat aus ADB 1 [1875], S. 726). 1807 wurde Babo ordentliches Mitglied der Philologisch-philosophischen Klasse der Bayerischen Akademie der Wissenschaften.

Neben seiner beruflichen Tätigkeit war Babo schriftstellerisch tätig. Er schrieb u.a. Ritterdramen in der Nachfolge von Goethes Schauspiel *Götz von Berlichingen*. Seinen größten Erfolg feierte er mit dem Drama *Otto von Wittelsbach*, das 1782 im Verlag Strobl erschien. Auch seine Lustspiele,

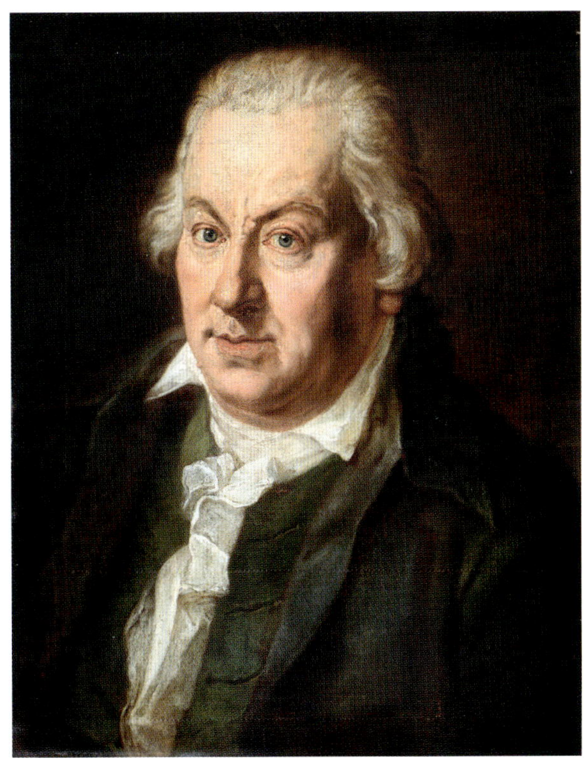

48

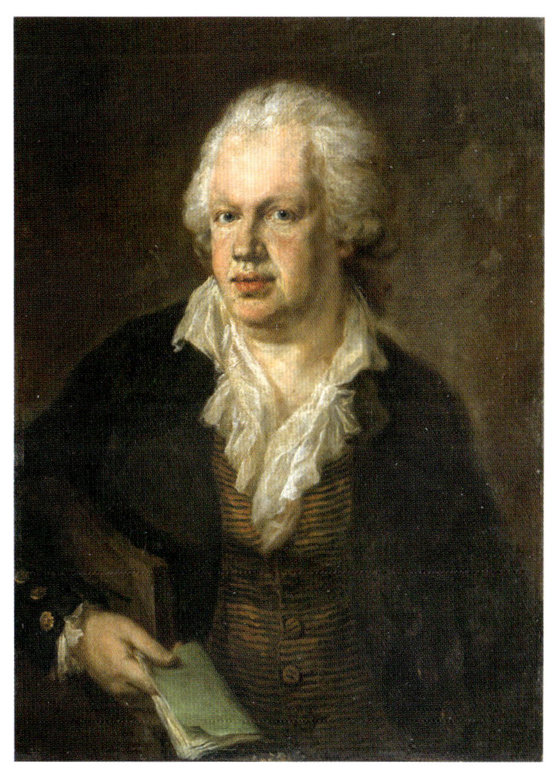

49

die dem Zeitgeist entsprechend den Kontrast zwischen biederem Bürgersinn und charakterschwachem Adel thematisieren, erfreuten sich bei den Zeitgenossen großer Beliebtheit.

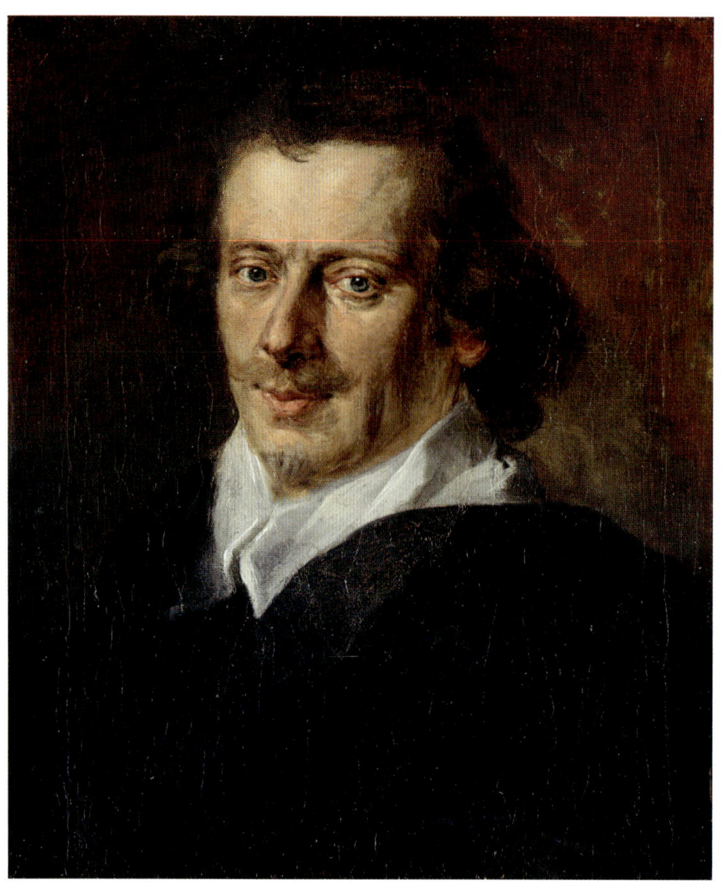

50

50

Carl Cannabich (1771–1806)

1796 / 1801
Öl auf Leinwand (doubliert), 48,5 × 40,5 cm
Rückseitig bez.: Porträt des churfürstl. / b. hofmusikus Direktors / Canabich
MStM: IIc/40
Heinemann 1924, Nr. 72; Schenk 1983, WK 127

Der Musiker Carl Cannabich wurde in Mannheim geboren. Sein Vater Johann Christian, ein ausgebildeter Geiger, hatte nach dem Tod von Johann Stamitz dessen Kapellmeister-Stelle übernommen und war somit Leiter des damals berühmtesten Orchesters geworden, mit dem er 1778 nach München übersiedelte. Sohn Carl trat in die Fußstapfen seines Vaters: Ausgebildet an Klavier und Geige, unternahm er als Wunderkind 1783, erst zwölf Jahre alt, seine erste Konzertreise durch Deutschland.

Nach einem zweijährigen Italien-Aufenthalt kehrte der junge Cannabich nach München zurück. Er erhielt Kompositionsunterricht bei Kapellmeister Peter von Winter und wurde 1788 Mitglied des Münchner Hoforchesters. Mit Erlaubnis des bayerischen Kurfürsten übernahm er 1796 für vier Jahre die Stelle des Musikdirektors am Theater in Frankfurt am Main. Zurück in München, wurde Cannabich junior zunächst Konzertmeister und ab 1801 – wie schon sein Vater – Direktor des Münchner Hoforchesters.

Während Musikerporträts früherer Zeit den Dargestellten durch Requisiten, Attribute, Allegorien oder die Gestik als Musiker kenntlich machten, ist beim vorliegenden Gemälde auf derartige Hinweise verzichtet. Edlinger malte einen Mann in niederländisch anmutendem Habitus mit über die Schulter geworfenem schwarzen Mantel und weißem Kragen und entsprechender Haar- und Barttracht. Es dürfte sich wohl um eine private Künstlerkleidung handeln, denn offiziell trugen die Mitglieder der Münchner Hofmusik grüne Uniformen mit roten Kragen und Klappen sowie Degen und goldene Hutquasten; Direktoren und Kapellmeister waren an ihren gestickten Kragen kenntlich.

51

Johann Jakob Dorner der Ältere (1741–1813)

um 1790
Foto eines in Privatbesitz befindlichen Gemäldes (54 × 41 cm)
Archiv Paulus
Heinemann 1924, Nr. 32; Schenk 1983, WK 69
↪ Kap. Graphik G 12

Johann Jakob Dorner erlernte zunächst das Goldschmiedehandwerk, wandte sich dann aber der Malerei zu. 1753 wurde er Schüler von Franz Joseph Rösch in Freiburg im Breisgau und ab 1759 befasste er sich bei Joseph Bauer in Augsburg mit der Fresko-Malerei. Seit 1761 in München ansässig, erhielt Dorner im Jahr darauf die Stelle eines Hofmalers. Nach einer mehrjährigen Studienreise in die Niederlande, nach Paris und in die Schweiz, wurde der Künstler 1777 kurfürstlicher Galerieinspektor. Nach der Einrichtung der Hofgarten-Galerie übernahm er das Amt des Vizedirektors. Daneben wirkte Dorner auch als Lehrer. 1788 organisierte er Münchens erste öffentliche Kunstausstellung, bei der Zeichnungen und Ölgemälde seiner Schüler präsentiert wurden. Mit dem Beginn des Wirkens von Johann Christian von Mannlich und Johann Georg von Dillis (Kat. 53) geriet Dorner künstlerisch allmählich ins Abseits. 1799 zog er sich aus dem Staatsdienst zurück. Immerhin erlebte Dorner noch, dass sein gleichnamiger, von ihm ausgebildeter Sohn als Landschaftsmaler reüssierte und im Jahr 1808 Galerieinspektor der Hofgarten-Galerie wurde.

Edlinger kam mit dem gleichaltrigen Dorner bereits bald nach seiner Ankunft in München an der »Zeichnungsschule« in Kontakt. Sein Kollegenporträt dürfte aber erst um 1790 entstanden sein, denn es zeigt einen etwa Fünfzigjährigen. Das Gemälde könnte aus der Strobl'schen Galerie (vgl. S. 143–155) stammen, weist es doch die dafür typischen Maße auf; zudem wurde es von Friedrich John in einen Stich umgesetzt.

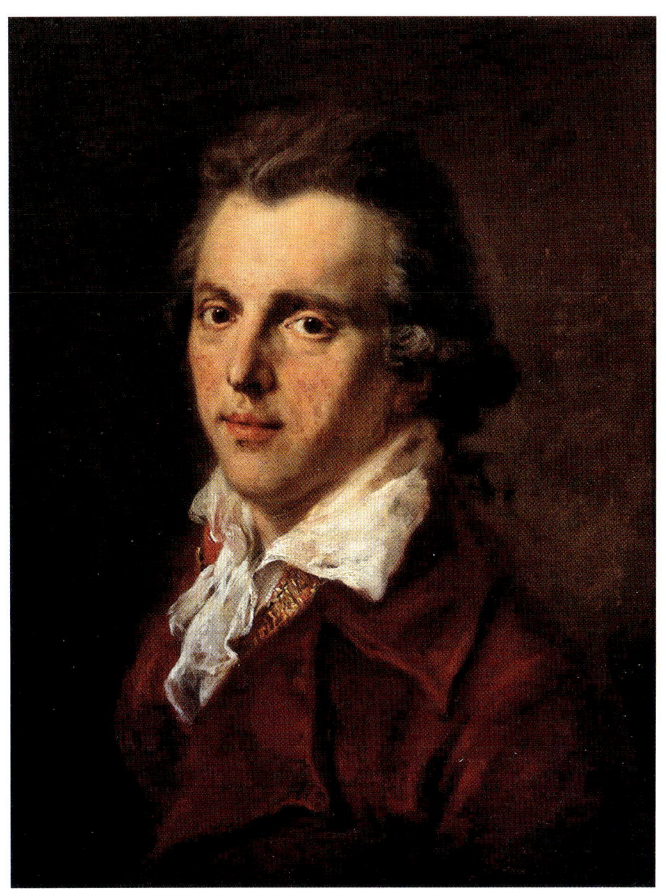

52

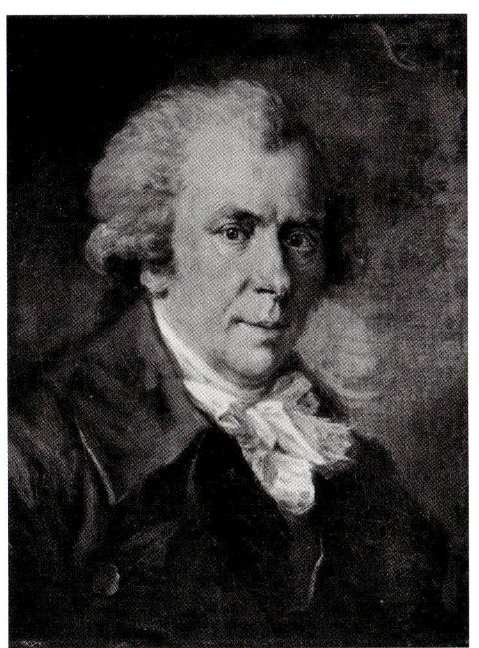

51

52

Franz Jakob Schwanthaler (1760–1820)

um 1790
Öl auf Leinwand, 54,5 × 42,5 cm
Privatbesitz
Schenk 1983, WK 32

Franz Jakob Schwanthaler, geboren in Ried/Innkreis (bis 1779 zu Bayern gehörend), stammte aus einer Bildhauerfamilie und so war es selbstverständlich, dass auch er diesen Beruf ergriff. Nach der Lehrzeit bei seinem Onkel Johann Georg Schwanthaler in Gmunden kehrte er 1778 nach Ried zurück, wo als seine erste selbständige Arbeit der Entwurf zum Hochaltar der Kirche St. Martin entstand. 1780 ging Franz Jakob Schwanthaler zunächst nach Salzburg, erhielt dort aber durch den kurbayerischen Hofbildhauer Augustin Egell einen Ruf nach München, um an den Dekorationen des neuen Hofbibliotheksaals mitzuarbeiten. Danach wechselte er nach Augsburg, wo er die Kunstakademie besuchte. 1785 kehrte Schwanthaler nach München zurück, wo er nach einer kurzen Lehrzeit bei Roman Anton Boos (Kat. 54) eine frei gewordene Bildhauergerechtigkeit und zugleich das Bürgerrecht erwerben konnte. Gemeinsam mit seinem jüngeren Bruder Franz Anton richtete er sich ein eigenes Atelier ein, das er bis zu seinem Tod führte. Während seine frühen Werke noch ganz in der barocken Tradition der väterlichen Werkstatt stehen, wandte sich Schwanthaler nach 1800 stilistisch zunehmend dem in Mode kommenden Klassizismus zu (vgl. die Jünglingsfigur des sogenannten »Harmlos« im heutigen Finanzgarten), wobei er sich auf Grabmäler mit antikisierenden Trauerfiguren spezialisierte.

Schwanthaler war verheiratet und hatte mehrere Kinder. Beruflich sollte sein Sohn Ludwig in die Fußstapfen des Vaters treten; er gilt als Hauptmeister der Plastik des Münchner Frühklassizismus. Zu seinen Werken zählen u. a. das Jean Paul-Denkmal in Bayreuth (1841), das Mozart-Denkmal in Salzburg (1842), das Goethe-Denkmal in Frankfurt am Main (1844) und die Kolossalstatue der Bavaria in München (1850).

Der nahezu jugendlich wirkende Schwanthaler ist im Brustporträt in leicht zur Seite gedrehter Position wiedergegeben. Der Dargestellte, der noch ein graugepuderte Zopffrisur trägt, wendet sich fast frontal dem Betrachter zu. Unter dem rehbraunen Mantel schaut eine goldfarbige Weste hervor, die jedoch großteils von einem weißen Hemdkragen überdeckt ist. Geschickt führt Edlinger das Auge des Betrachters zum lebfrischen Gesicht des Dargestellten, in dem ein schön geschwungener roter Mund und dunkelbraune Augen dominieren.

53

Johann Georg von Dillis (1759–1841)

um 1792
Öl auf Leinwand, 62,5 × 49 cm
Auf der Rückseite mit Bleistift bez.: Cantius Dillis
MStM: GM 87/16
Nicht bei Schenk 1983

Johann Georg Dillis, dessen Vater kurfürstlicher Revierjäger in Grüngiebing war, besuchte ab 1767 das Gymnasium in München und erhielt schon während dieser Zeit Zeichenunterricht bei Johann Jakob Dorner (Kat. 51). Nach der Schulzeit studierte Dillis Theologie in Ingolstadt. Zwar wurde er 1782 zum Priester geweiht, doch widmete er sich dem geistlichen Beruf nicht und bezog stattdessen die Zeichnungsakademie in München. Nachdem Dillis 1788 Graf von Preysing (Kat. 26, 27) auf Reisen an den Oberrhein und in die Schweiz begleitet und die Sammlungen in Mannheim, Mainz und Frankfurt kennengelernt hatte, tauchte der Wunsch auf, sich beruflich mit Kunstwerken zu befassen. Dillis bewarb sich um eine Stelle im Galeriedienst und wurde im April 1790 zum Inspektor der Münchner Hofgarten-Galerie bestellt, die seit 1780 der Öffentlichkeit zugänglich war. Auf Anregung seines Förderers Rumford (Kat. 92) fertigte Dillis in dieser Zeit Zeichnungen und Radierungen mit Motiven aus München, Oberbayern und Tirol, die sich stilistisch an Veduten des 18. Jahrhunderts orientierten. Rumford sorgte auch dafür, dass der junge Künstler die Sammlungen in Dresden, Prag und Wien besuchte, und vermittelte ihm die Möglichkeit, englische Kunstliebhaber auf ihren Reisen zu begleiten. 1794/95 unternahm Dillis seine erste Reise nach Italien, die ihn nach Livorno, Korsika und schließlich nach Rom führte. 1805/6 begleitete er den bayerischen Kronprinzen Ludwig (späterer König Ludwig I.) nach Paris und Südfrankreich; wohl auf diesen Reisen wurde das freundschaftliche Verhältnis gelegt, das beide über Jahre hinweg pflegen sollten. In Paris fand Dillis als Museumsmann reiche Anregung – die eben vollzogene Neuordnung des Louvre ließ ihn Pläne für die spätere Ausgestaltung der Münchner Sammlungen entwickeln. 1808 übernahm Dillis zusätzlich zu seinen bisherigen Aufgaben auch die Professur für Landschaftsmalerei an der Münchner Akademie. Da Landschaftsmalerei damals als

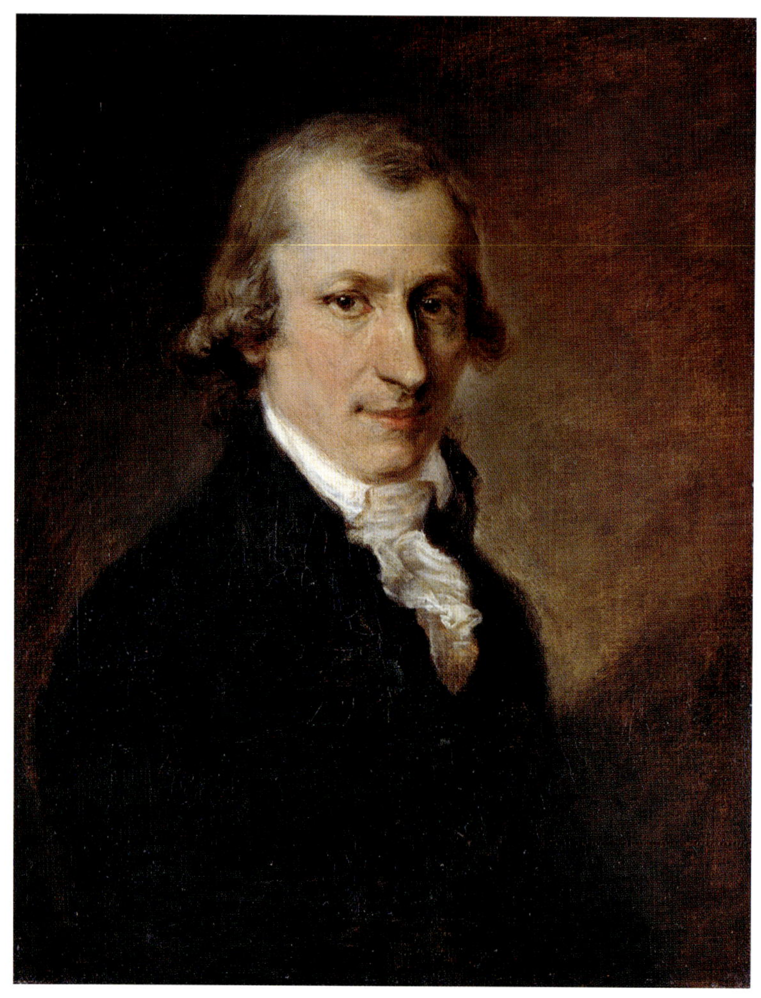

53

reine Ateliermalerei gelehrt wurde und dies aber seinen Vorstellungen nicht entsprach, bat er schon 1814 um seine Entlassung. 1822 wurde Dillis als Nachfolger des verstorbenen Johann Christian von Mannlich zum »Central-Direktor der Gemälde- und übrigen Kunstsammlungen« bestellt. Dillis' Bilanz als Museumsfachmann ist äußerst beachtlich: Während seiner Amtszeit wurden von Napoleon geraubte Kunstschätze zurückgeführt, die Düsseldorfer, Mannheimer und Zweibrückener Galerien mit den Münchner Beständen der kurfürstlichen Galerie vereinigt, die Erwerbungen aus dem Säkularisationsgut integriert und die (Alte) Pinakothek eingerichtet (Eröffnung 1836).

Trotz seiner vielseitigen beruflichen Aktivitäten gab Dillis die eigene künstlerische Tätigkeit nie auf. Auf seinen Wanderungen und Reisen interessierte er sich nicht nur für die jeweilige Landschaft, sondern auch für die angestammte Bevölkerung. Neben Blättern, die in trachtenkundlicher Hinsicht von hohem Interesse sind, hinterließ er auch eindrucksvolle Charakterstudien von Jägern, Bauern, Handwerkern und alten Menschen; einige seiner Modelle finden sich auch auf Edlingers Bildern (vgl. S. 159). Mit diesen Arbeiten erweist sich Dillis als Vertreter der Aufklärung, die u. a. die Achtung vor dem einfachen Menschen und seinen meist schwierigen Lebensbedingungen propagierte. Sein besonderes Verdienst ist es jedoch, die Naturbeobachtung zur Grundlage seiner Landschaftsmalerei gemacht zu haben und damit ein Vorreiter der Pleinair-Malerei in München geworden zu sein. Hochgeschätzt sind heute Dillis' Studien zu Wolken-Phänomenen, die er nicht nur auf Reisen und Wanderungen, sondern regelmäßig auch vom Fenster der Centralgemäldegalerie aus beobachtete. Mit diesem Interesse war Dillis allerdings nicht allein. Der französische Maler Pierre Henri de Valenciennes und auch der englische Maler Thomas Jones hatten sich schon um 1785 in Rom und Neapel mit dieser Thematik befasst. Weiteren Aufschwung erhielt das Thema durch den Londoner Apotheker Luke Howard, der sich intensiv mit Meteorologie beschäftigte und 1803 die Wolkenarten wissenschaftlich klassifizierte. Möglicherweise erhielt Dillis aber auch Anregungen durch den Geheimen Kabinettssekretär Stephan Freiherr von Stengel (Kat. 32), der 1780 in Mannheim eine meteorologische Gesellschaft gründete und wenig später in Bayern zur Erforschung der Wetterphänomene und des Klimas die Einrichtung eines meteorologischen Messnetzes anregte. Alsbald nahmen auch jüngere Maler wie William Turner, John Constable u. a. Themen der Darstellung von Luft und Wolken auf.

Edlingers Porträt des jüngeren Kollegen muss etwa zeitgleich mit dessen Ernennung zum Inspektor der Münchner Hofgarten-Galerie entstanden sein. Es zeigt den 31-Jährigen, der dem Betrachter mit wachem Blick begegnet, als aufgeschlossen-freundlichen jungen Mann; einen Hinweis auf dessen Profession oder dessen geistlichen Stand gibt Edlinger nicht. Der rückseitige Hinweis auf Cantius Dillis, seinen jüngsten Bruder, ist falsch, wie Barbara Hartwig 1991 überzeugend darlegen konnte. Johann Georg hatte Cantius 1789 nach München geholt und dessen Ausbildung zum Landschaftsmaler und Radierer übernommen.

Literatur:

Barbara Hartwig: Johann Georg von Dillis porträtiert von Johann Georg Edlinger, in: Johann Georg von Dillis 1759–1841, Landschaft und Menschenbild, hg. von Christoph Heilmann, München 1991, S. 8; dies.: Vom Bettler zum König. Dillis' Porträtkunst, in: Johann Georg von Dillis 1759–1841, Landschaft und Menschenbild, hg. von Christoph Heilmann, München 1991, S. 38–47; dies.: Johann Georg von Dillis. Die Kunst des Privaten, Köln 2003; Thomas Röske: »Wahnsinnige« – Überlegungen zu revolutionären Porträtzeichnungen von Johann Georg von Dillis, in: Abhandlungen der Braunschweigischen Wissenschaftlichen Gesellschaft 59 (2007), S. 255–266; Kreisverein für Heimatschutz und Denkmalpflege Landkreis Erding e.V. (Hg.): Johann Georg von Dillis. Familie – Leben – Schaffen, Erding 2015.

54

Roman Anton Boos (1730/1733–1810)

nach 1790
Öl auf Leinwand, 59,7 × 45 cm
GNM: 70368701
Heinemann 1924, Nr. 34; Schenk 1983, WK 70

Der Allgäuer Bauernsohn begann seine Ausbildung bei Anton Sturm im nahegelegenen Füssen. 1754 kam er nach München und trat für einige Jahre in die Werkstatt des damals führenden Münchner Bildhauers Johann Baptist Straub ein. 1763 wurde Boos Schüler von Jacob Schletterer an der Wiener Akademie. Nach einem Aufenthalt an der Reichsstädtischen Akademie in Augsburg kehrte Boos 1765 nach München zurück, wo er 1770 Professor an der neugegründeten »Zeichnungsschule respective Maler= und Bildhauer academie« wurde. Dort trafen sich zunächst nur Münchens jüngere Künstler zum kollegialen Austausch; ein regulärer Schulbetrieb wurde erst 1771 aufgenommen. Nach dem Tod des bisherigen Hofbildhauers Charles de Groff im Jahr 1774 rückte Boos, der zu diesem Zeitpunkt bereits bedeutende höfische Aufträge erhalten hatte (u. a. Figurengruppen für den Schleißheimer Schlossgarten), auf dessen Stelle nach. Als ein Jahr später auch der Bildhauer Ignaz Günther starb, übernahm Boos dessen Aufträge. 1777 heiratete Boos Maria Theresia Amalia Straub, die 26-jährige Tochter seines ehemaligen Lehrers, und zog in das Haus des Schwiegervaters in der heutigen Hackenstraße 10, die sogenannte »Hundskugel«. Obwohl Boos in den Jahren

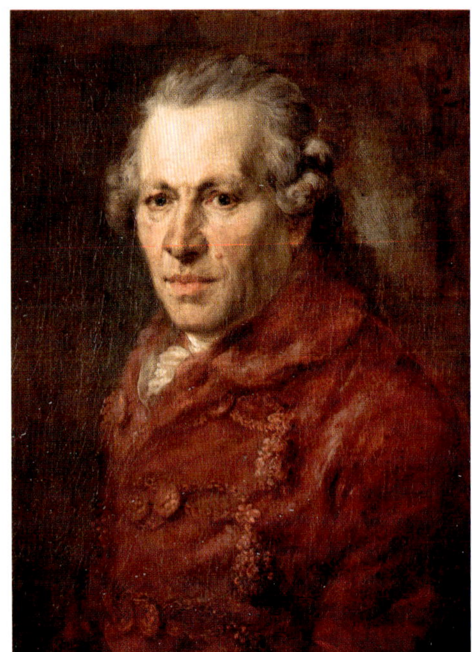

54

bis 1785 als der führende Münchner Bildhauer gelten muss, geriet er – wie Edlinger – gegen Ende des Jahrhunderts in finanzielle Schwierigkeiten. Gründe dafür waren auch in diesem Fall ein den Zeitumständen geschuldeter allgemeiner Auftragsmangel sowie ein Generationswechsel und damit verbundene Veränderungen des Geschmacks.

Edlinger, der Boos wahrscheinlich schon während seiner Wiener Zeit kennengelernt hatte, zeigt den acht Jahre älteren Kollegen in einer Hausjacke. Das Bild, mit raschem Pinselstrich gemalt, strahlt eine eigentümliche Bewegtheit aus. Ihren Beitrag zu diesem Eindruck leisten nicht nur die vielen Knöpfe und Quasten der Jacke, der unruhige Hintergrund, sondern auch das von zahlreichen grauen Locken umrahmte bleiche, faltig-zerfurchte Gesicht des Dargestellten und sein abwesender, fast grimmiger Blick aus kalten Augen.

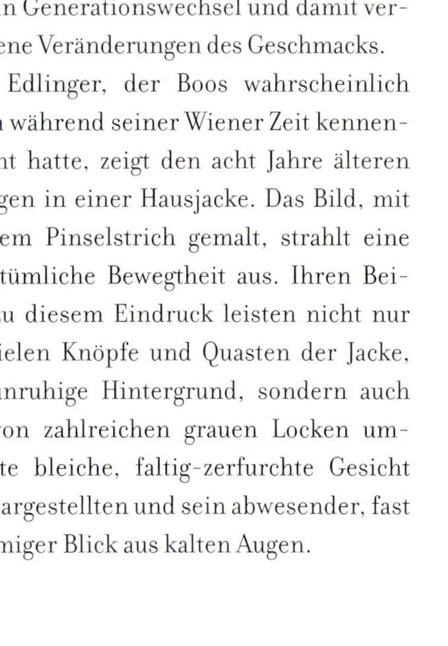

55

Roman Anton Boos und seine Familie

um 1800
Öl auf Leinwand, 122 × 102 cm
BNM: R 6684
Nicht bei Heinemann 1924; nicht bei Schenk 1983

Dargestellt sind der Bildhauer und seine Ehefrau Maria Theresia Amalia sowie deren älteste Tochter Creszentia und die jüngste Tochter Augustina. Da Ehepaar bekam insgesamt acht Kinder, von denen jedoch vier im Kindesalter starben.

Hauptpersonen des Familienbildes sind Boos' Ehefrau und die kleine Tochter, die sich soeben aus einer Schale auf dem neben ihr stehenden Tisch eine Frucht gegriffen hat. Boos als das Familienoberhaupt sitzt hinter dieser Szene; die ältere Tochter legt ihre rechte Hand um seine Schulter und wirft von der Seite einen fast sorgenvollen Blick auf das melancholische Gesicht ihres Vaters. Edlinger dokumentiert den mehr als 20 Jahre betragenden Altersunterschied des Paares schonungslos: Während er die Mutter als voll im Leben stehende Frau zeigt, ist Boos bereits ein alter Mann, der am Geschehen nicht mehr recht Anteil nehmen kann.

56

Johann Peter Melchior (1747–1825)

nach 1800
Öl auf Leinwand, 76,9 × 61,8 cm
Nürnberg, Germanisches Nationalmuseum: Gm 485
Heinemann 1924, Nr. 141; Schenk 1983, WK 126

Melchior war ausgebildeter Bildhauer, verlegte sich mit den Jahren aber ganz auf das Entwerfen von Porzellan. Nach Tätigkeiten für die Höchster Porzellanmanufaktur und den Kurmainzischen Hof wurde er 1779 Modellmeister in der Frankenthaler Por-

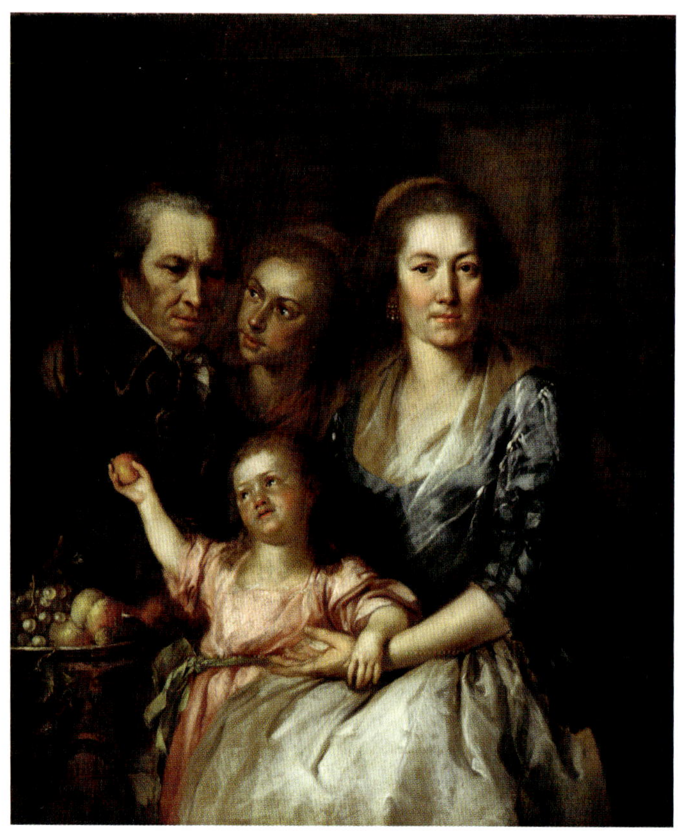

55

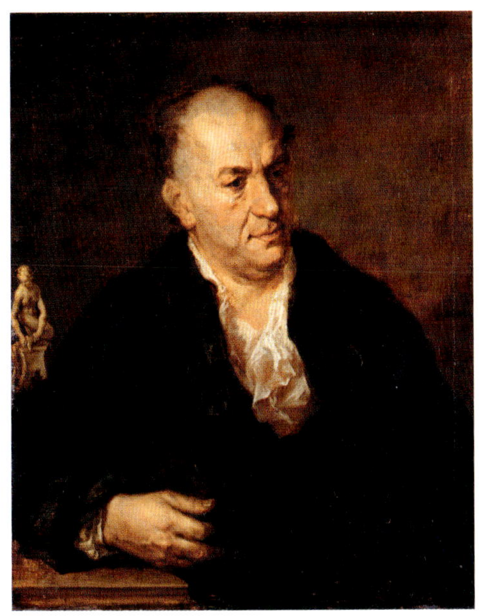
56

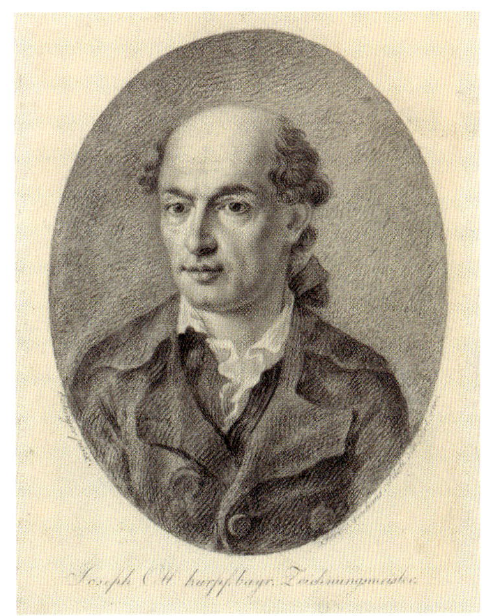

57

zellanmanufaktur, die bis 1800 bestand. 1797 wechselte er nach München und übernahm 1804 als Nachfolger des verstorbenen Dominikus Auliczek die künstlerische Leitung der Porzellanmanufaktur Nymphenburg. Melchior führte dort nicht nur neue Geschirr-Modelle im antikischen Stil ein, sondern schuf auch eine Vielzahl von figürlichen Objekten.

Edlingers Porträt des Modellmeisters ist insofern eine Besonderheit, als es mit einem Attribut auf die berufliche Tätigkeit des Dargestellten anspielt: Es handelt sich um die Porzellanfigur einer nackten Frau, die sich in eleganter Torsion einen Dorn aus dem Fuß zieht.

57

Joseph Mathias Ott (1735–1791)

1802
Zeichnung von Ferdinand Neuhaus, gen. Piloti, nach einem Gemälde von Johann Georg Edlinger, 22,4 × 16,8 cm
Bez.: Joseph Ott kurpf.bayr. Zeichnungsmeister – Edlinger pinx. – Ferd. Neuhaus, Piloti dict. del. 1802
SGS: HMS VIII/4/30892
Schenk 1983, WK 192

Über Joseph Mathias Ott ist kaum etwas bekannt. Er war als kurpfalz-bayerischer Zeichnungsmeister und Kunstpädagoge tätig, malte aber auch einige Fresken im ländlichen Raum südlich von München, so das Deckenbild in der Hl. Kreuz-Kirche am Kalvarienberg in Bad Tölz. Das abgebildete Blatt gibt ein Gemälde von Edlinger wieder, ist aber von fremder Hand.

58

Johann Michael Mettenleiter (1765–1853)

um 1810
Öl auf Leinwand, 51 × 42 cm
Rückseitig auf dem Keilrahmen Zettel: Johann Michael Mettenleiter (1765–1853) […] (Onkel von Korbinian Badhausers Schwiegersohn) […]
Privatbesitz
Nicht bei Schenk 1983

Johann Michael Mettenleiter, geboren in Großkuchen/Heidenheim an der Brenz, begleitete, wie er in einer im Stadtarchiv Heidenheim aufbewahrten Autobiographie beschreibt, im Alter von zehn Jahren (1775) seinen als Maler und Radierer tätigen älteren Bruder Jakob für ein knappes Jahr nach Rom und erhielt dort ersten systematischen Zeichenunterricht. Als sich Jakob Mettenleiter 1778 in Augsburg niederließ, behielt er seinen Bruder bei sich und setzte dessen Ausbildung fort. Dieser ging 1782 nach München, um in der dortigen Gemäldegalerie unter Inspektor Jakob Dorner (Kat. 51) zu kopieren, doch Geldmangel nötigte Johann Michael Mettenleiter, den Pinsel mit dem Stichel zu vertauschen und fortan Kupferstiche zu fertigen. Einer seiner ersten Auftraggeber wurde der Buchhändler Johann Baptist Strobl (Abb. S. 29). Er ließ Mettenleiter Vignetten und das Titelkupfer zu Joseph Marius von Babos (Kat. 49) Buch *Gemälde aus dem menschlichen Leben* (1784) fertigen, in dem der Autor den Geheimorden der Illuminaten angriff. Auch die Illustrationen zu Lorenz von Westenrieders (Kat. 102) *Historischen Calendern* (ab 1787) fertigte er. 1790 heiratete Johann Michael Mettenleiter die Witwe von Joseph Georg Winter und übernahm dessen frei gewordene Stelle als Hofkupferstecher. Da seine Frau drei unmündige Kinder in die Ehe mitbrachte, hatte Mettenleiter fortan eine fünfköpfige Familie zu versorgen und musste

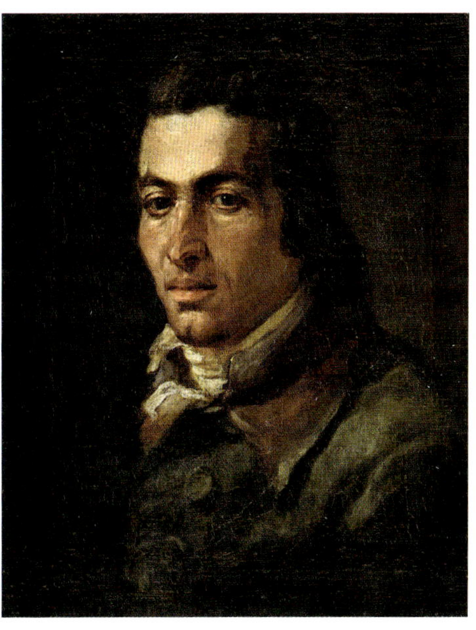
58

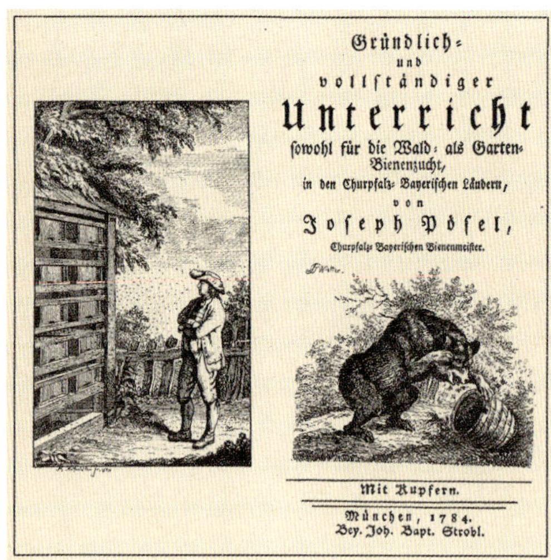
Gründlich- und vollständiger Unterricht sowohl für die Wald- als Garten-Bienenzucht, in den Churpfalz-Bayerischen Ländern, von Joseph Pösel, Churpfalz-Bayerischen Bienenmeister.

Mit Kupfern.

München, 1784. Bey Joh. Bapt. Strobl.

59

60

Johann Georg Oeggl (1756–1851)

um 1790
Foto des verschollenen Gemäldes (61 × 50 cm)
MStM: 67/574/2
Heinemann 1924, Nr. 45; Paulus 1929, Nr. 35; Schenk 1983, WK 33

61

Visitenkarte des »Hofmedikus Öggel«

um 1795
Kupferstich von Johann Michael Mettenleiter
Abgebildet bei F. Fleischmann, Die Mettenleiter, in: Altbayerische Monatsschrift 14 (1917/18)

sich trotz festen Einkommens stets nach zusätzlichen Aufträgen umsehen. Der Kupferstecher fertigte daher auch Gebrauchsgraphik, etwa Einladungen, Programme, Etiketten, Visitenkarten etc. (Kat. 61). Mettenleiter beschäftigte sich jedoch keineswegs nur mit der Technik des Kupferstichs, sondern wurde in späteren Jahren auch ein erfolgreicher Stahlstecher und Lithograph. 1808 übernahm er die Leitung der Steindruckerei an der Steuervermessungskommission und zusätzlich 1809 die des Kgl. Staatsrats, wo er die 1798/99 von Alois Senefelder erfundene Hochdruck-Technik technisch weiterentwickelte. 1818 nahm Mettenleiter das Angebot an, in Warschau für das Militärkommando eine Feldlithographie-Anstalt einzurichten, die Befehle und Erlasse sowie militärische und topographische Pläne kurzfristig vervielfältigen sollte. Zurückgekehrt nach München, war Mettenleiter maßgeblich an der Gründung des Münchner Kunstvereins im Jahr 1823 beteiligt.

Johann Michael Mettenleiters Aussehen war bisher nur durch eine im Jahr 1800 entstandene Radierung von Joseph Hauber und eine um 1820 entstandene Lithographie bekannt. Umso erfreulicher war es, dass das hier abgebildete Porträt 2019 im Handel auftauchte. Es zeigt den »bayerischen Chodowiecki« im Alter von etwa 45 Jahren.

Die rückseitige Beschriftung verweist fälschlicherweise auf Johann Michaels Neffen Johann Evangelist Mettenleiter, der 1809 nach München kam, bei seinem Onkel Johann Michael in die Lehre ging und sich später auf kalligraphische Motive spezialisierte. 1820 heiratete er – wie der rückseitige Zettel richtig angibt – die gleichaltrige Anna Badhauser; ein Porträt von ihr ist nicht bekannt, wohingegen von ihren Eltern von Edlinger gemalte Bildnisse existieren (Kat. 96, 97).

Literatur:
F. Fleischmann: Die Mettenleiter, in Altbayerische Monatsschrift 14 (1917/18), S. 1–44.

59

Franz Joseph Pösl: Gründlich- und vollständiger Unterricht sowohl für die Wald- als Garten-Bienenzucht, in den Churpfalz-Bayerischen Ländern – Titelblatt

Kupferstich von Johann Michael Mettenleiter, 1784
BSB: Rar. 578

Eine der ersten Buchillustrationen von Johann Michael Mettenleiter entstand 1784 für den Verlag von Johann Baptist Strobl.

Oeggl begann 1776 in Ingolstadt ein Medizin-Studium, das er 1783 mit der Dissertation *De Vomitu (Über die Übelkeit)* abschloss. Zunächst als praktischer Arzt und Wundarzt tätig, wurde Oeggl später Ober- und Medizinalrat des Isarkreises, General-Lazarett-Inspektionsrat und kurfürstlicher Hofmedikus in München. Zudem war er Vorstand des Medicinal-Comitées. 1801 wurde er ordentliches Mitglied der Bayerischen Akademie der Wissenschaften.

Johann Georg Oeggl war zweimal verheiratet. Heinemann 1924 und Paulus 1929 ordnen ein heute verschollenes Porträt der Ehefrau übereinstimmend der Werksphase Edlingers von 1795 bis 1805 zu. Damit muss es sich um Katharina Andrea Gilg, die Tochter eines »Scheibenmachers« handeln, die Oeggl 1787 heiratete. Die zweite Ehefrau

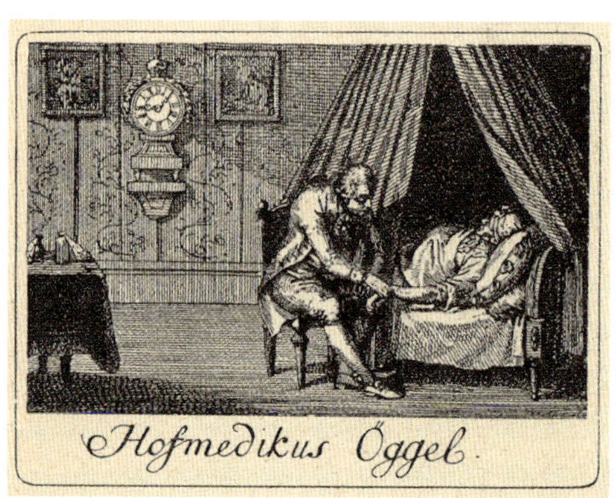

61

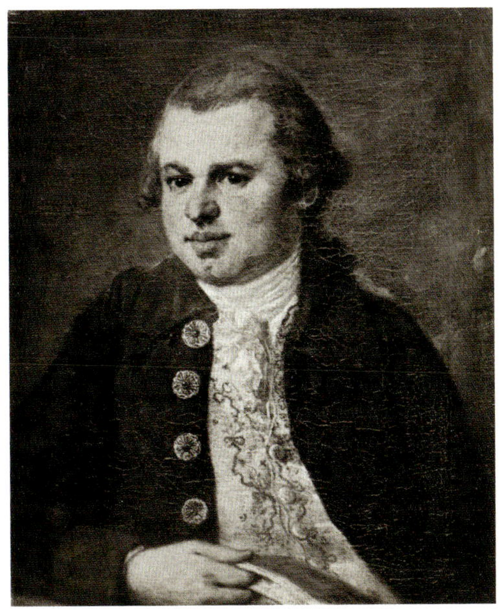
60

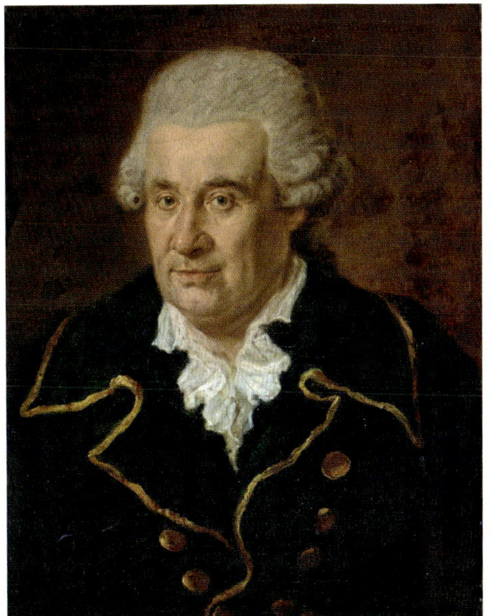
62

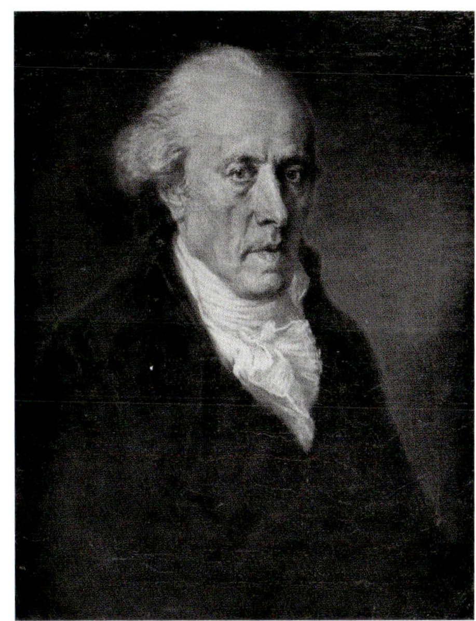
63

Crescentia kommt aufgrund ihrer Lebensdaten als Dargestellte nicht in Frage.

62

Johann Carl von Branca (1720–1805)

um 1785
Öl auf Leinwand, 61,8 × 49,5 cm
SGL: G 4255
Schenk 1983, WK 37; Eschenburg/Althaus/Friedel 2009, Edlinger Nr. 9

Johann Carl Branca, auf dem Porträt etwa 60 Jahre alt, war kurbayerischer Rat und wirkte ebenfalls als kurfürstlicher Leibmedikus. Glaubt man den Schilderungen August Ludwig Schlözers, so waren Brancas ärztliche Kenntnisse begrenzt: Branca, der aus Bamberg stammte, soll sich demnach in jungen Jahren in Frankreich aufgehalten und dort gegen Geld ein medizinisches Diplom erworben haben, für das er laut Schlözer schriftlich bestätigen musste, dass er »in Frankreich nicht practiciren wolle«. Zurück in Bayern, sei Branca durch »Vorschub« (Beziehungen) Leibarzt von Johann Theodor von Bayern geworden; dieser war Bischof von Regensburg und Freising sowie Fürstbischof von Lüttich. Branca begleitete seinen Herrn auf einer Frankreich-Reise, die dieser seiner Gesundheit wegen unternahm. Nachdem die französischen Ärzte Zweifel an Brancas medizinischen Fähigkeiten geäußert und dem Kardinal geraten hätten, sich »einem solchen Menschen nicht anzuvertrauen«, wurde Branca entlassen. Er kehrte nach München zurück und machte, so Schlözer, »durch Schleichwege, besonders eine verborgene Heirat, sein Glück«. Schon bald wurde er Leibarzt des Kurfürsten Max III. Joseph. Ungeachtet Schlözers harrscher Kritik an Branca: »Seine Wissenschaft ist meist Charletanerie. Bei nichtsbedeutenden Umständen sagt er hübsch zu allem ja und nein; und versteckt sich hinter einem andern Vormann, sobald die Sache gefärlich wird«, scheint ihm die kurfürstliche Familie vertraut zu haben. *Der Kurpfalzbaierisch-hochadeliche Damenkalender auf das Jahr 1796* weist Branca auch nach dem Tod des Kurfürsten als Leibarzt seiner Witwe Maria Anna aus.

Literatur:
August Ludwig Schlözer's […] Briefwechsel meist historischen und politischen Inhalts, Bd. 3, Heft XV, Göttingen 1778, S. 192.

63

Dominik Kummerer (1741–1812)

um 1800
Foto des verschollenen Gemäldes (60 × 50 cm)
Archiv Paulus
Paulus 1929, Nr. 68; Schenk 1983, WK 95

Dominik Kummerer war zunächst Hofschneider in Rappoltsweiler und wurde dann Haushofmeister am Palais Deux-Ponts in Straßburg, das der spätere Kurfürst Max IV. Joseph als Regimentsinhaber im Dienst des französischen Königs bewohnte. Als Hofintendant war er mit der Verwaltung der von den Franzosen 1793 weitgehend zerstörten Schlösser des damaligen Herzogtums Zweibrückens betraut: Karlsberg, Jägersburg, Monbijou, Pettersheim und Zweibrücken. 1795 musste Kummerer die Belagerung Mannheims durch die Franzosen miterleben. Nach dem Tod von Kurfürst Karl Theodor kam Kummerer im Gefolge des neuen Regenten Max Joseph in die bayerische Landeshauptstadt, wo er als königlicher Schatzmeister tätig war.

Edlinger zeigt einen ernsten älteren Herrn, der den Betrachter intensiv fixiert. Aus seinem strengen Blick meint man Korrektheit und Tatkraft herauszulesen.

Staatsbeamte und Angehörige des Militärs

Obwohl mit dem neuen Kurfürsten Karl Theodor große Teile seines Mannheimer Hofstaats und zahlreiche Beamte nach München übersiedelten, finden sich unter den von Edlinger porträtierten Staatsdienern und Militärangehörigen fast nur aus Bayern stammende Personen. Sie präsentieren sich in verschiedensten Uniformen, in Amtsroben sowie in privater Kleidung. Hatte bisher das äußere Erscheinungsbild den Stand der jeweiligen Person in den gesellschaftlichen Hierarchien auf den ersten Blick erkennen lassen, so begann sich gegen Ende des 18. Jahrhunderts die *mode à l'anglaise* durchzusetzen, die ganz im Sinn der Aufklärung mehr Natürlichkeit zuließ und zugleich Standesunterschiede verwischte. Edlingers Bildnisse erzählen somit auch Kultur- und Mode-Geschichte.

64

Franz Joseph von Pettenkofen (1725–1797)

um 1780
Öl auf Leinwand (doubliert), 66,5 × 54,4 cm
Rückseitig Aufkleber: Franz Joseph von Pettenhofen / Vater der Kreszenz von Pettenkofen / geb. 22.10.1772 gest. 5.6.1806 verm. in 2. Eh. mit Johann Georg von Seybold / Mutter von Franz und Anton c. Seybold; auf der Leinwand bez.: Ur-Urgroßvater v. Pettenkofen von Emma von Schulltz, geb. v. Seybold / vermählt am 22. Sept. 1894 mit Oblt. Franz Ritter von Schulltz
MStM: 57/418
Schenk 1983, WK 14
↪ Kap. Graphik G 5

Pettenkofen, der seit 1753 Mitglied des kurbayerischen Hofkriegsrats und ab 1776 des Hofrates war, wurde 1779 zum Vizekanzler der Oberen Landesregierung berufen (bis 1797) und 1782 zum Wirklichen Geheimen Rat ernannt. Wie viele Beamte schloss auch er sich den Illuminaten an. In einer angeblichen Mitglieder-Liste des Geheimbundes von 1791 findet sich folgende, wenig schmeichelhafte Charakterisierung: »Bettenkofer, Hof und geistlicher Rath, Illuminat, schwacher Kopf, aber getreu seinem Orden« (Zitat nach Leopold Engel: Geschichte des Illuminaten-Ordens, Berlin 1906, S. 372). Pettenkofen bekam nach dem Verbot des Geheimordens keine beruflichen Konsequenzen zu spüren.

Pettenkofens Erscheinung ist noch ganz dem Rokoko verhaftet: Zur roten Hofuniform trägt er eine weiß gepuderte Perücke, eine lange Haarlocke fällt auf seine Schulter. Sein etwas hochmütiger Blick lässt ahnen, dass die oben zitierte Charakterisierung vielleicht nicht ganz falsch ist. Edlinger gibt das Gesicht mit großer Genauigkeit und vergisst auch nicht die zahlreichen Warzen darin.

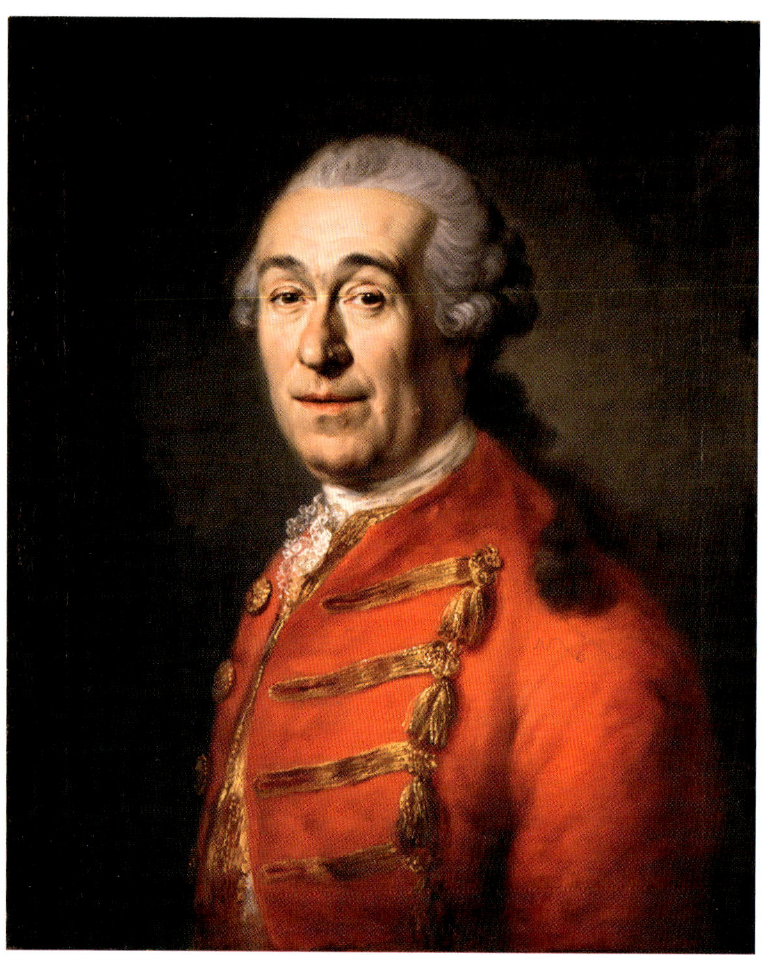

64

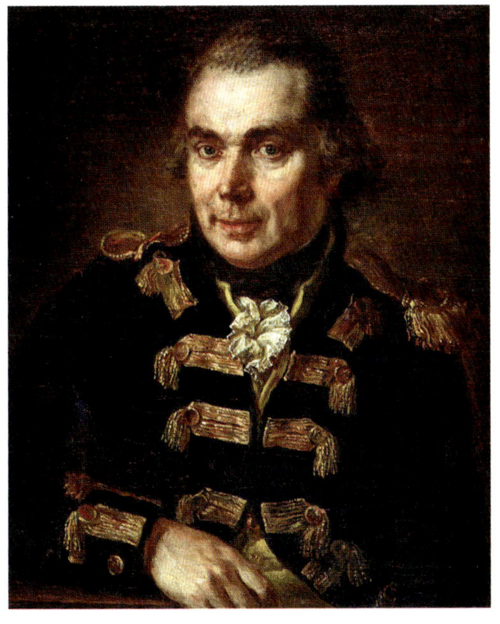
65

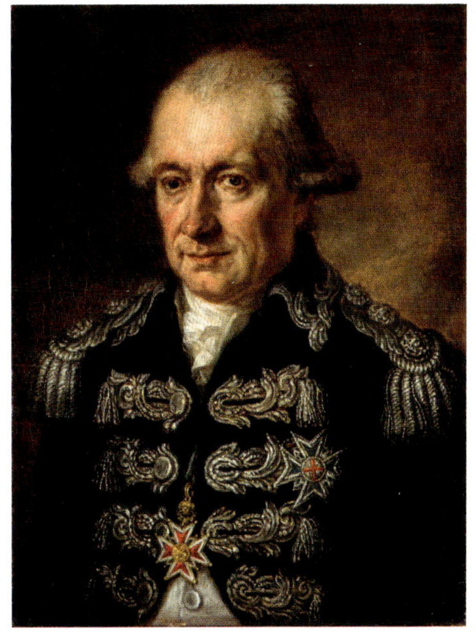
66

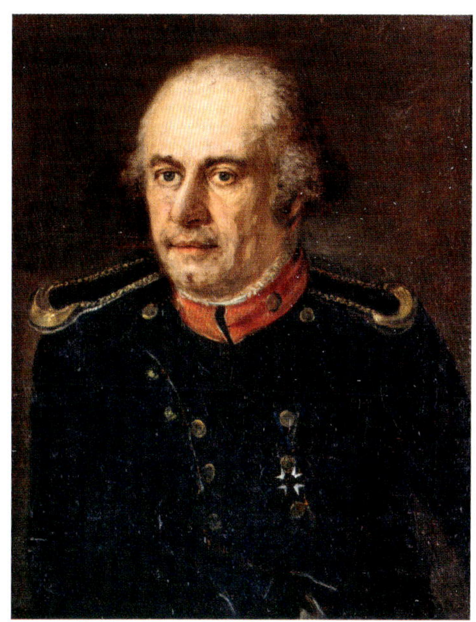
67

65
Unbekannter in Hofuniform

um 1780/90
Öl auf Leinwand, 76 × 64 cm
Staatliche Museen zu Berlin, Nationalgalerie: NG 5/50
Nicht bei Schenk 1983

66
Unbekannter in Hofuniform, wohl Maximilian Franz von Castell (1736–1815)

um 1790
Öl auf Leinwand, 58,5 × 45,5 cm
Auf dem Rahmen bez.: Ristissen, Schloss Obertischingen, Graf Castell
MStM: GM-2019-16 (Slg. Hans G. Knäusel)
Heinemann 1924, Nr. 80; nicht bei Schenk 1983; Knäusel 2006, Nr. 43

Die beiden Porträts zeigen Hofbeamte in dunkelblauen Uniformen, die eine mit goldenen Epauletten und Tressen, die andere mit silbernen Schulterstücken und reicher Stickerei. Anhand der Farbe, der Stoffqualität, der Epauletten sowie den sonstigen Verzierungen, die genau vorgegeben waren, ließen sich die verschiedenen Hierarchien und Funktionen der Beamten unterscheiden. Grundsätzlich galt: Je höher ein Beamter eingeordnet war, desto reichhaltiger und breiter durfte die Stickerei sein. Es ist daher davon auszugehen, dass der Herr mit silberner Uniform der ranghöhere der beiden ist.

Während der Dargestellte links unbekannt ist, könnte es sich beim rechten um den kurbayerischen Kämmerer und Freisinger Trabantenhauptmann Maximilian Franz Schenk von Castell, Graf zu Schelkingen und Berg handeln (vgl. Hof- u. Staatskalender 1773, S. 11). Außer dass dieser 1759 Caroline Christine de Chamissot (1737–1796) heiratete, sind auch über ihn keine weiteren biographischen Details bekannt.

67
Unbekannter in Rumford-Uniform

um 1790
Öl auf Leinwand, auf Karton aufgezogen, 59,2 × 47,7 cm
MStM: 61/315
Schenk 1983, WK 118

1790 hatte Benjamin Thompson, der spätere Graf Rumford, im Zuge seiner Militärreformen auch auf eine Vereinfachung der Uniformen gedrängt. Der etwa 40- bis 45-Jährige trägt eine solche Rumford-Uniform mit rotem Rundkragen. Edlinger, der in seinen Porträts vor allem Wert auf eine charakterisierende Darstellung der Gesichter legte, gab die Kleidung seiner Dargestellten meist nur sehr ungenau wieder. In diesem Fall jedoch musste er auch auf Details achten, da Uniformen die Zugehörigkeit und den Rang ihrer Träger spiegeln. Laut Inventarbuch handelt es sich bei dem Dargestellten, der einen nicht genau bestimmbaren Orden am blauen Band trägt, um den Großvater des Künstlers Carl August Lebschée (1800–1877).

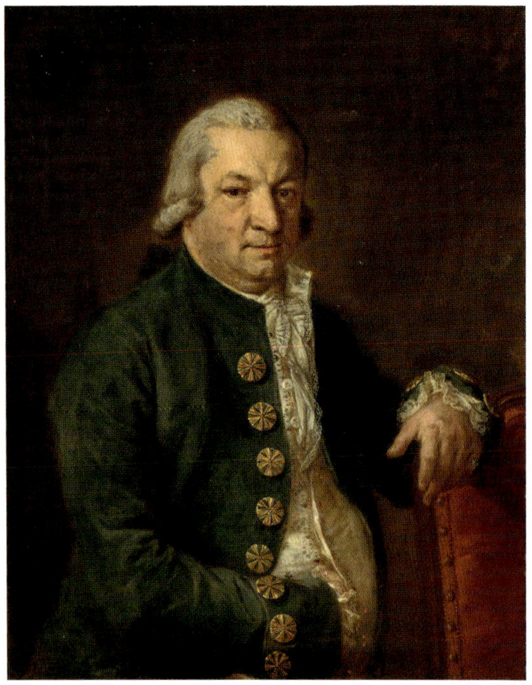

68

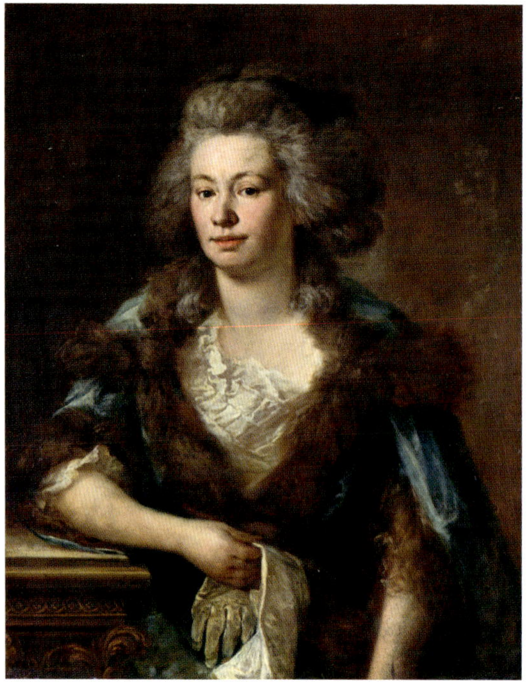

69

68

Benno Ignaz von Hofstetten (1748–1811)

um 1785
Öl auf Leinwand (doubliert), 83,8 × 66,5 cm
SGL: G 1575
Schenk 1983, WK 91; Eschenburg/Althaus/Friedel 2009, Edlinger Nr. 6

69

Maria Theresia von Hofstetten, geb. von Soyer (Daten unbekannt)

um 1785
Öl auf Leinwand (doubliert), 85,5 × 66,5 cm
SGL: G 1576
Schenk 1983, WK 92; Eschenburg/Althaus/Friedel 2009, Edlinger Nr. 7

Benno Ignaz von Hofstetten wurde 1775 Leiter des neu eingerichteten »Culturs-Commissariats«, das sich mit Fragen der Landespflege befasste. Ab 1779 gehörte er dem kurfürstlichen Hofrat an und nahm an Sitzungen der Oberen Landesregierung teil. 1781 wurde er Hofoberrichter und Gerichtsherr ob der Au, womit ihm u. a. die Aufsicht über die örtlichen Gefängnisse, das Zuchthaus, das Hospital und die Stadtbeleuchtungsanstalten oblagen. Hofstetten war ein Beamter, der seinen Dienstpflichten korrekt nachkam, und er war, wie ein Nachruf auf ihn deutlich macht, ein Mann, der ganz im Sinn der Aufklärung seinem oft schwierigen Klientel mit Respekt begegnete: »daß er, ohne Sektirer oder Verfolger zu seyn, und ohne seiner Amtspflicht je zu nahe zu treten, im Menschen stets den Menschen ehrte, Unglück verhütete, Leiden linderte, wo er konnte, erkennt noch mancher dankbar.« Hofstetten heiratete 1782; von seiner Ehefrau ist außer deren Namen nichts bekannt.

Hofstetten trägt zum Hemd mit Jabot eine lange weiße bestickte Weste und einen langen Rock mit auffallend großen goldenen Knöpfen. Seine Haare hat er zum Zopf gebunden, den eine schwarze Schleife hält. Während seine linke Hand entspannt auf der Lehne eines neben ihm stehenden Stuhles liegt, hat er seine Rechte in die Weste gesteckt. Hofstetten benutzt damit eine Geste, die als Zeichen sittlicher Tugend galt, bis sie durch Napoleon-Darstellungen eine politische Konnotation erfuhr. Für den Auftraggeber ergab sich durch diese Geste eine billigere Porträt-Variante, denn das Malen einer Hand galt als schwierig und führte daher zu höheren Kosten (vgl. dazu S. 57, Anm. 6).

Frau Hofstetten ist deutlich jünger als ihr Mann. Ihr reich mit Pelz besetzter blauer Mantel über der gefältelten Bluse macht deutlich, dass sie einer wohlsituierten Familie angehört. Der Handschuh, den sie in ihrer rechten Hand hält, ist ein bei Edlinger sonst nicht vorkommendes Accessoire, das Frau Hofstetten als modeinteressiert, wenn nicht sogar als eitel beschreibt.

Seit dem Mittelalter hatten Kleiderordnungen – die letzte für München wurde 1752 erlassen – das äußere Erscheinungsbild der verschiedenen Gesellschaftshierarchien geregelt. Offiziell begründet wurden sie mit der Eindämmung unangemessenen Luxus, in der Praxis bedeuteten sie aber die Hervorhebung bestimmter privilegierter Stände. Kleiderordnungen legten bis ins Detail fest, welche Stoffe, Farben und Schmuckelemente die verschiedenen sozialen Schichten tragen durften. Besondere Beachtung hatte dabei auch stets der Pelz gefunden. Gewöhnliche Bürger und Handwerker durften ausschließlich Fuchs, Lamm und den besonders minderwertigen Iltis tragen, während das feine Rückenfell von Mardern männlichen Mitgliedern des Adels sowie vornehmen Bürgern und Angehörigen des Rats und der graue Winterpelz der Eichhörnchen (Feh) ihren Frauen vorbehalten war. Die Einhaltung von Kleiderordnungen geriet bereits mit der Aufklärungszeit ins Wanken, die Auflösung der Ständegesellschaft infolge der Französischen Revolution ließ einschlägige Vorschriften schließlich endgültig obsolet werden. Doch edler Pelz blieb auch weiterhin ein äußerliches Zeichen dafür, dass ihre Träger einflussreichen Kreisen angehörten oder in besonders begüterten Verhältnissen lebten.

70

Männliches Mitglied der Familie von Erdt

vor 1790
Öl auf Leinwand, 63 × 50 cm
Privatbesitz
Heinemann 1924, Nr. 85; Paulus 1929, Nr. 18; Schenk 1983, WK 51; Knäusel 2006, Nr. 2

Das bei Heinemann 1924 und Paulus 1929 erwähnte Bild galt bis 1996 als verschollen und war nur als Foto im Münchner Stadtmuseum überliefert; es steht in Zusammenhang mit zwei weiteren Reproduktionen, die ebenfalls Mitglieder der fraglichen Familie zeigen. Die nicht näher identifizierbare Person ist in Halbfigur in leichter Drehung dargestellt, die Arme hat er vor dem Körper verschränkt, was eine gewisse Distanz zum Betrachter schafft. Zu einer orangen Weste trägt er einen schwarzen Rock mit rehbraunen Tupfen, seine gepuderte Zopffrisur wird am Rücken von einer schwarzen Schleife gehalten. Edlinger schildert das schmale Gesicht eines distinguierten jungen Mannes. Er legt dabei auf Details Wert wie die rote Ränderung der Augen, eine leicht gerötete Nase, auf der ein Glanzlicht sitzt, und vergisst auch nicht die zwei Warzen auf der linken Wange.

71

Michael Adam von Bergmann (1733–1782)

1770/80
Öl auf Leinwand, 75,5 × 61,4 cm
BAdW: 125-32
Heinemann 1924, Nr. 10; nicht bei Schenk 1983

72

Michael Adam von Bergmann

um 1775
Öl auf Leinwand, 50 × 42 cm
Von fremder Hand bez. oben links: MICHAEL BERGMANN / MORT: 21. MAI / 1782 / AETAT: 49; unten rechts: P. EDLINGER.
Städt. Kunstsammlungen, Augsburg: 6197 (Sammlung Röhrer)
Schenk 1983, WK 6

Michael Adam Bergmann, Sohn eines Münchner Perückenmachers, absolvierte ebendort das Jesuiten-Gymnasium und studierte dann Jura an der Universität Ingolstadt. Die Publikation seiner noch als Student verfassten Schrift *De ducum Bojoariae jure regio* erregte namentlich durch die freimütige Behandlung der Frage, ob der Landesfürst Hoheitsrechte gegenüber der Kirche habe, großes Aufsehen und rief eine Reihe von Streitschriften pro und contra hervor. 1759 wurde Bergmann als eines der ersten ordentlichen Mitglieder in die Historische Klasse der Bayerischen Akademie der Wissenschaften aufgenommen. Er befasste sich mit verschiedenen geschichtlichen Themen und publizierte u.a. die *Beurkundete Geschichte der Churfürstlichen Haupt- und Residenzstadt München: von ihrem*

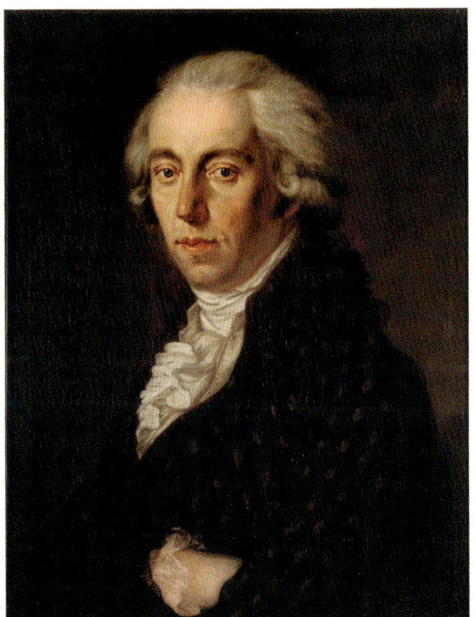

70

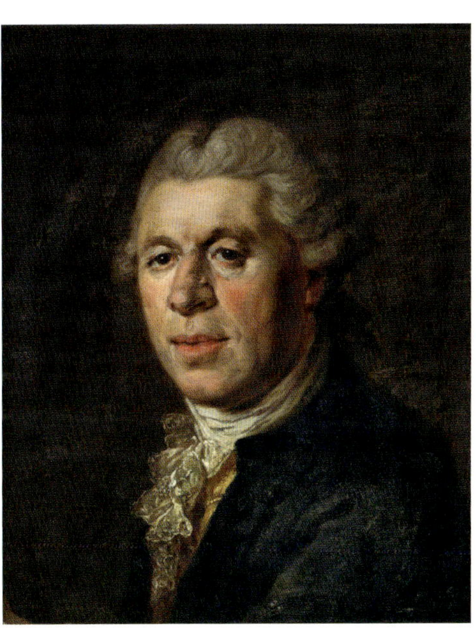

71

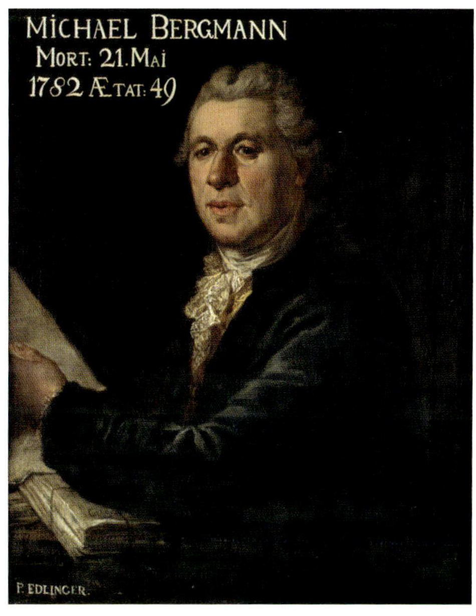

72

Entstehen, bis nach dem Tode Kaiser Ludwigs des Vierten, die allerdings erst 1783 posthum im Verlag von Johann Baptist Strobl (Abb. 29) erschien; durch die Beiziehung von Urkunden war sie eine für die Geschichtswissenschaft grundlegende Arbeit. Von 1761 bis 1782 bekleidete Bergmann, der eine Tochter des Münchner Baumeisters Joseph Effner ehelichte, das Amt des Stadtoberrichters und war später Bürgermeister von München.

Geht man davon aus, dass Edlinger den Historiker Bergmann zu Lebzeiten porträtiert und nicht wie etwa Ildefons Kennedy (Kat. 109) aus der Erinnerung gemalt hat, dann muss das Halbfigur-Bild – es zeigt Bergmann bei der Arbeit – zwischen 1770 und 1780 entstanden sein. Die Beschriftung erfolgte allerdings erst später. Das deutlich kleinere Porträt könnte dagegen erst um 1790 für den Buchhändler Strobl gemalt worden sein (siehe dazu S. 147), denn es weist die für dessen Galerie-Bilder typischen Maße auf.

73

Johann Georg von Lori (1723–1787)

1787
Öl auf Leinwand, 83,5 × 65 cm
Von fremder Hand bez. oben rechts: VON LORI IOH. / GEORG MORT: 27 / MART: 1786. AETAT: / 64.; unten rechts: P. EDLINGER.
BAdW: 125-44
Schenk 1983, WK 9
↪ Kap. Graphik G 3

Lori, Sohn eines Wirts aus der Nähe von Steingaden, studierte Rechtswissenschaften in Dillingen und Würzburg und kam dort mit den Ideen der Aufklärung in Berührung. Nach seiner Promotion, die er bei dem Ingolstädter Jura-Professor Johann Georg Weishaupt ablegte, wurde Lori 1749 ebendort Professor für Kriminalrecht und Rechtsgeschichte. Als Sympathisant des aufgeklärten Philosophen Christian von Wolff geriet er mit den dortigen Jesuiten in Konflikt, woraufhin er 1752 als Hofrat ans Münz- und Bergwerkskollegium nach München berufen wurde.

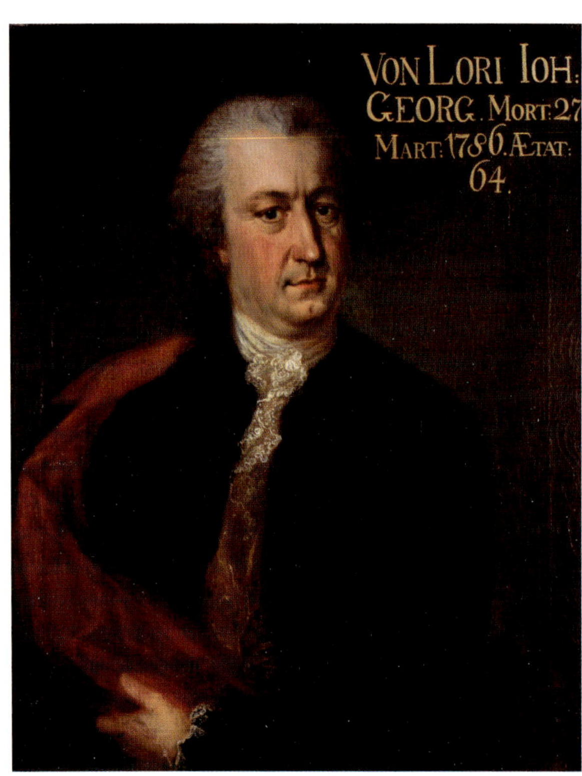

73

Gegen Ende der 1750er-Jahre betrieb Johann Georg von Lori, der zunächst Mitglied der bayerischen Gelehrtengesellschaft »Parnassus-Boicus« gewesen war, gemeinsam mit dem Augustinerchorherrn und Historiker Franz Töpsl sowie dem Historiker und Vorsteher der Hofbibliothek Andreas Felix von Oefele und dem Physiker und Bergrat Johann Georg Dominicus von Linprun die Gründung der Bayerischen Akademie der Wissenschaften. Von 1759 bis 1761 war er deren Ständiger Sekretär, zog sich dann jedoch wegen Streitigkeiten von seinem Amt zurück.

Von 1768 bis 1778 war Lori Geheimer Referendar am Departement der Auswärtigen Staatsgeschäfte, einer Behörde, der die kurfürstlichen Gesandten, Minister und Agenten an auswärtigen Höfen unterstanden. 1773 wurde Lori mit der Aufhebung des Jesuiten-Ordens betraut und 1776 übernahm er die Leitung der Universität Ingolstadt. Als allerdings 1779 bekannt wurde, dass auch Lori sich der sogenannten »Patrioten-Partei« angeschlossen hatte, endete seine Berufskarriere abrupt. Kurfürst Karl Theodor enthob ihn des Amtes und verfügte seine Verbannung nach Neuburg an der Donau, wo Lori bis zu seinem Tod am 23. März 1787 lebte.

Während Loris Gesicht sehr lebensnah wirkt, erscheint die Gestaltung von Körper und Hand schablonenhaft; auch der rote Umhang auf der rechten Schulter bleibt indifferent. Loris Porträt entstand erst postum. Belegt werden kann das durch das Akademie-Protokoll zur Sitzung von 26. Juni 1787. Demnach legte Edlinger in der Sitzung sein Porträt von Lori vor und erhielt dafür 36 Gulden. Wie ein Stich von Josef Anton Zimmermann, der nach einem Edlinger-Gemälde gearbeitet ist, nahelegt, muss es eine differenzierter ausgearbeitete Version gegeben haben. Für den Akademie-Auftrag scheint Edlinger davon nur das Gesicht übernommen zu haben, während er Körper und Kleidung nur sehr vereinfacht wiedergab.

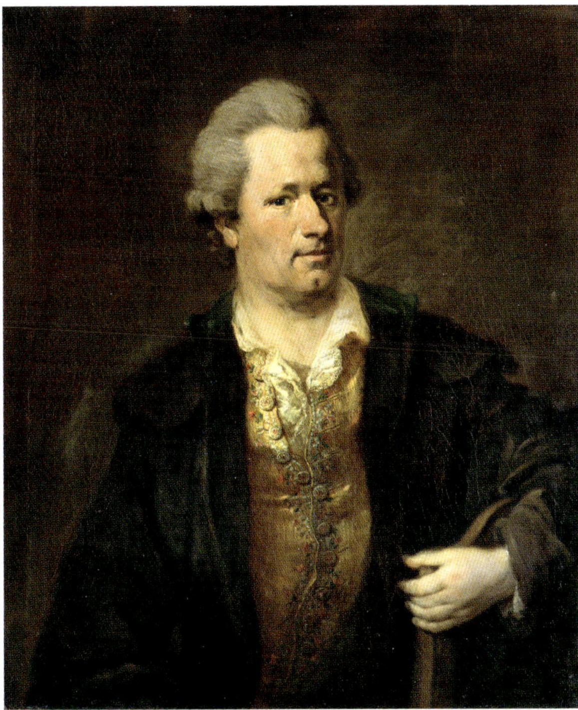

74

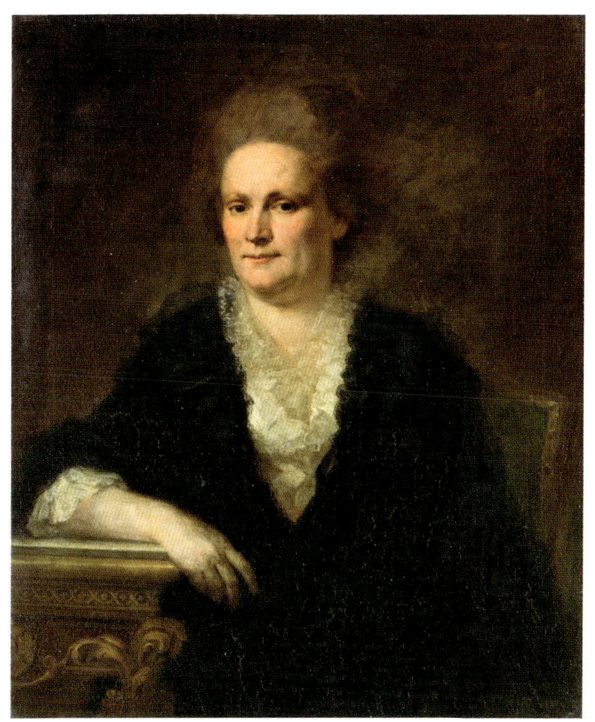

75

Die Bayerische Akademie der Wissenschaften, die heute eine größere Gemäldesammlung besitzt, scheint im 18. und 19. Jahrhundert die Bildnisse ihrer Mitglieder nicht systematisch gesammelt zu haben. Wurde ein Porträt geschenkt, so nahm man es gerne an. Starb ein besonders verdientes Mitglied, von dem man keinen Bildbeleg hatte, gab man diesen posthum in Auftrag, wobei als Vorlage ein Kupferstich dienen konnte. Diese Vorgehensweise war kein Einzelfall; so hatte die Akademie auch für ihr verstorbenes Mitglied Georg Friedrich Brander ein Bild malen lassen, als Vorlage diente in seinem Fall ein Mezzotinto-Blatt von Johann Elias Haid, das selbst erst nach Branders Tod gefertigt worden war (vgl. BayAdW: Sitzungsprotokoll, 13.7.1784).

Quelle/Literatur:

BayAdW: Protokolle, Bd. 6, Protokoll Nr. 308, 26.6.1787; Johann Pörnbacher: Johann Georg von Lori – im Spannungsfeld von Kirche und Staat, in: Zeitschrift für bayerische Landesgeschichte 80 (2017), H. 1, S. 161–178.

74

Sebastian Ludwig von Krempelhuber (1739–1818)

um 1785
Öl auf Leinwand (doubliert), 81,6 × 69 cm
MStM: 29/185
Schenk 1983, WK 13

75

Maria Anna Benigna Krempelhuber, geb. Staffelberger (1748–1814)

um 1785
Öl auf Leinwand (doubliert), 81,9 × 69,1 cm
MStM: 29/186
Schenk 1983, WK 27

Sebastian Krempelhuber, Sohn eines Schreinermeisters aus Pankofen bei Plattling, war kurfürstlicher Hofkammerrat, später königlich bayerischer Landesdirektionsrat und von 1780 bis 1797 Geheimer Sekretär und Zahlmeister der Kurfürstin Maria Anna (Kat. 20), der Witwe von Maximilian III. Joseph. Ab 1770 war Krempelhuber mit Maria Anna Staffelberger verheiratet, die ihm sieben Kinder gebar. Im Jahr 1790 wurde er von Kurfürst Karl Theodor in den erblichen Adelsstand erhoben. Edlinger war dem Ehepaar Krempelhuber offensichtlich familiär verbunden: Sebastian Krempelhuber übernahm jeweils für die 1775 und 1778 Söhne des Künstlers die Patenschaft, während seine Frau Patin der 1779 und 1783 zur Welt gekommenen Töchter war.

Beide Porträts zeigen die Dargestellten in Sitzposition. Während Sebastian Krempelhuber eine agile Persönlichkeit zu sein scheint und jünger als seine Frau wirkt, strahlt diese Ruhe aus. Herr Krempelhuber ist in einen grünlichbraunen Rock über einer fein bestickten Weste gekleidet, sein spitzenbesetztes Hemd trägt er leger offen. Frau Krempelhuber sitzt mit aufgelegtem Arm an einem reich geschnitzten Tisch. Ihr schwarzes Kleid mit breitem, ebenfalls spitzenbesetztem Kragen, das sie über einer weißen Spitzenbluse trägt, lässt sie fast bescheiden erscheinen. Beide Bildnisse sind laut Agnes von Krempelhuber Repliken.

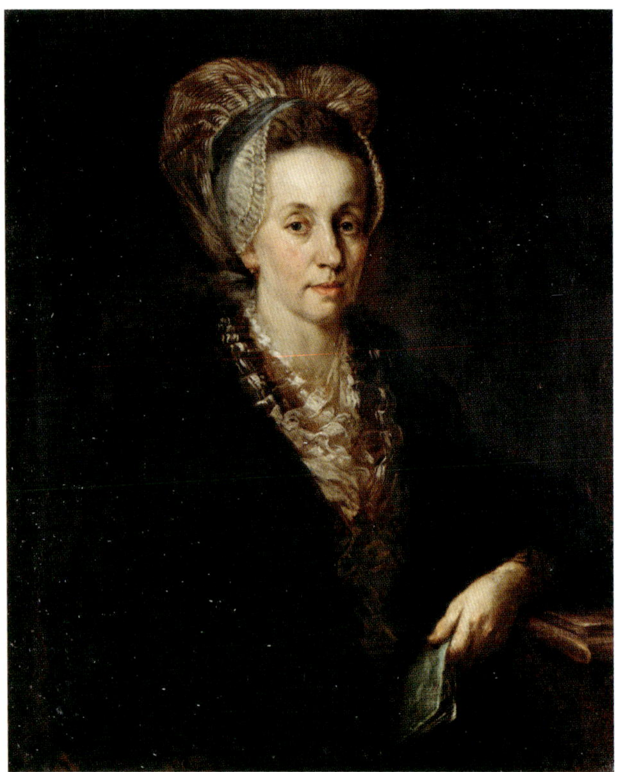

77

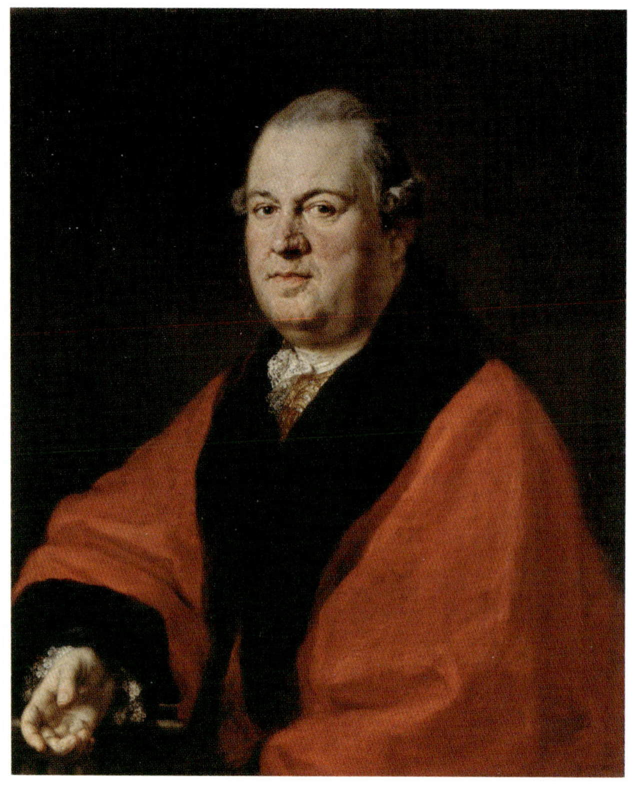

76

Die Originale befanden sich demnach bei Matthias von Krempelhuber im Haus Dienerstr. 15, wo sie 1870 verbrannten.

Literatur:
Agnes von Krempelhuber: Erläuterungen zu den Abbildungen und Faksimiles, in: Peter von Bomhard (Hg.): Sebastian Ludwig von Krempelhuber: Briefe an seinen Sohn Sebastian Willibald aus den Jahren 1808 bis 1810, Neustadt a. d. Aisch 1971, S. 111.

76

Simon Rottmanner (1740–1813)

um 1790
Öl auf Leinwand (doubliert), 80,5 × 66,5 cm
MStM: 29/183
Schenk 1983, WK 43; Müller-Meiningen 2000, Nr. 79
↪ Kap. Graphik G 25

77

Barbara Rottmanner, geb. Paur (gest. 1828)

um 1790
Öl auf Leinwand (doubliert), 82 × 67 cm
Lt. Heinemann rückseitig bez.: Frau Katarina Rottmannerin, gemalt von Etlinger Ano 1786
MStM: 29/184
Heinemann 1924, Nr. 28; Schenk 1983, WK 44

Simon Rottmanner, ein Bauernsohn aus der Gegend von Erding, studierte Jura und wurde zunächst Hofratsadvokat in Landshut, verließ dann aber den Staatsdienst, um Sekretär und Rechtsberater bei Maximilian Graf von Preysing-Hohenaschau (Kat. 26) zu werden. 1775 heiratete er Barbara Paur, Brauertochter aus Isareck und Witwe eines Schärdinger Bauern, und erwarb mit dem von ihr in die Ehe eingebrachten Vermögen Schloss und Gut Ast bei Landshut, das er in der Folge in ein Mustergut umwandelte. Rottmanner besaß eine etwa 3.300 Bände umfassende Privatbibliothek, die neben zeitgenössischer Aufklärungsliteratur auch Werke seit dem 15. Jahrhundert beinhaltete (die Sammlungen von Schloss Ast wurden 1901 durch das Münchner Antiquariat Jacques Rosenthal angekauft und in der Folge zerstreut). Rottmanner war auch selbst – z. T. anonym – publizistisch tätig: In seiner 1801 veröffentlichten Schrift *Über Freiheit und Eigentum* bekannte er sich zur Bauernbefreiung.

Edlinger stellte das Ehepaar in repräsentativer Sitzpose dar, ohne die Räumlichkeit zu konkretisieren. Das Porträt zeigt Rottmanner in mit Pelz verbrämter roter

Robe, unter der er eine goldbestickte Weste sowie ein Spitzenjabot trägt. Edlinger schildert Eigenheiten der Gesichtsbildung, etwa die wulstig verformte Nase Rottmanners, ohne zu beschönigen, und zeigt den Dargestellten dennoch in würdevoller, aber nicht unnahbarer Pose. Der offizielle Charakter des in Amtsrobe porträtierten Mannes steht in eigentümlichem Gegensatz zum Pendantbild seiner Ehefrau, die sich in häuslich-privater Kleidung mit einer sogenannten »Dormeuse« (Haushaube) präsentiert. Ihr linker Arm liegt auf einem Bücherstapel, mit einem Finger merkt sie eine Seite in einem Buch ein, das sie beiläufig in der Hand hat. Damit verweist sie auf die Bibliothek ihres Gatten und seine schriftstellerische Tätigkeit und zeigt sich zugleich als belesene Frau. Ihre bäuerliche Abstammung ist nicht zu erahnen. Während auf Edlingers späten Porträts Brauntöne vorherrschen, bedient sich der Maler hier noch einer differenzierten Farbigkeit.

78

Johann Jakob Simmet (Daten unbekannt)

Foto des verschollenen Gemäldes
Archiv Paulus
Heinemann 1924, Nr. 49; nicht bei Schenk 1983

79

Katharina Simmet, geb. Lachermayr (1749–1820)

vor 1785
Öl auf Leinwand, 80,5 × 62,1 cm
Auf dem Keilrahmen Zettel mit späterer Beschriftung: Katharina Simmet geb Lachermayr, geb. 1769 gest. 1820
BStGSlg.: 9022
Heinemann 1924, Nr. 16; Hartwig 1978, Nr. 9022; Schenk 1983, WK 26

Katharina Sim(m)et wurde 1749 als Tochter eines Schrobenhausener Seilers geboren und heiratete 1769 den Münchner Hofkammersekretär Johann Jakob Simmet, der in der Folge zum Kassier bei der Fundationsgüterdeputation aufstieg und 1809 nach 40 Dienstjahren in den Ruhestand versetzt wurde.

Frau Simmet, die den Betrachter freundlich anlächelt, erscheint im schwarzen Kleid mit weißem Einstecktuch, über ihren Schultern liegt ein schwarzes Spitzentuch. Das Porträt spielt mit Grau- und Schwarztönen, die das pastellfarbene Gesicht umso besser hervorheben. Ein schmales rotes Haarband setzt einen kaum wahrnehmbaren Farbakzent. Das auf der Rückseite des Gemäldes genannte Geburtsdatum ist unrichtig, es verwechselt das Geburtsjahr mit dem Jahr der Eheschließung. Das Pendantbild des Ehemanns, das schon bei Heinemann als verschollen geführt wird, ist immerhin als Foto überliefert.

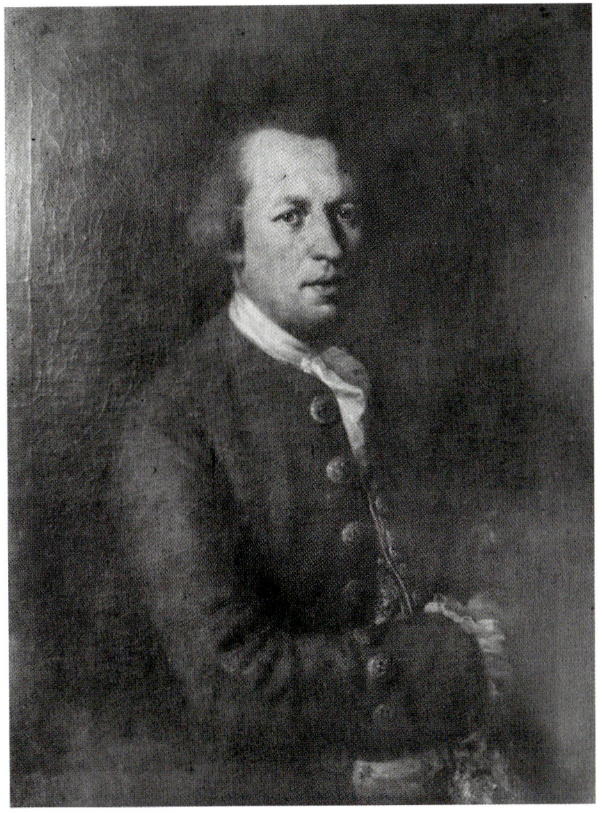

78

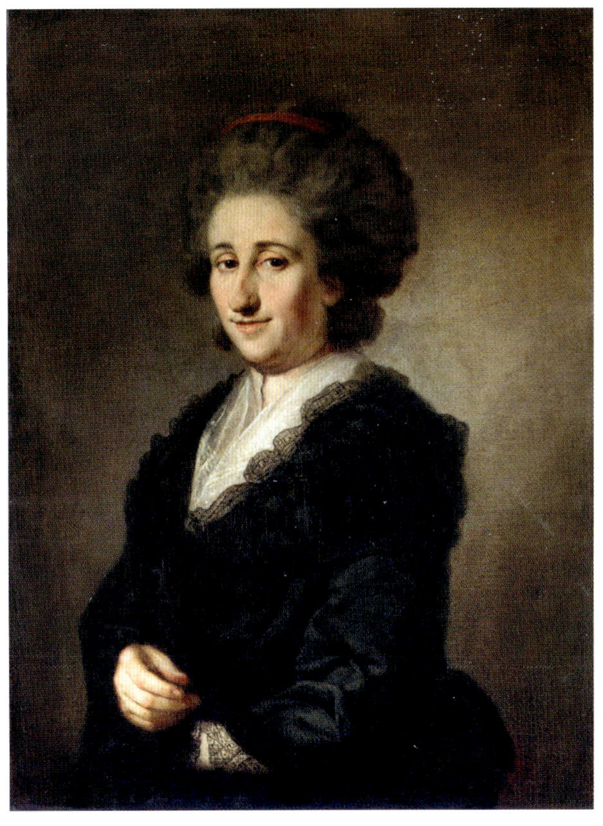

79

80

Johann Nepomuk Joseph von Widnmann (1738–1807)

um 1785
Öl auf Leinwand, 84 × 62,5 cm
Originale Beschriftung auf die Doublierleinwand übertragen: Io. Nep. Jos. Freyherr von / Widnmann v. u. z. Rapperzell / geb. 1738. Kurfl. hof. Rath 1764 / Kammerherr 1769 hof ober Richter / in München 1770 Landrichter zu / Erding 1782.
MStM: GM-2019-03 (Slg. Hans G. Knäusel)
Nicht bei Schenk 1983; Knäusel 2006, Nr. 5

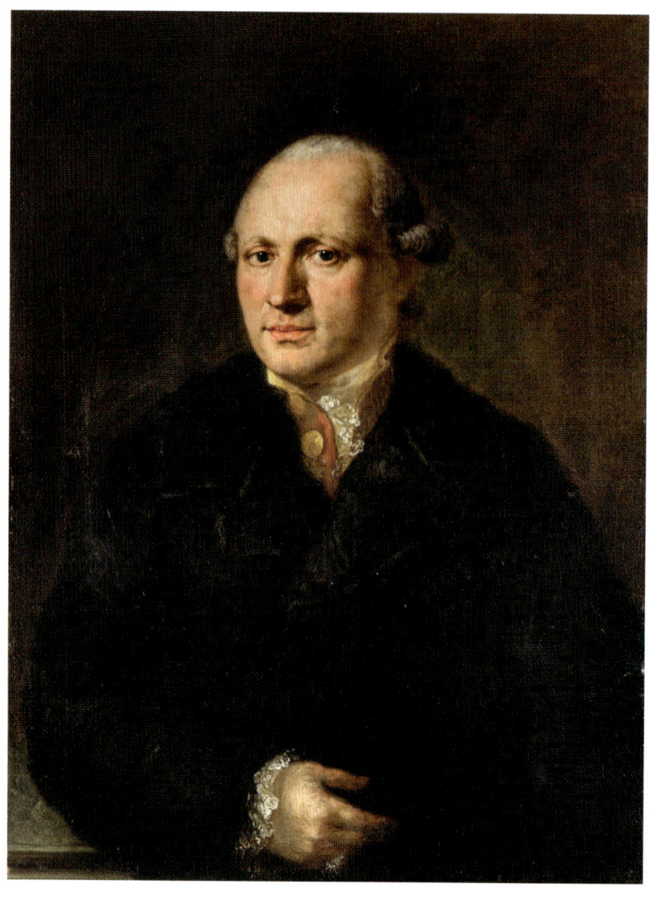

80

Joseph von Widnmann, in München geboren, entstammte einer Erdinger Familie. Der Vater Franz Karl war eine der im Österreichischen Erbfolgekrieg 1742 von München nach Linz bzw. Graz verschleppten Geiseln gewesen; Mutter Maria Anna kam aus dem in Untermeitingen ansässigen Zweig der Familie Imhoff (Kat. 22). Nach dem Jura-Studium wirkte Widnmann ab 1761 als Beamter an den Münchner Zentralbehörden (Hofrat, Hofoberrichter, Gerichtsherr ob der Au, Hof- und Stadtbeleuchtungskommissar), wo er bis zum Oberlandesregierungsrat aufstieg. Schon in dieser Zeit zeigte er ein besonderes Engagement für Waisenkinder.

Wie Utzschneider, Lori (Kat. 89, 73) u. a. war auch Widnmann Mitglied der sogenannten »Patrioten-Partei« um Kurfürstin Maria Anna (Kat. 20), die gegen die bayerisch-niederländischen Tauschpläne von Kurfürst Karl Theodor opponierte (vgl. S. 66). 1781 gab Widnmann, der ab 1780 erster Vorsteher der Münchner Freimaurer-Loge »Zur Behutsamkeit« war und ab 1784 kurzzeitig auch dem Geheimbund der Illuminaten angehörte, seinen prestigeträchtigen Posten jedoch auf – Grund dafür dürfte die zunehmend rigid-reaktionäre Politik von Kurfürst Karl Theodor gewesen sein – und wurde Landrichter in Erding, dem größten Pfleggericht des Kurfürstentums (bis 1803). Dem aufgeklärten Absolutismus verpflichtet, versuchte er in dieser Position auf nahezu allen Gebieten Reformen bzw. Veränderungen in Gang zu bringen; u. a. kümmerte er sich um die Kultivierung des Erdinger Mooses, förderte den Abbau von Torf und Tuff und regte die Entfestigung Erdings an. Am Herzen lagen ihm auch die Wohlfahrt der Landbevölkerung sowie ganz besonders die der Waisen- und Schulkinder in seinem Bezirk. Von 1803 bis 1807 war Widnmann Landschaftsverordneter und lebte daher zeitweise wieder in München.

Von Joseph von Widnmann sind zwei Porträts bekannt. Das ältere, das gemeinsam mit einem Pendantbildnis anlässlich seiner Hochzeit mit Elisabeth Antonetta Franziska von Gise entstand, ist ein Werk von Georg von Desmarées oder einem seiner Schüler. Edlingers Bild entstand in den 1780er-Jahren; ein weibliches Pendant hierzu ist nicht bekannt.

Literatur:
Claudius Stein: Staatskirchentum, Reformkatholizismus und Orthodoxie im Kurfürstentum Bayern der Spätaufklärung. Der Erdinger Landrichter Joseph von Widnmann und sein Umfeld (1781–1803), München 2008 (Schriftenreihe zur bayerischen Landesgeschichte 157).

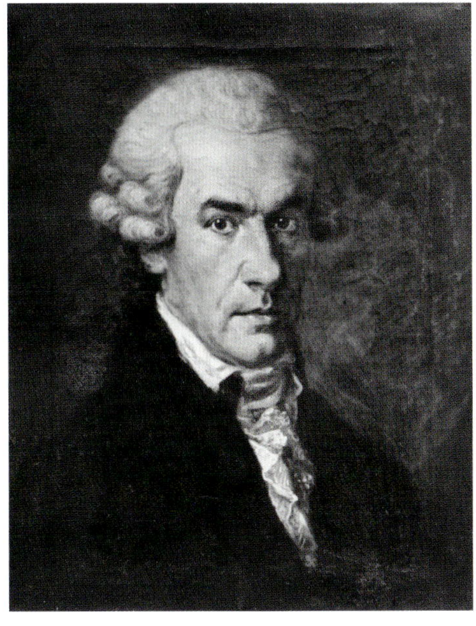
81

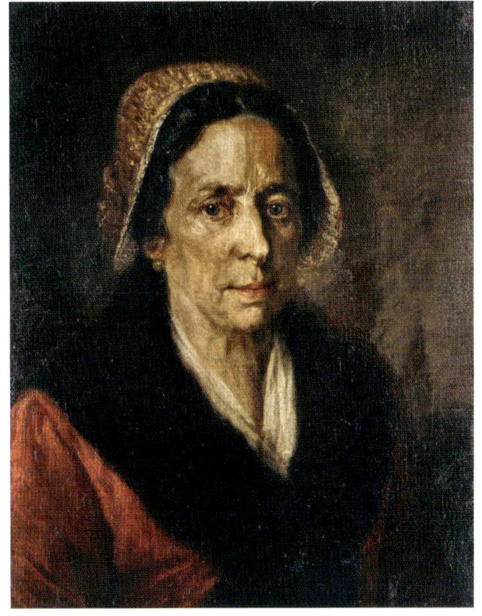
83

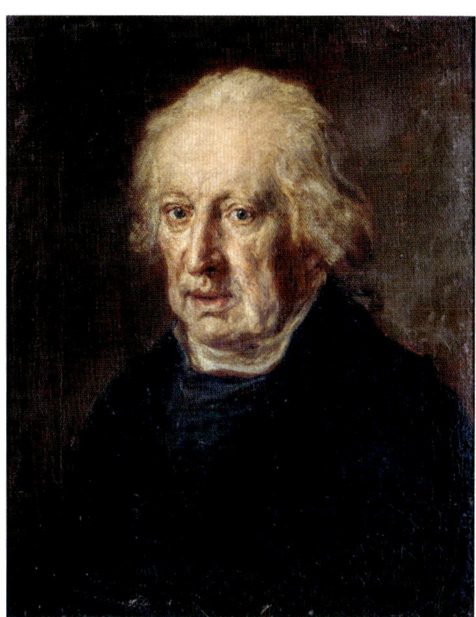
82

81

Ferdinand Maria von Baader (1747–1797)

um 1790
Foto des verschollenen Gemäldes
MStM: 67/576/1
Nicht bei Paulus; nicht bei Schenk 1983
↪ Graphik G 6

Baader, geboren in Ingolstadt, studierte an der dortigen Universität Medizin und begann 1771 eine praktische Arzttätigkeit in Erding. Wenige Jahre später wurde er Professor für Naturgeschichte am kurfürstlichen Gymnasium in München; er lud zu öffentlichen Vorlesungen über die Naturkunde und Oekonomie ein und handelte zugleich die Frage ab: *Was hat sich das Vaterland von diesem Lehrstuhle zu versprechen?* (1776). Aufgrund seines guten wissenschaftlichen Rufs wurde Baader 1776 zum Ordentlichen Mitglied der Bayerischen Akademie der Wissenschaften berufen. Er betreute deren Naturalienkabinett und war von 1779 bis 1797 Direktor der philosophischen Klasse. 1777 erhielt Baader den Titel »Kurfürstlicher Medizinalrat«, zudem wurde er in das Bücherzensur-Kollegium berufen, wo er für die Sachgebiete Naturgeschichte, Philosophie und Medizin zuständig war. Bereits seit den 1770er-Jahren Mitglied der Münchner Freimaurer-Loge »Theodor zum guten Rat« und zeitweise deren Meister vom Stuhl, trat Baader 1778 auch dem Geheimorden der Illuminaten bei. Ab 1783 war Baader Leibarzt der Kurfürstenwitwe Maria Anna (Kat. 20).

82

Joseph Ignaz Hess (1730–1813)

um 1785
Öl auf Leinwand (doubliert), 52,5 × 42 cm
Rückseitig bez.: Joseph Ignaz Heß, churfürstl. Oberere-LandesregierungsKanzlist
MStM: 28/1239
Schenk 1983, WK 111

83

Maria Anna Hess, geb. Hörmann (gest. 1788)

um 1785
Öl auf Leinwand (doubliert), 51,5 × 41,3 cm
Rückseitig bez.: Maria Anna Heß, gebohrene Hörmann des churfürstlich. Obern LandesRegierungs Kanzlisten Gattin
MStM: 28/1240
Heinemann 1924, Nr. 160; Schenk 1983, WK 124

Joseph Ignaz Hess war zunächst im Geheimen Expeditionsamt, wo Verordnungen ins Reine zu schreiben und zum Druck zu versenden waren, tätig, wurde aber 1781 Oberlandesregierungskanzlist im Geheimen Archiv des Kurfürsten Karl Theodor. In seiner Personalakte (BayHStA: HR I Fasz. 328/35) werden seine Fremdsprachenkenntnisse sowie seine »mehrmal unterthänigst vorgelegte Schönschreibung« hervorgehoben. Hess war kränklich und steckte stets in Geldnöten. Erst 1782 gewährte ihm der Kurfürst ein jährliches Gehalt von 100 Gulden sowie drei Schaff Korn, das aber keineswegs für den Lebensunterhalt ausreichte.

Laut den Münchner Heiratsbüchern ging Hess 1761 eine Ehe mit Maria Anna Hörmann ein, die 1788 starb. Da die Dargestellte eine um 1790 übliche Form der Münchner Riegelhaube trägt – sie war später wesentlich kleiner –, entstand das Porträt wahrscheinlich kurz vor ihrem Tod oder sogar erst posthum als Erinnerungsbild. 1792 heiratete Hess ein zweites Mal, seine Frau wurde die mehr als 40 Jahre jüngere Maria Theresia Plank. Heinemann 1924, Nr. 160, nennt ein Bildnis von ihr, das allerdings verschollen ist.

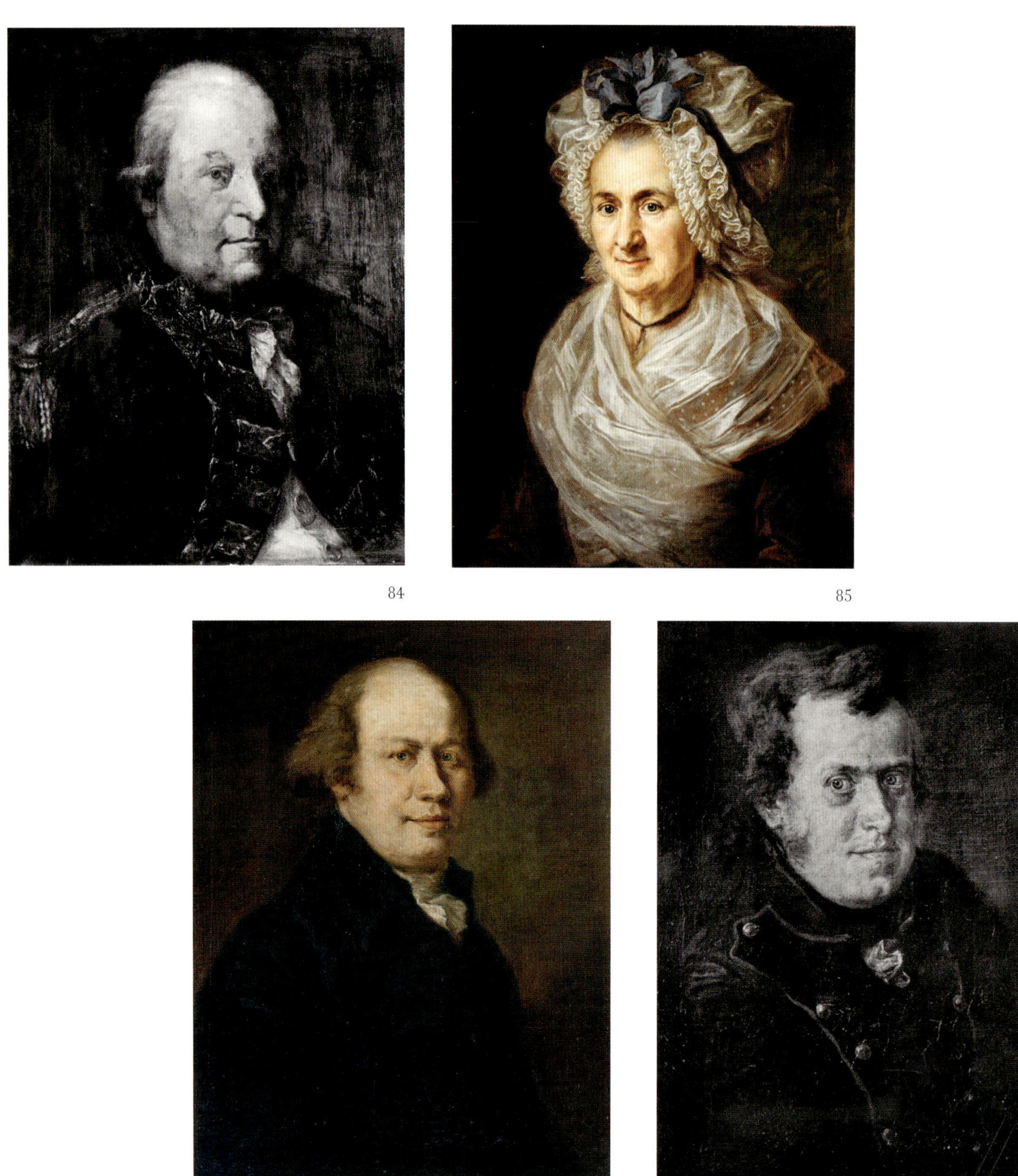

84 85

86 88

84

Franz Joseph Baumgartner (1731–1806)

um 1790
Foto des verschollenen Gemäldes
BNM 20/45
Heinemann 1924, Nr. 82; nicht bei Schenk 1983

85

Elisabeth Baumgartner, geb. Mether (1731–1806)

um 1790
Öl auf Leinwand (doubliert), 62 × 48 cm
MStM: 62/538
Heinemann 1924, Nr. 83; Schenk 1983, WK 61; Müller-Meiningen 2000, Nr. 41

Franz Joseph Baumgartner, Hofrat und Major der kurfürstlichen Leibgarde, war mit Elisabeth geb. Mether verheiratet. Das Paar bekam sechs Kinder, von denen der ältere Sohn Anton einige Prominenz in München erlangen sollte. Nach Heinemann hat man sich eine blaue, silberbetresste Uniform vorzustellen, zu der Baumgartner senior eine gelbe Weste trägt. Frau Baumgartner senior, eine Frau im fortgeschrittenen Alter, wird beinahe halbfigurig gezeigt. Ungeschönt bildet Edlinger alle Runzeln und Falten des Gesichts und der Halspartie ab. Die angewinkelten Unterarme werden durch das Bildformat beschnitten, die Hände sind nicht mehr sichtbar. Frau Baumgartner, deren Haltung merkwürdig steif ist, trägt eine üppig gerüschte Haushaube, wie sie bis etwa 1800 üblich war. Über die Schultern ist ein breites Tuch, das Fichu gelegt, das über der Brust gekreuzt wird. Eine Kopie/Replik der Porträts der Elisabeth Baumgartner befindet sich im Bayerischen Nationalmuseum (Inv.-Nr. 20/47). Dass es ihr Bildnis zweimal gibt, lässt sich damit erklären, dass verschiedene Familienmitglieder Bedarf daran hatten und es deshalb vervielfältigt werden musste.

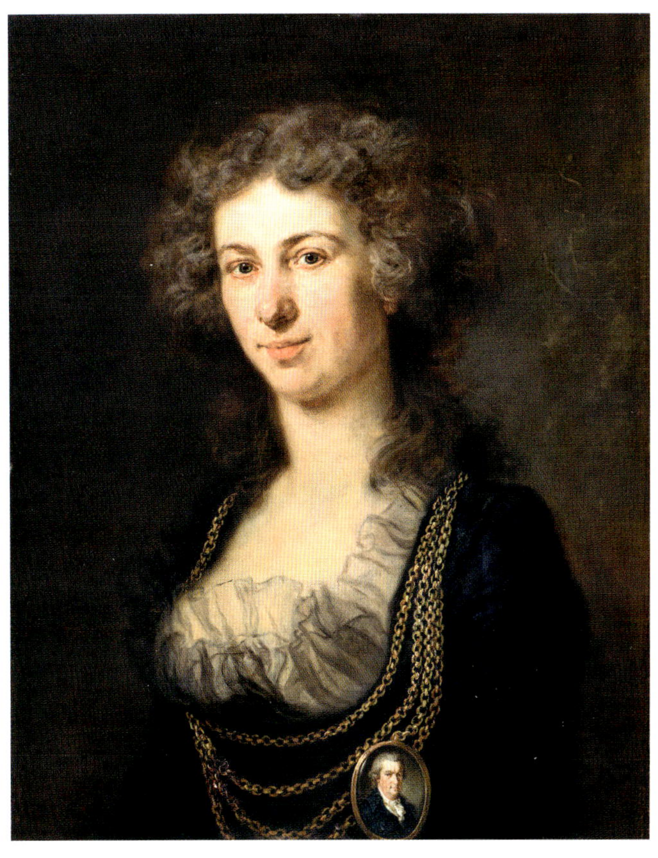

87

86

Anton Baumgartner (1761–1831)

um 1790
Öl auf Leinwand (doubliert), 61,8 × 48,5 cm
MStM: IIc/60
Heinemann 1924, Nr. 59; Schenk 1983, WK 67
↪ Kap. Graphik G 8

87

Barbara Dorothea Baumgartner, geb. Abele (1768–1830)

um 1790
Öl auf Leinwand, 61,5 × 49 cm
BNM: 20/48
Heinemann 1924, Dritter Anhang, Nr. 4; Schenk 1983, WK 68

88

Johann Friedrich Baumgartner (1769–1801)

um 1790
Foto des verschollenen Gemäldes
MStM: 67/562/2
Schenk 1983, WK 115

Anton Baumgartner begann nach dem Jurastudium in Ingolstadt seine Berufslaufbahn als Auditor (Richter) beim Kurfürstlichen Leibregiment und wurde 1789 Wirklicher Justizrat im Hofkriegsrat, von 1791 bis 1799 war er Rat für das 1790 errichtete Münchner Armeninstitut. Ab 1799 erhielt Baumgartner die Berufung zum Polizeidirektor der Stadt München, wurde jedoch schon 1805 wegen Differenzen mit seiner Behörde in den vorläufigen Ruhestand versetzt. 1809 übernahm er das Amt eines Baurats.

Baumgartners Porträt entstand um 1790. Edlinger widmet der Wiedergabe des Gesichts die größte Aufmerksamkeit, während Kleidung und Körperlichkeit nur eine untergeordnete Rolle spielen. Die verkleinerte Replik seines Porträts (BNM: 20/44) entstand etwa zeitgleich für den Buchhändler Strobl, der das Bild nicht nur in seine Bilder-Galerie aufnahm, sondern es auch in einen Stich umsetzten ließ.

Auch das Bildnis seiner Ehefrau ist um 1790 zu datieren. Bemerkenswert an ihrem Konterfei ist die Miniatur, die sie an einer mehrfach geschlungenen Erbskette trägt; es dürfte sich um das Bildnis ihres Vaters handeln.

Der jüngere Sohn Johann Friedrich (Fritz), dessen Porträt nur als Foto überliefert ist, wird in der Uniform eines Artilleristen dargestellt. Er starb laut Schenk 32-jährig in München; möglicherweise hatte er an der Schlacht bei Hohenlinden im Dezember 1800 teilgenommen und verschied an den Folgen einer Kriegsverletzung.

Die Porträts der Familie Baumgartner, die zwei Generationen abbilden, sind neben den Bildnissen der Familie Rechberg (Kat. 33–40) die umfangreichste bekannte Serie einer Familie.

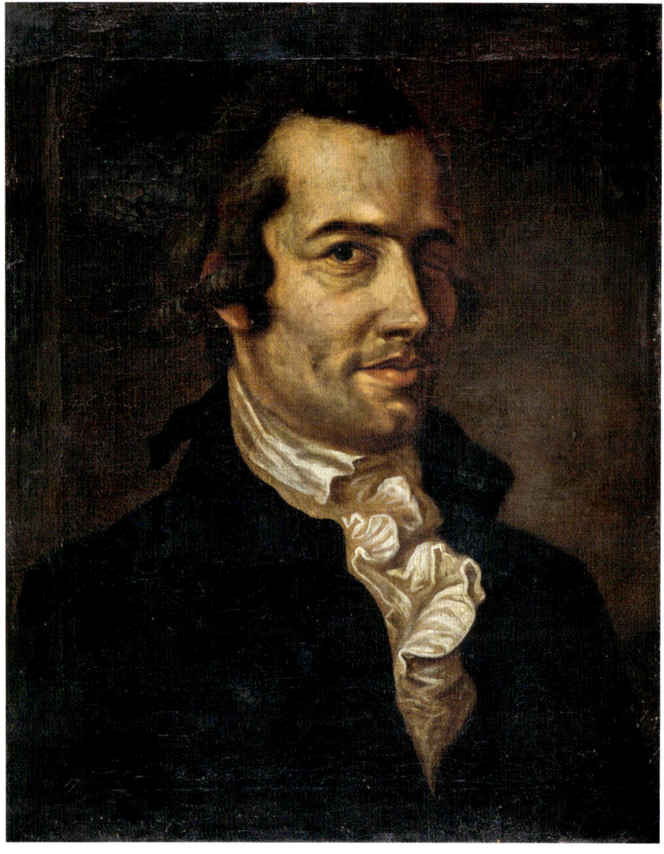

89

89

Joseph von Utzschneider (1763–1840)

um 1790
Öl auf Leinwand, 52 × 42 cm
Rückseitig bez.: EDLINGER Utzschneider
MStM: GM 50/120
Heinemann 1924, Nr. 60; Schenk 1983, WK 85
↪ Kap. Graphik G 31

Utzschneider, ein Bauernsohn aus Rieden am Staffelsee, wechselte 1771 nach dem Besuch der Dorfschule Uffing auf die Lateinschule des Augustiner-Chorherrenstifts Polling. 1773 übersiedelte er nach München, wo er bis 1778 das Albertinum (später: Wilhelmsgymnasium) und bis 1780 die Marianische Akademie besuchte und ein ausgeprägtes Interesse für Mathematik und Physik entwickelte. Gleichzeitig versah er für die »Patrioten-Partei« um Herzogin Maria Anna Kurier- und Spionagetätigkeiten und diente ihr anstelle seines verbannten Onkels Andreas Andre (Kat. 48) als Privatsekretär. 1782/83 studierte Utzschneider in Ingolstadt Philosophie und Jura. Nach bestandener Prüfung erhielt er noch im gleichen Jahr den Titel eines Landschaftsgeometers. In der Folge wirkte er als Repetitor für Mathematik und Physik, später auch als Professor für Kameralwissenschaften. Daneben war er weiterhin für Herzogin Maria Anna tätig. Für kurze Zeit selbst Mitglied der Illuminaten, trug Utzschneider ab 1783 maßgeblich zur Verfolgung des Geheimbundes bei. 1784 wurde er von Kurfürst Karl Theodor zum Wirklichen Hofkammerrat ernannt und 1785 zum Direktor des kurfürstlichen Hauptsalzamtes (bis 1798) berufen. Seit 1799 Geheimer Referendär im Finanzministerium, wurde Utzschneider 1801 wegen des Verdachts der Franzosen-Freundlichkeit in den Ruhestand versetzt. In der Folge gründete er in München eine Ledermanufaktur, die Bayern von teuren Importen unabhängig machen sollte, und eröffnete 1804 gemeinsam mit dem Mechaniker Joseph Liebherr und dem Ingenieur Georg von Reichenbach ein optisch-mechanisches Institut mit eigener Glashütte in Benediktbeuern, an das er 1806 den nicht einmal 20 Jahre alten Joseph Fraunhofer holte. 1807 kehrte Utzschneider erneut in den Staatsdienst zurück und organisierte als Leiter der Zentralstaatsschuldentilgungskommission die Durchführung einer Steuerreform im Königreich Bayern. 1811 übernahm er auch noch die Leitung der Steuerkatasterkommission, wo er die noch junge Technik der Lithographie für die Geländevermessung einsetzen ließ. Wegen Differenzen mit Graf Montgelas wurde er schon 1814 ohne Pensionsberechtigung entlassen, doch war damit seine Karriere noch längst nicht beendet. Von 1818 bis 1822 war Utzschneider Zweiter Bürgermeister in München und von 1819 bis 1840 Mitglied in der Zweiten Kammer des Landtags. Utzschneider starb 1840 bei einem Wagen-Unfall.

Edlinger zeigt Utzschneider, der in jungen Jahren ein Auge verloren hatte, in Seitenansicht. Während das gesunde Auge auf den Betrachter gerichtet ist, liegt die andere Gesichtshälfte im Schatten, ohne die körperliche Beeinträchtigung zu verstecken. Der Dargestellte scheint zu schmunzeln und macht damit glauben, dass er auch aus schwierigen Lebenslagen stets einen Ausweg zu finden weiß. Da das Utzschneider-Porträt ein Maß von 52 × 42 cm aufweist und zudem in die John'sche Stich-Serie bedeutender Bayern aufgenommen wurde, ist davon auszugehen, dass es sich einst im Besitz des Buchhändlers Johann Baptist Strobl befunden hat.

Literatur:
Ivo Schneider: Joseph von Utzschneider. Vision und Wirklichkeit eines neuen Bayern, Regensburg 2014.

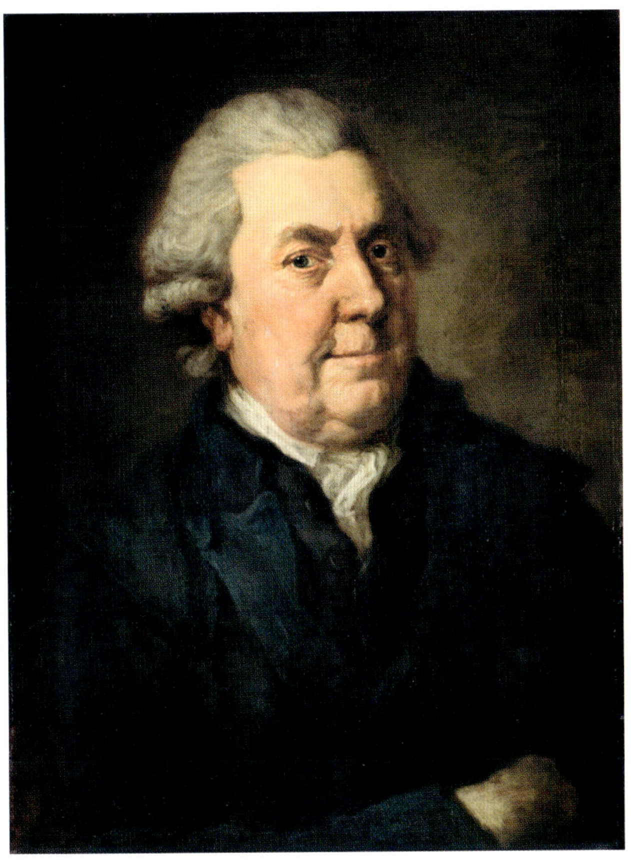

90

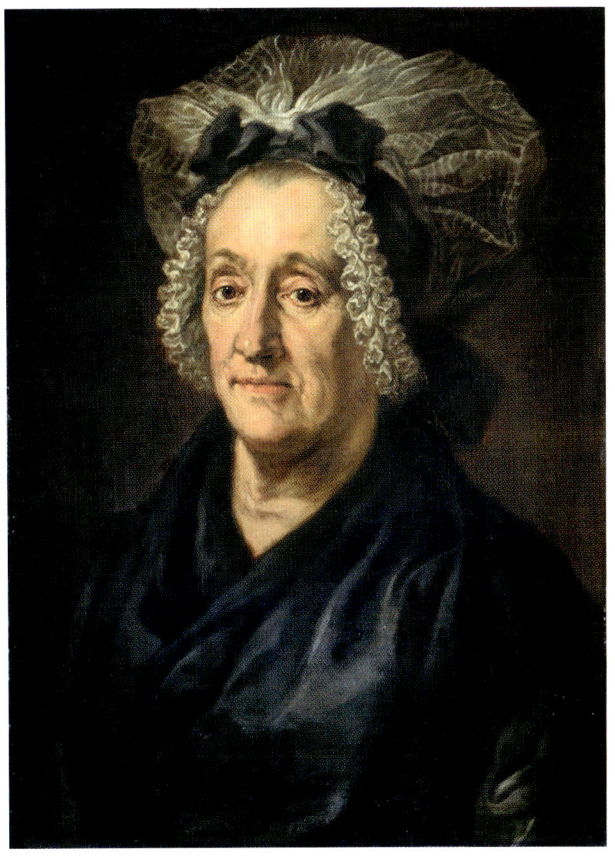

91

90

Philipp Edler von Zwackh auf Holzhausen (1729–1809)

um 1790
Öl auf Leinwand, 62,5 × 46 cm
BNM: 15/1
Heinemann 1924, Dritter Anhang, Nr. 2 und 3; Schenk 1983, WK 63

91

Magdalena Edle von Zwackh, geb. Dillner (1728–1808)

um 1790
Öl auf Leinwand, 68 × 53.5 cm
BNM: 15/2
Schenk 1983, WK 64

Die eruierbaren biographischen Angaben zum Ehepaar von Zwackh sind spärlich: Philipp Zwackh war Hofkammerrat sowie Generallottoadministrator und wurde um 1805 in den erblichen Adelsstand erhoben. Seine Frau Magdalena brachte zwei Söhne zur Welt: Der ältere Franz Xaver sollte Regierungspräsident des Rheinkreises werden; eine wichtige Rolle spielte er bei der Aufdeckung des Illuminaten-Ordens, da bei ihm während einer Hausdurchsuchung im Jahr 1786 die wichtigsten Schriften des Geheimordens gefunden wurden. Sein jüngerer Bruder Philipp Joseph studierte Jura und brachte es bis zum zweiten Direktor des Oberappellationsgerichts; er befasste sich nach seiner Pensionierung im Jahr 1823 vorrangig mit patriotischen und wohltätigen Unternehmungen.

Vom Porträt der Frau Zwackh gibt es zwei Versionen: Eine im Bayerischen Nationalmuseum in München, die als die frühere gilt, und eine weitere in der Gemäldegalerie Alte Meister in Kassel (GK 1014a [1875/1447]; Schenk 1983, WK 65). Deren Bildausschnitt ist etwas größer gewählt. Das Münchner Bild ist in der Kleidung detaillierter ausgearbeitet, die Gesichtszüge sind durch härtere Licht-Schatten-Kontraste stärker betont. Ein männliches Pendant zur Kasseler Version ist nicht bekannt.

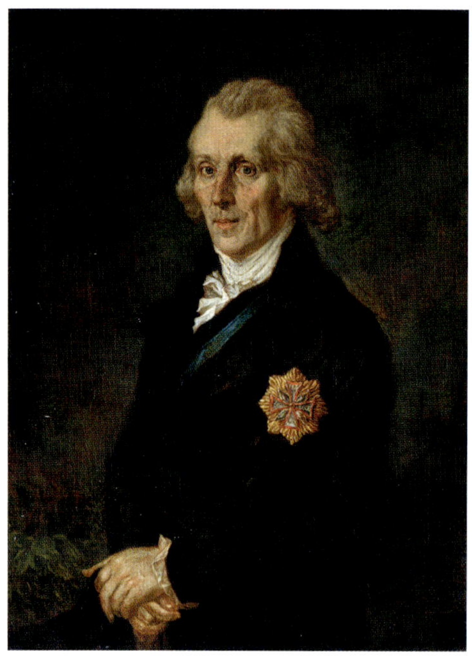

92

92

Benjamin Thompson Graf von Rumford (1753–1814)

nach 1792
Öl auf Leinwand, 94,2 × 70,1 cm
BStGSlg: 7771
Heinemann 1924, Nr. 73; Hartwig 1978, Nr. 7771; Schenk 1983, WK 80

Benjamin Thompson, ein Bauernsohn aus Woburn, einem Dorf in Massachusetts, verdiente seinen Unterhalt zunächst als Dorfschullehrer, schlug dann aber eine militärische Laufbahn im Dienst der englischen Kolonialmacht ein. Ohne je eine militärische Ausbildung absolviert zu haben, bekleidete er von Beginn an den Rang eines Offiziers. 1776 verließ Thompson Amerika und begab sich zunächst für einige Jahre nach London. 1783 setzte er auf das europäische Festland über und nahm in Straßburg Kontakt mit Max Joseph, dem späteren ersten bayerischen König, auf, der ihm den Weg zu seinem Onkel, Kurfürst Karl Theodor, ebnete. In den folgenden Jahren machte der Amerikaner rasant Karriere: Er wurde Leibadjutant des Kurfürsten, stieg zum Generalmajor auf, wurde 1788 Kriegsminister und Staatsrat und war schließlich die mächtigste Figur im kurfürstlichen Kabinett.

Von 1784 bis 1798 lebte Benjamin Thompson in München. Während dieser Zeit organisierte er eine Reform des Militärs, die nicht nur Organisation und Ausstattung der Truppen betraf, sondern auch eine gesellschaftspolitische Dimension hatte. Thompson gründete eine Militärakademie, die eine gymnasiale Ausbildung ohne Standesschranken bot, eröffnete Soldatenkindern die Möglichkeit des Schulbesuchs, ließ Militärgärten zur Selbstversorgung der Soldaten anlegen und schuf einen für alle Bürger offenen »Volksgarten«, der später den Namen »Englischer Garten« erhielt. Da Thompson die Sorge für die Armen, die bisher vorrangig Aufgabe der Kirche gewesen war, als Verpflichtung des Staates betrachtete, kümmerte er sich auch um die Bedürftigen in der Stadt, wobei er allerdings nicht vor rigiden Maßnahmen zurückschreckte. Er sorgte für öffentliche Suppenküchen und ließ Arbeitshäuser und Manufakturen einrichten. 1792, während des Reichsvikariats von Kurfürst Karl Theodor, wurde Thompson, der bereits 1785 Ehrenmitglied der Akademie der Wissenschaften geworden war, zum Grafen Rumford erhoben. Zum Gemälde siehe S. 56.

Literatur:
Thomas Weidner: Rumford: Rezepte für ein besseres Bayern, München 2014 (Abb. des Gainsborough-Porträts, S. 27).

93

Joseph Ritter von Hazzi (1768–1845)

um 1800
Öl auf Leinwand, um 1800; 73 × 63 cm
Stadtmuseum Abensberg
Schenk 1983, WK 122

Hazzi, Sohn eines Maurermeisters aus Abensberg, begann nach dem Besuch des Gymnasiums Philosophie sowie Rechtswissenschaften zu studieren und lernte bereits zu dieser Zeit das ökonomische System der Physiokratie kennen, das eine »natürliche Ordnung« des menschlichen Gesellschaftslebens propagierte; es sollte fortan sein Denken und Handeln maßgeblich beeinflussen. Nach einer ersten Anstellung am Landgericht Abensberg kehrte Hazzi an die Hohe Schule Ingolstadt zurück, wo er sich im Fach Jura habilitierte. 1793 erfolgte seine Berufung als Fiskalrat in die bayerische Haupt- und Residenzstadt München. Unter der Protektion des Freiherrn von Stengel (Kat. 32) wechselte er ins Departement des Forstwesens, wo er als Forstkammerrat und Forstfiskal tätig war.

Die auf seinen Dienstreisen gemachten Beobachtungen zu Land und Leuten, ihren Lebensbedingungen, Ernährungsgewohnheiten, Sitten, Trachten u.a. publizierte Hazzi ab 1801 unter dem Titel *Statistische Aufschlüsse über das Herzogthum Baiern*. 1799 avancierte Hazzi zum Staatsrat und General-Landes-Direktionsrat in München, konnte diese Position aber wegen des Einmarsches der französischen Truppen nicht antreten. Stattdessen wurde er 1800 dem französischen Oberkommando als »Marschkommissär« zugeteilt und war in der Folge an der Errichtung des bayerischen Topographischen Büros führend beteiligt. 1801/2 unternahm Hazzi Reisen nach Frankreich, Italien und in die Schweiz, um auch die dortige Landeskultur zu studieren. Die während dieser Zeit gemachten Beobachtungen bestärkten ihn in der Richtigkeit seines Wahlspruchs, »nur freies Eigenthum und freie Kultur vermöge ein Land blühend zu machen« (zitiert nach ADB 11 [1880], Artikel »Hazzi, Joseph Ritter von«). 1805 in das französische Hauptquartier berufen, wurde Hazzi der Folge u.a. Polizeikommissar von Berlin. 1812 kehrte Hazzi nach Bayern zurück und wurde 1813 als Rat bei der »Königlich Bairischen Central-Staatsschulden-Liquidations-Commission« für den schwäbischen Kreis wieder in den

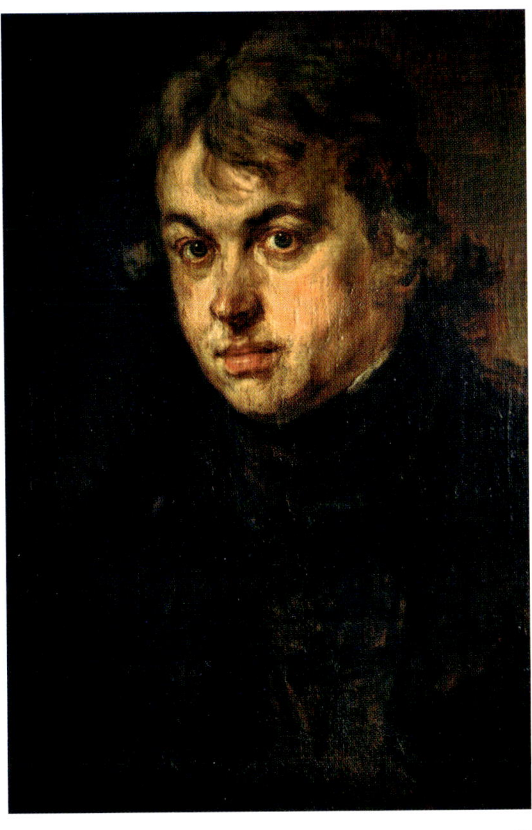

93

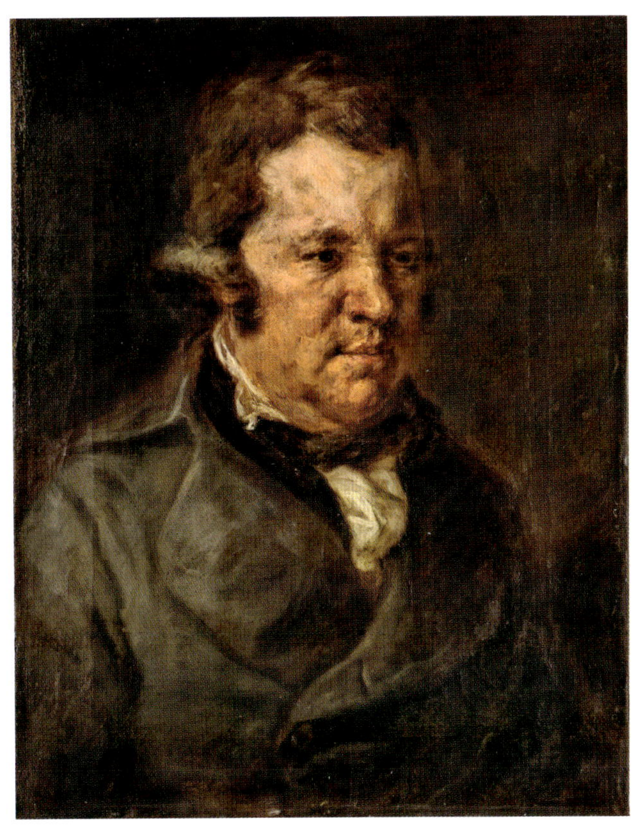

94

bayerischen Staatsdienst aufgenommen. In den folgenden Jahren widmete sich Hazzi maßgeblich der Förderung der bayerischen Landwirtschaft, um auf diese Weise eine Verbesserung der Lebensumstände der ländlichen Bevölkerung zu erreichen. Als Vorstand des Landwirtschaftlichen Vereins in Bayern (1818 bis 1835) war Hazzi Redakteur des Wochenblatts des Vereins. Zudem publizierte er rund 30 »Denk-« und »Streitschriften«, die auch über die Grenzen Bayerns hinaus positive Beachtung fanden. Das vom Vater seiner zweiten Frau, dem Landesappellationsgerichtspräsidenten Caspar Aloys Basselet von La Rosée, erworbene Schlossgut Elkofen bei Grafing verwandelte Hazzi innerhalb weniger Jahre in einen modernen Betrieb, in dem er u. a. die Fünf-Felder-Wirtschaft und die Stallfütterung einführte und durch Rodungen und Trockenlegungen neuen fruchtbaren Boden gewinnen ließ. Hazzi, dessen zwei Ehen kinderlos blieben, wurde 1816 geadelt.

94

Mathias Ritter von Flurl (1756–1823)

um 1800
Öl auf Leinwand, 55,4 × 44 cm
Gäubodenmuseum Straubing: 50277
Nicht bei Schenk 1983

Flurl, Sohn eines Straubinger Kunstwebers, wurde nicht, wie von den Eltern gewünscht, Geistlicher, sondern studierte Physik. 1777 ging er nach München, wo auch er dem Illuminaten-Orden beitrat. Schon 1780 wurde er Professor der Physik und Naturgeschichte an der Marianischen Landakademie. Sein besonderes Interesse für Mineralogie führte ihn in der Freizeit auf geologische Erkundungsfahrten; 1784 entdeckte er dabei ein Porzellanerde-Lager bei Mitterteich. Mit Unterstützung von Siegmund Graf von Haimhausen (Kat. 23) wurde er daraufhin 1787 zum Bergrat und 1788 zum Kommissär der Porzellanmanufaktur Nymphenburg ernannt, die er in der Folge modernisierte. In den Jahren 1787/88 bereiste er Sachsen und bekam zu seiner Fortbildung Privatvorlesungen von dem Freiberger Mineralogen Abraham Gottlob Werner. 1799 wurde Flurl, der seit 1797 Mitglied der Bayerischen Akademie der Wissenschaften war, Direktor der Deputation des Salinen-, Berg- und Münzwesens in Bayern und schließlich Vorstand der königlichen General-Bergwerks-, Salinen- und Münz-Administration. Flurl, der 1808 geadelt worden war, starb während eines Inspektionsbesuchs in Bad Kissingen und wurde noch am selben Tag dort bestattet.

Mathias Flurl war beständig um Verbesserungen und die Hebung der bayerischen Volkswirtschaft, insbesondere im Bergbau und Salinenwesen, bemüht und so fällt in seine Amtszeit etwa der Bau der Soleleitung von Berchtesgaden nach Reichenhall. Er war aber auch ein herausragender Wissenschaftler. Sein Hauptwerk ist die 1792 erschienene *Beschreibung der*

Gebirge von Baiern und der oberen Pfalz; es handelt sich dabei um die erste geologische Übersicht von Bayern, die auch die erste geologische Karte Bayerns enthielt. Mit dieser Publikation wurde Flurl zum Begründer der Mineralogie und Geologie in Bayern. Die von ihm ab 1802 angeregten Ankäufe verschiedener Mineraliensammlungen legten den Grundstock zur heutigen Mineralogischen Staatssammlung München sowie zur Geowissenschaftlichen Sammlung des Landesamts für Umwelt.

Flurl wird als Mann mit fleischig-aufgeschwemmtem Gesicht, dicker Nase mit Querfalten und Doppelkinn gezeigt; er wendet sich dem Betrachter nicht zu, sondern scheint etwas zu fixieren. In geradezu impressionistischem Pinselstrich schildert der Maler zahlreiche Details des Gesichts, vernachlässigt aber die Kleidung.

Während Flurls Porträt in Straubing als Werk Edlingers angesehen werden kann, bestehen bei einem etwas später entstandenem Bildnis in der Bayerischen Akademie der Wissenschaften erhebliche Zweifel, auch wenn die Ähnlichkeiten der Gesichtsbildung eine hohe Übereinstimmung aufweisen.

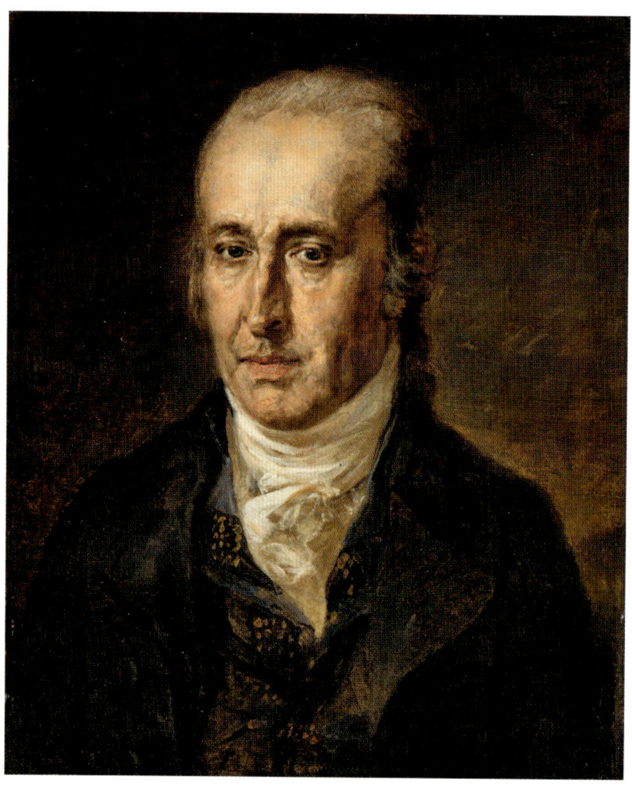

95

95

Friedrich Heinrich Jacobi (1743–1819)

nach 1805
Öl auf Leinwand/Holz/Leinwand, 51,5 × 43 cm
MStM: GM-2019-09 (Slg. Hans G. Knäusel)
Nicht bei Schenk 1983; Knäusel 2006, Nr. 28

Friedrich Heinrich Jacobi, Sohn eines Düsseldorfer Handelsherrn und Zuckerfabrikanten, ging nach einer in Frankfurt am Main absolvierten Handelslehre 1759 zur weiteren Ausbildung nach Genf, wo er mit der Philosophie Rousseaus und Bonnets in Berührung kam. Zurück in Düsseldorf, übernahm er 1764 das väterliche Handelshaus und heiratete im selben Jahr Helene Elisabeth (Betty) von Clermont, die Tochter eines Aachener Tuchhändlers. 1772 wurde Jacobi vom bayerischen Kurfürst Karl Theodor zum Hofkammerrat der Herzogtümer Jülich und Berg ernannt und mit der Aufgabe betraut, deren Zoll- und Handelswesen zu reformieren; das väterliche Unternehmen verließ er daraufhin. 1779 wurde Jacobi nach München berufen, wo er Vorschläge zur Reform des pfalzbayrischen Zoll- und Handelswesens sowie zur Abschaffung der Leibeigenschaft machte. Doch seine an der Lehre des schottischen Philosophen und Wirtschaftswissenschaftlers Adam Smith orientierten Vorstellungen waren für Bayern zu liberal und so musste er seine Stellung noch im selben Jahr wieder aufgeben.

In der Folge zog sich Jacobi auf sein Landgut bei Düsseldorf zurück, das auch dank seiner Ehefrau zu einem Treffpunkt literarisch, politisch und insbesondere auch philosophisch interessierter Persönlichkeiten wurde. Gäste im »Jacobihaus« waren u.a. Goethe, Herder, die Brüder Wilhelm und Alexander von Humboldt, Lavater und Diderot. Auch intensivierte er seine bereits seit den 1760er-Jahren gepflegte Korrespondenz mit weiteren prominenten Vertretern der damaligen Geisteswelt wie Fichte, Kant, Schiller, Schlegel und Schleiermacher.

Jacobi war auch selbst literarisch tätig. Mit den 1775 bzw. 1777/79 publizierten Romanen *Eduard Allwills Papiere* und *Woldemar. Eine Seltenheit aus der Naturgeschichte* legte er die ersten philosophischen Romane in deutscher Sprache vor. Seine im engeren Sinn philosophische Wirksamkeit entfaltete sich erst in den 1780/90er-Jahre, als Jacobi durch die Publikation seiner Gesprächsnotizen über ein Treffen mit Gotthold Ephraim Lessing den sogenannten »Pantheismus-Streit« auslöste und sich auch kritisch mit den Ideen der Aufklärung und mit der Philosophie Kants auseinandersetzte. 1794 floh Jacobi vor den ins Rheinland vorrückenden napoleonischen Truppen nach Hamburg. Seine in dieser Zeit entstandenen Schriften sowie seine zahlreichen Briefwechsel mit dort lebenden Schriftstellern und Gelehrten hatten großen Einfluss auf die Fortentwicklung der klassischen deutschen Philosophie. 1805 erhielt Jacobi einen Ruf an die Bayerische Akademie der Wissenschaften, zwei Jahre später wurde er deren Präsident (bis 1812). Die Veröffentlichung seiner Schrift *Von den göttlichen Dingen* im Jahr 1811 führte zu einem heftigen Streit mit dem seit 1806 ebenfalls in München lebenden Friedrich Schelling und hatte schließlich Jacobis vorzeitige Versetzung in den Ruhestand zur Folge. Jacobi starb 1819 in München.

Edlinger zeigt einen hageren, älteren Mann, dessen helle blaue Augen keinen Kontakt mit dem Betrachter aufnehmen. Jacobi scheint etwas erschöpft, seine bis zuletzt ungebrochene intellektuelle Potenz sieht man ihm nicht an.

96

Korbinian Badhauser (1761–1831)

um 1805/10
Öl auf Leinwand, 50 × 46 cm
Auf dem Keilrahmen oben zwei Zettel: gemalt von Edlinger; Korbin. Badhauser / k. Steuer-Rath. gestorben / 8. Febr. 1831 zu Dillingen / 70. J alt.
Privatbesitz
Nicht bei Schenk 1983

97

Hildegard Badhauser, geb. Schuegraf (gest. 1826)

um 1805/10
Öl auf Leinwand, 50 × 46 cm
Auf dem Keilrahmen oben zwei Zettel: Gemalt von Edlinger; Frau Steuer-Rath / Badhauser geb. / Schuegraf; gest. 1826
Privatbesitz
Nicht bei Schenk 1983

Korbinian Badhauser stammte aus Rott am Inn. Dem Wunsch der Eltern, die ihn gern als Geistlichen gesehen hätte, kam er nicht nach, sondern er wurde zunächst Hofmeister in verschiedenen angesehenen Familien. Als Professor an der Herzoglich Marianischen Landakademie lehrte er ab 1787 Geschichte, Geographie sowie Deutsch und Latein. Als daraus ab 1789 die kurfürstliche Militärakademie wurde, unterrichtete er auch die Fächer Moral sowie Naturgeschichte. Badhauser betätigte sich auch als Autor; so war er etwa 1788 Mitverfasser von Johann Baptist Strobls *Unglücksgeschichten zur Warnung für die unerfahrne Jugend* (1788) und gab 1793 einen *Praktischen Briefsteller zum Gebrauche für die teutschen Schulen, und zur Selbstbildung* in der Briefsprache, mit Beyspielen heraus. Außerdem lieferte er Artikel für verschiedene Münchner Zeitungen. 1814 schuf er das Gedicht *Die Schlacht und der Einzug der Alliirten in Paris*, das den Sieg der Alliierten in der Schlacht bei Arcis-sur-Aube und Napoleons Abdankung feierte und von Peter von Winter vertont wurde. Warum Badhauser um 1806 seine Lehrtätigkeit aufgab und in ein neues Berufsfeld wechselte, ist unbekannt. 1807 wurde er Rechnungskommissär bei der Generaladministration der Salinen des Königreichs Bayern und von 1808 bis 1827 war er Mitglied der Steuer-Kataster-Kommission.

Die Porträts des Ehepaars Badhauser gehören zu den brauntonig-»rembrandtesken« Bildnissen aus der Spätzeit Edlingers, die sich durch stark reduzierte Farbigkeit und pastosen Pinselstrich auszeichnen, der Einzelheiten nicht mehr erkennbar werden lässt. Besonders störend ist das beim Bildnis der Hildegard Badhauser, auf dem die Spitzen ihrer weißen Bluse nur noch grob dargestellt sind und nur die Gesichtsfläche, nicht aber der Hinterkopf vor die Schädelwölbung tritt.

Die Familie Badhauser war familiär mit dem Kupferstecher Johann Michael Mettenleiter verbunden, von dem es ebenfalls ein Edlinger-Porträt gibt (Kat. 58).

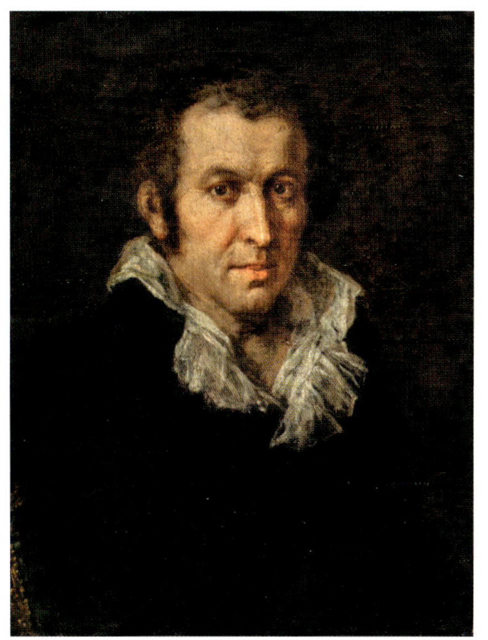

96

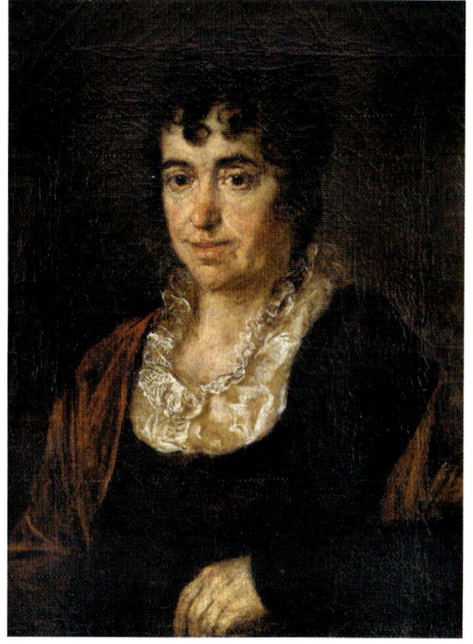

97

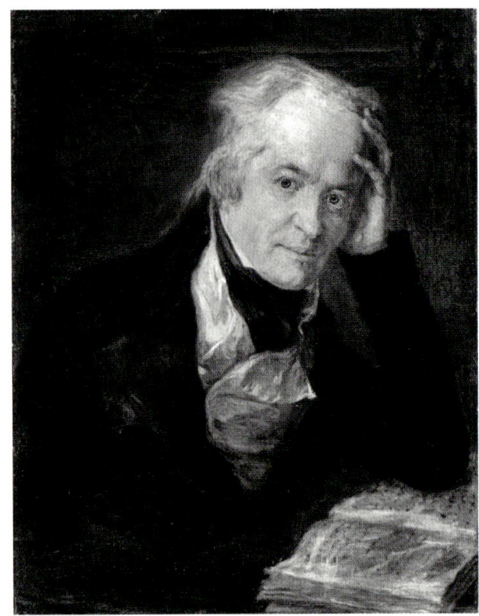

98

98

Aloys Friedrich Wilhelm von Hillesheim (?) (1756–1818)

nach 1810
Öl auf Leinwand, 65,5 × 52 cm
Wallraf-Richartz-Museum & Fondation Corboud, Köln: WRM 2409
Heinemann 1924, Nr. 34; Schenk 1983, WK 178

Aloys Friedrich Wilhelm von Hillesheim entstammte einer Beamtenfamilie und schlug nach dem Studium der Logik, Physik und der Rechte an der Universität Ingolstadt ebenfalls eine Beamtenlaufbahn ein. Ab 1779 war Hillesheim »Actuarius« der »Churpfalzbaierischen Gesellschaft Sittlich- und Landwirthschaftlicher Wissenschaften zu Burghausen« und gab für sie die Monatszeitschrift *Baierisch-Ökonomischer Hausvater* heraus, von der jedoch nur acht Jahresbände erschienen (1779 bis 1786). Diese enthielten neben einem landwirtschaftlichen Kalender mit Ratschlägen für die monatlich wichtigsten Arbeiten vor allem Abhandlungen zu Verwaltungs- und Wirtschaftsthemen. 1780 wurde Hillesheim Hofkammerrat und zudem Mitglied des kurpfalzbayerischen Bücherzensur-Kollegiums, wenig später folgte die Ernennung zum kurfürstlichen Fiskalrat und »Landkulturscommissar«. Wohl in dieser Funktion veröffentlichte er den *Pfalz-baierischen landwirtschaftlichen Kalender auf das Jahr 1780, nebst einem kurzen Entwurf der Grundsätze des Ackerbaues zum gemeinschaftlichen Gebrauch, besonders des Landmannes* (1780). Wann Hillesheim Mitglied des Illuminaten-Ordens wurde – er trug den Ordensnamen »Philepus« –, ist unbekannt.

Dass Hillesheim 1785 in Haft kam, lag nicht an seiner Zugehörigkeit zum Illuminaten-Orden. Grund dafür war vielmehr die üble Nachrede eines Kollegen, der ihn bereits 1781 öffentlich der Blasphemie bezichtigt hatte. Konnte Hillesheim diesen Vorwurf zunächst unbeschadet überstehen, so brachte ihn besagter Kollege in den folgenden Jahren doch so in Verruf, dass er im Mai 1785 sein Amt als Landkulturkommissar verlor und im September des gleichen Jahres schließlich verhaftet und in ein Münchner Gefängnis gebracht wurde; vorgeworfen wurde ihm mehrfache Gotteslästerung. Nur wenige Wochen später verlor Hillesheim nach einem Kabinettsbeschluss durch den Kurfürsten seine Ämter, zudem wurde Haft auf unbestimmte Zeit gegen ihn verhängt. Das Angebot, gegen ein Schuldeingeständnis freigelassen und in die Verbannung zu gehen, lehnte Hillesheim ab; er verlangte stattdessen vergeblich ein ordentliches Gerichtsverfahren. Aloys Hillesheim, der fast elf Jahre in verschiedenen Gefängnissen verbrachte, war auch während seiner Haftzeit publizistisch tätig, wobei er sich vor allem mit landwirtschaftlichen Themen beschäftigte. Im März 1796 konnte Hillesheim schließlich fliehen. Angekommen in Wetzlar, reichte er im Mai 1797 beim dortigen Reichskammergericht Klage gegen Kurfürst Karl Theodor ein. Nachdem 1801 zwei juristischen Zeitschriften Mitteldeutschlands ausführliche Berichte brachten, die Hillesheim als rechtschaffenen Mann darstellten, dem das im Reich allgemein anerkannte Recht auf ein ordentliches Gerichtsverfahren versagt worden war, wurde er in Bayern endlich rehabilitiert. Zurückgekehrt nach München, nahm er seine publizistische Tätigkeit wieder auf und gab von 1802 bis 1805 die *Gesundheitswochenschrift zur Belehrung Aller Stände* heraus. 1815 erfuhr Hillesheim, der seit 1781 seinem Namen eigenmächtig ein »von« beigefügt hatte, schließlich doch noch die ihm offensichtlich sehr wichtige gesellschaftliche Aufwertung – er wurde in die bayerische Adelsmatrikel aufgenommen; damit war sein bis dahin nur angemaßter Adelstitel offiziell anerkannt.

Edlinger zeigt einen nachdenklichen älteren Mann, der, den Kopf in seine linke Hand gestützt, vor einem aufgeschlagenen Buch sitzt und den Betrachter direkt in den Blick nimmt. Diese sinnierende Haltung, die auch für die Tätigkeit des Studierens und Forschens stehen kann, findet sich mehrfach auf Edlingers Bildern (vgl. August von Rechberg, Kat. 40; Westheimer, Kat. 136). Aus den etwas müden Augen scheint aber auch eine gewisse Resignation zu sprechen; die lange Gefängniszeit hatte wohl Spuren hinterlassen.

Literatur:
Franz Josef Burghardt: Adel ohne Dokumente? Die Beamtenfamilie Hillesheim aus Waldbröl; in: Mitteilungen der Westdeutschen Gesellschaft für Familienkunde, Bd. 46 (2013/14), S. 130–137.

Ordens- und Weltgeistliche

Eine eigene soziale Gruppe bildeten (Ordens-)Geistliche, die ebenfalls einer gesonderten Rechtsordnung, entweder den Ordensoberen oder der bischöflichen Aufsicht, unterstanden und somit nicht zum engeren Stadtbürgertum zählten; sie sollen deshalb auch in der Werkschau gesondert betrachtet werden.

In den Biographien der von Edlinger dargestellten Geistlichen fällt auf, dass nahezu alle aus einfachen Verhältnissen, aus Bauern- oder Handwerkerfamilien kamen, jedoch aufgrund ihrer Begabung eine gute Ausbildung (Gymnasium, Studium) erhalten hatten und danach in Orden eingetreten waren, in denen ihre Talente auch weiterhin gefördert wurden. Als Ordensmänner hatten sie zwar geistliche Pflichten, konnten aber dennoch in ihren jeweiligen Fachgebieten wissenschaftlich tätig sein und brachten es hierin teilweise zu Spitzenleistungen. Etliche der im Folgenden vorgestellten Personen wurden Mitglieder der Bayerischen Akademie der Wissenschaften und bekamen wegen ihrer Leistungen den Adelstitel verliehen.

In den Jahren 1802/3 allerdings veränderte die im Kurfürstentum Bayern durchgeführte Säkularisation kirchlicher Güter die seit Jahrhunderten bestehende Ordenslandschaft. Durch die Aufhebung der Klöster wurden nun aus zahlreichen Ordensgeistlichen Weltpriester, die eine Pfarrei betreuten, oder aber, soweit sie über entsprechende Kenntnisse und Fähigkeiten verfügten, ihren Unterhalt als Lehrer und Wissenschaftler verdienten.

Leider ist nicht nachvollziehbar, welche Porträts von Geistlichen den Kunstakademie-Studenten Ludwig Emil Grimm in Edlingers Wohnung bei seinem Besuch 1813 so begeisterten (vgl. S. 28). Während das einzige Bildnis eines höheren Ordensmannes, nämlich das des letzten Steingadener Abtes Gilbert (eigentlich Franz Benno) Michl, heute nur noch als Foto erhalten ist (↪ Abb. 25), sollen im Folgenden doch immerhin etliche Gemälde von Geistlichen vorgestellt werden, die sich als Wissenschaftler oder Schriftsteller einen Namen gemacht haben.

99

Sebastian Mutschelle (1749–1800)

um 1790
Öl auf Leinwand, 54 × 42,5 cm
Heimatmuseum Bad Tölz: 46
Schenk 1983, WK 81
↪ Kap. Graphik G 20

Mutschelle, Sohn eines Müllers in Allershausen, absolvierte das Jesuiten-Gymnasium zu München (heute: Wilhelmsgymnasium) und trat anschließend in Landsberg in diesen Orden ein. Ab 1770 war er selbst als Lehrer am Münchner Gymnasium tätig. Nach der Aufhebung des Ordens 1773 konnte Mutschelle in Ingolstadt seine philosophischen und theologischen Studien wieder aufnehmen; 1774 erhielt er die Priesterweihe. Nach Tätigkeiten als Wallfahrtsprediger in Altötting und Pfarrverweser in Mattighofen bei Braunau wurde er 1775

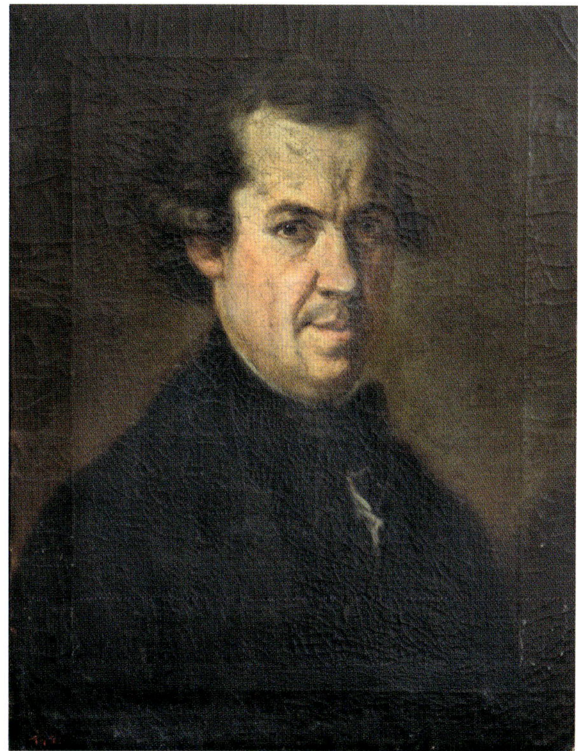

99

Chorherr am Freisinger Kollegiatsstift St. Veit. 1779 übernahm er das Schulkommissariat in Freising. Er setzte sich für eine umfassende Bildungsreform und speziell die Aufwertung der Volksschule ein. 1793 geriet Mutschelle aufgrund seiner Reformbestrebungen, aber auch wegen seiner Orientierung an der Philosophie Kants in den Verdacht, ein Freigeist zu sein, und gab schließlich seine Stelle auf. Mutschelle widmete sich fortan dem Studium der Kant'schen Philosophie und begann schriftstellerisch tätig zu werden und sich als »Kantianer« einen Namen zu machen. Als 1788 Max Prokop von Toerring-Jettenbach Bischof von Freising wurde, setzte er Mutschelle wieder in seine früheren Stellen ein, sodass dieser sein bisheriges Wirken fortsetzte, bis er 1793 Pfarrer in Baumkirchen (heute München – Berg am Laim) wurde. Im Jahre 1799 berief man Sebastian Mutschelle zum Professor für Moraltheologie und Homiletik ans Lyceum zu München, wobei er das Pfarramt beibehielt.

1800 bot die preußische Regierung, die in Königsberg zwei Lehrstühle für katholische Theologie zu errichten beabsichtigte, einen davon Mutschelle an. Dieser lehnte zunächst ab, wollte aber nach neuerlichen Anfeindungen in Bayern – man denunzierte ihn fälschlicherweise als den Verfasser der anonymen Schrift *Neuer Himmel und neue Erde* – die Verhandlungen dann doch wieder aufnehmen. Aber es kam zu keinem Ergebnis mehr. Durch die Streitigkeiten gesundheitlich angeschlagen, erlag Mutschelle noch im selben Jahr einem Schlaganfall.

Edlinger zeigt einen Mann mit in Rolllocken gelegten Haaren in dunkler Kleidung, nur am Kragen und auf der Brust blitzt ein weißes Hemd hervor. Trotz leichter Körperdrehung blickt er den Betrachter fast frontal an. Sein nicht unfreundlicher Blick aus dunklen Augen hat etwas Erwartungsvolles.

100

Franz von Paula von Schrank (1747–1835)

vor 1793
Öl auf Leinwand, 63,3 × 48,8 cm
Museen der Stadt Landshut: 1273
Heinemann 1924, Nr. 65; Schenk 1983, WK 82
↪ Kap. Graphik G 27

Schrank, geboren in Vornbach am Inn, trat 1762 dem Jesuiten-Orden bei, dem er bis zu dessen Auflösung im Jahr 1773 angehörte. Neben den ordensüblichen Studien befasste er sich besonders mit Mathematik, Physik, Astronomie, Botanik und Entomologie und wurde bereits 1778 außerordentliches Mitglied der Philosophischen Klasse der Bayerischen Akademie der Wissenschaften. 1783 wurde Schrank Professor für Landwirtschaft an der Universität Ingolstadt, lehrte aber auch Forstwissenschaft, Bergbau, Botanik und Zoologie. 1785 publizierte er seine erste naturkundliche Reisebeschreibung. Nach der Verlegung der Universität nach Landshut (1800) wirkte Schrank dort als Professor der Botanik. 1809 wurde er nach München versetzt, wo er erster Konservator und Direktor des im selben Jahr gegründeten Botanischen Gartens wurde und von 1825 bis 1827 Generalsekretär der Akademie der Wissenschaften war. Schrank gilt als einer der bedeutendsten Botaniker Bayerns. Seine Reisebeschreibungen sind wichtige Quellen zur bayerischen Landeskunde.

Schrank wird in ähnlicher Haltung wie Mutschelle gezeigt, doch ist als Bildausschnitt die Halbfigur gewählt. Der Gelehrte sitzt mit verschränkten Armen an einem (unsichtbaren) Tisch und blickt sein Gegenüber direkt an. Edlinger hat nur die rechte Gesichtshälfte ins Licht gelegt, sodass das Profil des Porträtierten gut sichtbar wird. Während er Kleidung und Körperlichkeit des Dargestellten vernachlässigt, konzentriert er sich ganz auf die Darstellung des Gesichts und zeichnet in pastosen Inkarnattönen die etwas eingefallene, gerötete Wange sowie die große Nase,

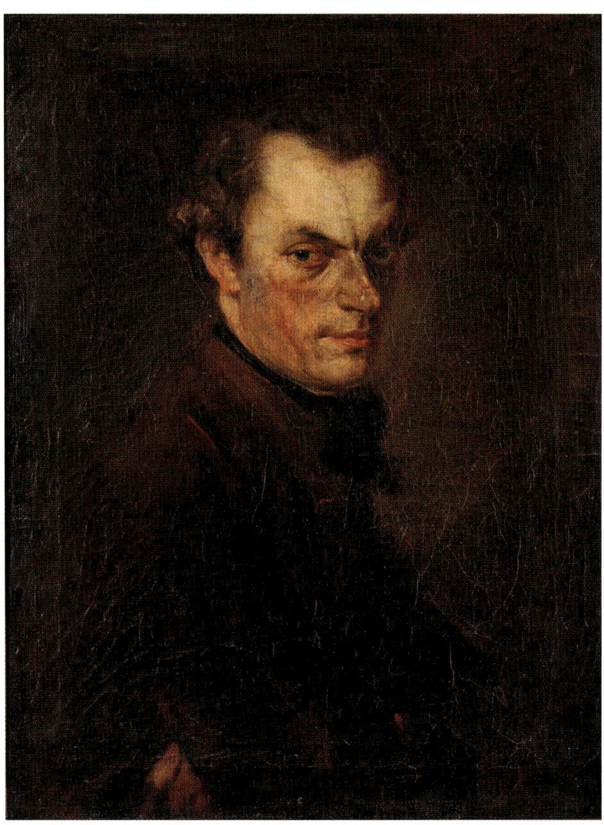

100

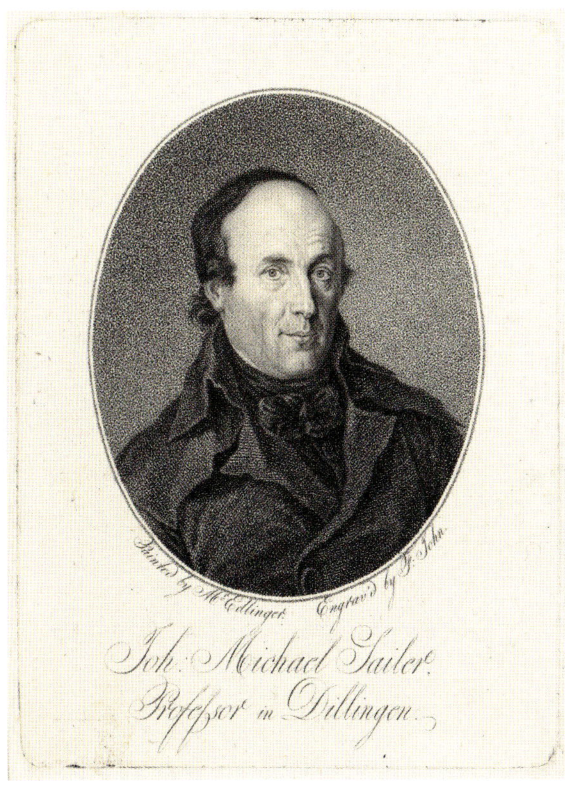

101

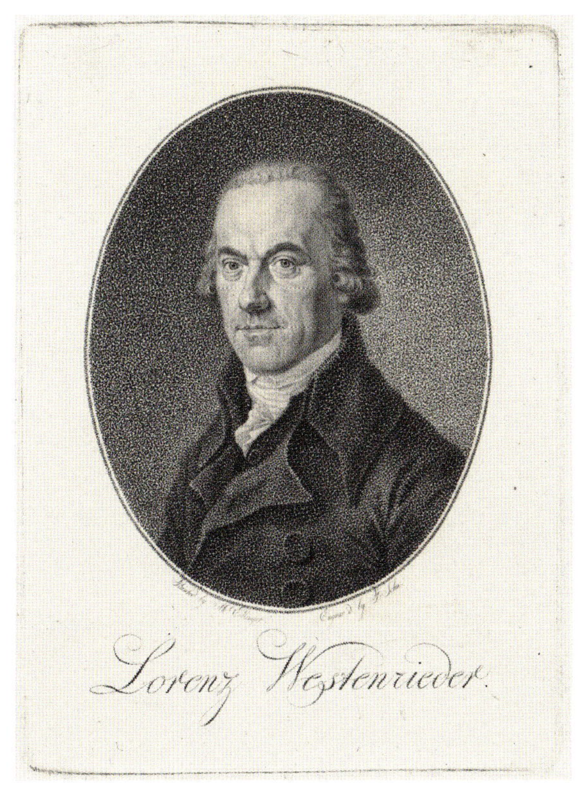

102

über der eine tiefe Falte sitzt. Auch die hohen »Geheimratsecken« der Frisur beschönigt der Maler nicht. Schrank macht einen etwas asketischen Eindruck.

101

Johann Michael Sailer (1751–1832)

Punktierstich von Friedrich John nach dem (verschollenen) Gemälde von Edlinger
↪ Kap. Graphik G 26

Auch dem Philosophen, Theologen und Historiker Johann Michael Sailer kommt eine besondere kulturelle Bedeutung zu, die in seinem Fall vor allem in seiner Tätigkeit als Priester-Erzieher und geistlicher Schriftsteller liegt. Leider ist sein von Edlinger gemaltes Porträt nur noch durch den John'schen Kupferstich belegbar.

Sailer, Sohn eines Schusters, hatte ebenfalls das Münchner Jesuiten-Gymnasium besucht. 1770 war er in den Jesuiten-Orden eingetreten, fünf Jahre später hatte er die Priesterweihe erhalten. Ab 1780 lehrte Sailer in Ingolstadt Dogmatik, von 1784 bis 1791 war er in Dillingen Professor für Ethik und Pastoraltheologie. Wegen des Verdachts, Illuminat zu sein, wurde er 1794 als »Religionszerstörer« und »Sittenverderber« entlassen. Da man ihm nahelegte, München zu verlassen, zog er sich aus der Öffentlichkeit zurück und fand Aufnahme bei einem Freund in Ebersberg. 1799 wurde er wieder als Professor für Moral- und Pastoraltheologie an die Universität Ingolstadt berufen, die bald darauf (1800) nach Landshut verlegt wurde. Ab 1810 war Sailer Mitglied der Bayerischen Akademie der Wissenschaften. Im Jahr 1829, mittlerweile bereits 78 Jahre alt, wurde Sailer schließlich Bischof von Regensburg.

Johann Michael Sailer, der rund 160 Druckwerke publizierte, muss als der fruchtbarste und damals auch wirkungsmächtigste bayerische Schriftsteller gelten; seine Werke fanden auch außerhalb Bayerns viel Beachtung. Sein Einfluss auf die Priestererziehung – sein Anliegen war eine christliche Aufklärung, sein Priester-Ideal war nicht der Volkslehrer, sondern der Seelsorger – ist nicht zu unterschätzen und prägte nicht nur die neue Priestergeneration, sondern beeinflusste auch das bayerische Bildungsbürgertum nach 1800.

102

Lorenz von Westenrieder (1748–1829)

Punktierstich von Friedrich John nach dem (verschollenen) Gemälde von Edlinger
↪ Kap. Graphik G 34

Als wohl wichtigster Vertreter der Aufklärung in Bayern darf der Theologe, Pädagoge, Historiker und Publizist Lorenz von Westenrieder hier nicht fehlen. Ebenfalls aus einfachen Verhältnissen stammend – der Vater war Getreidehändler in München –

absolvierte er dennoch das von den Jesuiten geführte Münchner Gymnasium und besuchte anschließend die Lyzeen in München und Freising, wo er Philosophie und Theologie studierte. 1771 erhielt Westenrieder die Priesterweihe. 1774 – der Jesuiten-Orden war im Jahr zuvor aufgehoben worden – wurde er Lehrer für Poetik und Rhetorik an den Gymnasien in Landshut und München. 1776 erhielt der Geistliche eine Berufung in die Bücherzensur-Kommission, deren Leitung er von 1799 bis 1803 übernahm. 1800 wurde Westenrieder, der 1786 zum Wirklichen Geistlichen Rat ernannt worden war, Mitglied des Kollegiatstiftes Unsere Liebe Frau in München, von 1817 bis 1829 gehörte er dem Domkapitel München-Freising an.

Zugunsten publizistischer Tätigkeiten von seinen bisherigen beruflichen Verpflichtungen freigestellt, war Westenrieder ab 1777 Mitglied der Bayerischen Akademie der Wissenschaften, von 1801 bis 1807 übernahm er das Amt des Ständigen Sekretärs. 1779 wurde der Geistliche, der Anhänger einer gemäßigten Aufklärung war, für ein knappes Jahr Mitglied der Illuminaten.

Lorenz Westenrieder publizierte mehr als 100 Werke, darunter eine zweibändige *Geschichte Baierns für die Jugend und das Volk* (1785), mit der er einem breiten Publikum die Geschichte des Landes nahebringen wollte. Neben seinen historischen und theoretischen Werken verfasste er aber auch Romane und Theaterstücke. Während er zunächst im Verlag seines Freundes Johann Baptist Strobl (Abb. 29) veröffentlichte, überwarf er sich schließlich mit dem Buchhändler – in einem Brief an Pfarrer Anton Bucher (↪ Kap. Graphik G 9) bezeichnete Westenrieder den Verleger als »gröbsten grober Menschen« (vgl. Kluckhohn, S. 109) – und ließ seine Werke deshalb ab 1790 beim Konkurrenten Joseph Lindauer (Kat. 115) erscheinen. Westenrieder, der schon den Zeitgenossen als einer der bedeutendsten bayerischen Gelehrten und Schriftsteller galt, erhielt 1808 für seine breit gefächerten Leistungen das Ritterkreuz des Civil-Verdienst-Ordens der Bayerischen Krone, womit die Nobilitierung verbunden war.

Westenrieder, der 1781 in seinen *Baierischen Beyträgen* als erster über Johann Georg Edlinger und dessen Bildnis der Kurfürstin berichtete (vgl. S. 17), ließ sich in den 1790er-Jahren selbst von ihm porträtieren. Edlinger zeigt den Theologen mit entspannten Gesichtszügen nahezu en face. Westenrieder litt zu diesem Zeitpunkt noch nicht unter der äußerst schmerzhaften Trigeminus-Entzündung, die ihm in späteren Jahren größte Pein bereiten sollte und die er 1802 unter dem Titel *Die Geschichte meines Backenschmerzes genannt Trismus* literarisch zu verarbeiten versuchte. Es ist anzunehmen, dass nach diesem (verschollenen) Gemälde bzw. einer Replik davon der vom Buchhändler Strobl in Auftrag gegebene Kupferstich entstand. Obwohl die beiden, wie oben erwähnt, zerstritten waren, nahm Strobl den Geistlichen als herausragenden Schriftsteller doch in seine geplante Porträt-Serie bedeutender Bayern auf, für die er 1793/94 von Friedrich John in Wien Edlinger-Gemälde in Kupferstiche umsetzen ließ (vgl. S. 151–152).

Wie Sailers Porträt ist auch Westenrieders Bildnis verschollen. Da beide aber Persönlichkeiten von besonderer Bedeutung sind, werden sie hier mittels der von Friedrich John gefertigten Punktierstiche vorgestellt.

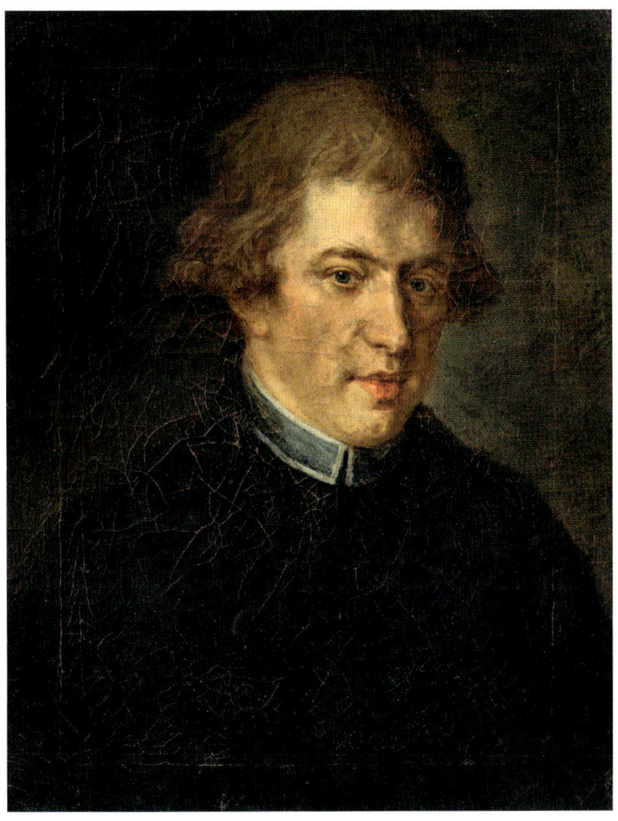

103

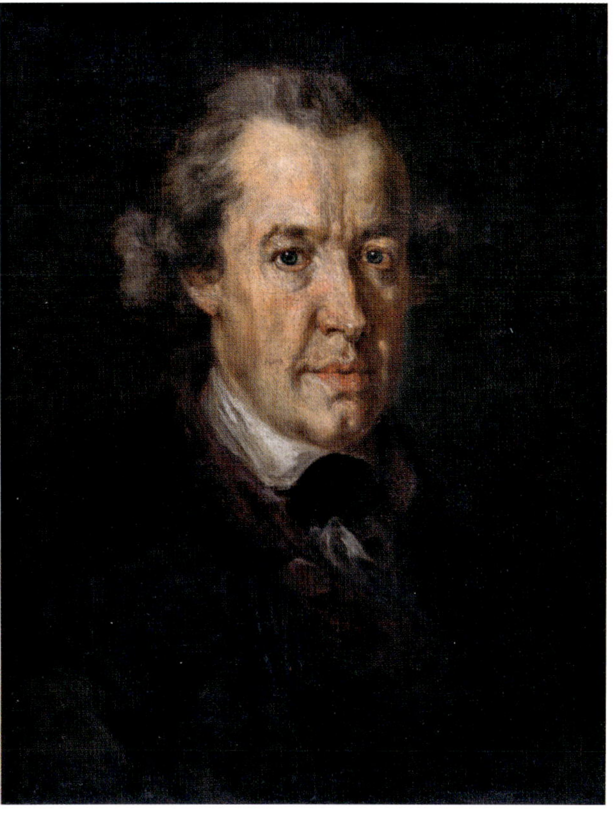

104

103

Joseph Socher (1755–1834)

um 1785
Öl auf Leinwand, 54 × 42 cm
Privatbesitz
Nicht bei Heinemann 1924; nicht bei Schenk 1983

104

Joseph Socher

um 1795
Öl auf Leinwand, 53,5 × 41,5 cm
StadtA München: HV-BS-F-02
Heinemann 1924, Nr. 70; Schenk 1983, WK 110
↪ Kap. Graphik G 45

Joseph Socher, Sohn eines Müllers aus Peiting bei Steingaden, studierte Theologie und wurde 1778 zum Priester geweiht. Noch im gleichen Jahr begann er seine Lehrtätigkeit als Professor am Lyzeum in Landsberg. 1784 wurde Socher, der ein Jahr zuvor Archivar des Malteser-Ordens geworden war, zum kurfürstlich Geistlichen Rat ernannt und übernahm im Folgejahr (1785) die Pfarrei Oberhaching bei München. 1799 erhielt der Geistliche eine Professur für Philosophie und Geschichte der philosophischen Systeme in Ingolstadt, zeitgleich wurde er Pfarrer in Kelheim. Socher begann seine universitäre Lehrtätigkeit erst im Juni 1800 – die Universität war zu diesem Zeitpunkt bereits nach Landshut verlegt – und amtierte von 1803 bis 1804 als Rektor der Hochschule. 1805 gab Socher seine Professur auf und bezog seine Pfarrei, die er bis dahin durch einen Vikar hatte verwalten lassen. Ab 1810 ordentliches Mitglied der Philologisch-philosophischen Klasse der Bayerischen Akademie der Wissenschaften, veröffentlichte Socher zahlreiche Werke, darunter das vierbändige *Christenlehrbuch für katholische Seelsorger, Katecheten und Lehrer* (1792–95), *Grundriss der Geschichte der philosophischen Systeme von den Griechen bis auf Kant* (1801) und *Über Ehescheidung in katholischen Staaten* (1810), eine Schrift, in der er sich positiv zur Absicht der bayerischen Regierung äußerte, die Auflösung der Ehe gesetzlich zu regeln. In den Jahren 1819, 1825 und 1831 war Socher auch Mitglied des Bayerischen Landtags. Der Geistliche starb im Alter von 79 Jahren in Kelheim.

Von Socher sind zwei Porträts von der Hand Edlingers bekannt. Während das Gemälde in Privatbesitz den jungen Socher zeigt und farblich sehr schön differenziert ist, hielt der Künstler das heute im Besitz des Historischen Vereins von Oberbayern befindliche Bild eher brauntönig. Da dieses Bild dem Kupferstich von Friedrich John entspricht und zudem ein ähnliches Format wie andere von John im Auftrag Strobls umgesetzte Porträts (Kat. G 45) aufweist, darf man vermuten, dass es aus der Galerie des Buchhändlers stammt.

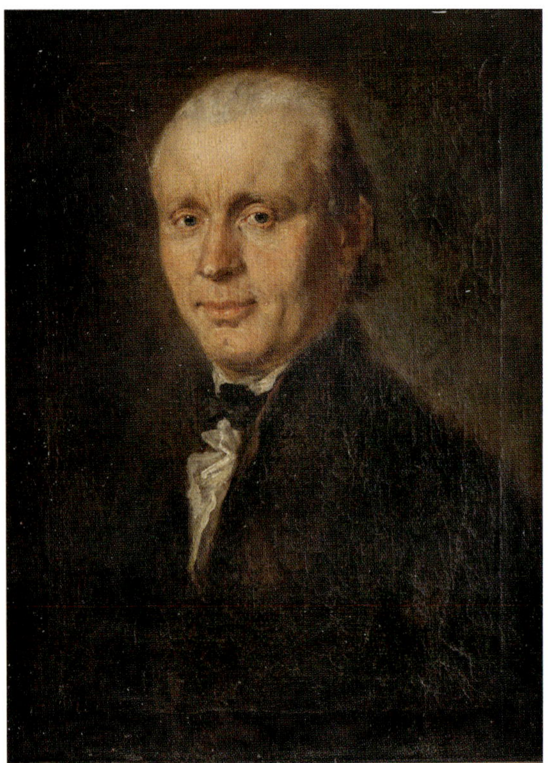

105

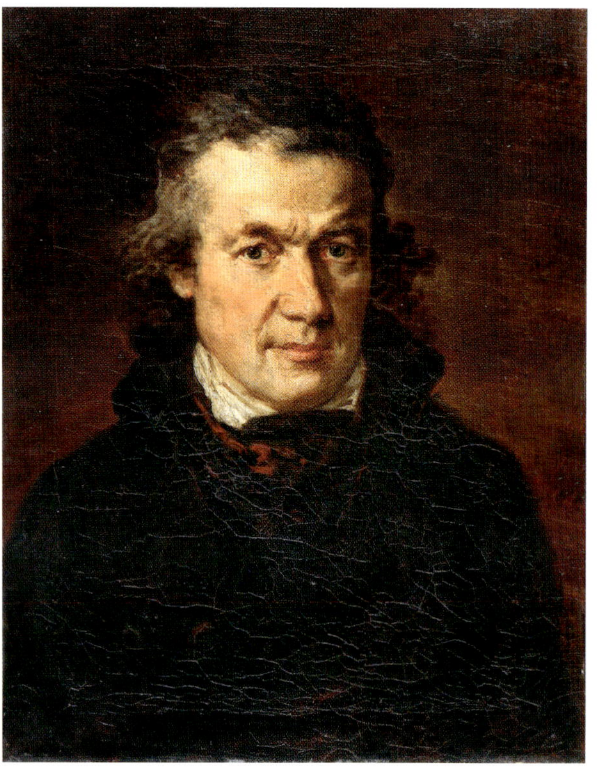

106

105

Georg Alois Dietl (1752–1809)

um 1790
Öl auf Leinwand, 58,8 × 45 cm
Museen der Stadt Landshut: 1274
Heinemann 1924, Nr. 66; Schenk 1983, WK 83
↪ Kap. Graphik G 11

Der gebürtige Oberpfälzer Dietl trat nach der Gymnasialzeit in Amberg dem Jesuiten-Orden bei. Als die Sozietät aufgehoben wurde, entschied er sich für den Weltpriesterstand und studierte in Ingolstadt Theologie. Anfänglich Hofmeister, dann Dorfkaplan, folgte er dem Ruf des Fürstbischofs von Regensburg, der ihm 1781 die Kuratie zu Maria Taferl in Niederösterreich verlieh. Dort kam Dietl in Berührung mit den Aufklärungsbemühungen von Kaiser Joseph II. Nach Bayern zurückgekehrt und mit der Pfarrei Berg bei Landshut bedacht, geriet der Geistliche durch eine Veröffentlichung im Verlag von Johann Baptist Strobl (Abb. 29) 1786 in Misskredit bei der Regierung wie auch bei seinen geistlichen Vorgesetzten. Wegen allzu offener Kritik an den kirchlichen Zuständen in seinen *Vertrauten Briefen eines Geistlichen an seinen Freund* wurde er hierüber förmlich zur Verantwortung gezogen und seine *Briefe* für längere Zeit verboten. 1801 erhielt Dietl den Lehrstuhl für Ästhetik an der Universität Landshut und bald darauf übertrug man ihm die dortige Stadtpfarrei St. Martin.

Freundlich lächelnd blickt der Geistliche dem Betrachter direkt ins Gesicht. Er scheint ein gutmütiger, etwas schmächtiger Mann zu sein. Das unprätenziöse, farblich zurückhaltende Bildnis dürfte nach Auskunft seines Formats aus der Strobl'schen Galerie stammen.

106

Maximus von Imhof (1758–1817)

um 1790
Öl auf Leinwand, 54,5 × 42,5 cm
Privatbesitz
Nicht bei Schenk 1983
↪ Kap. Graphik G 52

Imhof, Sohn eines Schusters im niederbayerischen Reisbach, trat 1780 dem Augustiner-Orden bei und wurde 1782 zum Priester geweiht. 1786, bereits 28 Jahre alt, begann er Physik, Mathematik und Philosophie zu studieren. 1791 wurde Imhof Lehrer am Münchner Lyzeum. Im gleichen Jahr erhielt er eine Berufung in die Philosophische Klasse der Bayerischen Akademie der Wissenschaften (Klassen-Direktor von 1800 bis 1804), in der vor allem die Naturwissenschaften angesiedelt waren. Im Folgejahr, 1791, wurde Imhof zum Professor der Physik und Mathematik am kurfürstlichen Lyceum ernannt und 1792 auf den von der Akademie errichteten öffentlichen Lehrstuhl für Vorlesungen über Experimentalphysik und Chemie berufen. Auch im Kloster hatte Imhof Verpflichtungen, denn im Jahr 1798 wählte ihn das Münchner Augustinerkloster zum Prior. Als Imhof 1802 auf die zweite Bibliothekar-Stelle an der mit der Akademie vereinigten Hofbibliothek berufen wurde, trat er aus dem Orden aus. Seine geistliche Tätigkeit war damit aber keineswegs beendet, denn er erhielt ein Kanonikat an der Münchner Frauenkirche. 1808 gehörte Imhof zu den ersten, die den neu gestifteten Verdienstorden der Bayerischen Krone erhielten, mit dem der persönliche Adel verbunden war. Nachdem er sein Lehramt am Lyceum 1811 aus Rücksicht auf seine Gesundheit niedergelegt hatte, richtete er sein Augenmerk auf gemeinnützige Themen. Er bemühte sich u. a. um die Verbreitung des Blitzableiters in Bayern und publizierte 1816 eine *Theoretisch-praktische Anweisung zur Anlegung und Erhaltung zweckmäßiger Blitzableiter*.

Ein weiteres Porträt Imhofs, das 1822 verbrannte, ist möglicherweise als Stich überliefert (vgl. Kat. G 51). Das hier abgebildete, farblich zurückhaltende Bild stammt wohl aus dem Besitz von Johann Baptist Strobl.

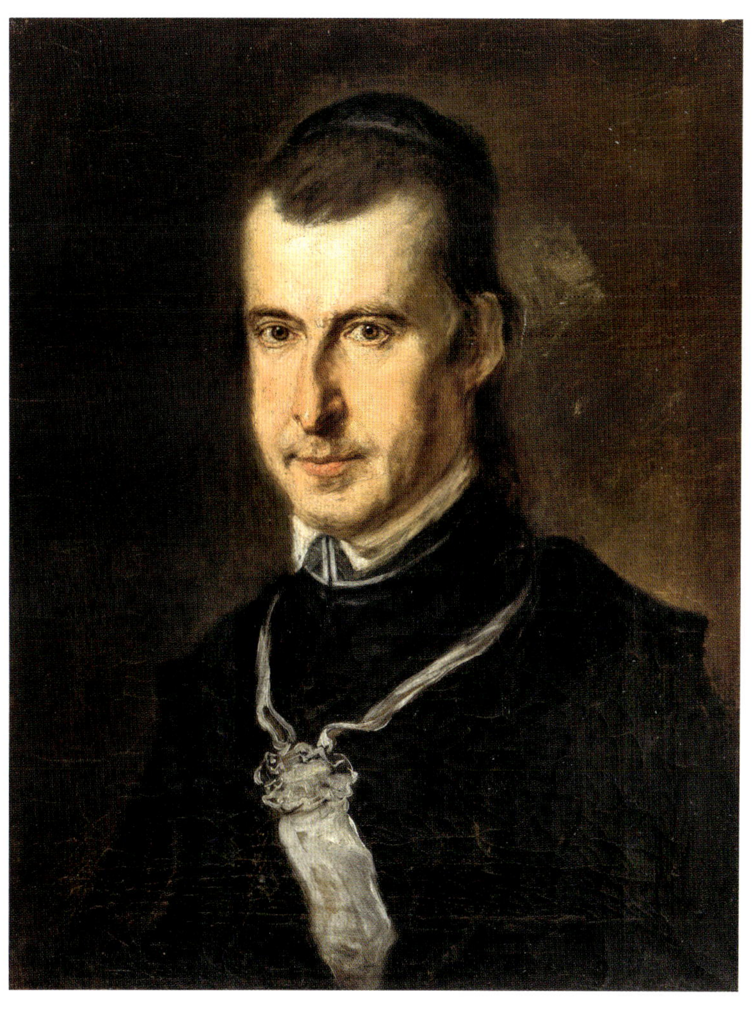

107

107

Augustin (Balthasar) Hacklinger (1755–1830)

1793
Öl auf Leinwand, 54,9 × 43,2 cm
Rückseitig bez.: Augustinus Hacklinger c. R. [canonicus Regularis] Gars. / Rhet. I mus Prof. Monachii 1793. / aetatis 38imo anno; von späterer Hand: Can. Cap. Eccl. Metropol. monaco-frisingensis / VIII. Oct. MDCCCXXI Vicarius generalis / pinxit in grati animi signo / pro edocto Gram. et Rhet. [unleserlich] filio suo Josepho / Joan Georg Ettlinger Pictor aulicus Mon.
Diözesanmuseum Freising: D 72162
Heinemann 1924, Nr. 81; Schenk 1983, WK 84

Der auf dem Irschenberg im Chiemgau geborene Bauernsohn trat 1774 ins Kloster der Augustiner-Chorherren in Gars ein, wo er schließlich als Bibliothekar und Novizenmeister tätig wurde. Später übernahm er auch den von den Stiftsgeistlichen in Gars betreuten Lehrauftrag für Grammatik und Rhetorik am Lyzeum München und war als Schulinspektor im Kreis Mühldorf am Inn tätig. 1794 wurde Hacklinger Propst des Klosters Gars, womit auch das Amt des Archidiakons verbunden war, er also zum Stellvertreter des Erzbischofs von Salzburg avancierte. Nachdem das Kloster 1803 säkularisiert worden war, erwarb der »Privatmann« Hacklinger für 800 Gulden den sogenannten »Prälatenstock« des Klosters und lebte hier mit den wenigen noch verbliebenen Mitbrüdern; sein Amt als Archidiakon übte er ohne Erlaubnis der staatlichen Behörden weiterhin aus. 1814 verließ Hacklinger Gars, weil er zum Geistlichen Rat in Freising berufen wurde. Einige Jahre später, 1821, wechselte er von dort in das neu gegründete Domkapitel München und wurde der erste Generalvikar des Erzbistums.

Hacklingers Porträt – Edlinger stellt den Geistlichen im Ordenshabit dar – hatte einen besonderen Bezug zur Familie Edlinger. Gemäß rückseitiger Bezeichnung malte Edlinger das Porträt aus Dankbarkeit für die Erziehung seines Sohnes Joseph Sebastian; dieser hatte bei Hacklinger am Münchner Lyzeum Unterricht in Grammatik und Rhetorik.

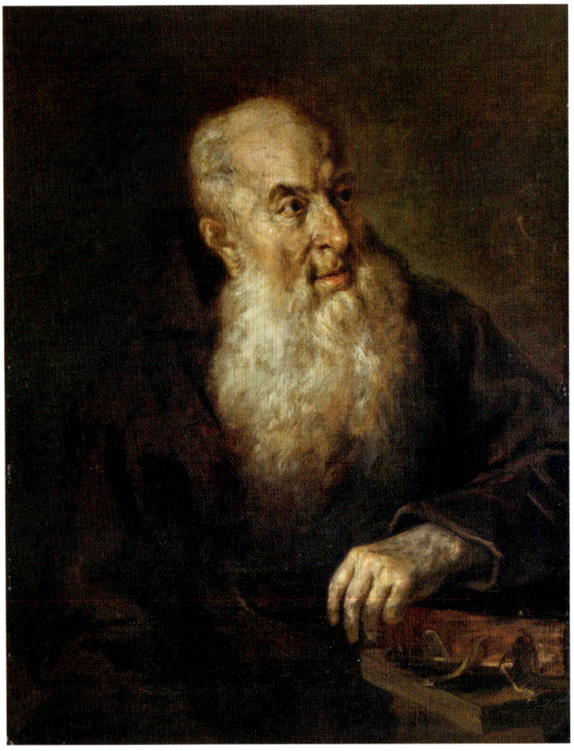

108

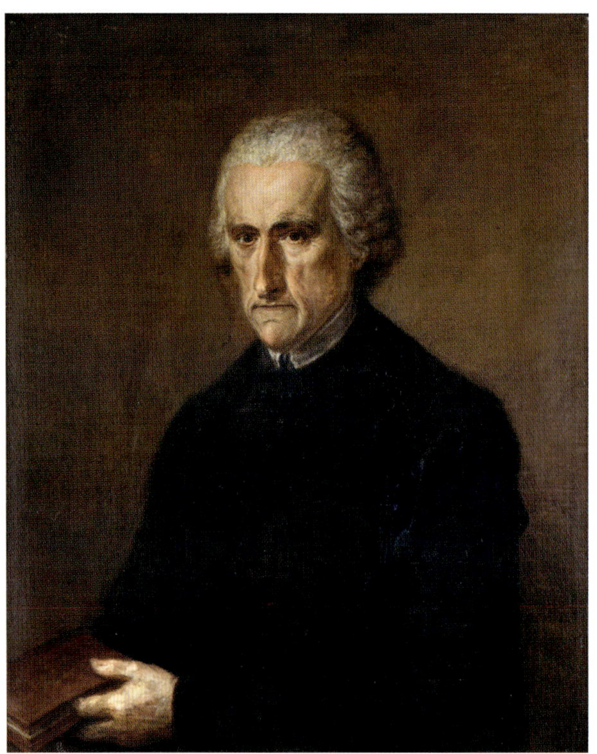

109

108

Unbekannter Kapuzinermönch, vielleicht Cyprian Aschenbrenner (1748–1813)

vor 1795 (?)
Öl auf Leinwand (doubliert), 77,5 × 62 cm
MStM: GM-2019-10 (Slg. Hans G. Knäusel)
Nicht bei Schenk 1983; Knäusel 2006, Nr. 34

Das Porträt zeigt einen nicht identifizierten Kapuzinermönch. Möglicherweise handelt es sich um Cyprian Aschenbrennner, den Beichtvater von Kurfürst Karl Theodor, der letzteren 1795 auf seiner Flucht vor den Franzosen nach Sachsen begleitete. Nach der Rückkehr hätte Aschenbrenner als Geheimrat am Münchner Hof bleiben können, doch lehnte er das Angebot ab; er zog es vor, weiterhin Mönch zu bleiben. Nach dem Tod des Kurfürsten wurde Pater Cyprian Guardian (Hausvorsteher) des Kapuzinerklosters in Straubing. Nach dessen Säkularisierung übersiedelte er zusammen mit seinem Konvent in das Zentralkloster der Kapuziner nach Altötting, wo er bis 1813 dreimal zum Kapuzinerprovinzial gewählt wurde.

Edlinger stellt einen für den Dialog mit dem Betrachter nicht erreichbaren Mönch dar. Sein leicht nach oben gewendeter Blick geht in die Ferne. Der Kapuziner mit dem eindrucksvollen Bart ist in Gedanken weit weg, ein leises Lächeln scheint um seinen Mund zu spielen.

109

Ildephons (Thomas) Kennedy (1722–1804)

1804
Öl auf Leinwand, 73,5 × 60,5 cm
BAdW: 125-40
Nicht bei Schenk 1983

Ildephons Kennedy, geboren als Sohn katholischer Eltern in Muthel (Schottland), verließ seine Heimat aus Glaubensgründen schon sehr früh und trat 1735 in das Schottenseminar St. Jakob der Benediktiner in Regensburg ein, wo er 1742 die Profeß ablegte. Nach einem Studium an der gemischtkonfessionellen städtischen Universität Erfurt, wo er mit dem Gedankengut der katholischen Aufklärung in Kontakt kam, wurde er 1747 in Regensburg zum Priester geweiht und unterrichtete am Schottenseminar Mathematik und Physik und übernahm ab 1756 auch dessen Leitung. Er schloss sich dem im Sinn der katholischen Aufklärung wirkenden sogenannten »Disputierkollegium« an der Benediktiner-Reichsabtei Sankt Emmeram an und pflegte auch enge Kontakte zu protestantischen Gelehrten der Reichsstadt.

1759 gehörte Kennedy zu den Gründungsmitgliedern der Akademie der Wissenschaften; von 1761 bis 1801 übernahm er als Nachfolger Loris (Kat. 73) das Amt des Ständigen Akademiesekretärs. Kennedys einflussreiche Stellung in der Akademie, seine wissenschaftliche Reputation sowie umfangreiche Sprachkenntnisse und persönliche Integrität verschafften ihm eine Reihe weiterer wichtiger Ämter: So wurde er u.a. 1769 Mitglied des neu installierten kurfürstlichen Bücherzensur-Kollegiums und 1773 auch des Geistlichen Rates, der obersten Zentralbehörde für Kirchen- und Schulangelegenheiten. Seine öffentlichen Vorlesungen zur Experimentalphysik verschafften ihm auch in nichtwissenschaftlichen Kreisen hohes Ansehen.

Wie schon das Porträt Loris gab die Akademie der Wissenschaft auch das von Ildephons Kennedy erst nach dessen Tod 1804 bei Edlinger in Auftrag: Da es von Kennedy keinen Kupferstich gab, der als Vorlage hätte dienen können, musste der Künstler den Darzustellenden aus der Erinnerung wiedergeben. Die verantwortlichen Akademiemitglieder waren sich dieser Problematik bewusst und fanden daher, wie das Sitzungsprotokoll vom 10. Mai 1804 belegt, folgende Lösung: »Nachdem der hiesige Hofmaler Joh. Georg Edlinger zugesagt hat, das Portrait des sel. Kenedy malen zu wollen, so soll derselbe ersucht werden, hivor eine Skizze der Akademie zu übergeben, damit man sehen möge, ob er, da er größtentheils bloß aus dem Gedächtniß malen muß, eine Ähnlichkeit mit der Bildung des Verstorbenen herstellen könne.« Wohl wegen der besonderen Schwierigkeit des Auftrags sollte der Maler, der üblicherweise 30 Gulden pro Bild verlangte, diesmal den erstaunlich hohen Betrag von 60 Gulden bekommen (vgl. BayAdW: AAW NL Ellinger).

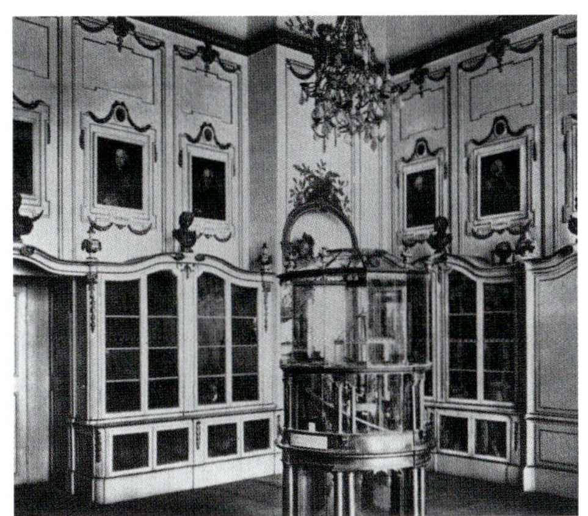

110

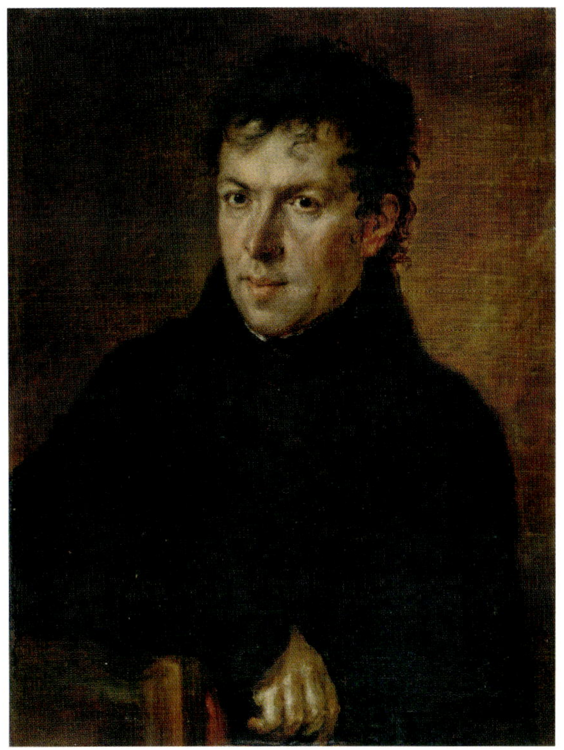

111

110

Bayerische Akademie der Wissenschaften – Raum mit Bücherschränken

Abb. aus: Ulrich Thürauf, Geist und Gestalt, Bd. 3, München 1959, S. 254 (das Originalfoto ist ein Kriegsverlust des BNM)

111

Johann Baptist Duschl (1770–1830)

um 1810
Öl auf Leinwand (doubliert), 62 × 48 cm
SGL: G 4264
Heinemann 1924, Nr. 154; Schenk 1983, WK 168; Eschenburg/Althaus/Friedel 2009, Edlinger Nr. 18

Johann Baptist Duschl aus Aibling studierte Theologie und Philosophie und wurde 1793 in Ingolstadt in letzterem Fach promoviert. Duschl trat zunächst als Chorherr ins Kollegiatstift St. Veit in Freising ein, verließ dies aber spätestens mit dessen Auflösung im Jahr 1802. In der Folge wurde er Pfarrer in der Münchner Vorstadt Au; wann seine Erhebung zum Dekan erfolgte, ist nicht bekannt. Um 1824 hatte er als Distriktschulinspektor die Aufsichtspflicht über die örtlichen Schulen und wirkte außerdem als Kaplan des Ritterordens vom Hl. Michael. Duschl starb 60-jährig in seinem Pfarrhaus in der Au.

Duschl, dessen Locken sich widerspenstig um seinen Kopf kräuseln, scheint seitlich auf einem Stuhl zu sitzen, sein Arm liegt auf dessen Lehne. Etwas abwesend blickt er den Betrachter an. Die insgesamt aber dennoch legere Darstellung vermittelt den Eindruck, dass es sich nicht – wie bei den bisher gezeigten Geistlichen – um ein auch für offizielle Zwecke (z.B. eine Publikation) geeignetes Bildnis handelt, sondern eher um eines, das für den innerfamiliären Gebrauch gedacht war.

Duschl hatte einen jüngeren Bruder, der 1801 nach München heiratete. Auch er und seine Frau ließen sich von Edlinger malen (Kat. 128, 129).

Die stadtbürgerliche Gesellschaft

In der Münchner Einwohnerschaft bildete die Bürgergemeinde – wie oben bereits ausgeführt – zwar den Kern der Gesellschaft, sie war aber längst zu einer Minorität geworden. Von rund 38.000 Einwohnern besaßen um 1790 nur etwa 1.500 das städtische Bürgerrecht. Die fürstliche Hofhaltung, die zahlreichen Landeskollegien, das Militär, der Welt- und Ordensklerus und ein nicht gerade kleines Kontingent von Tagelöhnern und Bettlern hatten mit der Zeit ein zusätzliches Potenzial von Einwohnern geschaffen, das von der Organisation der Stadt profitierte, ohne dafür Verantwortung zu tragen. Ungeachtet dieser Entwicklung blieb die Kommune – womit der mit den meisten Steuern und Lasten beladene Bürgerstand gemeint ist – rein nominell der Dreh- und Angelpunkt aller auf das Wohl und Wehe der Stadt bezogenen Aktivitäten und Maßnahmen. Allein die nicht unkomplizierte Aufnahme in die Bürgergemeinde, für die die Erfüllung bestimmter Bedingungen erforderlich war (u. a. der Nachweis von innerstädtischem Grundeigentum oder die Einheirat in ein zunftmäßiges Handwerk), berechtigte zur Ausübung eines gemäß der amtlichen Zunftverfassung zugelassenen und mit ordentlichen Zunftartikeln versehenen Gewerbes. Zudem erfreute sich der Bürger bestimmter Privilegien, unter denen der magistratseigene Gerichtsstand in allen zivilrechtlichen Angelegenheiten und eine bei gewerblichen Verstößen separate und nicht entehrende Strafjustiz an vorderster Stelle zu nennen sind.

Auch wenn Hof- und Bürgergesellschaft verschiedenen Rechtssystemen unterstanden, so war dies kein Hindernis, miteinander in Kontakt zu kommen und diesen auch zu pflegen. Eine gute Möglichkeit zur Vernetzung der unterschiedlichen sozialen Schichten bot die im April 1775 konstituierte, unpolitische Münchner Freimaurer-Loge »Zur -Behutsamkeit«, in die Männer aus dem Adel wie aus der Bürgerschaft aufgenommen wurden. Deren ältestes Mitgliederverzeichnis aus dem Jahr 1776 nennt insgesamt 22 Namen (15 adelige und sieben bürgerliche Männer), darunter Joseph von Widnmann, Johann Caspar Aloys Reichsgraf von La Rosée, Maximilian Graf Preysing, Adrian von Riedl, Andreas Zaupser und Andreas Andre (Kat. 80, 26, 48, G 22, G 24, G 35). Auch der 1776 vom Philosophen und Kirchenrechtler Adam Weishaupt in Ingolstadt gegründete, politisch engagierte Geheimbund der Illuminaten bot Angehörigen verschiedener Stände die Möglichkeit, gemeinsame Ziel zu entwickeln und zu verfolgen; er existierte allerdings nur knapp zehn Jahre.

Hatte Edlingers Kundschaft zunächst vor allem aus Mitgliedern des Adels, Hofbediensteten und Beamten bestanden, so malte er gegen Ende des Jahrhunderts zunehmend auch Personen aus dem Stadtbürgertum. Eine idealisierende Darstellung, wie sie schon bald Mode werden sollte, lag ihm dabei fern.

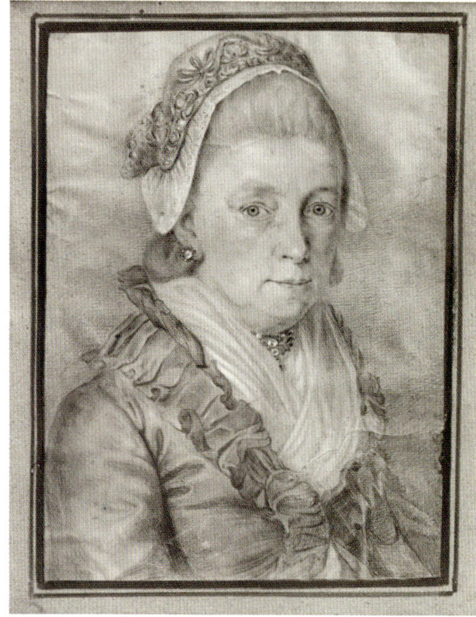

112

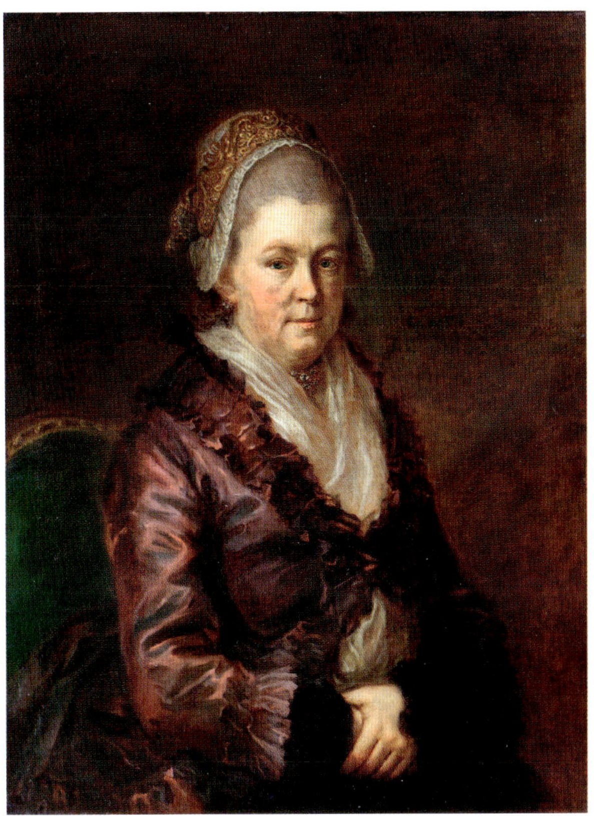

114

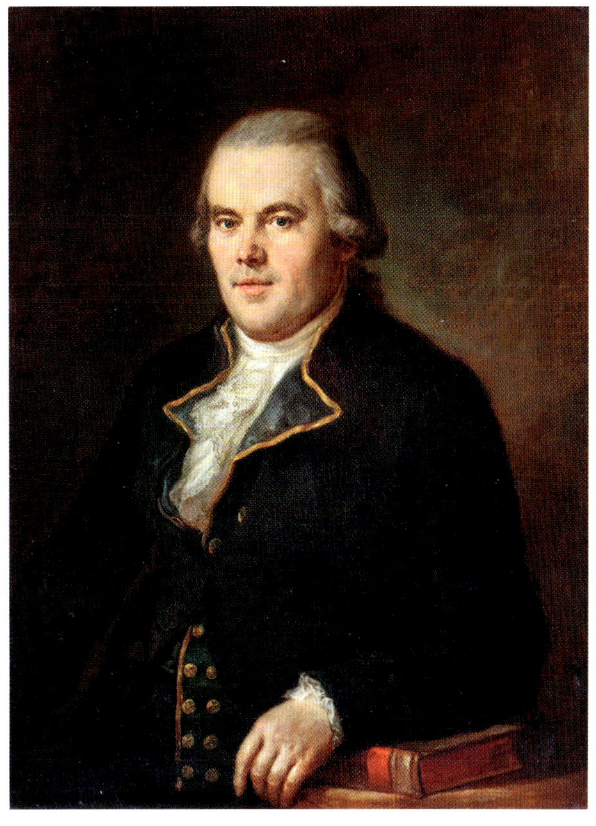

113

112

Maria Anna Lentner

Foto einer verschollenen Bleistiftzeichnung
MStM: 67/571/3
Schenk 1983, WK 203

113

Joseph Lentner (1756–1815)

um 1785
Öl auf Leinwand, 86,2 × 65,2 cm
Düsseldorf, Kunstpalast: M 57
Heinemann 1924, Nr. 22; Schenk 1983, WK 35

114

Maria Anna Lentner, geb. Gastl, verw. Fritz (1747–1798)

um 1785 Öl auf Leinwand, 87 × 65,4 cm
Düsseldorf, Kunstpalast: M 58
Heinemann 1924, Nr. 23; Schenk 1983, WK 36

Während vor allem Leipzig, wo im Frühjahr und Herbst Messen stattfanden, aber auch Frankfurt, Berlin, Halle, Göttingen und Stuttgart in der zweiten Hälfte des 18. Jahrhunderts Zentren des Buchhandels waren, spielte München nicht zuletzt wegen strenger Zensurpolitik – ein seit 1769 installiertes Bücherzensurkollegium beurteilte alle Druckwerke – auf diesem Gebiet eine eher unbedeutende Rolle. Dennoch gab es in der bayerischen Haupt- und Residenzstadt Ende des 18. Jahrhunderts drei Buchhändler-Gerechtigkeiten. Eine davon hatte 1778 der schon mehrfach erwähnte Johann Baptist Strobl (Abb. 29) erworben; über ihn wird noch zu reden sein. Die zweite ging 1784 an Joseph Lentner, nachdem er die Witwe des verstorbenen Buchhändlers Johann Nepomuk Fritz geheiratet hatte. Die (bereits 1698 gegründete) Lentner'sche Buchhandlung, die noch heute im Komplex des Neuen Münchner Rathauses existiert, befand sich seinerzeit in der Kaufingerstraße nächst dem Schönen Turm. Wie den beiden anderen Münchner Buchhandlungen war auch dem Lentner'schen Unternehmen ein Verlag angeschlossen.

Edlinger zeigt die Ehepartner jeweils sitzend und in Halbfigur. Joseph Lentner stützt sich auf ein Buch, was als Hinweis auf seinen Beruf zu verstehen ist. Attribute dieser Art finden sich bei Edlinger eher selten. Auf dem Bildnis von Frau Lentner ist der Sessel deutlich erkennbar, eine weitergehende Andeutung auf den Ort der Szene ist jedoch nicht gegeben. Die Buchhändlergattin trägt eine Haube mit Goldstickerei und ein lila changierendes Überkleid. Da Edlingers Nachlass 1822 verbrannte (vgl. S. 31), ist ihr Porträt der einzige Fall, in dem eine Vorzeichnung zum Gemälde bekannt ist. Leider ist sie nur als Foto überliefert. Sie belegt aber, dass der Maler seine Gemälde so intensiv vorbereitete, dass er sie notfalls auch ohne Modell fertigstellen konnte.

115

Joseph Lindauer (1755–1821)

um 1795/1800
Öl auf Leinwand, ca. 56 × 44 cm
Privatbesitz
Heinemann 1924, Erster Anhang, Nr. 32;
nicht bei Schenk 1983

1786 erwarb Joseph Lindauer, ein Bauernsohn aus Kohlgrub, die durch Tod frei gewordene dritte Münchner Buchhändler-Gerechtigkeit, die auf der Crätz'schen Verlagsbuchhandlung lag. Die einst florierende Firma war von seinem Vorgänger aufgrund von Konkurrenzstreitigkeiten sowie einem Prozess, in dessen Folge Johann Aloys Crätz München verlassen musste, an den Rand des Ruins geführt worden, doch Lindauer brachte das Geschäft wieder zur Blüte. Er publizierte im Lauf der Jahre über 400 Werke, darunter namhafte deutsche Autoren, und bot auch italienisch-, englisch- und französischsprachige Bücher an. 1816 übergab er den Verlag an seinen gleichnamigen Sohn, der jedoch schon nach wenigen Jahren verstarb. Der Verlag Lindauer, der über viele Generationen im Familienbesitz blieb, existiert noch heute und ist seit langem auf Schulbücher spezialisiert.

Das vorliegende Porträt gehört wegen seiner fein abgestimmten Farbigkeit – das rote Revers und eine gelbe Halsbinde leiten den Blick des Betrachters geschickt zum Gesicht des Dargestellten – zu den besten Werken Edlingers. Während der leicht gedrehte Körper Lindauers mit dem nicht näher definierten Hintergrund zu verschmelzen scheint, schaut der Betrachter einem erkennbar kultivierten Mann nahezu frontal ins Gesicht. Der erwidert den Blick direkt und selbstbewusst.

116

Johann Baptist Schrem(b)s (1743/44–1797)

um 1790
Öl auf Leinwand, 54 × 42,5 cm
Gleimhaus Halberstadt – Museum der deutschen Aufklärung: A 204
Nicht bei Schenk 1983
↪ Kap. Graphik G 44

Johann Baptist Schrem(b)s, Landwirt und Bierbrauer, heiratete die Brauertochter Maria Ursula Wöckher, verwitwete Sebastian, deren Mutter der Menterbräu in der Münchner Rosengasse 12 gehörte. 1773 konnte er das Anwesen von seiner Schwiegermutter für 15.600 Gulden erwerben. Schrem(b)s kümmerte sich nicht allein um seinen Betrieb, sondern war auch stets auf der Suche nach Innovationen für sein Metier und erwarb sich so große Verdienste um die Förderung der Landwirtschaft. Er ließ nicht nur den ersten Münchner Bierkeller in den Gasteigberg, das östliche Isarhochufer, bauen, um dort sein Bier kühl zu lagern, sondern befasste sich auch, wie die 1791 im Verlag Johann Baptist Strobl anonym publizierte Schrift *Nützliche und praktische Vorschläge die Landeskultur in Baiern zu befördern* belegt, mit dem Klee- und Hopfenanbau sowie der Viehmast. Von Schrem(b)s angestoßene technische Verbesserungen im Brauwesen beschrieb auch Simon Rottmanner (Kat. 76) in seiner 1799 erschienenen Publikation *Über die Schädlichkeit des Bierzwanges und der Nothwirthe in Bayern*.

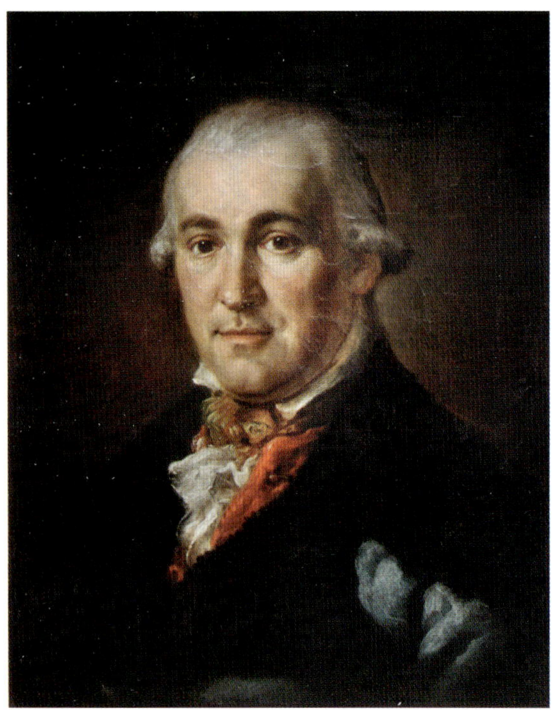

115

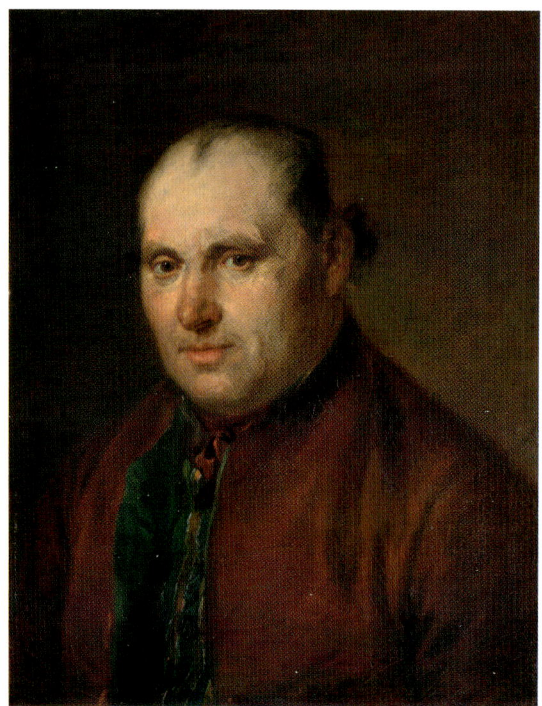

116

Schrem(b)s' Porträt ist eines der schlicht gehaltenen Bildnisse Edlingers; es kommt ohne farbliche Raffinesse aus. Die Einfachheit der Kleidung lässt eher auf einen ehrbaren Handwerker schließen als auf einen umtriebigen, innovativen Spezialisten seines Fachs. Im Gesicht jedoch entgehen dem Künstler keine Details: Hautunebenheiten, der sich abzeichnende Bartansatz und die bereits schüttere Frisur werden mit Akribie geschildert.

117

Andreas von Dall'Armi (1765–1842)

Punktierstich von Friedrich John, nach einem (verschollenen) Gemälde von Edlinger

↪ Kap. Graphik G 10

118

Maria Elisabeth Dall'Armi, geb. Nockher (1750–1793) mit Sohn Andreas Georg (1788–1846)

ca. 1790
Öl auf Leinwand, 130 × 102 cm
Privatbesitz

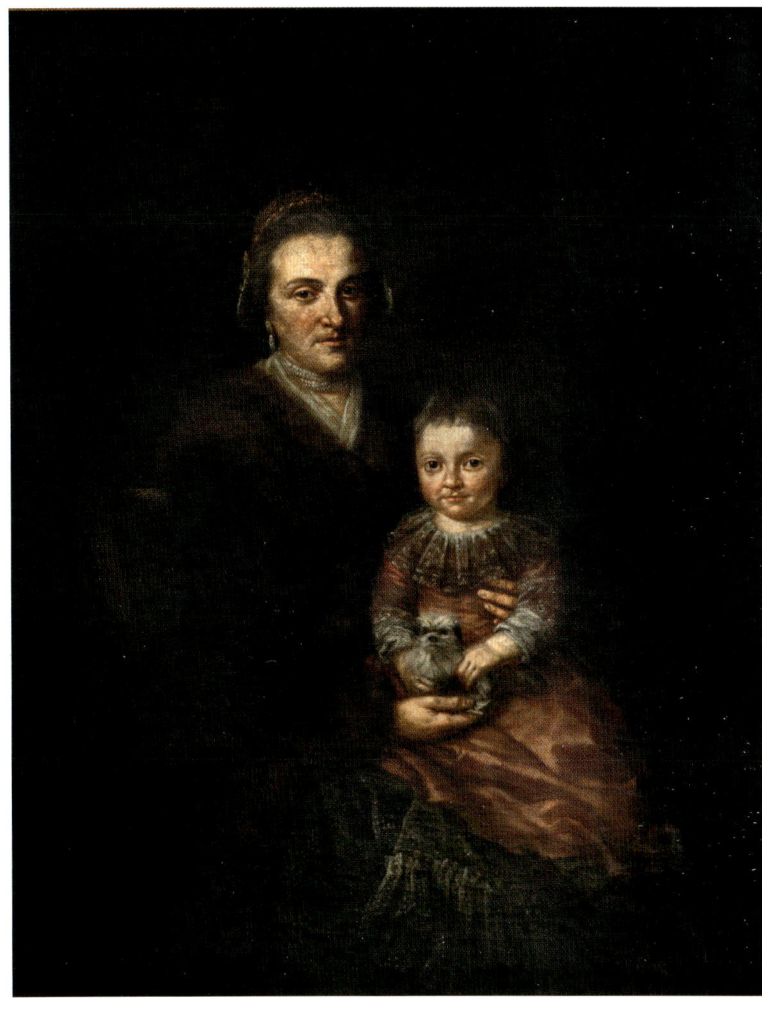

118

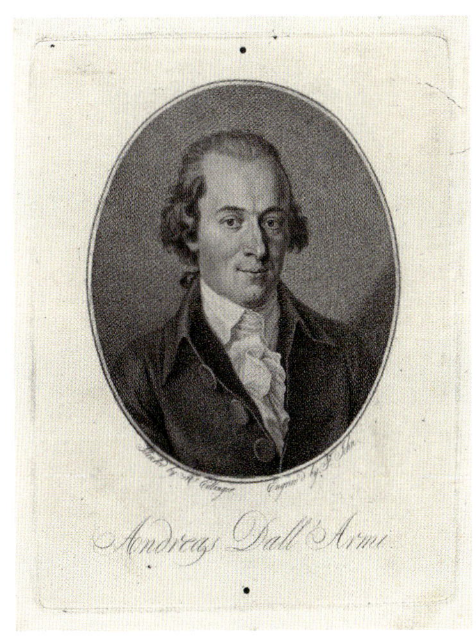

117

Um die zwischen dem Ehepaar Dall'Armi und der Familie Nockher bestehende familiäre Beziehung zu beschreiben, ist es unumgänglich, etwas weiter auszuholen: 1731 hatten die aus Hall in Tirol stammenden Brüder Joseph und Johann Georg Nockher am Rindermarkt 17 ein Bankhaus gegründet und damit den Grundstock für familiären Reichtum gelegt. Nach dem Tod von Johann Georg Nockher im Jahr 1766 übernahm dessen Sohn Franz Xaver die Geschäfte. 1780/81 trat dessen Bozener Cousin Jakob in das Bankhaus ein; 1782 wurden die beiden Vettern Kompagnons. Noch im selben Jahr (1782) heiratete Jakob Nockher in München die aus einer Trienter Kaufmannsfamilie stammende Theresia Andrea Dall'Armi. Diese Hochzeit leitete die künftige enge Verflechtung der beiden Familien ein.

1784 nahm Jakob Nockher den Bruder seiner Frau, den erst 19-jährigen Andreas Dall'Armi, als Handlungsgehilfen in sein Kontor auf. Nur zwei Jahre später (1786) ehelichte dieser die 15 Jahre ältere Maria Elisabeth Nockher, die gerade das Vermögen ihres Bruders Franz Xaver geerbt hatte und mit einem geschätzten Vermögen von 2 Mio. Gulden die reichste Frau Münchens war. Trotz des Altersunterschieds wurde die Ehe eine glückliche Verbindung, aus der fünf Kinder hervorgingen, von denen aber drei früh starben. Elisabeth Nockher starb bereits 1793, die letzte Schwangerschaft hatte wohl zu sehr an ihren Kräften gezehrt. Andreas Dall'Armi heiratete bereits ein Jahr später Barbara Stürzer, die erst 19-jährige Tochter eines Münchner Weinwirts; aus dieser Verbindung gingen weitere fünf Söhne und eine Tochter hervor.

Andreas von Dall'Armi hat bis heute einen Platz im kollektiven Gedächtnis Münchens, denn er organisierte 1810 anlässlich der Hochzeitsfeierlichkeiten des damaligen Kronprinzen Ludwig ein Pferderennen auf der Theresienwiese, aus dem sich das Münchner Oktoberfest entwickelte.

Während Edlingers Porträt des Andreas Dall'Armi nur durch den Stich von Friedrich John überliefert ist, befindet sich das Bildnis der »Nockherin« und ihres Sohnes noch in Familienbesitz. Auf dem Schoß der nicht mehr jungen, sehr ernst wirkenden Frau, die zur goldenen Riegelhaube eine pelzverbrämte Jacke trägt, sitzt das etwa zweijährige Kind samt einem Hündchen. Edlinger konzentriert das Doppelporträt ganz auf den kleinen Jungen, der, von seiner Mutter liebevoll gehalten, den Betrachter mit großen dunklen Augen anlächelt. Während das Gesicht der Mutter aufgrund ihrer leicht gedrehten Sitzhaltung zur Hälfte verschattet ist, legt Edlinger das Kindergesicht ganz ins Licht. In seinem leuchtend orangefarbenen Kleid mit weißen Ärmelaufschlägen und feinem Spitzenkragen wird er zum Zentrum des Bildes, während die Mutter in ihrer dunkel gehaltenen Kleidung fast im Hintergrund bleibt. Eine mehrreihige Perlenkette und große Ohrringe sind ein dezenter Hinweis auf die wohlsituierten Verhältnisse, in denen die Familie lebte.

Literatur:
Roswitha von Bary: Andreas Michael von Dall'Armi. Ein Münchner Bankier der Napoleonzeit. Biographische Skizze, in: Zeitschrift für Bayerische Landesgeschichte 51 (1988), S. 807–827; Richard Bauer: Die Münchner Bankiersfamilie Nockher und ihr Familienbild von 1791, in: Oberbayerisches Archiv 144 (2020), S. 75–102.

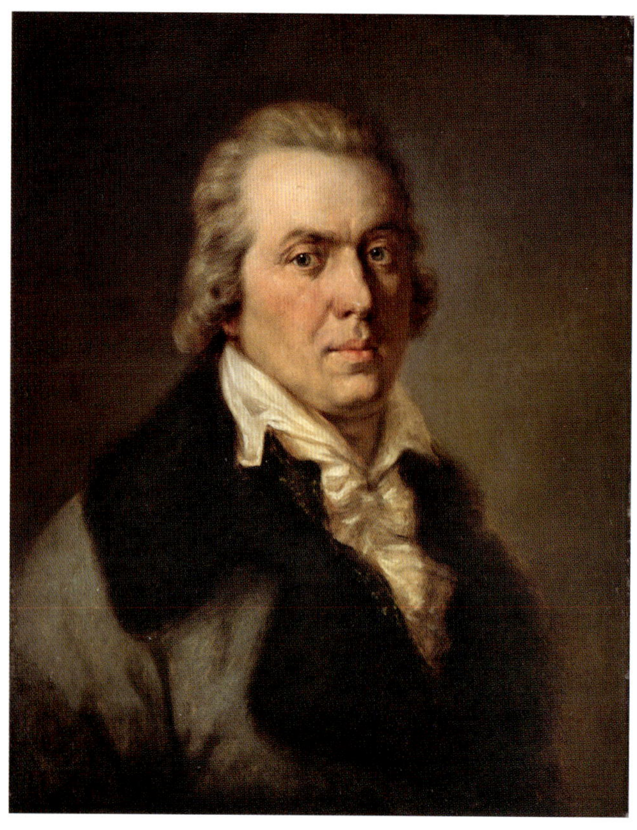

119

119

Männliches Mitglied der Familie Nockher, möglicherweise Johann Paul Nockher (1742–1794)

um 1785
Öl auf Leinwand (doubliert), 61,5 × 49 cm
Rückseitig auf dem Rahmen Besitzervermerk: Edlinger im Besitz von Ed. Schleich.
MStM: GM-2019-11 (Slg. Hans G. Knäusel)
Heinemann, Nr. 42; Schenk 1983, WK 30; Knäusel 2006, Nr. 29

Der Porträtierte lässt sich namentlich leider nicht identifizieren; wahrscheinlich handelt es um Johann Paul Nockher, den Sohn des Joseph Paul. Der Blick des Dargestellten fällt direkt auf den Betrachter, doch bleibt er, weil in leichter Untersicht gezeigt, auf Distanz. Der breite schwarze Pelzkragen seines Mantels ist ein Indiz für seine Zugehörigkeit zur wohlbetuchten Oberschicht.

Die Nockhers galten als die bedeutendsten Wohltäter in München, u. a. hatten sie 1742 am Oberanger ein privates Krankenhaus gegründet, das bedürftige Sieche beiderlei Geschlechts aufnahm und bis 1813 bestand. Noch heute lebt der Name der Familie in den Münchner Straßennamen »Nockherstraße« und »Nockherberg« weiter. Letzterer erinnert an ein Sommerhaus, das die Familie seit 1787 auf der östlichen Isarhöhe besaß. Das sogenannte »Nockherschlösschen« ging 1858 an die Paulaner-Brauerei (damals noch Zacherlbräu) über, die das Anwesen zu einer Gartenwirtschaft umbaute (1903 abgebrochen).

120
Carl Franz Xaver Albert (1764–1806)

um 1795
Öl auf Leinwand (doubliert), 63 × 50,7 cm
MStM: IIc/205
Schenk 1983, WK 123

121
Der Gasthof Schwarzer Adler in der Kaufinger Straße – Werbevignette in englischer Sprache

um 1805
Kupferstich von Philip Audinet, London
StadtA München: HV-BS-B-03-68

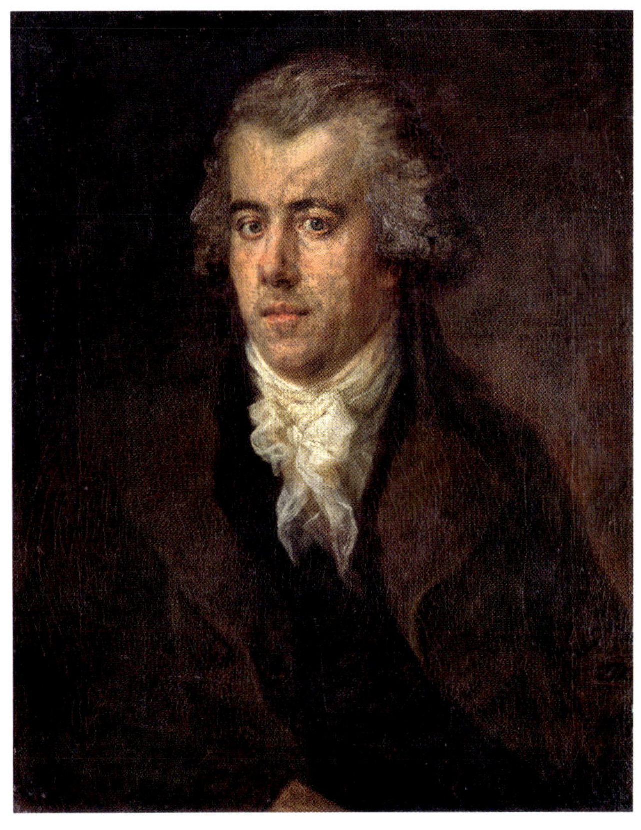

120

1791 übernahm Carl Franz Albert von seinem Vater Franz den renommierten Gasthof Schwarzer Adler in der Kaufingerstraße 19, in dem u.a. Mozart 1777 und 1790 und Goethe 1787 zu Gast gewesen waren; ersterer hatte dort auch musiziert. Dass Mozart im Schwarzer Adler weit mehr als nur ein prominenter Gast war, zeigt die Tatsache, dass Albert senior nach dessen Ablehnung am Münchner Hof sogar überlegte, Mäzene zusammenzubringen, um ihn doch in München zu halten. Auch Mozart formulierte offensichtlich auf Gegenseitigkeit beruhende freundschaftliche Gefühle. In einem Brief von 26. September 1777 schreibt er: Herr Albert »ist in der Tat ein grundehrlicher Mann und unser sehr guter Freund. Nach meiner Ankunft war ich bis zur Essenzeit immer beim Klavier.« (Vgl. dazu auch Kat. 141)

Zu den in der Zunftordnung festgelegten Rechten eines Weingastgeben gehörten – im Unterschied zum Weinwirt – das Beherbergungsrecht, die Einrichtung eines Billardzimmers, die Vermietung von Kutschen an Gäste, das Ausschenken von Kaffee an Hausgäste und die Abhaltung von »solennen Gastereien«, also Hochzeiten, Taufen, Primizen etc. mit Tanzmusik sowie der Handel mit Wein. Unter Albert junior wurde der Schwarze Adler, der um 1805 über 38 Zimmer und einen Tanzsaal verfügte, Münchens erste Adresse; den Gästen konnten neben einer mehrsprachigen Speisekarte auch Lakaien mit Fremdsprachenkenntnissen zur Verfügung gestellt werden.

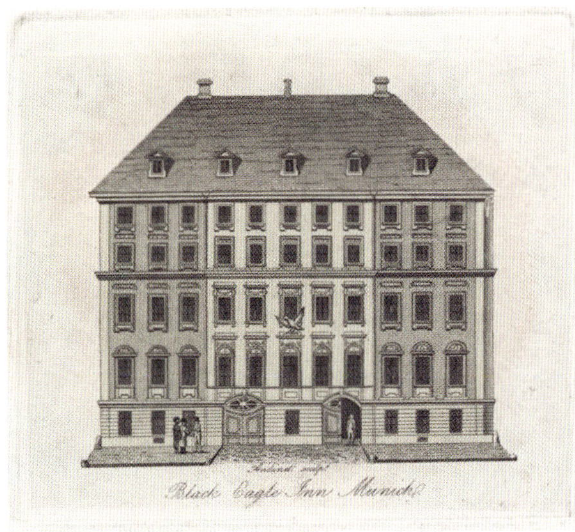

121

Angesichts der in München weit verbreiteten Armut und des daraus resultierenden Bettelwesens hatte bereits Franz Albert senior, der auch dem Äußeren Stadtrat angehörte, 1779 eine »Mildthätige Gesellschaft« gegründet, deren Zweck die Erziehung und Ausbildung armer oder elternloser Kinder war. Albert organisierte Gastfamilien in Allach, damals ein Dorf nahe München, die die bedürftigen Kinder

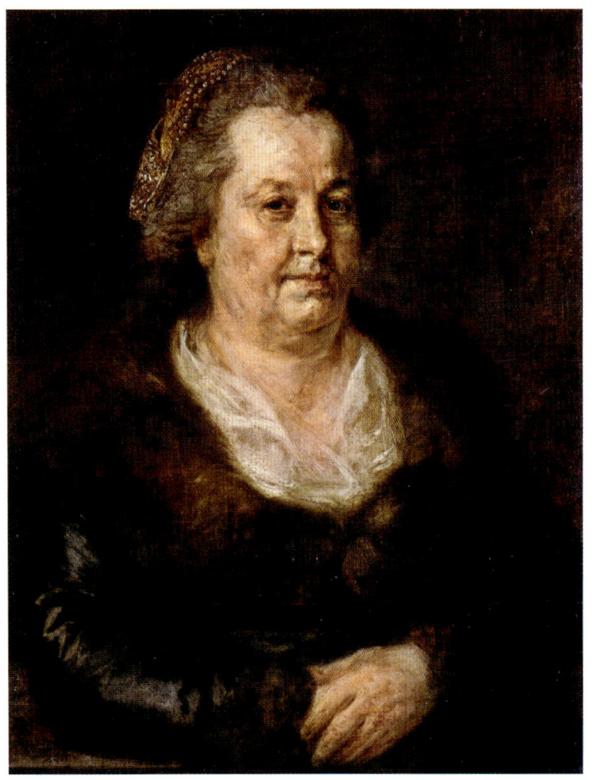
123

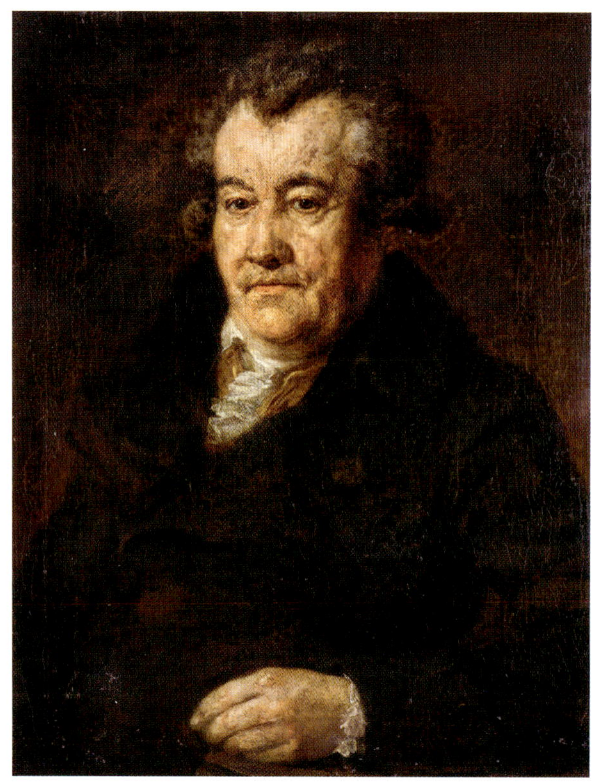
122

und Jugendlichen aufnahmen und ihnen eine Heimstatt boten. Die auch von Albert junior unterstützte Gesellschaft lieferte während ihres jahrzehntelangen Bestehens den Beweis, dass ihr Konzept der Kindererziehung auf dem Land dem eines städtischen Waisenhauses vorzuziehen war.

Edlinger zeigt den Wirt als selbstbewussten, ernst blickenden Mann frontal im Halbporträt. Die Lichtführung im Bild konzentriert sich auf Gesicht und Jabot, Rock und Weste heben sich farblich kaum vom Hintergrund ab.

122
Joseph Wolfgang Magg (1747–1821)

um 1795
Öl auf Leinwand (doubliert), 64,5 × 51 cm
MStM: 56/107
Schenk 1983, WK 148

123
Maria Anna Magg, geb. Bosch (1742–1812)

um 1795
Öl auf Leinwand (doubliert), 65 × 50,8 cm
MStM: 56/108
Schenk 1983, WK 150

Magg, der aus Schliersee stammte und 1768 Anna Maria Bosch, die Tochter eines Flickschneiders aus Haidhausen heiratete, erhielt 1775 eine Gewerbebefugnis als Stadtmusikant. Er gehörte einer der sechs Münchner »Compagnien« an, die in Wirtsgärten und Wirtshäusern aufspielten. Stadtmusikanten galten als Handwerker und waren daher an eine Zunftordnung gebunden, die u. a. festlegte, wo und zu welchen Anlässen Tanzmusik erlaubt war.

Magg sitzt, den linken Arm aufgelegt, an einem Tisch und blickt den Betrachter fest an. Unter seinem Rock mit breitem Revers trägt er ein weißes Hemd mit Jabot und Spitzen an den Ärmeln. Er ist nach Rokoko-Mode frisiert und wirkt massig und behäbig. Seine Gattin, eine etwas üppige ältere Frau, trägt eine pelzbesetzte Jacke und die für verheiratete Münchnerinnen übliche goldene Riegelhaube. Edlinger zeigt in seinen beiden Bildern ein einfaches älteres Ehepaar aus dem Münchner Handwerkerstand, das fern jeglicher Selbstinszenierung zufrieden in sich zu ruhen scheint. Kleidung und Frisur des Stadtmusikers rechtfertigen eine Datierung der Bilder um 1795. Vom Gemälde des Herrn Magg gibt es eine Replik in den Städtischen Kunstsammlungen Augsburg (Slg. Röhrer; vgl. Schenk 1983, WK 149).

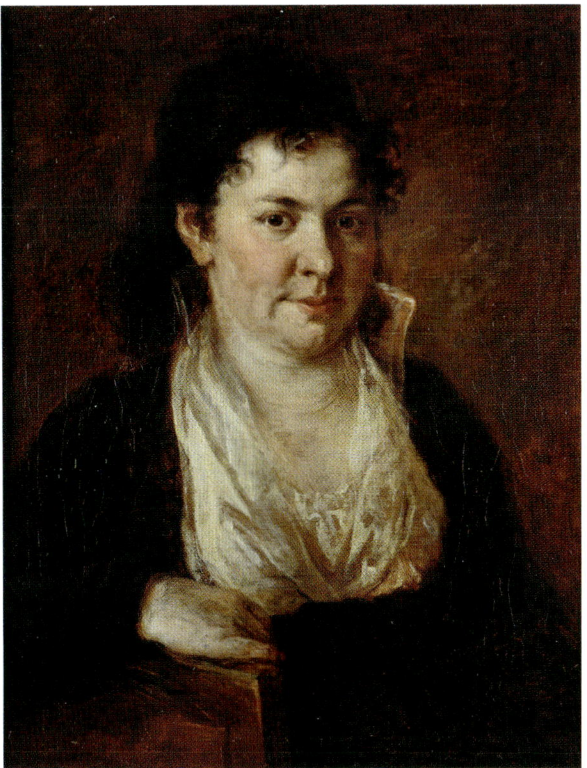

125

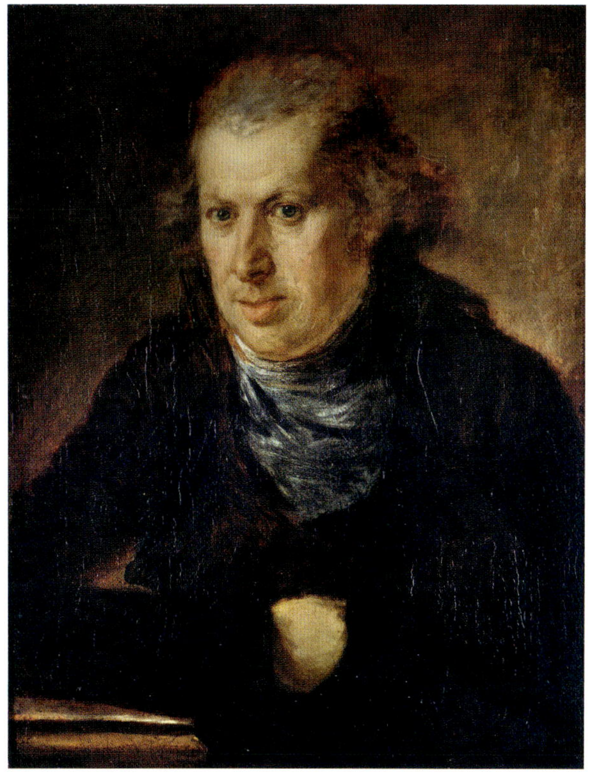

124

124

Franz Xaver Kefer (1763–1802)

um 1800
Öl auf Leinwand (doubliert), 61,2 × 46,7 cm
MStM: Gm 80/11
Heinemann 1924, Nr. 155; Schenk 1983, WK 139; Müller-Meiningen 2000, Nr. 86

125

Franziska Josepha Kefer, geb. Prandtl (1766–1851)

um 1800
Öl auf Leinwand (doubliert), 61,5 × 47 cm
MStM: Gm 80/12
Heinemann 1924, Nr. 156; Schenk 1983, WK 140; Müller-Meiningen 2000, Nr. 86

Der niederbayerische Bauernsohn Franz Xaver Kefer studierte am Lyzeum München Logik und Physik und lehrte ab 1790 an der Münchner Militärakademie »deutsche Sprache, Christentum, Kaligraphie, Latein«. Daneben begann er in seiner Wohnung in der Sendlinger Straße mit dem Aufbau einer Feiertagsschule für Lehrlinge und Handwerksburschen, die ab 1795 auch vom Münchner Magistrat, den Zünften, dem Geistlichen Rat sowie dem Kurfürsten unterstützt wurde. Sein Konzept publizierte Kefer im selben Jahr unter dem Titel *Rede über die Absicht, den Nutzen und die wesentliche Einrichtung der in München errichteten Feyertagsschule*. Ab 1799 Inspektor für das Schulwesen in München, machte Kefer 1801 auch Vorschläge zur Lehrerausbildung. Deren grundsätzliche Regelung war ein dringendes Problem, da 1802 der Allgemeine Schulzwang in Bayern eingeführt wurde; ein Lehrerseminar wurde allerdings erst 1803, also nach Kefers Tod, eröffnet.

Während das Porträt Franz Kefers einen ruhigen, besonnenen Menschen erahnen lässt, scheint Frau Kefer, die Tochter eines Schreibers aus Adelshofen, eine temperamentvolle Frau zu sein. In seiner Lebendigkeit und Direktheit ist ihr Bildnis dem der Frau Duschl (Kat. 129) vergleichbar. Das Paar wird sitzend und in einem von links einfallenden Licht gezeigt, wodurch die Pendants situativ aufeinander bezogen sind; beide blicken den Betrachter direkt an. Die Bilder sind ein weiteres Beispiel dafür, wie ideenreich Edlinger das Sitz-Motiv zu variieren wusste.

Literatur:

Adolf Schneidawind: Franz Xaver Kefer, Eine biographische Skizze, in: Oberbayerisches Archiv 46 (1889/90), S. 231–241; Walter G. Demmel: Feiertagsschule und Fortbildungsschule. Ein Beitrag zur Schulgeschichte Münchens im 19. Jahrhundert, München 1978 (Miscellanea Bavarica Monacensia 70), S. 59–65.

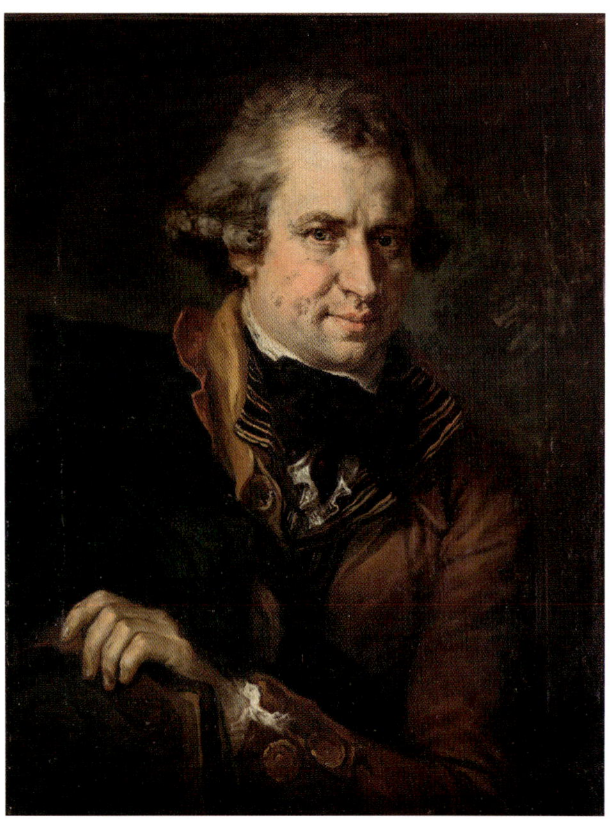

126

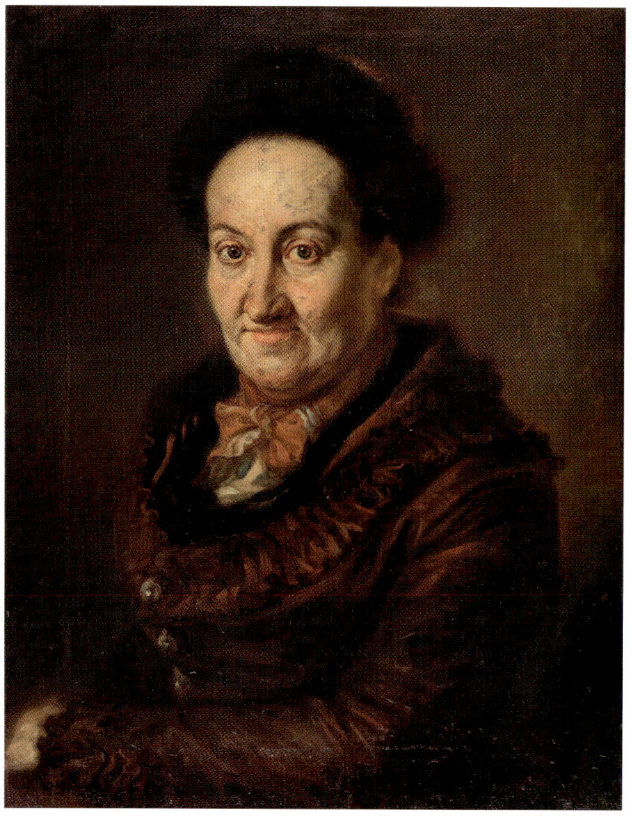

127

126

Thomas Stroblberger (1768–1846)

um 1795
Öl auf Leinwand, 62 × 48,5 cm
MStM: GM 68/631
Nicht bei Heinemann 1924; nicht bei Schenk 1983

127

Maria Anna Stroblberger, geb. Metzger (Daten unbekannt)

um 1795
Öl auf Leinwand, 62 × 48,5 cm
MStM: GM 68/632
Nicht bei Heinemann 1924; nicht bei Schenk 1983

Im Jahr 1791 heiratete der aus Weyarn stammende Schwertfeger Thomas Stroblberger die Tochter eines Münchner Bortenmachers. Stroblberger erwarb eine Gerechtsame (Gewerbebefugnis) für seine Profession in München und legte in den folgenden Jahren den Grundstein zu einer Firma, die im Lauf von vier Generationen zum führenden Hersteller von Messern, Degen und Säbeln im Königreich Bayern werden sollte. Auch als Wohltäter machte sich Stroblberger einen Namen. Er initiierte eine Stiftung zugunsten der von Franz Xaver Kefer (Kat. 124) betriebenen Feiertagsschule und hinterließ ein Legat für die Münchner Krankenpflege.

Edlinger zeigt auf dem männlichen Porträt eine gutaussehende, dynamische Persönlichkeit. Die Haare zum Zopf gebunden, sitzt der Schwertfeger rittlings auf einem Stuhl und fasst mit einer Hand dessen Lehne. Zum weißen Hemd und einer schwarz-bunt gestreiften Weste trägt er eine schwarze Schleife, darüber einen braunen Rock. Einen dunkelgrünen Mantel hat er flott über die rechte Schulter geworfen. Das weibliche Pendant zeigt eine an einem Tisch sitzende, leicht lächelnde Frau mit Pelzkappe. Das bunte Einstecktuch in ihrem roten Mieder ist zur Schleife gebunden. Edlinger stellt seine Kundin dar, wie sie ist – freundlich, bodenständig, aber mit wenig attraktiven Gesichtszügen. Es kann gut sein, dass eine Zweckehe das optisch so ungleiche Paar zusammengeführt hat. Die zeitgenössische Kritik, Edlinger habe »sich eine eigene Manier geschaffen, die […] nie schmeichelt, sondern immer wahr bleibt« (Christian Müller: München unter König Maximilian Joseph I., Teil 2 Mainz 1817, S. 297), wird am Bild der Frau Stroblberger nachvollziehbar.

128

Franz Xaver Duschl (1775–1833)

um 1805
Öl auf Leinwand (doubliert), 62 × 49 cm
MStM: Gm 80/4
Heinemann 1924, Nr. 152; Paulus 1929, Nr. 54; Schenk 1983, WK 137

129

Franziska Duschl, verw. Raimondi (1767–1816)

um 1805
Öl auf Leinwand (doubliert), 62,2 × 48,5 cm
Auf dem Keilrahmen neuere Beschriftung: Bildnis Torbräuwirtin Frau K. Duschl
MStM: 32/488
Heinemann 1924, Nr. 153; Paulus 1929, Nr. 55; Schenk 1983, WK 138

1801 heiratete der aus Aibling stammende Bierbrauer Franz Xaver Duschl die verwitwete Kupferschmiedin Franziska Raimondi, die kurz zuvor den Münchner Thorbräu im Tal gekauft hatte, und erwarb damit die Brauer-Gewerbebefugnis und das Münchner Bürgerrecht. Der seit 1490 nachweisbare Thorbräu gehört zu den ältesten Brauereien der Stadt und besteht als Restaurant bis heute.

Das Gemälde zeigt Duschl sitzend, den rechten Arm über die Stuhllehne gelegt. Trotz leicht schräger Sitzposition fixiert er den Betrachter. Franziska Duschl trägt zum blauseidenen Spenzer (Caraco) mit Fuchspelz-Besatz am Ausschnitt und an den Ärmel die zur Tracht verheirateter Münchner Bürgerinnen gehörende goldgestickte Riegelhaube. Das tief ausgeschnittene Dekolleté bedeckt ein Brusttuch. Die sechsreihige Perlenkette verweist auf die wohlsituierten Lebensverhältnisse der Dargestellten. Dennoch wirkt das Ehepaar bodenständig und unprätentiös.

Die Beschriftung auf dem Keilrahmen identifiziert die Dargestellte fälschlicherweise als Klara Duschl, die 1818 geborene Tochter aus Duschls zweiter Ehe mit Maria Anna Klammer. Die von Franziska Duschl getragene Wickelkette legt jedoch die Datierung des Bildes um 1805 nahe; sie wäre wenige Jahre später bereits unmodern gewesen.

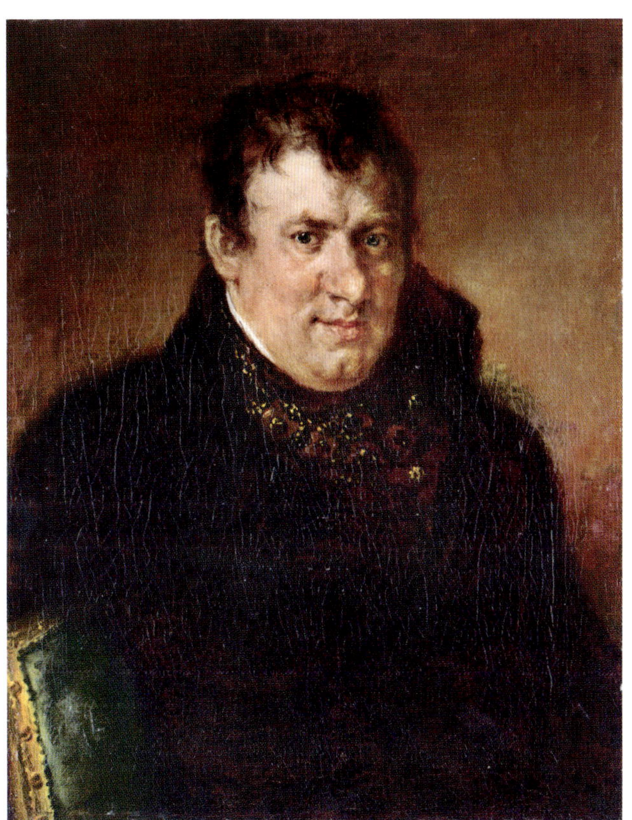

128

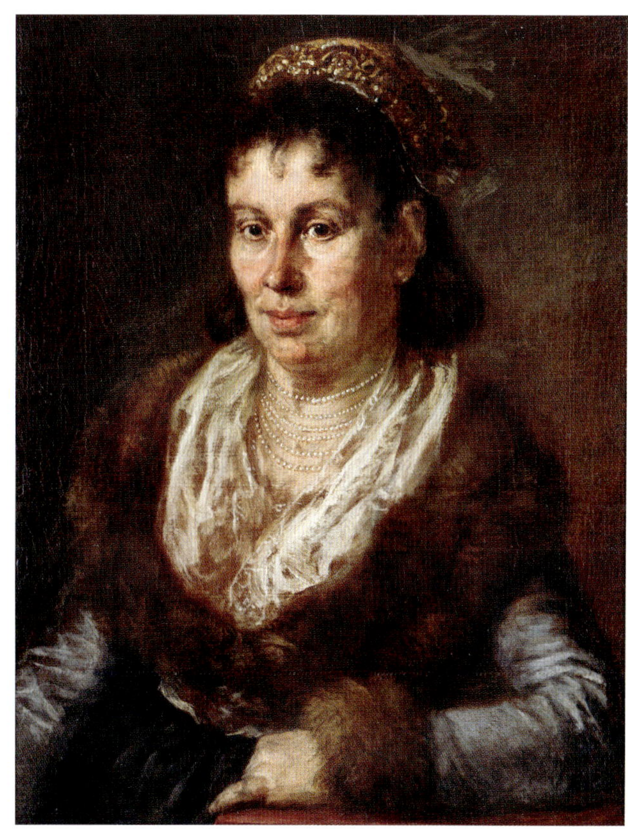

129

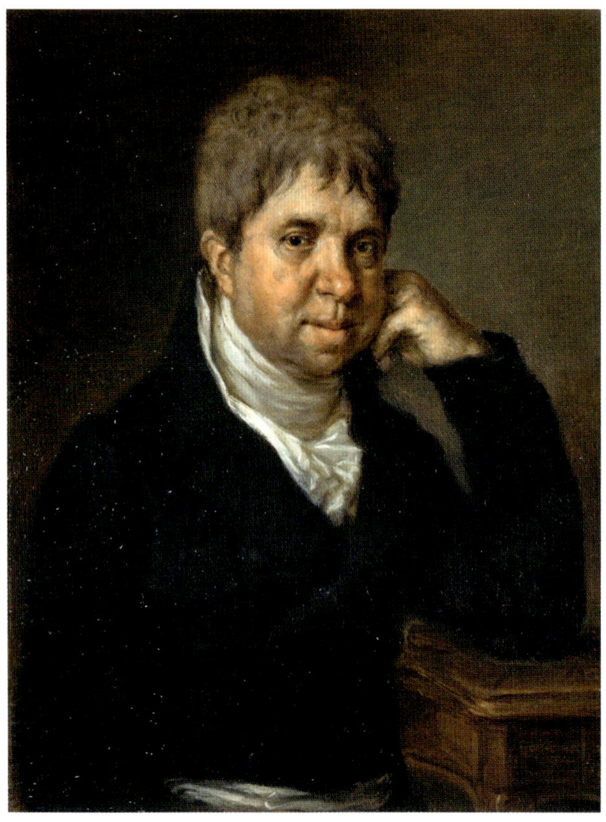

130

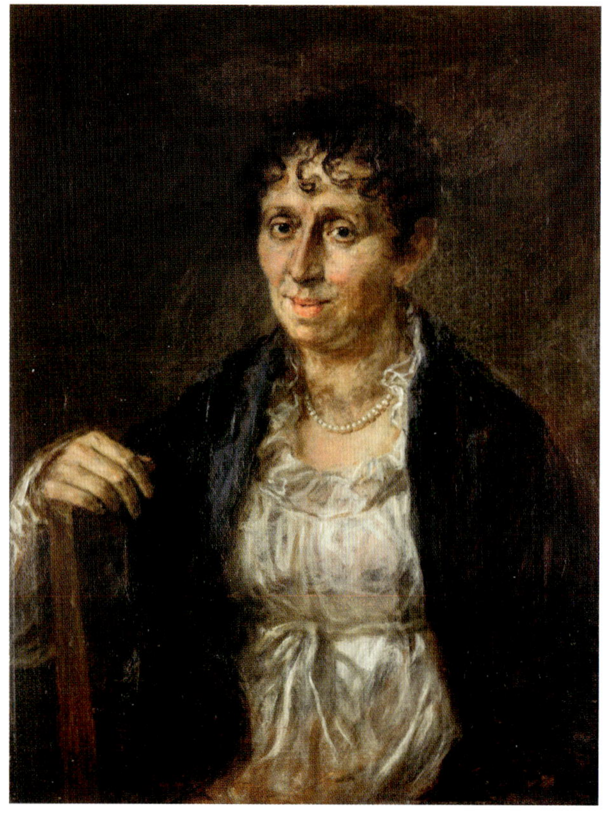

131

130

Anton Ihm (gest. 1818)

1810
Öl auf Leinwand, 67 × 52 cm
Auf dem Keilrahmen Zettel: Herr Anton Ihm Bürgerlicher Stück- / & Glockengießer, / auch Oberleutenant bey der Bürger Artilerie / samt dessen Frau gemahlin Magdalena Ihm, / gebohrne Schielein / sind 1810 im August gemalen worden / von dem wohl Edl und Kunstreichen Herrn N. Edlinger, Königl Hof und Portrait- / maler in München.
MStM: GM-2019-18 (Slg. Hans G. Knäusel)
Nicht bei Schenk 1983; Knäusel 2006, Nr. 45

131

Magdalena Ihm (gest. um 1823), geb. Schielein

1810
Öl auf Leinwand, 67,5 × 52 cm
MStM: GM-2019-19 (Slg. Hans G. Knäusel)
Nicht bei Schenk 1983; Knäusel 2006, Nr. 46

Anton Ihm stammte aus Weinschelling im Kreis Glatz/Schlesien. Er heiratete 1798 Magdalena Schielein, die Tochter des in Mühldorf lebenden Buchbinders Sebastian Schielein, und konnte im gleichen Jahr die Gewerbebefugnis des verstorbenen Münchner Glockengießers Joseph Ignaz Thaller übernehmen und damit das von diesem betriebene städtische Gießhaus an der Glockengasse (spätere Herzog-Wilhelm-Straße) für 10.000 Gulden von dessen Erben erwerben.

Wie schon Herr Duschl zeigt sich auch Herr Ihm mit modischer Kurzhaar-Frisur. Zu weißem Hemd und weißer Halsbinde trägt er einen schlichten schwarzen Frack. An einem Tisch sitzend, stützt er das Gesicht auf die Hand seines angewinkelten linken Armes. Welche Profession Ihm ausübt oder welchem Stand er angehört, ist dem Porträt nicht zu entnehmen. Auch Frau Ihm trägt eine modische Frisur, einige Locken kräuseln sich kokett auf ihrer Stirn. Das helle Chemisenkleid ergänzt sie mit einer einreihigen Perlenkette, auf ihren

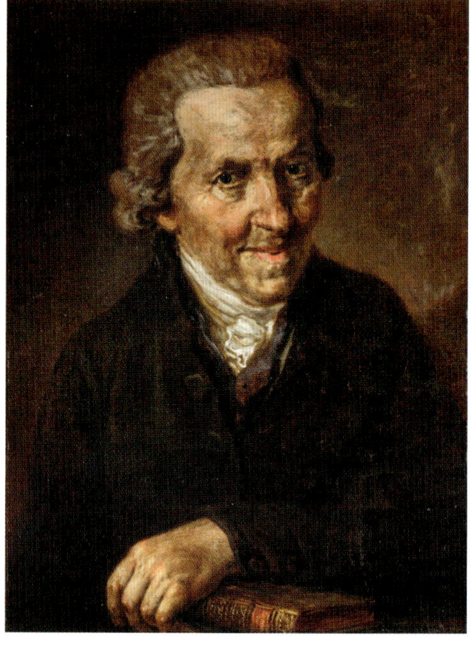

132

Schultern liegt ein dunkelblaues Tuch. Das Porträt der Frau Ihm ist ein Beispiel dafür, dass in Edlingers Spätwerk bräunlich-dunkle Töne auf seiner Palette die Überhand gewannen.

Literatur:
Joseph Anton Ernst: Beiträge zur Geschichte der Münchner Stück- und Glockengießer, in: Oberbayerisches Archiv 93 (1971), S. 56–80.

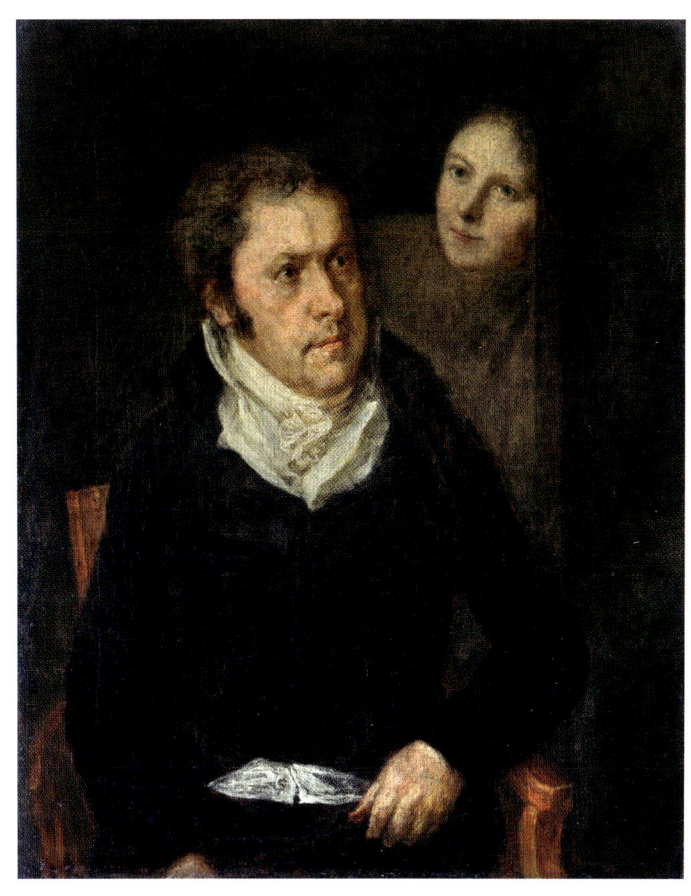

133

132

Sebastian Schielein, Vater von Magdalena Ihm (1728–1814)

1810
Öl auf Leinwand, 59,5 × 44,3 cm
Rückseitig Zettel: 1830 [sollte heißen: 1810] bin ich Endesunterfertigter / von dem edel und kurfürstlichen Herrn / Edlinger, kgl. Hof- und Porträt- / maler in München, gemalen worden, 82 Jahre alt. Sebastian Schielein, Pfarrer, gewesener des Rats- / Stadtkammerer in Mühldorf.
MStM: GM-2019-20 (Slg. Hans G. Knäusel)
Nicht bei Schenk 1983; Knäusel 2006, Nr. 48

Schielein, der angeblich Pfarrer gewesen war, lebte Ende des 18. Jahrhunderts als »bürgerlicher Buchbinder« im damals salzburgischen Mühldorf am Inn und betätigte sich wohl auch als Buchhändler. 1786 bzw. 1800 gab er eine eigene Publikation mit dem Titel *Beschreibung der Gebirge von Baiern und der oberen Pfalz* heraus. Da weitere Titel von Schielein bisher nicht bekannt sind, ist zweifelhaft, ob er nur dieses eine Buch (in zwei Auflagen) veröffentlichte oder tatsächlich selbst einen Verlag führte.

Edlinger zeigt einen lächelnden alten Mann, der noch Perücke trägt. Sein wacher Blick richtet sich freundlich an den Betrachter. Der linke Arm liegt auf einem Buch mit dem Titel *Telemach*, was ein Hinweis auf Schieleins Tätigkeit als Buchbinder sein mag, wahrscheinlich aber auf dessen Belesenheit verweist.

133

Luigi Tambosi (1772–1839) mit Sohn Luigi (Louis, 1795–1872)

um 1810
Öl auf Leinwand, 83,2 × 67,7 cm
BStGSlg.: 16405
Heinemann 1924, Nr. 165; nicht bei Schenk 1983

Der in Rovereto geborene Chocolateur Luigi Tambosi kam 1810 nach München, wo er das (1774 als Kiosk unter den Arkaden des Hofgartens von Giovanni Pietro Sardi eröffnete und später als eigenständiges Gebäude vor der Reitschule errichtete) Kaffeehaus am heutigen Odeonsplatz pachtete; 1817 konnte er das Gebäude für 22.000 Gulden selbst erwerben. Nachdem die Reitschule abgebrochen worden war, fand das Café Tambosi im 1828 errichteten Bazar-Gebäude eine neue Heimat. Mit den Jahren wurde Tambosi Münchens führender Cafetier und, wie man heute sagen würde, Caterer, denn er belieferte die Konzert-, Theater- und Ball-Veranstaltungen mit Büffets.

In dem halbfigurigen Doppelporträt gelingt es Edlinger kaum, die Personen lebendig miteinander in Beziehung zu setzen. Vater Tambosi sitzt etwas linkisch auf einem Stuhl im Vordergrund – seine Schultern und Arme scheinen im Verhältnis zu dem mächtigen Kopf etwas schmächtig geraten –, während sich von hinten – vielleicht durch eine Tür – der Sohn nähert, dessen Erscheinung jedoch nahezu körperlos bleibt. Edlinger verwendet die Geste des sich aus dem Hintergrund Zuwendens stereotyp auf allen Porträts mit zwei und mehr Personen (vgl. Kat. 55 und Abb. 30). Ein Augenkontakt zwischen den dargestellten Personen entwickelt sich dabei nicht.

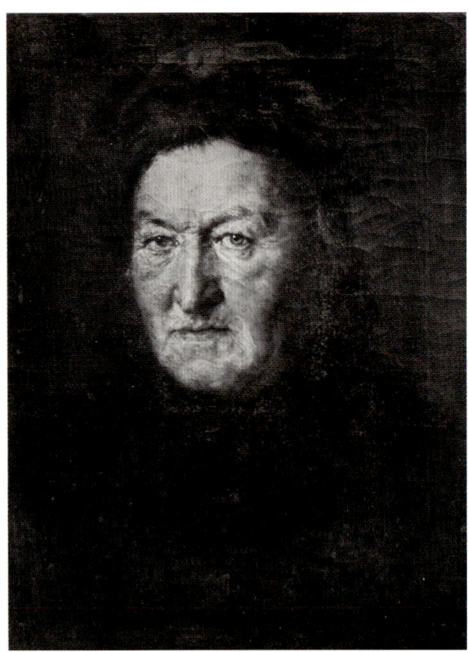

134

134

Matthias Lempacher (Daten unbekannt)

um 1810
Foto des verschollenen Gemäldes
Archiv Paulus
Nicht bei Paulus; nicht bei Schenk 1983

Der Dargestellte auf dem nur mit »Schmied aus der Sendlinger Gasse« beschrifteten Foto lässt sich mithilfe des vom Stadtarchiv München herausgegebenen Häuserbuchs der Stadt München, Bd. IV (Angerviertel, S. 393) identifizieren. Es handelt sich um den Hufschmied Matthias Lempacher, der um 1785 die Witwe Maria Eva Schmid heiratete. Diese brachte das Haus Sendlinger Straße 31 in die Ehe ein, in dem seit 1590 durchgehend Hufschmiede ihre Werkstatt hatten. Nach dem Tod seiner Frau im Jahr 1812 erbte Lempacher die Immobilie und führte die Schmiede noch bis 1829 weiter. Danach verkaufte er sie an einen Vetter. Die Schmiede bestand bis 1895.

135

Die Hufschmiede an der Ecke Sendlinger Straße /Schmidgasse

Aquarell von Joseph Puschkin, um 1890
MStM: B 51/22

136

Josua Westheimer (1756–1822)

1813
Öl auf Leinwand (doubliert), 80,4 × 62,5 cm
SGL: G 4273
Schenk 1983, WK 186 A; Eschenburg/Althaus/Friedel 2009, Edlinger Nr. 26

Der jüdische »Wechsler« Josua Westheimer, dessen Geburtsort nicht bekannt ist, war in Augsburg und München tätig und stellte dem bayerischen Kurfürsten Max Joseph umfangreiche Kredite zur Verfügung: Nur mit Westheimers Hilfe konnte der Kurfürst 1800/1 die an die französische Revolutionsarmee zu leistenden Kontributionen bezahlen. Schon 1802 gewährte das Bankhaus dem bayerischen Staat gegen Verpfändung der Steuereinnahmen einen weiteren Großkredit von einer 1 Mio. Gulden. Während Westheimer 1802 in München das Haus Vordere Prannerstraße 8 (heute Kardinal-Faulhaber-Str., das später gemeinsam mit Hausnr. 9 bis 11 Sitz der Bayerischen Hypotheken- und Wechselbank wurde) erwerben durfte, verweigerte ihm (und drei weiteren Juden) der Rat der Stadt Augsburg die dauerhafte Ansiedelung. Angesichts der städtischen Finanznot gaben die Augsburger Stadtväter ihren Widerstand aber schon wenige Monate später auf; die Bankiers hatten angeboten, alle städtischen Schulden zu übernehmen. Obwohl Westheimer 1804 Insolvenz hatte anmelden müssen, war er auch in späteren Jahren weiterhin im Geldverleih tätig. Zwischen 1812 und 1818 reichte er, zum Teil gemeinsam mit dem seit 1799 in München ansässigen Bankier Aron Elias Eichthal, Millionen-Kredite an den bayerischen Staat aus. 1820 stiftete Westheimer, der offiziell erst 1815 in München als Bankier zugelassen wurde, die enorme Summe von 300.000 Gulden für den Bau einer Trinkwasser-Leitung und bestimmte, dass der auf jedes Haus anfallende, von den

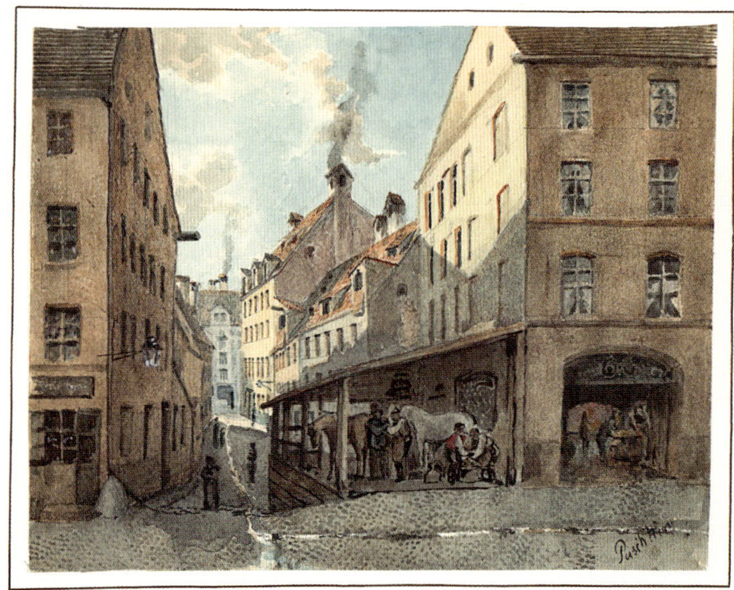

Die vormalige Schmiede
an der Ecke der Sendlingerstrasse und der Schmiedgasse
gegenüber der St. Johanniskirche.

135

Hauseigentümern zu bezahlende Wasserzins »auf ewige Zeiten« zweimal pro Jahr in Anwesenheit von christlich-katholischen bzw. evangelischen Geistlichen sowie einem jüdischen Rabbiner an »wahre Hülfsbedürftige« verteilt werden sollte. Nicht nur die *Rheinischen Blätter* priesen ihn für dieses Legat als einen »wegen seines edeln Charakters allgemein geschätzten Mann«. Nach Westheimers Ableben wurde sein Nachlass 1826 versteigert; in seiner unter den Hammer gekommenen, umfangreichen Gemäldesammlung war auch Edlinger vertreten. Da der Bankier große Schulden hinterlassen hatte, wurde noch 1829 ein Konkursverfahren eröffnet.

Westheimer wird in Sitzposition gezeigt, er stützt seinen nur noch spärlich behaarten Kopf auf die an der Stirne liegende rechte Hand, an deren kleinem Finger ein glitzernder Ring steckt. In der Linken hält er ein Schreiben, auf dem deutlich das Datum 30.3.1813 zu lesen ist.

Westheimers Porträt in der Sammlung des Lenbachhauses wird bisher mit »Carl Valloni« bezeichnet. Diese Benennung folgt den Angaben einer früheren Besitzerin, die in dem Gemälde ihren Urgroßvater erkennen wollte (vgl. Heinemann 1924, Nr. 140). Das Bild hat jedoch in Haltung und Gesichtsbildung so starke Ähnlichkeiten mit einem gleichformatigen Bildnis in Privatbesitz, das mit »Herr von Westheimer in seinem Älder 52 Jahr / G. Edlinger k. Hofmaler in München pinxit 1810« bezeichnet ist, dass schon Schenk darauf hinwies, es müsse sich um dieselbe Person handeln (vgl. Schenk 1983, WK 186/186a). Demnach hätte Edlinger sein 1810 entstandenes Gemälde drei Jahre später leicht variiert noch einmal gemalt.

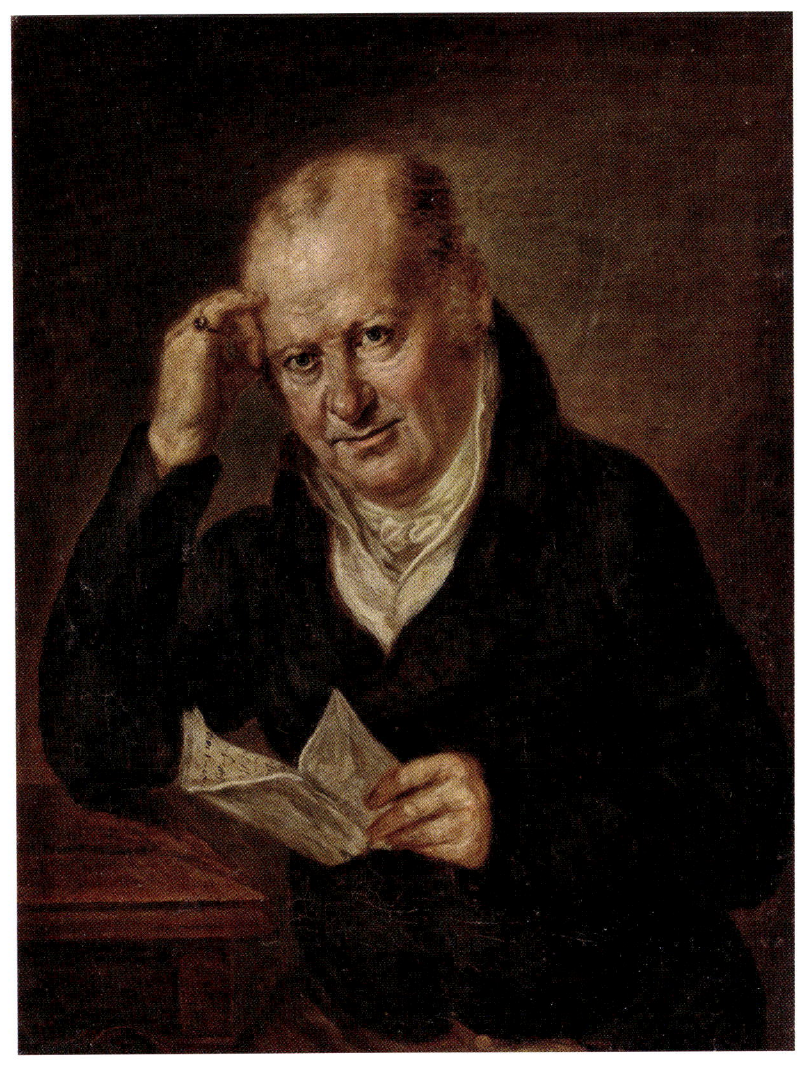

136

Quellen/Literatur:
StadtA München: GEW-4354a (Aufnahme als Bankier in München, 1815); ebd.: STI-2-05809 (Legat von Westheimer für den Armenfond, 1820-1851); Rheinische Blätter, 25.5.1820, S. 339 (Bericht über Westheimers Stiftung zur Münchner Wasserversorgung); Beilage zur Allgemeinen Zeitung, 20.9.1822, S. 632 (Todesanzeige); Allgemeine Zeitung, 18.12.1826, S. 1403 (Ankündigung der Versteigerung des Nachlasses Westheimer, u. a. Gemälde (Edlinger u. a.); Königlich Bayerischer Polizey-Anzeiger von München, 1829, 4.10.1829, S. 1011; Robert Schlickewitz: Jüdische Bankiers und Heereslieferanten um 1800 in Bayern <https://www.hagalil.com/2009/05/bankiers/>; Abruf 10.4.2020.

Personen, die nicht eindeutig identifiziert werden können

Die im Folgenden vorgestellten, bisher zumeist nicht bekannten Bildnisse können nicht mit konkreten Personen identifiziert werden, sind jedoch von ihrer malerischen Qualität oder auch vom Motiv her als so interessant einzuschätzen, dass sie hier nicht fehlen sollen. Ob die Dargestellten allesamt aus München stammen, ist ungewiss. Immerhin sind einige Frauen durch ihre Riegelhauben als verheiratete Münchnerinnen charakterisiert.

137

Junges Mädchen mit roter Pelzjacke

um 1775
Foto des verschollenen Gemäldes (80 × 65 cm)
Archiv Paulus
Paulus 1929, Nr. 14; nicht bei Schenk 1983

Dargestellt ist eine junge Frau der Oberschicht, möglicherweise des Adels. Ihr schmales Gesicht wird von einer hoch auftoupierten Frisur bekrönt. Da sie nahezu in Seitenansicht gezeigt wird, sieht man vor allem ihre reich gebauschte Jacke, die üppig mit Pelz verbrämt ist. Obwohl nur als Reproduktion überliefert, zeigt dieses Bild in besonderem Maße Edlingers malerische Qualitäten: Der Künstler lässt durch starken Lichteinfall von links das Profil der Nase hervortreten. Zugleich ziehen die glänzenden dunklen Augen den Blick des Betrachters auf sich. Man meint, den Jackenstoff rascheln zu hören und den fülligen, seidenweichen Pelz erspüren zu können.

138

Ältere Frau mit weißer Rüschenhaube und weißem Brusttuch

um 1785
Öl auf Leinwand, 72,5 × 57 cm
Privatbesitz
Heinemann 1924, Nr. 18; nicht bei Schenk 1983

Die etwas skeptisch am Betrachter vorbeiblickende Frau sitzt auf einem grüngepolsterten Stuhl an einem Tisch, ihren linken Arm hat sie aufgelegt. Bemerkenswert an diesem Bild ist vor allem ihre Kleidung: Zum schwarzen Rock trägt sie ein dunkelviolettes Oberteil, darüber ein weißes Fichu

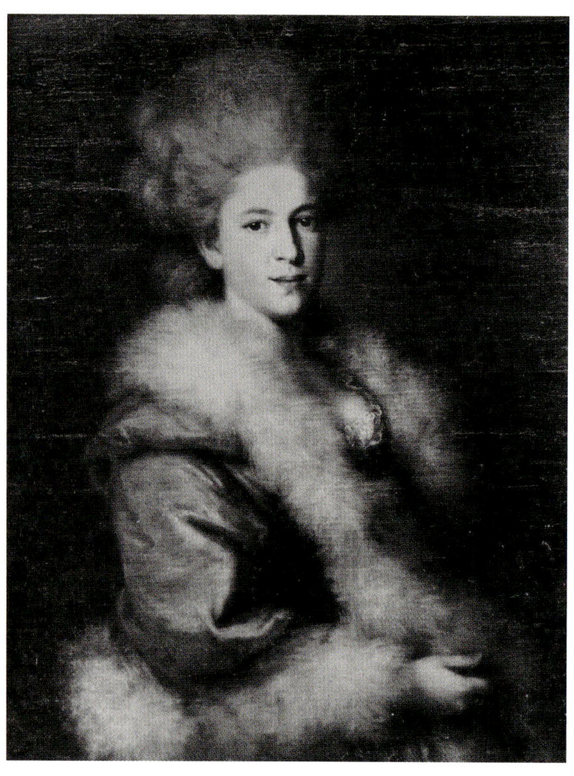

137

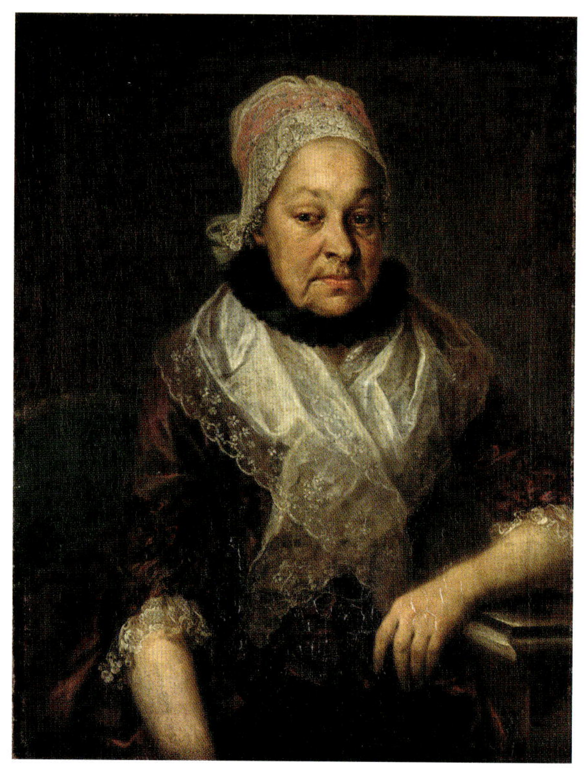

138

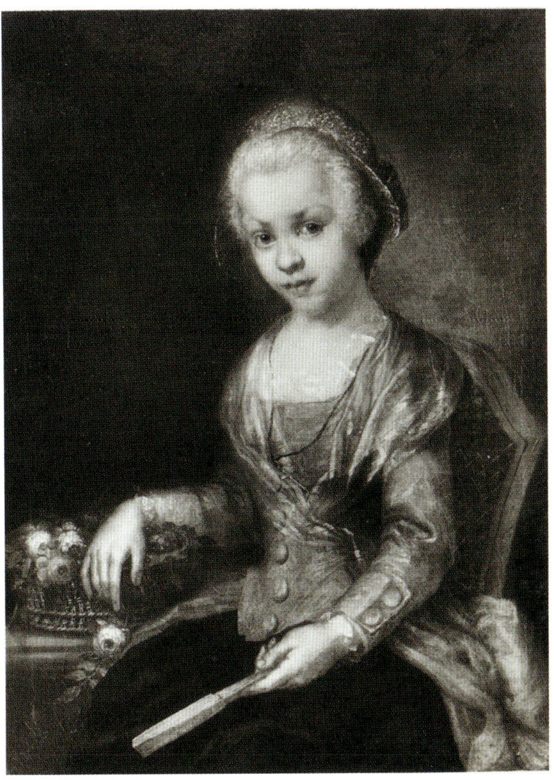

139

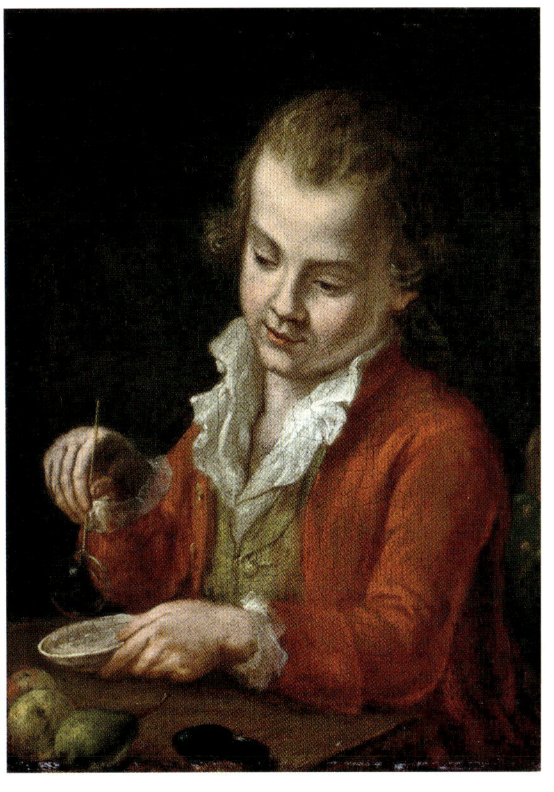

140

mit geblümtem Rand und um den Hals eine altmodische schwarze Seidenrüsche. Ihre Haare sind über der hohen Stirn unter einer eng sitzenden weißen Spitzenhaube verschwunden.

139

Mädchen mit Obstkorb

um 1775
Foto des verschollenen Gemäldes (81 × 62 cm)
Archiv Paulus
Heinemann 1924, Nr. 21; nicht bei Paulus 1929; nicht bei Schenk 1983

140

Knabe beim Seifenblasen-Spiel, eventuell Joseph Sebastian Edlinger

um 1770
Öl auf Leinwand (doubliert), 58,7 × 43 cm
SGL: G 4258
Paulus 1929, Nr. 24 (dort in die Schaffensphase 1785 bis 1795 datiert); nicht bei Schenk 1983; Eschenburg/Althaus/Friedel 2009, Edlinger Nr. 12

Die abgebildeten Motive sind ungewöhnlich für Edlinger, weil dieser seinen Modellen außer Tisch und Stuhl nur selten eine weitere Staffage mitgibt. Von der malerischen Qualität her ist seine Autorschaft allerdings durchaus denkbar. Heinemann 1924 gibt immerhin eine farbliche Vorstellung des weiblichen Porträts: »Schräg nach links an einem Tisch sitzend, auf dem ein Strohkorb mit rosa und weissen Rosen. Grüne Taille, weisses Brusttuch, schwarzer Seidenrock, grünes Häubchen, Grund dunkelbraun.« Eine ähnliche Tisch-Dekoration findet sich in Edlingers Werk nur auf dem Boos'schen Familienbild; auf dem Frankfurter Porträt hat die Dargestellte eine Rose in der Hand (Kat. 55 und 23).

Für Edlinger motivisch noch untypischer ist das Knaben-Bildnis: Ein etwa achtjähriges Kind sitzt an einem Tisch, auf dem im Vordergrund Obst liegt. Es hat soeben aus einem Teller mit Seifenwasser mittels eines Strohhalms eine große Blase entstehen lassen. Diese zieht nun seine ganze Aufmerksamkeit auf sich. Die Seifenblase, seit dem späten 16. Jahrhundert als Symbol der Vergänglichkeit verwendet, fand durch italienische und französische Reproduktionsgraphik weite Verbreitung. Da Edlinger nach Aussage seines älteren Sohns eine große Graphiksammlung besaß, dürften ihm entsprechende Beispiele bekannt gewesen sein. Sein Bildnis, das zwischen Porträt und Genre anzusiedeln ist, scheint ein unschuldiges Kinderspiel ohne symbolischen Hintergrund zu zeigen. Die Datierung des Gemäldes ist schwierig, da man bei Kinderporträts die Kleidung nur bedingt als Anhaltspunkt heranziehen kann; Kinder sind häufig nicht nach aktueller Mode gekleidet. Laut Paulus handelt es sich bei dem Porträtierten um einen Sohn des Malers, was mit der bisherigen Datierung »um 1770« nicht in Einklang zu bringen wäre. Edlingers Söhne wurden 1775 bzw. 1776 geboren, so dass das Gemälde dann um 1783/84 anzusetzen wäre.

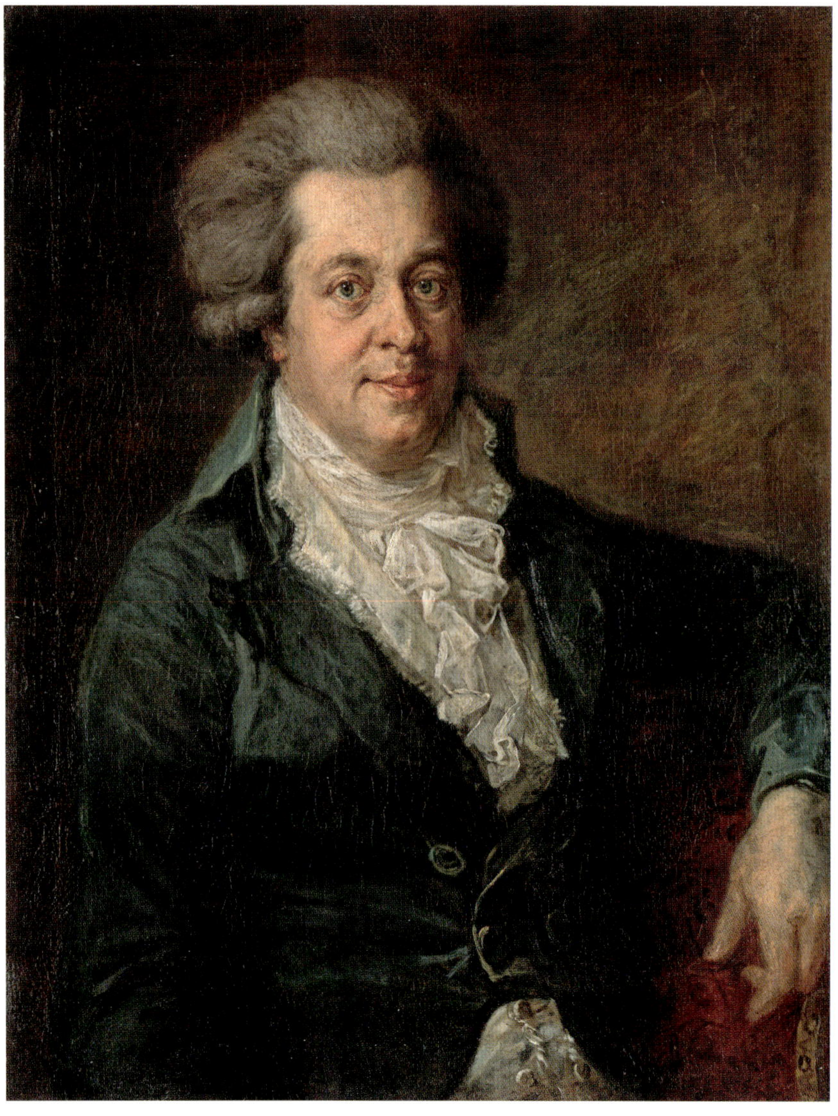

141

141

Herr im grünen Rock, sogenannter »Berliner Mozart«

um 1790
Öl auf Leinwand, 80 × 62,5 cm
Staatliche Museen zu Berlin, Gemäldegalerie: 2097
Schenk 1983, WK 53; Michaelis 2002, Kat. 2097

Das Porträt des Herrn im grünen Rock, das 1934 von der Berliner Gemäldegalerie in einer Münchner Kunsthandlung erworben worden war, wurde 2005 vorübergehend zu einer Sensation, die die weltweite Mozart-Gemeinde in Aufregung versetzte: Ein fachlich nicht ausgewiesener Privatmann glaubte in der dargestellten Person Wolfgang Amadeus Mozart zu erkennen. Edlingers Gemälde wäre somit das letzte authentische Bildnis des Musikgenies. Zum optischen Abgleich zog er das 1777 entstandene Gemälde *Mozart als Ritter vom Goldenen Sporn* aus Bologna heran und durch Maß-Vergleich kam er zu dem Ergebnis, es handele sich um ein Gemälde aus dem Besitz der Münchner Familie Lindauer (Kat. 115), das 1906 in der Ausstellung »Bayerische Kunst 1800 bis 1850« im Glaspalast als *Männliches Bildnis* präsentiert worden war; dass dieses Bild auch ein (ebenfalls ausgestelltes) weibliches Pendant hatte, war ihm entgangen. Als aufgrund der angegebenen Provenienz »Buchhändlerfamilie Lindauer« der damalige Münchner Stadtarchivar auf zwei bis 1934 bei der Buchhändlerfamilie befindliche maßgleiche Porträts des Kaufmanns Joseph Anton Steiner und seiner Frau Maria Clara verwies, musste der »Mozart-Entdecker« 2012 im Mozart-Jahrbuch eingestehen, dass er sich 2005 bei seiner Provenienz-Angabe geirrt hatte. Dennoch hielt und hält er an der physiognomischen Identität des Dargestellten mit Mozart fest und stellte in Aussicht, die tatsächliche Provenienz des Porträts aufzuklären. Dies ist aber bisher nicht geschehen.

Dass sich das Archiv der Stiftung Mozarteum Salzburg als die weltweit anerkannte Dokumentationsstelle zu Mozarts Biographie und Werk schon 2005 gegen die ohne nachvollziehbare Beweise erfolgte Betitelung des Gemäldes als »Mozart« aussprach, beeindruckte die Berliner Gemäldegalerie als Eigentümerin des bislang magazinierten Bildes nicht. Statt eine wissenschaftlich korrekte Formulierung wie »möglicherweise Mozart« zu benutzen, bleibt sie bei ihrer publikumswirksamen Benennung des Dargestellten.

Gründe, warum ein letztes Mozart-Bildnis im musikbegeisterten München nicht einfach in Vergessenheit geraten wäre, gibt es viele. Die wohl gewichtigsten sind, dass der Meister schon zu Lebzeiten in der bayerischen Haupt- und Residenzstadt einen großen Freundes- und Verehrer-Kreis hatte, darunter Carl Cannabich, Gräfin La Rosée und Carl Franz Xaver Albert (Kat. 50, 28, 120), die ihn gerne dauerhaft bei sich gesehen hätten. Wäre Mozart selbst der Auftraggeber gewesen, so hätte er das Bild wohl mitgenommen; hätte der Münchner Freundeskreis ein Bildnis Mozarts in Auftrag gegeben, so wäre dieses nach dessen Tod mit Sicherheit wie eine Ikone verehrt worden und hätte wahrscheinlich bald einen Platz an einem öffentlichen Ort gefunden, denn die Erinnerung an den Komponisten wurde in München durchaus zelebriert: So fand alljährlich zum Todestag Mozarts ein Gedächtniskonzert statt. König Ludwig I. verehrte den Verstorbenen persönlich ebenfalls hoch. Er unterstützte die Errichtung des ersten Mozart-Denkmals in Salzburg mit großzügigen Spenden (Enthüllung 1842) und lud 1839 die Witwe Mozart zu einer Neuinszenierung des *Don Giovanni* nach München ein. Dabei bat er sie um Begutachtung des Denkmalentwurfs im Atelier Ludwig Schwanthalers. Unabhängig von den soeben genannten Aspekten hätte natürlich auch das Renommee des Malers Edlinger von einem Konterfei des großen Musikers profitiert. Tatsächlich jedoch verblieb das besagte Gemälde anscheinend mehr als 130 Jahre ohne jede Öffentlichkeitswirksamkeit in Privatbesitz, bis es 1934 in den Münchner Kunsthandel gelangte; der Dargestellte war längst zu einem Anonymus geworden, dessen Identität sich ohne Kenntnis der Provenienz-Geschichte nicht mehr klären lässt. Die Bezeichnung »Herr im grünen Rock« darf also weiterhin als die angemessene gelten, jede andere Betitelung ist unwissenschaftliche Spekulation.

Literatur zum sogenannten »Berliner Mozart« (chronologisch): Rainer Michaelis / Wolfgang Seiller: Ein unbekanntes Bildnis Wolfgang Amadeus Mozarts in der Berliner Gemäldegalerie, in: Mozart-Jahrbuch 1999, S. 1–12; Gemäldegalerie, Staatliche Museen zu Berlin Preußischer Kulturbesitz / Rainer Michaelis (Hg.): Die deutschen Gemälde des 18. Jahrhunderts. Kritischer Bestandskatalog, Berlin 2002, S. 82–85, Kat.-Nr. 2097; Richard Bauer: Der »Berliner Mozart«. Notwendiger Widerspruch gegen eine Weltsensation, in: Acta Mozartiana, Mitteilungen der Deutschen Mozart-Gesellschaft e.V. 52 (2005), S. 5–22; Wolfgang Seiller: Neue Erkenntnisse zum Bildnis Wolfgang Amadeus Mozarts in der Berliner Gemäldegalerie, in: Mozart-Jahrbuch 2005, S. 245–256; Gabriele Ramsauer: Anmerkungen zum angeblichen Mozart-Portrait von Johann Georg Edlinger in der Berliner Gemäldegalerie, in: Mozart-Jahrbuch 2005, S. 257–260; Gemäldegalerie, Staatliche Museen zu Berlin Preußischer Kulturbesitz (Hg.): Das Mozartportrait in der Berliner Gemäldegalerie, Berlin 2006; Brigitte Huber: Von neuen Erkenntnissen und neuen Irrtümern. Das angebliche Berliner Mozart-Porträt – ein wissenschaftlicher Streit gerät auf Abwege, in: Mozart-Jahrbuch 2006 (2008), S. 439–444; Wolfgang Seiller: Klärung in der Auseinandersetzung um das Edlinger-Porträt, in: Mozart-Jahrbuch 2012, S. 289–296; Richard Bauer: Verpasste Münchner Gelegenheiten. König Ludwig I. von Bayern und die Mozarts, in: Mozart-Jahrbuch 2012, S. 161–178.

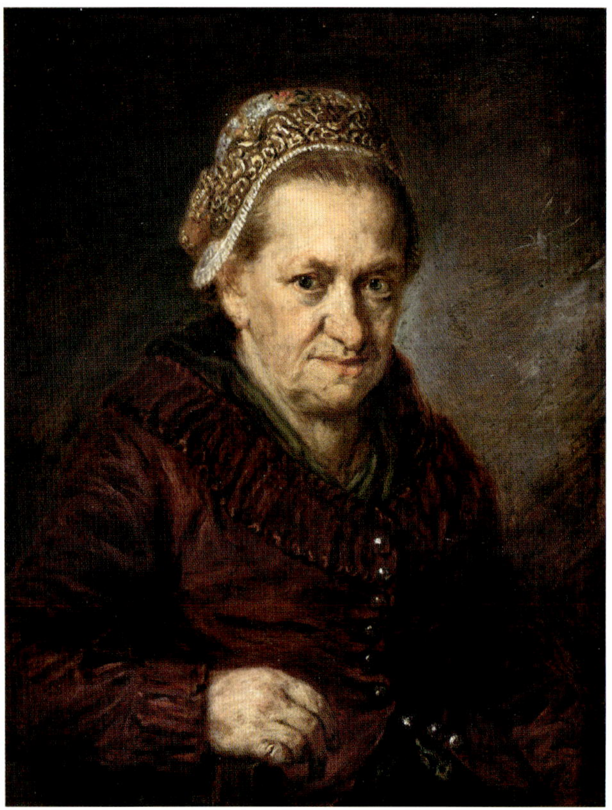

142

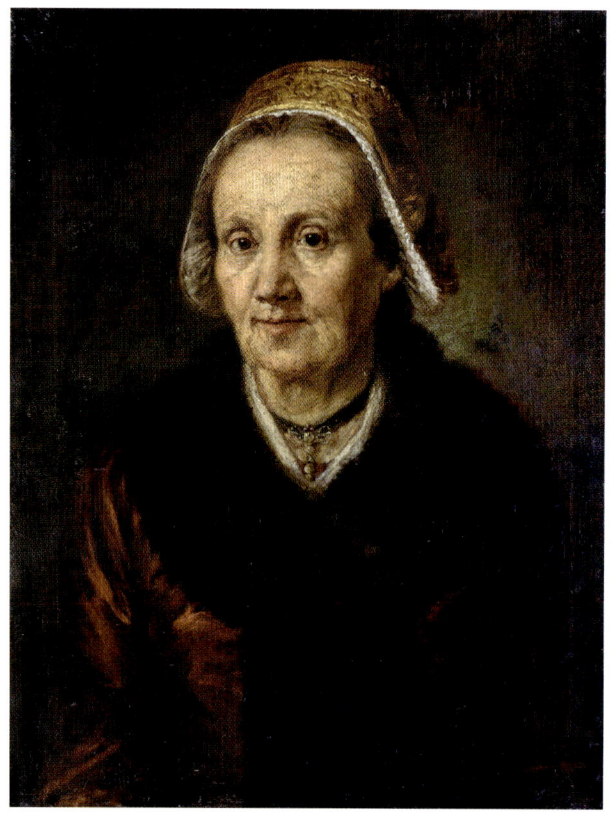

143

142

Unbekannte Münchnerin mit Riegelhaube

um 1795/1800
Öl auf Leinwand, 65,5 × 50 cm
SGL: G 4261
Nicht bei Heinemann 1924; Schenk 1983, WK 100; Eschenburg/Althaus/Friedel 2009, Edlinger Nr. 15

Die unbekannte ältere Frau trägt eine goldene Riegelhaube, allerdings in einer noch frühen und deshalb größeren Form, und weist sich damit als verheiratete Münchnerin aus. Das schwarze Halsband, an dem ein mit Perlen besetztes Schmuckstück hängt, sowie der Pelzbesatz ihrer Jacke zeigen an, dass sie aus einem eher begüterten Haus kommt.

143

Unbekannte Münchnerin mit Riegelhaube

um 1800
Öl auf Leinwand, 67 × 52 cm
Neue Galerie Graz, Universalmuseum Joanneum: I/171
Nicht bei Heinemann 1924; Schenk 1983, WK 101

144

Herr mit großem Pelzkragen

um 1800
Öl auf Leinwand, 69 × 52,5 cm
Privatbesitz
Heinemann 1924, Nr. 173; Schenk 1983, WK 116

145

Mann in lila Weste

um 1785
Öl auf Leinwand (doubliert), 71,2 × 55,8 cm
MStM: GM-2019-12 (Slg. Hans G. Knäusel Nr. 39)
Nicht bei Schenk 1983; Knäusel 2006, Nr. 39

Der anonyme Herr in lila Weste ist das Porträt, das in den 1990er-Jahren Hans G. Knäusels Leidenschaft für Johann Georg Edlinger entfachte; bis zu seinem Lebensende sollte er knapp 30 Gemälde zusammentragen (vgl. S. 174). Das Bild zeigt einen unprätenziösen, wohlbeleibten Herrn mittleren Alters, der gelassen die Prozedur des Gemaltwerdens über sich ergehen lässt.

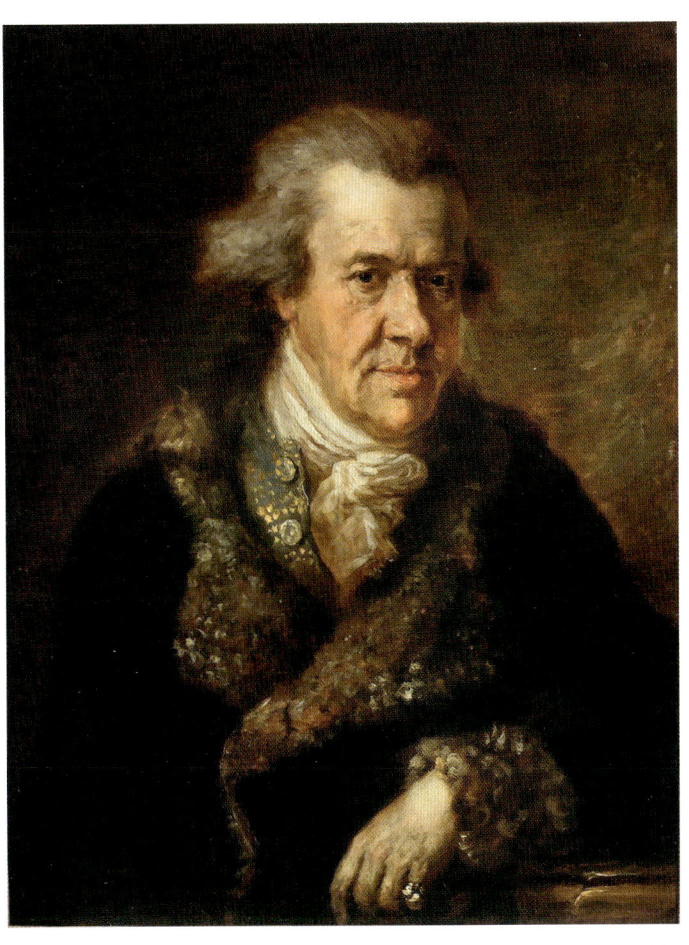

144

146

Mann mit Haushaube

um 1785
Öl auf Leinwand (doubliert), 56,5 × 46 cm
SGL: G 4254
Schenk 1983, WK 5; Eschenburg/Althaus/Friedel 2009, Edlinger Nr. 8

Das farblich fein ausgewogene Bildnis zeigt – sehr privat – einen älteren Mann mit braunem Hausmantel und weißer Hausmütze, unter der ein paar Haare hervorschauen. Das weiße Halstuch hat er nur locker umgeschlungen. Das blaue Band der Haube nimmt die Farbe des Mantelrevers auf. Edlinger schildert Gesichtsfalten und Doppelkinn des Herrn ohne zu beschönigen und lässt ein vom Leben geprägtes Antlitz sehr präsent werden. Der etwas müde Blick des Mannes geht am Betrachter vorbei.

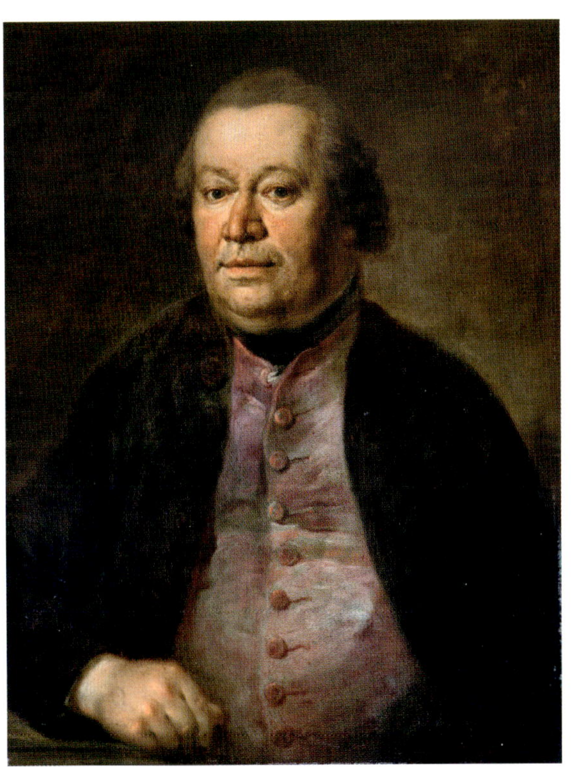

145

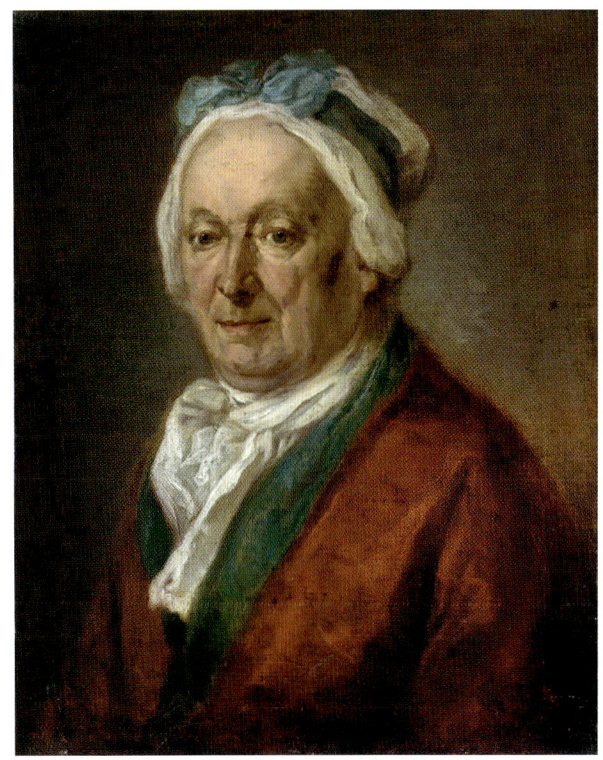

146

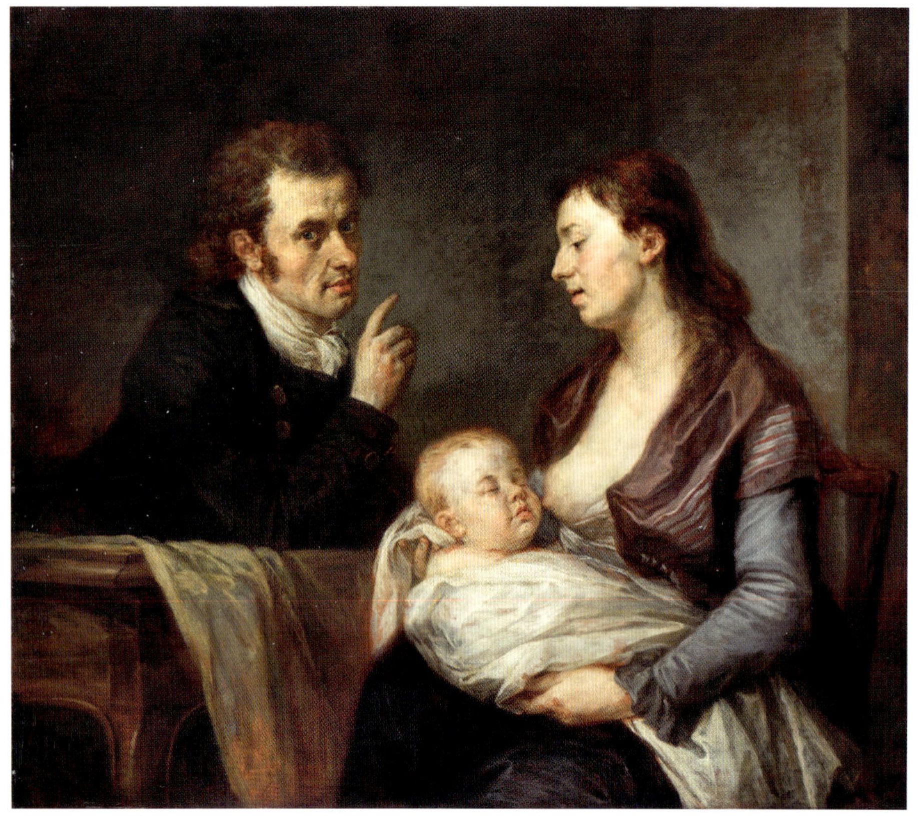

147

147

Unbekannte Familie

um 1800
Öl auf Eichenholz, 94,4 × 109,5 cm
BStGSlg.: 10082
Hartwig 1978, Nr. 10082; Schenk 1983, WK 104

Während die Mutter mit offenen Mieder ihr beim Stillen eingeschlafenes Kind in den Armen hält und gedankenverloren dasitzt, ist der sich über einen Tisch lehnende Vater mit erhobenem Zeigefinger dem Betrachter in einer dozierenden Geste zugewandt. Was will er uns sagen? Vielleicht bittet er nur, die traute Situation nicht zu stören. Wegen der verrätselten Mitteilsamkeit und der nahezu provokant in Szene gesetzten Intimität der stillenden Mutter wird in dem Bild die Familie Edlinger vermutet, obwohl es dafür aus Sicht der Autorin keinerlei physiognomische Anhaltspunkte gibt. Die von ihr 1997 vertretene Annahme, es könnte sich stattdessen um die Familie des Buchhändlers Strobl handeln, muss ebenso revidiert werden, denn der Dargestellte trägt nicht Strobls markante Nase. Festzuhalten bleibt, dass Edlinger hier auf Darstellungsmuster der Heiligen Familie zurückgreift, vor allem aber die im ausgehenden 18. Jahrhundert sich entwickelnden Vorstellungen von Familie visualisiert, deren Zweck die liebevolle Aufzucht der Kinder ist. Hauptpersonen sind deshalb Mutter und Kind, während dem Vater eine eher beschützende Rolle zukommt.

Literatur:
Brigitte Huber: Ein Pantheon der kleinen Leute. Die Bildergalerie des Münchner Buchhändlers Johann Baptist Strobl (1748–1805), Eurasburg 1997, S. 39.

148

Unbekannter, wohl der Weinwirt Benedikt Nikolas Greill (Daten unbekannt)

um 1790
Öl auf Leinwand, 68,3 × 52,5 cm
MStM: GM-2020-04 (Stiftung Lesmüller/Vogel)
Nicht bei Schenk 1983

Das aus Familienbesitz stammende Gemälde zeigt laut dem Münchner Archivar und Historiker Wolfgang Burgmair den Münchner Weinwirt Benedikt Nikolas Greill, über den leider wenig bekannt ist. Seine Tochter Genovefa heiratete den aus Tirol stammenden Weinhändler Johann Baptist Maierl, der später – wohl mit dem Vermögen seiner um 1790 gestorbenen Ehefrau – ein Haus am Rindermarkt erwarb. Maierls Tochter aus zweiter Ehe heiratete in die Familie Lesmüller.

Gezeigt wird ein jüngerer Mann, er trägt eine schwarze Schleife zu einer roten Weste, darüber einen braunen Mantel. Wie bei Edlinger üblich, scheint die Kontur des Körpers mit dem Hintergrund zu verschmelzen. Auffallend im wenig differenziert dargestellten Gesicht des Porträtierten sind die klaren blauen Augen, die jedoch am

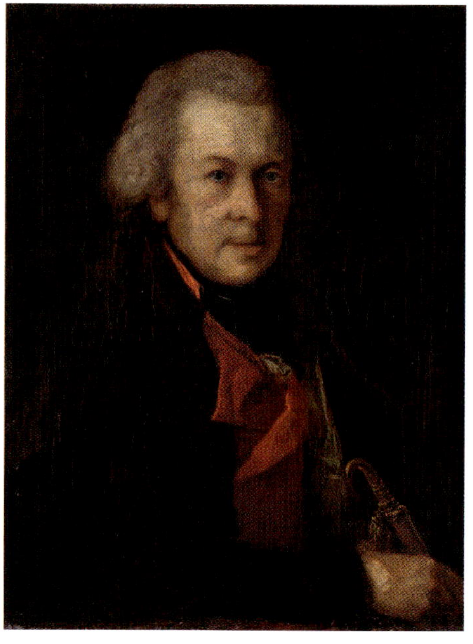

148

Betrachter vorbeiblicken. Der Dargestellte hat seinen rechten Arm auf einem nicht sichtbaren Tisch aufgelegt und hält einen goldfarbenen, nicht identifizierbaren Gegenstand in der Hand.

149

Dame im roten Kleid

um 1790/95
Öl auf Leinwand, 64,5 × 50,5 cm
Privatbesitz
Nicht bei Schenk 1983

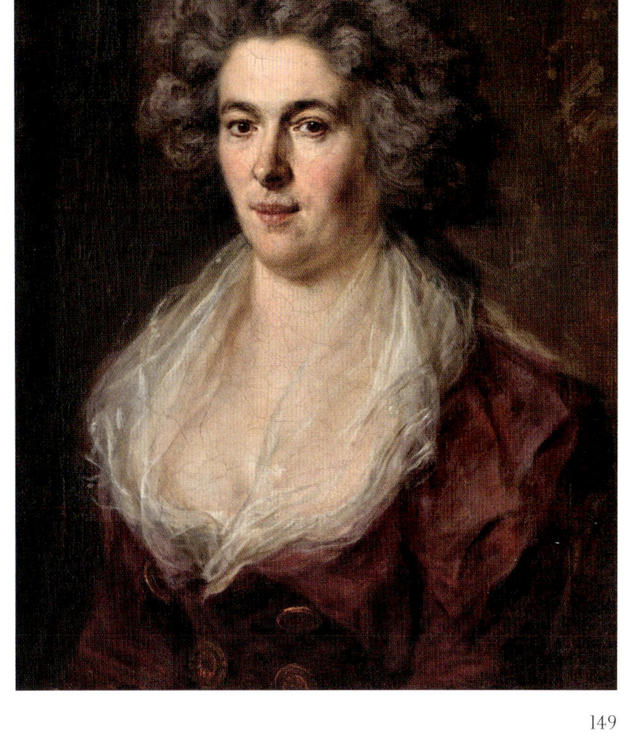

149

150

Unbekannte

um 1805
Öl auf Leinwand, 60,5 × 47,5 cm
SGL: G 4257
Nicht bei Schenk 1983; Eschenburg/Althaus/Friedel 2009, Edlinger Nr. 11

Das Brustbild zeigt eine Dame mit Empire-Frisur, die mit einer olivgrünen Schleife geschmückt ist. Ihr Gesicht wird von einer Vielzahl kleiner, dunkler Locken gerahmt. Der Ausschnitt ihres Chemisenkleides ist mit zarter Spitze eingesäumt. Über den Schultern liegt ein blaues Tuch.

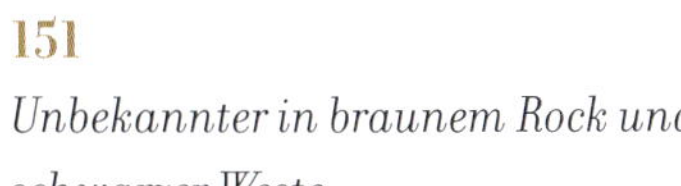

151

Unbekannter in braunem Rock und schwarzer Weste

um 1785
Öl auf Leinwand, 63,5 × 50,5 cm
MStM: GM-2019-24 (Slg. Hans G. Knäusel)
Bayer. Vereinsbank 1997, Nr. 30; nicht bei Schenk 1983

Im knappen Bildausschnitt wird ein wohlbeleibter Mann in leichter Drehung nach rechts vorgestellt, sein rechter Arm scheint auf einem Tisch aufzuliegen. Der Herr trägt über einer schwarzen Weste einen braunen Tuchmantel. Sein Naturhaar ist *en dos de l'âne* frisiert. Volle Lippen, eine markante Nase und ein Doppelkinn prägen sein Gesicht. Hochgezogene Brauen verstärken seinen kritisch-selbstbewussten Blick, der in Widerspruch zu seiner entspannten Körperhaltung und der bewusst inszenierten Lässigkeit steht.

150

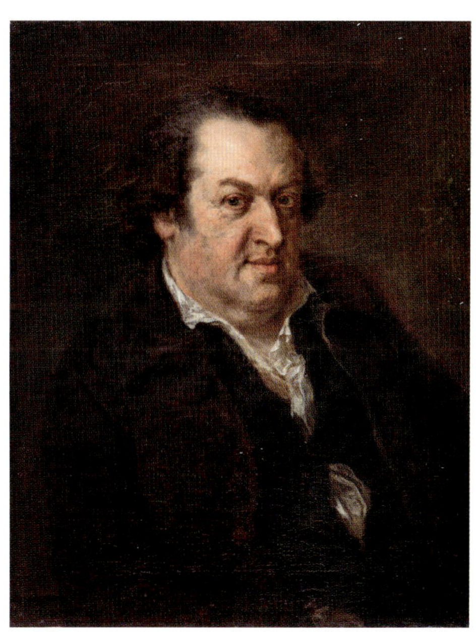

151

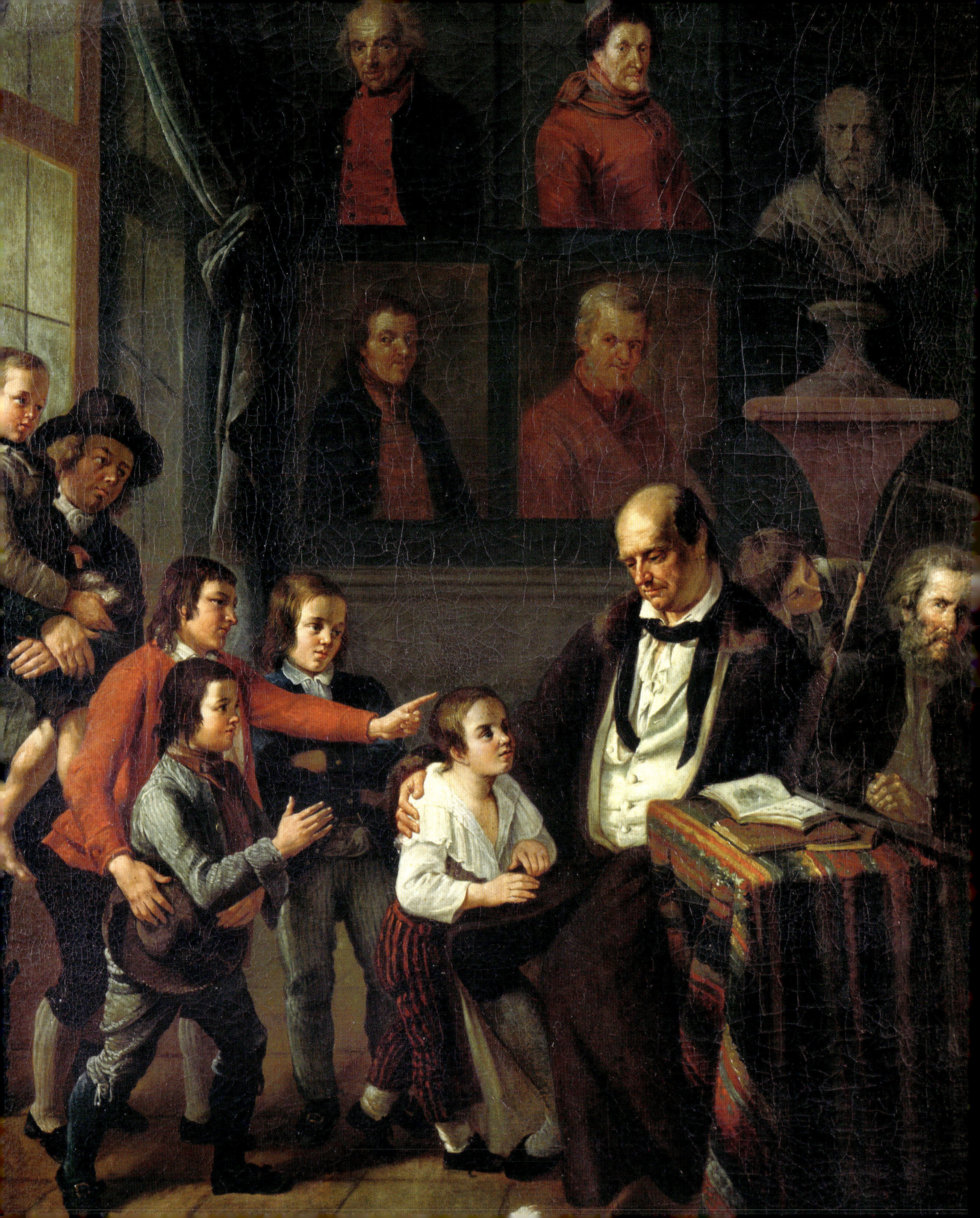

Der Münchner Verlags-buchhändler Johann Baptist Strobl und seine Edlinger-Galerie

Strobl – ein Münchner »Jakobiner«

Johann Georg Edlingers wichtigster Auftraggeber wurde in den 1790er-Jahren der Münchner Buchhändler und Verleger Johann Baptist Strobl (1748–1805), ein äußerst facettenreicher, schwieriger Charakter.[1] Anfangs nur ein entschiedener Freund der Aufklärung, exponierte er sich in späteren Jahren wiederholt als Freund der Französischen Revolution. Um das sozialrevolutionäre Engagement dieses Münchner »Jakobiners« verstehen zu können, ist es notwendig, ihn kurz vorzustellen.

Johann Baptist Strobl, Sohn eines Schäfflermeisters aus Aichach, hatte seine Berufslaufbahn als Lehrer in Straubing begonnen, muss aber schon nach relativ kurzer Zeit gemeinsam mit seiner Ehefrau nach München gekommen sein. Der erste Beleg für seine Anwesenheit ist eine aus dem Jahr 1777 stammende Beurteilung aller Lehrer des Münchner Gymnasiums durch Direktor Anton Bucher (Kat. G 9). Demnach unterrichtete Strobl ausschließlich Kinder der ersten drei Klassen: »Seine Schüler bildet und unterrichtet er vortreflich, er kennt auch alle Vortheile, die Kinder durch Liebe und Vorstellung fürs Gute einzunehmen.«[2] Doch Strobl sollte nicht mehr lange Lehrer bleiben. Schon bald begann er, sich in der bayerischen Haupt- und Residenzstadt eine ganz neue Existenz aufzubauen: 1779 erwarb er nicht nur eine der drei Münchner Buchhändler-Gerechtigkeiten,[3] sondern es gelang ihm auch, akademischer Verleger und Buchhändler zu werden.[4] Sein Geschäft in der Kaufingerstraße 28 entwickelte sich rasch zur wichtigsten Münchner Buchhandlung, Strobl selbst wurde zur zentralen Figur des literarischen und des politischen Lebens in München, denn er verlegte die bedeutendsten Schriftsteller der bayerischen Aufklärung, darunter Werke von Anton Bucher, Georg Alois Dietl (Kat. 105), Carl von Eckartshausen (Kat. G 13), Johann Michael Sailer (Kat. 101) sowie Lorenz Westenrieder (Kat. 102). Daneben brachte Strobl historische, geistliche und landwirtschaftliche Themen sowie Kinder- und Schulbücher heraus. Die französischen Theaterstücke, die in seinem Verlag erschienen, hatten eine eindeutig sozialkritische Thematik, so etwa das Lustspiel *Tartuffe* von Molière, München 1784, oder *Der lustige Tag oder die Hochzeit des Figaro* von Pierre-Augustin Beaumarchais, München 1785.

Strobls Ehrgeiz und ein gutes Quantum Skrupellosigkeit brachten ihn immer wieder in schwierige Situationen: 1782 trennte sich die Bayerische Akademie der Wissenschaften von ihrem Verleger wegen finanzieller Unregelmäßigkeiten.[5] Und auch seine Mitgliedschaft im Illuminaten-Orden endete im Streit.[6] In massive Konflikte geriet Strobl außerdem mit der Zensurbehörde, da er wiederholt anstößige Publikationen ohne Genehmigung druckte. 1785 schickte ihn das Bücherzensur-Kollegium für einige Tage in Haft und drohte ihm den Verlust seiner Buchhändler-Gerechtigkeit an.[7] Auch wegen Raubdrucken, die er mit falschem Impressum versah – es handelte sich dabei zumeist um Literatur für Kinder – stand Strobl 1785 in der Kritik.[8] Man unterstellte ihm, vor allem von Geldgier getrieben zu sein: Er sei ein »Freund der Aufklärung, zwar nicht aus Überzeugung, denn dazu ist der Mann nicht fähig, aber aus Eigennutz, teils um die beßten Schriftsteller Baierns in sein Interesse zu ziehen, teils um einen desto größeren Bücher-Absatz zu machen«.[9]

Nach seinem Austritt aus dem Illuminaten-Orden intensivierte Strobl sein politisches Engagement. Er schloss sich den bayerisch patriotisch Gesinnten um Joseph Hazzi (Kat. 93) und Joseph Utzschneider (Kat. 89) an, deren Ziele es waren, den Einfluss der Illuminaten zu bekämpfen, eine Befreiung

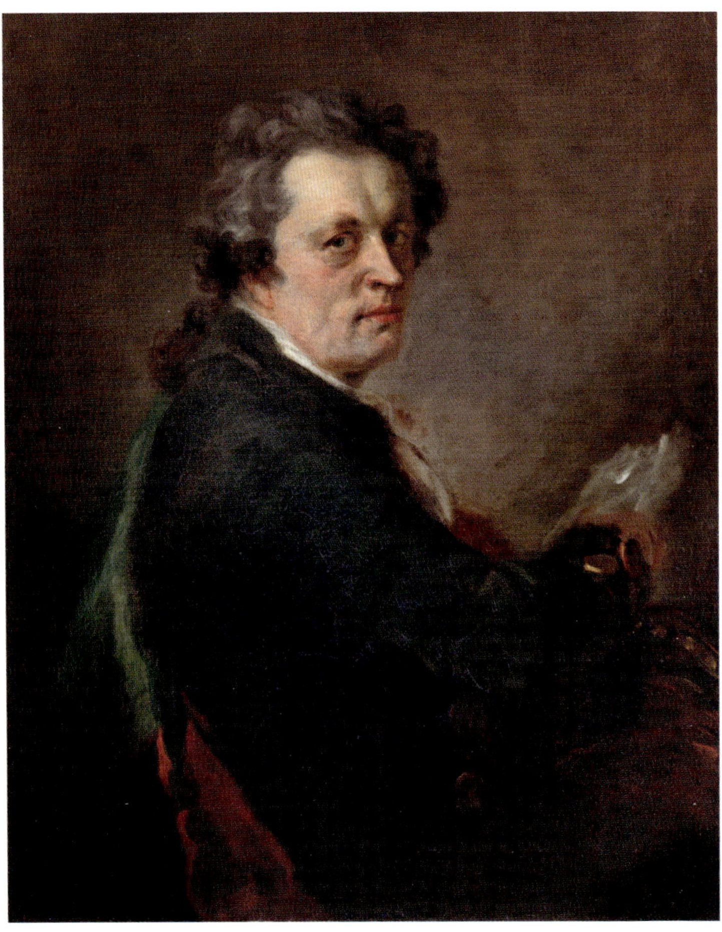

Abb. 29 Johann Georg Edlinger, *Johann Baptist Strobl (1748–1805)*, um 1790, Öl auf Leinwand, 82,5 × 66,5 cm, Privatbesitz (Schenk 1983, WK 79)

Das um 1790 gemalte, großformatige Einzelporträt des Münchner Buchhändlers und Verlegers zählt zu den schönsten Werken Edlingers, beweist es doch dessen meisterliche Beherrschung des Kolorits.

der Bauern aus der Leibeigenschaft zu erreichen und vor allem das Ansinnen von Kurfürst Karl Theodor zu vereiteln, für die Wittelsbacher Bayern gegen die habsburgischen Niederlande an Österreich zu tauschen; im Sommer 1800, als französische Truppen München besetzt hielten, wurden schließlich sogar Pläne geschmiedet, den Kurfürsten zu stürzen und Bayern in eine Republik zu verwandeln.[10] Wie aus dem Bericht des österreichischen Polizeispitzels Johann Michael Armbruster[11] aus dem Jahr 1801 hervorgeht, beteiligte sich Strobl, dessen Geschäft mittlerweile die »Patrioten-Buchhandlung« genannt wurde, u. a. an der Verbreitung von franzosenfreundlichen Flugblättern.[12] Bei einer vom Landesdirektionsrat und Stadtkommandanten Felix Joseph von Lipowsky veranlassten Durchsuchung seines Ladens wurde man sogleich fündig: »In der Tiefe des Gewölbes nahm ich nun die befraglichen Schriften in vier Ballen aufgethürmt gewahr [...] Der Buchhändler Strobel wollte die Schriften nicht forttragen lassen, berufend sich auf französisch, republikanischen Schutz, unter dem wir nun stünden, dan auf die in der französischen Constitution begründete Preßfreiheit; allein ich sagte ihm: Herr! Mäßigen Sie sich«.[13]

Strobl als Bildersammler

Johann Baptist Strobl hatte aber auch eine musische Seite. Als leidenschaftlicher Kunstsammler trug er im Lauf der Jahre nicht nur eine Graphik-Sammlung zusammen, sondern baute sich auch eine umfangreiche Bildergalerie auf. Sie soll mit »mehrern hundert Gemälden der vorzüglichsten Meister, als: Titian, Rubens, Panini, Leonardo da Winzi, Guido Reni, Vandyck [van Dyck], Ludwig und Hanibal Carracio [Annibale Carracci], Domenichino, Sandrat, Berghem [Berchem], Beich, Poussin, Heinrich Roos, Christ. Schwarz, Rosa di Tivoli, Millet, Albani, Rugendas, Holbein, Lanfranco, Castigline, Hauber, Dorner, Ettlinger, Paul de Vos, Schönfeld, Palma, Breughel, Elzheimer, Jordans, Octavius van Vien, Schwanenfeld, Troost, Seiter, Kager,

Pallestra, Tintoreti, Spagnoletto, Claudius Lorrain, s. A.« ausgestattet gewesen sein.[14] Man darf davon ausgehen, dass es sich bei den gewichtigeren Künstlernamen um Kopien handelte, die zu Strobls Zeiten als durchaus gleichwertig mit den Originalen angesehen wurden. Die Zahl der genannten Münchner Künstler ist vergleichsweise gering, vertreten waren hier nur Franz Joachim Beich, Joseph Hauber, Johann Jakob Dorner [der Ältere und/oder der Jüngere?] und eben Johann Georg Edlinger.

Strobls Galerie konnte besichtigt werden.[15] Offensichtlich war sie so berühmt, dass ihr auch Fremde einen Besuch abstatteten. So erwähnt sie etwa der Lehrer und Reiseschriftsteller Carl Gottlob Küttner (1755–1805), der sich im Juli 1799 in München aufhielt, in seiner *Reise durch Deutschland, Dänemark, Schweden, Norwegen und einen Theil von Italien, in den Jahren 1797. 1798. 1799*: »Bey Herrn Strobel, einem Buchhändler, der sonst Professor war, habe ich eine Gemähldesammlung gesehen, in der sich einige gute Stücke befinden [...] Ein ganzes Zimmer ist mit Portraits von Männern behangen, die sich um Bayern auf eine oder die andere Art verdient gemacht haben.«[16] Auch Joseph Ritter von Hazzi (Kat. 93) beschrieb 1803 die Sammlung. Er erwähnt als erster Strobls Edlinger-Sammlung und spricht auch über dessen 1792 begonnenes Projekt, die Porträts in eine Stich-Serie übertragen zu lassen und diese zu veröffentlichen: »Privatsammlungen von Bildern und Antiken gibt es [in München] sehr wenige; nur der Professor und Buchhändler Strobel zeichnet sich hierin aus. Er hat eine ausgesuchte Bildersammlung ganz im großen Geschmack von den besten Meistern, und einen Bildersaal, wie man ihn in keiner Gallerie findet, von mehr als 200 Porträts von Gelehrten, verdienter und merkwürdiger Männer Baierns, meistens von dem berühmten Hofmaler Etlinger gemalt. Überraschend ist der Anblick so vieler in ihren Karakterzügen verschiedener Menschen, deren gut getroffne Porträts man hier auf ein Mal übersehen kann. Diese ganze Sammlung, die so zu sagen eine wahre lebende Kronik unserer Zeit dem Blick darstellt, wird auf eigne Kosten des Besitzers in Kupfer gestochen herausgegeben und jedes Kupfer mit einer kurzen Lebensgeschichte begleitet. Einige 30 sind schon fertig von der Hand des geschickten John in Wien [...] Die Idee ist groß und das Ganze macht dem Professor Strobel und der Nation Ehre.«[17]

1997 gelang es der Autorin, Bildbelege für Strobls Porträtgalerie zu finden – ein Joseph Hauber zugeschriebenes Gemälde im Münchner Stadtmuseum[18] sowie ein zweites Bild im Germanischen Nationalmuseum[19] in Nürnberg, bisher als *Szene aus einem Münchner Waisenhaus* betitelt, ermöglichen zusammen den Blick in einen Bildersaal. Strobl sitzt darin an einem Tisch und präsentiert einer Kinderschar das im Original leider verschollene, aber durch einen Kupferstich von Joseph Peter Paul Rauschmayr (Kat. G 48) als Gemälde

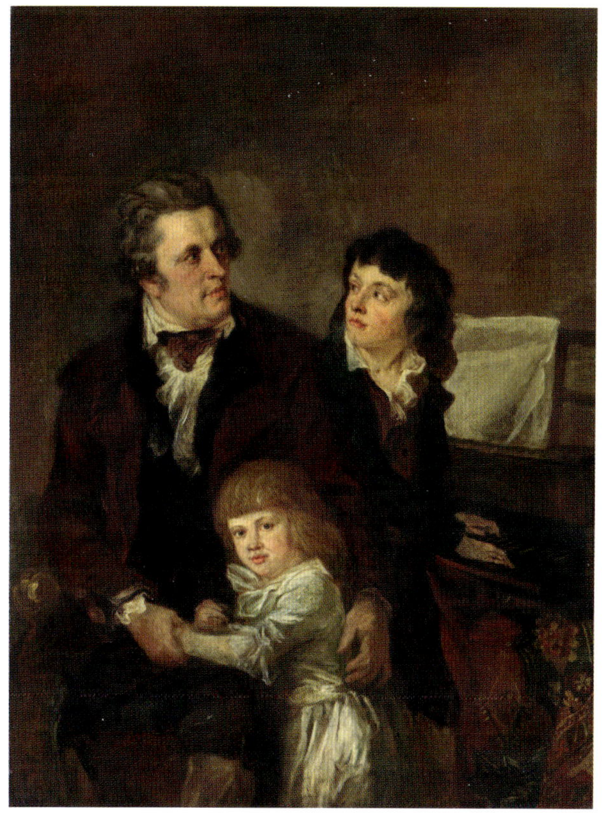

Abb. 30 Johann Georg Edlinger, *Buchhändler Strobl mit seinen beiden Kindern Michael Friedrich und Anna Elisabeth Sophie*, um 1792, Öl auf Leinwand, 140 × 107 cm, München, Bayer. Staatsgemäldesammlungen (Schenk 1983, WK 78)

Auch wenn Edlinger die Personen nicht wirklich in Beziehung zueinander zu setzen vermochte und Räumlichkeit, Kleidung sowie Hände nur sehr flüchtig ausgeführt sind, ist das eigentliche Anliegen des Bildes, nämlich Strobl als fürsorglichen Vater darzustellen, doch erfüllt.

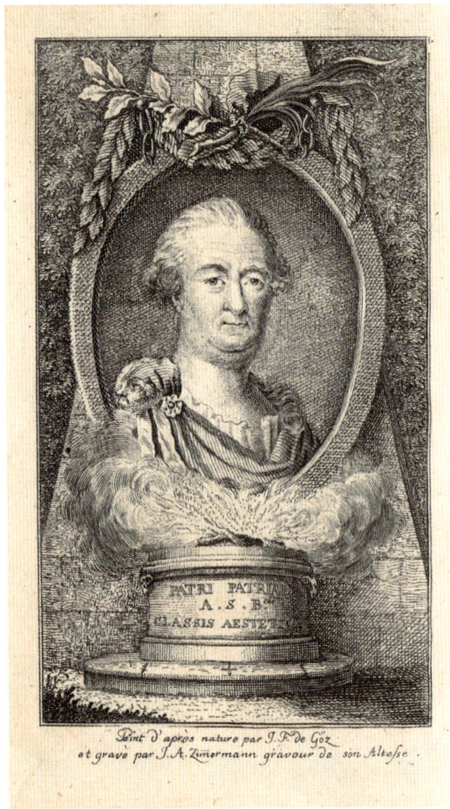

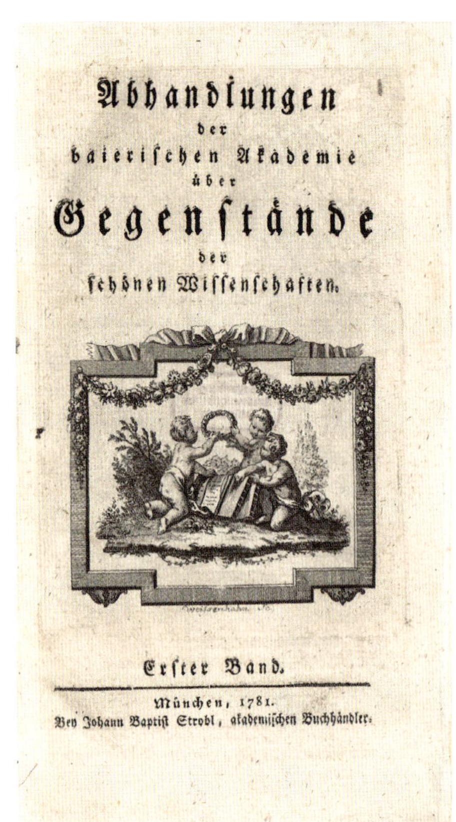

Abhandlungen
der
baierischen Akademie
über
Gegenstände
der
schönen Wissenschaften.

Erster Band.

München, 1781.
Bey Johann Baptist Strobl, akademischen Buchhändler.

Abb. 31 Abhandlungen der baierischen Akademie der Wissenschaften, verlegt bei dem akademischen Buchhändler Johann Baptist Strobl, München 1781, Titelkupfer von Josef Anton Zimmermann, Vignette von Georg Michael Weißenhahn, München, Bayerische Staatsbibliothek

von Edlinger gesicherte Porträt eines alten Mannes.[20] Sind auf dem Münchner Gemälde im Hintergrund vier gleich große Porträts eher einfacher, zum Teil alter Menschen sichtbar, so zeigt der Raumausschnitt des Nürnberger Bildes weitere zwölf Bildnisse gleicher Größe, darunter auch zwei Frauen. Insgesamt vier der abgebildeten Gemälde können mittlerweile im Original belegt werden (siehe S. 150).

War schon allein die Tatsache, dass sich ein Buchhändler, also ein Angehöriger des Handwerker-Standes, eine Privatgalerie anlegte und damit eine bisher höfische Gepflogenheit übernahm, ungewöhnlich, so war es noch viel mehr deren inhaltliches Konzept. Wie aus verschiedenen zeitgenössischen Berichten hervorgeht, enthielt Strobls Gemäldesammlung »Portraite baierischer größtentheils noch lebender Staatsmänner, Gelehrten, Künstler, merkwürdiger Bürger und Landmänner«. Da seine Sympathien für die Jakobiner bekannt waren, lag ein Zusammenhang zwischen den dort zahlreich vertretenen Porträts »kleiner Leute« und einer revolutionären Gesinnung auf der Hand. Der Polizeispitzel Johann Michael Armbruster ging daher nicht fehl, wenn er in Strobls Sammlung ein ideologisches Statement sah und auf den direkten Zusammenhang mit der »Patrioten-Partei« hinwies, für die sich auch Strobl engagierte: »Vorzüglich suchten sie [die Patrioten] Advocaten, Oekonomen, Landbeamte, Schullehrer und die sogenannten Bauern-Könige an sich zu ziehen. Um die Letzteren in's Feuer zu hetzen, ließ Strobel die Bildnisse einiger derselben mahlen und in seinem Pantheon merkwürdiger Baiern aufstellen.«[21]

Mit diesem Vorwissen lassen sich die beiden Bilder in München und Nürnberg endgültig entziffern: Strobl, der ehemalige Pädagoge, führt einer Gruppe von Knaben das Bildnis des ihnen wahrscheinlich wohlvertrauten 94-jährigen Holzhauers Graf vor.[22] Dürfte allein das Porträt des alten Mannes den Kindern als Sensation erschienen sein, so war es Strobls Anliegen, ihnen zu zeigen, daß ihr eigener, bisher als unterprivilegiert angesehener sozialer Stand durchaus bildwürdig und achtenswert war.

Anders als die »Freundschaftsgalerien« von Johann Wilhelm Ludwig Gleim in Halberstadt und dem Verleger Philipp Erasmus Reich in Leipzig[23] verfolgte Strobl mit seiner Bildergalerie ein sozialpädagogisches Konzept. Seine Porträtsammlung sollte die bildgewordene Übersetzung der französisch-revolutionären Begriffe *égalité* und *fraternité* sein, denn nach übereinstimmenden Berichten präsentierte Strobl darin Porträts namhafter Persönlichkeiten gleichwertig neben denen unbekannter Menschen von der Straße. Kriterium für die Aufnahme kann damit nur entweder die jeweilige persönliche Leistung oder der Erfahrungsschatz eines langen Lebens gewesen sein. Als bekennender Jakobiner wandte der Buchhändler diese Begriffe aber nicht nur auf die sozialen Stände, sondern auch auf die verschiedenen Geschlechter und Altersstufen der Menschen an, weshalb sich in seiner Sammlung Bildnisse jüngerer und älterer Männer und auch Frauen finden.[24] Die Anregung dazu kam ebenfalls aus dem revolutionären Frankreich, wo an eigens geschaffenen Feiertagen sogenannte »Fêtes de la Réunion« – Feste der Zusammenkunft – stattfanden, die durch die Einbindung aller Altersklassen die »Brüderlichkeit« aller Menschen beschworen.[25]

Wie zuverlässig Hazzis Angabe von »mehr als 200 Porträts […] meist von dem berühmten Hofmaler Etlinger« ist, lässt sich nicht sagen. Es ist aber anzunehmen, dass Strobls Projekt für den Maler Edlinger ein veritabler Großauftrag war. Da dessen unbestechlicher Realismus und die zugunsten der Konzentration auf das Gesicht zunehmend reduzierte Farbigkeit seiner Gemälde im beginnenden 19. Jahrhundert bei der Kunstkritik und vor allem bei der noblen Kundschaft auf immer weniger Verständnis stießen, dürfte Edlinger um die Aufträge froh gewesen sein, auch wenn der Buchhändler pro Bild nur ein ziemlich niedriges Honorar zahlte.[26] Zugleich aber dürfte für manchen potenziellen Kunden seine Arbeit für den politisch unzuverlässigen Buchhändler Strobl ein weiterer Grund gewesen sein, den alternden Künstler abzulehnen. Ob Edlinger das sozialkritisch-pädagogische Konzept der Strobl'schen Bildergalerie allerdings bewusst inhaltlich mittrug, ist zu bezweifeln.

Dass es Strobl nicht darum ging, eine möglichst imposante Sammlung anzulegen, ergibt sich aus der Tatsache, dass seine Bilder rahmenlos an der Wand hingen. Bleibt noch die Frage zu klären, wie Strobl an die Porträts so vieler Menschen kam. Gab es das Bildnis einer relevanten Person bereits, so ließ Strobl es von Edlinger kopieren[27] bzw., wenn die Vorlage ohnehin von Edlinger gemalt war, eine Replik[28] anfertigen. Und wo fand Edlinger seine proletarischen Modelle? Neben Handwerkern und Taglöhnern, die auf Münchens Straßen anzutreffen waren, dürften ihn vor allem Insassen der Pfründner-Anstalten sowie des 1789 von Graf Rumford gegründeten Armeninstituts und des 1796 eingerichteten Versorgungshauses am Gasteig besonders interessiert haben. Für ein paar Kreuzer waren sie sicher bereit, dem Künstler zu sitzen. Offensichtlich hatte der Buchhändler Strobl für seine Bilder auch ein Format festgelegt: Die nachweislich in Strobls Galerie

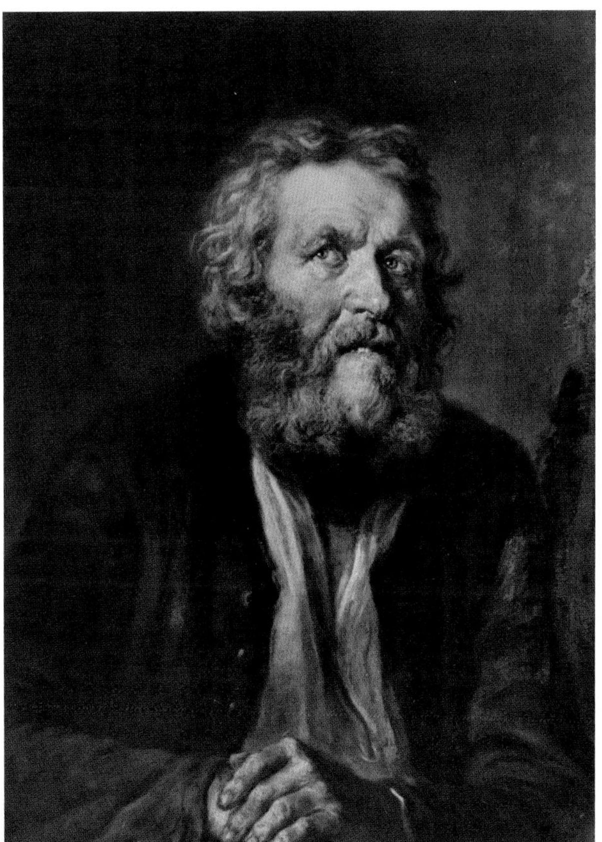

Abb. 32 Johann Georg Edlinger, *Der 94-jährige Holzhauer Graf*, Foto des verschollenen Gemäldes (um 1790), Archiv Paulus (nicht bei Schenk 1983)

Das Gemälde, das Strobl einer Kinderschar persönlich präsentiert (Abb. 33a), ist verschollen. Es wurde aber in einen Stich übertragen (Kat. G 48). Ein in der Graphischen Sammlung Albertina, Wien, erhaltenes und beschriftetes Exemplar (Sign. 21798) verrät Namen und Alter des Dargestellten: »Graf war einst Holzhauer, und dermal / (1807) im Armen Versorgungs-Haus am Gasteig, / 94 Jahre alt. Ein Meisterstück von Edlinger«.

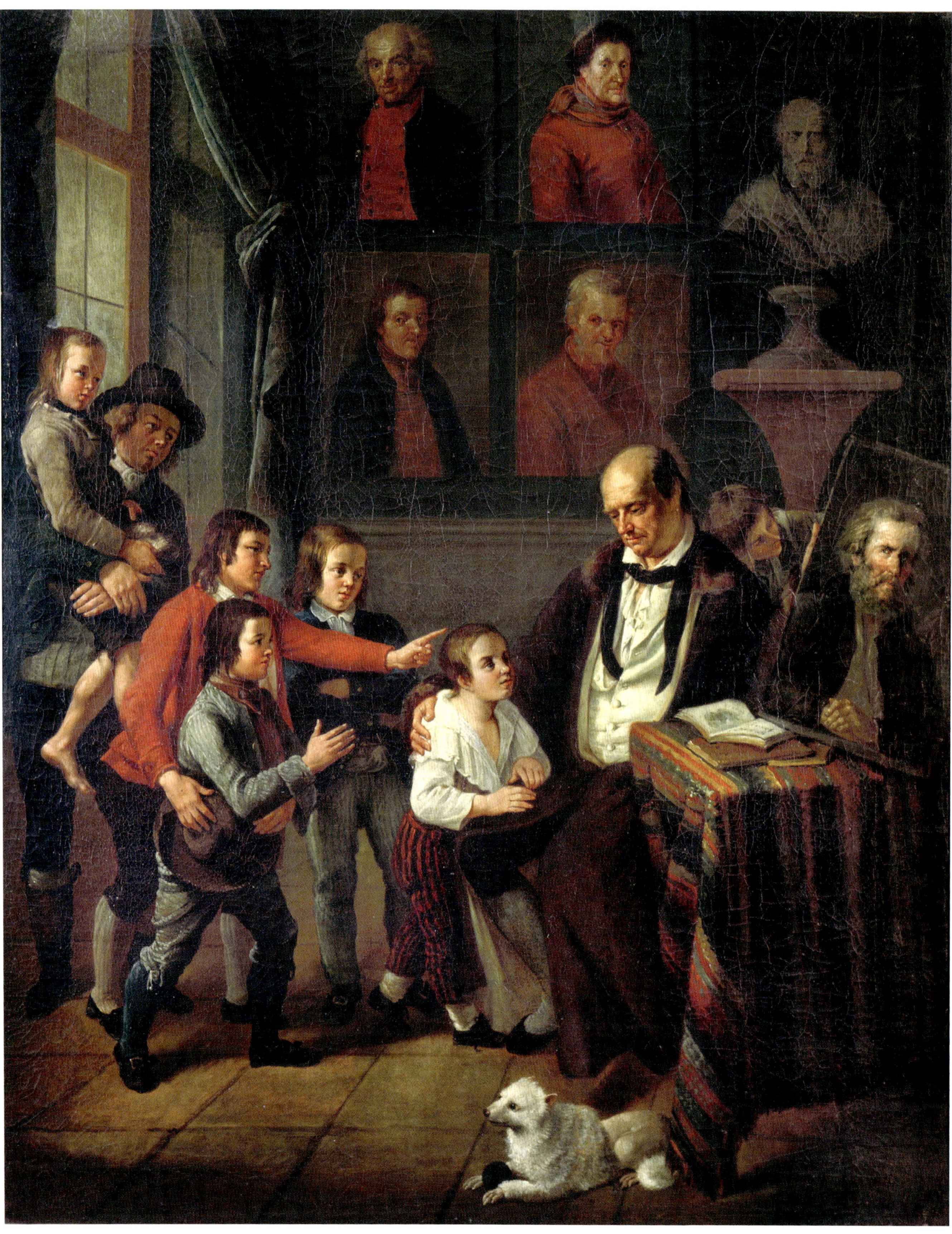

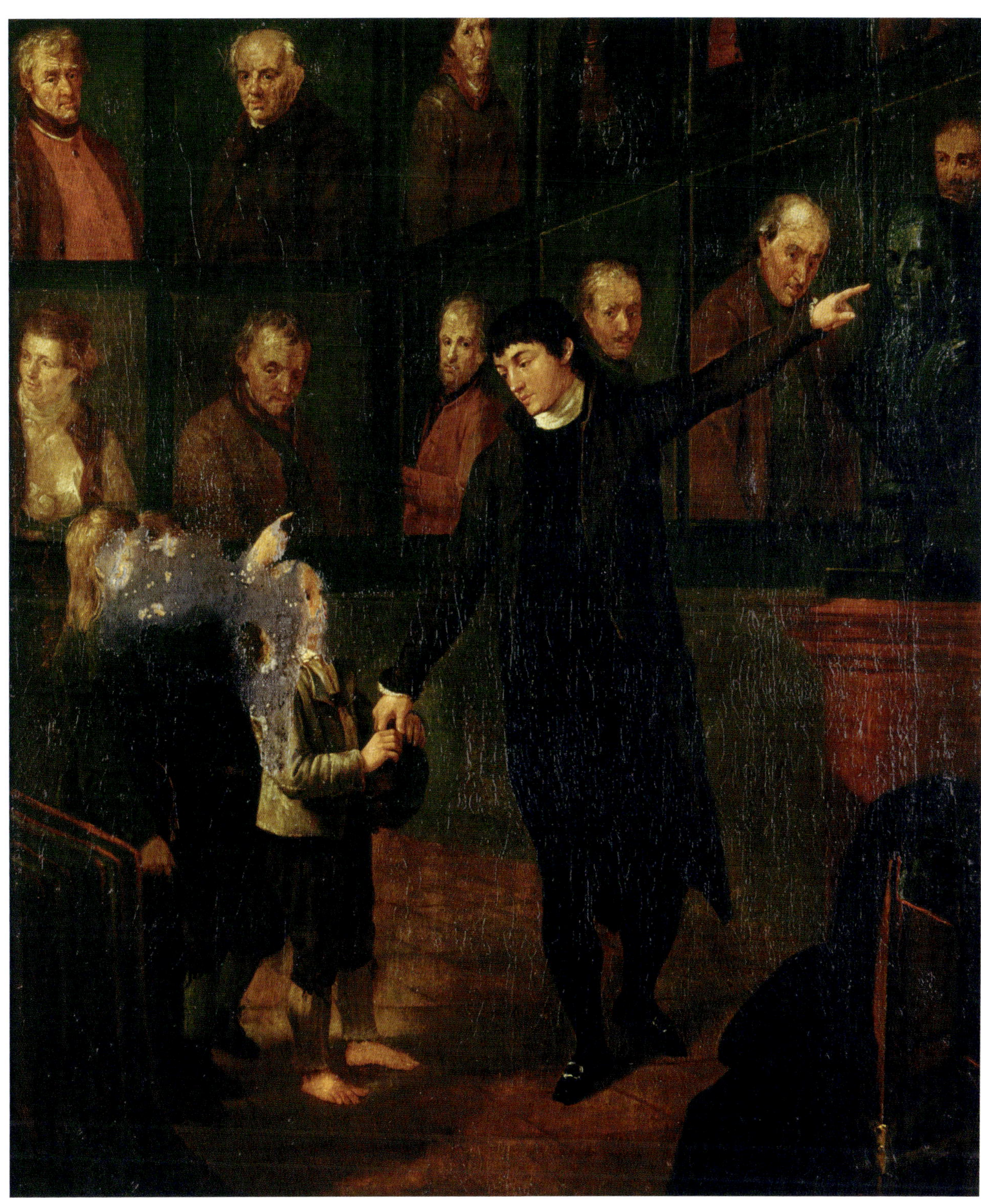

Abb. 33 a/b Josef Hauber (zugeschrieben), *Die Bildergalerie des Buchhändlers Strobl*, um 1795, Öl auf Leinwand, 146,8 × 116,7 cm bzw. 127,5 × 109 cm (rechts), Münchner Stadtmuseum bzw. Nürnberg, Germanisches Nationalmuseum (rechts)

Strobl, äußerst nachlässig gekleidet und ohne die früher getragene künstliche Haarpracht, führt in seinen Privaträumen einer staunenden Kinderschar das Porträt eines alten Mannes vor. In einer Zeit, in der Porträts noch vorrangig adligen Personen vorbehalten waren, dürfte den Kindern das Bildnis des 94-jährigen Holzhauers Graf, eines »Mannes von der Straße«, als Sensation erschienen sein. Das vor dem Bild liegende aufgeschlagene Buch könnte ein Hinweis auf die von Strobl geplante Herausgabe der Stich-Serie *Denk- und merkwürdiger Baiern* sein.

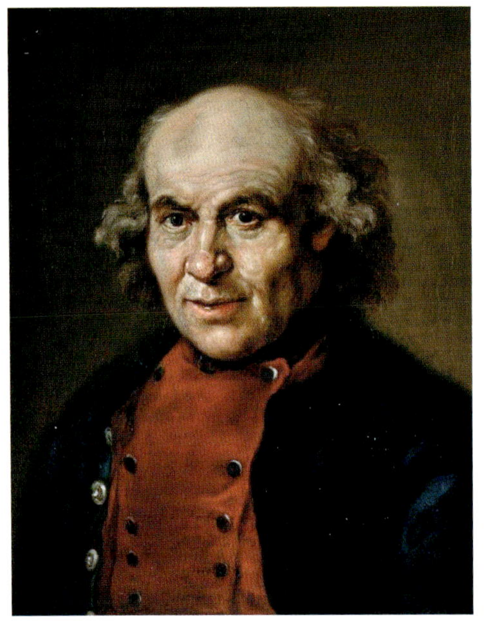

34

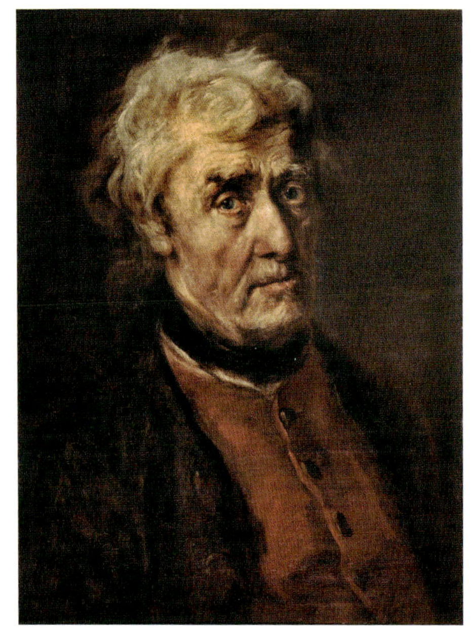

35

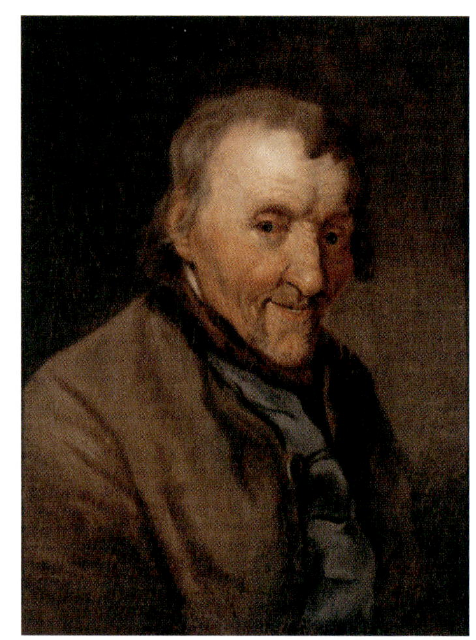

37

Abb. 34–37

Neben dem auf dem Tisch präsentierten Porträt lassen sich vier weitere Bilder aus Strobls Gemäldegalerie eindeutig identifizieren.

34 Johann Georg Edlinger, *Unbekannter Mann mit roter Weste*, um 1795, Öl auf Leinwand, 54,5 × 43 cm, Privatbesitz (nicht bei Schenk 1983)
Eine Replik des Gemäldes in der Anhaltischen Gemäldegalerie Dessau (Inv.-Nr. 899) wird dort als »Westfälischer Bauer« bezeichnet.

35 Johann Georg Edlinger, *Unbekannter Mann*, um 1795, Öl auf Leinwand, um 1795, 54 × 42 cm, Privatbesitz (Schenk 1983, WK 112)

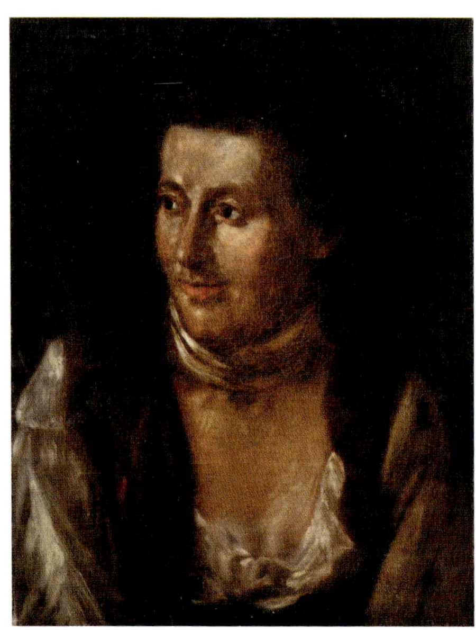

36

36 Johann Georg Edlinger, *Jüngere Frau*, um 1795, Öl auf Leinwand, 50,5 × 39,5 cm, Privatbesitz, (Schenk 1983, WK 160)

37 Johann Georg Edlinger, *Alter Mann*, um 1795, Öl auf Leinwand, 55 × 40,5 cm, Privatbesitz, (nicht bei Schenk 1983; Knäusel, Nr. 4)

hängenden Porträts alter Menschen weisen alle ein Maß von ca. 53.5/56 × 40/43 cm auf. Annähernd ähnliche Maße finden sich auch bei zahlreichen Bildnissen prominenter Dargestellter. Es liegt deshalb auf der Hand, dass diese Gemälde einst alle zum Strobl'schen Bestand gehörten. Zu datieren wären sie dann in den Zeitraum von ca. 1790 bis 1805.[29]

Das Projekt einer »Galerie merkwürdiger Bayern«

Johann Baptist Strobl plante, seine Porträt-Sammlung »merkwürdiger« – d.h. würdig, im Gedächtnis behalten zu werden[30] – Bayern als Stich-Serie zu verlegen und beauftragte mit der Umsetzung seiner Gemälde in Graphiken 1793 den in Wien ansässigen Kupferstecher Friedrich John. Ernst August Fleischmann,[31] seinerzeit Buchhalter bei Strobl und später dessen Nachfolger, berichtet: »Der selige Professor und Buchhändler Strobel in München besaß eine der reichhaltigsten Privatgemählde-Sammlungen, worunter sich mehrere von dem Hofmaler Edlinger gemalte Portraite baierischer größtentheils noch lebender Staatsmänner, Gelehrten, Künstler, merkwürdiger Bürger und Landmänner, auszeichneten. Diese Portraite ließ Professor Strobel durch den berühmten Künstler John in Wien in Kupfer stechen, um diese Sammlung einst, mit biographischen Nachrichten begleitet, in Lieferungen herauszugeben.«[32] John arbeitete in der damals äußerst beliebten Punktiermanier, einer aus England übernommenen Technik, bei der sich die bildliche Darstellung ausschließlich aus direkt in die Druckplatte gepunzten Punkten unterschiedlicher Stärke und Dichte ergibt.

Friedrich John stach für Strobl innerhalb von zwei Jahren insgesamt 32 Blätter nach Edlinger'schen Porträts. Warum die Zusammenarbeit nicht fortgesetzt wurde und der Münchner Buchhändler nicht mit der Herausgabe seiner *Gallerie* begann, war schon für Zeitgenossen nicht einsichtig. Franz von Paula Schrank, dessen Porträt auch in der John'schen Serie enthalten war, aber nicht in den Verkauf kam, äußerte darüber in einem Brief an den Geheimen Rat Johann Caspar von Lipppert sein Unverständnis: »Außerdem ließ Strobel noch beyliegendes nach einem Gemälde, das Edlinger gemacht hat, fertigen, giebt es aber nicht aus, ich weis nicht warum.«[33] Es ist zu vermuten, dass Kostengründe Strobl von weiteren Aufträgen an John abhielten, denn

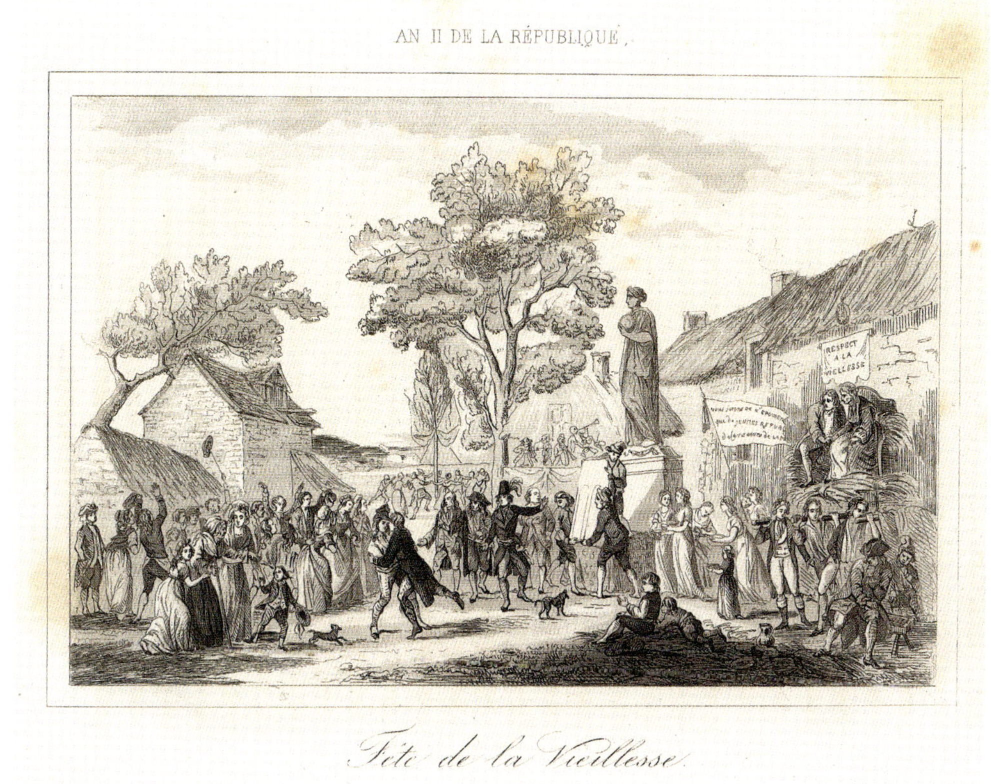

Abb. 38 Jean Duplessi-Bertaux nach Pierre Alexandre Wille, *Fête de la vieillesse fructidor, an III – Fest des Alters im Fruchtmonat 1794*, um 1795, Kupferstich, Privatbesitz

Das Blatt zeigt eine der im revolutionären Frankreich in Städten und Dörfern gefeierten »Fêtes de la Vieillesse – Feste des Alters«, die speziell die älteren Einwohner ehren sollten. Neben jahreszeitlichen Feiern sollten diese »Fêtes de la Réunion – Feste der Zusammenkunft«, die an eigens geschaffenen Feiertagen stattfanden, dem Volk eine neue Jahresstruktur geben und zugleich die »Brüderlichkeit« aller Menschen beschwören. Der bei den »Fêtes de la vieillesse« öffentlich gezollte Respekt vor dem Alter – die Gefeierten wurden durch die Straßen eskortiert und öffentlich belobigt, ihre Häuser wurden geschmückt – war zudem eine geschickte Maßnahme, auch die zumeist konservativ denkenden älteren Menschen für die Sache der Revolution zu gewinnen. Die Konzeption der Bildergalerie des Münchner Buchhändlers Johann Baptist Strobls war möglicherweise von diesen Ideen inspiriert.

tatsächlich gab er die nächsten Blätter bei dem in Feldmoching bei München lebenden Kupferstecher Joseph Peter Paul Rauschmayr in Auftrag, der sich die Technik des Punktierstichs autodidaktisch angeeignet und sie zu hoher Vollkommenheit entwickelt hatte (siehe S. 185).

Der Verbleib der Strobl'schen Sammlung

Nach Strobls Tod im Jahr 1805 – für den Maler Edlinger ein schicksalhafter Schlag, denn er verlor damit seinen wichtigsten Auftraggeber – wurde das Erbe zerschlagen. Der Buchhändler war durch den 1804 erfolgten Kauf des Hofmark-Schlosses Ottenburg bei Eching/Lkr. Freising[34] in finanzielle Schwierigkeiten geraten und hinterließ daher größere Schulden. Buchhandlung und Verlag übernahm sein bisheriger Buchhalter Ernst August Fleischmann; auch die von John gestochenen Druckplatten gingen in dessen Besitz über. Schloss Ottenburg konnte verkauft werden. Strobls sonstiger Nachlass aber wurde am 29. Juli 1806 durch das Münchner Stadtgericht öffentlich versteigert.[35] Neben Uhren, Schmuck und Tabatièren sowie Möbeln, Geschirr, Kleidung, Waffen u. a. kam auch seine Bildersammlung »in mehrern hundert Gemählden der vorzüglichsten Meister« unter den Hammer.[36] Über den Verkauf der Sammlung berichtete Felix Joseph von Lipowsky 1810: »Von der oben aufgeführten Strobelschen Kollektion haben der Spiegelhändler Sebastian Kircher, und dessen Bruder Joh. Bapt. Kircher, Kartenfabrikant zu Landshut, dann Strobel's Schwiegersohn, der königl. Hofmusikus Roeth in München mehrere Ettlingersche Köpfe an sich gekauft.«[37] Sebastian Kircher, bürgerlicher Glasermeister und Spiegelverleger, besaß in der Münchner Löwengrube 106 ein »Kunstkabinett«, in dem er nicht nur Glaskunst, sondern auch Skulpturen und Gemälde anbot.[38] Den weiteren Verbleib der von ihm aus dem Nachlass Strobl erworbenen Bilder nachzuvollziehen, wird dadurch unmöglich. Der zweite Käufer, Kirchers in Landshut lebender Bruder Johann Baptist, heiratete 1807 die Witwe Strobl und auch Hofmusiker Röth, der ebenfalls zu den Käufern der Strobl'schen Bildersammlung gehörte, heiratete in die Strobl'sche Familie. Er ehelichte 1809 Strobls Tochter Anna Elisabeth Sophia.

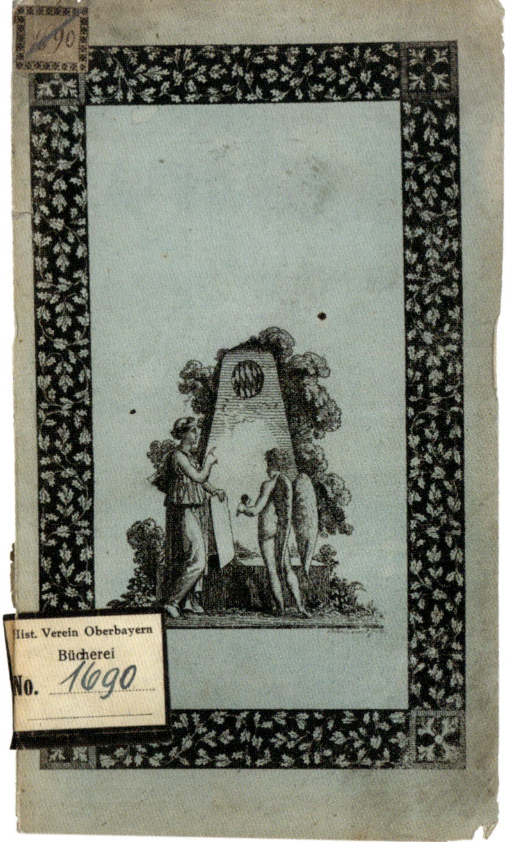

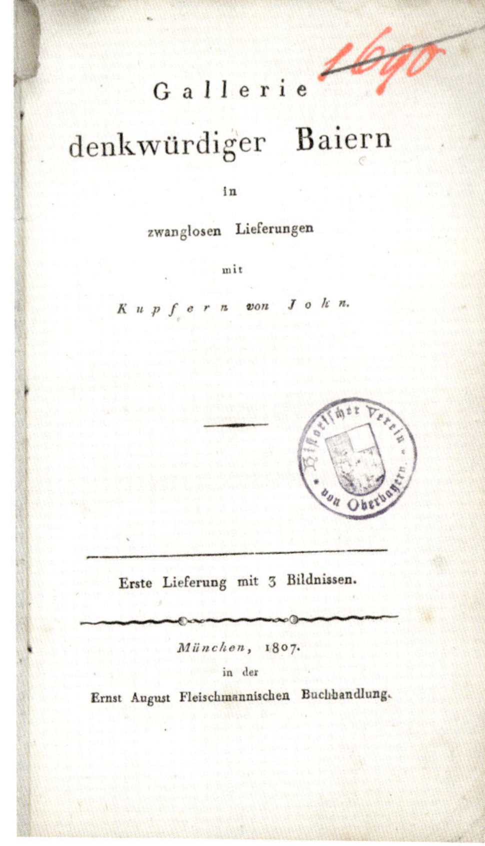
Gallerie
denkwürdiger Baiern
in
zwanglosen Lieferungen
mit
Kupfern von John.
Erste Lieferung mit 3 Bildnissen.
München, 1807.
in der
Ernst August Fleischmannischen Buchhandlung.

Abb. 39 *Gallerie denkwürdiger Baiern in zwanglosen Lieferungen mit Kupfern von John*, erschienen im Verlag Ernst August Fleischmann, München 1807, Stadtarchiv München

Aus der von Strobl geplante Stich-Serie »denkwürdiger Baiern« kamen erst unter seinem Nachfolger insgesamt acht Motive auf den Markt. Die überwiegende Zahl der Stiche erschien somit offiziell gar nicht.

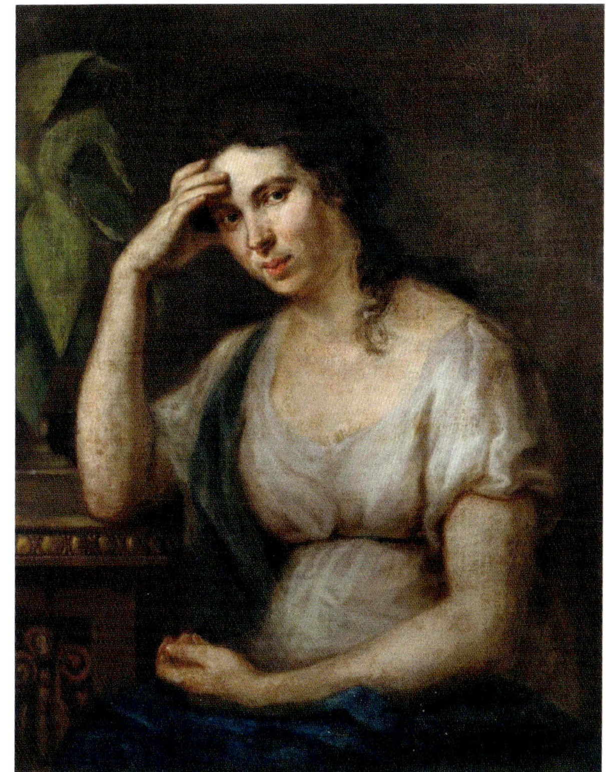

Abb. 40 Johann Georg Edlinger, *Maria Katharina Strobl, geb. Retzl*, um 1805/7, Öl auf Leinwand, 84 × 67 cm, Privatbesitz (Schenk, WK 146)

Die Dargestellte sitzt sinnierend an einem ornamentierten Möbelstück mit darauf stehender Grünpflanze, eine Staffage, die für Edlinger äußerst ungewöhnlich ist. Das auffällig große Gemälde entstand möglicherweise nach dem überraschenden Tod ihres Mannes im Jahr 1805. Da es in den Maßen dem Porträt des Verstorbenen ähnelt, könnte es als Pendant zu diesem Bild gedacht gewesen zu sein.

Ein Teil der Bilder kam somit nicht gänzlich in fremde Hände. Dennoch ging mit der Zerschlagung der Bildersammlung ihr ideologischer Anspruch verloren; auch der Name so manches Dargestellten dürfte schon bald in Vergessenheit geraten sein.

Strobls Nachfolger Fleischmann gab 1807 unter dem Titel *Gallerie denkwürdiger Baiern in zwanglosen Lieferungen mit Kupfern von John* die ersten drei Motive der geplanten Stich-Serie samt den jeweiligen Lebensbeschreibungen heraus. Sie zeigten den Reichsfreiherrn Joseph Maria von Weichs, den Pfarrer Anton Bucher sowie Georg Alois Dietl (Kat. G 33, G 9, G 11).[39] Erst im Jahr 1822 erschien unter dem leicht veränderten Titel *Sammlung von Bildnissen denkwürdiger Männer, gemalt von Edlinger und in Kupfer gestochen von John* eine weitere Lieferung, die die Porträts von Kurfürstin Maria Elisabeth Auguste, Joseph August Graf von Toerring-Guttenzell, Franz von Paula Schrank, Andreas Dominikus Zaupser und Joseph Marius von Babo (Kat. G 16, G 30, G 27, G 35, G 7) enthielt; biographische Angaben fehlen in dieser Ausgabe. Fleischmann veröffentlichte ausschließlich Bildnisse namhafter Persönlichkeiten und gab damit das von Strobl geplante egalitäre Konzept auf. Die erschienenen acht Porträts waren nur noch eine »Gallerie denkwürdiger Baiern«, die »merkwürdigen«, weil sozial tiefer stehenden Leute hatten darin keinen Platz mehr. Obwohl weitere Lieferungen angekündigt waren, gab es nach 1822 keine Fortsetzung der Serie mehr; die überwiegende Zahl der Stiche erschien somit offiziell gar nicht.

Die Thematik der beiden Galerie-Bilder in München und Nürnberg, die Strobls Bildergalerie darstellten, geriet ebenfalls in Vergessenheit. Das Münchner Bild kam später in den Besitz des Ziegeleibesitzers, Malers und Sammlers Anton Höchl (1820–1897), der es dem Münchner Stadtmuseum vermachte. Schon ihm war das dargestellte Motiv anscheinend nicht mehr bekannt, denn Höchl bezeichnet das Gemälde in seinem Testament[40] nur als »großes Genrebild mit Goldrahmen«. Das heute in Nürnberg befindliche Bild kam 1892 bei der Versteigerung der Gemäldesammlung des Münchner Realitätenbesitzers Heinrich Theodor Höch (1847–1905)[41] als eines von drei angebotenen Werken des Malers Johann Georg Edlinger unter dem Titel *Szene aus einem Münchner Waisenhaus* zum Aufruf und wurde unter diesem Teil auch bis 1997 geführt.[42]

1 Zur detaillierten Biographie Strobls siehe Huber 1997.
2 BayHStA: GR 1381/22, Protokoll von München 1777.
3 Das erworbene oder bewilligte Recht, ein Handwerk auszuüben.
4 Dies bedeutete, dass alle in der Akademie gehaltenen Reden sowie die Abhandlungen der Historischen und Philosophischen Klasse bei Strobl erschienen und nur er diese Schriften verkaufen durfte. Auch hatte er alle von der Akademie benötigten Bücher zu liefern.
5 BAdW München: Protokolle der allgemeinen Sitzungen 1779–92, spez. Febr. 1779 bis Juni 1782.
6 Vgl. Schüttler, Hermann: Die Mitglieder des Illuminatenordens 1776–1787/93, München 1991, S. 151; Weishaupt, Adam: Vollständige Geschichte der Verfolgung der Illuminaten in Bayern, Frankfurt und Leipzig 1786, Bd. 1, S. 110f.
7 BayHStA: Staatsverwaltung 3214, Protokoll des Bücherzensur-Kollegiums, 12. Mai 1785.
8 Raubdrucke aus dem Verlag Strobl waren u. a. Joachim Heinrich Campes *Sittenbüchlein für Kinder*, Erstauflage 1777, Nachdruck Strobl 1786, sowie dessen *Theophron*, Erstauflage 1778, Nachdruck Strobl 1783.
9 Winkopp, Peter Adolf: Der deutsche Zuschauer III, Heft 8, Die Freimaurer in Bayern, Zürich 1785, S. 207–214. Zum Thema »Strobl und die Zensur« generell Lochbrunner 2012.
10 Heimers, Manfred P.: Die Trikolore über München. Vorgeschichte, Ablauf und Folgen der französischen Besetzung 1800/1801, München 2000, S. 57–62.
11 Armbruster (1761-1814), seit 1782 Sekretär von Johann Caspar Lavater und ab 1786 freier Schriftsteller, engagierte sich publizistisch gegen die Französische Revolution. Dies trug ihm die Ernennung zum Polizeikommissar ein.
12 Allgemeines Verwaltungsarchiv Wien: PHSt H 23/1801, Bericht von Armbruster aus München, 1801; abgedruckt bei Fournier, August: Illuminaten und Patrioten, in: Historische Studien und Skizzen, hg. von dems., Prag und Leipzig 1885, S. 211–252, hier S. 243–246.
13 StadtA München: HV-NL Lipowsky, Ms 128, § 60. Angeblich kam Strobl nach dem Vorfall kurzzeitig in Haft, eine Untersuchung der Angelegenheit wurde jedoch niedergeschlagen.
14 Königlich-Pfalzbaierischer Anzeiger, 9. Juli 1806 (Ankündigung der Versteigerung der Strobl'schen Sammlungen).
15 Strobls Galerie befand sich in dessen Privatwohnung in der Neuhauser Gasse 14. Es handelt sich dabei um den Komplex des ehemaligen Jesuitenkollegs, in dem seit 1783 u. a. die Bayerische Akademie der Wissenschaften untergebracht war. Diese Adresse war wohl die Ursache für die in der Literatur immer wieder kolportierte, nur zum Teil richtige Aussage, Strobl sei Mittelpunkt der Akademie gewesen und Edlinger habe im Auftrag der Akademie deren Mitglieder gemalt.
16 Küttner, Carl Gottlob: Reise durch Deutschland, Dänemark, Schweden, Norwegen und einen Theil von Italien, in den Jahren 1797. 1798. 1799, Leipzig 1804, S. 332.
17 Hazzi 1803, S. 379–380. Vgl. hierzu auch Hübner, Lorenz: Beschreibung der kurbaierischen Haupt- und Residenzstadt München, und ihrer Umgebungen [...], Zweite Abtheilung. Statistik, München 1805, Bd. II, S. 445: »Eine ausgesuchte Privatsammlung von köstlichen Gemählden, besonders von mehr als 200 Porträts von baierischen Gelehrten, findet man in der Wohnung des Hrn. Prof. und Buchhändlers Joh. B. Strobel, welche die Erwartung der Kenner übertrifft.«
18 MStM – Slg. Gemälde und Graphik: IId/16.
19 GNM: Gm 484.
20 Vgl. Huber 1997.
21 Armbruster (wie Anm. 12), S. 243–246. Die Befreiung von der Leibeigenschaft begann 1802 zunächst für die Bauern auf landesherrlichen Gütern. Von »Bauernkönigen« ist weder während der Säkularisation noch bei den Montgelas'schen Reformen zwischen 1799 und 1808 die Rede. Vgl. dazu Bauer, Richard: Um Licht und Gerechtigkeit, in: Huber 1997, S. 7–17.
22 Die Angaben zum Dargestellten folgen der Beschriftung auf einem nach dem Gemälde gearbeiteten Punktierstich von Rauschmayr in der Graphischen Sammlung Albertina, Wien (Inv.-Nr. 21 798) (siehe Kap. Graphik).
23 Hiller von Gaertringen, Rudolf: »Die Seele selbst, sichtbar gemacht«. Anton Graffs Bildnisse von Dichtern, Denkern, Künstlern und Musikern, in: Anton Graff. Gesichter eine Epoche, hg. von Marc Fehlmann / Birgit Verwiebe, München 2013, S. 212.
24 Es scheint, als habe Strobl bei der Hängung seiner Porträt-Sammlung – trotz seiner sozialkritischen Einstellung – zwischen Leuten von einfachem Stand und bekannten Persönlichkeiten unterschieden, die übrigens, soweit nicht adeliger Herkunft, zumeist ebenfalls aus bäuerlichen Verhältnissen oder Handwerker-Familien stammten. So waren etwa die Väter von Babo und Baumgartner Soldaten. Buchers Vater war Miniaturmaler. Die Väter von Rottmanner und Utzschneider waren Landwirte. Mutschelle war der Sohn eines Müllers, Hazzi der eines Maurers und Sailer hatte einen Schuhmacher zum Vater. Strobls Altvorderer war Schäfflermeister, Westenrieder war der Sohn eines Kornkäuflers und Zaupser stammte von einem Kammerschreiber ab. Die Adeligen von Eckartshausen und von Stengel waren uneheliche Kinder. Auf den beiden Galerie-Bildern sind jeweils nur »kleine Leute« zu sehen, Porträts von namentlich identifizierbaren Personen sucht man vergeblich.
25 Vgl. dazu auch Troyansky, David G.: Das 18. Jahrhundert. Rückhalt in Familie und Gemeinde, in: Thane 2005, S. 187.
26 Westenrieder, der Edlinger für sein eigenes Porträt 22 Gulden bezahlt hatte, notiert in seinem Tagebuch (zitiert nach Haefs, Wilhelm: Aufklärung in Altbayern. Leben, Werk und Wirkung Lorenz Westenrieders, Neuried 1998, S. 961, Anm. 33): »auch hat mir heute, den 18. April, Edlinger mit thränendem Eifer gesagt, dass ihm Strobl für jedes der Portraite, welches er in Wien hat stechen lassen, nur zwölf Gulden gegeben habe.« Zu Edlingers Honorar siehe auch S. 53.
27 BAdW; Sitzungsprotokoll vom 22. Dezember 1789: »Wurde beschlossen, dem Buchhändler Strobl zu erlauben, die in der Akademie befindlichen Portraits abcopieren zu lassen, doch so, daß er nur ein Portrait auf einmal erhalte, daß er solches nicht über 8 Tage bey sich behalt, und endlich sich durch einen Revers verbinde, das Portrait in dem nämlichen Standen, in welchem er solches empfangen hat, zu restituieren.«
28 Repliken nach Edlinger-Bildern gibt es etwa von Anton Baumgartner und Joseph Utzschneider.

29 Edlinger malte aber mit Sicherheit auch nach Strobls Tod »alte Köpfe«, da sie um 1810 ein beliebtes Sujet waren. Seine Charakterköpfe werden deshalb im folgenden Kapitel in die Jahre 1790/1815 datiert.

30 Johann Christoph Adelungs *Grammatisch-kritisches Wörterbuch der Hochdeutschen Mundart*, Leipzig 1798, gibt eine klare Unterscheidung zwischen »merk-« und »denkwürdig«. Während »denkwürdig« besagt, etwas sei »des Nachdenkens werth, Stoff zum nachdenken enthaltend, wodurch es sich von dem bloß merkwürdigen unterscheidet«, kommt das Wort »merkwürdig« von der »Bedeutung des Zeitwortes merken, würdig, oder wert gemerket, d. i. im Gedächtnisse behalten zu werden«; vgl. Adelung, Bd. I, Sp. 1450 (denkwürdig); Bd. III, Sp. 183 (merkwürdig).

31 StadtA München: Gewerbeamt 5207. 1807 erhielt Fleischmann die Gerechtsame für Buchhandlung und Verlag.

32 Fleischmann 1822, Einleitung.

33 Brief von Schrank an Lippert, 24. Februar 1793 (zitiert nach Messerer, Richard: Briefe an den Geh. Rat Joh. Caspar von Lippert in den Jahren 1758–1800. Ein Beitrag zur Geistes- und Kulturgeschichte Bayerns in der 2. Hälfte des 18. Jahrhunderts, in: Oberbayerisches Archiv 96 (1972), S. 607, Nr. 1339.

34 Strobl wollte in Ottenburg eine »moderne Schule mit einer musterhaften Erziehung der dortigen Jugend« einrichten und »mit der Bienen- und Baumzucht beträchtliche Fortschritte zum Besten des Vaterlandes [...] machen«. Details des Kaufs siehe Keller, Ernst: Ottenburg: Vom Leben und Sterben auf einem alten Schloss und seiner Hofmark, Ottenburg 2011, S. 297–306, hier S. 299–302.

35 Ankündigung der Versteigerung im Königlich-Pfalzbaierischen Anzeiger von München, 9. Juli 1806.

36 Leider ist der Nachlass-Akt im StaatsA München nicht erhalten, er wird im entsprechenden Register als »eingestampft« geführt.

37 Lipowski 1810, S. 67–68.

38 Kgl.-baierisches Intelligenzblatt, 23. September 1809, Sp. 595–260; 2. Beilage zum wöchentlichen Anzeiger für Kunst und Gewerbefleiß, Nr. 12, 23. Februar 1816: Verzeichnis der Gemäldesammlung von Sebastian Kircher. Unter Nr. 33 (von 91 Nrn.): »10 Porträts von verschied. Größe« von Edlinger.

39 Im Königlich-Baierischen Intelligenzblatt vom 25. April 1807 wurde die erste Lieferung der *Gallerie denkwürdiger Baiern* angekündigt.

40 StA München: AG München, Notariat Mü XIII, Nr. 1897/704.

41 Höch hatte seit 1873 in München gelebt und in der Brienner Straße 8 eine Gemäldegalerie alter und moderner Meister betrieben; vgl. StadtAM: PMB Hoech.

42 Katalog der reichhaltigen Gemälde-Sammlung alter Meister des Realitätenbesitzers Heinrich Theodor Hoechl zu München, München 1892, Kat.-Nr. 322: »Scene in einem Waisenhaus zu München. Sehr interessantes, wohlerhaltenes Werk; auf Leinwand; 125 × 106 cm.« Die mehrtägige Versteigerung begann am 19. September 1892 und wurde von der Firma E. A. Fleischmann's Hof-Buch- und Kunsthandlung, München, durchgeführt.

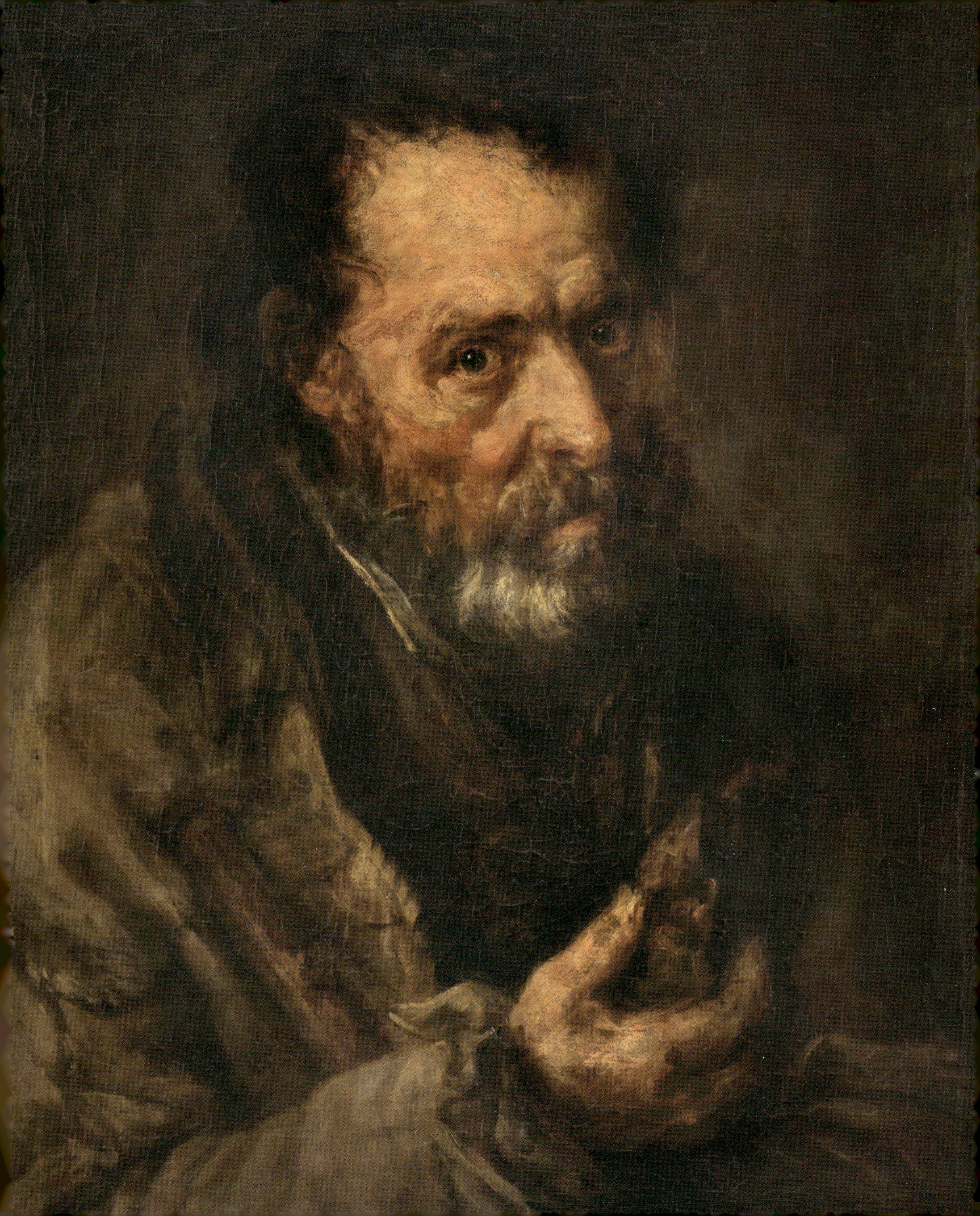

Angehörige sozialer Randgruppen in Edlingers Werk

Die Darstellung von Bettlern, Bauern, Dienstboten und alten Menschen hat zwar eine lange Tradition, doch wurden Motive dieser Art weniger als Porträts individualisierter Personen verstanden, sondern vielmehr als Genre-Darstellungen, die überwiegend dazu dienten, moralisierende oder auch frivole Inhalte zu transportieren. Einfache Menschen und die mit ihren Lebensumständen einhergehenden Eigenschaften (Armut, Melancholie, körperlicher und geistiger Verfall) wurden zumeist nur in religiösem Kontext (Apostel, Eremit, Heilung von Siechen, Werke der Barmherzigkeit an Armen, Vanitas-Motive etc.), als Staffagefiguren auf Genre-Bildern oder gar in Spott-Darstellungen (männliche Eigenschaften: Habgier, Geiz, kindisches Wesen, Lüsternheit; weibliche Eigenschaften: Eitelkeit, Geschwätzigkeit, Boshaftigkeit etc.) abgebildet. Der niedere gesellschaftliche Stand der typisiert abgebildeten »kleine Leute« wurde dabei nicht auf seine Ursachen befragt und schon gar nicht in Frage gestellt.

Erst die Aufklärung propagierte – lange vor der Französischen Revolution – eine neue Sichtweise auf den einfachen Menschen. Sie machte die Darstellung von Angehörigen der unteren Stände im Porträt möglich und weitete gegen Ende des 18. Jahrhunderts den Blick der Künstler für schwierige Lebensbedingungen in Stadt und Land. Der Landmann, der Fischer, der Tagelöhner und der Bettler wurden nun Teil sozialer Wirklichkeit. Voraussetzung dafür war ein Werte-Wandel in der Porträt-Auffassung, die bisher vor allem die Würde der Darzustellenden in den Vordergrund gestellt und damit einem Ideal das Wort geredet hatte. Allmählich jedoch brach sich die Forderung nach unbedingter Naturnähe und Authentizität und damit nach ungeschönter Ähnlichkeit Bahn. Während sich diese Entwicklung in England bereits im ausgehenden 17. Jahrhundert feststellen lässt, setzte sie in Frankreich und Deutschland erst im fortgeschrittenen 18. Jahrhundert ein. Neben den kunsttheoretischen Schriften von Denis Diderot und Johann Georg Sulzer beförderten vor allem Johann Caspar Lavaters 1775 erschienene *Physiognomische Fragmente* das allgemeine Interesse am menschlichen Antlitz.[1]

Man kann nicht davon ausgehen, dass sich Johann Georg Edlinger mit derartigen Überlegungen und Diskussionen befasste. Eine Äußerung, die er dagegen durchaus wahrgenommen haben könnte, war die Rede des Münchner Hofrats Carl von Eckartshausen zum Namenstag des bayerischen Kurfürsten Karl Theodor. Sie trug den Titel *Von der Achtung, die man dem gemeinen Manne schuldig ist* und erschien 1782 in Strobls Verlag. Eckartshausen legte darin ein Grundanliegen der Aufklärung, nämlich den Respekt vor dem »gemeinen Mann«, überzeugend dar und fügte damit der Entwicklung der Aufklärung in Bayern eine sozial-moralische Komponente hinzu. So hieß es in der Einleitung: »Wir wollen die Hütte des gemeinen Mannes besuchen, ihm zuruffen: Freund! Verlasse dein Strohdach, oder den Pflug, und du ehrlicher Handwerker deine Werkstätte; komme mit uns im schlecht- und zerrissenen Kleid, mit Schweiße und Staub bedeckt, wie du von der Arbeit herkömmst; dein Aufzug ist feierlich: du bist mehr geschmückt als deckte Seiden deine Glieder und Diamanten deine Stirne; in diesem feierlichen Putz, der der Zeuge deines Werths ist, will ich dich meinen Mitbürgern vorstellen, und dein Anblick soll deine Ansprüche vertheidigen, die du auf unsere Achtung hast, dann ich rede für dich, da ich von der Achtung rede, die man dem gemeinen Manne schuldig ist.«[2]

Abb. 41 Johann Georg Edlinger, *Sogenannter »Bettler«*, um 1805, Öl auf Leinwand, 62 × 48,5 cm, Augsburg, Kunstsammlungen und Museen Augsburg: 6194 (Schenk 1983, WV 159)

Zwar hatte das christliche Gebot »Du sollst Vater und Mutter ehren«, das wohl nicht nur die eigenen Eltern, sondern die Altvorderen an sich meint, schon immer zu Nächstenliebe und Almosen aufgefordert, doch erst die Aufklärung, mit der eine Abwendung von der Religiosität früherer Jahrhunderte zugunsten eines weltlichen Empfindens verbunden war, veränderte auch die kulturellen Auffassungen zum Alter. Die augustinische Sicht, die für ein frommes Sich-Zurückziehen der Alten plädierte, wich der ciceronischen Auffassung, die den wohlverdienten Ruhestand propagierte, zugleich aber zu fortdauernder körperlicher und geistiger Betätigung zum Wohl der Allgemeinheit aufrief.[3] Das Alter, das nun mit den positiven Eigenschaften »Weisheit« und »Lebenserfahrung« sowie – vor allem bei Frauen – »Geduld« und »Sorge um das Wohlergehen der Familie« in Zusammenhang gebracht wurde, erfuhr zunehmend Wertschätzung und ließ gegen Ende des 18. Jahrhunderts damit auch Menschen niederer Stände »merkwürdig«[4] und damit »bild-würdig« werden.

Die zu Beginn des 19. Jahrhunderts einsetzende bewusste Beobachtung der Natur schloss auch den Blick auf die »kleinen Leute« und besonders auf alte Menschen sowie die sozialen Aspekte des Alterns mit ein. Man nahm nunmehr wahr, dass Menschen aus einfacheren Lebensumständen schneller alterten als die Oberschicht, die das Altwerden durch gute Ernährung und ein körperlich wenig anstrengendes Leben hinauszögern konnte. Porträts einfacher alter Menschen und sogenannte »Charakterköpfe«, in denen sich ein ganzes Leben mit allen seinen Höhen und Tiefen abzubilden schien, stießen auf ein gesteigertes Interesse. Die Kunst begann, alten Menschen nun Respekt zu zollen und ihnen statt Spott Sentimentalität entgegenzubringen. Zerfurchte Gesichter und knotige Hände wurden für Künstler, die bei derartigen Motiven auch ihre malerische Virtuosität beweisen konnten, ein faszinierendes Bildsujet. Dass auch Gemälde mit Darstellungen hochbetagter Leute begehrte Sammelobjekte waren, belegt der 1813 erschienene *Raisonnirende Kunstgemälde-Katalog* zur Gemäldesammlung des Augsburger Hoteliers und Kunstsammlers Johann Georg Deuringer.[5] Das dort vorhandene, von Edlinger gemalte, heute verschollene bzw. nicht mehr identifizierbare Porträt eines alten Bäckermeisters aus München, ein »Bruststück in Lebensgröße«, wird wie folgt kommentiert: »Dieses mit einer hinreißenden Wahrheit dargestellte Bildniß verdient in Hinsicht seiner freyen Pinselführung und Kunstvollkommenheit, daß ihm ein Platz neben Rembrand angewiesen werde. Rembrand ist so glücklich todt zu sein; ist aber auch Edlinger einst nicht mehr, so wird der Werth seiner Köpfe bald zehnfach steigen.«[6]

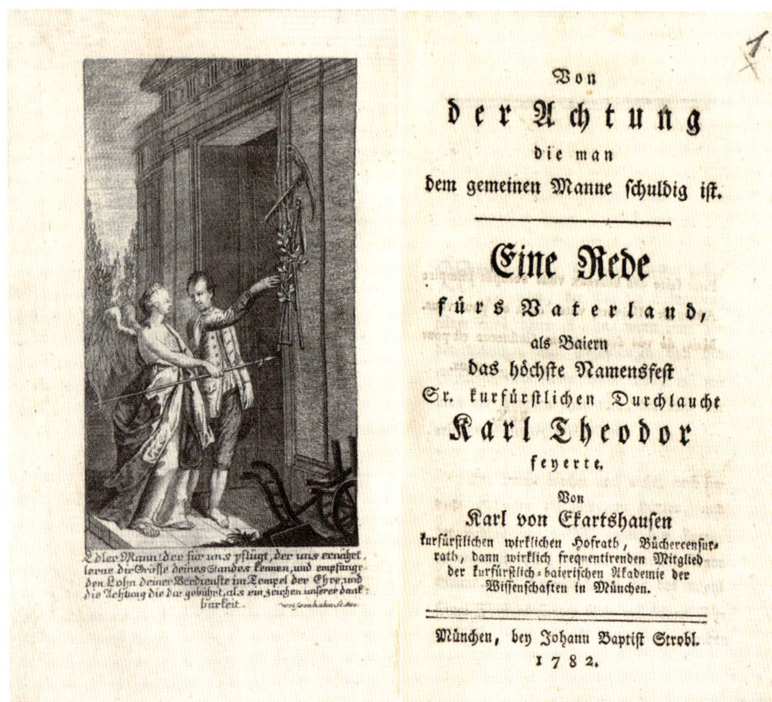

Von
der Achtung
die man
dem gemeinen Manne schuldig ist.

Eine Rede
fürs Vaterland,
als Baiern
das höchste Namensfest
Sr. kurfürstlichen Durchlaucht
Karl Theodor
feyerte.

Von
Karl von Ekartshausen
kurfürstlichen wirklichen Hofrath, Büchercensurrath, dann wirklich frequentirenden Mitglied der kurfürstlich-baierischen Akademie der Wissenschaften in München.

München, bey Johann Baptist Strobl.
1782.

Abb. 42 Carl von Eckartshausen, *Von der Achtung, die man dem gemeinen Manne schuldig ist*, 1782 im Verlag Johann Baptist Strobl erschienen, München, Bayerische Staatsbibliothek

Das illustrierende Titelkupfer von Georg Michael Weißenhahn ist unterschrieben: »Edler Mann! der für uns pflügt, der uns ernährt, lerne die Grösse deines Standes kennen und empfange den Lohn deiner Verdienste im Tempel der Ehre und die Achtung die dir gebührt, als ein Zeichen unserer Dankbarkeit.« Der Bauer wird in den Tempel der Ehre geführt. Einfache Herkunft, Standesunterschiede und Armut gereichen niemandem mehr zur Schande.

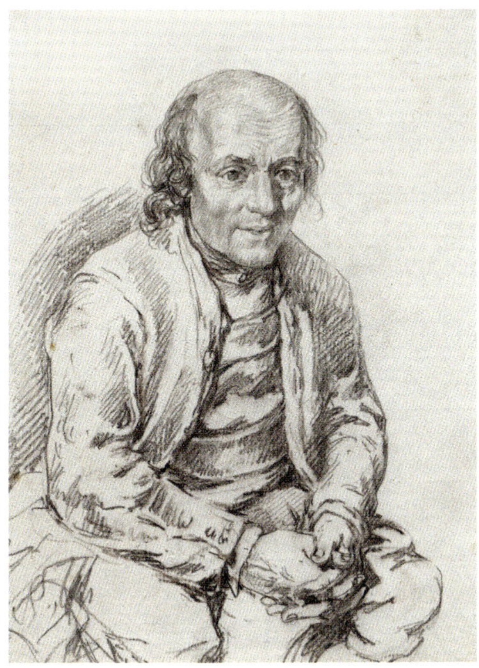

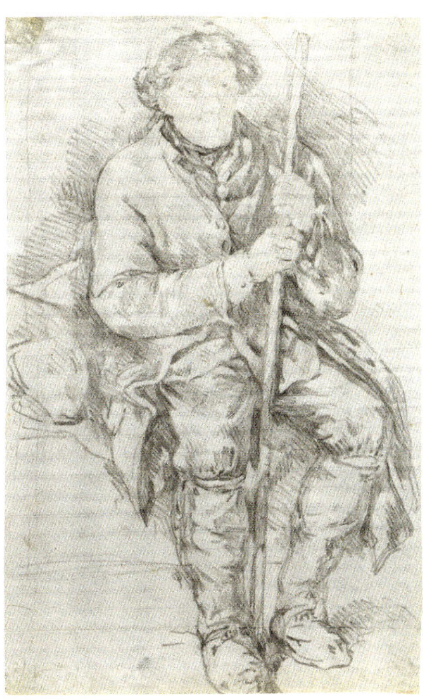

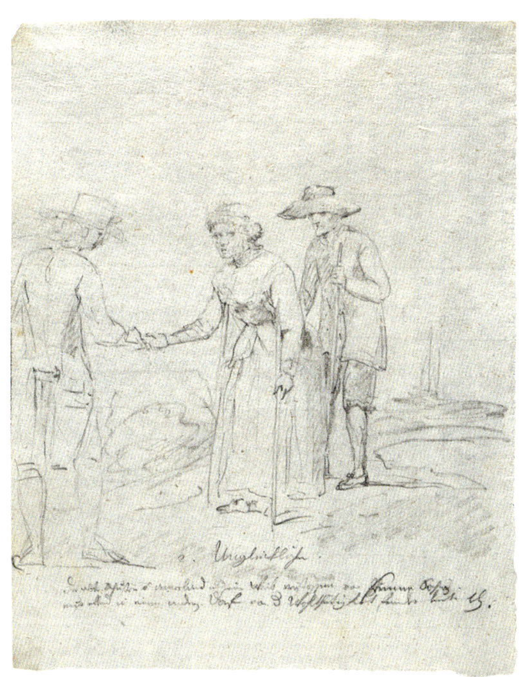

Abb. 43 a–c Johann Georg von Dillis, *Skizzen von alten bzw. ärmlichen Menschen*, um 1795, Bleistift auf Papier, 21 × 16,9 cm, Stadtarchiv München – Historischer Verein von Oberbayern

Auf dem rechten Blatt notierte Dillis die Lebensumstände der Dargestellten: »der alte Schuster von Amerland und sein Weib verstossen von seinem Sohn / muß ellend in einem andern Dorf von der Wohlthätigkeit fremder Leute leben«.

Johann Georg Edlinger, der – wie schon erwähnt – in der Münchner Akademie-Ausstellung 1811 »Zwey alte Köpfe nach der Natur« zeigte,[7] war deshalb auch keineswegs der einzige Münchner Künstler, der sich der Darstellung alter und erkennbar bedürftiger Menschen widmete. Auch sein Kollege Johann Georg Dillis (Kat. 53), der sich als einer der ersten bayerischen Künstler der Pleinair-Malerei widmete, schuf eindrucksvolle Schilderungen solcher Menschen. In einigen Fällen scheinen beiden Künstler sogar die gleichen Modelle gesessen zu haben.[8] Von der jüngeren Generation sei an dieser Stelle auf den schon genannten Ludwig Emil Grimm sowie Joseph Kellerhoven, den später in Speyer als Porträtmaler wirkenden Sohn von Moritz Kellerhoven, verwiesen.[9] Dass es für derartige Sujets einen breiten Markt gab, zeigt die Tatsache, dass einschlägige Motive als Druckgraphiken angeboten wurden. Auch etliche von Edlingers »Charakterköpfen« wurden als Kupferstich bzw. Lithographie reproduziert (↪ Kap. Graphik G 47, 48, 57, 60–63).

Auch in publizistische Werke hielt um 1800 die Wertschätzung alter Menschen Einzug. So stellte etwa der amtierende Münchner Polizeidirektor und Schriftsteller Anton Baumgartner (Kat. 86) in seinem *Wegweiser für München auf das Jahr 1805*, der 1804 im Verlag Johann Baptist Strobl erschien und mit Kupferstichen von Ferdinand Schiesl illustriert war, zwölf Frauen und Männer vor, die trotz widriger Lebensbedingungen ein bewunderungswürdig hohes Alter erreicht hatten.[10] In der Einleitung schrieb Baumgartner: »Jedem Monate habe ich das Bildniß einer alten Person aus der Gegend von München, von [Ferdinand] Schiessel gezeichnet beygefügt, von welchen am Ende kleine Biographien folgen, die ich mit Beyhilfe des Polizey-Chirurgus Gleichauf aufgestellt habe. Wir wollen ja alle gerne alt werden, und alle gerne die Freude geniessen, den jüngeren Leuten, die uns umgeben, mitzutheilen, was wir gesehen, und erfahren haben. Es ist eine der schoensten gedeihlichtsten Pflichten der Jugend, das Alter zu ehren, so wie es eine der schönsten Belohnungen des Alters ist, selbst bey hohen Jahren im Umgange nicht unangenehm zu seyn. Es wird daher nicht unnütze seyn, zu wissen, wie die Originale dieser 12 Bilder es machten, um in ihren wenig bekannten Verhältnissen ohne Glücksgüter und ohne Ermunterung auf was immer für eine Art ein so hohes Alter zu erreichen.«[11]

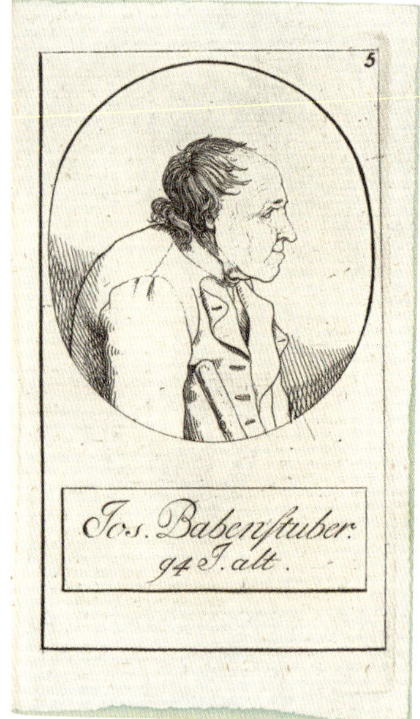

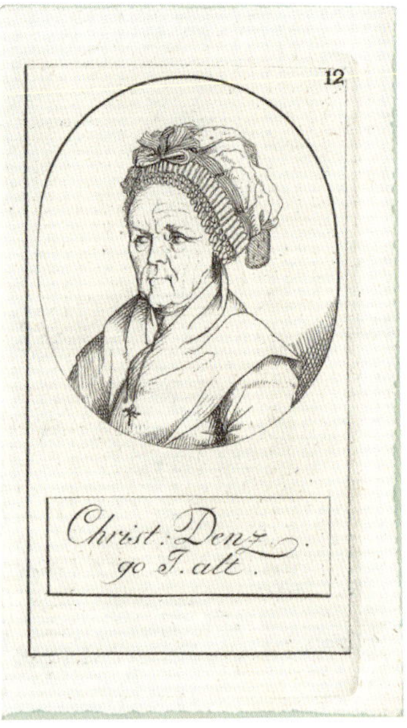

Abb. 44 a/b Ferdinand Schiesl, *Joseph Babenstuber, 94 Jahre, »Tagwerkerssohn« aus Thalkirchen*, und *Christina Denz, 90 Jahre, Tochter eines evangelischen Pfarrers*, Kupferstiche aus: Anton Baumgartner, Wegweiser für München auf das Jahr 1805, 1804 im Verlag Johann Baptist Strobl erschienen, Stadtarchiv München

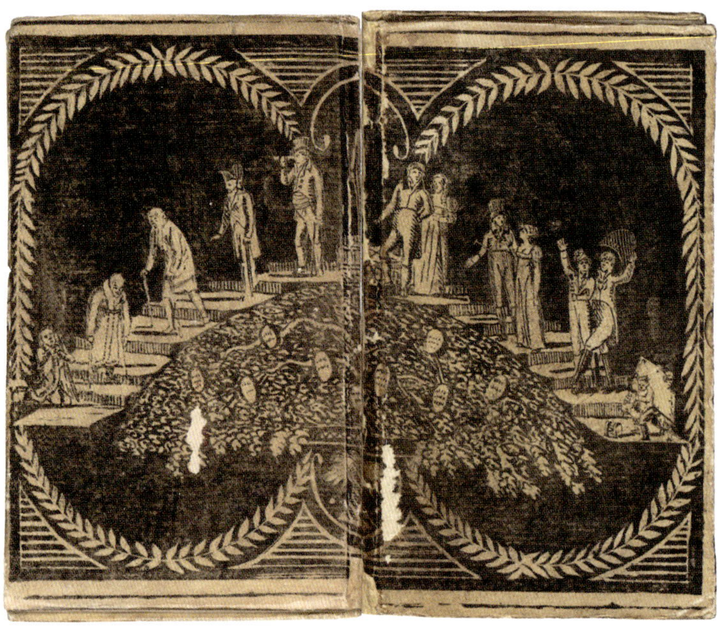

Abb. 45 Taschenbuch zu Bemerkungen, 1813 in der »K. b. Beschaeftigungs Anstalt am Anger« in München gedruckt – Außentitel, München, Bayerische Staatsbibliothek

Der Umschlag zeigt eine sogenannte »Lebensalter-Treppe« und greift damit ein seit dem 17. Jahrhundert beliebtes Motiv auf.

Unter diesen Gesichtspunkten greift die vielfach kolportierte Aussage, Edlinger habe mangels anderer Aufträge in seiner Spätzeit fast nur noch »Leute von der Straße« porträtiert, zu kurz. Unbestritten goutierte vor allem die weibliche Kundschaft Edlingers um die Jahrhundertwende immer brauntöniger werdende Palette und seinen schonungslosen Naturalismus nicht. Männer scheinen hier weniger Probleme gehabt zu haben, sie ließen sich nach wie vor von Edlinger malen. Es fällt auf, dass es sich bei ihnen zumeist um Personen handelt, die, von der Aufklärung geprägt und von der Französischen Revolution beeinflusst, sich für Neuerungen in ihren jeweiligen Fachgebieten einsetzten und gesellschaftspolitische Reformen befürworteten; viele von ihnen publizierten (zum Teil anonym) ihre Ansichten im Verlag Johann Baptist Strobls. Man kann deshalb konstatieren, dass Edlinger sowohl die modern denkende geistige Elite als auch die als Zielgruppe der angestrebten Veränderungen betroffenen Menschen malte. Seine Porträts einfacher, häufig alter Menschen und seine sogenannten »Charakterköpfe« entstanden keineswegs nur als »Motive aus Not«, sondern sie lieferten anschauliche Illustrationen zu den gesellschaftspolitischen Überlegungen der Zeit. Ob Johann Georg Edlinger, der in seinen späten Jahren selbst von Bedürftigkeit betroffen war, dazu einen eigenen Standpunkt hatte oder nur auf die einige Jahre lang herrschende Nachfrage nach derartigen Bildern reagierte, kann nicht entschieden werden.

1813 erschien in der königlich bayerischen »Beschaeftigungs Anstalt am Anger«[12] eine Publikation mit dem Titel *Taschenbuch zu Bemerkungen*, die neben einer Geschichte des 1796 eingerichteten Versorgungshauses am Gasteig und einem Verzeichnis seiner Bewohner auch Biographien von sieben Männern und zehn Frauen im Alter zwischen 82 und 101 Jahren enthielt. Doch anders als in Baumgartners *Wegweiser*, in dem das Alter als Wert an sich im Vordergrund stand, wurden die Lebensläufe der genannten Personen nun für die dynastische Propaganda des jungen Königreichs Bayern genutzt. Wie der einleitende Text erklärt, hatten die allesamt mit Bild vorgestellten Alten im Lauf ihres langen Lebens bis zu sieben Regenten miterlebt und waren damit »Zeugen« für die Kontinuität des Hauses Wittelsbach: »Ehret das Alter! Angenehm ist es sich großer Begebenheiten durch die Geschichte zu erinnern, noch angenehmer aber unter diesen selbst gelebt zu haben. So erzählen noch mehrere der hier genau abgezeichneten Individuen, von dem Helden Max Emanuel Churfürsten von Baiern, welcher im Jahre 1662 gebohren, und in dem Jahre 1726 verstarb, daß sie Ihn wohl gekannt, und von Seinen Siegen Antheil genommen haben, um so gewißer kannten sie den baierischen Kaiser Karl Albert, den Churfürst Maximilian III., Karl Theodor, und da sie noch am Leben sind, unsern aller gnädigsten König von Baiern Maximilian Joseph I., den Kronprinz Ludwig, Sieger bei Pultusk, und Seinen königlichen Sproßen Max«.[13] Die äußerst rare Broschüre, eine Inkunabel der Lithographie, ist ein Beleg dafür, dass die durch Aufklärung und Französische Revolution beförderte allgemeine Aufbruchstimmung in Bayern vorüber war; nun ging es vor allem darum, die junge Monarchie zu festigen und dabei möglichst alle Altersklassen einzubinden.

Die im Folgenden vorgestellten Männer und Frauen haben vor allem eine gemeinsame Eigenschaft – sie sind allesamt alt. Einige von ihnen gehören sozialen Randgruppen an und sind erkennbar ärmlich, andere scheinen alt gewordene Mönche zu sein. Nur von wenigen sind Name und Lebensumstände bekannt, die meisten bleiben anonym. Edlinger zeigt diese Modelle mit dem gleichen Respekt, den er auch seinen betuchteren Kunden entgegenbringt. Ihn interessiert der jeweilige Mensch und sein Charakter, jedes Moralisieren ist ihm fern.

---

1 Zum Thema siehe Krekel, Karin: Dienstbotenporträts. Studien zur Porträtwürdigkeit der Dienstboten vom 18. Jahrhundert bis zum Beginn des 19. Jahrhunderts, München 2006.

2 Eckartshausen, Carl von: Von der Achtung […], München 1782, S. 7-8.

3 In *Cato maior de senectute* setzte sich der 62-jährige Cicero (106–43 v. Chr.) mit dem Prozess des Älterwerdens auseinander: Zwar wünschten sich alle Menschen, alt zu werden, doch wenn das erreicht sei, klagten sie darüber, weil die körperlichen und geistigen Kräfte nachließen und die Erwartung des nahenden Todes furchteinflößend sei. Cicero relativiert diese Sicht auf das Alter mit dem Argument, dass für denjenigen, der nicht von Natur dafür begabt sei, gut und glücklich zu leben, jede Altersstufe beschwerlich sei; es gelte für alle Menschen, deren Leben nicht zu ihrer Zufriedenheit verliefe, dass sie unter einem Mangel an Wohlbefinden litten. Auch sei der Tod in jedem Lebensalter zu gewärtigen. Wer sich dagegen gelassen mit dem Alter arrangiere, der könne auch zufrieden leben. Zudem gebe es die altersspezifischen Möglichkeiten geistiger Auseinandersetzung und erzieherischer Einflussnahme, denen man im eigenen Interesse oder zum Wohl der Allgemeinheit nachgehen könne. Da der Mensch im Alter zumeist von den Arbeiten befreit sei, gelte es, Körper und Geist beweglich zu halten, um gesund zu bleiben. Für alte Menschen verbreite der Tod zudem deshalb weniger Schrecken, da philosophische Betrachtungen ihnen eine stoische Haltung zum natürlichen Ende erlaubten. Ciceros Traktat wurde im 18. Jahrhundert Teil des humanistischen Bildungskanons und beeinflusste zahlreiche Schriften über das Alter.

4 Zur Bedeutung des Wortes »merkwürdig« siehe Kap. 5 (Strobl) Anm. 30.

5 Johann Georg Deuringer war Besitzer des (noch heute existierenden) Augsburger Hotels Drei Mohren.

6 Raisonnirender Kunstgemälde-Katalog und Beschreibung der […] Gemälde-Sammlung des J. G. Deuringer zu den drey Mohren in Augsburg, Augsburg 1813, S. 36, Nr. 76. Zum Rembrandt-Vergleich siehe S. 30–31.

7 Katalog der Kunstausstellung der Königlich-baierischen Akademie der bildenden Künste, München 1811, S. 24.

8 Vgl. Abb. Nr. 57 bei Hartwig, Barbara: Johann Georg von Dillis porträtiert von Johann Georg Edlinger, in: Johann Georg von Dillis 1759–1841. Landschaft und Menschenbild, München 1991, S. 8, sowie dies.: Johann Georg von Dillis. Die Kunst des Privaten, Köln 2003, S. 58ff., 176ff. sowie speziell 180–181.

9 Vgl. zum Beispiel Koszinowski, Ingrid / Leuschner, Vera (Hg.): Ludwig Emil Grimm 1790–1863. Maler, Zeichner, Radierer, Kassel 1985, Kat.-Nr. 46, 47, 88, 90, 105 und 111.

10 Zu Ferdinand Schiesl siehe Bauer, Richard: Der Münchner Grafiker Ferdinand Schiesl (1775–1811). Eine um 200 Jahre verspätete Würdigung, in: Oberbayerisches Archiv 135 (2011), S. 26ff., hier S. 51–53.

11 Baumgartner, Anton: Wegweiser für München […], S. IX–X.

12 Im Armenbeschäftigungshaus am Unteren Anger sollten schwächliche und gebrechliche Personen ihren Kräften entsprechend Arbeit verrichten und damit auch einen zumindest geringen Verdienst bekommen; vgl. dazu Kurpfalzbaierisches Wochenblatt von München, 1. Februar 1805, Sp. 65–68.

13 Taschenbuch zu Bemerkungen, [München] 1813, ohne Seitenangabe.

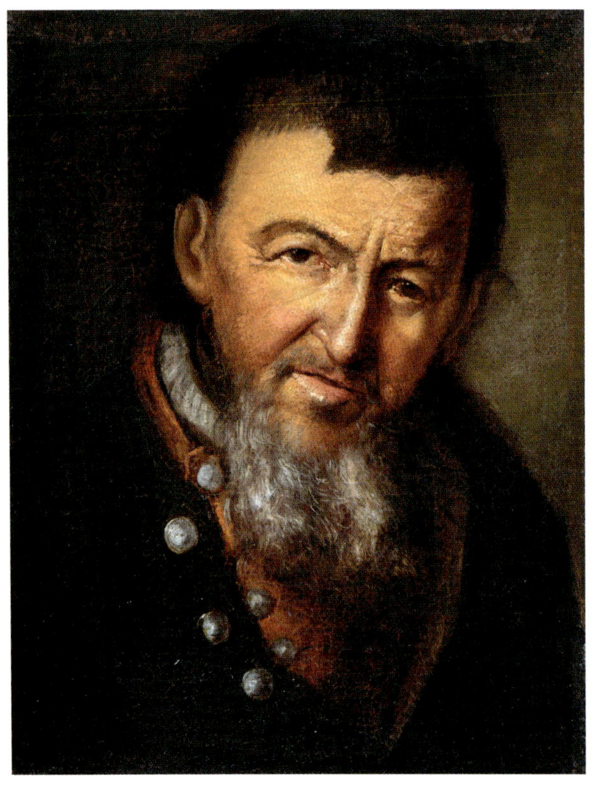

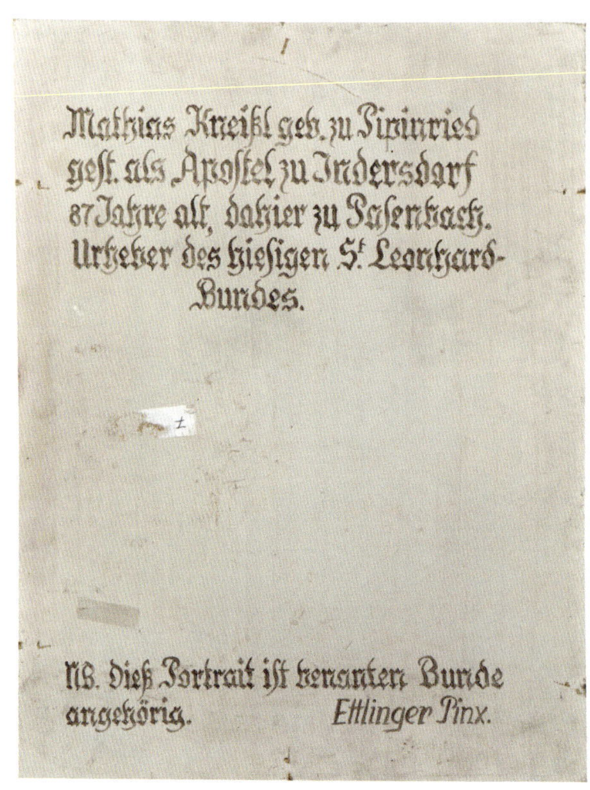

152

152

Mathias Kneißl (1711–1799)

um 1792
Öl auf Leinwand auf Holz, 41 × 31,2 cm
Rückseitig bez.: Mathias Kneißl geb. zu Pipinried / gest. als Apostel zu Indersdorf / 87 Jahre alt, dahier zu Pasenbach. / Urheber des hiesigen St. Leonhard- / Bundes. / NB. Dieß Portrait ist benannten Bunde / angehörig. Ettlinger Pinx.
Privatbesitz
Nicht bei Heinemann 1924; nicht bei Schenk 1983

Mathias Kneißl, der wohl als Hirte in Pasenbach lebte und dort 1762 den bis heute bestehenden Leonhardsbund mitbegründete, war nach den Forschungen von Helmut Größ, Vierkirchen, einer der bedürftigen Hochbetagten, denen der Kurfürst am Gründonnerstag 1792 in der Münchner Residenz im Rahmen der vorösterlichen Liturgie die Füße wusch und sie anschließend beschenkte. Es war üblich, das Gesamtalter der Geehrten zu errechnen und auch öffentlich mitzuteilen. Laut Münchner Zeitung vom 6. April 1792 brachten es die »zwölf Apostel« dieses Jahres auf ein Gesamtalter von 1.051 Jahren; für »Matthias Kreißl, Mathias, von Pippensried« werden 81 Jahre angegeben. Die ehrenvolle Prozedur war nicht nur für die jüngeren Anwesenden eindrucksvoll, sie war vor allem der Höhepunkt im Leben der Ausgewählten. Möglicherweise ließ sich zur Erinnerung an dieses besondere Ereignis Kneißl nach der Messe von Edlinger malen.

Das stark restaurierte Bild zeigt den alten Mann als Schulterstück. Es ist gegenüber Edlingers sonstigen Porträts auffallend klein und ohne Finesse gemalt. Die Kosten für das Porträt dürften daher relativ gering und auch für Kneißl aufzubringen gewesen sein.

153

Betender alter Mann

1796
Öl auf Leinwand, 32,5 × 23,5 cm
Rückseitig bezeichnet: Etlinger 1797
Privatbesitz
Nicht bei Schenk 1983

Das kleinformatige Bild dürfte aufgrund seiner geringen Größe eine Studie zu einem Heiligen gewesen. Der alte Mönch betet den Rosenkranz und ist dabei, wie seine Kopfwendung gen Himmel zeigt, inbrünstig in Kontakt mit Gott. Das Bild dominieren der virtuos wiedergegebene mächtige Bart des Betenden und seine verdrehten Augen, von denen vor allem das Weiß der Augäpfel zu sehen ist.

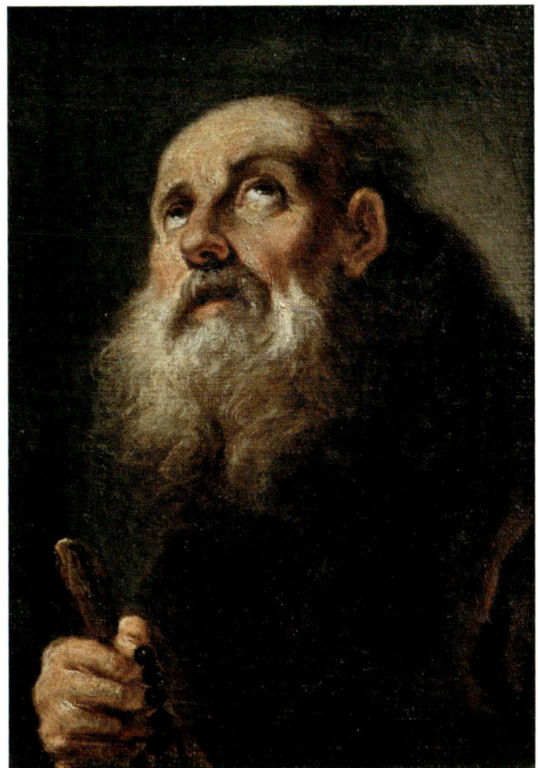

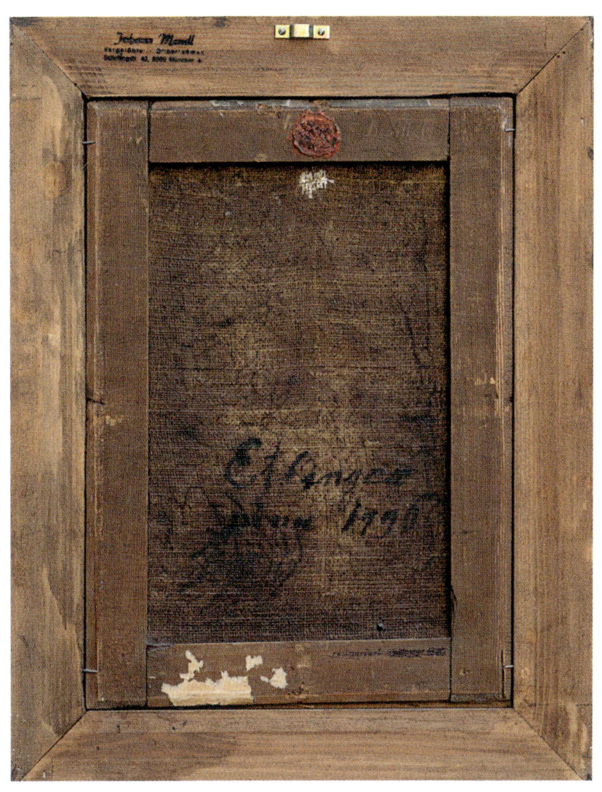

153

154

Alte Frau mit Pelzmütze

um 1790/1815
Öl auf Leinwand, 54,2 × 41,4 cm
Privatbesitz
Schenk 1983, WK 156

155

Alte Frau mit Rüschenhaube

nach 1805
Öl auf Leinwand, 56 × 44 cm
Kunstsammlungen und Museen Augsburg: 6196 (Slg. Röhrer)
Heinemann 1924, Nr. 110; Schenk 1983, WK 156

Während die linke der beiden Frauen den Betrachter fest anblickt, scheint die andere, weitaus sanfter wirkende ganz in Gedanken verloren zu sein. Langes Leben und harte Arbeit haben ihre Spuren in jedes der Gesichter gezeichnet.
Laut Feulner 1926, I. Gemälde und Miniaturen, Nr. 30, könnte das rechte Porträt die Mutter des Künstlers wiedergeben. In diesem Fall wäre die Datierung allerdings spätestens um 1790 anzusetzen, was aber Edlingers Malstil in diesen Jahren nicht entsprechen würde. Wegen seines dünnen Farbauftrags ist das Bild vielmehr in die späten Jahre des Künstlers einzuordnen. Das linke Bild könnte sowohl seiner kompakten, direkten Malweise als auch seiner Maße nach zur Stroblschen Galerie gehört haben.

154

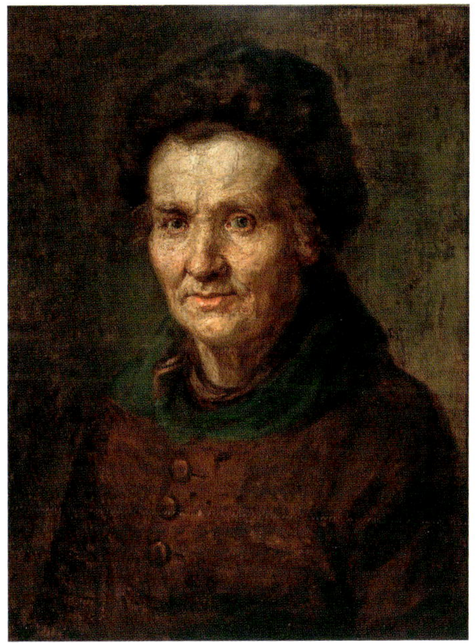

155

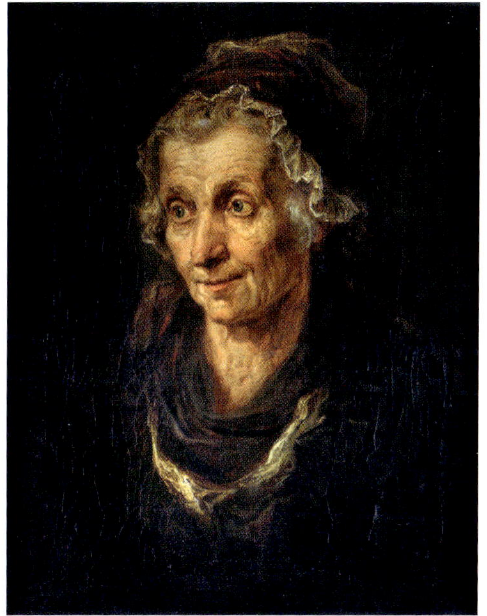

156

Alter Mann im braunen Rock

1800/1815
Öl auf Leinwand, 55 × 43 cm
SGL: G 4265
Heinemann 1924, Nr. 102; Schenk 1983, WK 130; Eschenburg/Althaus/Friedel 2009, Edlinger Nr. 19

157

Alter Mann mit Schläfenlocken

um 1790/1815
Öl auf Leinwand, 54,8 × 42,7 cm
SGL: G 4268
Schenk 1983, WK 131; Eschenburg/Althaus/Friedel 2009, Edlinger Nr. 22

Die Modelle zu diesen meist als »Charakterkopf« bezeichneten Bildern dürfte Edlinger in einem Münchner Armenhaus gefunden haben. Präzise schildert er die Gesichter der beiden Alten. Keine Falte, Warze, Hautunebenheit und Bartstoppel entgeht seiner Beobachtung und Wiedergabe. Ob mit dem links abgebildeten Mann wegen seiner Haartracht ein Jude dargestellt ist, muss offenbleiben. Aufgrund ihrer Maße würden beide Bilder in die Galerie des Buchhändlers Strobl passen, das linke ist jedoch wegen seines flüchtigen Duktus erst nach 1800 zu datieren

158

Alter Mann mit Stock und Weinglas

um 1795/1815
Öl auf Leinwand, 66 × 53 cm
Privatbesitz
Nicht bei Heinemann 1924; nicht bei Schenk 1983

Das 2011 im Kunsthandel aufgetauchte Porträt zeigt einen alten Mann, der vor einem gefüllten Weinglas sitzt. Sein linker Arm, unter den er seinen Stock geklemmt hat, liegt auf dem Tisch. Sein stierer Blick geht in die Ferne, den Wein scheint er gar nicht wahrzunehmen. Wo sich die Szene abspielt, ist nicht bestimmbar.

159

Alte Frau beim Essen, sogenannte »Kaffeetrinkerin«

um 1810
Öl auf Leinwand, 62 × 49,5 cm
Staatsgalerie Stuttgart: 1406 (ehemals Slg. Röhrer)
Heinemann 1924, Nr. 106; Schenk 1983, WK 182
↪ Kap. Graphik G 63

160

Pfeife rauchender Mann

um 1810
Öl auf Leinwand, 62,5 × 49,5 cm
Staatsgalerie Stuttgart: 1405 (ehemals Slg. Röhrer)
Heinemann 1924, Nr. 104; Schenk 1983, WK 181
↪ Kap. Graphik G 64

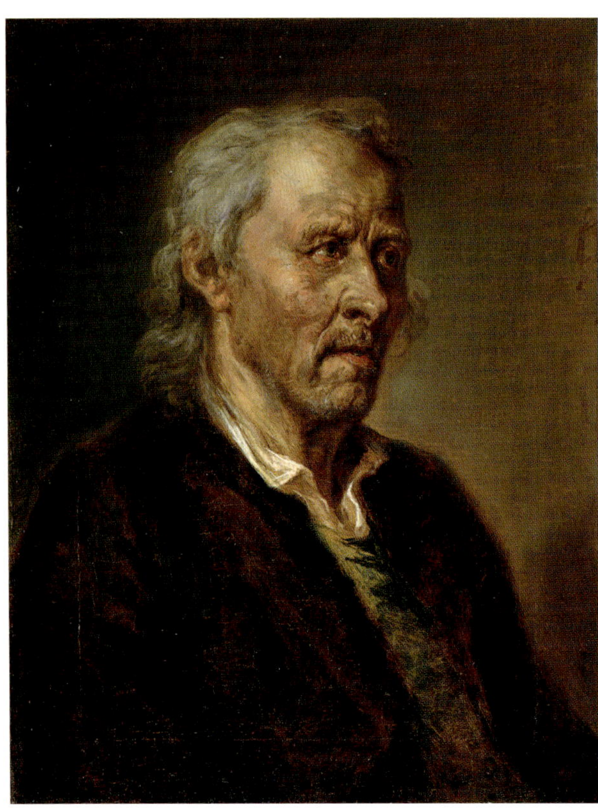

156

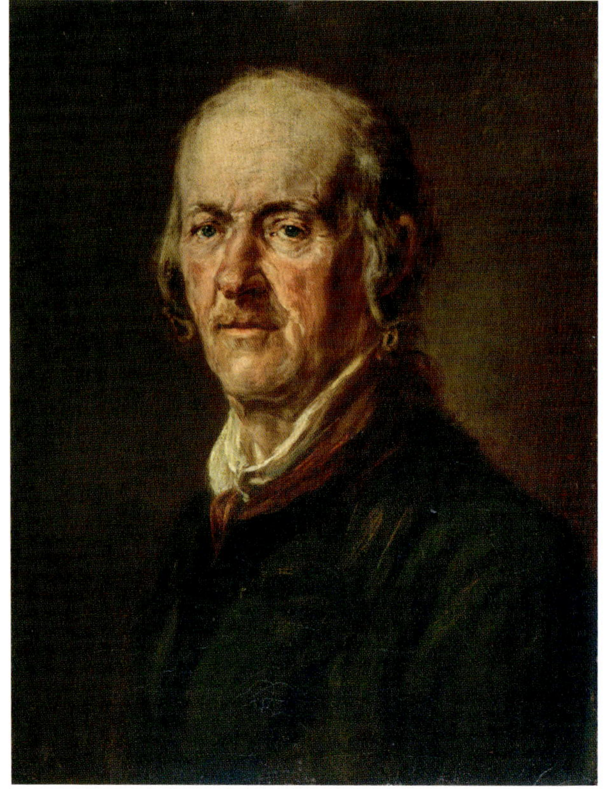

157

161

Tabak schnupfender Mann – Frater Spitzl (Daten unbekannt)

um 1810
Öl auf Leinwand, 60 × 47,5 cm
Kunstsammlungen und Museen Augsburg: 6198 (ehemals Slg. Röhrer)
Heinemann 1924, Nr. 105; Schenk 1983, WK 158
↪ Kap. Graphik G 62

Die drei eher dem Genre als dem Porträt zuzurechnenden Bilder *Kaffeetrinkerin*, *Pfeifenraucher* und *Tabakschnupfer* sind in Edlingers Spätzeit zu datieren, in der der Künstler aus Mangel an Porträt-Aufträgen sich dem Zeitgeschmack anzupassen versuchte. Dennoch nutzte der Künstler auch für derartige Bilder Modelle. Der *Tabakschnupfer* scheint ein Laienbruder zu sein; ein Foto des Gemäldes in der Fotothek des Zentralinstituts für Kunstgeschichte in München benennt ihn als »Frater Spitzl gestorben im Jahr / gemahlt von Etlinger in München«. Die drei Bildnisse wurden noch zu Lebzeiten Edlingers in Lithographien übertragen, was das breite Publikumsinteresse für derartige Motive belegt (↪ Kap. Graphik).

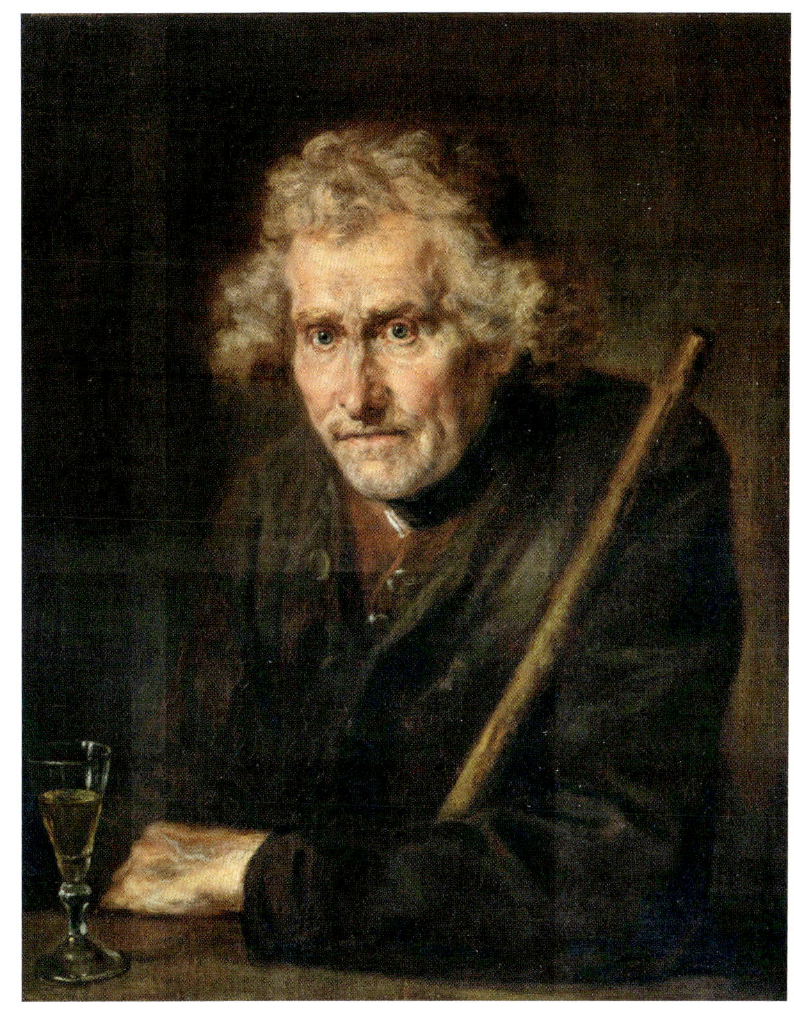

158

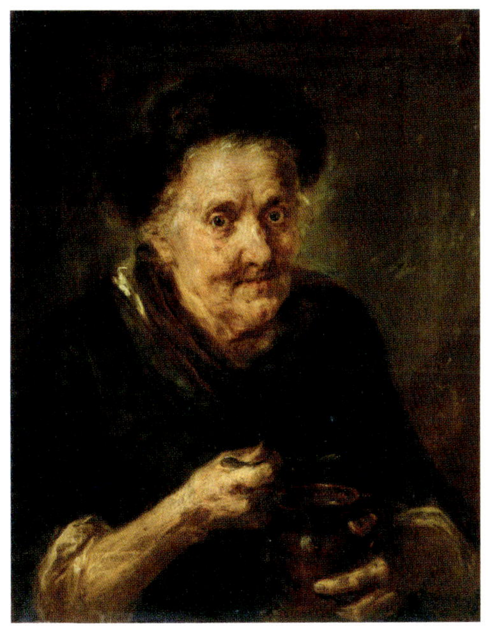

159

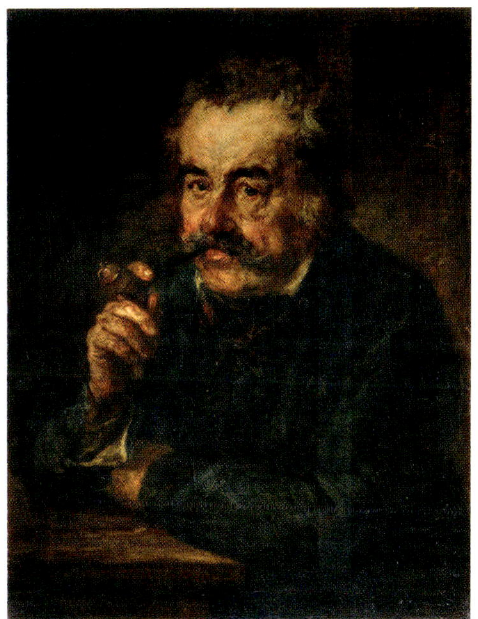

160

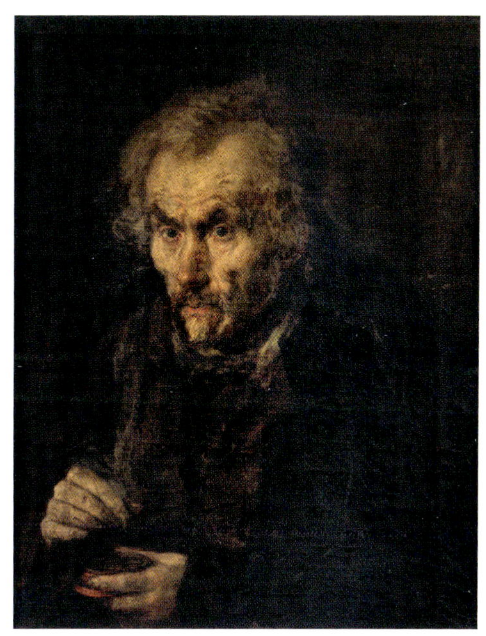

161

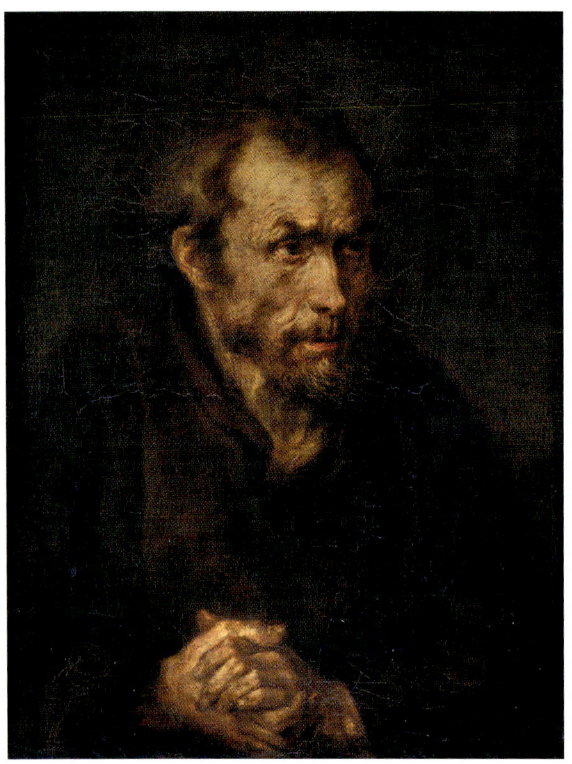

162

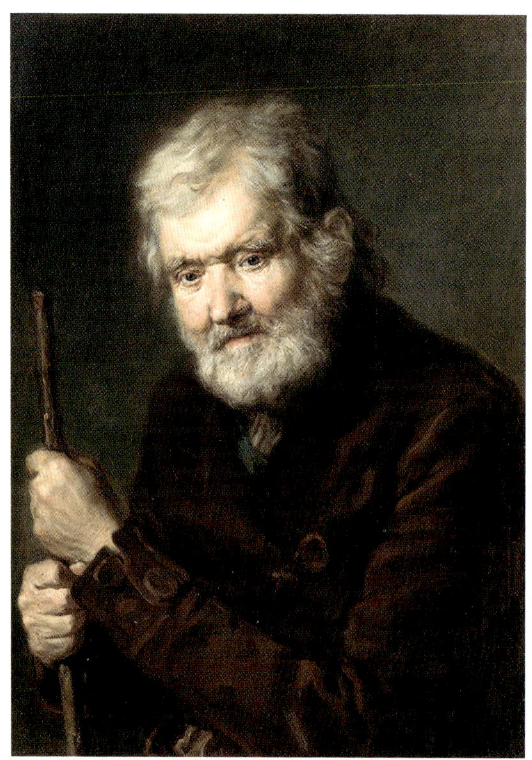

163

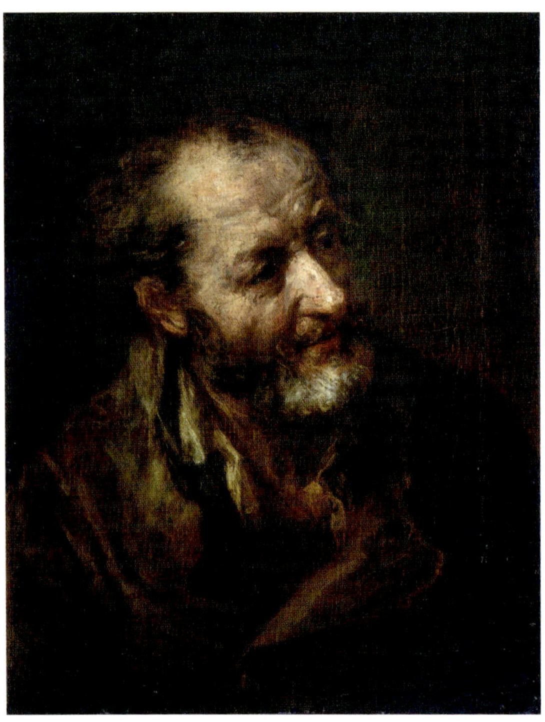

164

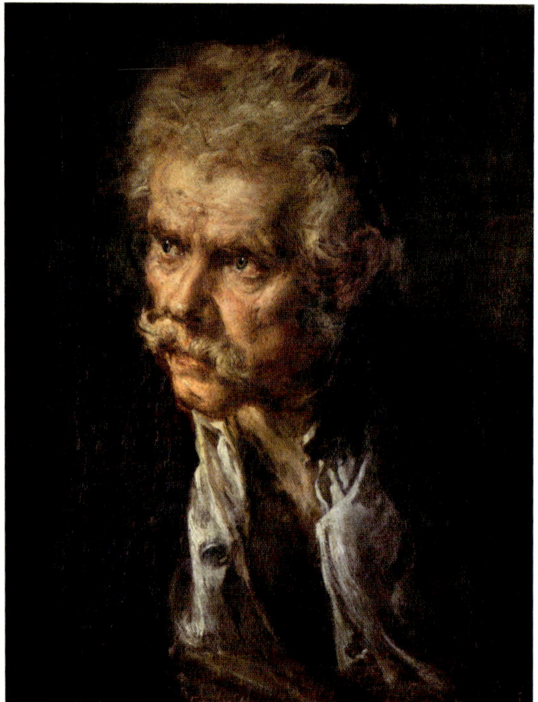

165

162

Unbekannter, sogenannter »Einsiedler«

um 1810
Öl auf Leinwand, 65 × 52 cm
Kunstsammlungen und Museen Augsburg: 6195 (Slg. Röhrer)
Schenk 1983, WK 179

Das Bild des *Einsiedlers*, das dem *Tabakschnupfer* ähnelt, gehört ebenfalls in die Spätphase Edlingers. In Dreiviertelansicht zeigt der Maler einen in eine braune Kutte gekleideten Mann mit eingefallenem Gesicht, grau meliertem Haar und Vollbart. Die Hände sind ineinandergelegt, der Blick schweift in die Ferne. Den Betrachter scheint der Mann gar nicht wahrzunehmen.

163

Alter Mann mit Stock

um 1790/1815
Öl auf Holz, 69 × 50 cm
Privatbesitz
Nicht bei Schenk 1983
↪ Kap. Graphik G 47

Das 2015 im Kunsthandel aufgetauchte Bildnis war zuvor nur durch eine Graphik von Joseph Rauschmayr bekannt. Ein Exemplar des Stichs in der Graphischen Sammlung Albertina (Sign. 21799) in Wien verrät, dass ein über 90-Jähriger dargestellt ist, nennt aber leider nicht dessen Namen. Das Gemälde ähnelt dem Porträt des 94-jährigen Holzhauers Graf, das in der Galerie Strobl einer Kinder-Gruppe präsentiert wird. Mit seinem auffällig großen Format ist es dem *Einsiedler* sowie dem *Alten Mann mit Stock und Weinglas* vergleichbar (Kat. 162, 158).

164

Alter Mann

um 1805/1815
Öl auf Leinwand, 55 × 43 cm
SGL: G 4260
Heinemann 1924, Nr. 116; Schenk 1983, Nr. 157; Eschenburg/Althaus/Friedel 2009, Edlinger Nr. 14

165

Alter Mann, sogenannter »Bauer«

um 1805/1815
Gemälde, 52,5 × 41,5 cm
Kunstsammlungen und Museen Augsburg: 6199 (Slg. Röhrer)
Heinemann 1924, Nr. 109; Schenk 1983, WK 155

Auch diese beiden Porträts zeigen, wenn auch in etwas unterschiedlichem Bildausschnitt, alte Männer, deren Namen leider nicht bekannt sind. Edlinger schildert zwei Gesichter, in die sich die Jahrzehnte des Lebens eingegraben haben Während der eine zufrieden wirkt und ein stilles Lächeln um seinen Mund spielt, liest man aus dem Blick des anderen eher Skepsis und Misstrauen.

166

Bärtiger älterer Mann, genannt »Der Handwerker«

um 1810
Öl auf Leinwand, 43 × 32 cm
SGL: G 4259
Nicht bei Schenk 1983; Eschenburg/Althaus/Friedel 2009, Edlinger Nr. 13
↪ Kap. Graphik G 48

Das von gelocktem grauem Haar und einem ebensolchen Vollbart eingefasste Gesicht des Dargestellten liegt zur Hälfte im Schatten; Farbakzente setzen die hellen blauen Augen und die auffällig roten Lippen. Durch den vom Künstler gewählten engen Bildausschnitt wird der Porträtierte nachdrücklich präsent: Er blickt dem Betrachter intensiv und direkt ins Gesicht und wird durch die Nähe zum unmittelbaren Gegenüber. Das Bild scheint auch mit den Wirbelformen der Barthaare und der eindrucksstark in Szene gesetzten Asymmetrie der Augenbrauen ein Kabinettstück zu sein, in dem Edlinger seine künstlerischen Fähigkeiten vorführt. Möglicherweise handelt es sich um einen der beiden »Alten Köpfe«, die der Maler 1811 bei der ersten Akademie-Ausstellung zeigte. Die Bezeichnung »Handwerker« ist rein fiktiv.

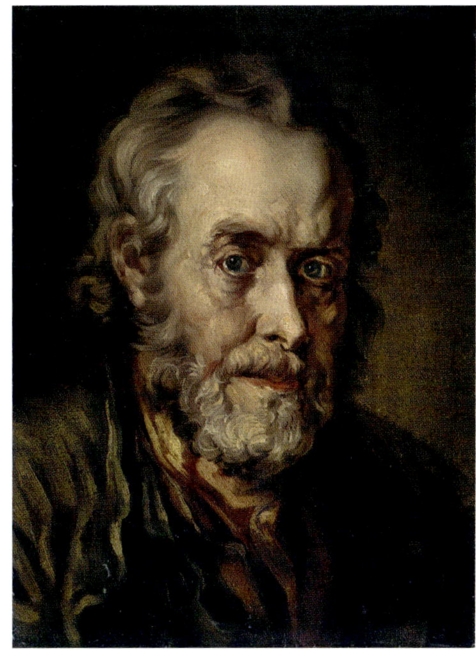

166

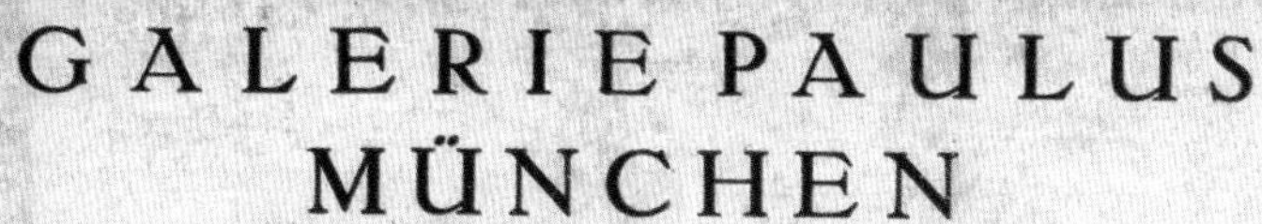

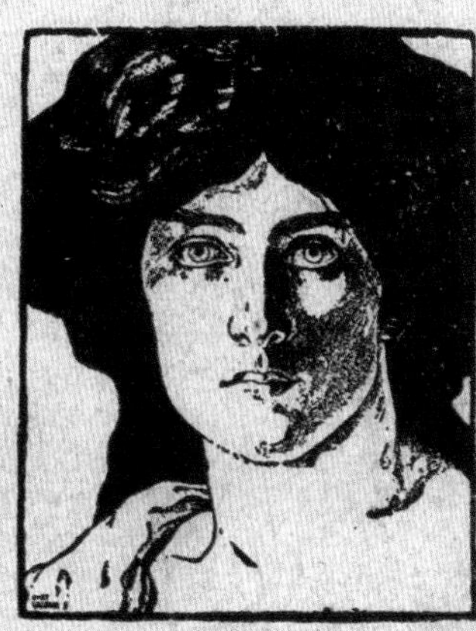

AUSSTELLUNG

G. EDLINGER

Edlingers »Nachleben« in kunsthistorischer Literatur und in Ausstellungen

Der Kunstschriftsteller Johann Georg Meusel, der bereits 1792 vorausgesehen hatte, dass Edlingers Kunst langfristig von besonderem Interesse sein würde,[1] sollte Recht behalten: Johann Georg Edlinger geriet auch nach seinem Tod zu keiner Zeit in Vergessenheit – im Gegenteil, seine Porträts faszinieren bis heute. Im Folgenden soll das Œuvre Edlingers unter dem Aspekt seiner posthumen (kunst-)historischen Beurteilungen betrachtet werden, wobei die zumeist vorrangig intendierte Bewertung – von einigen wenigen Aussagen geprägt – schon bald feststand und erst in den 1920er-Jahren durch grundsätzliche Forschungen ergänzt und erweitert werden konnte. Ausstellungskataloge sind in diesem Zusammenhang wichtige Quellen, geben sie doch Auskunft über zahlreiche heute verschollene Werke und auch über ehemalige Besitzer von Edlinger-Bildern. Gerade letzteres ist von besonderer Bedeutung, denn sorgfältige Provenienz-Forschung kann bekanntermaßen zweifelhafte bzw. fehlerhafte Einschätzungen korrigieren (siehe dazu das angebliche Mozart-Porträt, Kat. 141).

Knapp 20 Jahre nach Edlingers Tod widmete Georg Kaspar Naglers *Neues allgemeines Künstler-Lexicon* (1837) dem Münchner Maler einen ausführlichen Eintrag, in dem zunächst dessen herausragendes, aber leider nicht konsequent ausgebildetes Talent angesprochen wird, das Edlinger zu einem der Großen hätte werden lassen können: »Ihn hatte die Natur zum Künstler geschaffen, aber äussere Verhältnisse gestatteten ihm nicht, das, was sie allein ihn lehrte, unter Leitung eines ausgezeichneten Künstlers auszubilden, und auf dem Gebiete des artistischen Wissens zum Selbstbewusstsein seines Kunsttalentes sich zu erheben. Wäre ihm dies zuteil geworden, dann dürfte er den ersten Meistern in der Bildnismalerei gleichgekommen sein […] Im Jahre 1781 wurde Edlinger Hofmaler in München […] und nun fuhr er fort, zahlreiche Werke zu liefern, in welchen er mit treuer Auffassung der Natur Kühnheit und Meisterschaft in Führung des Pinsels verband.« Schließlich führt Nagler zwei Werke an, die von den Zeitgenossen als Edlingers beste Arbeiten empfunden wurden und die ihn die Nähe des künstlerischen Rangs von Anton Raphael Mengs rückten, der schon zu Lebzeiten vielen als der größte Maler seiner Zeit galt: »Edlinger starb 1819. In seinem Rücklasse befanden sich zwei seiner besten Stücke: zwei alte Köpfe, von denen der eine den einen Totenkopf betrachtenden Einsiedler Elias Fischer [Abb. 47] und der andere ihn mit Brot und Trinkkrug vorstellt. Diese beiden Stücke setzten Kunstkenner den Erzeugnissen des R. Mengs an die Seite. Die Natur ist hier mit gewissenhafter Treue und im interessantesten Momente dargestellt.«[2] Mengs gilt heute als Wegbereiter und Vertreter des Klassizismus und Edlinger stand ihm in seiner Bedeutung – nach Naglers Meinung – zumindest in einigen seiner Werke kaum nach.

Als der Historienmaler Karl von Piloty 1869 den Auftrag erhielt, ein »auf die Geschichte der Stadt München bezügliches« Monumentalgemälde für den großen Sitzungssaal im neu errichteten Rathaus zu schaffen, entschied er sich, keine konkrete Episode der Stadtgeschichte darzustellen, sondern »die hervorragendsten Männer aus dem Schooße des Bürgerstandes« sowie »fürstliche Personen, welche hervorragend für die Stadt gewirkt haben«, abzubilden. 1873 bat der Münchner Magistrat den Künstler jedoch, seine Vorstellungen zu erweitern und nicht nur Besitzer des »Bürgerrechts«, sondern »maßgebliche« Persönlichkeiten der »verschiedensten Berufe und Lebensstellungen«

Abb. 46 Katalog zur Edlinger-Ausstellung in der Münchner Galerie Paulus, 7. Januar bis zum 9. Februar 1929, Stadtarchiv München

aus sieben Jahrhunderten der Stadtgeschichte auszuwählen; eine »Glorifizierung der noch lebenden Geschlechter« sei zu vermeiden. Mit dieser Ausweitung des ursprünglich rein bürgerschaftlich orientierten Konzeptes auf eine Darstellung aller ständischen Gruppen der historischen und aktuellen Gesamteinwohnerschaft und der zeitübergreifenden Vereinnahmung aller für und in der Stadt wirkenden Kräfte war eine neue Qualität der Geschichtsprogrammatik erreicht, mit der der Münchner Magistrat eine kulturpolitische Führungs- und Schlüsselrolle für sich beanspruchte, die er in dieser Form innerhalb des Stadtraums in Wahrheit nie besessen hatte. Piloty plazierte in seinem kolossalen Gemälde (6 × 17 Meter) schließlich 121 Männer und sieben Frauen aus der seit der Markt- und Stadtgründung existenten Einwohnergemeinschaft und zitierte zumindest andeutungsweise sogar unterbürgerliche und vorstädtisch-kleinbürgerliche Schichten im Bild. Auch der Maler Johann Georg Edlinger fand Platz auf dem Gemälde; er steht in der Gruppe der Münchner Hofkünstler (auf der linken Seite des Gemäldes in einer hinteren Reihe) und ist umgeben von Kollegen aus verschiedenen Jahrhunderten – darunter Hans Mielich, Peter Candid, Nikolaus Prugger und die Brüder Asam. Pilotys genaue Auswahlkriterien lassen sich heute nicht mehr nachvollziehen, es darf aber angenommen werden, dass er als amtierender Direktor der Münchner Kunstakademie vor allem Edlingers malerisches Können schätzte und ihn als den bedeutendsten Münchner Maler seiner Zeit erachtete. Wenn möglich, nutzte Piloty für seine Porträts historischer Persönlichkeiten zeitgenössische Bildvorlagen, Edlinger allerdings scheint er fiktiv gemalt zu haben, denn seine Darstellung des Malers hat wenig Ähnlichkeit mit dessen bekannten Selbstporträts.

Auf der 1858/59 veranstalteten »Deutschen und allgemeinen und historischen Kunstausstellung«, die den fünf Kunststädten Berlin, Düsseldorf, Dresden, München und Wien gewidmet war, war Edlinger in Kabinett 9 mit einem Gemälde neben Arbeiten von Hess, Rottmann, Bürkel, Wagenbauer vertreten. Da der Katalog nur von einem »Porträt« spricht, lässt sich ihm leider nicht einmal entnehmen, ob es sich um die Darstellung einer weiblichen oder einer männlichen Person handelte.[3]

Während sich Wilhelm Schmidt 1877 in der *Allgemeinen Deutschen Biographie* noch relativ neutral äußerte: »Johann Georg Edlinger, nicht unverdienstlicher Bildnißmaler [...] Die Bildnisse Edlinger's sind recht tüchtig gemalt [...] zeigen lebendigen Ausdruck und eine geistvolle Behandlung. Er hat sehr viel hinterlassen«,[4] sind die Einlassungen von Friedrich Pecht, der als Lithograph und Porträtmaler ausgebildet war, sich ab ca. 1855 aber einen Namen als Kunstschriftsteller zu machen begann, wesentlich differenzierter. In seiner 1888 erschienenen *Geschichte der Münchener Kunst im neunzehnten Jahrhundert* beurteilte er Edlingers Zeichnung und Modellierung als »schlottrig«, lobte aber dessen »naive, ein wenig philisterhafte Wahrheitsliebe und Ehrlichkeit«, die »ein viel deutlicheres Bild jener Zeit und ihrer Menschen« gäben, »als sämtliche akademische Historienmaler der Mengs'schen Schule mit ihren kolorierten Gipsfiguren«. Auch zog er erstmals den Vergleich mit Anton Graff, der schon zu Lebzeiten als bedeutendster Porträtmaler seiner Epoche gegolten hatte und neben aristokratischer und bürgerlicher Kundschaft auch zahlreiche namhafte Künstler, Dichter und Denker seiner Zeit konterfeit hatte.[5] Edlingers »entschiedenes koloristisches Talent«, so Pecht, sei dem seines »ganz verwandten Kollegen Graff in Dresden« vergleichbar.

Angesichts solch hoher Wertschätzung verwundert es nicht, dass Edlinger auf der im gleichen Jahr stattfindenden »III. Internationalen Kunstausstellung 1888« mit immerhin acht Gemälden vertreten war: Einem Selbstbildnis und einem Porträt seiner Ehefrau, dem Bildnis des Grafen Rumford (Kat. 92) sowie des *Holzhackers* (Abb. 32), außerdem zwei nicht näher bezeichneten *Bildnissen*, nämliche einem *Brustbild* und einem *Studienkopf*.[6]

Die »kunst- und kulturgeschichtliche« Ausstellung »München im XVIII. Jahrhundert«, die 1901 im Bayerischen Nationalmuseum stattfand, bot insgesamt 28 Edlinger-Werke, darunter auch den schon genannten *Einsiedler Elias Fischer*. Die meisten der Gemälde hingen in Raum 6, dem sogenannten »Edlinger-Zimmer«.[7] Leider enthält der zugehörige Katalog keine Abbildungen.

1906 war der Künstler wiederum in zwei bedeutenden Ausstellungen vertreten: Die während der Münchner Jahresausstellung gezeigte Sonderausstellung »Bayerische Kunst 1800 bis 1850« im Glaspalast München präsentierte 18 Gemälde überwiegend aus Privatbesitz. Und in der von Hugo von Tschudi in der

Nationalgalerie Berlin veranstalteten »Deutschen Jahrhundertausstellung«, die sich mit allen wichtigen deutschen Malern zwischen 1775 und 1875 befasste, waren zehn Werke zu sehen. Dies bewog August Goldschmidt, Edlinger noch im selben Jahr einen 12-seitigen Aufsatz im ersten Band des *Münchner Jahrbuchs der bildenden Kunst* zu widmen. Er nahm darin Bezug auf die 1901 stattgehabte Ausstellung »Kunst und Handwerk des XVIII. Jahrhunderts« sowie eine 1904 vom Münchner Kunstverein veranstaltete Ausstellung, die Altmünchner Kunstbesitz präsentiert hatte, und vor allem auf die Berliner Ausstellung, an der er kritisierte, dass die Münchner Malerei darin nur ungenügend repräsentiert gewesen sei: »Selbst ein Meister wie Edlinger war mit nur sechs Werken vertreten, von denen jedoch nur eines, das Porträt des Grafen Preysing [Kat. 27], jetzt im Besitze der Berliner Nationalgalerie, als vollwertig anzusehen war, ohne dabei besonders charakteristisch für die Eigenart des Meisters zu sein« (Anm. der Verfasserin: Es waren zehn Gemälde).[8] Goldschmidts Anliegen war es daher, Edlinger, »dem liebenswürdigen Künstler, der in München, der Stätte seines Wirkens, Freunde genug hatte und noch hat, auch in weiteren Kreisen zu seinem Recht zu verhelfen.« Er tat dies, indem er acht Gemälde, darunter wiederum das Porträt des Eremiten Fischer, das sich damals noch bei einer in Landshut lebenden Urenkelin des Künstlers befand,[9] mit Abbildungen vorstellte und auch Angaben darüber machte, wo weitere Edlinger-Gemälde zu finden wären.[10] Dabei nennt er neben öffentlichen auch private Sammlungen und belegt damit die Wertschätzung, die Edlingers Porträtkunst in München entgegengebracht wurde: »Um so häufiger ist Edlinger in Privatsammlungen, speziell in München vertreten, von denen wir nur einige, wie jene des Kommerzienrats [Franz] Radspieler, Prof. [Joseph] Wenglein, Prof. Papperitz [...], Herrn S. Röhrer und Frau E. Hirth erwähnen wollen.«[11] 1908 ergänzte Goldschmidt seine Ausführungen mit einem zweiten Aufsatz in Band 1 der *Monatshefte für Kunstwissenschaft*.[12]

Abb. 47 Johann Georg Edlinger, *Frater Elias Fischer, Eremit von Egmating/Pframmern*, Foto eines verschollenen Gemäldes (um 1800, 75,5 × 62 cm), Münchner Stadtmuseum (Schenk 1983, WK 180)

Das leider nur in schlechter Reproduktion überlieferte Bildnis des Eremiten von Egmating galt bald nach Edlingers Tod als eines seiner besten Werke. Dargestellt ist Elias Fischer, der aus Giesing bei München stammte. Nach einem Noviziat in der Klause Tölz – eine Klause bestand auf dem dortigen Kalvarienberg – kam Fischer 1772 nach Egmating bei Glonn, wo er die seit 1709 bestehende Klause Sommergrün übernahm. Zu den Pflichten eines »Waldbruders« gehörte neben dem Orgelspiel in der örtlichen Kirche und achtstündigen täglichen Frömmigkeitsübungen auch das Unterrichten der Kinder aus der Umgebung. Doch Fischers pädagogische Fähigkeiten scheinen begrenzt gewesen zu sein: Bei der Prüfung vor dem Geistlichen Rat erwies er sich als untauglich für den Schuldienst. Kritisiert wurde u.a., dass er grob zu den Kindern und ihren Eltern sei. Nachdem die Kongregation der Klausner, die seit dem 17. Jahrhundert über ganz Altbayern verstreut an einsamen Orten lebten, 1804 per Dekret aufgelöst und die Klausner-Gebäude eingezogen worden waren, verließ Fischer Egmating. In der Gemeinde weinte man ihm nicht nach, denn »zum Schulhalten sei ein solch elender Stümper nicht länger zu gebrauchen, außer zum Verderben der Jugend«.

Edlinger zeigt einen asketisch wirkenden, vollbärtigen Mann, dessen Alter man nicht recht schätzen kann. In seiner Linken hält er einen Totenschädel, die rechte Hand ist in einer Art Ergriffenheitsgestus an den Körper gelegt. Fischer, ganz in seine Andacht versunken, nimmt den Betrachter nicht wahr. Durch Edlingers raffiniert gesetzte Lichtregie gleitet dessen Blick von der Schädeldecke des Totenkopfes über die rechte Hand des Geistlichen zum Gesicht.

Literatur: Josef Heigenmoser, Eremitenschulen in Altbayern. Ein Beitrag zur bayerischen Schulgeschichte im 18. Jahrhundert, Berlin 1903, S. 36.

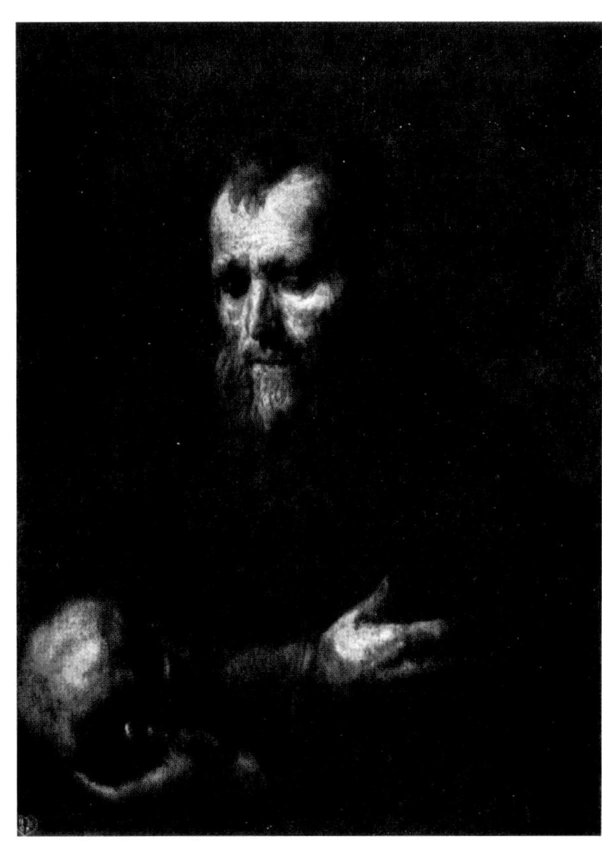

Die nächste Ausstellung, in der Edlinger allerdings nur mit dem Porträt von Sigmund Graf von Haimhausen (Kat. 23) sowie einem *Familienbildnis mit Fruchtteller* [Familienbild Boos] (Kat. 55) vertreten war, fand 1913 wiederum in München statt. Sie trug den Titel »Malerei und Plastik des 18. Jahrhunderts in Bayern und Grenzlanden«. Veranstalter war abermals der Kunstverein München, diesmal in Kooperation mit dem Verein Bayerische Kunstfreunde (Museumsverein). Kuratoren bzw. Katalogautoren waren Heinz Braune und Friedrich H. Hofmann sowie der schon genannte August Goldschmidt. Der Katalog enthält keine Abbildungen.

Selbstverständlich findet sich auch in Band 10 (1914) des von Ulrich Thieme und Felix Becker 1907 begründeten *Allgemeinen Lexikons der bildenden Künstler* ein Eintrag zu Johann Georg Edlinger und dessen Bedeutung für die Münchner Malerei. Der vom Münchner Kunsthistoriker Richard Paulus[13] verfasste Artikel verweist u.a. darauf, dass Edlinger, in seinen frühen Porträts stilistisch in der Nachfolge von Georg Desmarées stehend, sich um 1800 – wie Johann Georg von Dillis (Kat. 53) auf dem Gebiet der Landschaftsmalerei – im Porträt-Fach einem unbedingten Naturalismus verschrieb und in »seiner gesunden lebensfrischen Farbe, seinem farbentechnischen Können wie erreichter Modellierung zusammengehend mit momentaner, naturwahrer Auffassung [...] scharf absticht gegen den damaligen internationalen akademischen Geschmack.« Edlinger, so Paulus, bedeute für die Stilentwicklung der Münchner Malerei auf dem Feld der Porträtmalerei am Ende des 18. Jahrhunderts einen ähnlichen Höhepunkt wie Desmarées dies für das höfische Bildnis des Rokokos gewesen sei. Zudem sei Edlinger Vermittler dieser beiden Richtungen.[14] Dieses klare Urteil hat auch mehr als 100 Jahre nach Erscheinen des Bandes und trotz neuer biographischer Erkenntnisse seine grundsätzliche Gültigkeit nicht verloren.

In der 1920 von der Münchner Galerie Heinemann[15] organisierten Ausstellung »Münchner Malerei um 1800« waren immerhin 21 Gemälde von Edlinger zu sehen, die allerdings überwiegend nur mit sehr allgemein gehaltenen Titeln wie *Ein Bauer, Bäuerin, Alte Dame, Alter Mann* o. ä. bezeichnet und damit, wenn überhaupt, nur über Maßangaben in Bezug zu bekannten Bildern zu setzen sind. Leider enthält der Katalog nur drei Abbildungen, nämlich das Porträt der jugendlichen Barbara (Babette) Edlinger[16] (Kat. 14) sowie die Bildnisse von Stiftskanonikus Petzel (verschollen)[17] und Johann Peter Franck (Bestand MStM, Nr. 13). Der einleitende Text stammt von Adolf Feulner, einem ausgewiesenen Spezialisten für bayerisches Rokoko, der erst ein Jahr zuvor (1919) Konservator am Residenzmuseum München geworden war. Im Fall Edlingers galt sein Hauptinteresse der malerischen Entwicklung des Künstlers und er kam mit seinen Analysen zu Formulierungen, die bis heute Bestand haben: »Im Fache des Porträts bildet Edlinger den Übergang. Als Süddeutscher, aufgewachsen in der österreichischen Barocktradition, bewahrt er in der Auffassung seiner Frühwerke viel von der repräsentativen Würde des Rokokoporträts, in der Farbe viel von der dekorativen Oberflächlichkeit. In der holländisch-orientierten, bürgerlichen Malerei Münchens ist Edlinger zum Helldunkel übergegangen. Das ist das äußere Zeichen für einen gleichzeitigen tieferen Wandel in der Auffassung und künstlerischen Behandlung seiner Modelle, für einen neuen, sachlichen Realismus. Das Milieu, das die älteren Hofmaler wie Desmarées mit akademischen Versatzstücken gerne prunkvoll gestalteten, ließ er am liebsten ganz weg. Aus dem einfarbigen Hintergrund wachsen die mit freiem, energischem Pinsel modellierten Köpfe heraus, das schlichte Zeitkostüm lenkt die Aufmerksamkeit des Beschauers auf das Antlitz. Die holländisierende Helldunkelmalerei ist nicht mehr technische Spielerei wie bei den älteren Rokokomalern, sie ist in ihren Wirkungsmöglichkeiten verarbeitet und dient zur Verstärkung der Charakteristik. Die Betonung des Ausdrucks, das Wort im prägnanten Sinn der gleichzeitigen Ästhetik genommen, unterscheidet Edlingers Werke am meisten von den idealisierenden Bildnissen der Hofmaler wie Kellerhoven und Stieler, von den künstlerisch starken, aber im Gesamthabitus konventionellen Porträts der Simon und Kaspar Klotz.«[18] Wenige Jahre später (1929) sollte Feulner in seiner Publikation *Skulptur und Malerei des 18. Jahrhunderts in Deutschland* noch deutlichere Worte finden: »Er steht neben Graff; aber ist viel impulsiver, ja burschikos, noch mehr Naturalist, betont bürgerlich und antifranzösisch. Wenn wir die Grenzen des Vergleichs weiter ausdehnen, dürfen wir ihn sogar als eine bescheidene, stilgeschichtliche Parallele zu Goya bezeichnen [...] Beide führen am Klassizismus vorbei direkt zum malerischen Realismus des 19. Jahrhunderts.«[19]

Der aus München stammende Kunsthistoriker Rudolf Oldenbourg,[20] seinerzeit an der Gemäldegalerie des Kaiser-Friedrich-Museums in Berlin tätig, kam in seiner 1922 erschienenen Publikation *Die Münchner Malerei im 19. Jahrhundert* zu einem etwas ambivalenten Urteil: Edlinger habe weit über München hinaus Bedeutung, hätte sich aber wegen zu viel schlecht bezahlter Brotarbeit nicht wirklich entfalten und auch dem Zeitgeist nicht anpassen können: »Einzig auf dem Gebiet der Bildnismalerei konnte München sich eines Künstlers rühmen, der auch heute noch, selbst in weiteren kunstgeschichtlichen Zusammenhängen, mit Ehren besteht: Johann Georg Edlinger, aus Graz gebürtig, war hier seit 1770 ansässig und hat fünfzig Jahre lang in unserer Stadt redlich gemalt – und gehungert. Dies letztere darf nicht verschwiegen werden, denn zweifellos war Edlinger zu einer glänzenderen Entwicklung berufen und wurde nur durch die stete Sorge ums Brot zu massenhafter, billiger und vielfach flüchtiger Produktion getrieben [...] Die große Mehrzahl seiner Arbeiten besteht aus Bildnissen von engem Format, die bloß dem Anspruch des treuen Konterfeis zu genügen hatten und dem Künstler nach keiner Richtung die Möglichkeit zu freier Entfaltung und Vertiefung gewährten [...]. Edlingers Modelle gehörten meist den bürgerlichen Ständen an und in dieser Hinsicht, nämlich mangels Aufträgen von seiten des Adels, kann allerdings behauptet werden, er sei ein Maler des bürgerlichen Charakters gewesen«. Unzutreffend aber sei es, »das Bürgerliche seiner Kunst in jenem besonderen Sinn aufzufassen, den der Begriff seit der Französischen Revolution annahm und der alsbald auch in der Kunst seine ganz spezifische Geltung erhielt. Edlingers Malerei als solche, sein leichter, flockiger Farbauftrag und die unruhig das Gesicht durchwühlende Zeichnung, über die ein bräunlicher Ton in flackerndem Lichtwechsel gegossen ist, gehört noch ganz dem Geist des Spätbarock an und steht dem Empfinden der jüngeren Generation völlig fremd gegenüber.«[21] Oldenbourgs Urteil, das im Gegensatz zu den Ergebnissen Feulners steht (siehe oben), ist in mehrfacher Hinsicht problematisch und lässt sich nur damit erklären, dass es ihm an einem umfassenden Überblick über Edlingers Werk fehlte und er deshalb weder dessen breit gestreutes Kunden- bzw. Modell-Klientel noch dessen stilistische Entwicklung nachvollziehen konnte.

Während das Urteil der Kunsthistoriker also allmählich differenzierter wurde, entwarf der Münchner Kulturhistoriker Karl Trautmann, der Johann Georg Edlinger 1923 in seinen *Kulturbildern aus Alt-München* ein literarisches Denkmal setzen wollte, das Klischeebild eines stadtbekannten Sonderlings. Keineswegs in karikierender Absicht, sondern um die verlorengegangene Gemütlichkeit Alt-Münchens zu beschwören, führte er Edlinger als unbeholfenen Künstler vor, der, in einfachsten Verhältnissen lebend, an einem Porträt malt, das nicht recht gelingen will, und sich schließlich von seiner gerade kochenden Ehefrau künstlerisch beraten lässt: »Edlinger sitzt am Fenster der Wohnstube, an der Staffelei, und malt an einem Porträt des Herrn Grafen Preysing, der gravitätisch vor ihm auf dem Stuhle thront. Und am Tisch hinten richtet die Mariandl [Ehefrau des Malers] den Teig her, zu ihren ›gschnittnen Nudeln‹. ›Urschl!‹ ruft er auf einmal, ›da komm her.‹ ›Was wolln S'denn, Herr Edlinger?‹, sagt sie, und schlägt dabei ihren Küchenschurz zurück. ›Schau dir amal den Herrn Grafen an ... Wie findst'n?‹ ›Ja ... ganz schön is er ... Aber d'Nasn, mein i ... war a bißl z'groß.‹ ›No, mach' mers' halt kleiner. So, jetzt kannst wieder gehen.‹ Und die gute, treue Alte schlurft wieder ganz zufrieden zu ihrem Nudelteig zurück.«[22] Diese betuliche Szene, die nach Trautmann so gerne vom Maler Carl Spitzweg erzählt wurde, tatsächlich aber eine freizügige Ausgestaltung der Seinsheim'schen Erinnerungen ist (vgl. S. 55), wurde in späteren Publikationen weiterkolportiert und trug wesentlich dazu bei, dass sich die Vorstellung, Edlinger sei ein eigenbrötlerischer Autodidakt gewesen, fest etablierte.[23]

1924 wurde an der Ludwig-Maximilians-Universität München Lili Charlotte Heinemann[24] promoviert; das Thema ihrer von Heinrich Wölfflin betreuten Dissertation lautete *Johann Georg Edlinger. Ein Münchner Porträtmaler vom Ende des 18. Jahrhunderts*. Heinemann unternahm erstmals den Versuch, einen Œuvre-Katalog zu erstellen, und trug dafür immerhin 175 Motive zusammen, die sie entweder selbst gesehen hatte oder zumindest durch Abbildungen belegen konnte. Zusätzlich listete sie auch Gemälde, die nur »aus literarischen und mündlichen Mitteilungen« bekannt waren oder als verschollen bzw. verloren gelten. 13 Werke sprach sie ihm ab, darunter einige, die heute Edlinger wieder zugerechnet werden. Heinemann schätzte das Gesamtwerk Edlingers auf rund 1.000 (!) Bilder – eine enorme Zahl, die sie aus Vergleichen mit den ungleich erfolgreicheren zeitgenössischen Malern Joshua Reynolds, der allein in den Jahren 1755 bis 1759 insgesamt 418 Porträts gemalt, und Anton Graff, der im Lauf seines Lebens 1.240 Bilder vollendet haben soll, hochrechnete, die aber als reine Spekulation bezeichnet werden muss.[25] Zur Doktorarbeit gehörte auch ein Abbildungsteil mit rund 40 Fotos, der allerdings trotz intensiver Bibliotheksrecherche nicht mehr auffindbar ist. Da Heinemann sehr viele Porträtierte noch namentlich benennen konnte, wären diese Abbildungen mit Sicherheit hilfreich, um manchem heute als »unbekannt« geführten Dargestellten wieder eine Identität zu geben.

Die Ausstellung »München im Bilde von 1800 bis 1926«, veranstaltet von der schon erwähnten Münchner Galerie Heinemann im Jahr 1926, zeigte nur drei Gemälde, nämlich Porträts des Geistlichen Augustin Hacklinger, der Tochter Barbara (Babette) Edlinger sowie das von Anton Baumgartner (Kat. 107, 14, 86). Im Januar 1929 präsentierte der schon erwähnte Richard Paulus in seiner im selben Jahr in München im ehemaligen Palais Leuchtenberg eröffneten Galerie eine Edlinger-Retrospektive, für die er immerhin 81 Werke des Künstlers aus öffentlichem und privatem Besitz zusammentragen konnte. Die Schau ergänzten zwölf Gemälde von Franz Ignaz Oefele (Kat. 44) sowie zwei von Matthias Klotz. Die zugehörige 32-seitige Katalog-Publikation enthält eine vom Kurator erstellte, äußerst fundierte Biographie sowie eine Liste der ausgestellten Werke und bildet im Katalogteil elf Edlinger-Werke ab. Offensichtlich wurden die gezeigten Gemälde fotografiert. Ein Großteil der Fotos hat sich im Archiv Paulus erhalten. Der besagte Foto-Bestand ist damit eine wichtige Quelle für die Identifizierung heute verschollener Bildnisse.

1954 berichtete die von Hans Buchheit, dem ehemaligen Direktor des Bayerischen Nationalmuseums herausgegebene Festschrift zum 90-jährigen Bestehen des Münchener Altertumsvereins e. V. über *Unbekannte Kunstwerke in Privatbesitz* und stellte darin unter Nr. 504 Edlingers Porträt des Münchner Domherrn Müller vor.[26]

Erst im Jahr 1983 befasste sich wieder eine größere kunsthistorische Arbeit mit Johann Georg Edlinger. Als Dissertation erstellte Rolf Schenk neben einer Biographie auch einen »Werkskatalog«, für den er die meisten der bisher in diesem Abschnitt genannten Publikationen und Ausstellungskataloge sowie die Fotoreproduktionen verschollener Gemälde im Münchner Stadtmuseum[27] auswertete.[28] Er trug immerhin 247 Nummern zusammen, war sich aber bewusst, dass dies keineswegs Edlingers Gesamtwerk entsprach.[29] Da in den letzten Jahren immer wieder bisher unbekannte Edlinger-Porträts teils namhafter Persönlichkeiten auf dem Kunstmarkt auftauchten – mittlerweile lassen sich rund 50 weitere Gemälde nachweisen –, muss Schenks Arbeit mittlerweile als partiell überholt gelten, sie bleibt aber nach wie vor ein wichtiges Handbuch zum Thema. Der Umstand, dass sich eine größere Zahl von Bildern wohl noch immer in Privatbesitz befinden dürfte, lässt erwarten, dass auch in Zukunft mit weiteren Neuentdeckungen gerechnet werden muss. Ein vollständiges Werkverzeichnis zu erstellen, ist unter solchen Umständen nicht möglich; Schenk sprach deshalb von einem »Werkskatalog«.

1997 kuratierte die Autorin, damals an der Gemälde-Sammlung des Münchner Stadtmuseums tätig, in eben diesem die Ausstellung »Ein Pantheon der kleinen Leute«, die sich mit der Bildergalerie des Buchhändlers und Verlegers Johann Baptist Strobl befasste. Sie hatte sich intensiv mit dem dortigen Bestand der Edlinger- und Hauber-Gemälde beschäftigt und konnte deshalb in der Folge wichtige Details zu dieser Gemäldegalerie rekonstruieren und auch publizieren.[30] Eine kleine Sensation war dabei, dass sie in zwei bisher falsch betitelten Gemälden die Darstellung der Strobl'schen Bildersammlung erkannte (Abb. 33 a und b), die damit nach 200 Jahren erstmals wieder sichtbar wurde.

Schließlich sei noch an den 2010 verstorbenen Privatsammler Hans G. Knäusel erinnert, der Anfang der 1990er-Jahre Edlingers *Mann in lila Weste* (Kat. 145) erworben hatte und damit, ohne dies selbst zu ahnen, den Grundstock zu seiner Leidenschaft für den bis dato nur Fachleuten bekannten Münchner Porträtisten Johann Georg Edlinger legte. 2006 stellte Knäusel seine Sammlung im Museum Altomünster der Öffentlichkeit vor und legte dazu auch einen reich bebilderten und akribisch recherchierten Katalog mit dem Titel *Porträts erzählen Geschichte. Der Münchner Hofmaler Johann Georg Edlinger (1741–1819) und seine Modelle* vor. Im Lauf von knapp 20 Jahren sollte der Sammler, teilweise mithilfe von Rolf Schenk, der seit 1979 im Kunsthandel tätig ist, rund 30 Gemälde zusammentragen.[31]

Um sicherzustellen, dass die einzigartige Sammlung Knäusel auch nach dem Tod ihres Besitzers dauerhaft bestehen bleibt, erwarb – vermittelt durch die Autorin – die Rosner & Seidl-Stiftung[32] die Bilder im Februar 2015 von Doris Knäusel und stellte sie umgehend dem Münchner Stadtmuseum als Dauerleihgabe zur Verfügung; mittlerweile ist daraus eine Schenkung an das

Museum geworden. Die außergewöhnliche Sammlung von Hans G. Knäusel hat damit eine neue Heimat gefunden. Das Münchner Stadtmuseum, das bisher schon mehr als 30 Porträts von der Hand Johann Georg Edlingers sein Eigen genannt hatte und im Jahr 2020 von der Stiftung Lesmüller/Vogel noch ein weiteres Gemälde erhielt, verfügt nun über einen Fundus von 61 Gemälden.

Gemeinsam mit den Beständen der Städtischen Galerie im Lenbachhaus (24 Gemälde) sowie der Bayerischen Staatsgemäldesammlungen (11 Gemälde) befinden sich damit rund 100 Ölporträts von Johann Georg Edlinger in Münchner Museen, die einen einmaligen Einblick in alle gesellschaftlichen Schichten der Münchner Stadtgesellschaft zwischen 1770 und 1819 möglich machen. Sie werden ergänzt durch einige Zeichnungen im Münchner Stadtmuseum sowie in der Staatlichen Graphischen Sammlung München und Druckgraphiken, die etliche verschollene Bildnisse ersetzen.

---

1 Meusel 1792, S. 467.

2 Nagler, Bd. 4, München 1837, S. 272–273.

3 AK München 1858, Kat.-Nr. 1150, »Porträt«.

4 Schmidt, Wilhelm: Edlinger: Johann Georg, in: ADB 5 (1877), S. 648.

5 Zu Graff siehe Fehlmann, Marc: Anton Graff. Gesichter einer Epoche, München 2013.

6 AK München 1888, S. IX.

7 Vgl. AK München 1901.

8 Goldschmidt 1906, S. 15.

9 Goldschmidt 1906, S. 22 sowie Abb. 3, Eremit Fischer; Schenk 1983, WK 180.

10 Goldschmidt bildete als erster das sogenannte *Familienbildnis Boos* ab, das zwischenzeitlich Hauber zugeschrieben wurde, heute aber als Werk Edlingers gilt (Kat. 55).

11 Kommerzienrat Franz Radspieler (gest. 1920), Besitzer der gleichnamigen Vergolder- und Ausstattungsfirma; Joseph Wenglein (1845–1919), Maler, letzter bedeutender Vertreter der Landschaftsmalerei der Münchner Schule; Georg Papperitz (1846–1918) war Kunstmaler und wandte sich in seinen späten Jahren der Porträtmalerei zu; Sigmund Röhrer (1861–1929), Kunstsammler und Stifter, spezialisiert auf Werke deutscher Kunst des 18. Jahrhunderts, überließ 1924 der Stadt Augsburg ca. 1.000 Handzeichnungen, Ölskizzen, Bilder (darunter neun Werke von Edlinger), Bozetti und Plastiken; Elise Hirth, geb. Knorr, Ehefrau des Schriftstellers, Journalisten und Verlegers Georg Hirth (1841–1916). Auch der Architekt Hauberrisser sowie die Maler Kaulbach und Eduard Grützner besaßen Bilder von Edlinger; vgl. Heinemann 1924, Nr. 112, 113 bzw. 116.

12 Goldschmidt 1908.

13 Paulus, der 1912 mit einer Arbeit über den Baumeister Enrico Zuccalli promoviert wurde, war als vereidigter Sachverständiger für Kunst tätig und eröffnete Ende 1922 in München die »Galerie Paulus«; in der er zahlreiche Ausstellungen organisierte, aber auch Auktionen durchführte.

14 Th.-B., Bd. 20 (1924), S. 344

15 Zur Geschichte der Galerie siehe http://heinemann.gnm.de/de/geschichte.html sowie Jooß, Birgit: Galerie Heinemann Die wechselvolle Geschichte einer jüdischen Kunsthandlung zwischen 1872 und 1938 <file:///C:/Users/Brigitte/AppData/Local/Temp/12-12_jooss_galerie_heinemann_1-1.pdf; 21.3.2020>.

16 Schenk 1983, WK 62; die beiden folgenden nicht bei Schenk.

17 Abgebildet auf http://heinemann.gnm.de.

18 Feulner in AK München 1920, S. 8–9.

19 Feulner 1929, S. 212.

20 Rudolf Oldenbourg wurde 1911 in Halle bei Adolph Goldschmidt promoviert. 1913 wurde er Assistent an der Alten Pinakothek in München unter Hugo von Tschudi und habilitierte sich 1919 an der Technischen Hochschule München. Er war auch als Kunstkritiker für die *Münchner Neuesten Nachrichten* tätig. Ende 1919 wurde er Kustos am Kaiser-Friedrich-Museum Berlin. Sein Spezialgebiet war die flämische Malerei des 17. Jahrhunderts, besonders Peter Paul Rubens.

21 Oldenbourg 1922/1983, S. 24-25.

22 Trautmann 1914, S. 141–146.

23 So z. B. bei Bekh, Wolfgang Johannes: Die Münchner Maler, Pfaffenhofen a. d. Ilm 1974, S. 58–79, hier S. 66.

24 Zwischen Lili Heinemann, geboren in Hannover, und der Galerie Heinemann besteht keine Beziehung. Zu ihrem weiteren Lebensweg siehe https://www.kunstgeschichte.uni-muenchen.de/forschung/ausstellungsprojekte/archiv/einblicke_ausblicke/biografien/heinemann_lili/index.html (Text: Claudia Kapsner).

25 Heinemann 1924, S. 76.

26 Das Gemälde (Öl auf Holz; 48 × 38 cm), das bei Schenk 1983 nicht vorkommt, wurde am 25.11.1999 im Auktionshaus Ruef, München, versteigert (Lot 1202).

27 Bei dem Foto-Konvolut (MStM, Slg. Graphik und Gemälde: 67/562 bis 67/581) handelt es sich um Doubletten eines Teils des Bestandes im Archiv Paulus, die Fotos gelangten 1967 ins Münchner Stadtmuseum.

28 Schenk ließ in älteren Publikationen enthaltene Werke, die seiner Meinung nach Edlinger abzusprechen waren, ohne weitere Diskussion unberücksichtigt. Den Ausstellungskatalog der Galerie Heinemann (AK München 1920) ließ er unberücksichtigt und auch das Archiv Paulus scheint er damals nicht gekannt zu haben.

29 Schenk 1983, S. 1–2.

30 Huber 1997.

31 Huber 2015 sowie dies. 2016.

32 Die 2013 von der Münchner Geschäftsfrau Ruth Rosner ins Leben gerufene Rosner & Seidl-Stiftung fördert neben Natur- bzw. Vogelschutz auch heimatkundliche und kulturelle Projekte in Oberbayern und hat deshalb das Münchner Stadtmuseum bereits mehrfach bei wichtigen Ankäufen für die Sammlung »Graphik und Gemälde« unterstützt.

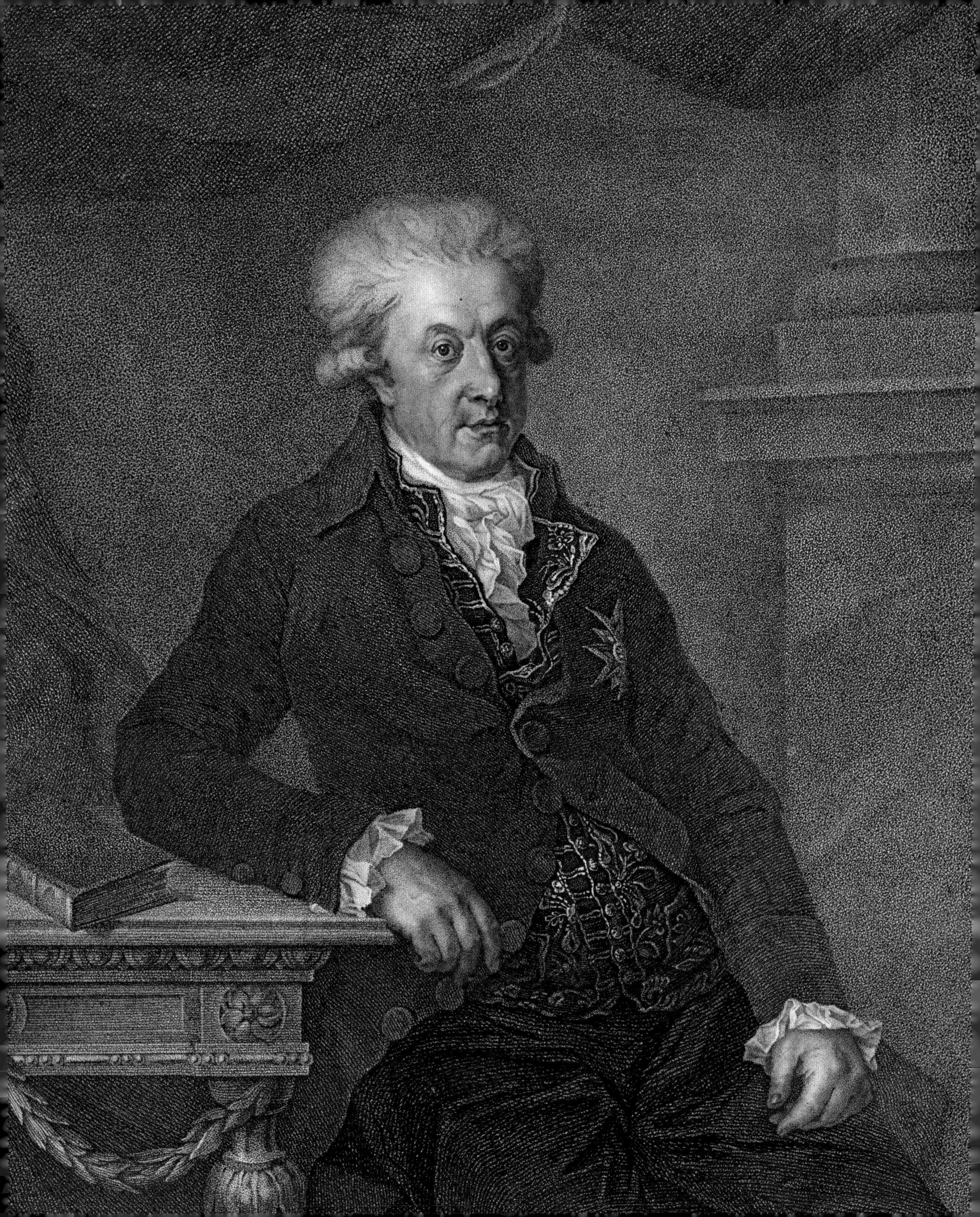

Druckgraphik nach Gemälden von Johann Georg Edlinger

Zahlreiche Werke von Johann Georg Edlingers wurden – zumeist noch zu Lebzeiten ihres Schöpfers – von Kupferstechern und Lithographen reproduziert. Sie werden im Folgenden geordnet nach Techniken vorgestellt.

Kupferstiche von Josef Anton Zimmermann (1705–1797)

Der wahrscheinlich aus Augsburg stammende und ab 1749 in München tätige Künstler erhielt 1752 den Titel »Hofkupferstecher«. Sein bedeutendstes Werk ist die 1773 begonnene, mehr als 150 Blätter umfassende Porträtsammlung des bayerischen Herrscherhauses *Series imaginum augustae domus Boicae*, die mit Berthold I. (gest. 948) beginnt und bis zu zeitgenössischen Personen reicht, darunter die 1781 von Edlinger gemalte Kurfürstin Maria Elisabeth. Angeblich stach Zimmermann diese Serie nach Originalgemälden »aus den Schlössern München, Dachau, Schleißheim, Neuburg, Ambras sowie einige von den Jesuiten und dem Collegium Gregorianum in Ingolstadt«. Er bekam jeweils zwei Bilder ausgehändigt und hatte die Auflage, diese nicht in Öl zu kopieren.[1] Als führender Münchner Kupferstecher setzte Zimmermann auch einige andere Gemälde von Johann Georg Edlinger in Stiche um; es dürfte sich dabei um Aufträge der Dargestellten gehandelt haben.

G 1

Maria Elisabeth Auguste von der Pfalz (1721–1794), Kurfürstin von Pfalz-Bayern

StadtA München: HV-BS-A-14-20
Schenk 1983, WV 199
Gemälde ↪ S. 64

G 2

Pfalzgraf Wilhelm von Birkenfeld-Gelnhausen, Herzog in Bayern (1752–1837)

Staatl. Graphische Sammlung, München: 244375 D
Nicht bei Schenk 1983
Gemälde ↪ S. 67

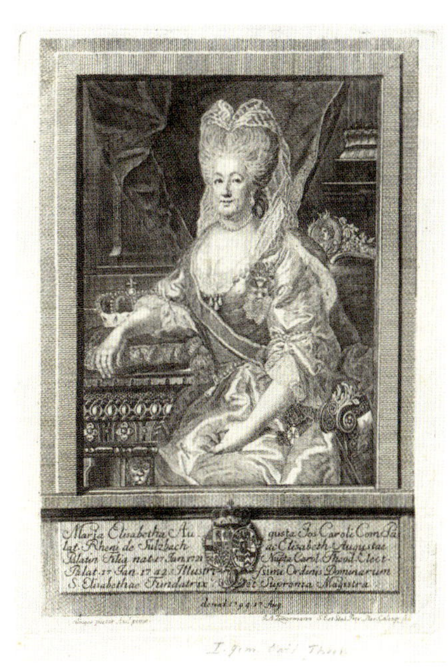

G 1

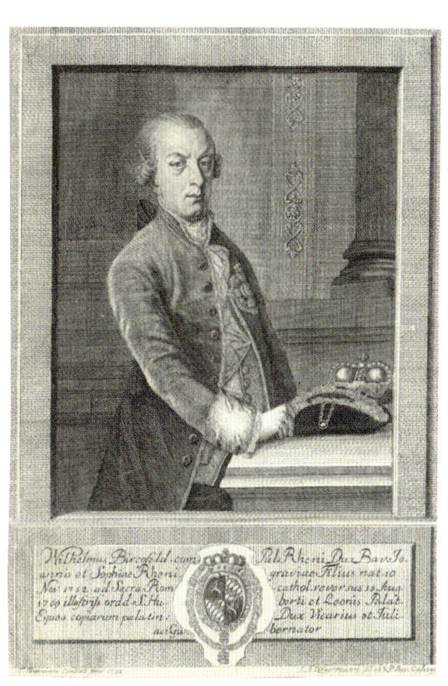

G 2

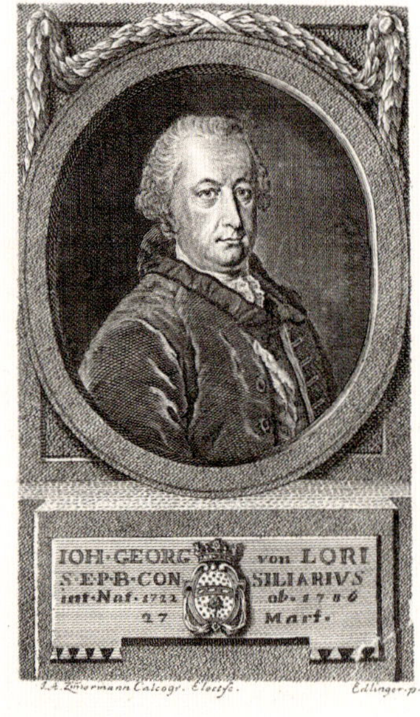

G 3

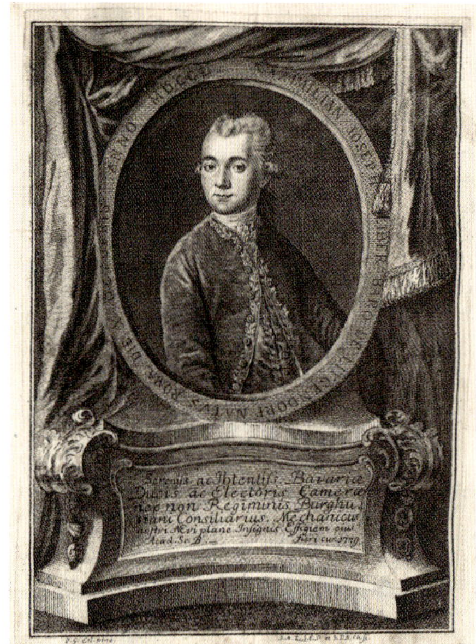

G 4

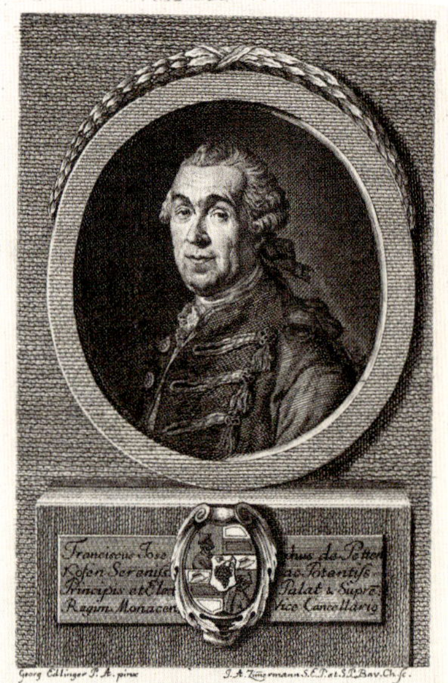

G 5

G 3

Johann Georg von Lori (1723–1787)

Jurist, Historiker, Beamter; Mitbegründer der Bayerischen Akademie der Wissenschaften
MStM: P 800
Schenk 1983, WV 191
Gemälde ↪ S. 96

G 4

Maximilian Joseph von Lütgendorf (1750–1829)

Erfinder und Reisender, Luftfahrt-Pionier. Lütgendorf versuchte 1786 vergeblich, mit seiner »Gondolfière« – der Name nimmt Bezug auf die Brüder Montgolfier – in die Luft aufzusteigen.
BSB: Cgm 1995
Schenk 1983, WV 190

G 5

Franz Joseph von Pettenkofen (1725–1797)

Beamter
StadtA München: HV-BS-A-23-61
Schenk 1983, WV 194
Gemälde ↪ S. 92

Punktierstiche von Friedrich John (1769–1843)

Friedrich John, in Marienburg/Westpreußen geboren, war zunächst als Kaufmann in einem Warschauer Handelshaus tätig und bereiste in dessen Auftrag 1789 Dänemark und England. Nachdem er die Nachricht erhalten hatte, dass sein Arbeitgeber in Konkurs gegangen war, musste sich John nach einer beruflichen Alternative umsehen. Er blieb in London und nahm ersten Unterricht im Kupferstechen bei einem nicht näher bekannten Franzosen namens Noirdemange.[2] Schließlich eignete er sich die von Francesco Bartolozzi[3] entwickelte Technik des Punktierstichs an, bei der sich die bildliche Darstellung ausschließlich aus Punkten unterschiedlicher Stärke und Dichte ergibt, die direkt in die Platte gepunzt werden. Nach Warschau zurückgekehrt, fertigte John überwiegend Porträtstiche für polnische Adelige. 1793 erhielt er von König Stanislaus August ein Stipendium, das ihm ein Studium bei Heinrich Friedrich Füger an der Wiener Akademie ermöglichte.[4] Johns Fähigkeiten wurden so geschätzt, dass es laut Wurzbach »eine Zeit gab, in welcher es zum guten Ton gehörte, wie heut' zu Tage von Angerer[5] photographiert, so von John gestochen zu sein.«[6] Dass dazu auch eine Beschriftung in englischer Sprache gehörte, versteht sich. 1832 gab John seine künstlerische Tätigkeit auf und zog sich nach Marburg in der Steiermark zurück.

Auch der Münchner Buchhändler Strobl, wie erwähnt Besitzer einer großen Porträt-Galerie (siehe hier ab S. 144), beauftragte John, einige seiner Bilder in Stiche umzusetzen, um sie, ergänzt durch biographische Angaben, in Lieferungen herauszugeben; es handelte sich dabei ausnahmslos um Gemälde von Johann Georg Edlinger. Laut Wurzbach stach John in den Jahren 1793/94 insgesamt 32 Blätter für Strobls Projekt; tatsächlich führt dieser aber nur 30 Namen auf. Im Widerspruch zur genannten Jahresangabe steht eine den Triftmeister Veit Oberhauser betreffende Aussage, dessen Ölporträt sei von Edlinger erst 1796 gemalt worden; der danach entstandene Stich (Kat. G 21) kann also frühestens in eben diesem Jahr gearbeitet worden sein. Auch die Tatsache, dass die von John gefertigten Stiche nicht zu Strobls Lebzeiten – er starb 1805 – publiziert wurden, spricht für eine längere Dauer des Projekts. Erst 1807 gab dessen Nachfolger Ernst August Fleischmann die ersten drei Blätter – sie zeigten den Reichsfreiherrn von Weichs, den Pfarrer Anton Bucher sowie Georg Alois Dietl – mit den zugehörigen Lebensbeschreibungen heraus.[7]

Johns Serie nach Gemälden von Edlinger erregte laut Wurzbach auch die Aufmerksamkeit von Kaiser Franz I., der den Kupferstecher zu sich beschied, um sich die komplette Serie schenken zu lassen. Da John selbst keine Blätter mehr hatte, soll er dem Monarchen seine Probeabzüge überlassen haben. Die Blätter gelangten so in die kaiserliche Porträt-Sammlung, die Teil der ebenfalls von Franz I. gegründeten habsburgischen Familien-Fideikommißbibliothek war; letztere wurde 1921 der Österreichischen Nationalbibliothek einverleibt. Tatsächlich lässt sich das von John übergebene Konvolut dort nicht mehr als solches nachweisen; die vorhandenen neun Motive sind wie alle anderen Blätter der Österreichischen Nationalbibliothek mittlerweile auf einheitlichen Karton montiert.[8]

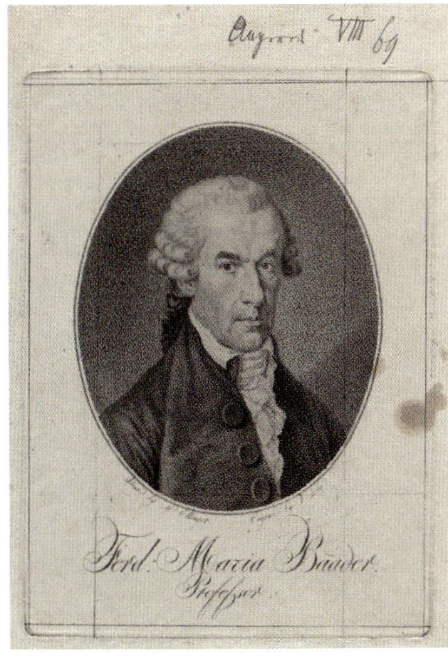

G 6

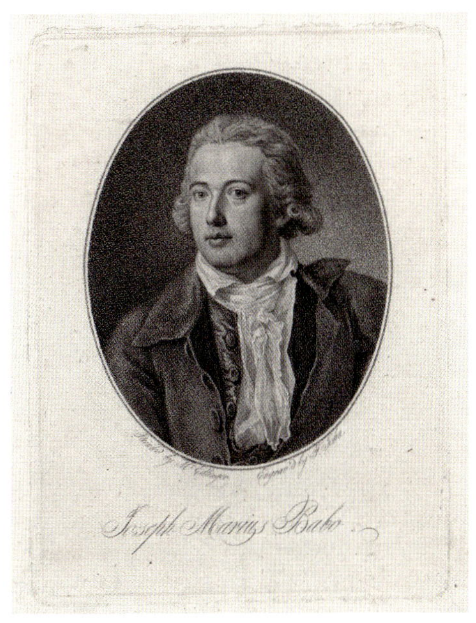

G 7

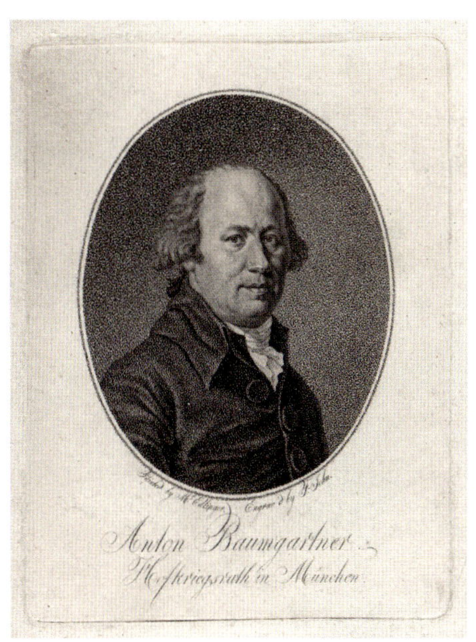

G 8

G 6

Ferdinand Maria von Baader (1747–1797)

Arzt, Philosoph, Naturwissenschaftler
StadtA München: HV-BS-A-16-45a
Schenk 1983, WV 207
Gemälde ↪ S. 101

G 7

Joseph Marius von Babo (1756–1822)

Theaterintendant, Dramatiker, Regisseur, Schriftsteller
StadtA München: HV-BS-A-16-47
Schenk 1983, WV 202
Gemälde ↪ S. 83

G 8

Anton Baumgartner (1761–1831)

Jurist, Militärbeamter; Polizeidirektor von München
StadtA München: HV-BS-A-16-60
Schenk 1983, WV 215
Gemälde ↪ S. 103

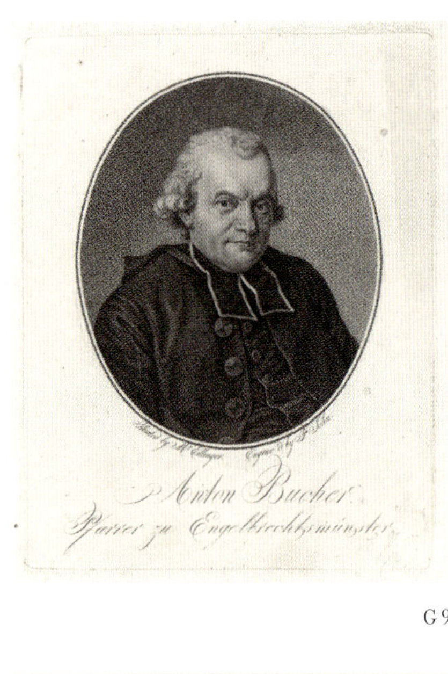

G 9

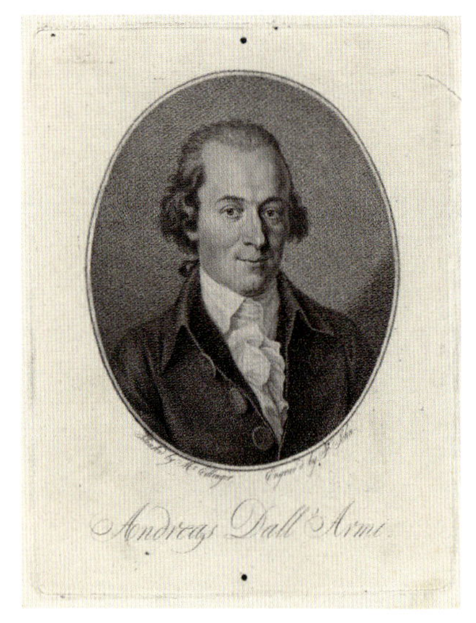

G 10

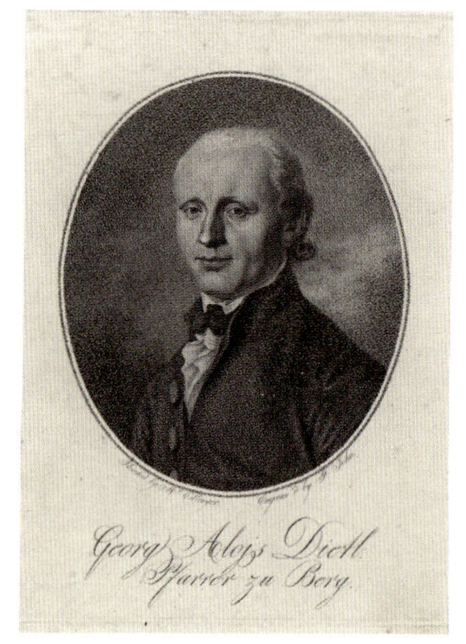

G 11

G 12

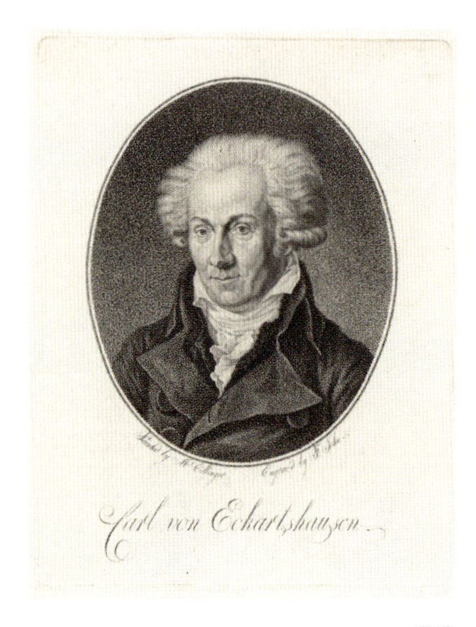

G 13

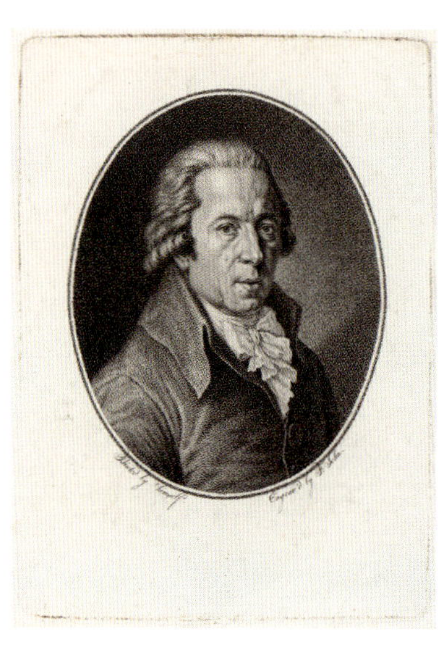

G 14

G 15

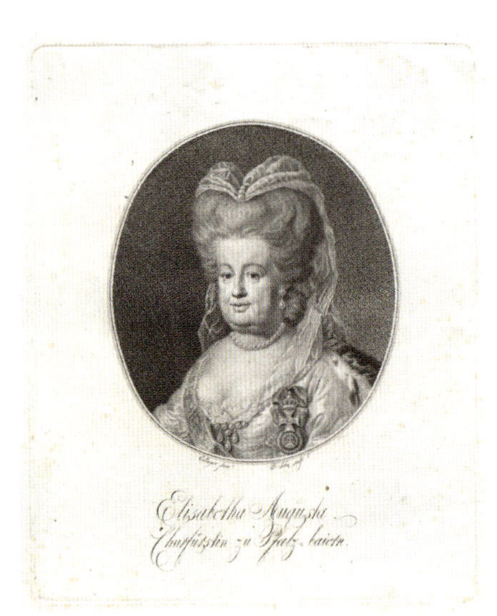

G 16

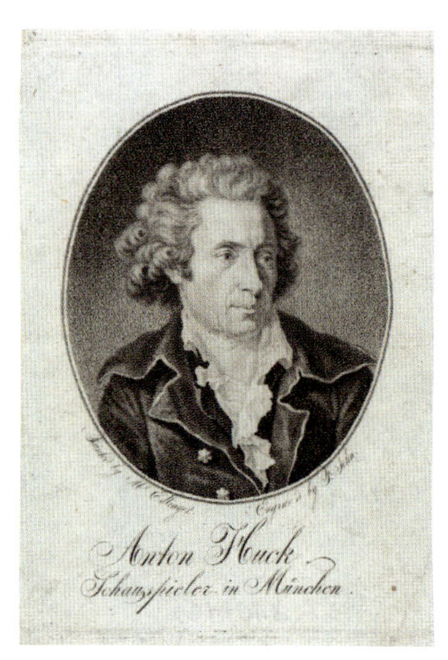

G 17

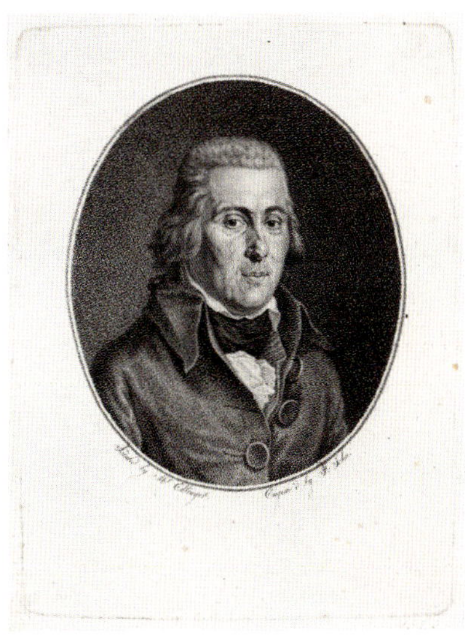

G 18

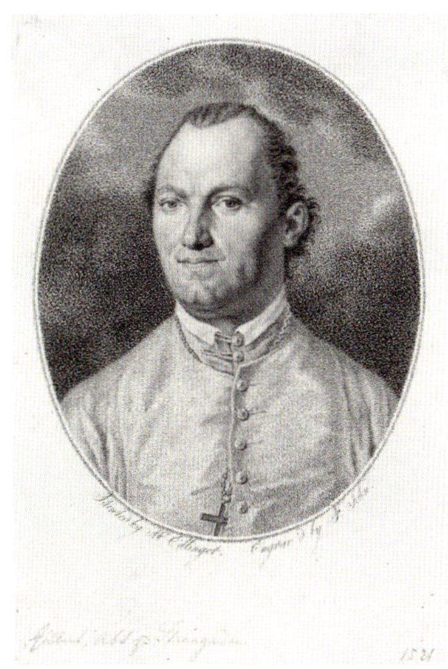

G 19

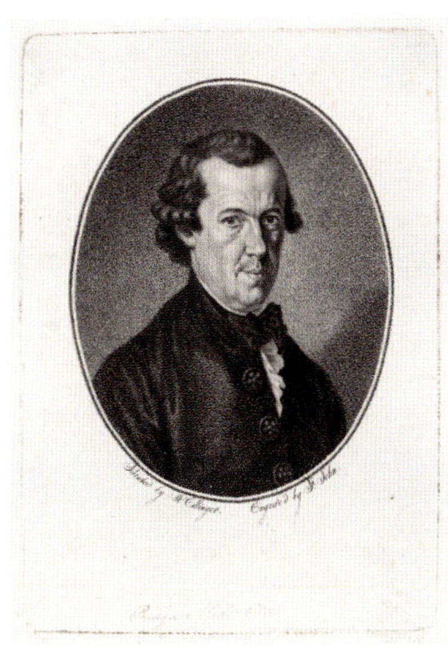

G 20

G 9
Anton Bucher (1746–1817)

Geistlicher, Pfarrer
StadtA München: HV-BS-A-17-17
Schenk 1983, WV 235

G 10
Andreas Michael Edler von Dall'Armi (1765–1842)

Kaufmann und Bankier; Major der Kavallerie bei der königlich bayerischen Nationalgarde; Organisator des ersten Münchner Oktoberfestes
StadtA München: HV-BS-A-17-63
Schenk 1983, WV 205

G 11
Georg Alois Dietl (1752–1809)

Theologe, Altphilologe, Historiker
StadtA München: HV-BS-A-17-69
Schenk 1983, WV 227
Gemälde ↪ S. 116

G 12
Johann Jakob Dorner d. Ä. (1741–1813)

Maler und Radierer; ab 1777 Vizedirektor der Hofgarten-Galerie
Albertina, Wien: Ö.K. John, fol. 13.35
Schenk 1983, WV 218

G 13
Carl von Eckartshausen (1752–1803)

Philosoph, Richter, Archivar
MStM: MS I/1520
Schenk 1983, WV 233

G 14
Johann Georg Edlinger (Selbstbildnis)

Maler
MStM: MS I/1514
Schenk 1983, WV 209
Gemälde ↪ S. 39

G 15
Dr. Philipp Fischer (?) (1744–1800)

Arzt; ab 1779 Prof. für Chirurgie und Wundarzneikunde; Leibarzt von Kurfürst Maximilian III. Joseph von Bayern
MStM: MS I/1526
Bei Maillinger als »Richter« bezeichnet; Schenk 1983, WV 196
(hier als »Unbekannter«)

G 16
Maria Elisabeth Auguste von der Pfalz, Kurfürstin von Pfalz-Bayern (1721–1794)

StadtA München: HV-BS-A-14-21
Schenk 1983, WV 200
Gemälde ↪ S. 64

G 17
Anton Huck (1744–1820)

Schauspieler, Sänger
MStM: 63/4048
Schenk 1983, WV 206
Gemälde ↪ S. 81

G 18
Franz Kratter (1758–1830)

Schriftsteller, Theaterdirektor. Kratter, der aus Oberdorf a. Lech stammte, übernahm 1795 die Leitung des Theaters Lemberg. Die von ihm verfassten Dramen wurden auf nahezu allen deutschen Bühnen gespielt.
MStM: MS I/1523 (hier als »Kratler«)
Schenk 1983, WV 193 (hier als »Unbekannter«)

G 19
Gilbert (eigentlich Franz Benno) Michl (1750–1828)

Mönch; letzter Abt des Prämonstratenser-Klosters Steingaden
MStM: MS I/1521
Schenk 1983, WV 208
Gemälde ↪ S. 55

G 20
Sebastian Mutschelle (1749–1800)

Theologe, Philosoph
MStM: MS I/1524
Schenk 1983, WV 229
Gemälde ↪ S. 111

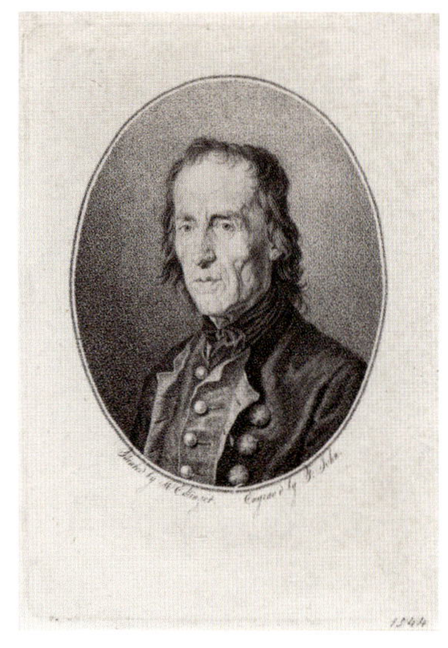

G 21

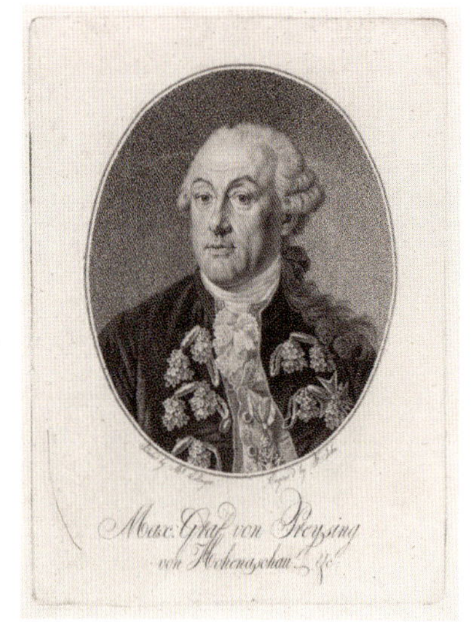

G 22

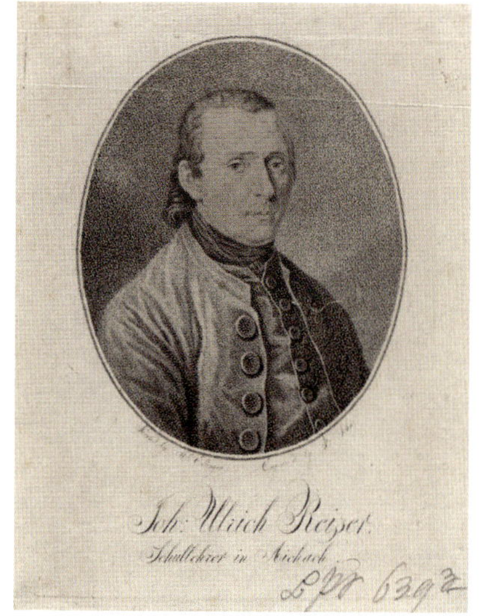

G 23

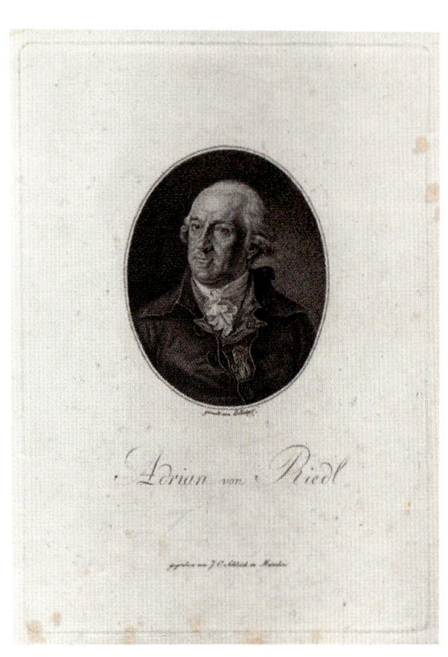

G 24

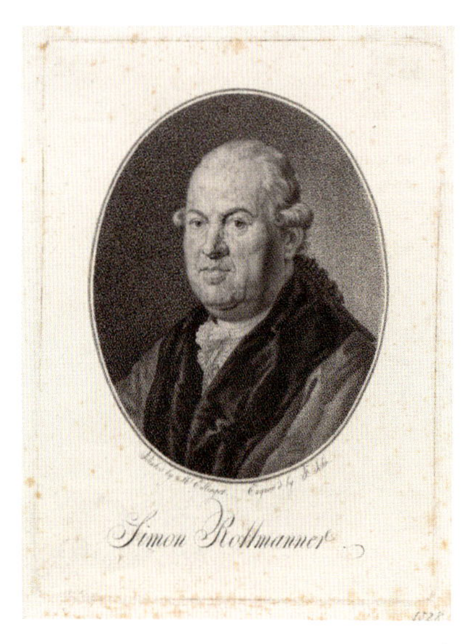

G 25

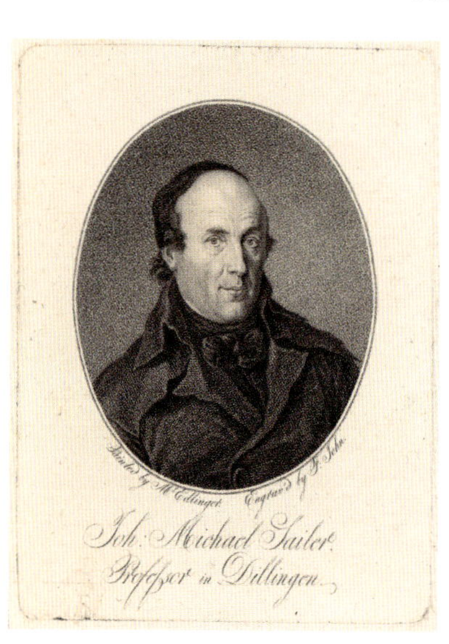

G 26

G 27

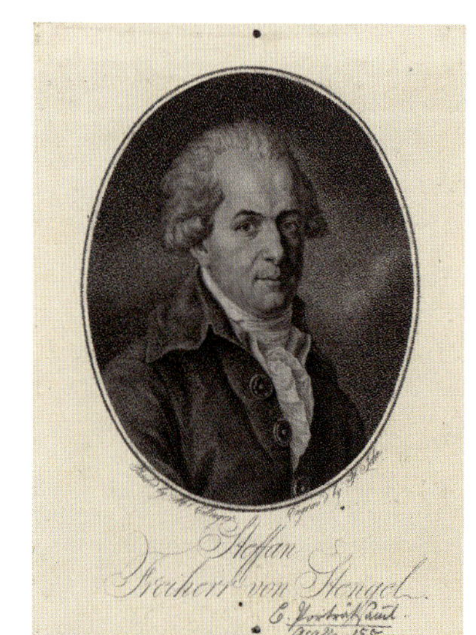

G 28

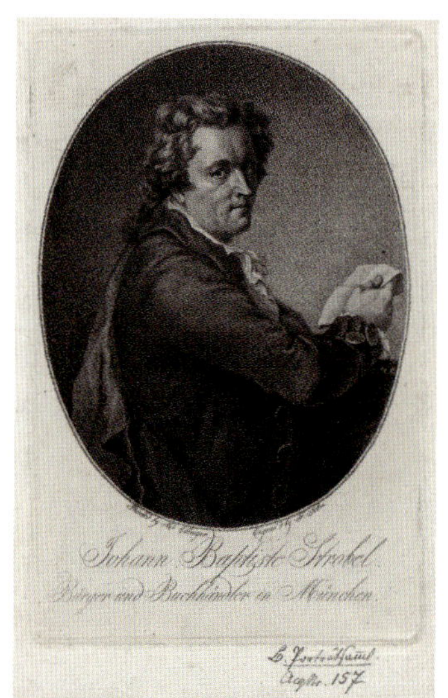

G 29

G 21

Veit Oberhauser (1737–1809)

Holzknecht, Zimmerer; Triftmeister an der Saline Traunstein
MStM: MS I/1544 (hier als »Unbekannter«)
Schenk 1983, WV 210 (hier als »Unbekannter«)

Literatur:
Biographie, des vormaligen churfürstlich bayerischen traunsteinischen Salinen-Triftmeisters [...] Veit Oberhauser, in: C. F. Meyer: Zeitschrift für das Forst- und Jagdwesen: mit bes. Rücksicht auf Bayern, N.F., Erfurt 1841, S. 68–84. Demnach war Oberhauser ein Kunde des Buchhändlers Strobl, der ihn 1796 von Edlinger malen ließ.

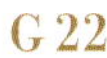

G 22

Maximilian Graf Preysing-Hohenaschau (1736–1827)

Politiker; bayerischer Gesandter auf dem Rastatter Friedenskongress
MStM: MS IV/154
Schenk 1983, WV 195
Gemälde ↪ S. 72

G 23

Johann Ullrich Reiser (1741–1815)

Bäcker; übernahm 1771 die Lehrerstelle in Aichach und richtete 1781 gemeinsam mit dem Aichacher Bürgermeister und Handelsmann Joseph Gotthard Hubmann das erste Schulhaus in Aichach ein.
StadtA München: HV-BS-A-24-18
Schenk 1983, WV 211

Literatur:
Karl Leinfelder: Ulrich Reiser – der Leidensweg eines bayerischen Schulmannes (1741–1815), in: Aichacher Heimatblatt 1949, S. 21ff sowie Hans Schmid: Ulrich Reiser. Lebensbild eines Aichacher Lehrers [† 1815], in: Aichacher Heimatblatt 1973, S. 26ff.

G 24

Adrian von Riedl (1746–1809)

Topograf und Kartograf; ab 1772 als Wasser-, Brücken- und Straßenbaumeister im bayerischen Staatsdienst
MStM: MS I/2132
Schenk 1983, WV 217

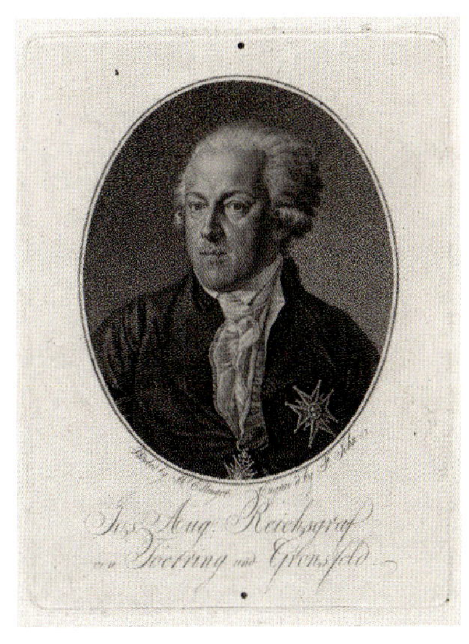

G 30

G 25

Simon Rottmanner (1740–1813)

Jurist; Beamter, später Sekretär und Rechtsberater bei Graf Preysing-Hohenaschau
MStM: MS I/1028
Schenk 1983, WV 219
Gemälde ↪ S. 98

G 26

Johann Michael Sailer (1751–1832)

Theologe, Pädagoge, Schriftsteller; ab 1829 Bischof von Regensburg
Albertina, Wien: Ö.K. John, fol. 14,39
Schenk 1983, WV 231

G 27

Franz von Paula Schrank (1747–1835)

Jesuit, Naturforscher
StadtA München: HV-BS-A-25-37
Schenk 1983, WV 228
Gemälde ↪ S. 112

G 28

Stephan Freiherr von Stengel (1750–1822)

Kabinettssekretär des bayerischen Kurfürsten, Schriftsteller, Maler
StadtA München: HV-BS-A-26-08
Schenk 1983, WV 213

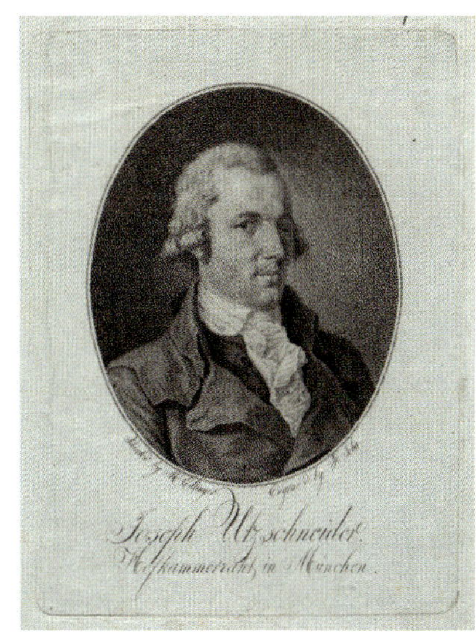

G 31

G 29

Johann Baptist Strobl (1748–1805)

Buchhändler und Verleger; Auftraggeber der von John gestochenen Serie nach Gemälden von Edlinger
StadtA München: HV-BS-A-26-21
Schenk 1983, WV 226
Gemälde ↪ S. 144

G 30

Joseph August Reichsgraf Toerring-Gronsfeld (1753–1826)

Politiker, Theaterschriftsteller
StadtA München: HV-BS-A-26-41
Schenk 1983, WV 197
Gemälde ↪ S. 70

G 31

Joseph von Utzschneider (1763–1840)

Unternehmer, Politiker, Techniker
StadtA München: HV-BS-A-26-64a
Schenk 1983, WV 232
Gemälde ↪ S. 104

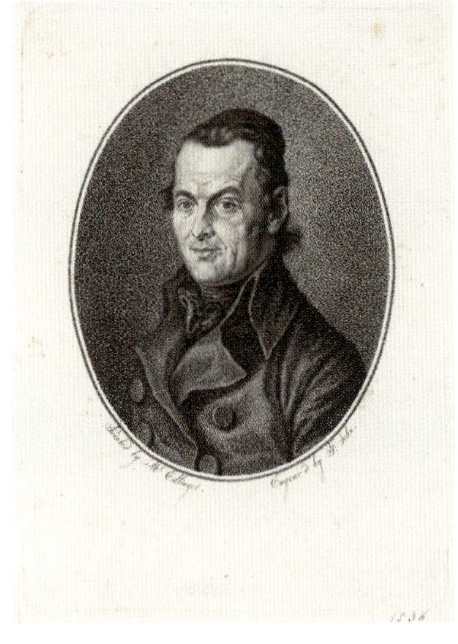
G 32

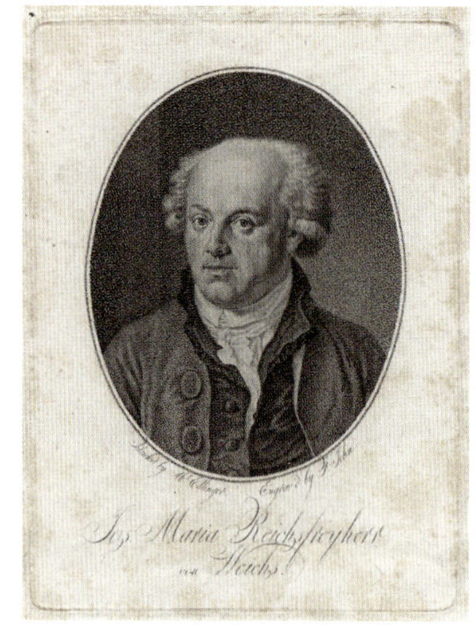
G 33

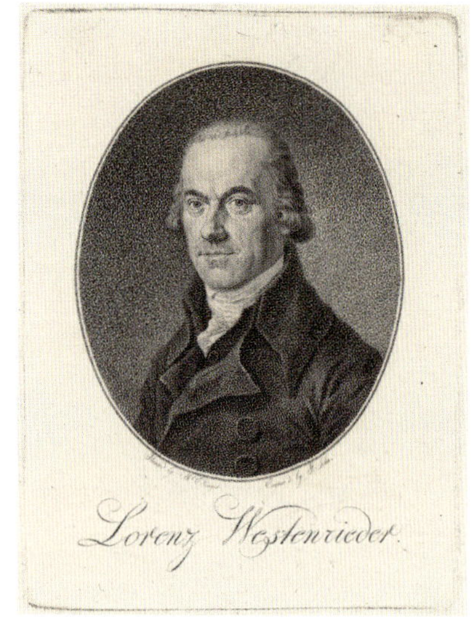

G 34

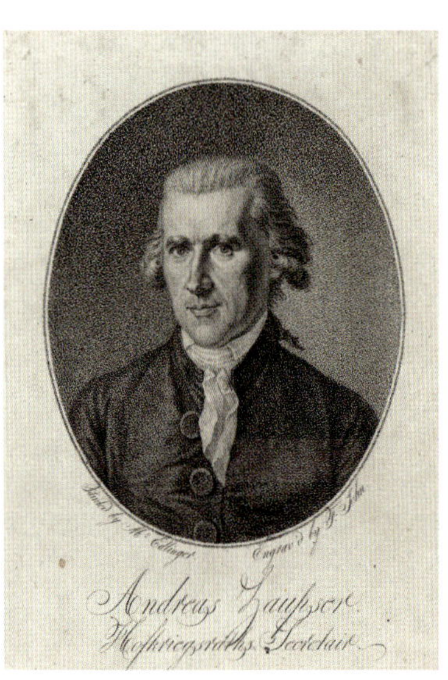

G 35

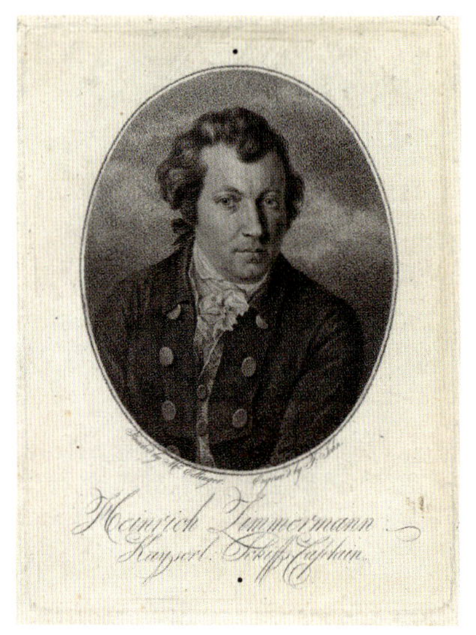

G 36

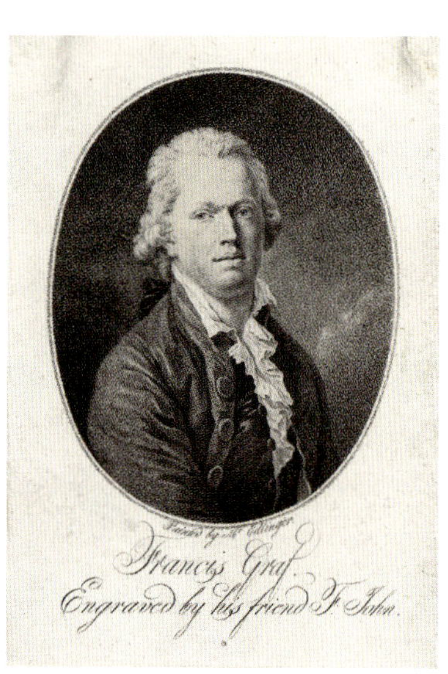

G 37

G 32

Joseph von Weber (1753–1831)

Geistlicher, Prof. für Physik und Chemie in Dillingen; ab 1821 Domherr in Augsburg
MStM: MS I/1536 (hier als »N. Weber« bezeichnet)
Schenk 1983, WV 230

G 33

Joseph Maria Reichsfreiherr von Weichs (1756–1819)

Beamter
StadtA München: HV-BS-A-27-19
Schenk 1983, WV 236

G 34

Lorenz von Westenrieder (1748–1829)

Geistlicher, Historiker, Pädagoge, Schriftsteller
StadtA München: HV-BS-A-27-46
Schenk 1983, WV 214

G 35

Andreas Dominikus Zaupser (1748–1795)

Jurist, Philosoph, Schriftsteller
StadtA München: HV-BS-A-27-74
Schenk 1983, WV 216

G 36

Heinrich Zimmermann (1741/50–1805)

Reisender, ab 1781/82 kurfürstlicher Leibschiffmeister am Starnberger See; nahm von 1776 bis 1779 an der letzten Südsee-Expedition von James Cook teil
StadtA München: HV-BS-A-27-79
Schenk 1983, WV 201
Gemälde ↪ S. 81

G 37

Franz Seraph Graf (gest. 1825)

Prof. für Naturgeschichte und Chemie; richtete 1806 mit Beständen aus den Sammlungen der säkularisierten Klöster Ensdorf, Michelfeld und Waldsassen das Amberger Naturalienkabinett ein.

MStM: MS I/1522
Schenk 1983, WV 198

Das Bildnis des Franz Seraph Graf entstand zwar nach einem Gemälde von Edlinger und wurde auch von John gestochen, doch ist nicht eindeutig zu klären, ob es zur von Strobl in Auftrag gegebenen Serie gehört. Die (gestochene) persönliche Widmung Johns legt nahe, dass Stecher und Dargestellter miteinander gut bekannt waren.

Punktierstiche von Joseph Peter Paul Rauschmayr (1758–1815)

In München geboren, widmete sich Rauschmayr dem geistlichen Stand. Seine Berufslaufbahn begann er als Privatlehrer bei einer Miesbacher Familie. 1793 bekam er die Pfarrstelle in St. Peter und Paul in Feldmoching bei München und 1806 erhielt er die Pfarrei Peterskirchen[9] im Salzachkreis. Etwa zu dieser Zeit entstand ein heute leider verschollenes Porträt von Johann Georg Edlinger, von dem sich immerhin eine Reproduktion erhalten hat.[10] 1814 wurde Rauschmayr Dompfarrer in Augsburg, starb aber bereits wenige Wochen nach Amtsantritt.

Neben seinem geistlichen Beruf betätigte sich Rauschmayr als Graphiker, wobei seine Leidenschaft der Technik des Punktierstichs galt, die er sich selbstständig angeeignet und zu hoher Vollkommenheit entwickelt hatte. Sein künstlerischer Durchbruch kam offenbar mit den nach Gemälden von Kellerhoven gestochenen Porträts des Kurfürstenpaares Max IV. Joseph und Karoline, die 1800 im Verlag Halm erschienen. Auch der kunstbegeisterte, aber stets kritische Münchner Buchhändler und Verleger Johann Baptist Strobl rühmte in dem von ihm herausgegebenen *Churfürstlich Pfalzbaierischen Regierungs- und Intelligenzblatt* die hohe Qualität seiner Blätter: Rauschmayr könne sich mit den besten Meistern messen, er habe »alles erschöpft, was man von einem Engländer in der punctirten Manier fordern kann«.[11] Dass Strobl ab ca. 1800 Rauschmayr dem in Wien ansässigen Stecher John vorzog, dürfte vor allem finanzielle Gründe gehabt haben: Der Autodidakt Rauschmayr arbeitete vergleichbar gut wie John, erhielt aber mit Sicherheit weniger Honorar als der Wiener »Modekünstler«, und auch die Transportkosten für die Vorlagen verringerten sich erheblich. Die Beschriftung der Blätter ließ Strobl, der sehr auf Qualität achtete, allerdings weiterhin in Wien ausführen, nämlich von »Hrn. Junker dem berühmtesten Schriftenstecher in Wien«; gemeint ist damit wohl der überwiegend als Kartenstecher tätige Christian Junker (1757–1841).[12] Damit ist ein weiterer Beleg dafür erbracht, dass eine (kunst-)handwerkliche Zusammenarbeit auf die Entfernung München und Wien durchaus nicht ungewöhnlich war.

Pfarrer Rauschmayr versuchte sich später auch in der Technik des Lithographierens. Offensichtlich stand

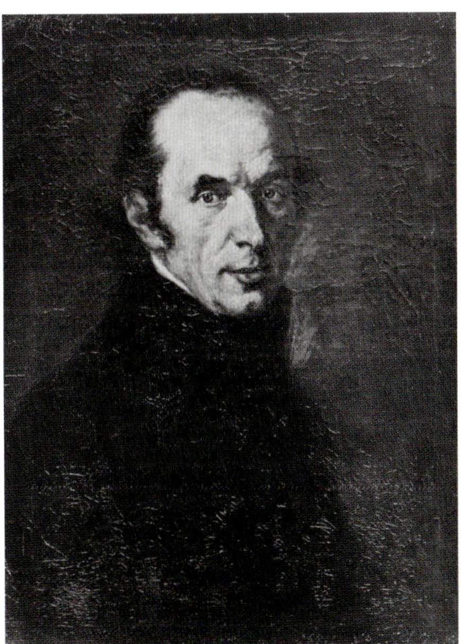

Abb. 48 Johann Georg Edlinger, *Joseph Peter Paul Rauschmayr*, Pfarrer und Graphiker, Foto des verschollenen Gemäldes, Münchner Stadtmuseum (Schenk 1983, WV 151)

Laut Paulus malte Edlinger um 1790 sowie um 1805 Porträts des auch als Kupferstecher tätigen Pfarrers, die jedoch beide verschollen sind. Das hier abgebildete dürfte die spätere Version zeigen.

er in Kontakt zu dem Maler Josef Hauber, der sich bereits sehr früh mit dem in München von Alois Senefelder erfundenen Steindruck befasste, und Rauschmayr sowohl in einem Gemälde als auch in einer Radierung porträtierte.[13]

Gemäß einer 1816 in der *Zeitschrift für Baiern und die angränzenden* Länder erschienenen Auflistung fertigte Rauschmayr »zum Behufe einer Sammlung, welche der Buchhändler Strobel im Plane hatte«, acht Stiche nach Porträts von Johann Georg Edlinger an, von denen einige 1800 bzw. 1802 datiert sind; zwei von ihnen zeigen unbekannte alte Männer. Tatsächlich gibt es aber vier weitere nach Gemälden von Edlinger entstandene Blätter, die für das Strobl'sche Projekt in Frage kommen; sie sind im Folgenden mitaufgeführt.[14]

G 38

Franz Xaver Geiger (1749–1841)

Geistlicher, Religionslehrer und
Prof. für Geschichte am Kadettencorps in München, dann Pfarrer zu Endriching
(nicht auffindbar)
Nagler 1837, Bd. 13, S. 557; nicht bei Schenk 1983

G 39

Karl Sebastian Heller Edler von Hellersberg (1772–1818)

Jurist, Historiker; Prof. für deutsche Reichsgeschichte und bayerisches Staats- und Fürstenrecht
SGS: 209118
Schenk 1983, WV 239

G 40

Maximus Ritter von Imhof (1758–1817)

Geistlicher; Prof. für Physik,
Höhere Mathematik und Ökonomie
Punktierstich, um 1800
SGS: 207563
Schenk 1983, WV 243
Gemälde ↪ S. 116
Der Stich könnte das 1822 verbrannte zweite Porträt Imhofs wiedergeben (vgl. S. 31).

G 41

Josef Ignaz von Obernberg (1761–1845)

Jurist, Beamter, Lokalhistoriker und Schriftsteller
Punktierstich, 1795
StadtA München: HV-BS-A-23-22
Nicht bei Schenk 1983

G 42

Maximilian von Preysing-Hohenaschau (1736–1829)

Politiker; bayerischer Gesandter auf dem Rastatter Friedenskongress
Punktierstich, 1799
StadtA München: HV-BS-B-15-62
Schenk 1983, WV 237
Gemälde ↪ S. 72

G 43

Adam Gottlieb Schneider (1745–1815)

Buchhändler und Kartenverleger in Nürnberg; begründet 1780 den Verlag Schneider und Weigel
Kupferstich/Radierung
MStM: MS I/2130
Schenk 1983, WV 241
Zum Gemälde siehe Heinemann 1924, Nr. 54

G 44

Johann Baptist Schrem(b)s (1743/44–1797)

Landwirt und Bierbrauer
Punktierstich, um 1795
MStM: MS I/1465
Schenk 1983, WV 212
Gemälde ↪ S. 122

G 45

Joseph Socher (1755–1834)

Geistlicher, Prof. für Theologie und Geschichte
StadtA München: HV-BS-A-25-66
Schenk 1983, WV 240
Gemälde ↪ S. 115

G 46

Peter Philipp Wolf (1761–1808)

Historiker, Dichter und Verleger
Punktierstich, 1800
MStM: MS I/1539
Schenk 1983, WV 234
Zum Gemälde siehe Heinemann 1924, Nr. 67

G 47

Alter Mann mit Stock

Punktierstich
MStM: MS I/1546
Schenk 1983, WV 221
Gemälde ↪ S. 166

G 48

Alter Mann mit übereinandergelegten Händen

Punktierstich
MStM: MS I/1545
Schenk 1983, WV 223
Gemälde ↪ S. 147

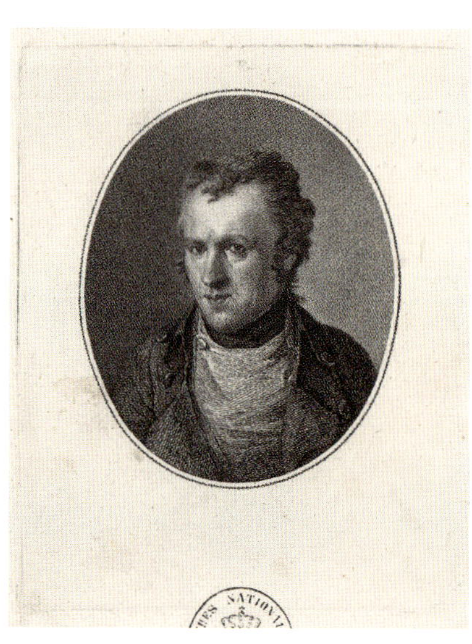

G 39

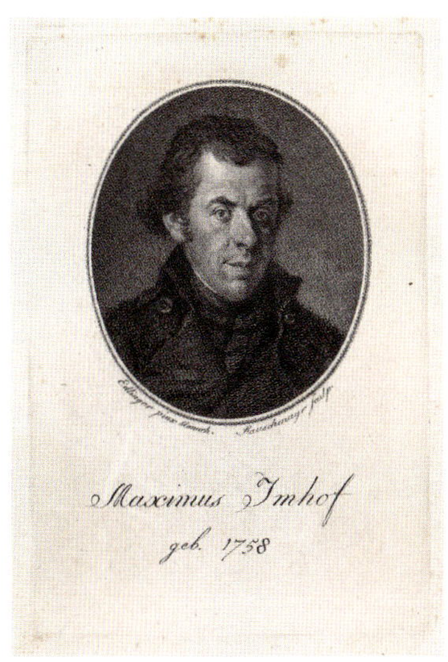

G 40

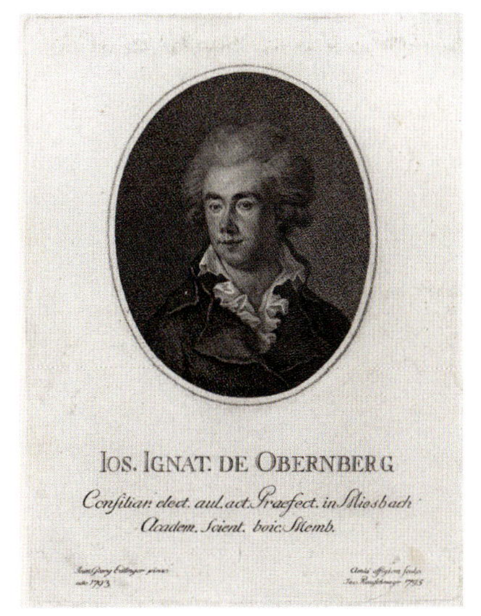

G 41

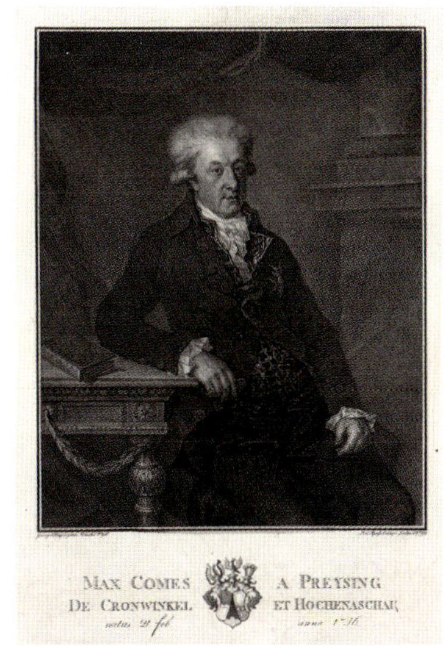

G 42

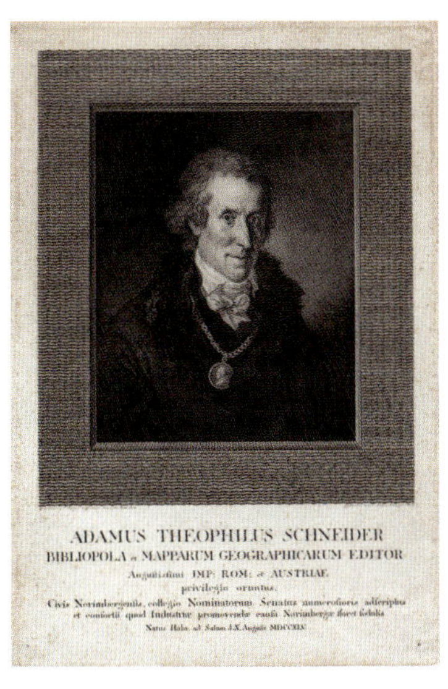

G 43

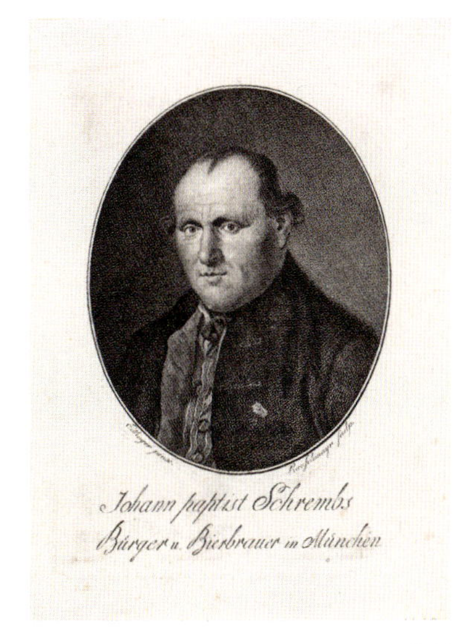

G 44

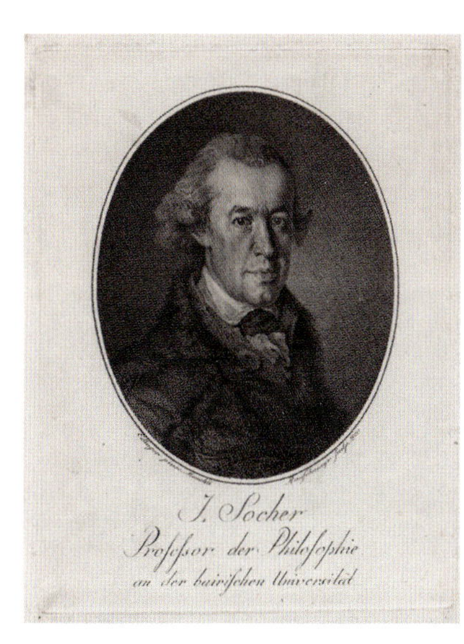

G 45

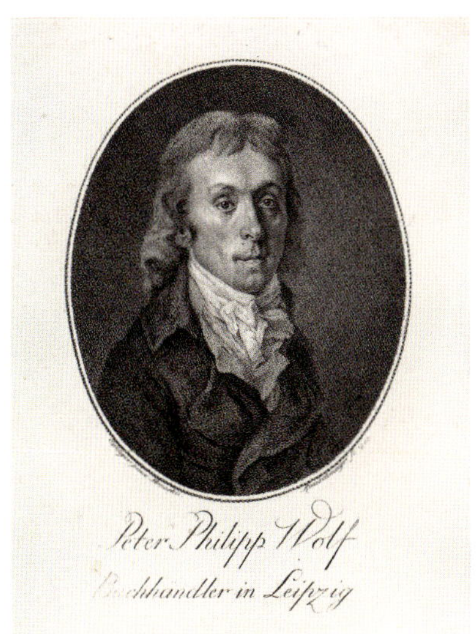

G 46

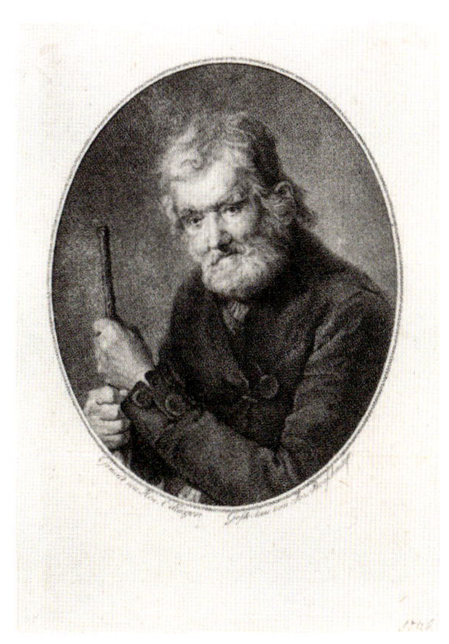

G 47

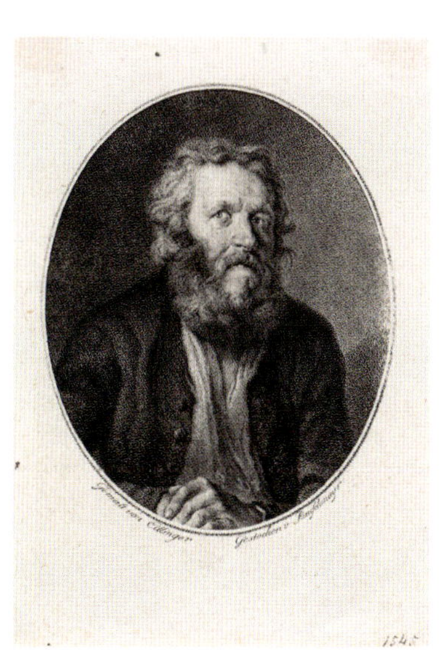

G 48

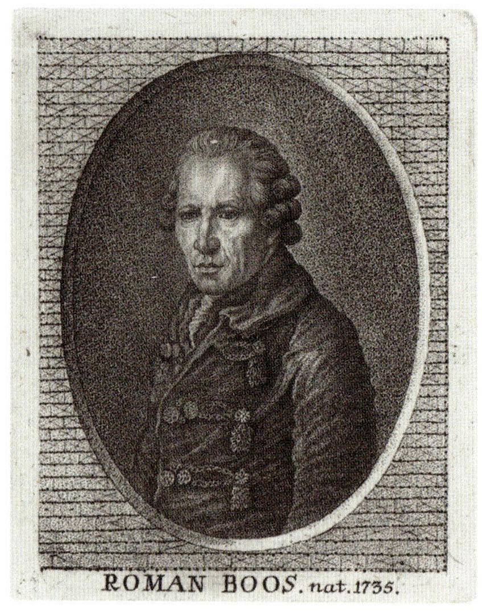

G 49

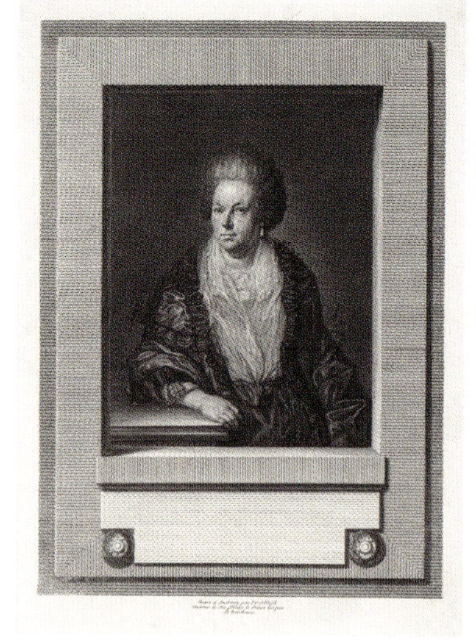

G 50

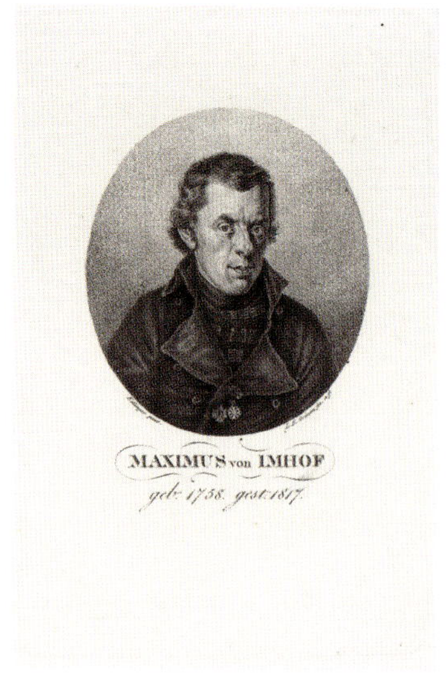

G 51

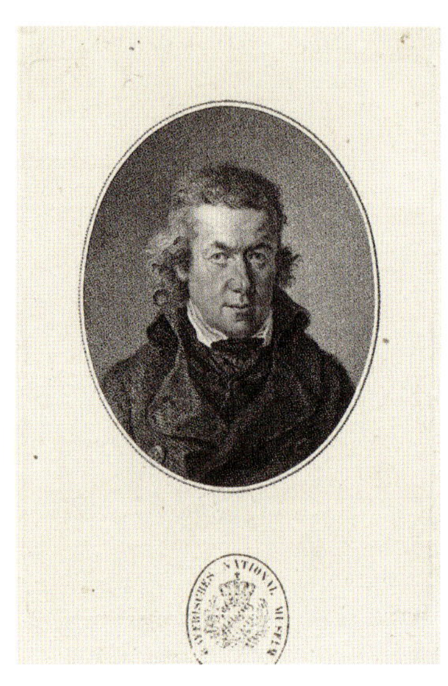

G 52

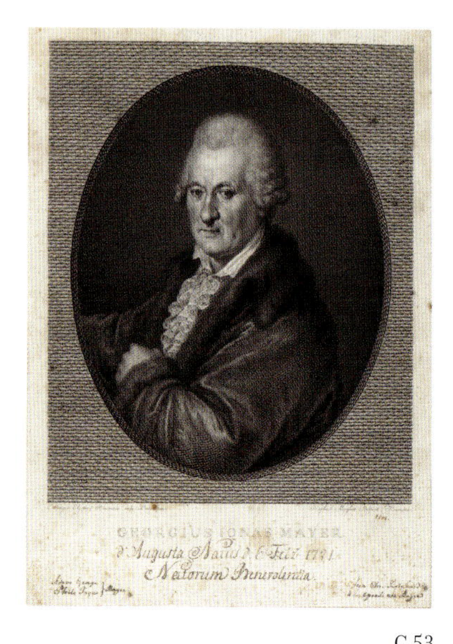

G 53

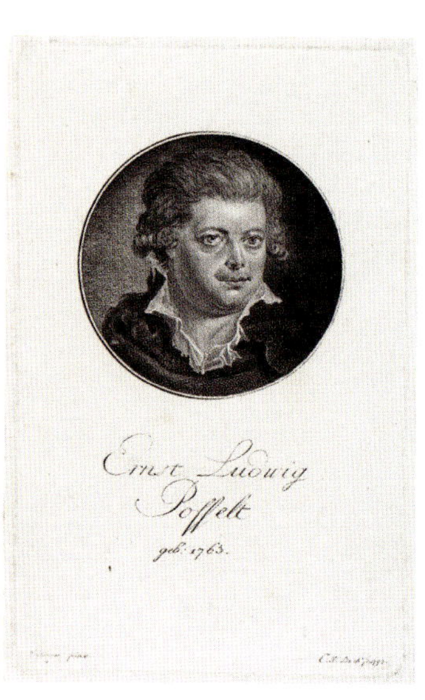

G 54

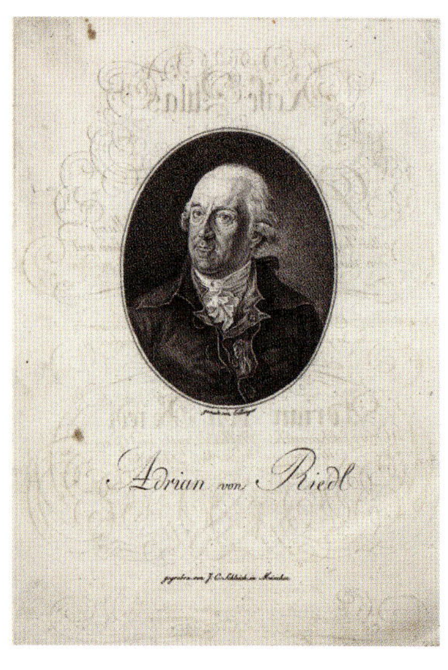

G 55

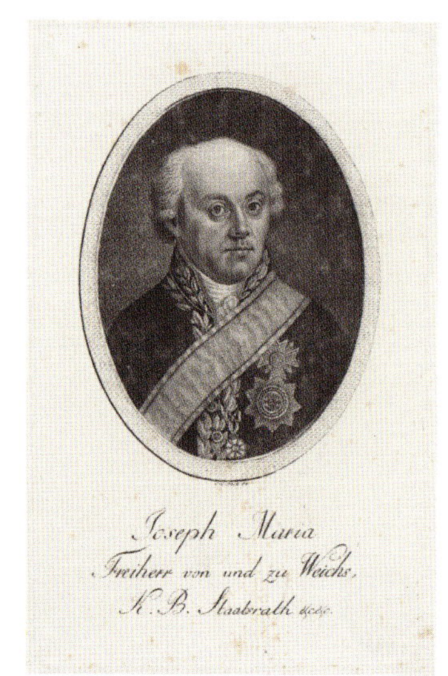

G 56

Sonstige Stecher

G 49

Roman Anton Boos (1733–1810)

Bildhauer
Radierung eines unbekannten Künstlers
MStM: 63/3967
Schenk 1983, WV 220
Gemälde ↪ S. 87

G 50

Barbara Gignoux

Fabrikantin
Radierung eines unbekannten Künstlers
Städt. Kunstsammlungen, Augsburg: G10160
Nicht bei Schenk 1983
Gemälde ↪ S. 19

G 51

Maximus Ritter von Imhof (1758–1817)

Geistlicher; Prof. für Physik, Höhere Mathematik und Ökonomie
Punktierstich eines unbekannten Künstlers, 1800
SGS: 209119
Schenk 1983, WV 244
Gemälde ↪ S. 116

G 52

Maximus Ritter von Imhof

Radierung von Ludwig Emil Grimm, 1817
MStM: MS I/2154
Schenk 1983, WV 242

Grimms Radierung, die erst nach Imhofs Tod entstand, gibt – wie Rauschmayrs Stich – ein wohl nicht mehr erhaltenes Porträt wieder (vgl. S. 31). Im Gegensatz zu Rauschmayr wählt Grimm den Bildausschnitt so, dass er auch Imhofs Orden zeigen kann, den dieser 1808 erhalten hatte.

G 53

Georg Jonas Mayer (1721–nach 1801)

Goldschmied, Silberwaren-Händler, verschiedentlich auch als Bankier bezeichnet
Kupferstich von Raffael Morghen, 1801
MStM: MS I/1548
Schenk 1983, WV 204
Zum Gemälde siehe Heinemann 1924, Nr. 92

G 54

Ernst Ludwig Posselt (1763–1804)

Beamter, Historiker
Kupferstich von Christoph Wilhelm Bock, 1793 (Christoph Wilhelm Bock: Sammlung von Bildnissen gelehrter Maenner und Künstler […], Heft 11, Nürnberg, 1793)
MStM: 63/3947
Schenk 1983, WV 225
Gemälde ↪ S. 21

G 55

Adrian von Riedl (1746–1809)

Topograf und Kartograf
Stich von Johann Karl Schleich, 1796
StadtA München: HV-BS-A-24-33
Nicht bei Schenk 1983

G 56

Joseph Maria Reichsfreiherr von Weichs (1756–1819)

Beamter
Kupferstich von Johann Christoph Bock
MStM: MS I/1538
Nicht bei Schenk 1983

Lithographien nach Gemälden von Edlinger (chronologisch)

Lithographien nach Edlinger-Werken entstanden überwiegend vor 1820, werden somit zu den Inkunabeln dieser Technik gezählt; man versteht darunter alle bis 1820 vom Stein abgezogenen Blätter. Es fällt auf, dass fast die Hälfte dieser reproduzierten Edlinger-Motive namenlose einfache Menschen zeigt, ein Thema, das sich um 1810 großen Interesses erfreute (siehe S. 158).

G 57

Alter Mann mit Halbglatze und Vollbart

Lithographie von Ferdinand Schiesl nach einem (verschollenen) Gemälde von Johann Georg Edlinger, 1804
MStM: MS I/1547
Winkler 1975, Nr. 762,9; Schenk 1983, WV 222

Die mit »F. Sch.« bezeichnete Lithographie wird im Kupferstichkabinett Berlin (Sign. 235-1885) auf 1810 datiert und der aus Mannheim stammenden und in München gestorbenen Miniaturmalerin Franziska Schöpfer zugeordnet. Das abgebildete Blatt findet sich deshalb bei Winkler sowohl im Werk Schiesls als auch Schöpfers (Winkler 1975, Nr. 796,3). Tatsächlich hat Schöpfer selbst nicht lithographiert, allerdings wurden ihre Werke teilweise als Lithographien verbreitet.

G 58

Georg Michael Weißenhahn (1741–1795)

Kupferstecher, Illustrator
Lithographie von Johann Waldherr, 1811
SGS: HMS VIII/7/30896
Nicht bei Winkler 1975; nicht bei Schenk 1983

G 59

Joseph von Utzschneider (1763–1840)

Unternehmer, Politiker, Techniker
Lithographie von Wenzeslaus Lambert, 1812
StadtA München: HV-BS-B-17-22
Ferchl, S. 60; Winkler 1975, Nr. 458,3; nicht bei Schenk 1983
Gemälde ↪ S. 104

G 60

Tabak schnupfender Mann

Lithographie von Joseph Kaltner, 1815
MStM: MS I/2298
Winkler 1975, Nr. 389,3; Schenk 1983, WV 245
Gemälde ↪ S. 165

G 61

Alte Frau beim Essen

Lithographie von Joseph Kaltner, 1815
GNM: L 5112/1562
Winkler 1975, Nr. 389,4; nicht bei Schenk 1983
Gemälde ↪ S. 165

G 62

Pfeife rauchender Mann

Lithographie von Joseph Kaltner, 1815
GNM: L 5111/1562
Winkler 1975, Nr. 389,5; nicht bei Schenk 1983
Gemälde ↪ S. 165

Joseph Kaltner (um 1758– nach 1824), in Nymphenburg bei München geboren, absolvierte seine Ausbildung zum Maler und Kupferstecher in München und Paris (ab 1778). Zurückgekehrt nach München, wurde er Hof-Miniaturporträtmaler. Nach seiner Pensionierung zog Kaltner nach Wien, wo er auch starb. Gemäß dem *Österreichischen Biographischen Lexikon* fertigte er zwischen 1805 und 1819 vier Lithographien nach Gemälden von Edlinger.[15] Das angeblich existierende vierte Blatt lässt sich nicht auffinden, doch könnte es eines der verschollenen, thematisch ähnlichen Gemälde *Frau mit Kaffeemühle* (vgl. Heinemann 1924, Nr. 97) oder *Alte Frau mit Buch* (vgl. Heinemann 1924, Nr. 100; Schenk 1983, WK 135; Abb. in der Fotothek des Zentralinstituts für Kunstgeschichte, München) wiedergeben.

G 63

Bärtiger Mann

Lithographie von Josef Anton Selb, 1817
StadtA München: HV-BS-C-06-22
Winkler 1975, Nr. 710,10; nicht bei Schenk 1983

G 64

Johann Martin Bückle (1742–1811)

Medailleur, Bildhauer, Wachsbossierer
Lithographie von Gotthold Hauer, 1825
Privatbesitz
Nicht bei Schenk 1983

Literatur:
Wielandt, Friedrich: Zur Biographie des Durlacher Medailleurs Johann Martin Bückle, in: Berliner Numismatische Zeitschrift, Nr. 7, 1951, S. 196-204 sowie Nr. 9, 1952, S. 271-272.

G 65

Ernst Ludwig Posselt (1763–1804)

Jurist, Historiker
Lithographie von Friedrich Siedentopf, 1825
MStM: 63/4011
Schenk 1983, WV 224
Gemälde ↪ S. 21

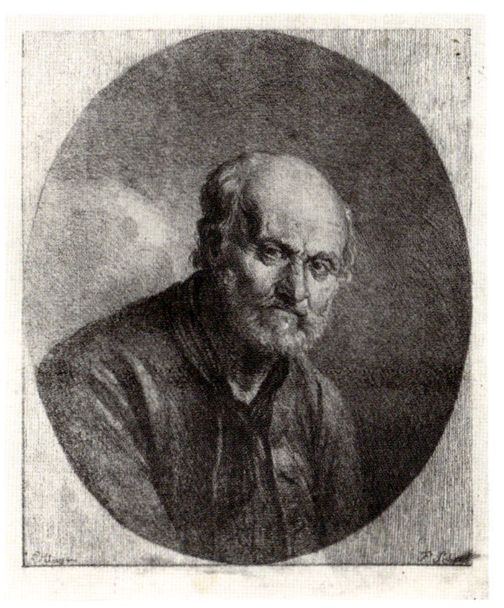

G 57

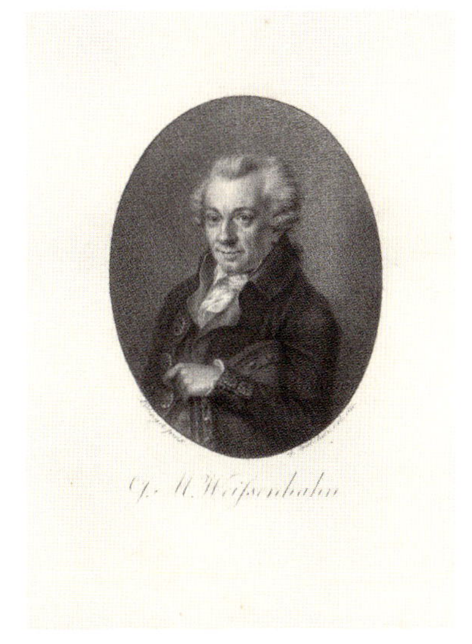

G 58

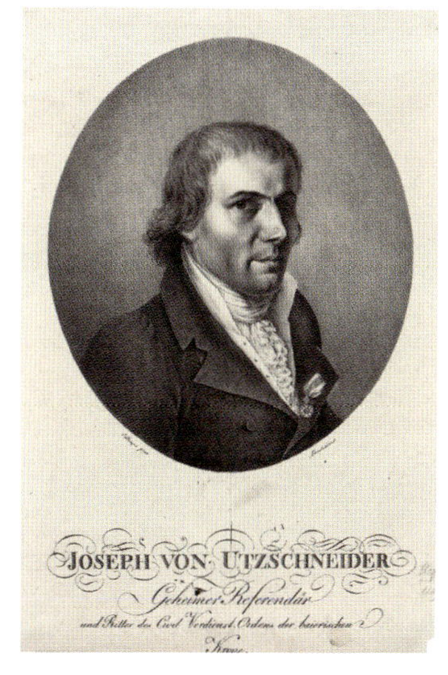

G 59

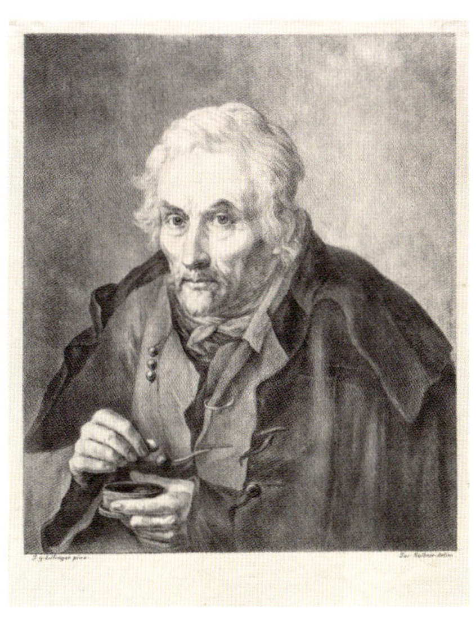

G 60

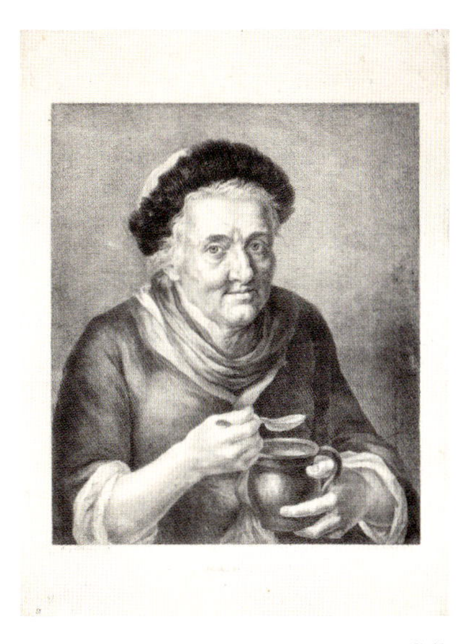

G 61

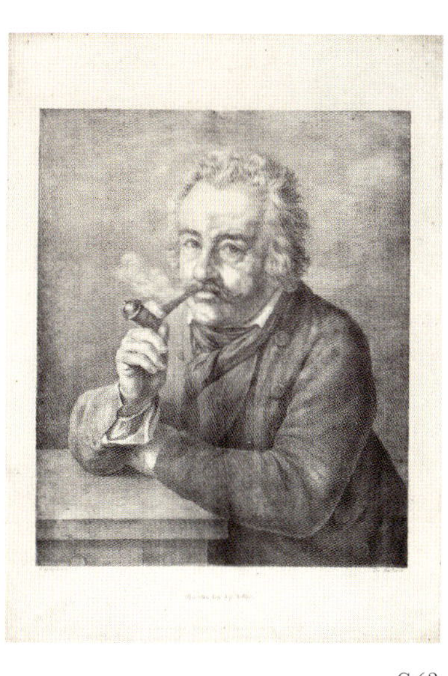

G 62

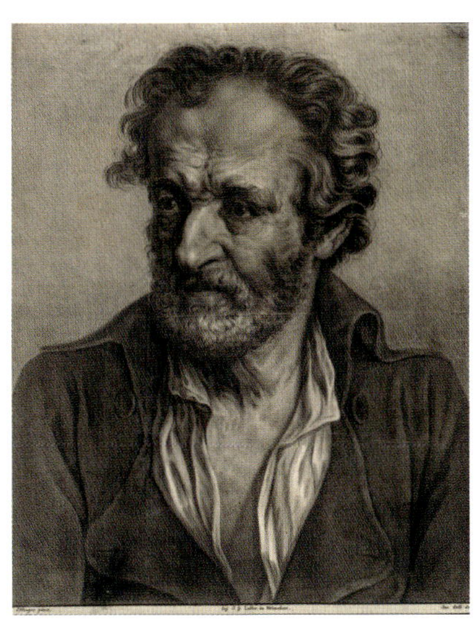

G 63

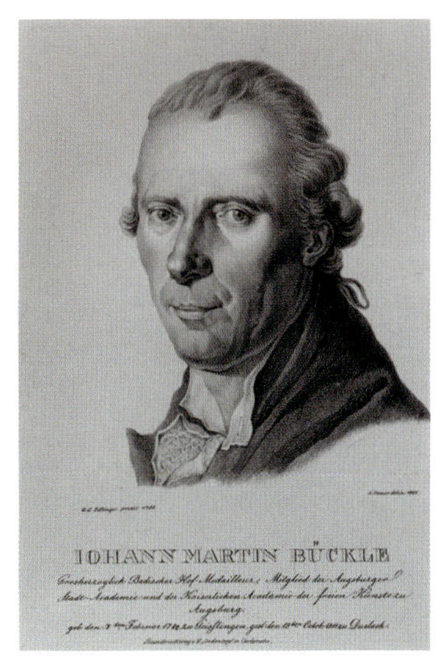

G 64

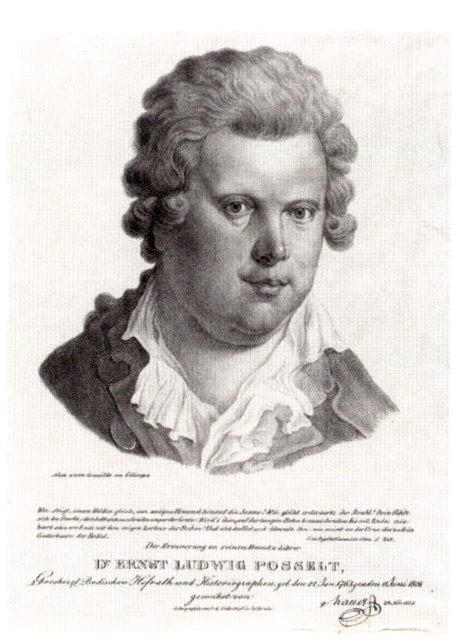

G 65

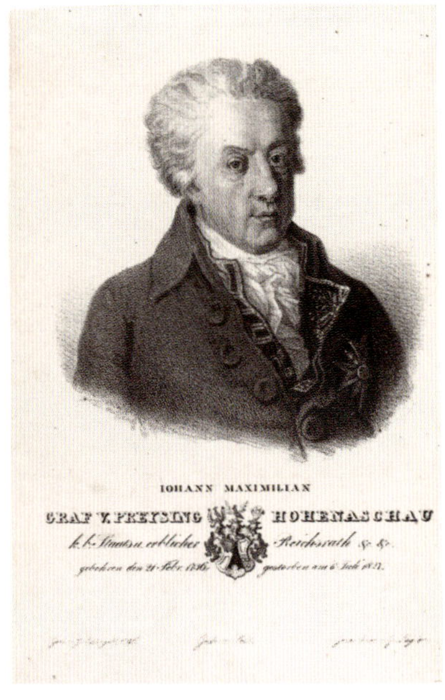

G 66

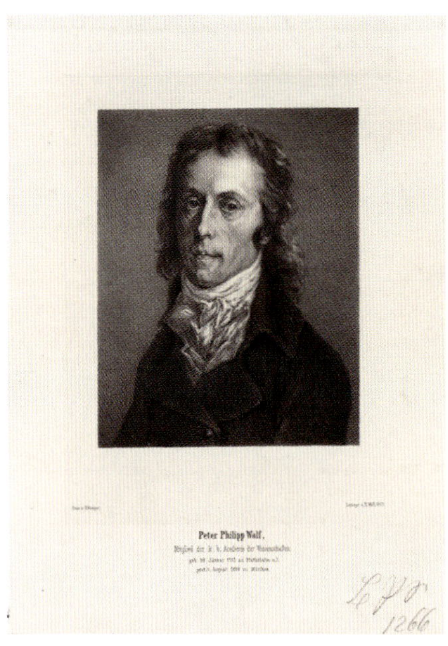

G 67

G 66

Maximilian Graf von Preysing-Hohenaschau (1736–1829)

Politiker; bayerischer Gesandter auf dem Rastatter Friedenskongress
Lithographie von G. Lagler
MStM: G 63/3972
Schenk 1983, WV 238
Gemälde ↪ S. 72

G 67

Peter Philipp Wolf (1761–1808)

Historiker, Schriftsteller, Buchdrucker, Verleger
Lithographie von Karl Wolf, 1867
StadtA München: HV-BS-B-17-45
Nicht bei Schenk 1983

---

1 Schmid, J. B.: Zimmermann, Joseph Anton, in: ADB 45 (1900), S. 278–280.

2 Noirdemange scheint in der Kunstgeschichte keine Spuren hinterlassen zu haben; sein Name kommt nur in Verbindung mit John vor. Allerdings sind Blätter von seiner Hand im Kunsthandel dokumentiert.

3 Bartolozzi lebte ab 1764 in London. König George III. verlieh ihm den Titel »Engraver of the King«. 1768 wurde er Gründungsmitglied der Royal Academy of Arts.

4 Karl Weiß: John, Friedrich, in: ADB 14 (1881), S. 488.

5 Gemeint ist wohl der ungemein erfolgreiche Wiener Fotograf Ludwig Angerer. Er bot als erster in Wien *Carte de visite*-Fotografien an und trug damit wesentlich zu deren Verbreitung bei.

6 Wurzbach 1856–1891, S. 240. Ein Münchner Beispiel dafür wäre die Umsetzung eines Bildnisses von Kurfürst Karl Theodor nach Batoni.

7 Im Königlich-Baierischen Intelligenzblatt vom 25. April 1807 wurde die erste Lieferung der *Gallerie denkwürdiger Baiern* angekündigt.

8 Die Stelle lautet: »glücklicher war John mit der Bestellung die Bildnisse des Churfürsten und der Churfürstin von Bayern, nebst einer Serie von 32 Porträten gelehrter Bayern, sämmtlich nach Edlinger, zu stechen, welcher Aufgabe er sich mit seltenem Geschicke 1793 und 1794 entledigte« (Wurzbach 1856–1891, Bd. 10 [1863], S. 235). Für freundliche Auskünfte danke ich Dr. Marlies Dornig, Bildarchiv und Graphiksammlung der Österreichischen Nationalbibliothek. Die Nationalbibliothek verfügt über insgesamt 18 Blätter und zehn verschiedene Motive der Serie. In der Graphischen Sammlung Albertina in Wien (Sign. ÖK Friedrich John, blaue Nummer 17–53) befinden sich insgesamt 32 Blätter. Auch dort gibt es einige Doubletten (Baumgartner, Bucher, Dietl, Huck und Zimmermann); das Porträt von Baader fehlt.

9 Peterskirchen ist heute ein Ortsteil von Tacherting im Landkreis Traunstein.

10 Laut Paulus 1929, Nr. 62/63, gab es zwei Bildnisse Rauschmayrs, von denen das frühere um 1798 entstanden sein soll.

11 Churfürstlich Pfalzbaierisches Regierungs- und Intelligenzblatt 1800, Sp. 162.

12 Kurpfalzbaierische Münchner Staats-Zeitung 1803, o. S.

13 Die Radierung siehe MStM: MS I/2331. Ein Nachruf auf Rauschmayr findet sich in der Zeitschrift für Baiern und die angränzenden Länder, München 1816, S. 73–79.

14 Ebd.

15 Österreichisches Biographisches Lexikon 1815–1950, Bd. 3, Wien 1965, S. 206.

Katalog der Edlinger-Werke im Münchner Stadtmuseum (MStM)

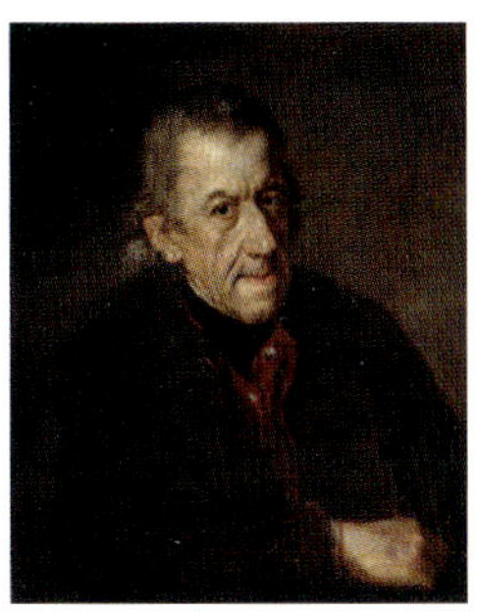

1
Georg Albani (Albaneder) (Daten unbekannt)

1797
Öl auf Leinwand (doubliert), 62,8 × 50,5 cm
Rückseitig auf dem Keilrahmen Aufkleber: Johann Georg Edlinger gemallen / Georg Albani oder Albaneder […] / fürstl. Hafner Meister in Thiroll […] 1797 […] kost 50 fl. / […].
MStM: GM 45/2
Schenk 1983, WK 106; Müller-Meiningen 2000, Nr. 84
Die Identität des Dargestellten ist unklar; möglicherweise handelt es sich um den Vater des aus Schwaz / Tirol stammenden, in München tätigen Wachsbossierers Johann Albani/Albaneder (um 1780–1835).

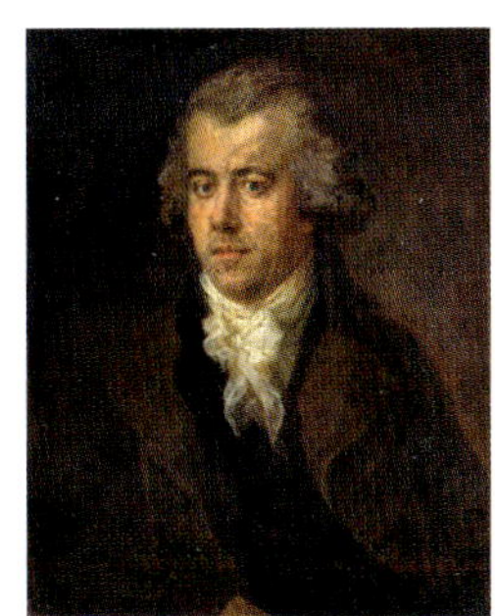

2
Carl Franz Xaver Albert (1764–1806)

Weinwirt und Wirt des Gasthofs Schwarzer Adler in der Kaufingerstraße 19
um 1795
Öl auf Leinwand (doubliert), 63 × 50,7 cm
MStM: GM IIc/205
Schenk 1983, WK 123
Gemälde ↪ S. 125

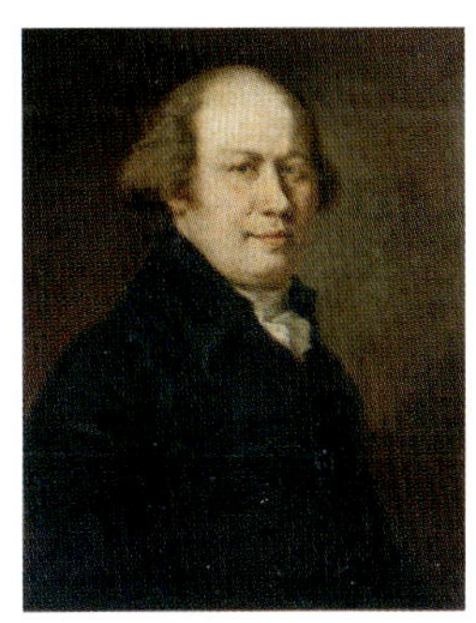

3
Anton Baumgartner (1761–1831)

Jurist, Schriftsteller, Militärbeamter und Polizeidirektor
um 1790
Öl auf Leinwand (doubliert), 61,8 × 48,5 cm
MStM: GM IIc/60
Heinemann 1924, Nr. 59; Schenk 1983, WK 67
Gemälde ↪ S. 103

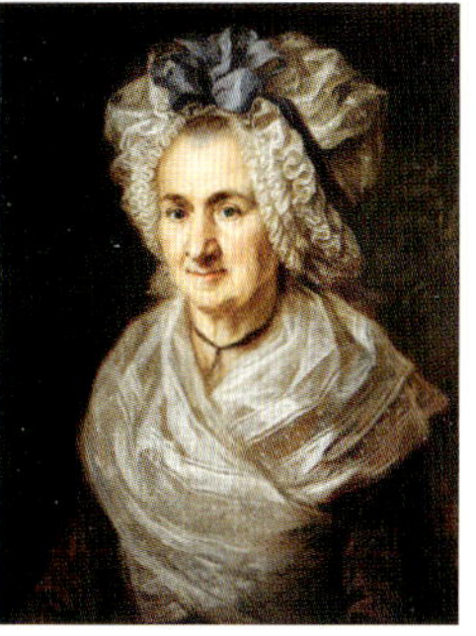

4
Elisabeth Baumgartner, geb. Mether (1731–1806)

Ehefrau von Franz Joseph Baumgartner, Mutter von Anton Baumgartner
um 1790
Öl auf Leinwand (doubliert), 62 × 48 cm
MStM: GM 62/538
Heinemann 1924, Nr. 83; Schenk 1983, WK 61; Müller-Meiningen 2000, Nr. 41
Gemälde ↪ S. 102

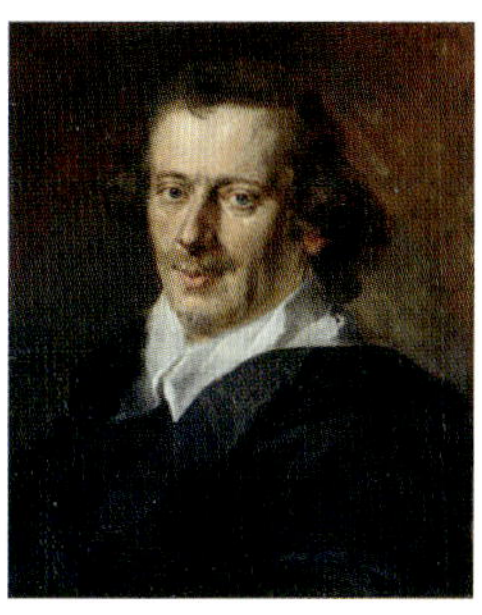

5
Carl Cannabich (1771–1806)

Musiker; Komponist und Geiger
1796 / 1801
Öl auf Leinwand (doubliert), 48,5 × 40,5 cm
Rückseitig bez.: Porträt des churfürstl. / b. hofmusikus Direktors / Canabich
MStM: GM IIc/40
Heinemann 1924, Nr. 72; Schenk 1983, WK 127; Müller-Meiningen 2000, Nr. 85
Gemälde ↪ S. 84

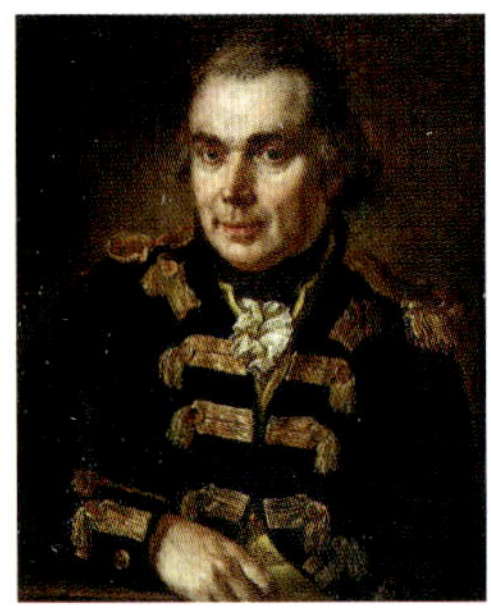

6
Maximilian Franz Schenk von Castell (?) (1736–1815)
Kurbayerischer Kämmerer und freisingischer Trabantenhauptmann
um 1790
Öl auf Leinwand, 58,5 × 45,5 cm
MStM: GM-2019-16
Heinemann 1924, Nr. 80 (angeblich bez.: Auf dem Rahmen bez.: Ristissen, Schloss – Obertischingen, Graf Castell); nicht bei Schenk 1983, Knäusel 2006, Nr. 43; Hof- u. Staatskalender 1773, S. 11
Gemälde ↪ S. 93

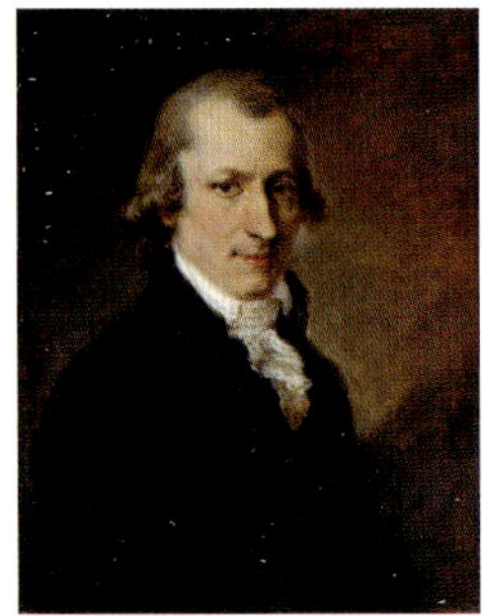

7
Johann Georg von Dillis (1759-1841)
Maler, Graphiker; Direktor der Königlichen Centralgemäldegalerie in München
um 1792
Öl auf Leinwand, 62,5 × 49 cm
Auf der Rückseite mit Bleistift bez.: Cantius Dillis
MStM: GM 87/16
Nicht bei Heinemann 1924; nicht bei Schenk 1983; Müller-Meiningen 2000, Nr. 80
Gemälde ↪ S. 86

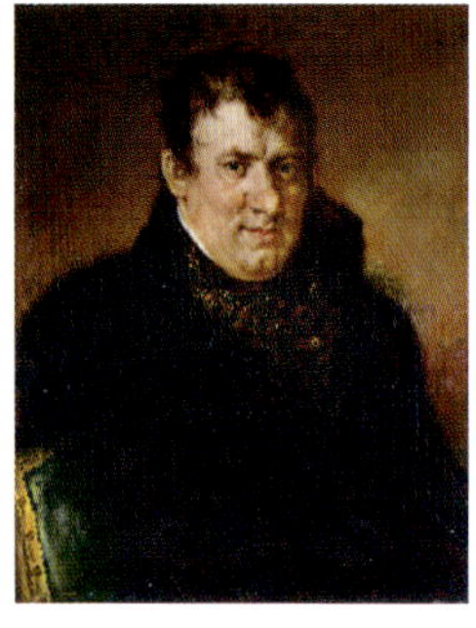

8
Franz Xaver Duschl (1775–1833)
Bierbrauer, Wirt des Thorbräus im Tal
um 1805
Öl auf Leinwand (doubliert), 62 × 49 cm
MStM: GM 80/4
Heinemann 1924, Nr. 152; Paulus 1929, Nr. 54; Schenk 1983, WK 137
Gemälde ↪ S. 129

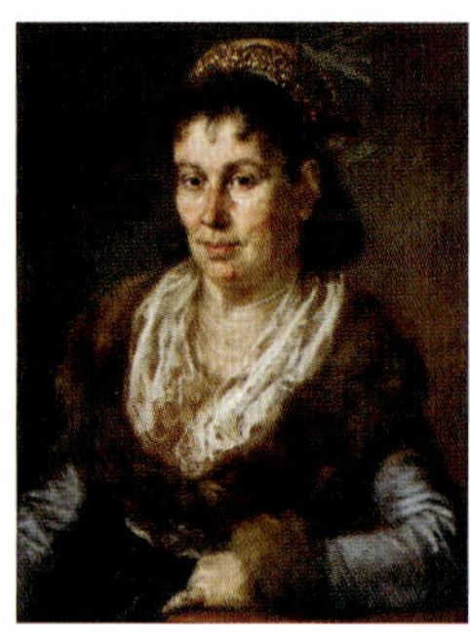

9
Franziska Duschl, verw. Raimondi (1767–1816)
um 1805
Öl auf Leinwand (doubliert), 62,2 × 48,5 cm
Auf dem Keilrahmen neuere Beschriftung: Bildnis Torbräuwirtin Frau K. Duschl
MStM: GM 32/488
Heinemann 1924, Nr. 153; Paulus 1929, Nr. 55; Schenk 1983, WK 138
Gemälde ↪ S. 129

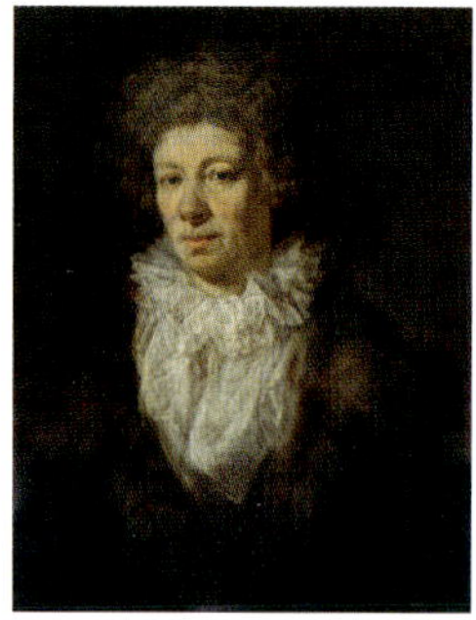

10
Maria Anna Barbara Edlinger, (1742–1822), geb. Welser
Ehefrau des Künstlers
um 1794
Öl auf Leinwand (doubliert), 63,5 × 51 cm
MStM, München: GM IIc/236
Heinemann 1924, Nr. 89; Schenk 1983, WK 88; Müller-Meiningen 2000, Nr. 82
Gemälde ↪ S. 40

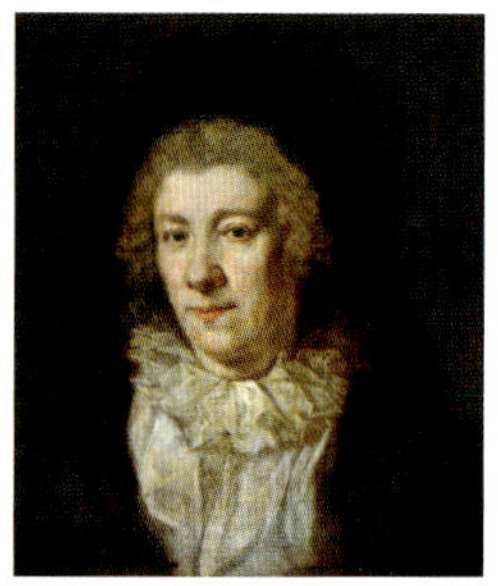

11
Maria Anna Barbara Edlinger
1794
Öl auf Leinwand (doubliert), 51 × 41 cm
Rückseitig bez.: B. Edlingerin / gebohren den 18. febr. 1744 / gemalt den 20. febr. 1794
MStM, München: GM IIc/175
Schenk 1983, WK 90; Müller-Meiningen 2000, Nr. 83
Gemälde ↪ S. 41

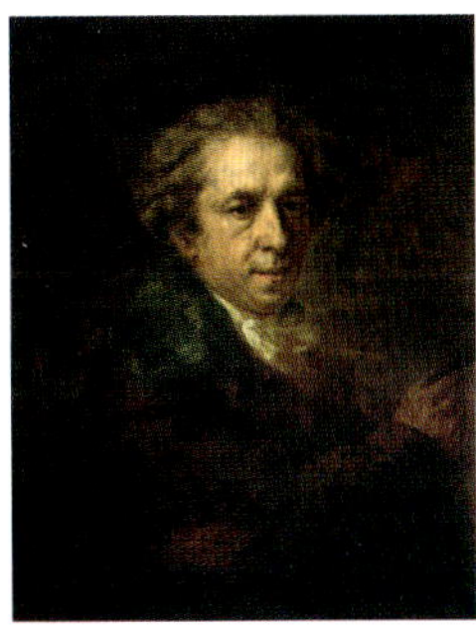

12
Johann Georg Edlinger – Selbstbildnis

um 1794
Öl auf Leinwand (doubliert), 62,2 × 51,2 cm
MStM: IIc/235
Heinemann 1924, Nr. 88; Schenk 1983, WK 87; Müller-Meiningen 2000, Nr. 82
Gemälde ↪ S. 40

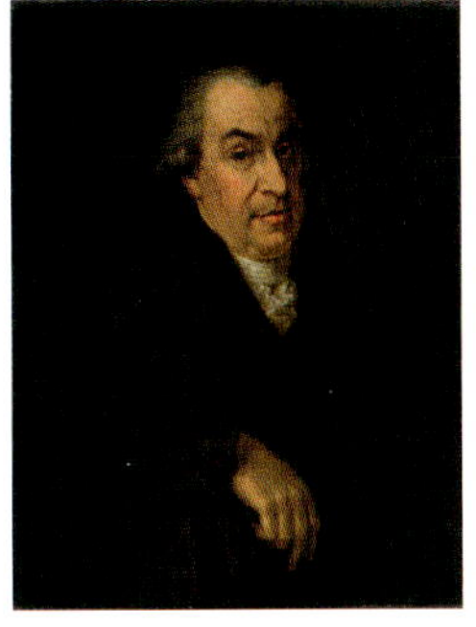

13
Johann Peter Franck (1743–1829)

Weinwirt und Weinhändler
um 1810
Öl auf Leinwand (doubliert), 73,5 × 56,5 cm
Übertragene Beschriftung: IOH. PET. FRANCK / + 1829. / gemalt von Joh. Gg. Edlinger 1810
MStM: GM-2019-07 (Slg. Hans G. Knäusel)
Heinemann 1924, Nr. 123; nicht bei Schenk 1983; Knäusel 2006, Nr. 25 [dort fälschlich als Maximilian V. von Preysing-Hohenaschau bezeichnet]

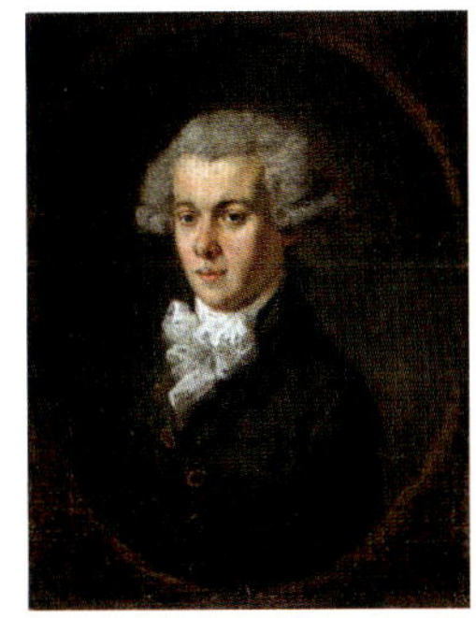

14
Jakob Held (1770–nach 1816)

Geiger und Komponist
1785
Öl auf Leinwand, 23,7 × 18 cm
Auf dem Keilrahmen bez.: Jacob Held Hofmusicus / gemahlt von Edlinger / 1785
MStM: GM-2019-08 (Slg. Hans G. Knäusel)
Nicht bei Schenk 1983; Knäusel 2006, Nr. 27
Gemälde ↪ S. 82

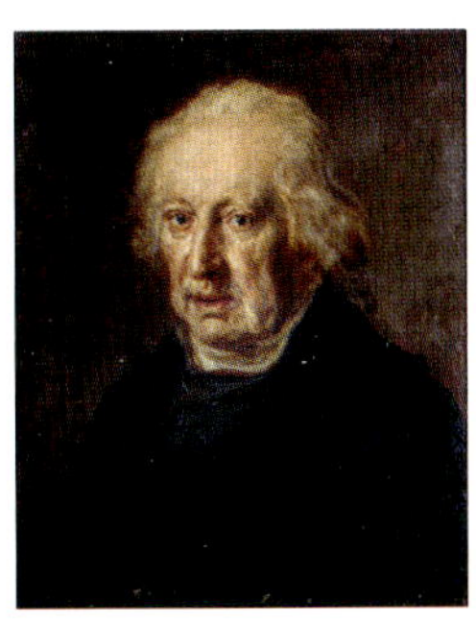

15
Joseph Ignaz Hess (1730–1813)

Kurfürstlich Oberer Landesregierungskanzlist im Geheimen Archiv, München
um 1785
Öl auf Leinwand (doubliert), 52,5 × 42 cm
Rückseitig bez.: Joseph Ignaz Heß, churfürstl. Obere-LandesregierungsKanzlist
MStM: GM 28/1239
Schenk 1983, WK 111
Gemälde ↪ S. 101

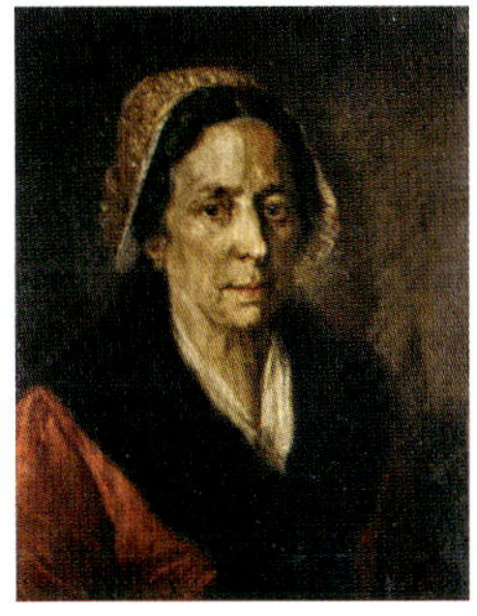

16
Maria Anna Hess (gest. 1788)

um 1785
Öl auf Leinwand (doubliert), 51,5 × 41,3 cm
Rückseitig bez.: Maria Anna Heß, gebohrene Hörmann des churfürstlich. Obern Landes-Regierungs Kanzlisten Gattin
MStM: GM 28/1240
Heinemann 1924, Nr. 160 [dort fälschlich als Theresia Hess bezeichnet]; Schenk 1983, WK 124
Gemälde ↪ S. 101

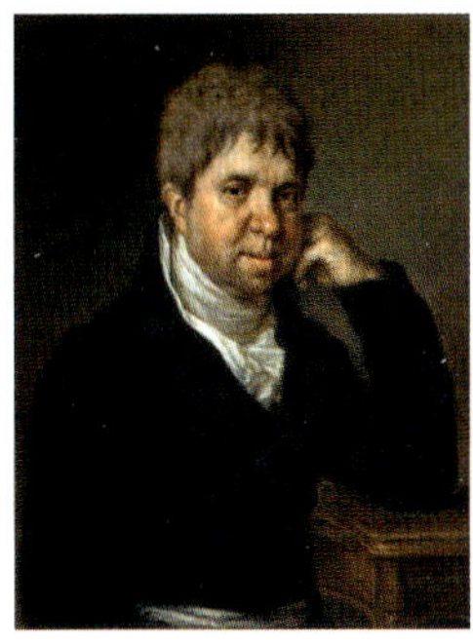

17
Anton Ihm (gest. 1818)

Glockengießer
1810
Öl auf Leinwand, 67 × 52 cm
Auf dem Keilrahmen Zettel: Herr Anton Ihm Bürgerlicher Stück- / & Glockengießer, / auch Oberleutenant bey der Bürger Artilerie / samt dessen Frau gemahlin Magdalena Ihm, / gebohrne Schielein / sind 1810 im August gemalen worden / von dem wohl Edl und Kunstreichen Herrn N. Edlinger, Königl Hof und Portrait- / maler in München.
MStM: GM-2019-18 (Slg. Hans G. Knäusel)
Nicht bei Schenk 1983; Knäusel 2006, Nr. 45
Gemälde ↪ S. 130

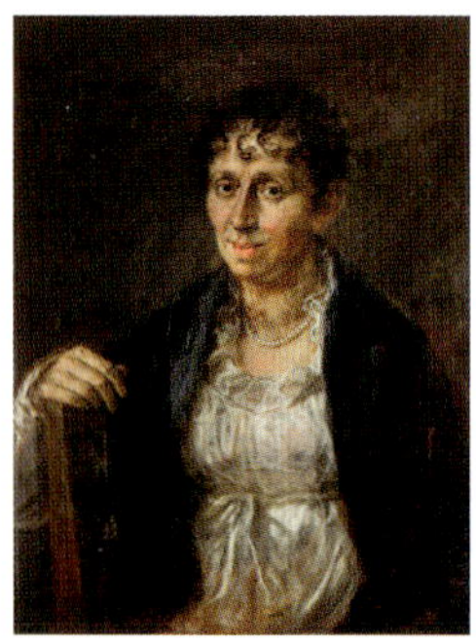

18
Magdalena Ihm, geb. Schielein (gest. um 1823)
Ehefrau von Anton Ihm
1810
Öl auf Leinwand, 67,5 × 52 cm
MStM: GM-2019-19 (Slg. Hans G. Knäusel)
Nicht bei Schenk 1983; Knäusel 2006, Nr. 46
Gemälde ↪ S. 130

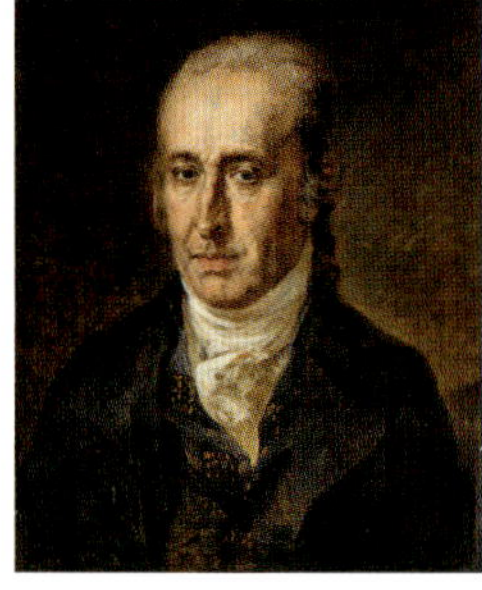

19
Friedrich Heinrich Jacobi (1743–1819)
Jurist, Kaufmann, Philosoph und Schriftsteller; von 1807 bis 1812 Präsident der Bayerischen Akademie der Wissenschaften
nach 1805
Öl auf Leinwand/Holz/Leinwand, 51,5 × 43 cm
MStM: GM-2019-09 (Slg. Hans G. Knäusel)
Nicht bei Schenk 1983; Knäusel 2006, Nr. 28
Gemälde ↪ S. 108

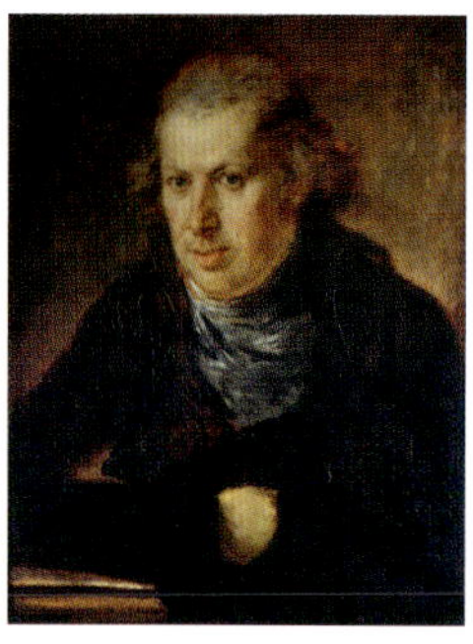

20
Franz Xaver Kefer (1763–1802)
Lehrer; eröffnete 1793 eine Feiertagsschule für Lehrlinge und Gesellen
um 1800
Öl auf Leinwand (doubliert), 61,2 × 46,7 cm
MStM: GM 80/11
Heinemann 1924, Nr. 155; Schenk 1983, WK 139; Müller-Meiningen 2000, Nr. 86
Gemälde ↪ S. 127

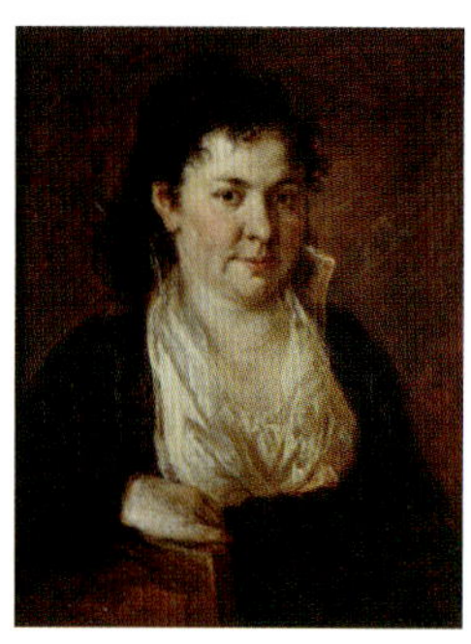

21
Franziska Josepha Kefer, geb. Prandtl (1766–1851)
Ehefrau von Franz Xaver Kefer
um 1800
Öl auf Leinwand (doubliert), 61,5 × 47 cm
MStM: GM 80/12
Heinemann 1924, Nr. 156; Schenk 1983, WK 140; Müller-Meiningen 2000, Nr. 86
Gemälde ↪ S. 127

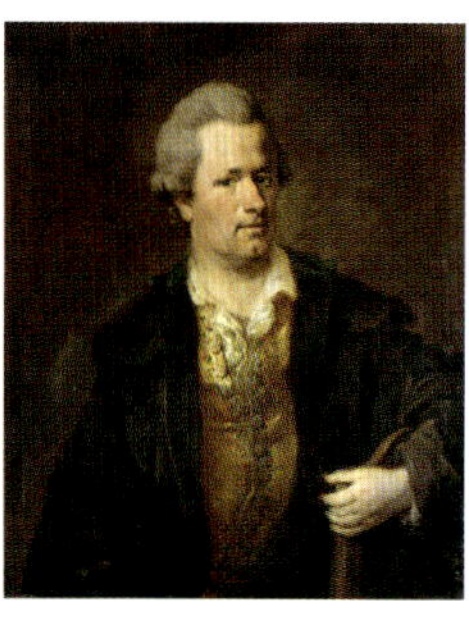

22
Sebastian Ludwig von Krempelhuber (1739–1818)
Hofkammerrat, Landesdirektionsrat
um 1785
Öl auf Leinwand (doubliert), 81,6 × 69 cm
MStM: GM 29/185
Schenk 1983, WK 13
Gemälde ↪ S. 97

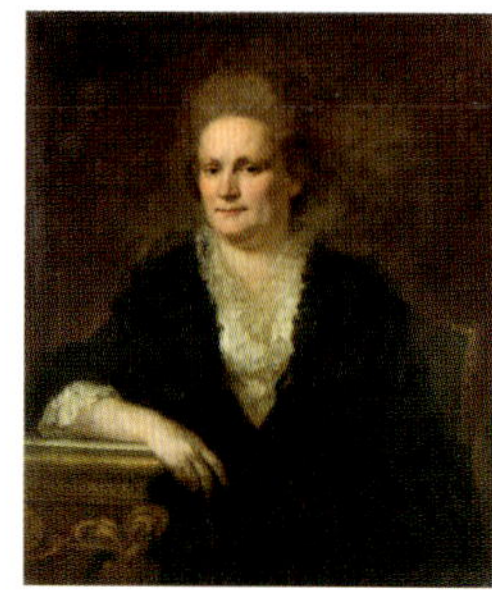

23
Maria Anna Benigna Krempelhuber, geb. Staffelberger (1748–1814)
Ehefrau von Sebastian Ludwig von Krempelhuber
um 1785
Öl auf Leinwand (doubliert), 81,9 × 69,1 cm
MStM: GM 29/186
Schenk 1983, WK 27
Gemälde ↪ S. 97

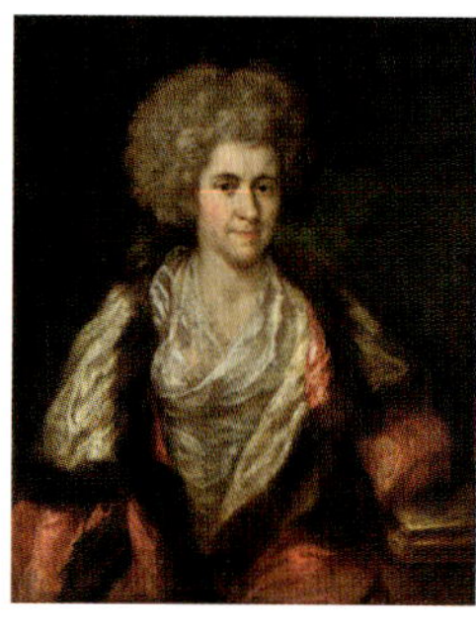

24
Maria Theresia Reichsgräfin von La Rosée, geb. Topor Morawitzky (1751–1833)
Ehefrau von Johann Caspar Alois Franz de Paula Joseph Graf Basselet de La Rosée
1783
Öl auf Leinwand (doubliert), 78,5 × 65 cm
MStM: GM-2019-05 (Slg. Hans G. Knäusel)
Schenk 1983, WK 121; Knäusel 2006, Nr. 21
Gemälde ↪ S. 73

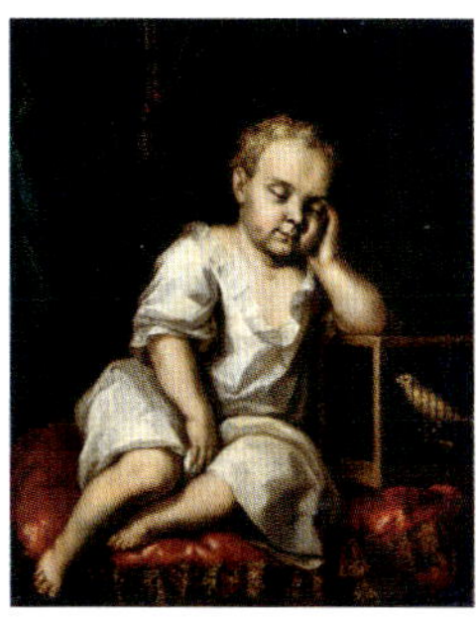

25
Joseph Clemens von La Rosée, (1773–1775)

1775
Öl auf Leinwand, 76 × 63 cm
Rückseitig auf Zettel bez.: Joseph Clement Theodor Heinrich Erasmus, zweytes Kind des bai.er Kaemerers u. Hofraths Joh. Kasp. Aloys Grafen Basselet v. la Rosée u. deßsen Gattin Theresia Gräfin Topor-Morawitzky, gebohren d. 2. Brachmonats 1773, gestorb. D. 15. März 1775 / Gemahlen von Georg Edlinger
MStM: GM IIc/211
Schenk 1983, WK 8; Müller-Meiningen 2000, Nr. 36
Gemälde ↪ S. 74

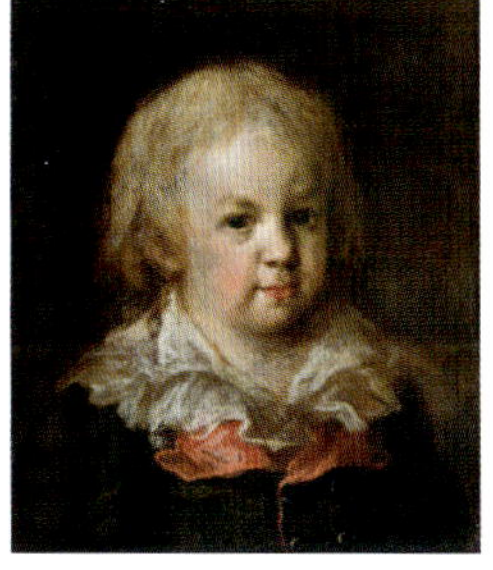

26
Kinderbildnis, eventuell ein Kind aus der Familie La Rosée

um 1795
Öl auf Leinwand, 39 × 35 cm
MStM: GM-2019-06 (Slg. Hans G. Knäusel)
Nicht bei Schenk 1983; Knäusel 2006, Nr. 23
Gemälde ↪ S. 74

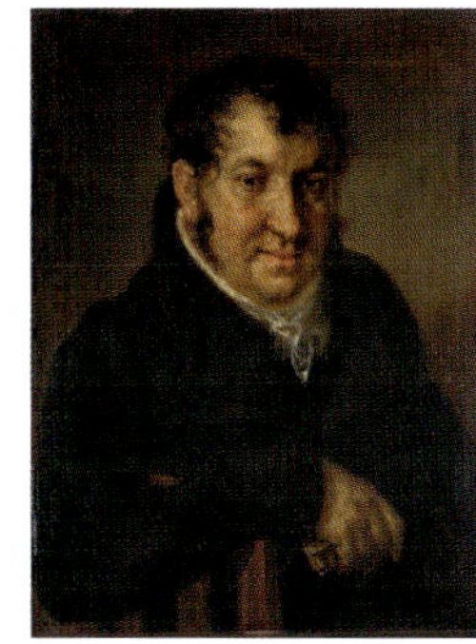

27
Michael Lutz (1774–1826)

1819
Patrimonialküster in Adelsdorf (Lkr. Erlangen-Höchstadt); laut Paulus 1929 das letzte Werk Edlingers
Öl auf Papier auf Leinwand, 65 × 48,2 cm
Rückseitig bez.: Michael Lutz/ geb. am 15. Aug. 1774 / gest. als Bg. u. Gerichtshalter / in Adldorf am 26. Dezbr. 1826.
MStM: GM-2019-13 (Repro im MStM: 67/580/2; vgl. Schenk 1983, WK 189)
Paulus 1929; Nr. 79; nicht bei Schenk 1983, WK 189; nicht bei Knäusel 2006

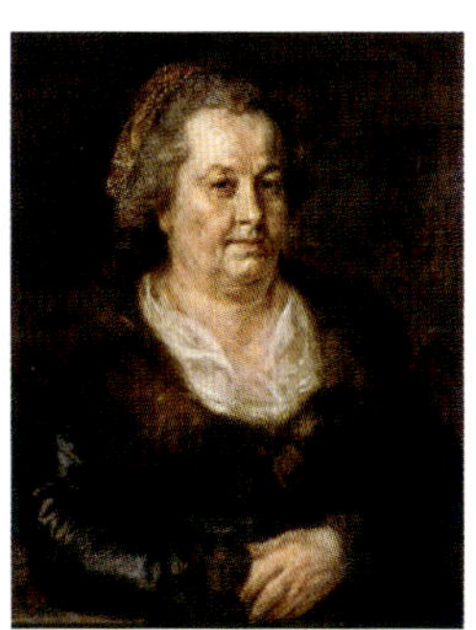

28
Maria Anna Magg, geb. Bosch (1742–1812)

Tochter eines Flickschusters aus Haidhausen, Ehefrau von Joseph Wolfgang Magg
um 1795
Öl auf Leinwand (doubliert), 65 × 50,8 cm
MStM: GM 56/108
Schenk 1983, WK 150
Gemälde ↪ S. 126

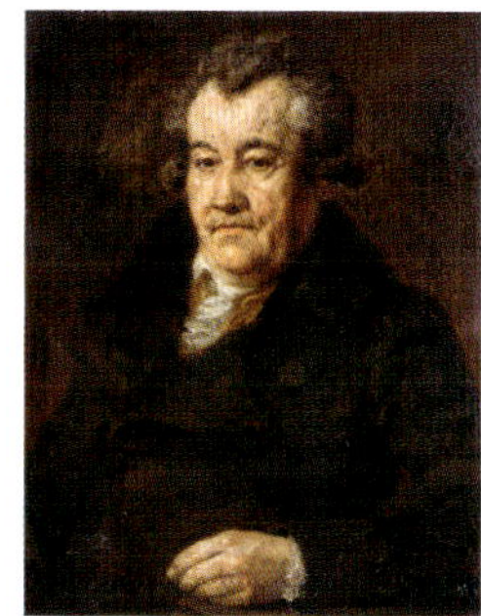

29
Joseph Wolfgang Magg (1747–1821)

Stadtmusiker
um 1795
Öl auf Leinwand (doubliert), 64,5 × 51 cm
MStM: GM 56/107
Schenk 1983, WK 148
Gemälde ↪ S. 126

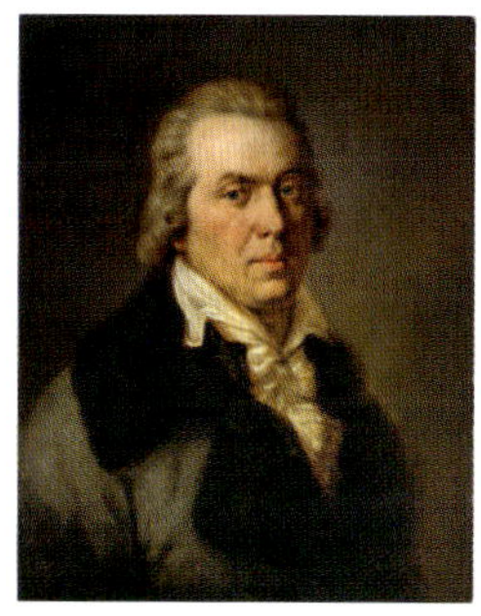

30
Männliches Mitglied der Familie Nockher, vermutlich Johann Paul Nockher (1742–1794)

Großhändler und Bankier, Äußerer Rat
um 1785
Öl auf Leinwand (alte Doublierung), 61,5 × 49 cm
Rückseitig auf dem Rahmen Besitzervermerk: Edlinger im Besitz von Ed. Schleich.
MStM: GM-2019-11 (Slg. Hans G. Knäusel)
Heinemann 1924, Nr. 42; Schenk 1983, WK 30; Knäusel 2006, Nr. 29
Gemälde ↪ S. 124

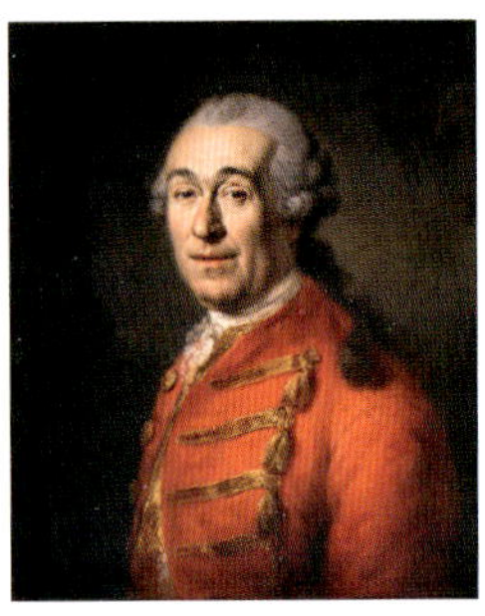

31
Franz Joseph von Pettenkofen (1725–1797)

Wirklicher geheimer Rat, kurbayerischer Oberlandesregierungs-Vizekanzler
um 1780
Öl auf Leinwand (doubliert), 66,5 × 54,4 cm
Rückseitig Aufkleber: Franz Joseph von Pettenhofen / Vater der Kreszenz von Pettenkofen / geb. 22.10.1772 gest. 5.6.1806 verm. in 2. Eh. mit Johann Georg von Seybold / Mutter von Franz und Anton c. Seybold; auf der Leinwand bez.: Ur-Urgroßvater v. Pettenkofen von Emma von Schulltz, geb. v. Seybold / vermählt am 22. Sept. 1894 mit Oblt. Franz Ritter von Schulltz
MStM: GM 57/418
Schenk 1983, WK 14
Gemälde ↪ S. 92

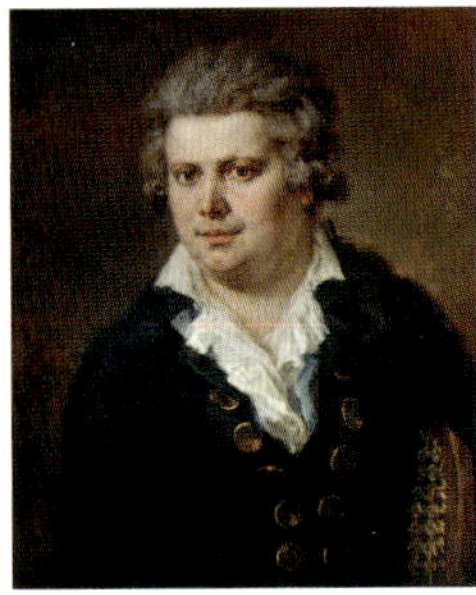

32
Ernst Ludwig Posselt (1763–1804)

Jurist und Historiker; Prof. der Geschichte und Beredsamkeit in Karlsruhe und Privatsekretär des Markgrafen Karl Friedrich von Baden; Sohn von Philipp Daniel Posselt
1792
Öl auf Leinwand (doubliert), 64,8 × 53,5 cm
Auf dem Keilrahmen bez.: Ernst Ludwig Posselt
MStM: GM 62/931
Heinemann 1924, Nr. 75; Schenk 1983, WK 76; Müller-Meiningen 2000, Nr. 81
Gemälde ↪ S. 21

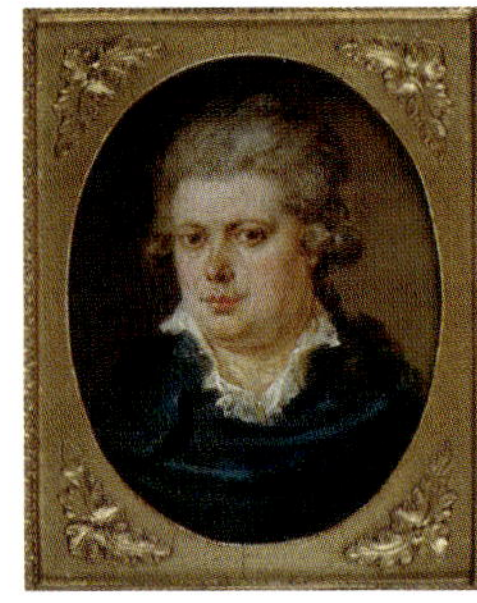

33
Ernst Ludwig Posselt

1792
Öl auf Holz, 12,5 × 9,5 cm
Rückseitig bez.: Edlinger pinxit 1792
MStM: GM 62/932
Heinemann 1924, Nr.76; Schenk 1983, WK 77; Müller-Meiningen 2000, Nr. 81

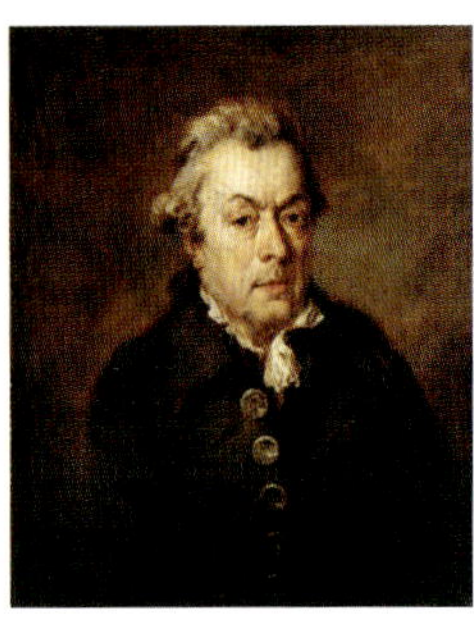

34
Philipp Daniel Posselt (1719–1796)

Beamter; markgräflich badischer Geheimer Hofrat in Durlach; Vater von Ernst Ludwig Posselt
1792
Öl auf Leinwand (doubliert), 65,4 × 53,7 cm
MStM: GM 62/930
Heinemann 1924, Nr.74; Schenk 1983, WK 75
Gemälde ↪ S. 21

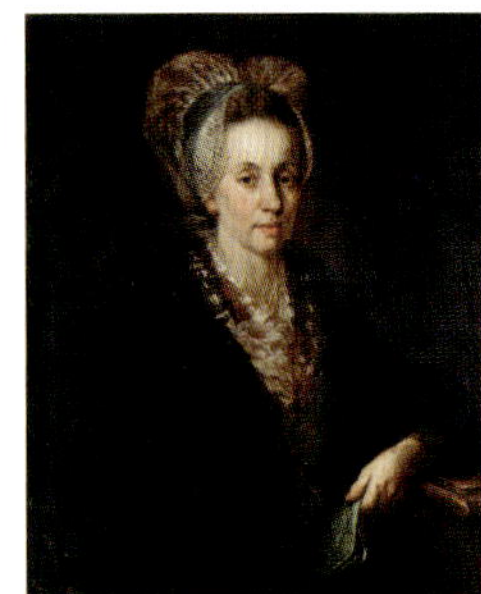

35
Barbara Rottmanner, geb. Paur (gest. 1828)

Ehefrau von Simon Rottmanner
um 1790
Öl auf Leinwand (doubliert), 82 × 67 cm
Lt. Heinemann rückseitig bez.: Frau Katarina Rottmannerin, gemalt von Etlinger Ano 1786
MStM: GM 29/184
Heinemann 1924, Nr. 28; Schenk 1983, WK 44; Müller-Meiningen 2000, Nr. 79
Gemälde ↪ S. 98

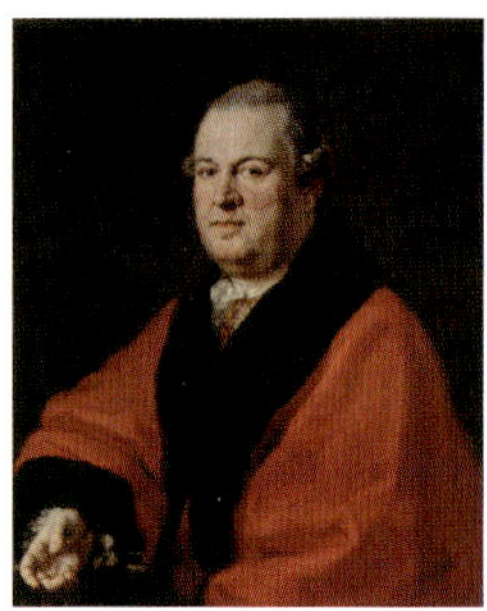

36
Rottmanner, Simon (1740–1813)

Jurist, Ökonom und Landwirt
um1790
Öl auf Leinwand (doubliert), 80,5 × 66,5 cm
MStM: GM 29/183
Schenk 1983, WK 43; Müller-Meiningen 2000, Nr. 79
Gemälde ↪ S. 98

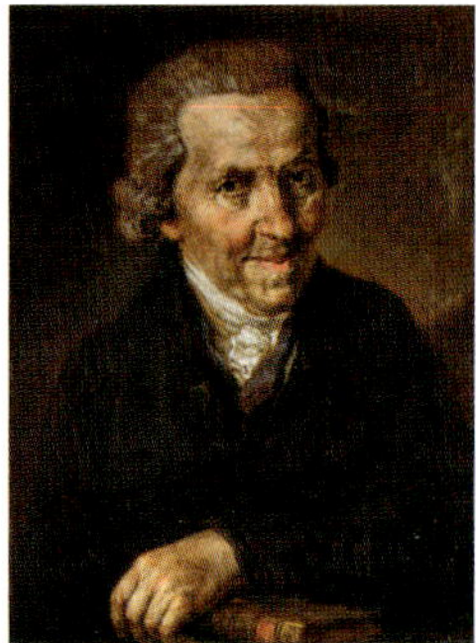

37
Sebastian Schielein (ca. 1728–1814)

Buchbinder; Vater von Magdalena Schielein, verh. Ihm
1810
Öl auf Leinwand, 59,5 × 44,3 cm
Rückseitig Zettel: 1830 [sollte heißen 1810] bin ich Endesunterfertigter / von dem edel- und kurfürstlichen Herrn / Edlinger, kgl. Hof- und

Porträt- / maler in München, gemalen worden, 82 Jahre alt. Sebastian Schielein, Pfarrer, gewesener des Rats- / Stadtkammerer in Mühldorf.
MStM: GM-2019-20 (Slg. Hans G. Knäusel)
Nicht bei Schenk 1983; Knäusel 2006, Nr. 48
Gemälde ↪ S. 131

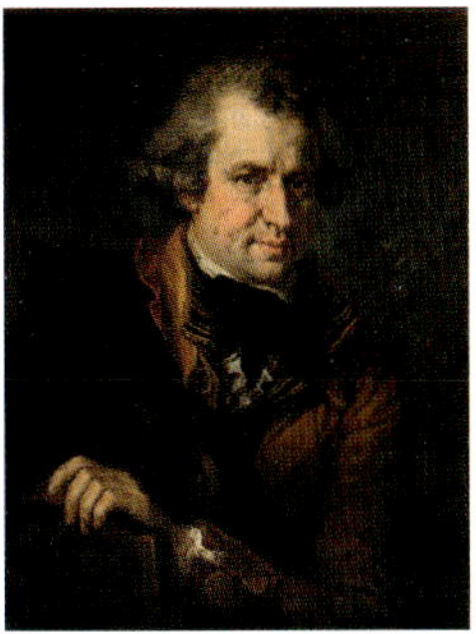

38
Dominikus von Sigriz (1772–1827)

Appellationsgerichtsrat
nach 1815
Öl auf Leinwand (doubliert), 71,2 × 54,5 cm
MStM: GM 77/10
Heinemann 1924, Nr. 157 (das weibliche Pendant Nr. 158; 2020 im Münchner Kunsthandel); Paulus 1929, Nr. 75; Schenk 1983, WK 165; Müller-Meiningen 2000, Nr. 87

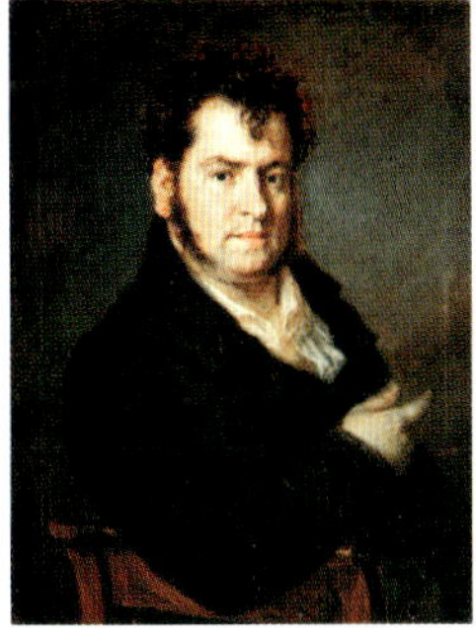

39
Thomas Stroblberger (1768–1846)

Schwertfeger
um 1795
Öl auf Leinwand, 62 × 48,5 cm
MStM: GM 68/631
Nicht bei Schenk (1983)
Gemälde ↪ S. 128

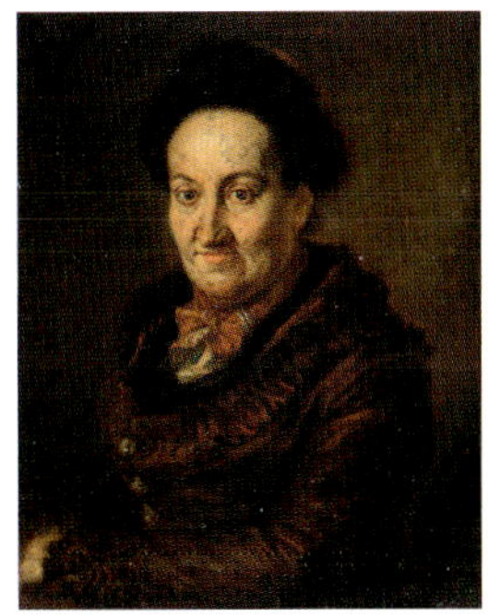

40
Maria Anna Stroblberger, geb. Metzger (Daten unbekannt)

Ehefrau des Schwertfegers Thomas Stroblberger
um 1795
Öl auf Leinwand, 62 × 48,5 cm
MStM: GM 68/632
Nicht bei Schenk 1983
Gemälde ↪ S. 128

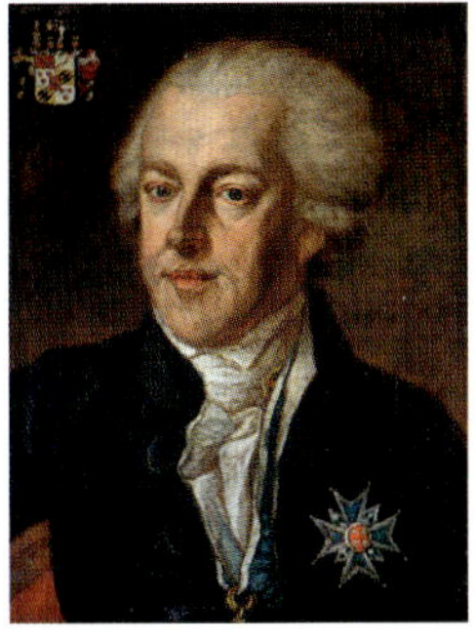

41
Joseph August von Toerring-Gronsfeld (1753–1826)

Politiker und Theaterschriftsteller; kurfürstlicher Kämmerer und Hofkammerrat, später Präsident des Staatsrats; Mitglied der Bayerischen Akademie der Wissenschaften
1792
Öl auf Leinwand, 47,8 × 36,5 cm
Originale Beschriftung auf die Doublierwand übertragen: Joseph August Gr. v. Toerring= Guttenzell. / geb: 1753. † 9. April 1826. / Ettlinger pinx. 1792
MStM: GM-2019-04 (Slg. Hans G. Knäusel)
Nicht bei Heinemann 1924, nicht bei Schenk 1983; Knäusel 2006, Nr. 10
Gemälde ↪ S. 70

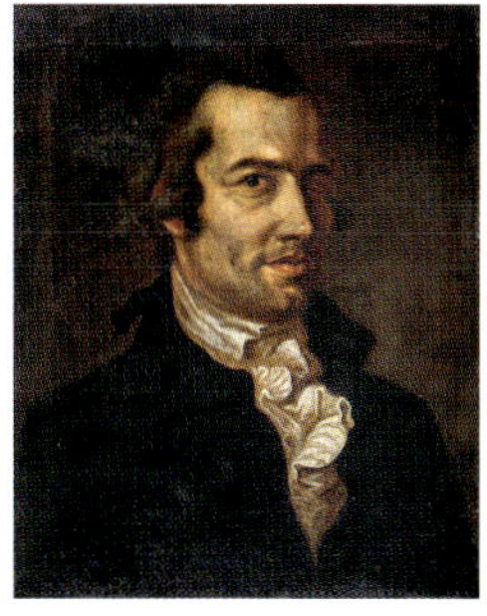

42
Joseph von Utzschneider (1763–1840)

Industrieller, Politiker, Techniker; Mitbegründer des mathematisch-mechanischen Instituts; 1818 bis 1823 Zweiter Bürgermeister in München; Mitglied der Bayerischen Akademie der Wissenschaften
um 1790
Öl auf Leinwand, 52 × 42 cm
Rückseitig bez.: EDLINGER Utzschneider
MStM: GM 50/120
Heinemann 1924, Nr. 60; Paulus 1929, Nr. 12; Schenk 1983, WK 85
Gemälde ↪ S. 104

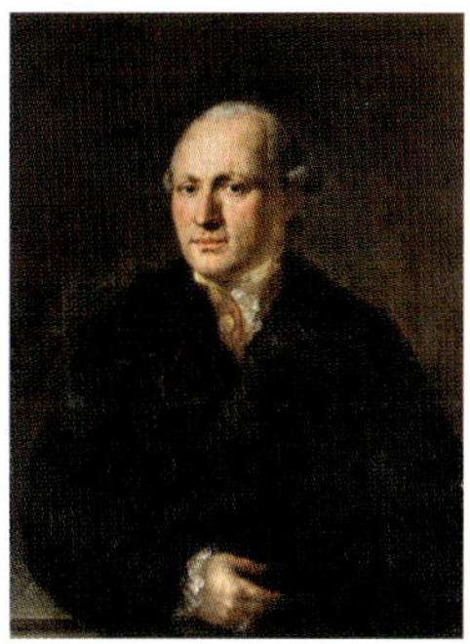

43
Johann Nepomuk Joseph von Widnmann (1738–1807)

Jurist und Verwaltungsbeamter; Landrichter in Erding
um 1785
Öl auf Leinwand, 84 × 62,5 cm
Originale Beschriftung auf die Doublierleinwand übertragen: Io. Nep. Jos. Freyherr von / Widnmann v. u. z. Rapperzell / geb. 1738. Kurfl. hof. Rath 1764 / Kammerherr 1769 hof ober Richter / in München 1770 Landrichter zu / Erding 1782.
MStM: GM-2019-03 (Slg. Hans G. Knäusel)
Nicht bei Schenk 1983; Knäusel 2006, Nr. 5
Gemälde ↪ S. 100

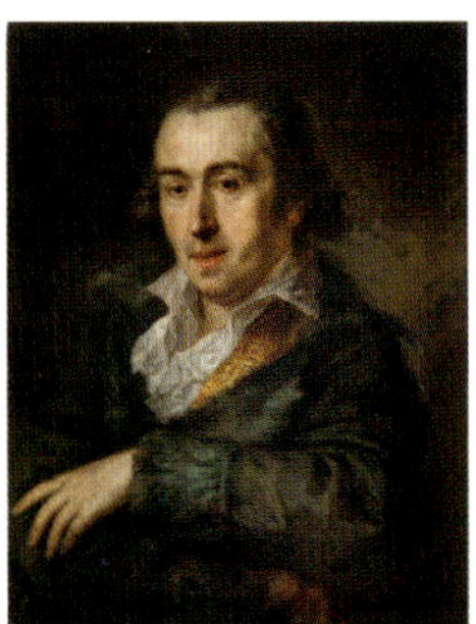

44
Unbekannter, sogenannter »Münchner Notar«

um 1790
Öl auf Leinwand (doubliert), 65 × 51 cm
MStM: GM IIc/228
Schenk 1983, WK 119

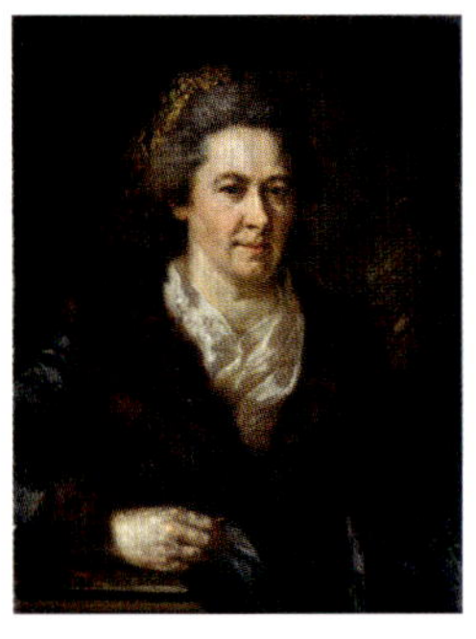

45
Unbekannte, Ehefrau des sogenannten »Münchner Notars«

um 1790
Öl auf Leinwand (doubliert), 64,8 × 50,7 cm
MStM: GM IIc/229
Schenk 1983, WK 120

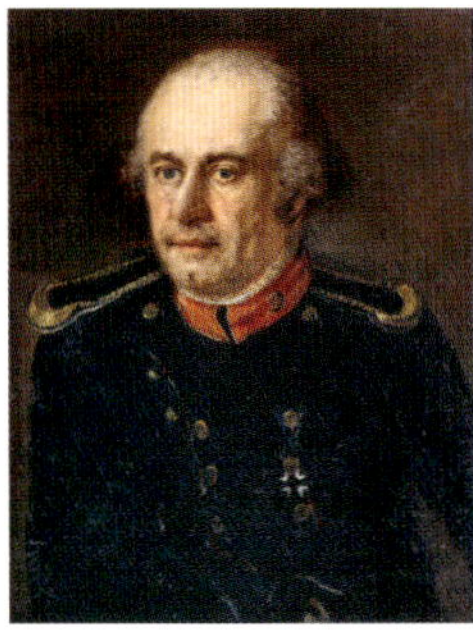

46
Unbekannter in Rumford-Uniform

Laut Inventarbuch der Großvater des Malers Carl August Lebschée
um 1790
Öl auf Leinwand, auf Karton aufgezogen, 59,2 × 47,7 cm
MStM: GM 61/315
Schenk 1983, WK 118
Gemälde ↪ S. 93

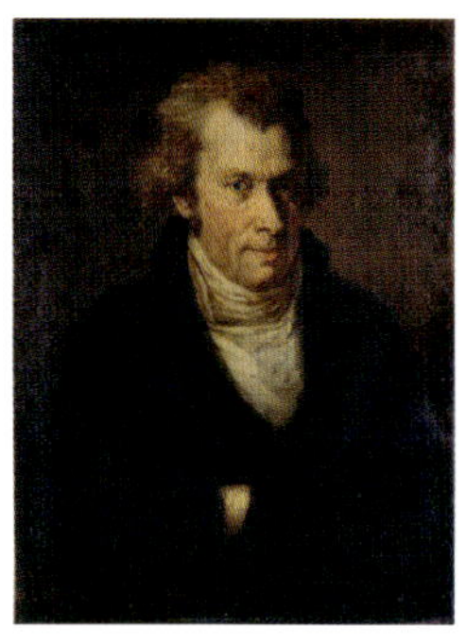

47
Unbekannter

um 1790/95
Öl auf Leinwand, 69,5 × 51,8 cm
Auf dem Keilrahmen neuere Beschriftung: Kefer, Gründer der Feiertagsschule
MStM: GM 75/2
Schenk (1983), WK 144
Der Vergleich mit einem gesicherten Porträt Kefers (vgl. Nr. 20) ergibt keine überzeugende Ähnlichkeit. Der Dargestellte bleibt deshalb unbekannt.

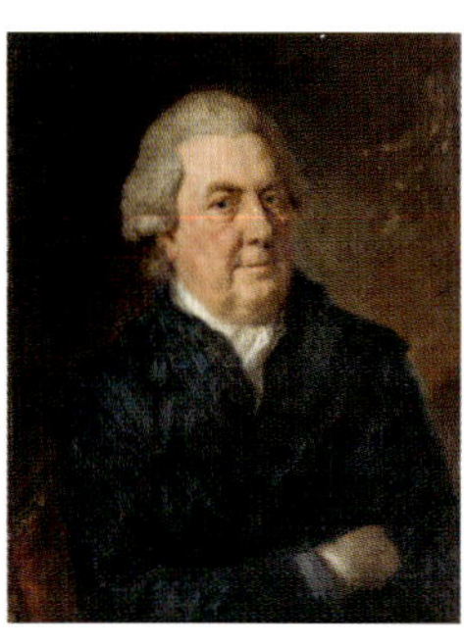

48
Unbekannter im dunkelblauen Rock

um 1795
Öl auf Leinwand 67,5 × 54,5 cm
MStM: GM-2019-01 (Slg. Hans G. Knäusel)
Nicht bei Schenk 1983; nicht bei Knäusel 2006

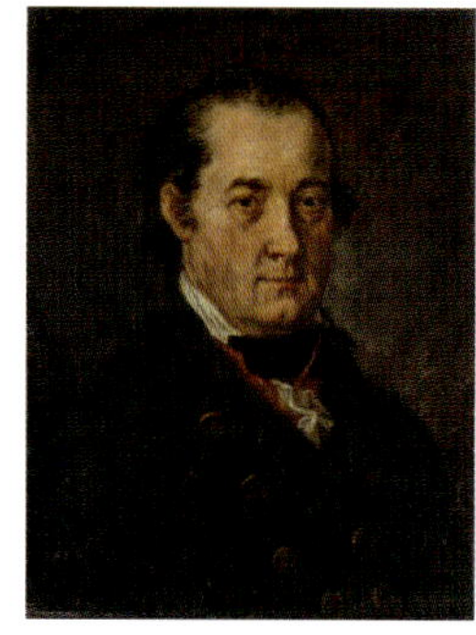

49
Unbekannter in Mantel mit doppelter Knopfreihe

um 1800
Öl auf Leinwand, 56 × 66 cm
MStM: GM-2019-02 (Slg. Hans G. Knäusel)
Nicht bei Schenk 1983; Knäusel 2006, Nr. 3

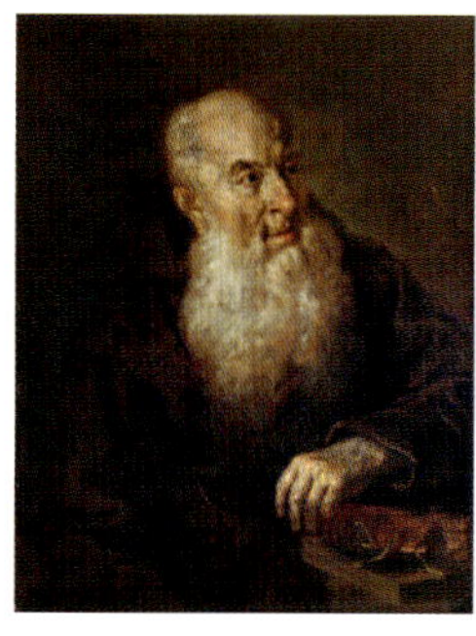

50
Unbekannter Kapuziner, vielleicht Cyprian Aschenbrenner (1748–1813)

vor 1795 (?)
Öl auf Leinwand (doubliert), 77,5 × 62 cm
MStM: GM-2019-10 (Slg. Hans G. Knäusel)
Nicht bei Schenk 1983; Knäusel 2006, Nr. 34
Gemälde ↪ S. 118

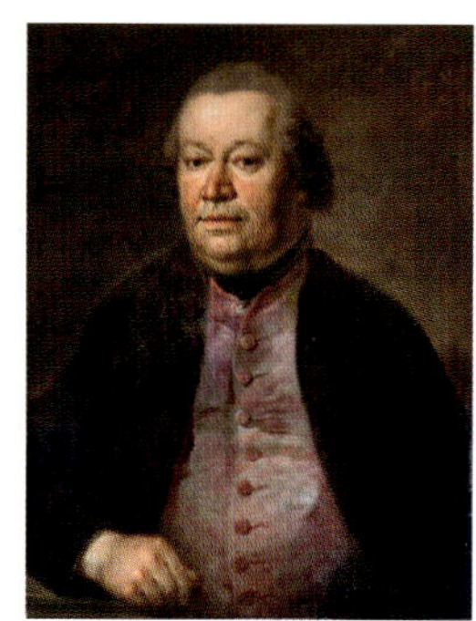

51
Mann in lila Weste

um 1785
Öl auf Leinwand (doubliert), 71,2 × 55,8 cm
MStM: GM-2019-12 (Slg. Hans G. Knäusel Nr. 39)
Nicht bei Schenk 1983; Knäusel 2006, Nr. 39
Gemälde ↪ S. 138

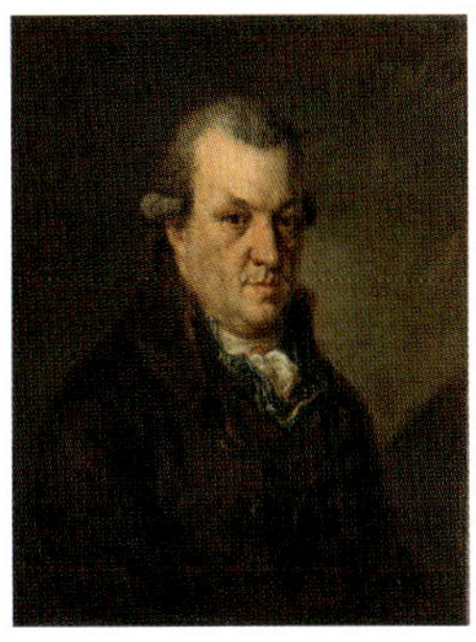

52
Unbekannter

um 1795
Öl auf Leinwand (doubliert), 68,5 × 53 cm
MStM: GM-2019-14 (Slg. Hans G. Knäusel)
Nicht bei Schenk 1983; Knäusel 2006, Nr. 41

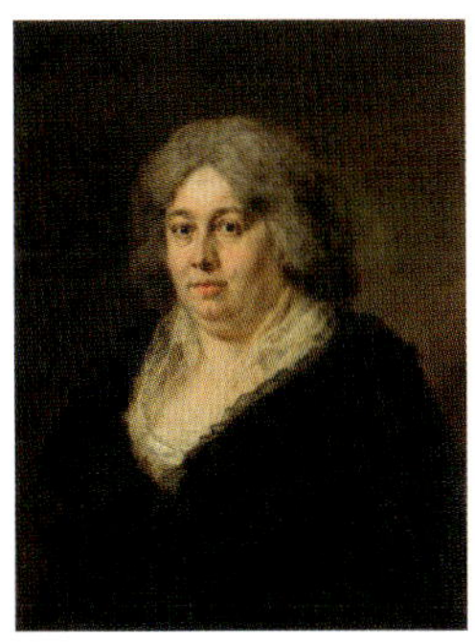

53
Unbekannte

Pendant zum vorausgehenden Bildnis
um 1795
Öl auf Leinwand (doubliert), 68,5 × 53 cm
MStM: GM-2019-15 (Slg. Hans G. Knäusel)
Nicht bei Schenk 1983; Knäusel 2006, Nr. 42

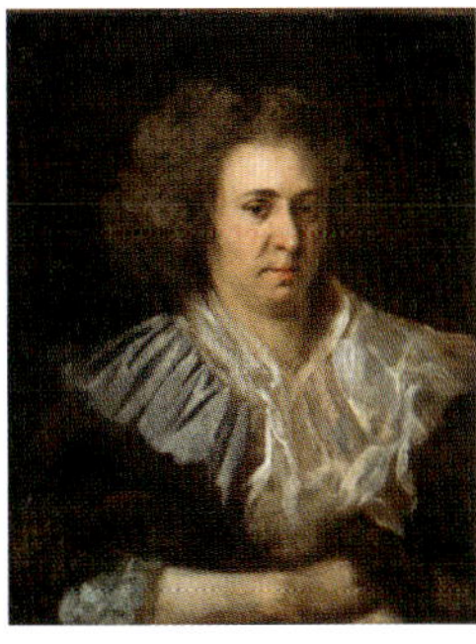

54
Unbekannte

um 1800
Öl auf Leinwand 62 × 49,5 cm
MStM: GM-2019-17 (Slg. Hans G. Knäusel)
Schenk 1983, WK 247; Knäusel 2006, Nr. 44

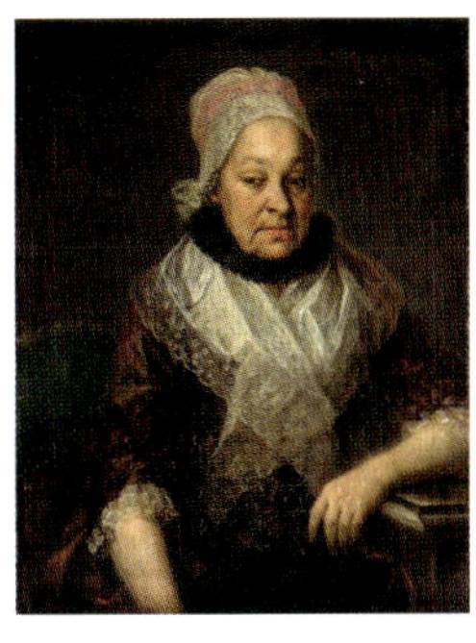

55
Unbekannte alte Frau mit Rüschenhaube

um 1785
Öl auf Leinwand, 73 × 57,5 cm
MStM: GM-2019-21 (Slg. Hans G. Knäusel)
Nicht bei Schenk 1983; nicht bei Knäusel 2006

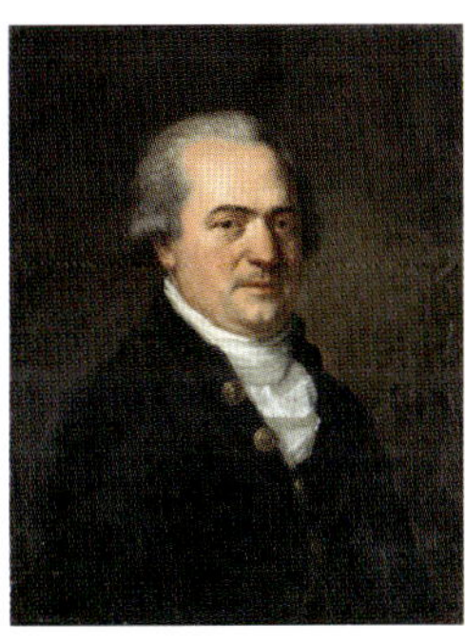

56
Unbekannter, fälschlich als Stephan von Stengel (1750–1822) identifiziert

um 1790/95
Öl auf Leinwand, 66 × 52,5 cm
Rückseitig auf Zettel bez.: Stephan Freih. v. Stengel / Generalcommissär (Regierungspräs)
MStM: GM-2019-22 (Sammlung Hans G. Knäusel)
Nicht bei Schenk; nicht b

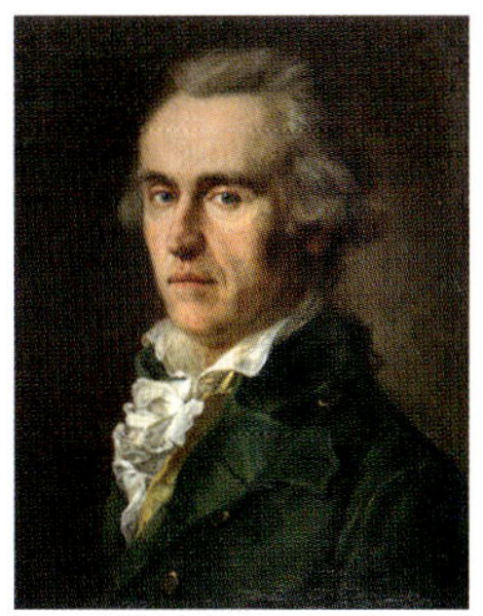

57
Unbekannter im graugrünen Rock

um 1785
Öl auf Leinwand (doubliert), 54,5 × 42,5 cm
MStM: GM-2019-23 (Slg. Hans G. Knäusel)
Nicht bei Schenk 1983; nicht bei Knäusel 2006

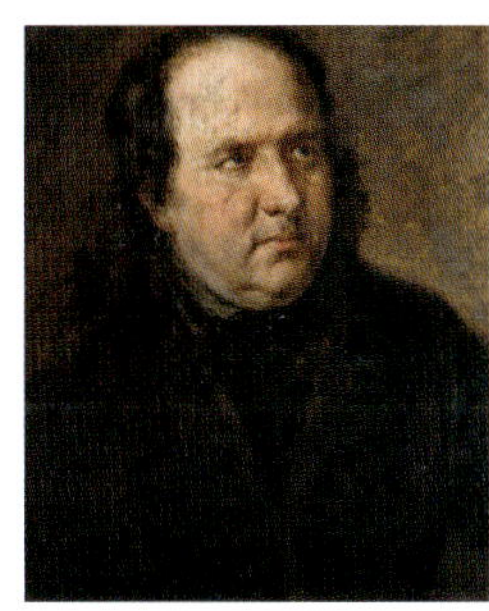

58
Unbekannter in braunem Rock und schwarzer Weste

um 1790
Öl auf Leinwand, 63,5 × 50,5 cm
MStM: GM-2019-24 (Slg. Hans G. Knäusel)
Nicht bei Schenk 1983; nicht bei Knäusel 2006

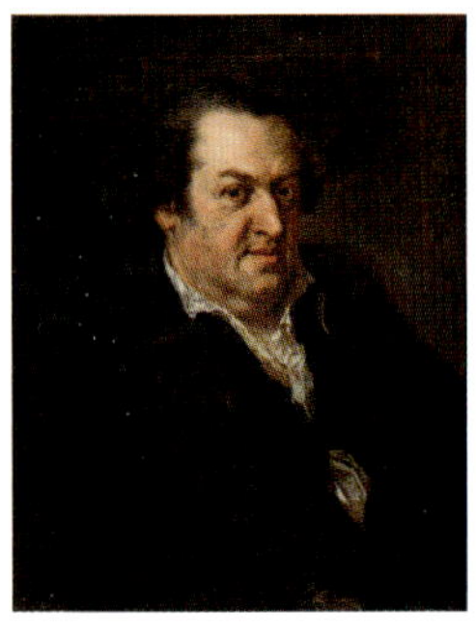

59
Unbekannter in schwarzer Kleidung
um 1800
Öl auf Leinwand, 55 × 43,5 cm
MStM: GM-2019-25 (Slg. Hans G. Knäusel)
Nicht bei Schenk 1983; nicht bei Knäusel 2006
Gemälde ↪ S. 141

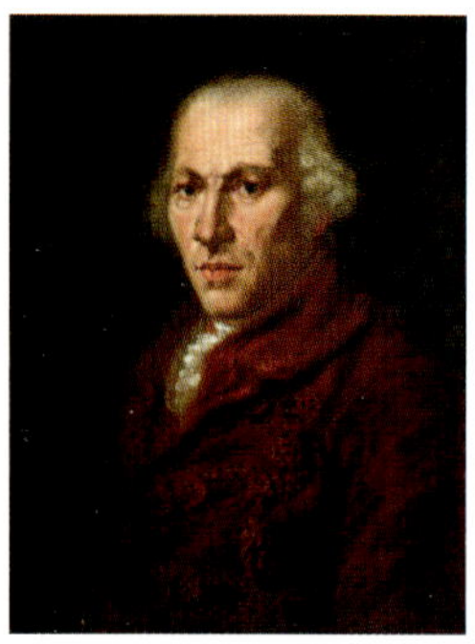

60
Unbekannter in roter Jacke (Hofbildhauer Roman Anton Boos [?])
um 1790
Öl auf Leinwand, 58,5 × 45 cm
MStM: GM-2019-26 (Slg. Hans G. Knäusel)
Nicht bei Schenk 1983; nicht bei Knäusel 2006
Der Dargestellte trägt die gleiche Jacke wie auf einem für Edlinger gesicherten Porträt von Boos (Heinemann 1924, Nr. 34). Das hier vorliegende Bild ist aber qualitativ wesentlich schlechter; evtl. handelt es sich um eine Kopie.

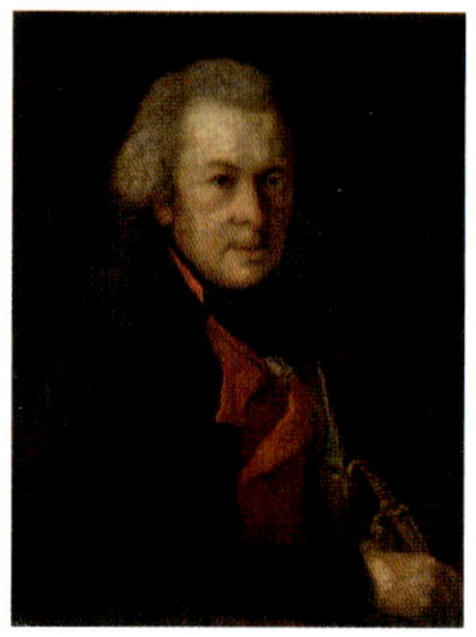

61
Unbekannter, vielleicht Johann Baptist Maierl (1759–1842)
Öl auf Leinwand, um 1790; 68,3 × 52,5cm
MStM: GM-2020-04 (Stiftung Lesmüller/Vogel)
Nicht bei Schenk 1983
Gemälde ↪ S. 140

Zeichnungen von Johann Georg Edlinger im Münchner Stadtmuseum

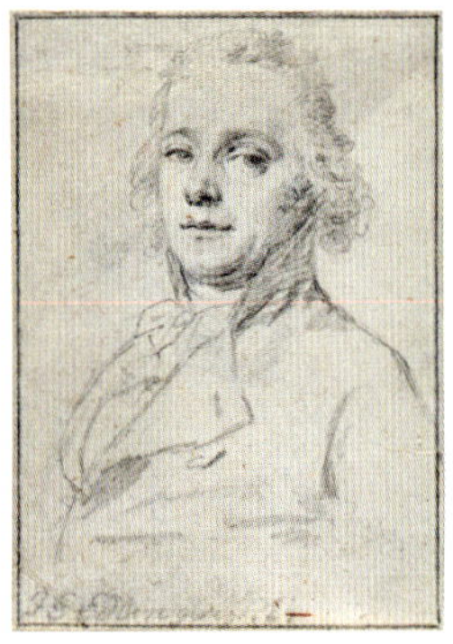

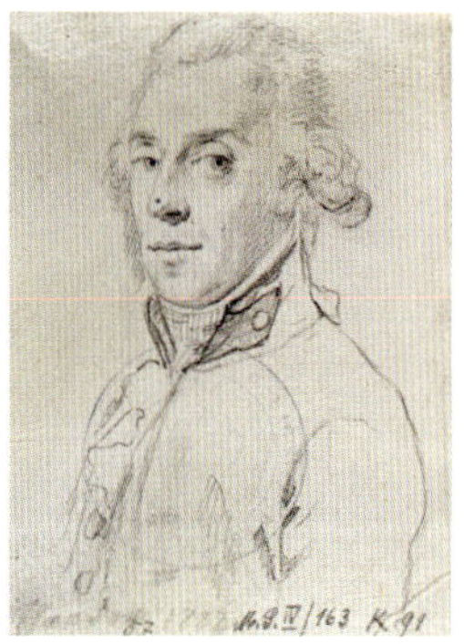

Z 1a/b
Unbekannter; rückseitig: Unbekannter
1784 und 1782
Bleistift auf Papier, 11,6 × 8,5 cm
Vorderseitig bez.: J. G. Edlinger 1784; rückseitig bez.: Theodor 1782
MStM: MS IV/163/ K 91
Schenk 1983, WK 23 und 25
Abb. ↪ S. 52

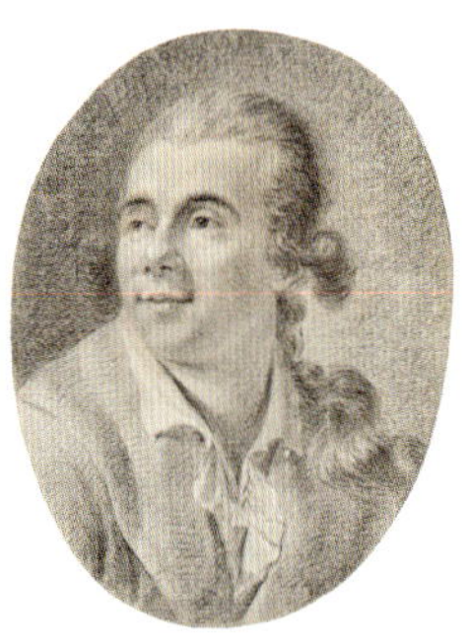

Z 2
Unbekannter junger Mann
Kreide auf Papier, 49 × 36,2 cm
unten rechts bez.: J. G. Edlinger
MStM: GM 2019-1 (Slg. Hans G. Knäusel)
Nicht bei Schenk 1983; Knäusel 2006, Nr. 36

Katalog der Edlinger-Werke in der Städtischen Galerie im Lenbachhaus, München (SGL)

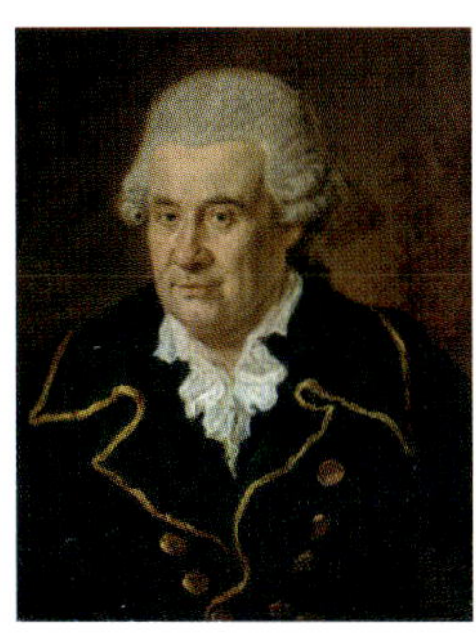

1
Johann Carl von Branca (1720–1805)
Arzt, kurfürstlicher Leibmedikus
um 1785
Öl auf Leinwand, 61,8 × 49,5 cm
SGL: G 4255
Schenk 1983, WK 37; Eschenburg/Althaus/Friedel 2009, Edlinger Nr. 9
Gemälde ↪ S. 91

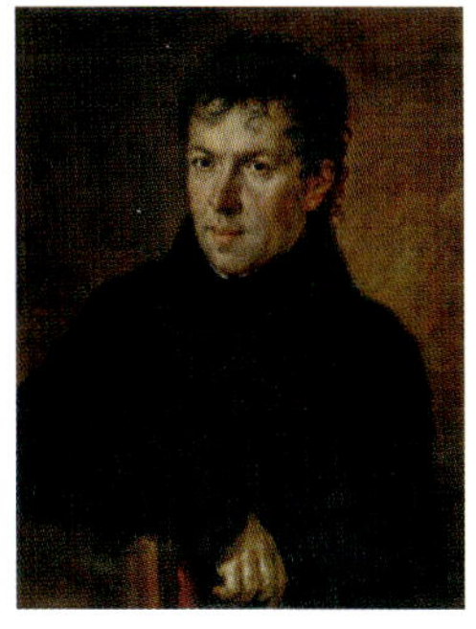

2
Johann Baptist Duschl (1770–1830)
Pfarrer; Sohn von Franz Xaver und Franziska Duschl
um 1810
Öl auf Leinwand (doubliert), 62 × 48 cm
SGL: G 4264
Heinemann 1924, Nr. 154; Schenk 1983, WK 168; Eschenburg/Althaus/Friedel 2009, Edlinger Nr. 18
Gemälde ↪ S. 129

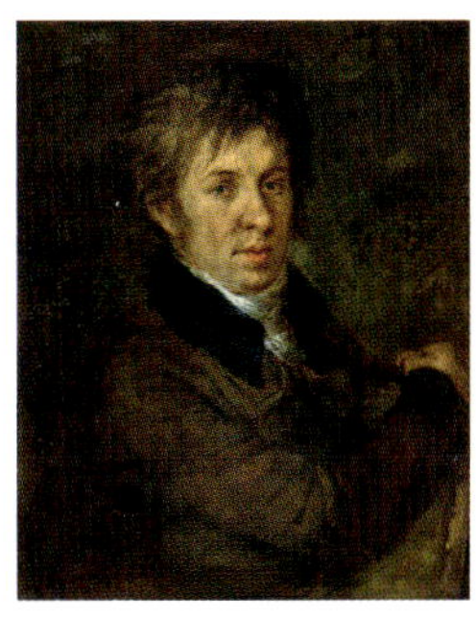

3
Joseph Sebastian von Edlinger (1775–1866)
Sohn des Malers Johann Georg Edlinger; Jurist, Landrichter
um 1805
Öl auf Leinwand (doubliert), 61 × 48,2 cm
SGL: G 4267
Heinemann 1924, Nr. 151; Schenk 1983, WK 154; Eschenburg/Althaus/Friedel 2009, Edlinger Nr. 21
Gemälde ↪ S. 44

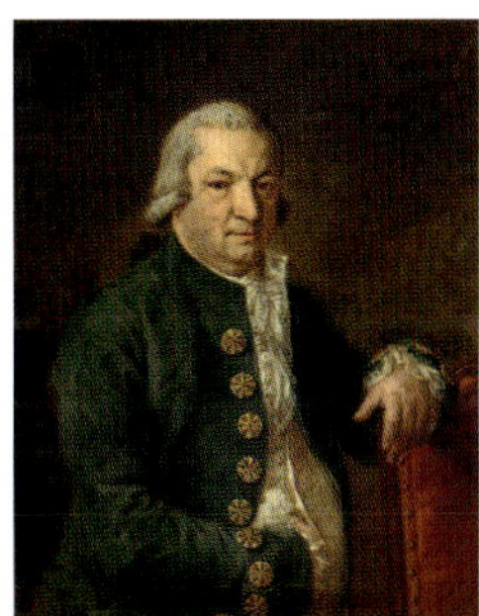

4
Benno Ignaz von Hofstetten (1748–1811)
Hofrat, Hofoberrichter und Gerichtsherr ob der Au
um 1790
Öl auf Leinwand (doubliert), 83,8 × 66,5 cm
SGL: G 1575
Schenk 1983, WK 91; Eschenburg/Althaus/Friedel 2009, Edlinger Nr. 6
Gemälde ↪ S. 94

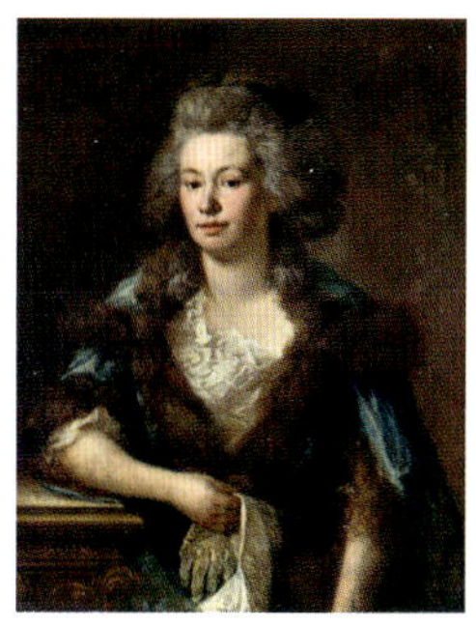

5
Maria Theresia von Hofstetten, geb. von Soyer (Daten unbekannt)
Ehefrau von Benno Ignaz Hofstetten
um 1790
Öl auf Leinwand, 85,5 × 66,5 cm
SGL: G 1576
Schenk 1983, WK 92; Eschenburg/Althaus/Friedel 2009, Edlinger Nr. 7
Gemälde ↪ S. 94

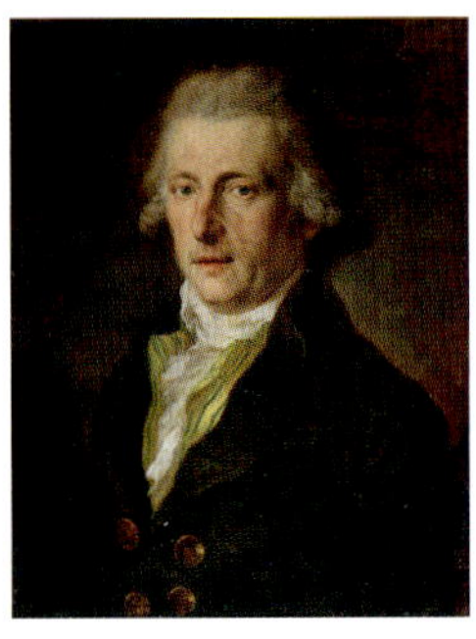

6
Franz Seraph Freiherr von Lafabrique (1750–1815)
Jurist
um 1795
Öl auf Leinwand (doubliert), 62,5 × 49,5 cm
Rückseitig bez.: Herr Lafabrique aus dem Besitz seiner Nachkommen V. S. […]bach, München […]erstraße […]
SGL: G 532
Heinemann 1924, Nr. 29; Schenk 1983, WK 34; Eschenburg/Althaus/Friedel 2009, Edlinger Nr. 2

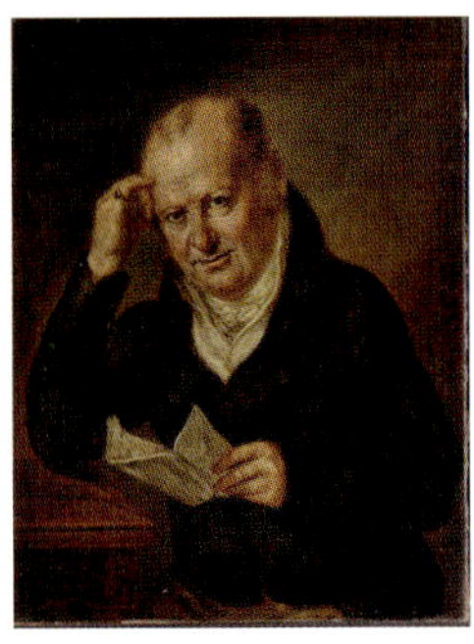

7
Josua Westheimer (1756–1822)
Bankier
1813
Öl auf Leinwand (doubliert), 80,4 × 62,5 cm
SGL: G 4273
Schenk 1983, WK 186 A; Eschenburg/Althaus/Friedel 2009, Edlinger Nr. 26
Gemälde ↪ S. 132

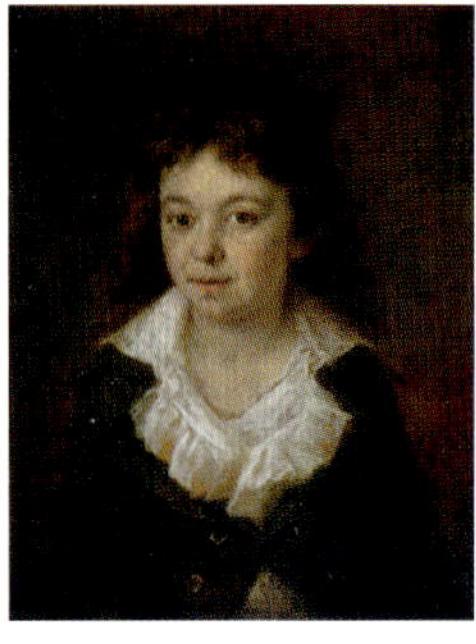

8
Knabe
um 1790
Öl auf Leinwand (doubliert), 55,7 × 43,8 cm
SGL: G 281
Schenk 1983, WK 102; Eschenburg/Althaus/Friedel 2009, Edlinger Nr. 1

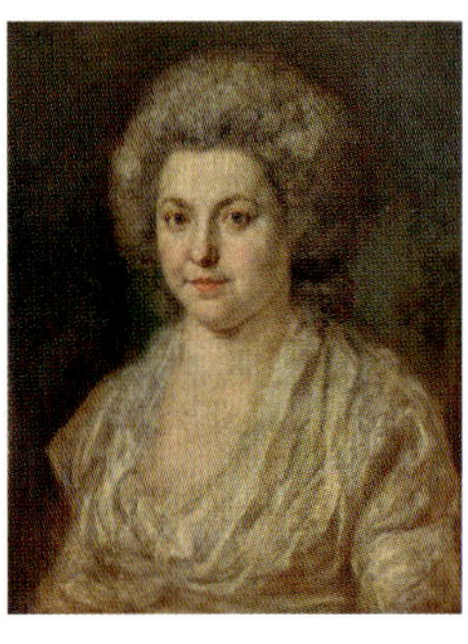

9
Dame mit Lockenfrisur
um 1785
Öl auf Leinwand (doubliert), 61 × 48,5 cm
SGL: G 533
Schenk 1983, WK 103; Eschenburg/Althaus/Friedel 2009, Edlinger Nr. 3

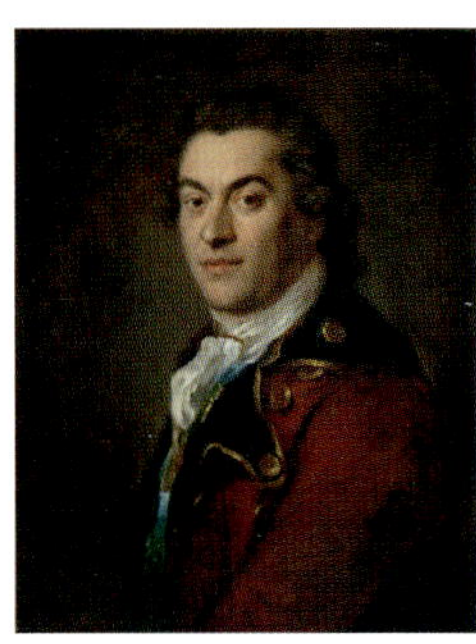

10
Jüngerer Herr im rotbraunen Rock
nach 1785
Öl auf Leinwand (doubliert), 66,4 × 52,5 cm
SGL: G 1121
Schenk 1983, WK 42; Eschenburg/Althaus/Friedel 2009, Edlinger Nr. 5

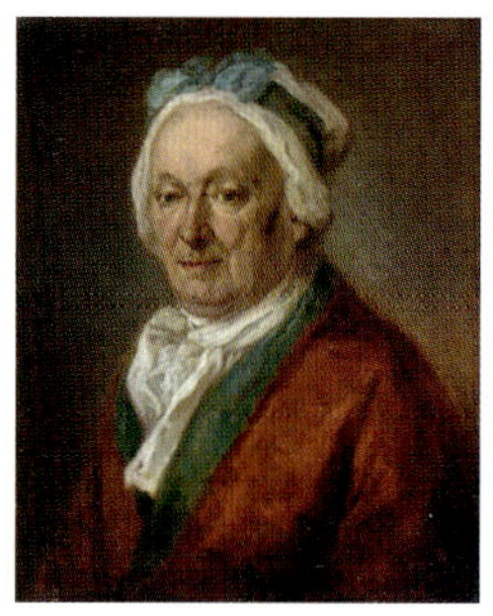

11
Unbekannter mit Haushaube
um 1785
Öl auf Leinwand (doubliert), 56,8 × 46,1 cm
SGL: G 4254
Schenk 1983, WK 5; Eschenburg/Althaus/Friedel 2009, Edlinger Nr. 8
Gemälde ↪ S. 139

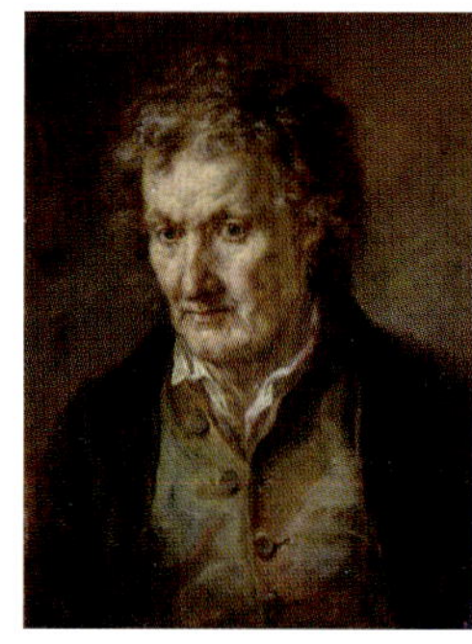

12
Alter Mann
um 1780
Öl auf Leinwand, 54,6 × 40,5 cm
SGL: G 4256
Heinemann 1924, Nr. 115; Schenk 1983, WK 39; Eschenburg/Althaus/Friedel 2009, Edlinger Nr. 10

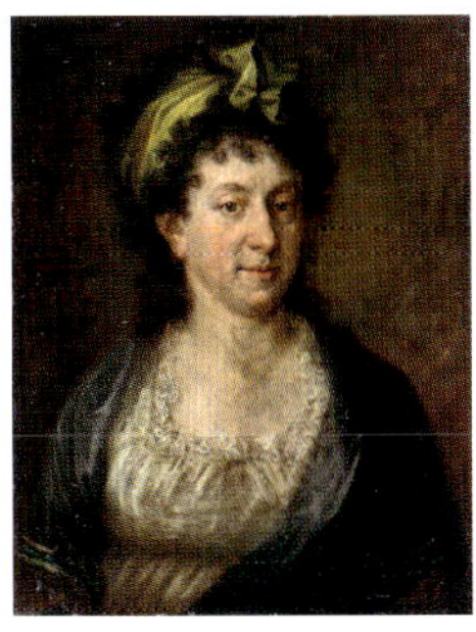

13
Unbekannte
um 1805
Öl auf Leinwand, 60,5 × 47,5 cm
SGL: G 4257
Nicht bei Schenk 1983; Eschenburg/Althaus/Friedel 2009, Edlinger Nr. 11
Gemälde ↪ S. 141

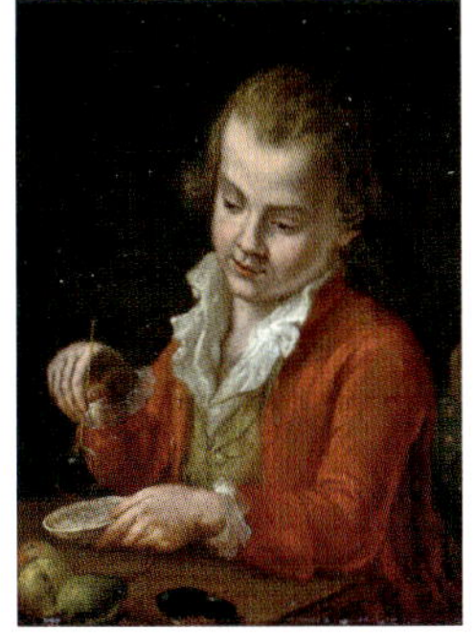

14
Knabe beim Seifenblasen-Spiel, eventuell Joseph Sebastian Edlinger
um 1770
Öl auf Leinwand, 58,7 × 43 cm
SGL: G 4258
Paulus, Nr. 25 (datiert 1785/1795; dort als Sohn des Malers bezeichnet); nicht bei Schenk 1983; Eschenburg/Althaus/Friedel 2009, Edlinger Nr. 12
Gemälde ↪ S. 135

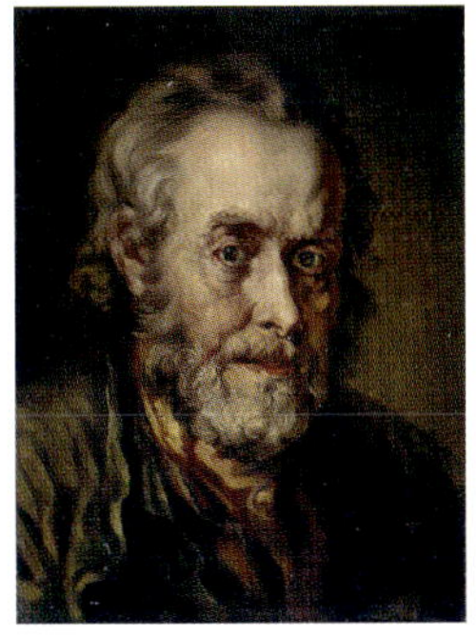

15
Bärtiger älterer Mann, genannt »Der Handwerker«
um 1810
Öl auf Leinwand, 43 × 32 cm
SGL: G 4259
Nicht bei Schenk 1983; Eschenburg/Althaus/Friedel 2009, Edlinger Nr. 13
Gemälde ↪ S. 167

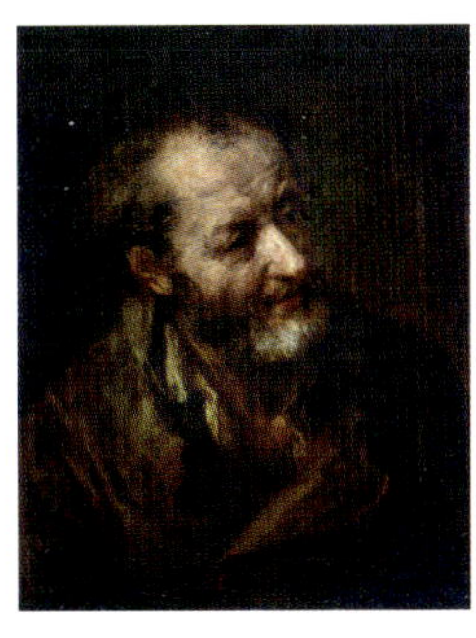

16
Alter Mann
um 1805/1815
Öl auf Leinwand, 55 × 43 cm
SGL: G 4260
Heinemann 1924, Nr. 116; Schenk 1983, WK 157; Eschenburg/Althaus/Friedel 2009, Edlinger Nr. 14
Gemälde ↪ S. 166

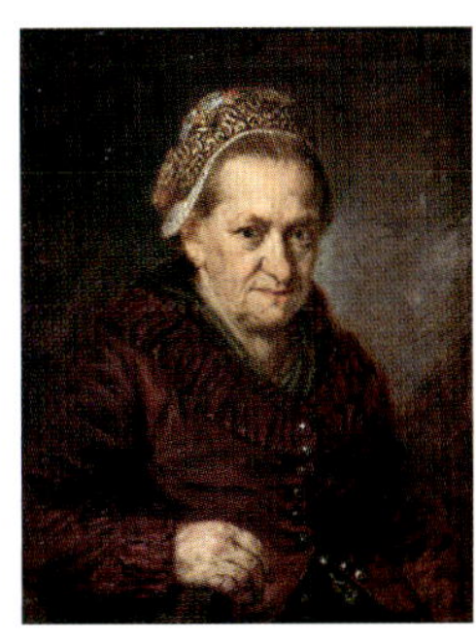

17
Unbekannte Münchnerin mit Riegelhaube
um 1785
Öl auf Leinwand; 65,5 × 50 cm
SGL: G 4261
Schenk 1983, WK 100; Eschenburg/Althaus/Friedel 2009, Edlinger Nr. 15
Gemälde ↪ S. 138

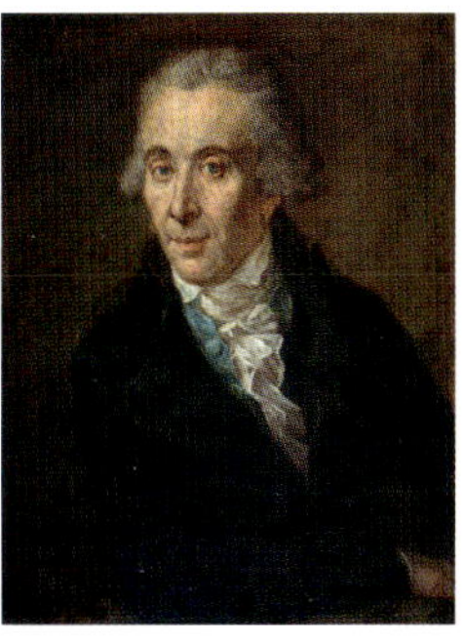

18
Herr in Rock und blauer Weste
um 1775
Öl auf Leinwand (doubliert), 63 × 48,5 cm
SGL: G 4262
Heinemann 1924, Nr. 79; Schenk 1983, WK 52; Eschenburg/Althaus/Friedel 2009, Edlinger Nr. 16

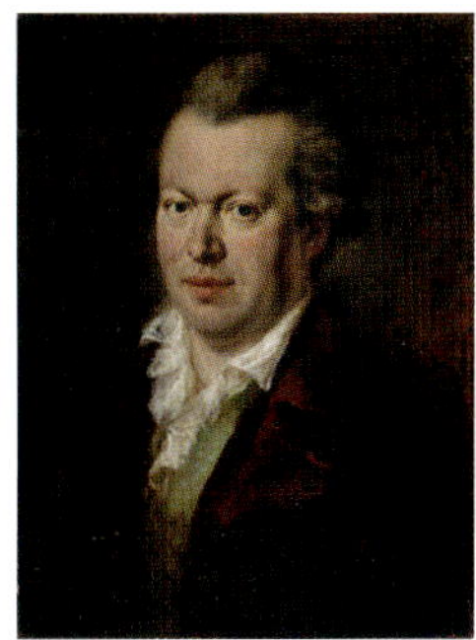

19
Herr im rötlichbraunen Rock
um 1785
Öl auf Leinwand (doubliert), 58,5 × 44,5 cm
SGL: G 4263
Heinemann 1924, Nr. 43; Schenk 1983, WK 18; Eschenburg/Althaus/Friedel 2009, Edlinger Nr. 17

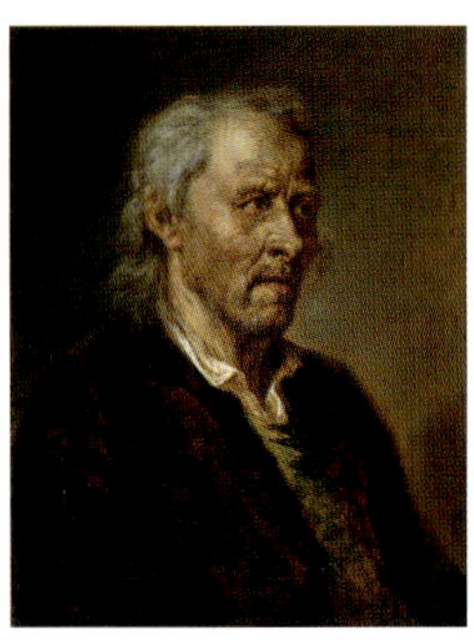

20
Alter Mann im braunen Rock
um 1800/1815
Öl auf Leinwand, 55 × 43 cm
SGL: G 4265
Heinemann 1924, Nr. 102; Schenk 1983, WK 130; Eschenburg/Althaus/Friedel 2009, Edlinger Nr. 19
Gemälde ↪ S. 164

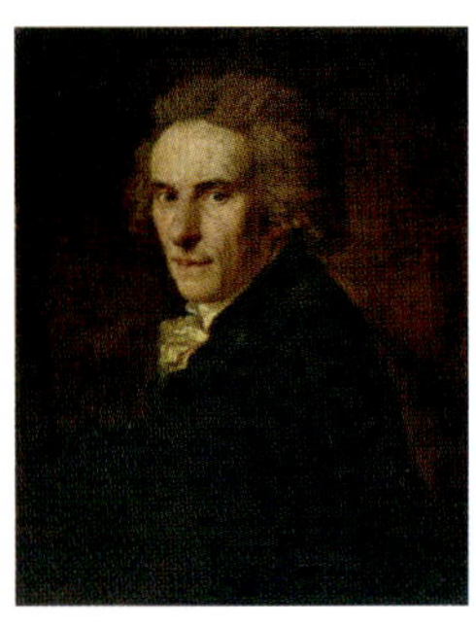

21
Unbekannter Herr
um 1790
Öl auf Leinwand (doubliert), 61 × 49,8 cm
SGL: G 4266
Heinemann 1924, Nr. 121; Schenk 1983, WK 133; Eschenburg/Althaus/Friedel 2009, Edlinger Nr. 20

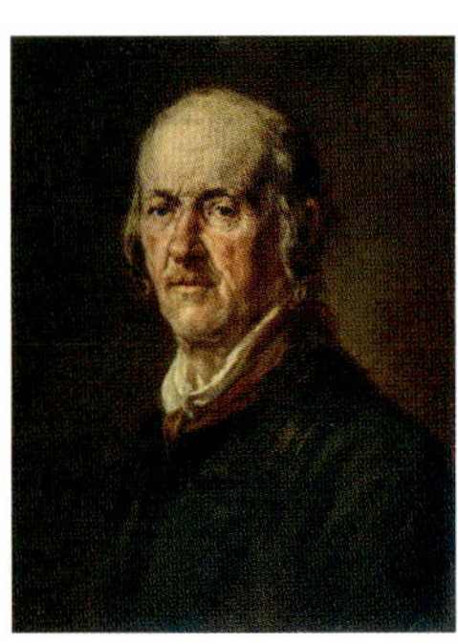

22
Alter Mann mit Schläfenlocken
1790/1815
Öl auf Leinwand, 54,8 × 42,7 cm
SGL: G 4268
Schenk 1983, WK 131; Eschenburg/Althaus/Friedel 2009, Edlinger Nr. 22
Gemälde ↪ S. 164

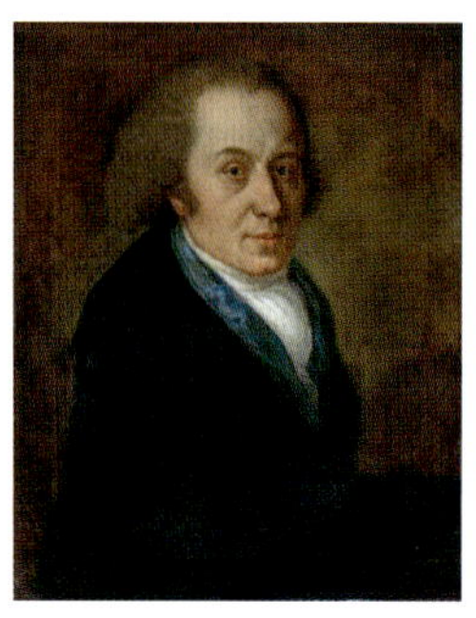

23
Unbekannter Herr
um 1785
Öl auf Leinwand, 63 × 51,2 cm
SGL: G 4269
Nicht bei Schenk 1983; Eschenburg/Althaus/Friedel 2009, Edlinger Nr. 23

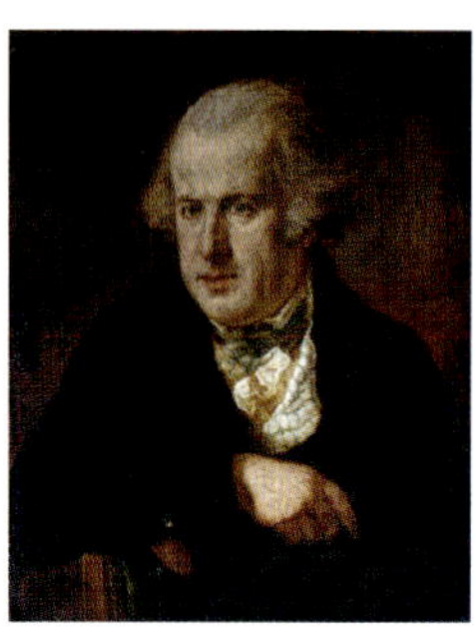

24
Unbekannter Herr, ehemals als Roman Anton Boos bezeichnet
um 1795
Öl auf Leinwand (doubliert), 63,5 × 50,7 cm
SGL: G 4270
Heinemann 1924, Nr. 38; Schenk 1983, WK 147; Eschenburg/Althaus/Friedel 2009, Edlinger Nr. 24

Edlinger abzusprechen ist das Gemälde

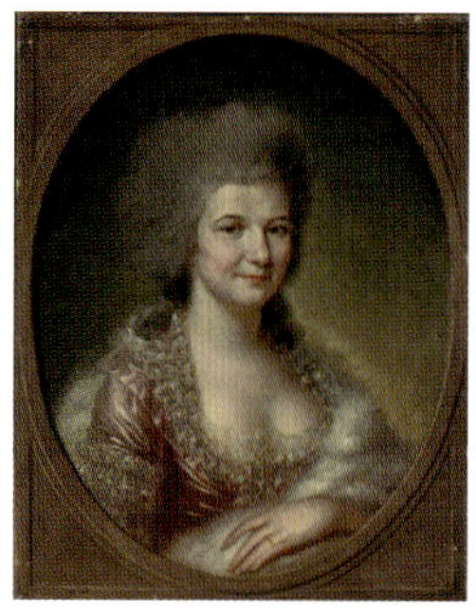

Unbekannte Hofdame
SGL: G 4271
Eschenburg/Althaus/Friedel 2009, Edlinger Nr. 25

Zeichnung von Johann Georg Edlinger in der Städtischen Galerie im Lenbachhaus

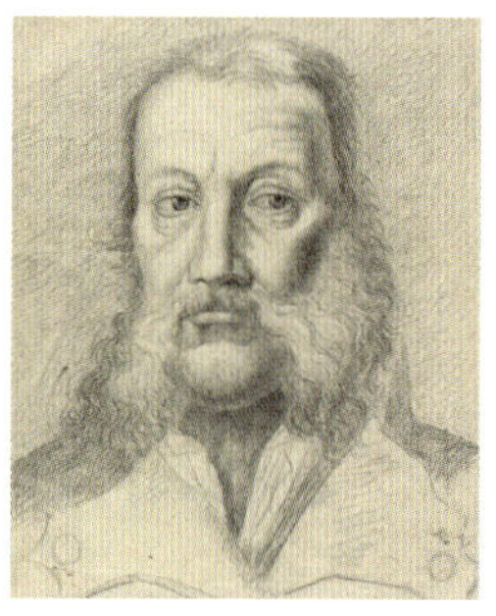

Männliches Bildnis
undatiert
Bleistift auf Papier, 41 × 34,8 cm
SGL: G 9678
Nicht bei Schenk 1983

Archive und ausgewählte Literatur

Abkürzungen

ADB — Allgemeine Deutsche Biographie
AEM — Archiv des Erzbischöflichen Ordinariats München-Freising
AK — Ausstellungskatalog
BAdW — Bayerische Akademie der Wissenschaften, München
BayHStA — Bayerisches Hauptstaatsarchiv, München
BNM — Bayerisches Nationalmuseum, München
BSB — Bayerische Staatsbibliothek, München
BStGS — Bayerische Staatsgemäldesammlungen, München
BSV — Bayerische Schlösserverwaltung, München
GNM — Germanisches Nationalmuseum, Nürnberg
MStM — Münchner Stadtmuseum, München
NDB — Neue Deutsche Biographie
NPG — National Portrait Gallery, London
SKD — Staatliche Kunstsammlungen, Dresden
StA München — Staatsarchiv München, München
StadtA München — Stadtarchiv München, München
SGL — Städtische Galerie im Lenbachhaus, München
SGS — Staatliche Graphische Sammlung, München
Th-B — Thieme/Becker: Allgemeines Lexikon der Bildenden Künstler von der Antike bis zur Gegenwart
WAF — Wittelsbacher Ausgleichsfonds München
WK — Werkkatalog
ZBLG — Zeitschrift für Bayerische Landesgeschichte

Benutzte Archive

Archiv des Erzbistums München-Freising, München
Archiv Paulus, Burglengenfeld
Archiv der Bayerischen Akademie der Wissenschaften, München
Bayerisches Hauptstaatsarchiv, München
Diözesanarchiv Graz-Seckau, Graz
Marchivium, Historisches Archiv, Mannheim
Staatsarchiv München
Stadtarchiv München
Universitätsarchiv der Akademie der bildenden Künste, Wien

Ausgewählte Literatur

AK Berlin 1906
Ausstellung deutscher Kunst aus der Zeit von 1775 bis 1875 in der Königlichen Nationalgalerie, Berlin 1906, hg. vom Vorstand der Deutschen Jahrhundertausstellung, München 1906

AK München 1811
Katalog der Kunstausstellung der Königlich-baierischen Akademie der bildenden Künste, München 1811

AK München 1814
Katalog der Kunstausstellung der Königl. Akademie der bildenden Künste in München 1814, München 1814

AK München 1858
Katalog zur deutschen und allgemeinen und historischen Kunstausstellung in München, München 1858

AK München 1888
Illustrierter Katalog der III. Internationalen Kunstausstellung im Königl. Glaspalaste zu München 1888, München 1888

AK München 1901
Führer durch die kunst- und kulturgeschichtliche Ausstellung »München im XVIII. Jahrhundert«, München 1901

AK München 1906
Münchener Künstler-Genossenschaft: Münchener Jahres-Ausstellung 1906 im Kgl. Glaspalast. Bayerische Kunst 1800–1850, München 1906

AK München 1913
Kunstverein München / Verein bayerischer Kunstfreunde (Hg.): Malerei und Plastik des 18. Jahrhunderts in Bayern und Grenzlanden, München 1913

AK München 1920
Galerie Heinemann, Münchner Malerei um 1800, München 1920 (Text: Adolf Feulner)

AK München 1926
Galerie Heinemann: München im Bilde von 1800 bis 1926, München 1926

AK Nürnberg 1999
Eitelkeit und Selbsterkenntnis. Selbstbildnisse des 17. und 18. Jahrhunderts im Germanischen Nationalmuseum, Nürnberg 1999

Angerer 1984
Angerer, Birgit: Die Münchner Kunstakademie zwischen Aufklärung und Romantik. Ein Beitrag zur Kunsttheorie und Kunstpolitik unter Max I. Joseph, (Miscellanea Monacensia Bavarica 123) München 1984

Baumgartner 1805
Baumgartner, Anton: Polizei-Übersicht von München vom Monat Dez. 1804 bis zum April 1805, München 1805

Bayer. Akademie der Wissenschaften 1959/1963
Geist und Gestalt, Biographische Beiträge zur Geschichte der Bayerischen Akademie der Wissenschaften vornehmlich im zweiten Jahrhundert ihres Bestehens, Bd. 3: Buchner, Ernst: Bilder, München 1959 und Ergänzungsband, 1. Hälfte: Thürauf, Ulrich: Gesamtverzeichnis der Mitglieder der Bayerischen Akademie der Wissenschaften in den ersten beiden Jahrhunderten ihres Bestehens 1759–1959, München 1963

Beenken 1944
Beenken, Hermann: Das neunzehnte Jahrhundert in der deutschen Kunst. Aufgaben und Gehalte, München 1944

Bekh 1974
Bekh, Wolfgang Johannes: Die Münchner Maler, Pfaffenhofen a. d. Ilm 1974, Kap. »Joseph Georg Edlinger«, S. 58–79

Buchheit 1954
Buchheit, Hans: Unbekannte Kunstwerke in Privatbesitz. Festschrift zum 90jährigen Bestehen des Münchener Alterumsvereins e.V., München 1954

Eichner 1981
Eichner, Elisabeth: Das Kurpfälzische Porträt im 18. Jahrhundert. Untersuchungen zur Porträtmalerei am Hofe der beiden Kurfürsten Carl Philipp (1717–1742) und Carl Theodor (1742–1799), Heidelberg 1981

Erxleben 1942
Erxleben, Eleonore: Münchner Zeitungsverleger von der Aufklärung bis zum Revolutionsjahr 1848, Würzburg 1942

Eschenburg/Althaus/Friedel 2009
Eschenburg, Barbara / Althaus, Karin / Friedel, Helmut (Hg.): Vom Spätmittelalter bis zur Neuen Sachlichkeit. Die Gemälde im Lenbachhaus München, München und Berlin 2009, S.236–237

Feulner 1926
Adolf Feulner (Bearb.): Die Sammlung Hofrat Sigmund Röhrer im Besitze der Stadt Augsburg, Augsburg 1926

Feulner 1929
Feulner, Adolf: Skulptur und Malerei des 18. Jahrhunderts in Deutschland, München 1929

Fleischmann 1822
Fleischmann, Ernst August (Hg.): Sammlung von Bildnissen denkwürdiger Männer, gemalt von Edlinger, und in Kupfer gestochen von John, München 1822

Füssli 1806–1808
Füssli, Rudolf: Allgemeines Künstler-Lexikon, Bd. II, Zürich 1806–1808, S. 320

Götz 1994
Götz, Ulrike: Aus dem Depot ans Licht. Portraitmalerei um 1800. Neuentdeckungen und Neuerwerbungen im Museum des Historischen Vereins Freising, (Kleine Veröffentlichungen des Historischen Vereins Freising 5) Freising 1994, S. 5, 11

Goldschmidt 1906
Goldschmidt, August: Johann Georg Edlinger, in: Münchner Jahrbuch für Bildende Kunst 1, 1906, S. 6–27

Goldschmidt 1908
Goldschmidt, August: Zur Kenntnis Johann Georg Edlingers und seiner Zeit, in: Monatshefte für Kunstwissenschaft 1, 1908, S. 68–870

Grimm 1913
Grimm, Ludwig Ernst: Erinnerungen aus meinem Leben, Leipzig 1913

Haefs 1998
Haefs, Wilhelm: Aufklärung in Altbayern. Leben, Werk und Wirkung Lorenz Westenrieders, Neuried 1998

Hammermayer 1983
Hammermayer, Ludwig: Geschichte der bayerischen Akademie der Wissenschaften 1759–1807, 2 Bde., München 1983

Hanfstaengl 1959
Hanfstaengl, Erika: Edlinger, Joseph Georg, in: Neue Deutsche Biographie 4 (1959), S. 316f.

Hazzi 1803
Hazzi, Joseph: Statistische Aufschlüsse über das Herzogthum Baiern, 3. Band, 1. Abt., Nürnberg 1803, S. 379–380

Heinemann 1924
Heinemann, Lili Charlotte: Johann Georg Edlinger, ein Münchener Porträtmaler vom Ende des 18. Jahrhunderts, (Diss.) München 1924

Huber 1997
Huber, Brigitte: Ein Pantheon der kleinen Leute. Die Bildergalerie des Münchner Buchhändlers Johann Baptist Strobl (1748–1805), Eurasburg 1997

Huber 2002
Huber, Brigitte: Johann Georg Edlinger, in: Saur Allgemeines Künstlerlexikon 32 (2002), S. 182–183

Huber 2015
Huber, Brigitte: Johann Georg Edlinger (1741–1819) und die »Sammlung Knäusel«. Das Münchner Stadtmuseum erhielt 27 Gemälde des Münchner Malers, in: Amperland Heft 4, 2015, S. 474–477

Huber 2016
Huber, Brigitte: Eine Porträtsammlung von kunst- und stadtgeschichtlicher Bedeutung. Das Münchner Stadtmuseum erhielt 27 Gemälde des Münchner Hofmalers Johann Georg Edlinger (1741–1819), in: Schönere Heimat 1, 2016, S. 45–50

Kanz 1993
Kanz, Roland: Dichter und Denker im Porträt, München 1993, S. 168–171

Kluckhohn 1882
Kluckhohn, August: Aus dem handschriftlichen Nachlasse L. Westenrieders, 1. Abt. Denkwürdigkeiten und Tagebücher, München 1882

Kluxen 1989
Kluxen, Andrea M.: Das Ende des Standesporträts, München 1989

Knäusel 2006
Knäusel, Hans G.: Porträts erzählen Geschichte. Der Münchner Hofmaler Johann Georg Edlinger (1741–1819) und seine Modelle, Altomünster 2006

Krempelhuber 1971
Krempelhuber, Sebastian Ludwig von: Briefe an seinen Sohn Sebastian Willibald aus den Jahren 1808 bis 1810, Neustadt/Aisch 1971

Lipowsky 1819
Lipowsky, Felix Joseph: Bayerisches Künstler-Lexicon, München 1810, Bd. I, S. 67f. (Ettlinger)

Lochbrunner 2012
Lochbrunner, Anja: Der Münchner Verleger Johann Baptist Strobl und die bayerische Zensur im 18. Jahrhundert, München 2012 (unveröffentlichte Bachelorarbeit)

Mai 2010
Mai, Ekkehard: Die deutschen Kunstakademien im 19. Jahrhundert. Künstlerausbildung zwischen Tradition und Avantgarde, Köln u.a. 2010, S. 97–106

Maillinger 1876–1886
Maillinger, Joseph: Bilder-Chronik der Königlichen Haupt- und Residenzstadt München, München 1876ff.

Mannlich 1805
Mannlich, Christian von: Beschreibung der Churpfalzbaierischen Gemälde-Sammlungen zu München und zu Schleißheim, München 1805

Meine-Schawe 2004
Meine-Schawe, Monika: »… alles zu leisten, was man in Kunstsachen nur verlangen kan«. Die Münchner Akademie der bildenden Künste vor 1808, in: Oberbayerisches Archiv 128 (2004), S. 125–181

Meusel 1782
Meusel, Johann Georg: Miscellaneen artistischen Inhalts, Heft 13, Erfurt 1782, S. 46–47

Meusel 1789
Meusel, Johann Georg: Teutsches Künstlerlexicon, Teil II, Lemgo 1789, S. 35

Meusel 1792
Meusel, Johann Georg: Museum für Künstler und für Kunstliebhaber, 18. Stück, Mannheim 1792, S. 459–460

Müller 1817
Müller, Christian: München unter König Maximilian Joseph I.: ein historischer Versuch zu Baierns rechter Würdigung, Teil 2, Mainz 1817, S. 297

Müller-Meiningen 2000
Müller-Meiningen, Johanna: Der blau gestreifte Reiter. Gemälde aus dem Münchner Stadtmuseum, Wolfratshausen 2000, S. 118–119, 130–131, 235–253

Nagler 1837
Nagler, G. K., Neues allgemeines Künstler-Lexicon, Bd. 4, München 1837, S. 272–273

Oldenbourg 1922/1983
Oldenbourg, Rudolf: Die Münchner Malerei im 19. Jahrhundert, München 1922 (revidierte Neuausgabe von Eberhard Ruhmer, 1983)

Paulus 1929
Ausst.-Kat. Galerie Paulus: Johann Georg Edlinger, München 1929 (Text: Richard Paulus)

Pecht 1888
Pecht, Friedrich: Geschichte der Münchener Kunst im neunzehnten Jahrhundert, München 1888

Röske 2007
Röske, Thomas: »Wahnsinnige« – Überlegungen zu revolutionären Porträtzeichnungen von Johann Georg von Dillis, in: Abhandlungen der Braunschweigischen Wissenschaftlichen Gesellschaft 59, 2007, S. 255–266

Schenk 1983
Schenk, Rolf: Der Münchner Porträtmaler Johann Georg Edlinger, (Miscellanea Bavarica Monacensia 107) München 1983

Seinsheim 1922
Seinsheim, Marie: Wie Johann Georg Edlinger Porträtmaler wurde, in: Bayerland 33, 1921/22, S. 163

Stetten 1788
Stetten, Paul von: Kunst-, Gewerb- und Handwerks-Geschichte der Reichs- Stadt Augsburg, 2. Theil, Augsburg 1788

Thane 2005
Thane, Pat: Das Alter. Eine Kulturgeschichte, Berlin 2005

Trautmann 1869
Trautmann, Franz: Kunst und Kunstgewerbe vom frühesten Mittelalter bis Ende des achtzehnten Jahrhunderts, Nördlingen 1869, S. 299

Trautmann 1914
Trautmann, Karl: Was die alte Herzogspitalgasse erzählt, in: Kulturbilder aus Alt-München, Bd. 1, München 1914, S. 125–179

Wastler 1883
Wastler, Josef: Steirisches Künstler-Lexicon, Graz 1883, S. 18

Westenrieder 1781
Westenrieder, Lorenz: Baierische Beyträge zur schönen und nützlichen Litteratur, 3. Jhg., Bd. 1, München 1781, S. 383

Westenrieder 1782
Westenrieder, Lorenz: Jahrbuch der Menschengeschichte in Bayern, München 1782, S. 169

Westenrieder 1783
Westenrieder, Lorenz: Beschreibung der Haupt- und Residenzstadt München (im gegenwärtigen Zustande), München 1783, S. 402

Wieczorek/Probst/Koenig 1999
Wieczorek, Alfried / Probst, Hansjörg / Koenig, Wieland (Hg.): Lebenslust und Frömmigkeit – Kurfürst Carl Theodor (1724–1799) zwischen Barock und Aufklärung. Handbuch und Ausstellungskatalog (2 Bde.), Regensburg 1999

Winkler 1975
Winkler, Rolf Arnim: Die Frühzeit der deutschen Lithographie. Katalog der Bilddrucke von 1796–1821, (Materialien zur Kunst des 19. Jahrhunderts, Bd. 16) München 1975

Wurzbach 1856–1891
Wurzbach, Constantin von: Biographisches Lexikon des Kaiserthums Oesterreich, Wien 1856–1891

Personenregister

Nicht in allen Fällen war es möglich, die Lebensdaten der aufgeführten Personen zu ermitteln.

Dank gebührt

Dr. Karin Althaus, Städtische Galerie im Lenbachhaus, München
Ulrich Graf Arco-Zinneberg, Moos
Dr. Richard Bauer, München
Gabriele von Dall'Armi, München
Jonas von Dall'Armi, Unterföhring
Dr. Marlies Dornig, Österreichische Nationalbibliothek, Wien
Inga Fesl, Stadtarchiv München
Helmut Größ, Vierkirchen
Dr. Michael Grünwald, München
Dr. Frauke von der Haar, Münchner Stadtmuseum
Prof. Dr. Werner Hansen, München
Elisabeth Hinterstocker, Heimatmuseum Bad Tölz
Dr. Nico Kirchberger, Münchner Stadtmuseum
Dr. Gerlinde Lerch, Bundesdenkmalamt, Abt. Salzburg
Dr. Ingrid Kastel, Graphische Sammlung Albertina, Wien
Dr. Nico Kirchberger, Münchner Stadtmuseum
Doris Knäusel, Erdweg
Mag. Claudia Koch, Akademie der bildenden Künste, Wien
Dr. Horst Kollmann, Weitnau
Ina Edle von Lengrießer, Bad Salzuflen
Anja Lochbrunner, München
Andreas von Majewski, Wittelsbacher Ausgleichsfonds, München
Dr. Matthias Mühling, Städtische Galerie im Lenbachhaus, München
Karolina Paula, München
Prof. Dr. Helmut-Eberhard Paulus, Burglengenfeld
Kurt Paulus, Ottobrunn
Dr. Johann Pörnbacher, Bayerische Akademie der Wissenschaften, München
Lidvine Gräfin von Preysing, Eching
Wolfgang Pulfer, München
Dr. Christian Quaeitzsch, Bayerische Schlösserverwaltung, München
Bernhard Graf von Rechberg, Donzdorf
Michael Ritter, Landesverein für Heimatpflege, München
Andreas Ruef, Kunstauktionshaus Hugo Ruef, München
Michael und Martina Scheublein, Scheublein Art und Auktionen KG, München
Mag. Peter Schindler, Stadtarchiv Graz
Dr. Susanne Schlösser, Marchivium, Historisches Archiv, Mannheim
Dr. Eva Schober, Universitätsarchiv der Akademie der bildenden Künste, Wien
Mag. René Schober, Kupferstichkabinett der Akademie der bildenden Künste, Wien
Dr. Rainer Schuster, Kunstauktionshaus Neumeister, München
Meinolf Schwarzenau, Stadtarchiv München
Dr. Michael Stephan, Stadtarchiv München
Dr. Josef Straßer, München
Dr. Elisabeth Stürmer, Münchner Stadtmuseum
Hans C. Graf zu Toerring-Jettenbach, Schloss Seefeld
Hans-Veit Graf zu Toerring-Jettenbach, Winhöring
Brigitte Ullrich, Überlingen
Dr. Thomas Weidner, Münchner Stadtmuseum
Dr. Peter Winkler, Weilheim
Josef Winterholler, Pasenbach
Dr. Helmut Zäh, Augsburg
Michael Zellner, Münchner Stadtmuseum

Fotonachweis

Abensberg, Stadtmuseum 107 (93)
Augsburg, Städt. Kunstsammlungen 19, 54, 95 (72), 156, 163 (155), 165 (161), 166 (162, 165), 189 (G50)
Bad Tölz, Heimatmuseum 22, 23, 111
Berlin:
- Nationalgalerie: Jörg P. Anders 72 (27); Andres Kilger 93 (65)
- Gemäldegalerie: Jörg P. Anders 81 (46); Volker-H. Schneider 136

© 2021 bpk Bildagentur:
- Dresden, Gemäldegalerie Alter Meister, Elke Estel S. 15
- München, Bayer. Staatsgemäldesammlungen S. 39 (1), 43, 45 (13), 51, 55 (26), 56 (27), 73 (28), 99 (79), 106, 131, 140 (147), 145
- Berlin, Gemäldegalerie, Jörg P. Anders S. 72 (27), 81 (46); Andres Kilger S. 93 (65); Volker-H. Schneider S. 136
- Hamburger Kunsthalle, Elke Walford S. 83 (49)

Burglengenfeld, Archiv Paulus: Kurt Paulus 20, 39 (2/3), 44 (10), 45 (12), 63, 80, 85 (51), 91 (63), 99 (78), 132 (134), 134 (137), 135 (139), 147
Darmstadt, Hessisches Landesmuseum: Wolfgang Fuhrmannek 69
Dresden, Gemäldegalerie Alter Meister, Elke Estel 15
Düsseldorf, Kunstpalast, Horst Kolberg 121
Frankfurt am Main
- Freies Deutsches Hochstift / Goethe-Museum 25
- Städel Museum, Ursula Edelmann 53 (23)

Freising, Diözesanmuseum 117
Graz, Universalmuseum Johanneum, N. Lackner 138 (143)
Halberstadt, Gleimhaus, Museum der deutschen Aufklärung 122 (116)
Hamburg, Kunsthalle, Elke Walford 83 (49)
Köln, Rheinisches Bildarchiv 110
Landshut, Museen der Stadt Harry Zdera 112, 116 (105)
London, National Portrait Gallery 56 (28)
München:
- Auktionshaus Neumeister 65, 139 (144), 141, 150 (35), 163 (154)
- Bayer. Akademie der Wissenschaften 95 (71), 96, 118 (109), 119 (110)
- Bayer. Nationalmuseum, Bastian Krack, Marianne Stöckmann 53 (22), 68, 83 (48), 88 (55), 102 (84), 103, 105
- Bayer. Schlösserverwaltung, Rainer Hermann, Maria Scherf: 15 (3), 16, 17, 64 (18b)
- Bayer. Staatsbibliothek 90 (59), 146, 158, 160 (45), 178 (G4)
- Bayer. Staatsgemäldesammlungen 39 (1), 43, 45 (13), 51, 55 (26), 56 (27), 73 (28), 99 (79), 106, 131, 140 (147), 145
- Münchner Stadtmuseum, Gunther Adler, Patricia Fliegauf, Ernst Jank 21, 26, 40, 41, 46, 47, 52, 55 (25), 70 (24b), 73 (29), 74, 82 (47), 84, 86, 90 (60), 91 (60), 92, 93 (66, 67), 97, 98, 100, 101, 102 (85, 86, 88), 104, 108, 118 (108), 120 (112), 124, 125 120, 126 bis 130, 132 (135), 139 (145), 140 (148), 141 (151), 148, 178 (G3), 180 (G13 – 17, 181, 182 (G21/22, 24, 25), 184 (G32, 37), 185, 187 (G43/44, 46-48), 188 (G49, 52-54, 56), 191 (G 57, 60, 65), 192 (G66), 193-202
- Wolfgang Pulfer 70 (24a), 71, 72 (26), 76, 77, 79, 85 (52), 115 (104), 123 (118), 141 (149), 144, 150 (34/36), 153, 162, 163 (153), 165 (158)
- Scheublein Art & Auktionen 89 (58), 109, 134 (138), 150 (34)o
- Stadtarchiv München, Inga Fesl, Erich Weichelt 75, 113 (102), 123 (170), 125 (121), 152, 159, 160 (44), 168, 177 (G1), 178 (G5), 179, 180 (G9 bis 11), 182 (G23, G27–G29), 183, 184 (G33-36), 187 (41/42, 45), 188 (G55), 191 (G 59, 63), 192 (G 67)
- Staatliche Graphische Sammlung 89 (57), 177 (G2), 186, 187 (40), 188 (G51), G58)
- Städtische Galerie im Lenbachhaus, Simone Gänsheimer, Ernst Jank 44 (11), 91 (62), 94, 119 (111), 133, 135 (140), 138 (142), 139 (146), 141 (150), 164 (156/157), 166 (164), 167 (166), 203 bis 206
- Wittelsbacher Ausgleichsfond 64 (18a), 66, 67
- Zentralinstitut für Kunstgeschichte, Photothek, (?) Riedmann 171

Nürnberg, Germanisches Nationalmuseum, Jürgen Musolf 88 (54), 89 (56), 149, 191 (G61/62)
Paris, Galerie Tajan 166 (163)
Speyer, Hist. Museum der Pfalz-Speyer, Peter Haag-Kirchner 64 (18c)
Straubing, Fotowerbung Bernhard 107 (94)
Stuttgart, Staatsgalerie 29, 164 (159/160)
Wien, Albertina Museum 113 (101), 180 (G12), 184
Wien, Akademie der bildenden Künste 12, 50
Wiesloch, Stadtarchiv 81
Wintherthur, Kunst Museum 42

Nicht in allen Fällen war es möglich, Rechteinhaber der Abbildungen ausfindig zu machen. Berechtigte Ansprüche werden selbstverständlich im Rahmen der üblichen Vereinbarungen abgegolten.

Impressum

Herausgegeben vom
Historischen Verein von Oberbayern,
dem Münchner Stadtmuseum und
der Städtischen Galerie im Lenbachhaus /
Kunstbau München

Abb. Umschlag Vorderseite: Kat. 156, S. 164; Kat. 28, S. 73; Kat. 45, S. 200, Kat. 64, S. 92
Abb. Umschlag Rückseite: Kat. 4 und 5, S. 40
Frontispiz: Kat. 4, S. 40 / Abb. S. 5: Kat. 87, S. 103 / Abb. S. 36: Kat. 1, S. 39 / Abb. S. 48: Abb. 23 / S. 53 / Abb. S. 58: Kat. 58, S. 73 / Abb. S. 142: Abb. 33a, S. 148 / Abb. S. 176: Kat. G 42, S. 187

Projektmanagement: Jürgen Kleidt
Lektorat: Markus Kersting
Gestaltung, Satz und Produktion:
Tanja Bokelmann, München
Lithografie: Reproline Genceller, München
Druck und Bindung: Printer Trento, Trento

Printed in Italy

Gesetzt aus der Filosofia
Papier: GardaMatt Art 150 g

Bibliografische Information der Deutschen Nationalbibliothek
Die Deutsche Nationalbibliothek verzeichnet diese Publikation in der Deutschen Nationalbibliografie; detaillierte bibliografische Daten sind im Internet über »http://www.dnb.de« abrufbar.

ISBN 978-3-7774-3623-4

www.hirmerverlag.de